Reader's Digest
Auswahlbücher

Reader's Digest Auswahlbücher

Verlag DAS BESTE
Stuttgart · Zürich · Wien

Die Kurzfassungen in diesem Buch erscheinen
mit Genehmigung der Autoren und Verleger

385
PRINTED IN GERMANY
ISBN 3 87070 235 4

Inhalt

LOUIS CHARBONNEAU — STICH INS WESPENNEST — 7

Hat der Mann mit dem Decknamen Brea die kaltblütigen Attentate in Kalifornien auf dem Gewissen? Paul Macimer, Spezialist des FBI, ist entschlossen, den Unbekannten zu jagen, auch wenn er dabei Kopf und Kragen riskiert.

MORRIS GIBSON — KEIN TAG WIE JEDER ANDERE — 169

In der Praxis von Dr. Gibson gleicht kein Tag dem anderen. Da kommen höchst eigenwillige Patienten in seine Sprechstunde, und ungewöhnliche Notfälle rauben ihm nachts den Schlaf. Im Laufe der Jahre lernt der Doktor, daß Verständnis und Mitgefühl oft die beste Medizin sind.

PIERRE BOULLE — DER FALKLAND-WAL — 259

Dramatisch beginnt die Begegnung mit einem Blauwal für die britische Flotte, die die von Argentinien besetzten Falklandinseln zurückerobern soll. Rückhaltlos begeistert sind die Schiffsbesatzungen von dem ungewöhnlichen Tier. Eine fabelhafte Geschichte mitten aus einer kriegerischen Zeit.

ALICE EKERT-ROTHOLZ — REIS AUS SILBERSCHALEN — 343

Wie das Paradies auf Erden erscheint das südostasiatische Königreich Thailand dem Hamburger Kaufmann Johannes Petersen. Doch das Traumland unter tropischer Sonne steckt voller Geheimnisse und Gefahren.

STICH
INS
WESPEN

NEST

Eine Kurzfassung des Buches von
LOUIS CHARBONNEAU

Ins Deutsche übertragen von Peter von Wiese

Illustrationen von Walter Rane

Keiner weiß, wer den Schuß abgab, der bei der Auseinandersetzung zwischen einem riesigen Polizeiaufgebot und einer Gruppe junger Radikaler im kalifornischen San Timoteo ein wahres Blutbad auslöste. Und der einzige, der dieser Frage über Monate hinweg unermüdlich nachgegangen ist – ein engagierter Beamter des FBI –, wird tot aus einem See gefischt.

Als Paul Macimer vom FBI-Direktor auf den brisanten Fall angesetzt wird, weiß er lediglich, daß der Gesuchte unter dem Decknamen „Brea" operiert. Doch die Ermittlungen des erfahrenen Spezialisten fördern bald schon Haarsträubendes zutage: Hinter dem Namen Brea scheint sich ein Beamter aus den eigenen Reihen zu verbergen – ein Mann, der vor nichts zurückschreckt, wenn es gilt, sein finsteres Geheimnis zu wahren.

Während Paul Macimer Stück um Stück eines komplizierten Puzzles zusammenfügt, wird er unversehens vom Jäger zum Gejagten, der allen Grund hat, um sein Leben und um die Sicherheit seiner Familie zu fürchten.

Prolog

Es war kalt an diesem frühen Februarmorgen, besonders oben in den Ausläufern der Sierra Nevada. Über den geduckten Nadelbäumen spannte sich noch immer ein pechschwarzer Himmel. Mit äußerster Vorsicht bewegte er sich zwischen den froststarrenden Ästen. Fichtennadeln glitten ihm übers Gesicht wie tastende Finger. Sacht, ganz sacht schob er einen Zweig beiseite.

Durch eine Öffnung im Geäst sah er den See unter sich liegen, rund und matt schimmernd wie eine alte Silbermünze. Für einen Augenblick verharrte er und blickte sich um. Die Hütte war noch nicht zu sehen.

Drüben, auf der anderen Seite des Sees, glomm ein Licht, weit weg wie ein einzelner Stern. Das mußte die Laterne am großen Bootshaus sein. Die Richtung stimmte also.

Der Wald fiel steil zum Ufer hin ab. Er tastete sich behutsam hinunter. Lautlos den Boden vor jedem Schritt prüfend, näherte er sich seinem Ziel. Er war von Kopf bis Fuß schwarz vermummt; sogar das Gesicht hatte er geschwärzt.

Sein Blick glitt am Ufer entlang, und einen Augenblick wollte es ihm scheinen, als habe er sich doch in der Richtung geirrt. Aber dann entdeckte er die Hütte, hier auf seiner Seite am Ostufer, keine zwanzig Meter entfernt. Dunkel und einsam lag sie vor ihm.

Ein Knopfdruck auf seine Armbanduhr ließ grüne Ziffern aufleuchten: 4:52. Kriechend arbeitete er sich im Schutz der Bäume näher an die Hütte heran, bis er einen Steg ausmachen konnte, der in den See hinausragte, und ein kleines Ruderboot daneben.

Zwischen den Sträuchern auf der fensterlosen Seite der Hütte kauerte er sich nieder und wartete.

Vernon Lippert war schon früh auf den Beinen. Er hatte unruhig geschlafen, und schließlich trieben ihn die Sorgen aus dem Bett.

Die Hütte war kalt; das Feuer von gestern abend hatte er ausgehen lassen, um Holz zu sparen. Er beugte sich zum Kamin hinunter, zerknüllte ein Zeitungsblatt, schichtete Kleinholz und ein paar Scheite darüber und riß ein Streichholz an.

Als das Feuer munter zu flackern begann, zog er sich an und setzte Kaffeewasser auf. Er war groß und schlank, hatte immer darauf geachtet, fit zu sein, und war auch jetzt noch, kurz vor seinem fünfundfünfzigsten Geburtstag, gut in Form. Dennoch würde es am sechsten Mai soweit sein. An jenem Tag würde er das Alter erreichen, in dem Beamte des Federal Bureau of Investigation, des FBI, in Pension geschickt wurden.

Vernon Lippert war fast sein ganzes Berufsleben lang FBI-Beamter gewesen. Wenn er auf seine Laufbahn zurückblickte, tat er es nicht ohne Befriedigung. Er hatte Glück gehabt. Eine Vielfalt von Aufträgen hatte ihn kreuz und quer durchs ganze Land geführt, und er hatte so gut wie jede Aufgabe kennengelernt, die einem FBI-Agenten begegnen konnte. Es war ein aufregendes Leben gewesen, und es hatte ihm Freude bereitet.

Die letzten sechs Jahre hatte er besonders viel Freiheit genossen. Als Beamter des Einmannbüros in San Timoteo war er sein eigener Herr, fernab der Überwachung durchs Hauptquartier. Sein Territorium umfaßte eine Anzahl kleinerer nordkalifornischer Städte. Inzwischen kannte er die Gegend wie seine Westentasche und stand mit den Leuten dort auf gutem Fuß. Er war beliebt und geachtet, stolz auf seine Stellung und stolz auf die Institution, die er vertrat. „Auch wenn's einem manchmal stinkt", pflegte er zu sagen, „was Besseres gibt es gar nicht."

Ebendarum war er jetzt so bedrückt – er hatte eine Entdeckung gemacht, die einen schweren Schlag für das Ansehen des FBI bedeutete. Der gute Ruf, das Vertrauen, das die Öffentlichkeit in seine Organisation setzte, waren in Gefahr. Er konnte sich bereits lebhaft ausmalen, wie die Kritiker von allen Seiten über die Institution herfallen würden, die ihm mehr als alles andere am Herzen lag. Schuld daran war ein aus dem ruhigen Alltag des verschlafenen San Timoteo herausragendes Ereignis: ein verheerender Zusammenstoß zwischen einer Gruppe von Extremisten und der Ortspolizei.

Vernon Lippert war dabeigewesen. Er hatte jene Explosion miterlebt, die für Millionen Amerikaner den Höhepunkt einer ungemein dramatischen Nachrichtensendung am Abend des 28. August 1981 bedeutet hatte.

Hatten die Schüsse der Polizei das Munitionslager im Versteck der

Radikalen in die Luft gejagt, wie entrüstete Bürgerrechtler später behaupteten? Oder hatten es die Extremisten selbst hochgehen lassen, als eine letzte trotzige Gebärde ihres Widerstands?

Diese Frage ließ Vernon Lippert nicht mehr zur Ruhe kommen. Er hatte mit angesehen, wie nach der Explosion Holz-, Metall- und Glassplitter auf den ganzen Wohnblock niederregneten. Und er war Zeuge der Verwüstung geworden, die allmählich hinter dem Vorhang aus Staub und Schutt sichtbar wurde – die schwarze, rauchende Ruine des Hauses, die grausigen Überreste seiner Bewohner ...

Bis zuletzt hatte Lippert fest geglaubt, es werde gelingen, die Mitglieder des „Revolutionären Volkskomitees" zur Herausgabe ihrer Geiseln und zur endgültigen Aufgabe zu bewegen. Wie hatte es zu der entsetzlichen Katastrophe kommen können? fragte er sich danach immer wieder.

Er wußte, daß er die Antwort finden mußte, und hatte in aller Stille begonnen, nach ihr zu suchen. Monatelange, aus eigener Tasche finanzierte Nachforschungen brachten eine Wahrheit ans Licht, die er zunächst nicht glauben wollte. Doch schließlich war kein Zweifel mehr möglich: Das „Revolutionäre Volkskomitee" war nicht etwa einem Mißgeschick zum Opfer gefallen. Die verheerende Explosion war vielmehr von langer Hand geplant gewesen, sorgfältig eingefädelt von einem FBI-Agenten.

Dieser Agent war lange Zeit im dunkeln geblieben. Er hatte unter dem Decknamen Brea gearbeitet. In der FBI-Kartei kam dieser Deckname nicht vor. Doch Vernon Lippert suchte hartnäckig weiter. Die schmutzige, hinterhältige Aktion war in seiner Stadt durchgeführt worden. Deshalb fühlte er sich mitverantwortlich und wollte nicht lockerlassen, bis der Schuldige zur Rechenschaft gezogen war.

Lippert war jeder denkbaren Spur nachgegangen, hatte Verdachtsmomente zusammengetragen, und allmählich hatte sich ein klares Bild ergeben. Und vor genau zwei Tagen hatte er das letzte noch fehlende Stück des Puzzles entdeckt.

Er wußte, wer Brea war.

Deshalb hatte er sich zu dieser unfreundlichen Jahreszeit in die Hütte zurückgezogen. Er wollte allein sein, um noch einmal in Ruhe nachdenken zu können. Bald schon würde ein Sturm über ihn hereinbrechen, denn es war höchste Zeit, die brisanten Entdeckungen preiszugeben. Noch länger zu warten war zu gefährlich.

Er hatte den Fall auf eigene Faust untersucht, ohne Genehmigung vom Hauptquartier, und er hatte, weiß Gott, gute Gründe dafür. Doch man kann keine Untersuchungen führen, ohne Staub aufzuwirbeln. Über kurz oder lang würde das Hauptquartier auf seine Ermittlungen aufmerksam werden. Und schon die beiläufige Frage, hinter was dieser Lippert eigentlich her sei, konnte katastrophale Folgen haben, wenn sie dem Falschen zu Gehör kam.

Brea würde dann Bescheid wissen!

Lippert war in aller Stille vorgegangen, hatte sich um äußerste Vorsicht bemüht. Doch ein Garantieschein für seine Sicherheit war das nicht!

Es war kurz nach sechs an diesem Morgen, als Vernon Lippert in seine karierte Wolljacke schlüpfte, die Tür der Hütte öffnete und ins Freie trat. Der Himmel war grau, aber schon deutlich heller als die in Dunkel gehüllte Landschaft. Was da langsam über dem See kreiste, war wohl ein Falke, der mit scharfem Auge nach unten spähte. Während Lippert ihm zusah, befiel ihn die Ahnung einer unmittelbar drohenden Gefahr, jenes alarmierende Gefühl, das des Falken Beute empfindet, kurz bevor der Raubvogel niederstößt.

DER Mann mit dem geschwärzten Gesicht setzte sich in Bewegung, sobald er hörte, wie in der Hütte der Türriegel zurückgeschoben wurde. Er kam um die Ecke, als Vernon Lippert gerade auf die schmale hölzerne Plattform hinaustrat, die als Veranda diente. Er sah, wie Lippert eine Weile zum grauen Himmel aufblickte und dann plötzlich zusammenzuckte. Das Geräusch eines Stiefels, der gegen einen Stein stieß, hatte ihn erschreckt. Sein Kopf fuhr herum, und seine aufgerissenen Augen verrieten, daß er den Mann erkannte und wußte, in welcher Gefahr er sich befand.

Die Waffe, die Brea in beiden Händen hielt, sah aus wie eine mittelalterliche Armbrust, nur viel kleiner und leichter. Sie war nicht aus Holz, sondern aus blitzendem Metall, doch sie hatte die gleichen flügelartigen Seitenteile und einen langen Lauf. Als Brea abdrückte, gab es einen leisen Knall.

Der Pfeil traf Lippert an der Schläfe. Von einem heftigen Elektroschock betäubt, taumelte er gegen den Türpfosten. Dort sackte er langsam zusammen und blieb im Türrahmen sitzen.

Mit einer geschmeidigen Bewegung war Brea neben ihm. Er löste den Saugstutzen von Lipperts Schläfe. Dünne isolierte Drähte verbanden den Pfeil mit der Waffe; eine unblutige Methode, einen

Gegner außer Gefecht zu setzen. Lippert würde nur wenige Minuten bewußtlos sein. Brea wollte keinen Kampf, keine Spuren von Gewalt.

Er hob Lippert auf, trug ihn zum Ufer und watete in das kalte Wasser hinaus. Der Seeboden fiel rasch ab. Am Ende des Steges stand Brea bereits bis zur Hüfte im Wasser. Er ließ seinen wehrlosen Gegner von der Schulter gleiten. Als er Lippert am Kopf unter Wasser drückte, schlug dieser die Augen auf.

Obwohl sein Opfer sich aufzubäumen versuchte, war Brea schnell am Ziel. Lippert hatte die Folgen des Schusses noch nicht überwunden. Bald stiegen kaum noch Luftblasen zur Wasseroberfläche. Brea wartete noch dreißig Sekunden, bevor er die schlaffe, triefende Gestalt aus dem Wasser hob und in das kleine Boot verfrachtete, das am Steg lag. Sein Blick suchte den See ab. Keine Boote, keine Lichter. Die nächste Hütte war einen halben Kilometer entfernt und um diese Jahreszeit leer. Alles blieb ruhig.

Er zog der Leiche die nasse Jacke aus kariertem Wollstoff aus, ging zurück zur Hütte und hängte sie vor dem Feuer über einen Stuhl. Dann durchsuchte er mit routinierten Bewegungen den kleinen, spärlich möblierten Raum. Es gab nicht viele Möglichkeiten für ein Versteck. Nach fünfzehn Minuten wußte Brea, daß das, wonach er suchte, nicht da war.

Blinde Wut stieg in ihm hoch. Die Akte Brea existierte noch, und Lippert hatte sie gut versteckt.

Bei Tagesanbruch ruderte Brea auf den See hinaus. Angetan mit der karierten Wolljacke, bot die einsame Gestalt im Boot einen vertrauten Anblick und hätte bei niemand Verdacht erregt.

In einer abgelegenen Bucht zerrte Brea die Jacke wieder über Lipperts bereits steif werdende Arme. Dann glitt er ins Wasser, tauchte unter das Boot und kippte es um. Während das Boot langsam kieloben davontrieb, kam die Leiche kurz an die Oberfläche und sank dann unaufhaltsam ins Dunkel. Zufrieden schwamm Brea ans Ufer.

Eins

Leichter Regen überzog die Windschutzscheibe des blauen Ford Fairmont mit einem feinen Schleier. Seit Mai hatte es fast jeden Tag geregnet, und ganz Washington glich einem Dampfbad.

Der FBI-Beamte Harrison Stearns hatte das kleine Außenbüro im Dulles-Flughafen kurz vor acht Uhr abends im Dienstwagen verlassen. Im Kofferraum lagen vier versiegelte Kartons mit Dokumenten. Sie waren am Nachmittag aus Kalifornien eingetroffen und für das FBI-Hauptquartier im Zentrum Washingtons bestimmt. Stearns hatte normalerweise um zwanzig Uhr Dienstschluß, außerdem war es Freitag abend, doch eine Sendung mit Geheimdokumenten konnte nicht einfach am Flughafen liegenbleiben. Jemand mußte sie persönlich ins Hauptquartier bringen. Die Wahl war auf den jungen Stearns gefallen.

Bevor er das Büro verließ, hatte er seine Frau Patty angerufen, hatte ihr gesagt, daß es spät würde, und sich besorgt erkundigt, wie es dem Baby ginge.

„Es ist nichts Schlimmes. Dr. Kosco meint, es sei nur eine kleine Halsentzündung. Kannst du auf dem Heimweg ein Medikament abholen, das der Doktor verschrieben hat? Er hat der Apotheke telefonisch Bescheid gesagt." Patty gab ihm die Adresse der Apotheke, die zu einem großen Einkaufszentrum gehörte. „Um neun machen sie zu", erinnerte sie ihn.

Im Wagen wurde Stearns klar, daß er nur einen kleinen Umweg in Kauf nehmen mußte, um schon stadteinwärts bei der Apotheke vorbeizufahren. Auf dem Weg nach Hause war bestimmt wieder ein Verkehrsstau fällig. Also entschloß er sich, das Medikament jetzt gleich abzuholen.

Er stellte seinen Wagen auf dem riesigen Parkplatz vor dem Einkaufszentrum ab. Es regnete leicht, aber ununterbrochen; auf der schwarzen Asphaltdecke hatten sich überall große Pfützen gebildet. Stearns zog sich die Jacke über den Kopf und lief auf den Eingang der Apotheke zu. Während er im Zickzack zwischen den geparkten Autos hindurchhastete, trat er auf etwas Weiches, Glitschiges und schlug der Länge nach hin.

Der harte Fall lähmte ihn für einen Moment. Dann besah er sich den Schaden. Seine Hand war ziemlich aufgeschürft, und, schlimmer noch, im Ellbogen seiner Jacke klaffte ein großes Loch.

Der junge Kriminalbeamte fluchte leise und rappelte sich mühsam auf. Ein Paar unter einem Regenschirm und ein weiterer Passant wollten ihm zu Hilfe kommen. Er winkte dankend ab und humpelte in die Apotheke.

Als Stearns wenig später wieder herauskam, war der Regen stärker geworden. Den Parkplatz erhellten nur ein paar trübe Straßenlaternen, und zunächst glaubte Stearns, er sei in die falsche Ecke geraten. Doch dann sah er das Schild am Ende der Wagenreihe: M 2. Bei diesem Zeichen hatte er geparkt.

Eine Zeitlang stand Stearns wie vom Donner gerührt und starrte ungläubig auf die Parklücke. Sein Herz schien vor Schreck stillzustehen. Hastig fuhr er mit der Hand in die rechte Hosentasche, durchsuchte dann wie gehetzt alle anderen Taschen. Nichts, die Autoschlüssel waren weg! Er mußte sie bei seinem Sturz verloren haben.

Und der FBI-Wagen war verschwunden.

Der jugendliche Fahrer des blauen Ford Fairmont bog auf die Fernstraße 50 ab und fuhr in Richtung Westen. Bei Middleburg in Virginia wurde der Verkehr schwächer. Der Mann behielt den Rückspiegel im Auge und achtete auf seine Geschwindigkeit. Als Verkehrssünder gestoppt zu werden war das letzte, was er gebrauchen konnte. Der Diebstahl des Wagens war bestimmt schon gemeldet, sein Kennzeichen bereits im Computer.

Er grinste triumphierend. Der Kerl vor dem Einkaufszentrum hatte ihm die Wagenschlüssel praktisch auf dem silbernen Tablett serviert. Er, der hilfreiche Samariter, hatte sie nur aufzuheben brauchen, während der Pechvogel sich mühte, wieder auf die Beine zu kommen. Allmählich wurde es Zeit zu tanken. Er hielt an einer Selbstbedienungstankstelle, steckte die Zapfpistole in den Einfüllstutzen und stellte sie auf Automatik. Während das Benzin einlief, öffnete er den Kofferraum. Mal sehen, was darin war.

Vier Pappschachteln, sämtlich mit Klebestreifen versiegelt, waren alles, was er vorfand. Er schlitzte eine davon mit dem Taschenmesser auf. Sie enthielt lauter Aktenordner. Enttäuscht kramte er darin herum und zog einen heraus. Als er ihn öffnete, fiel sein Blick auf einen Briefkopf: Federal Bureau of Investigation. Und in einer Ecke prangte ein fetter schwarzer Stempel: Geheim.

Erschrocken rammte er den Ordner in den Karton zurück und knallte den Kofferraumdeckel zu. Sein Herz klopfte wie verrückt. Was hatte er da bloß angestellt? Einen FBI-Wagen gestohlen? Hastig nahm er die Zapfpistole aus dem Tank. Das Auto mußte er schleunigst wieder loswerden.

Er zahlte, fuhr aus der Tankstelle und den Weg zurück, den er gekommen war. Vorhin war er an der Abzweigung zur Fernstraße 17 vorbeigekommen. Auf dieser Strecke gelangte er am schnellsten in eine wenig belebte Gegend.

An einem leeren Parkplatz hielt er noch einmal. Die Neugier ließ ihm keine Ruhe. Erneut öffnete er den Kofferraum, nahm diesmal aber mehrere Ordner heraus. Er überflog den Inhalt. Berichte und Formulare. „Drei Beamte wurden zur Beschattung des Täters abgestellt ..." Polizeijargon. Routineangelegenheiten.

Als er die Ordner wieder einreihen wollte, fiel ihm etwas auf: Unter den aufrecht stehenden Ordnern lag eine einzelne Akte auf dem Boden des Kartons. Eine Supergeheimsache? Doch der Inhalt war derselbe: Berichte, Protokolle ...

Ein Windstoß erfaßte die Blätter und wirbelte sie auf die Straße. Fluchend lief er ihnen nach und sammelte sie wieder ein. Er wollte keine Spuren hinterlassen. Hastig knüllte er die nassen Blätter zusammen und stopfte sie in die Taschen seiner Nylonjacke. Den leeren Ordner steckte er zurück in den Karton, zwischen die anderen.

Dann kletterte er wieder ins Auto. Zitternd vor Aufregung machte er sich auf den Weg nach Süden, das lange, gewundene Gefälle der Fernstraße 17 hinunter. Die Scheinwerfer hatte er ausgeschaltet. Nur einmal, als ein anderer Wagen auftauchte, machte er kurz das Licht an. Dann fuhr er wieder unsichtbar durch die Dunkelheit, mit dem Gefühl, ganz allein auf der Straße zu sein. Aber sicher fühlte er sich trotzdem nicht.

Ben Thomason lenkte seinen schweren Laster, einen imposanten Neunachser, von der Fernstraße 50 herunter und auf die 17 in Richtung Süden. Auf seinem Weg nach Richmond in Virginia wollte er dem Verkehrsgewühl um Washington ausweichen. Als er das lange Gefälle der Fernstraße 17 vor sich hatte, gewann er schnell an Fahrt und erreichte genau das richtige Tempo, um die nächste Steigung zu nehmen, ohne herunterschalten zu müssen. Den unbeleuchteten Ford Fairmont bemerkte er erst, als er ihn praktisch schon zwischen den Hörnern hatte.

Ben Thomason tat das einzige, was ihm übrigblieb. Er blockierte die Bremsen und brachte das riesige Gespann ins Rutschen. Der Anhänger schwenkte langsam aus, stellte sich quer und drohte auf die Fahrerkabine zuzuschlittern. Thomason kurbelte fieberhaft am Lenkrad, um gegenzusteuern, doch die Hinterräder des Anhängers waren schon über den Straßenrand hinausgeraten. Sie pflügten in die aufgeweichte Erde des Banketts, und der vollbeladene Anhänger begann langsam, aber unaufhaltsam zu kippen. Im selben Moment erwischte das rechte Vorderrad des Lasters den Ford und fegte ihn von der Straße. Er durchbrach den Stacheldrahtzaun einer Wiese, holperte sich überschlagend eine Uferböschung hinunter und blieb mit der Schnauze im Grund eines seichten Wasserlaufs stecken.

Wie durch ein Wunder war die Kabine des Lasters nicht ganz umgekippt. Drinnen saß Ben Thomason, hielt mit schweißnassen Händen das Lenkrad umklammert und fluchte wie ein Bierkutscher. Das war knapp gewesen, viel zu knapp.

Über Sprechfunk schickte er einen Notruf an die Staatspolizei und erhielt prompte Antwort. In wenigen Minuten werde man am Unfallort sein.

Thomason kletterte aus seiner Kabine und sah sich nach dem Ford um. Die Hinterräder und der Kofferraum ragten aus dem schlammigen Bach, der nur wenig Wasser führte. Der Kofferraumdeckel war aufgesprungen, und ein weißes Lämpchen schimmerte in der Dunkelheit.

Während Thomason zur Unfallstelle hinunterstieg, hielt oben am Straßenrand ein neugieriger Autofahrer. Das Licht seiner Scheinwerfer fiel nach unten auf die Wiese. Dadurch, so erklärte Thomason ein paar Minuten später einer Polizeistreife des Staates Virginia, habe er sehen können, wie der Fahrer des Ford in langen Sätzen durch das hohe Gras auf den Wald am Ende der Wiese zugerannt sei.

Paul Macimer, Leiter der FBI-Zweigstelle Washington, wollte eben am Ende eines jener allzu häufigen Tage, an denen er dreizehn Stunden gearbeitet hatte, nach Hause fahren, als der Kriminalbeamte Stearns anrief und den Diebstahl seines FBI-Fahrzeugs meldete.

Macimers erste Reaktion war ein kräftiges Donnerwetter an die Adresse des jungen Beamten. Dann bremste er sich jedoch. Stearns war ohnehin schon völlig aufgelöst. „Also gut, versuchen Sie, Zeugen aufzutreiben“, wies Macimer ihn an. „Ich schicke jemanden raus, der Sie heimfährt. Montag früh will ich einen genauen Bericht von Ihnen.“

Als bis neun Uhr dreißig noch keine weitere Meldung über das gestohlene Fahrzeug vorlag, schlüpfte Macimer in seinen Regenmantel. „Wenn irgendwas über das Auto durchkommt, will ich es sofort wissen", sagte er zu dem Beamten, der Nachtdienst hatte. „Egal, wie spät es ist."

Er wohnte in einer Neubausiedlung südlich von Washington und war schon fast zu Hause, als der Sprechfunk sich meldete. Der gestohlene Wagen war in Virginia entdeckt worden. Eine Polizeistreife war bereits am Ort des Geschehens. „Stellen Sie mich durch", sagte Macimer.

Einen Augenblick später sprach er mit dem Streifenpolizisten. Dieser hatte kurz nach zehn einen Notruf aufgeschnappt: ein Unfall, in den auch ein Ford Fairmont verwickelt war. Der Fahrer war unter verdächtigen Umständen geflohen. Die Streife hatte im Datenzentrum des FBI nachgefragt und erfahren, daß der gestohlene Wagen zum FBI-Fuhrpark gehörte.

„Sonst noch was?" fragte Macimer.

„Jawohl, Sir. Im Kofferraum sind Kartons voller Akten. Einer davon ist aufgebrochen. Lauter FBI-Dokumente."

„Lassen Sie sie nicht aus den Augen!" befahl Macimer. „Ich werde so schnell wie möglich bei Ihnen sein."

Fünfundvierzig Minuten später stand Macimer oben auf der Fernstraße 17 und sah auf das gestohlene Fahrzeug im Bach hinunter. Er überflog die Aussage des Lastwagenfahrers. „Sie sind ganz sicher, daß der Wagen kein Licht hatte, als Sie auf ihn auffuhren?"

„Ich weiß, es klingt blöd", antwortete Thomason. „Wie 'ne billige Ausrede, weil ich ihn nicht gesehen hab, aber es ist wahr."

„Können Sie den Fahrer beschreiben?"

Thomason schüttelte den Kopf. „Er war schon halb über die Wiese, wie ich ihn gesehen hab. Er war groß, ziemlich dürr. Ich hab sein Haar flattern sehen, es muß also ziemlich lang gewesen sein."

„Farbe?"

„Dunkel ... braun vielleicht. Und er war jung."

„Wie kommen Sie darauf? Sie haben ihn doch nur weglaufen sehen?"

„Na ja, weiß ich auch nicht. Die Art, wie er gelaufen ist. Verstehen Sie, der ging ab wie eine Rakete." Er musterte Macimer, der zwar groß und athletisch gebaut war, dem man aber seine zweiundvierzig Jahre ansah. „In unserem Alter wird man langsamer, aber der war ein Sprinter. Unsereins rennt jedenfalls nicht so schnell."

Macimer lächelte. „Außer wenn es unbedingt sein muß."

Zusammen mit dem Streifenpolizisten kletterte Macimer durch

kniehohes nasses Gras zum Bach hinunter. „Sie haben nichts angerührt?“ fragte er.

„Nein, Sir! Ich hätte die Schachteln überhaupt nicht gesehen, wenn der Kofferraum nicht offen gewesen wäre.“

„Und Sie sind sicher, daß niemand in die Nähe des Wagens gekommen ist?“

„Absolut. Ich war als erster hier.“

Macimer musterte die vier Kartons im offenen Kofferraum. Er zuckte zusammen, als er die Frachtaufschrift sah. Die Akten kamen aus dem Büro in San Timoteo.

San Timoteo. Das unbedeutende Städtchen in Nordkalifornien, das vor drei Jahren einmal für einen kurzen, grellen Augenblick im Brennpunkt des Interesses einer ganzen Nation gestanden hatte. Das „Volkskomitee-Massaker“.

Macimer erinnerte sich, daß der Außenposten in San Timoteo im letzten Frühling geschlossen worden war, kurz nach dem Tod des dortigen Beamten, Vernon Lippert. Diese Akten hier mußten dann ziemlich lange in der übergeordneten Zweigstelle in Sacramento herumgelegen haben, bevor man sie nach Washington geschickt hatte.

Er starrte auf den aufgebrochenen Karton. Die Messerspuren in der Pappe brachten ihn auf einen Gedanken. Nach Lipperts Tod war in das Büro in San Timoteo eingebrochen worden. Gab es da eine Verbindung?

Wahrscheinlich nicht. Der Vorfall heute nacht sah ganz nach einem gewöhnlichen Diebstahl aus.

Macimers Rücken schmerzte. Es war ein langer Tag gewesen, und er war hundemüde. Doch es half nichts, er mußte diese Dokumente nach Washington zurückbringen. Um den Deckel des Kartons zu schließen, mußte er eine Akte, die herausstand, zurückschieben. Auf dem Aufkleber stand ein Name: BREA. Der Name sagte Macimer nichts.

ZWEI

EINE Woche war vergangen, und die ersten Junitage hatten endlich Sonnenschein gebracht. Der Samstag abend war ideal für eine Party gewesen, und alle hatten sie genossen – alle außer Paul Macimer. Wieder einmal hatte er kaum Anteil genommen, war in Gedanken bei seiner Arbeit gewesen, und natürlich war dies Jane, seiner Frau, nicht entgangen. Jetzt auf der Heimfahrt saß sie stumm neben ihm, doch ihr Schweigen sprach Bände.

Er schielte zu ihr hinüber. Sie hatte den Kopf zurückgelegt und die Augen geschlossen. Wie schön sie ist, dachte er, während er in flottem Tempo auf der mittleren Fahrspur der Schnellstraße dahinrollte.

Eine Abzweigung tauchte aus dem Dunkel auf. Im letzten Moment riß Macimer das Steuer herum und schoß mit quietschenden Reifen quer über die rechte Fahrbahn in die Ausfahrt hinein. Jane schlug erschrocken die Augen auf.

Macimer blickte in den Rückspiegel. Den braunen Chevrolet war er los, er war geradeaus weitergefahren. Offenbar hatte Macimer sich geirrt. Es war wohl doch nicht derselbe Wagen gewesen, der ihnen auf dem Hinweg gefolgt war.

Erneut glitt sein Blick über Janes Gesicht. Sie hatte die Augen wieder geschlossen, doch er wußte, daß sie wach war.

Jane war heute abend in Hochform gewesen. Sie hatte sich glänzend unterhalten, intensiv diskutiert, über den neuen Energieplan des Präsidenten, über den letzten Regierungsskandal. Aus dem etwas farblosen Mädchen, das er vor zwanzig Jahren geheiratet hatte, war eine lebensvolle, vor Energie sprühende Frau geworden. Nichts Linkisches mehr, keine Spur von Schüchternheit. Auch ihre Züge hatten sich verändert, waren entschlossener und ausdrucksvoller geworden. Heute, mit einundvierzig, sah sie besser aus denn je. Wie schön sie ist, dachte er wieder, und wie klug dabei. Paul Macimer bewunderte seine Frau. Ihre Liebe hatte all die unvermeidlichen Krisen einer zwanzigjährigen Ehe überdauert. Drei Kinder hatten sie großgezogen. Auch das war keineswegs immer einfach gewesen. Daß Jane jetzt so schweigsam neben ihm saß, war ungewöhnlich, wenn auch nicht ganz neu. In letzter Zeit hatte es gelegentlich Streit um Kleinigkeiten gegeben. Aber das gehörte wohl zum Auf und Ab einer zwanzigjährigen Ehe.

Das Schlagloch in der Laurel Tree Lane kündigte an, daß sie gleich zu Hause waren.

Jane öffnete die Augen und richtete sich auf. Es war fast Mitternacht, und die Straße war dunkel. Die hohen Alleebäume schlossen sich zu einer Kuppel, die kein Mondlicht durchließ. Ein leichter Juniwind wehte durchs offene Wagenfenster herein, und unzählige Grillen erfüllten die Nacht mit ihrer Musik.

„Was war heute abend los mit dir, Paul?" fragte Jane leise. „Was geht dir im Kopf herum?"

Sie waren kurz vor ihrem Haus. Irgend etwas stimmte nicht da draußen, aber er achtete nicht weiter darauf und wandte sich Jane zu. Normalerweise wäre er dem unbestimmten Warnsignal auf den Grund gegangen, doch die Frage seiner Frau hatte ihn zu sehr abgelenkt. „Nichts", antwortete er. In Wahrheit hatte er die ganze Woche an nichts anderes denken können als an San Timoteo, an den langen, heißen Sommer vor drei Jahren und die Akten in dem gestohlenen Auto. Ein Zufall, der ihm überhaupt nicht schmecken wollte. „Ich kann nicht darüber sprechen. Und es hat ohnehin nichts mit uns zu tun."

„Ach ja?" versetzte Jane. „Den ganzen Abend brütest du über etwas, was dich bedrückt, und wenn ich dich danach frage, flüchtest du in billige Ausreden."

Er bog in die Auffahrt ein, und wieder meldete sich das vage Gefühl, daß draußen etwas nicht in Ordnung sei. Doch Janes verletzter Unterton beunruhigte ihn: „Versteh doch, Jane", sagte er beschwichtigend.

„Schon gut", antwortete sie resigniert. „Laß uns heute nicht mehr darüber sprechen. Im Augenblick ist sowieso nicht an dich ranzukommen, Paul."

Verstimmt drückte Macimer auf den Knopf am Armaturenbrett, der die Automatik des Garagentors in Gang setzte, fuhr hinein und stellte den Motor ab.

Jane stieg aus und ging rasch auf die Tür an der Rückfront des Hauses zu, die direkt in die Küche führte. Sie hatte bereits ihren Schlüssel in der Hand und schien nicht auf ihn warten zu wollen.

Macimer folgte ihr stirnrunzelnd. Was hatte da draußen vor dem Haus nicht gestimmt? „Warte, Jane!" rief er. Doch sie war schon die kurze Treppe hinauf, schloß die Tür auf und trat ins Haus. Es war zu spät.

Macimer konnte sehen, wie Jane erstarrte. Sie schien nach Luft zu schnappen. Er rannte auf die Stufen zu und stürzte in die Küche.

Das Messer stoppte ihn mitten im Lauf.

Das Messer an Lindas Kehle.

Ein magerer, muskulöser brauner Arm lag um die Taille des Mädchens und hielt es fest. Der Polizist in Macimer registrierte automatisch, daß der Mann, der seine Tochter umklammert hielt, hauchdünne Gummihandschuhe trug. Lindas Gesicht war angstverzerrt. Das Messer hatte die zarte Haut an ihrem Hals geritzt und eine feine rote Spur hinterlassen.

Macimer ballte wutentbrannt die Fäuste. Die Augen des Burschen, der Linda festhielt, verengten sich zu Schlitzen. „Immer sachte, Alterchen. Schön ruhig bleiben, ja?"

Macimer trug keine Pistole – wozu auch, wenn man den Abend auf einer Party verbrachte? Sie hätte ihm freilich auch nichts genützt, hätte nichts ausrichten können gegen das Messer an Lindas Hals.

Vorsichtig trat Macimer weiter in die Küche hinein und blieb neben Jane stehen. Er faßte sie beruhigend am Arm.

„Daddy ..." Lindas Stimme zitterte, und ihre Augen füllten sich mit Tränen.

„Laß sie los", sagte Macimer heiser. Der junge Mann hatte braune Haut und glänzendes schwarzes Haar. Lateinamerikaner wahrscheinlich. Er schüttelte grinsend den Kopf und entblößte dabei große, blendendweiße Zähne. „Alles zu seiner Zeit, Alterchen. Erst mal die Tür zu, ja?"

Macimer gehorchte. Er zwang sich, seine Wut zu bezähmen. Doch ein Gedanke hämmerte in seinem Kopf. *Wo war Kevin?* Chip, der ältere seiner beiden Söhne, war noch nicht zu Hause, das wußte Macimer. An einem Samstag war vor Mitternacht nicht mit ihm zu rechnen – aber Kevin, der jüngere, war heute nicht weggegangen.

Die Antwort ließ nicht lange auf sich warten.

Der junge Mann trat einen Schritt zurück, ohne das Messer von Lindas Kehle zu nehmen. „He, alles klar!" rief er über die Schulter. „Bring den Jungen rein."

Langsam kamen sie aus dem Wohnzimmer, das ein paar Stufen tiefer als die Küche lag. Es waren zwei, ein Mann und ein Mädchen, und sie hielten Kevin zwischen sich. Ihr Aussehen ließ ebenfalls auf Latinos schließen, und der Mann wirkte älter und kräftiger als der Bursche mit dem Messer. Er hielt ein Schießeisen in der Linken. Der Lauf zeigte schräg nach oben und ruhte leicht an Kevins Schläfe. Auch er trug Gummihandschuhe. Das dritte Mitglied der Bande, ein junges Mädchen, war ebenso mager wie der Junge und hatte langes, schwarzglänzendes Haar. Sie trug eine hellrote Seidenbluse, Jeans – und weiße Baumwollhandschuhe. Sie mochte etwa siebzehn sein, Lindas Alter, und man hätte sie als Schönheit bezeichnen können, hätte sie nicht so verbissen ausgesehen.

Kevins Gesicht war ganz rot, als schäme er sich, so gesehen zu werden, so hilflos und ausgeliefert. Er kämpfte mit den Tränen.

Zu spät fiel Macimer ein, was vor dem Haus nicht gestimmt hatte. Die Laterne auf der Veranda hatte nicht gebrannt. Sie blieb immer an, bis alle von ihnen zu Hause waren.

Macimer suchte Kevins Blick. Du brauchst dich nicht zu schämen, dachte er. Wenn sich einer hier blamiert hat, dann dein Vater. Ein alter Kriminalbeamter und läßt sich von so 'nem zusammengewürfelten Haufen überrumpeln.

Der Rat seines alten Freundes und Kollegen Gordon Ruhle kam ihm in den Sinn: „Wenn du einem an den Kragen willst, der gefährlich ist, leg erst los, wenn er sich in Sicherheit wähnt."

In Macimers Anfangsjahren beim FBI war Gordon Ruhle sein Mentor gewesen, die besonnene Stimme der Erfahrung – Ausbilder, Kamerad und der engste Freund, den er damals hatte. „Schlag erst zu, wenn er im Sessel sitzt und die Füße hochlegt." Oder wenn er Streit mit seiner Frau hat, dachte Macimer düster.

„Was wollen Sie?" fragte er. „Sie können meine Kinder loslassen. Sie haben doch das Schießeisen."

Der Junge mit dem Messer schnaubte verächtlich. „Habt ihr das gehört, he? Der gibt uns gute Ratschläge."

Das Gesicht des Älteren blieb unbewegt. Macimer schätzte ihn auf ungefähr dreißig, ein finsterer, bulliger Typ. Die beiden anderen wirkten neben ihm wie halbe Portionen, nervös wie Spatzen. „Laß das Mädchen los", sagte der Ältere.

„Ich könnt mich doch 'n bißchen mit ihr amüsieren, oder?"

„Laß sie los!" Es war ein Befehl. Der Junge zögerte nur eine Sekunde, dann stieß er Linda von sich. Er ließ gekonnt die Klinge in den Griff zurückschnellen und steckte das Messer in die Hosentasche. Aufschluchzend flüchtete sich Linda in die Arme ihrer Mutter.

Der Bullige ließ Kevin los. Der Junge sah erwartungsvoll seinen Vater an, als rechne er fest damit, daß der jetzt zum Angriff übergehen werde. Er würde ihnen die Bande schon vom Hals schaffen. So leicht ist das leider nicht, mein Sohn, dachte Macimer.

Tatsächlich waren die Gangster nicht gewillt, sich das Heft aus der Hand nehmen zu lassen. Unter lauten Drohungen trieben sie ihre Gefangenen ins Wohnzimmer, einen großen, gemütlichen Raum mit holzgetäfelten Wänden und einem offenen Kamin.

Der Bullige war eindeutig der Anführer der Bande; er wirkte stur, vorsichtig und beherrscht. „Setzen Sie sich auf Ihre Hände!" befahl er Macimer. „Und versuchen Sie nicht, den Helden zu spielen. Davon hat niemand was." Er sprach fließend Englisch, hatte jedoch einen leichten Akzent. Kubaner vielleicht, schätzte Macimer.

Linda verkroch sich in eine Sofaecke, und Jane setzte sich neben sie, während Kevin sich trotzig in einen Sessel lümmelte. Macimer nahm seinen Stammplatz an der Stirnseite des Eßtisches ein. Er saß, wie befohlen, auf seinen Händen. Eine Erkenntnis aus der FBI-Statistik über Raubüberfälle kam ihm in den Sinn. Verbrecher, die zu zweit oder in kleinen Banden auftraten, waren weit gefährlicher als ein einzelner, neigten schneller zu Gewalttätigkeit – sogar zu Mord. Der Junge mit dem Messer war der unberechenbarste des Trios. Eine Ladung Sprengstoff in Jeans.

„Wo ist der Safe?" wollte der Bullige wissen.

„Es gibt keinen Safe", antwortete Macimer. „Wir geben Ihnen gern, was wir im Hause haben –"

„Taschen ausleeren! Alles auf den Tisch!" befahl der Kubaner knapp. „Auch die Handtasche dort." Er wandte sich an das Mädchen in der roten Bluse. „Schau nach, was du oben findest. Nur kleine Sachen – wir haben nicht die ganze Nacht Zeit."

„Warum ich?" protestierte das Mädchen. „Was ist mit Xavier? Der will sich doch nur mit der Kleinen amüsieren."

„Cállate!" unterbrach sie der Anführer scharf. „Schnauze!" Dann ließ er eine Flut wüster Beschimpfungen auf spanisch los, zu schnell, als daß Macimer hätte folgen können, doch der Inhalt war eindeutig genug. Der Kubaner war wütend, weil das Mädchen einen Namen genannt hatte. Xavier. Das war immerhin eine Information, klein, aber vielleicht später einmal nützlich.

Eingeschüchtert trollte sich das schwarzhaarige Mädchen zur Treppe und ging nach oben, wo die Schlafzimmer lagen. Eine Weile lauschten alle dem gedämpften Klang ihrer Schritte, die durch die Decke zu hören waren.

Schließlich reichte der bullige Kubaner Xavier sein Schießeisen, befahl ihm, die Gefangenen zu bewachen, und ging in Macimers Arbeitszimmer. Man hörte, wie er die Schubladen herausriß und auskippte. Bücher flogen von den Regalen. Etwas zersplitterte – wahrscheinlich das Glas eines Bildes.

Im Wohnzimmer herrschte atemloses Schweigen. Linda hatte zu weinen aufgehört. Sie saß immer noch in die Sofaecke gekuschelt neben Jane. Kevin musterte sichtlich beeindruckt Xavier, der sie mit gezückter Pistole in Schach hielt.

Macimer wandte sich betont ruhig an seinen Sohn. „Wie lange haben sie dich und Linda hier festgehalten?"

„Nix reden!" brüllte Xavier.

„Was ist dabei? Du hast doch die Pistole."

„Du nix befehlen. Hier nix FBI." Er buchstabierte die Abkürzung mit schneidendem Hohn.

„Was weißt du denn von mir und vom FBI?"

Der junge Mann schien auf einmal beunruhigt. Sein Gesicht nahm einen wachsamen Ausdruck an. „Wieso? Hast du selbst gesagt."

„Kein Wort hab ich davon gesagt, daß ich beim FBI bin."

„Das war auch nicht nötig", schaltete sich der Bullige von der Tür zum Arbeitszimmer her ein. „Wir brauchen uns nur die Bilder anzusehen. Da drin hängt ein Bild von Ihnen und Mr. J. Edgar Hoover persönlich. Und das hier zum Beispiel." Er griff nach der schwarzen Brieftasche, die Macimer auf den Tisch gelegt hatte, als er seine Taschen leeren mußte. Lässig klappte er sie auf und wies auf Macimers Ausweis und Erkennungsmarke. „Agent für Onkel Geldsack", sagte er spöttisch. „So einer muß doch mehr Zaster haben, als wir gefunden haben, wie?"

Er wandte sich an Xavier. „Gib mir die Pistole. Sieh nach, was unsere *amiga* macht, und bring sie her. Wir werden uns mit Señor Macimer ein wenig unterhalten. Er wird uns bestimmt zeigen, was wir suchen."

Jetzt würde es ungemütlich werden; Macimer machte sich da nichts vor. Xavier kam mit dem Mädchen von oben. Sie hatte ihre Beute in einer Plastiktüte verstaut und hielt Macimers Halfter mit seinem Dienstrevolver wie eine Trophäe in die Höhe.

Macimer hatte die ganze Zeit auf seine Chance gelauert. Er hatte gehofft, die Eindringlinge würden sich eine Blöße geben. Bisher war das nicht der Fall gewesen, und jetzt waren sie sogar noch besser bewaffnet, noch mehr im Vorteil.

Der Boß wurde jetzt lauter. „Irgendwo müssen die dicken Brocken versteckt sein. In einer Kassette? Oder in einem Safe? Wo ist das Zeug?"

„Ich habe Ihnen doch gesagt", antwortete Macimer ruhig, „es gibt keinen Safe."

„Mentiroso!" brüllte Xavier. „Du lügst!"

Der Anführer ließ Macimer nicht aus den Augen. Aus seinem Blick sprach eine deutliche Drohung. „Sie machen sich das Leben schwer ..., und nicht nur sich selbst." Auf sein kurzes Kommando griff sich das Mädchen eine der Platten neben dem Stereogerät. Sekunden später dröhnte Rockmusik durch den Raum. Das Mädchen drehte die Lautstärke voll auf.

Ein zweites Kommando setzte Xavier in Marsch. Er ging auf das Sofa zu. Linda zog sich so weit als möglich in die Sofaecke zurück, als er sich näherte. Jane sprang auf und trat ihm in den Weg. Der bullige Anführer schrie fast, um sich verständlich zu machen: „Sie haben die Wahl, Macimer. Wir wollen niemand weh tun." Er wies auf seinen jungen Komplizen. „Aber Sie haben ja selbst gesehen, Xavier hat was übrig für Ihre hübsche Tochter." Diesmal benutzte er selbst den Namen. Es schien also nicht mehr darauf anzukommen, überlegte Macimer, und der Gedanke ließ ihn frieren. „Sagen Sie ihr, Señor, sie kann schreien, soviel sie will. In so einem Haus, am Samstag abend, wer achtet da schon drauf? Wenn es überhaupt jemand hört, bei der Musik. Sagen Sie der Señora, sie soll aus dem Weg gehen ..."

„Nein!" rief Jane. „Auf keinen Fall."

Grinsend schob sich Xavier näher an Linda heran. Jane wollte ihn wegstoßen, doch der Junge schnappte blitzschnell ihr Handgelenk und schleuderte sie rücklings aufs Sofa. Mit einem Aufschrei stürzte Kevin nach vorne, doch Xavier wich dem blinden Angriff blitzschnell aus und streckte Kevin mit einem gezielten Hieb zu Boden.

Macimer sah die Mündungen von zwei Schießeisen auf sich gerichtet. Trotz Kevins anklagendem Blick mußte er untätig bleiben.

Xavier war jetzt durch nichts mehr aufzuhalten. Triumphierend streckte er die Hand nach Linda aus. „Bitte ...", flüsterte sie.

Plötzlich bellte der Anführer ein Kommando. Seine beiden Kumpane erstarrten und schienen auf etwas zu lauschen.

Macimer hatte nichts gehört, doch der Kubaner starrte ihn mißtrauisch an. „Erwarten Sie noch jemanden?" fragte er drängend.

„Ja. Meinen ältesten Sohn – mit seiner Clique."

Der Kubaner verzog mißmutig das Gesicht. Er befahl dem schwarzhaarigen Mädchen nachzusehen, was draußen vorging. Sie verschwand im vorderen Teil des Hauses. Der Anführer stellte den Plattenspieler ab.

Die plötzliche Stille lastete wie Blei. Dann hörte man ganz deutlich einen Sportwagenmotor und das Gewirr gutgelaunter Stimmen.

Das Mädchen kam auf Zehenspitzen zurück. „Drei Autos", berichtete sie stirnrunzelnd. „Es sind acht, vielleicht neun Burschen." Mit höhnischem Lächeln fügte sie hinzu: „Die Schwachköpfe spielen da draußen auf dem Rasen Fußball."

Der Kubaner zögerte nicht lange. „Sie haben verdammtes Glück, Señor Macimer", sagte er. Wieder folgten ein paar rasche Befehle auf spanisch. Alle drei zogen sich zur Glastür zurück, die auf den Hof führte. Als sie aufglitt, sagte der Anführer: „Sie werden die Kerle hier festhalten, Señor. Wenn irgend jemand uns verfolgt ..."

Er ließ die Drohung unvollendet, denn die vordere Eingangstür wurde aufgestoßen und Lärm und Lachen füllten das Haus. Der Anführer, die Pistole immer noch auf Macimer gerichtet, schlüpfte mit seinen Kumpanen durch die offene Tür. Sie verschwanden in der Dunkelheit des Hofes, als Chip von der Diele her ins Wohnzimmer gelaufen kam. Er strahlte vor guter Laune. Dann blieb er stehen, starrte die vier der Reihe nach an und sagte: „He! Was ist denn hier los?"

Zehn Minuten nach Macimers Anruf war die Polizei zur Stelle. Einbruch und Raub waren keine Seltenheit in dieser Gegend, und Macimer verkniff sich jede Andeutung, daß es sich bei dem Trio eventuell gar nicht um gewöhnliche Einbrecher gehandelt haben könnte. Er versprach, am nächsten Tag auf die Wache zu kommen, um die Fotos der Verbrecherkartei durchzusehen. Weiter versprach er, eine Liste aller fehlenden Gegenstände anzufertigen. In seinem Arbeitszimmer sah es wüst aus, doch glücklicherweise bewahrte er dort nie wichtige Dokumente auf.

Erstaunlich war, wie verschieden sie alle auf den Überfall reagierten. Jane war voller Zorn. Chips Freunde bedauerten, daß sie zu spät gekommen waren und „das Spannendste" verpaßt hatten. Linda wirkte sehr mitgenommen, vermutlich würde sie die ganze Nacht kein Auge zutun können. Kevin saß stumm und mit verschlossener Miene herum – ganz offenbar enttäuscht, daß sein Vater so wenig Heldentum gezeigt hatte.

Und Macimer selbst war – neugierig.

Diese Latinos waren keine gewöhnlichen Ganoven. Irgend etwas stimmte nicht an der ganzen Aktion. Warum waren sie im Haus geblieben, bis Macimer und seine Frau von der Party zurückkehrten? Mit Linda und Kevin hätten sie doch leichtes Spiel gehabt. Warum hatten sie nicht einfach zusammengerafft, was sie finden konnten, und waren wieder verschwunden? Und warum hatten sie so hartnäckig darauf bestanden, daß ein Safe vorhanden sein müsse? Sie waren lang genug im Haus gewesen, um zu wissen, daß es keinen gab.

Sie haben dir was vorgespielt, dachte Macimer. Die Großspurigkeit, die Drohungen, auch das Theater mit Linda – das hatte alles ziemlich berechnend gewirkt. Als hätten sie ihre Opfer nur einschüchtern wollen. Was aber wollten sie wirklich?

MIT seinen zweiundvierzig Jahren war Paul Macimer noch ziemlich jung für den Posten, den er bekleidete. Immerhin leitete er als Chef der Zweigstelle Washington eines der größten Büros des FBI und hatte über dreihundert Beamte unter sich. Noch vor zwei Jahren hatte er im Hauptquartier der Abteilung für innere Sicherheit vorgestanden und hatte hauptsächlich mit Bevölkerungsunruhen, Krawallen und den Umtrieben radikaler Gruppen zu tun gehabt. Er hatte Fahndungen organisiert, Informationen der verschiedenen Abteilungen koordiniert und gegebenenfalls nach oben weitergeleitet. Sicher war es eine verantwortungsvolle und angesehene Position gewesen. Doch Macimer hatte zuvor meist im Außendienst gearbeitet, und ein Schreibtischposten war ihm im Grunde genommen zuwider.

Deshalb war er auch liebend gerne in die Zweigstelle Washington übergewechselt, obwohl sein Vorgänger dort einem Sprengstoffanschlag zum Opfer gefallen war. Im September 1982 hatte eine Bombe Carey McWilliams' Büro in ein Trümmerfeld verwandelt. Macimer wurde mit der Untersuchung des Attentats beauftragt. Nach sechs Monaten gab es immer noch keinen Hinweis auf den Täter. Selbstverständlich blieb der Fall offen, gemäß der eisernen Tradition des FBI, einen ungelösten Fall niemals zu den Akten zu legen – erst recht nicht die Ermordung eines Zweigstellenleiters, die die Institution bis ins Mark erschüttert hatte.

Obwohl Macimers Untersuchung erfolglos blieb, zeigten sich seine Vorgesetzten beeindruckt von seinen Führungsqualitäten, und er wurde McWilliams' Nachfolger. Es war ein Job so ganz nach seinem Geschmack, eigentlich der Wunschtraum jedes FBI-Beamten. Wer der Zweigstelle Washington angehörte, war direkt am Puls der Zeit.

Hier in der Hauptstadt hatte man aufregendere Fälle zu bearbeiten als in den meisten anderen Zweigstellen. Macimers Büro befaßte sich mit Sicherheitsproblemen, Terrorismus- und Spionagefällen. Es führte brandheiße Untersuchungen für den Kongreß und das Weiße Haus durch, leuchtete in Regierungsskandale hinein, ermittelte in Bestechungs- und Korruptionsaffären. Seit dem Attentat war die Zweigstelle in einem Regierungsgebäude beim Kapitol, dem Sitz des Kongresses, untergebracht. Die Räumlichkeiten waren eng, aber Teamgeist und Arbeitsmoral waren vorzüglich. Für Macimer hing das unmittelbar mit der Aufgabenstellung zusammen: Man arbeitete an wichtigen Fällen und in enger Verbindung mit dem Kapitol, dem Herzen der Regierung, der Nation.

Am Montag morgen erschien Jerry Russell, Macimers Stellvertreter, zur üblichen Routinebesprechung, um seinen Chef über die neueste Entwicklung zu informieren. Obenan auf seiner Liste stand eine Flugzeugentführung in Miami. Der Fall war erst wenige Stunden alt. Danach berichtete er Macimer über eine streng geheimgehaltene Ermittlungsaktion. Es gab Hinweise, daß bei einem großen Bauvorhaben der Regierung Aufträge durch Bestechungsgelder erkauft worden waren. Als nächster kam ein schwerer Fall von Brandstiftung an die Reihe, und schließlich wurde die Frage erörtert, wer Geheimdokumente der Atomenergiekommission einem ausländischen Agenten zugespielt hatte.

Bevor sich Jerry Russell wieder zurückzog, überreichte er Macimer noch einen Stapel von Akten und Karteikarten über weniger wichtige Fälle.

Sobald sein Stellvertreter gegangen war, nahm sich Macimer ein paar Minuten Zeit, über den Einbruch in sein Haus nachzudenken. Am Sonntag hatte er dem Polizeirevier seines Bezirks einen Besuch abgestattet und die Verbrecherkartei durchgeblättert – ohne Ergebnis. Sein einziger Anhaltspunkt war ein Vorname: Xavier. Mit dieser dürftigen Angabe in der Riesenkartei des FBI-Hauptquartiers herumzusuchen war aussichtslos. Aber es gab noch eine Spezialkartei im Innenministerium, die hauptsächlich Namen von Mitgliedern revolutionärer Gruppen enthielt, darunter auch viele Lateinamerikaner, Puertorikaner und Kubaner. Und natürlich hatte auch Macimers Dienststelle ihre eigene Kartei. Das bedeutete, in mühsamer Kleinarbeit durchs ganze Alphabet der Familiennamen zu gehen und jeden Xavier, der jünger als fünfundzwanzig war, herauszusuchen. Eine nervtötende Aufgabe, aber es war einen Versuch wert.

Mit einem mühsam unterdrückten Grinsen rief Macimer Pat

Garvey, einen seiner jungen Mitarbeiter, ins Büro. Macimer hielt viel von dem Achtundzwanzigjährigen, deswegen faßte er ihn besonders hart an. „Sie können eine Kleinigkeit für mich erledigen", erklärte er Garvey und erläuterte ihm die Sucharbeit, die einer Strafexpedition gleichkam. Der junge Beamte nahm die Hiobsbotschaft mit bemerkenswerter Fassung entgegen, obwohl es für einen Moment den Anschein hatte, als murmle er allerhand Verwünschungen.

Kurz nach zehn summte die Sprechanlage. „Ein Anruf für Sie auf Leitung fünf", verkündete Macimers Sekretärin. „Vom Hauptquartier."

Macimer drückte die entsprechende Taste.

Eine energische Stimme meldete sich. „Paul? Hier spricht Russ Halbig."

Macimer war sofort hellwach. Halbig war einer der drei Unterdirektoren des FBI. Macimer kannte ihn gut von früher. Sie hatten beide die FBI-Akademie besucht und gleichzeitig Examen gemacht. Beide hatten in der Zweigstelle in Omaha Dienst getan. Und während eines langen und von gefährlichen Rassenunruhen geprägten Sommers Mitte der sechziger Jahre hatten Halbig, Macimer und Gordon Ruhle gemeinsam einer Freiwilligentruppe in Mississippi angehört. „Um Russ ist mir nicht bange", hatte Ruhle einmal gesagt. „So was von Geschicklichkeit hab ich noch nicht gesehen. Der kann sogar den Regentropfen ausweichen. Und wenn alle ihr Fett abkriegen, der bleibt ungeschoren."

„Wie steht's zu Hause, Paul?" fragte Halbig. „Ich hab gehört, was Samstag abend passiert ist."

„Alles in Ordnung soweit. Kleiner Schreck in der Abendstunde, weiter nichts."

„Wie geht's Jane? Wird wohl ziemlich durcheinander sein." Halbig hatte gelegentlich die Angewohnheit, seine Fragen selbst zu beantworten, da es ihm nie schnell genug voranzugehen schien.

„Sie hält sich tapfer. Nur um Linda macht sie sich große Sorgen. Ihr haben die Kerle ziemlich zugesetzt."

„Kein Wunder, daß sie das mitgenommen hat. So was schüttelt man nicht einfach ab." Damit war der private Teil für Halbig erledigt, und er schlug einen geschäftlichen Ton an. „Es braut sich was zusammen, Paul, wegen der Akten, die du vor zehn Tagen hierhergebracht hast. In einer Stunde treffe ich den Direktor. Dann brauche ich dich vielleicht noch mal."

„Gut, ich stelle mich drauf ein", sagte Macimer. Halbigs Ankündigung überraschte ihn.

„Schön. Und noch was, Paul. Vergiß nicht, Jane zu sagen, wie leid es uns tut, was bei euch zu Hause passiert ist. Wir müssen uns unbedingt bald mal wieder treffen. Erika hat neulich erst gesagt, sie weiß kaum noch, wie ihr ausseht, Jane und du. Soweit dürfen wir's nicht kommen lassen."

Stirnrunzelnd legte Macimer auf. Was war der wahre Grund von Halbigs Anruf? Die Andeutung einer Einladung war sicher nur eine höfliche Geste. Gewiß, er und Jane, die Ruhles und die Halbigs waren früher viel zusammengewesen – besonders als Halbig noch mit seiner ersten Frau, Elaine, verheiratet war. Aber das war viele Jahre her; die Wege der drei Männer hatten sich längst getrennt, und Halbig hatte die steilste Karriere gemacht.

Kopfschüttelnd dachte Macimer: Was braut sich da zusammen? Und was hat es mit mir zu tun?

Drei

Russ Halbig war seit zwanzig Jahren beim FBI, und alle seine Kollegen, ob Vorgesetzte oder Untergebene, waren sich darin einig, daß er sich nie zu einer spontanen Entscheidung hatte hinreißen lassen.

Seine Kollegen irrten sich. Einmal in seinem Leben war Halbig bedenkenlos einem Impuls gefolgt. Er hatte sich von Elaine, der Mutter seiner drei Kinder, scheiden lassen, um Erika Lindstrom, die bildschöne, blonde Tochter eines Abgeordneten aus Minnesota, eine viel jüngere Frau, zu heiraten. Diesen übereilten Entschluß hatte Halbig sehr bald schon bereut. Er hätte es besser wissen müssen – und Elaine hatte es ihm in ihrer Enttäuschung prophezeit: Eine solche Leidenschaft war entweder zerstörerisch oder kurzlebig, wie jedes Fieber. Als sie abflaute, stand er mit leeren Händen da – seine frühere Frau haßte ihn, seine Kinder wollten nichts mehr von ihm wissen, und zu der attraktiven Kindfrau an seiner Seite bestand fast keine innere Beziehung. Doch für einen ehrgeizigen FBI-Mann wie Halbig war eine zweite Scheidung undenkbar. Die erste hatte schon genug Schaden angerichtet ...

Halbig verscheuchte die düsteren Gedanken und wandte sich wieder dem Durchschlag der Aktennotiz zu, die er an John Landers, den geschäftsführenden Direktor, geschickt hatte. Landers, ein alter Hase beim FBI, der unter anderem auch schon die Zweigstellen in New York, Chicago und San Francisco geleitet hatte, war vom Präsidenten zum neuen FBI-Direktor berufen worden. Zwar führte er bereits die Geschäfte, mußte aber noch vom Senat im Amt bestätigt werden. In den Zweigstellen war Landers sehr beliebt, weniger aber hier im Hauptquartier. Da saßen zu viele Kollegen, wie zum Beispiel Halbig, die auf den Posten des Direktors spekuliert hatten.

Bisher hatte Landers außerordentlich vorsichtig taktiert. Er hatte nicht in die Struktur der Führungsspitze eingegriffen, zu der Halbig und zwei weitere Unterdirektoren gehörten. Doch der Posten des zweiten Mannes war noch offen. Landers mußte einen Stellvertreter ernennen.

Halbig wollte diesen Posten. Wenigstens diesen.

Bevor Landers jedoch nicht vom Senat im Amt bestätigt war, konnte er nichts unternehmen. Falls er überhaupt bestätigt wurde.

Kühl abwägend überlegte Halbig, wie sich die Dinge wohl weiterentwickeln würden. Bei der Sitzung heute vormittag würde Landers bestimmt auf Halbigs Aktennotiz und auf die Akte Brea zu sprechen kommen. Es war nicht abzusehen, was diese verschwundene Akte für das Schicksal des FBI-Direktors bedeuten mochte ... und für das von Halbig.

In jenem Sommer, als in Kalifornien die Hölle los war, hatte Landers an der Spitze eines Sonderkommandos Jagd auf die Mitglieder des „Revolutionären Volkskomitees“ gemacht. Das blutige Ende dieser Jagd wurde zwar scharf kritisiert, doch unter dem Strich hatte Landers davon profitiert. Die Aktion rückte ihn ins Scheinwerferlicht der Öffentlichkeit und beeinflußte die Entscheidung des Präsidenten. Doch wie gesagt, der Senat hatte noch nicht seinen Segen gegeben. Das Anerkennungsverfahren begann in zwei Wochen, und verspätete Enthüllungen, daß beim FBI etwas faul sei, konnten Landers – ob er nun davon gewußt hatte oder nicht – auf die Abschußliste befördern. Hatte er gar mitgeholfen, etwas zu vertuschen, dann würde der Senat seine Berufung mit Sicherheit verhindern. Wenn andererseits Landers unbeschadet aus dieser Affäre hervorging, dann konnte er Halbig nur dankbar sein, daß dieser ihn auf die Akte Brea aufmerksam gemacht hatte. Die Sache ans Licht zu bringen konnte sich für Landers sogar auszahlen. In jedem Fall aber konnte Halbig nur gewinnen.

Russ Halbig sah auf die Uhr. Zeit für die Konferenz. Er stand auf und verließ sein Büro. Um zu den Räumen des Direktors zu gelangen, mußte er nur ein paar Schritte den Korridor entlanggehen – eine Anordnung, in der ein Versprechen zu liegen schien.

John Landers war ein kräftig gebauter Mann. Nur durch ständigen Kampf gegen das Übergewicht schaffte er es, den strengen FBI-Maßstäben gerecht zu werden. Alles an ihm wirkte kantig und eindrucksvoll – seine massigen Gesichtszüge mit dem kräftigen Kinn ebenso wie der gewaltige Brustkasten. Ein Mann wie ein Fels und genauso unerschütterlich. Er galt als humorlos, zäh, geradeheraus. Bei Fehlern oder Pannen konnte man keine Nachsicht von ihm erwarten. Doch in drei wichtigen Zweigstellen, die er geleitet hatte, gab es keinen Beamten, der nicht positiv, ja bewundernd von ihm gesprochen hätte.

Als Landers' Unterdirektoren Halbig, Caughey und Szymanski an diesem Morgen gegen elf in seinem Büro eintrafen, begrüßte er sie nur knapp. Die ersten Fälle, die zur Besprechung anstanden, wischte der FBI-Direktor rasch vom Tisch. Mehr Aufmerksamkeit widmete er der Flugzeugentführung in Miami.

„Wer ist vor Ort?" fragte Landers James Caughey.

„Callahan. Übrigens ist der Entführer ein Einzelgänger, etwas über neunzehn, mit ein paar kleineren Vorstrafen. Callahan läßt sich Zeit, wartet, bis der Junge ruhiger wird."

Landers nickte befriedigt. Callahan war der beste Mann für diesen Job. Er hatte sich einen fast schon legendären Ruf als Spezialist für Entführungen und Geiselnahmen erworben. Vor drei Jahren hatte Callahan bei der Aktion gegen das Volkskomitee Landers hervorragend unterstützt, hatte alle wichtigen Verhandlungen geführt. Mit seinen weißen Haaren und seiner gewinnenden Art konnte er einen Wildfremden in kürzester Zeit dazu bringen, ihm sein Herz auszuschütten. Wäre Callahan an jenem unglückseligen Tag in San Timoteo dabeigewesen und hätte Gelegenheit gehabt, mit den von Polizei umlagerten Revolutionsamateuren zu reden, die Sache wäre vielleicht anders verlaufen ...

„Gut", sagte Landers. „Je länger wir den Flugzeugentführer hinhalten können, desto besser werden unsere Chancen. Ich möchte alle halbe Stunde einen Bericht, so lange, bis die Sache ausgestanden ist."

Nachdem die übrigen Punkte der Tagesordnung durchgesprochen

waren, nahm Landers eine Aktennotiz vom Konferenztisch. „Dies hier gefällt mir nicht“, sagte er. Es war die Notiz über die verschwundene Akte Brea. „Wenn ich Sie recht verstehe, Halbig, deuten Sie die Möglichkeit an, daß jemand eine heiße Akte gestohlen hat – und daß dieser Jemand ein FBI-Mann gewesen sein könnte.“

„Das ist nur eine von vielen Möglichkeiten“, entgegnete Halbig vorsichtig.

„Aber eine ganz besonders miese“, grollte Landers. „Los, Ihren Bericht. Die andern sollen genau Bescheid wissen.“

Halbig schilderte den Diebstahl des FBI-Wagens vor zehn Tagen und berichtete über die Aktenkartons im Kofferraum, von denen der Dieb einen geöffnet hatte.

„Die Ordner sind offenbar alle vollständig“, erklärte Halbig. „Bis auf einen. Der ist leer. Der Aufschrift nach enthielt er eine Akte über einen Mann namens Brea. Sie ist verschwunden, und niemand weiß, was drinsteht.“

„Und unsere Duplikate?“ fragte Caughey. Jede Niederschrift bei einer Untersuchung wurde für das Hauptquartier kopiert.

„Es gibt keine. Das war das erste, was mir auffiel.“ Halbig zögerte. „Lippert, von dem die Akten stammen, ermittelte auf eigene Faust. Er hatte keinen Auftrag dazu.“

„Es gibt also überhaupt keine Unterlagen?“ fragte Landers.

„Nur ganz wenige. Lippert hat im Labor ein paar Analysen durchführen lassen. Henry hat in mühsamer Kleinarbeit die Laborberichte ausfindig gemacht.“ Halbig nickte Henry Szymanski zu, der unter anderem für den Erkennungsdienst verantwortlich war.

„Eine der Analysen betraf den Nachweis von Schießpulverrückständen an einem rostigen alten Fliegengitter“, fuhr Halbig fort. „Das Ergebnis war positiv. Ferner wollte Lippert Stimmanalysen von zwei verschiedenen Tonbandaufnahmen. Die erste Aufnahme enthielt ein Gespräch zwischen einem Beamten der Zweigstelle San Francisco und einem Informanten namens Walter Schumaker, das am 10. Juni 1980 stattgefunden hat. Auf dem zweiten Band befindet sich ein anonymer Telefonanruf im Büro in Sacramento vom 27. August 1981 – dem Tag vor dem Massaker in San Timoteo. Die Stimmanalysen beweisen, daß beide Male Schumaker am Telefon war. Bei dem zweiten Anruf hat er den Decknamen Brea für einen FBI-Beamten benutzt, den er sprechen wollte.“

„Wer war Brea?“ unterbrach Landers scharf.

„Es gibt keine Unterlagen über diesen Decknamen. Klingt wie ein privater Code zwischen einem Beamten und seinem Informanten."

„Ich will diese Bänder hören", sagte Landers. „Noch etwas?"

„Lippert hat die graphologische Abteilung um einen Handschriftenvergleich gebeten. Bei der ersten Probe handelte es sich um Walter Schumakers Handschrift; die zweite war eine Mietquittung für das Haus in San Timoteo, wo sich die Volkskomitee-Leute versteckt hielten. Die Handschriften waren identisch."

Alle schwiegen verblüfft. Landers blickte finster drein. „Welche Schlüsse ziehen Sie daraus?" fragte er schließlich. „Szymanski?"

„Sieht so aus, als habe Lippert etwas über die Katastrophe in San Timoteo herausfinden wollen. Anscheinend gehörte ein FBI-Informant zu den Mitgliedern der Gruppe. Das war bisher nicht bekannt."

„Nein, war es nicht", bestätigte Landers knapp. Seine Spezialeinheit hatte damals monatelang erfolglos hinter der Terroristenbande hergejagt. Der Gedanke, daß ein FBI-Informant – und der Beamte, den er belieferte – das Versteck der Radikalen die ganze Zeit gekannt hatte, ließ Landers vor Wut rot anlaufen. „Ich würde verdammt gern wissen, warum niemand was erfahren hat."

„Außerdem stellt sich die Frage", warf Caughey ein, „was mit Schumaker passiert ist."

Die vier Männer sahen einander an. Jeder erinnerte sich noch genau an die gewaltige Explosion, die das Volkskomitee ausgelöscht hatte.

Landers' Ausdruck wurde immer grimmiger. „Diese verschwundene Akte muß wieder her. Und Schumaker muß wieder her – wenn er noch lebt. Und vor allem will ich wissen, wer Brea ist." Sein durchbohrender Blick richtete sich auf Halbig. „Sie nehmen also an, daß der Mann, der den FBI-Wagen gestohlen hat, es auf die Akte abgesehen hatte?"

„Nein, Sir. Ich nehme an, daß es ein gewöhnlicher Autodiebstahl war, Augenblickssache, das Werk eines Amateurs. Der Entschluß des Beamten Stearns, bei diesem Einkaufszentrum und zu dieser Stunde vorzufahren, war reiner Zufall und von niemand vorauszusehen. Außerdem hat der Dieb überall im Wagen seine Fingerabdrücke hinterlassen, und sie sind nicht in unserer Kartei. Auch das läßt auf einen Amateur schließen."

„Aber seine Abdrücke sind auf dem Brea-Ordner?"

„Jawohl, Sir, und auf ein paar anderen Ordnern. Doch er hat nicht wissen können, daß die Akte Brea besonders wichtig war. Das ist es, was ich nicht erklären kann. Warum hat er ausgerechnet diese Akte mitgenommen?"

Landers ging nicht weiter darauf ein, gab nur ein unwilliges Brummen von sich. „Empfehlen Sie eine spezielle Untersuchung?" fragte er dann.

Halbig nickte. „Wir sollten jemanden auf die Sache ansetzen, der über die Hintergründe des Falles Bescheid weiß und Erfahrung mit Extremisten hat. Ich möchte den Mann vorschlagen, der die gestohlenen Akten vor zehn Tagen wiedergebracht hat. Wie Sie sich bestimmt erinnern, war dies der Leiter der Zweigstelle Washington, Paul Macimer."

„Haben Sie besondere Gründe, Macimer vorzuschlagen?"

„Ja, Sir, die habe ich. Es besteht die Möglichkeit, daß Macimer selbst die Akte gestohlen hat."

Wieder verblüfftes Schweigen. Dann ging Caughey in die Luft. „So ein Quatsch! Ausgerechnet Macimer."

„Ich sage nicht, daß er es getan hat." Halbig ließ sich nicht aus der Ruhe bringen. „Ich sage nur, es ist möglich. Immerhin befanden sich die gestohlenen Akten in seiner Hand, bevor sie hier im Hauptquartier abgegeben wurden. Außerdem hat er ausgesagt, daß er sich den Inhalt der Akten nicht angesehen hat. Und doch ist sein Daumenabdruck auf einer Ecke des Brea-Ordners – *und zwar nur auf diesem*. Und Macimer war eben zu jener Zeit Mitglied der Antiterroreinheit, als auch Brea in Kalifornien war."

„Und mit ihm noch zweihundert andere Beamte, mich eingeschlossen", sagte Landers. „Wenn Sie es für denkbar halten, daß er die Akte gestohlen hat, warum wollen Sie ihm dann die Untersuchung darüber anvertrauen?"

„Falls er in die Sache verwickelt ist, wird er versuchen, die Nachforschungen zu sabotieren. Wenn nicht, dann ist er genau der richtige Mann, um die Affäre aufzuklären. In jedem Fall erfahren wir also, was wir wissen wollen."

Landers legte die Stirn in Falten, während er Für und Wider gegeneinander abwog. „Na gut", stimmte er schließlich zu. „Übergeben Sie's Macimer. Sonderauftrag. Und mit äußerster Vorsicht zu behandeln. Vermutlich haben wir in ein Wespennest gestochen. Um so mehr darf nichts an die Öffentlichkeit dringen, bevor wir nicht genau wissen, womit wir es zu tun haben."

FÜNF Minuten nach Ende der Konferenz erhielt Paul Macimer einen Anruf von James Caughey, seinem früheren Chef im Hauptquartier. „Sie bekommen einen Sonderauftrag", sagte Caughey. „Russ Halbig wird Sie in Kürze ins Bild setzen, falls er sich nicht schon gemeldet hat. Seien Sie vorsichtig, Paul. Es kann Ärger geben. Vermutlich steckt weit mehr Zündstoff in der Affäre, als es zunächst den Anschein hat."

„Was raten Sie mir?"

„Dasselbe wie immer. Keine krummen Touren und die Augen offenhalten."

Macimer lächelte. „Ich werde hellwach sein. Und vielen Dank, James."

DAS J.-Edgar-Hoover-Gebäude des FBI in Washington, ein gewaltiger Bürokomplex an der Nordseite der Pennsylvania Avenue, mag von außen wenig einladend erscheinen. Doch hinter den wuchtigen Fassaden liegt ein weiter, gepflegter Innenhof, der von der Straße aus ohne weiteres zugänglich ist. Viele Angestellte aus den Büros in der Nähe kommen mittags hierher, sitzen beim Springbrunnen in der Sonne und packen ihre belegten Brote aus.

Paul Macimer hatte freilich wenig Sinn für das Mittagsidyll, als er kurz vor zwei im J.-Edgar-Hoover-Gebäude eintraf. Während der ganzen Fahrt hierher hatte er sich den Kopf zerbrochen, was Halbig wohl für ihn bereithalten mochte. Kurz nach der Mittagspause hatte ihm die Sekretärin des Unterdirektors lediglich mitgeteilt, er möge doch umgehend ins Hauptquartier kommen.

Als er in Halbigs Vorzimmer im sechsten Stock ankam, führte ihn die Sekretärin sofort ins Büro des Unterdirektors, einen stattlichen Raum mit dicken Teppichen. Die Wände waren mit dunklem Walnußholz verkleidet, und durch eine große Fensterfront überblickte man den Innenhof. In der Ecke hinter dem gewaltigen Schreibtisch stand die Bundesflagge.

„Paul! Herzlich willkommen. Sicher hast du bereits zu Mittag gegessen?" Halbig wartete gar nicht erst auf die Antwort. „Wie wär's mit Kaffee? Wird eben frisch gemacht. Helen bringt uns welchen." Wieder ließ er Macimer keine Zeit, sich zu äußern, sondern klingelte sofort nach der Sekretärin.

Als die junge Dame den Kaffee gebracht hatte und wieder gegangen war, hob Halbig seine Tasse. „Auf die alten Zeiten, was, Paul? Damals war's doch am schönsten."

Macimer fragte sich, ob Halbig wirklich dieser Meinung war. Der Unterdirektor setzte seine Tasse ab, lehnte sich zurück und lächelte Macimer über die polierte Schreibtischplatte hinweg an. Er sah aus wie ein erfolgreicher, zufriedener, sogar ein wenig selbstgefälliger Geschäftsmann. Sein grauer Anzug war maßgeschneidert, das Hemd erstrahlte im reinsten Weiß. Kein Wunder, daß man ihn schon nach ein paar Jahren Außendienst ins Hauptquartier berufen hatte. Er war der geborene Bürokrat. Mit seinem penibel gepflegten Äußeren, der schlanken Statur und den braunen Augen in seinem schmalen Gesicht mußte er jedermann als der Inbegriff von Korrektheit und Präzision erscheinen.

„Wir haben ein Problem, Paul", sagte Halbig übergangslos. „Sonderauftrag vom Direktor. Das heißt, er will es am liebsten gestern erledigt haben." Halbig öffnete ein schwarzes Köfferchen, zog einen leeren braunen Aktendeckel hervor und hielt ihn Macimer hin. Macimer blickte verständnislos, las dann den Namen, der darauf stand, und sah Halbig überrascht an.

„Erkennst du das, Paul?"

„Dieser Aktendeckel stammt aus dem aufgebrochenen Karton mit gestohlenen Papieren, den ich vor zehn Tagen hierhergebracht habe. Ich erinnere mich an den Namen. Aber der Ordner war leer."

„Du hast also nachgesehen? In deinem Bericht steht doch, daß du die Dokumente nicht angerührt hast."

Macimer runzelte irritiert die Stirn. „Ich habe nicht nachgesehen. Ich wollte den Karton zumachen, und dieser Ordner stand ein Stück heraus. Ich habe ihn zurückgeschoben, weiter nichts."

„Hast du dich nicht gewundert, was ein leerer Ordner zwischen den Akten zu suchen hat, die fürs Hauptquartier bestimmt sind?"

„Doch, habe ich", gab Macimer zu.

„Ich mich auch. Ich bin der Sache nachgegangen und habe sofort den Direktor informiert." Halbig wiederholte kurz, was er bei der Vormittagskonferenz Landers vorgetragen hatte, und legte besonderen Nachdruck auf die beiden Tonbänder und die Stimmanalysen. „Der Direktor ist auch der Meinung, daß die fehlende Akte unbedingt gefunden werden muß", schloß er.

„Der Junge, der den Wagen geklaut hat, kann sie mitgenommen haben", gab Macimer zu bedenken.

„Das ist natürlich möglich, und dieser Spur muß unbedingt nachgegangen werden. Aber es ist doch ein sehr merkwürdiger

Zufall, daß ein Autodieb aus diesen vier Kartons ausgerechnet die einzige Akte stiehlt, die besonders brisant ist."

Wahrhaftig ein seltsamer Zufall, dachte Macimer.

„Wir möchten, daß du die Untersuchung leitest", fuhr Halbig fort. „Du hast Erfahrung mit Terroristen – und vor allem weißt du über die San-Timoteo-Geschichte Bescheid, die Lippert zu rekonstruieren versucht hat." Halbig machte eine kleine Pause. „Hast du Vernon Lippert gekannt?"

„Nicht gut, wir sind uns ein-, zweimal begegnet."

„Er ist letzten Februar mit dem Boot verunglückt. Du mußt davon gehört haben. Anscheinend hat er bis zu seinem Tod im Alleingang Nachforschungen in der Volkskomitee-Affäre durchgeführt. Wir wollen wissen, warum. Landers hört sich heute nachmittag die beiden Tonbänder an. Morgen früh hast du Kopien und den getippten Text. Sieh dir doch deine alten Volkskomitee-Akten noch einmal an. Vielleicht fällt dir was dabei ein, und du kommst dahinter, warum Lippert Verdacht geschöpft hat." Halbig verstummte, und in seinem Blick lag etwas, das Macimer nicht deuten konnte. „Deine Berichte gehen direkt an mich. Landers will unverzüglich informiert werden. Du weißt ja, daß der Senat seine Ernennung in zwei Wochen bestätigen soll."

Auf einmal kam Macimer dieser Auftrag nicht geheuer vor. Caugheys Warnung fiel ihm ein: „Seien Sie vorsichtig, Paul. Es kann Ärger geben."

Ärger für wen? fragte er sich.

VON Russ Halbigs Büro aus begab sich Macimer sofort zur Kartei, die nahezu drei Stockwerke im FBI-Gebäude in Anspruch nahm. Hier waren sämtliche Ermittlungsergebnisse gespeichert – insgesamt mehr als sieben Millionen. Zu manchem Stichwort gehörten Tausende von Formularen und Dokumenten. Jedes Stück Papier war numeriert und alphabetisch geordnet. Das Gesamtverzeichnis umfaßte mehr als sechzig Millionen Karteikarten, und ein Computer half bei der Suche nach dem richtigen Stichwort oder Namen. Wollte man ein bestimmtes Dokument herbeiholen lassen, dann bediente man sich eines Schienensystems unter der Decke. Kleine Kunststoffwägelchen liefen dort durch ein Netzwerk von zweiundsiebzig Stationen, stoppten an der richtigen Stelle und schafften heran, was man brauchte. Sie sahen aus wie die Kippwagen einer Spielzeugeisenbahn.

Die Volkskomitee-Unterlagen füllten eine Reihe von dicken Ordnern. Macimer nahm sie entgegen, unterschrieb den Empfangsschein und verließ das Gebäude.

Wieder in seinem Büro, rief er seinen Stellvertreter Jerry Russell zu sich. „Ich brauche jemand, der sich hinter diese Sache klemmt", erklärte er ihm. „Das hier muß genau durchgesehen werden. Ich weiß, wir haben im Moment nicht viele Leute, aber –" Harrison Stearns kam ihm in den Sinn, der Beamte, der sich seinen Wagen hatte stehlen lassen und dadurch die ganze Untersuchung in Gang gebracht hatte. Stearns war zuverlässig und gewissenhaft. Er war jung genug, um einen Fehler zu machen, aber er würde seine Lehren daraus ziehen. „Sitzt Stearns immer noch an der Spinnerleitung?"

Russell schmunzelte. „Sie haben ihn ja bis auf weiteres dazu verdonnert."

An der sogenannten Spinnerleitung mußten Anrufe von allerhand Käuzen und Wichtigtuern beantwortet werden, die zum Teil abenteuerlichen Blödsinn verzapften. Der Nachtdienst dort wurde im allgemeinen einem neuen Beamten aufgebrummt und war eine zermürbende Tätigkeit, denn viele Anrufer ließen sich nicht leicht abwimmeln.

„Sagen Sie Stearns, er soll morgen früh um sieben hiersein", sagte Macimer.

„Aber er hat die ganze Nacht Dienst", gab Russell zu bedenken.

Macimer ging nicht darauf ein. Stearns bekommt eine neue Chance, dachte er, aber es darf ihn ruhig etwas Mühe kosten.

„Und noch etwas", fügte Macimer hinzu. „Lassen Sie morgen vormittag mein Haus nach Fingerabdrücken absuchen. Vielleicht bringt uns das ein Stück voran."

Jerry Russell hob die Augenbrauen. „Glauben Sie, es besteht eine Verbindung zwischen dem Einbruch bei Ihnen und der fehlenden Akte?"

„Ich habe so eine dunkle Ahnung. Vielleicht hat jemand gedacht, daß in dem Ordner noch was drin war, als ich die Akten an mich nahm."

„Dann muß die Akte aber ein verdammt heißes Eisen sein. Und jemand glaubt also, Sie hätten die Papiere versteckt? Warum verdächtigt er nicht den Autodieb?"

„Ebendas müssen wir rausfinden. Ich möchte auch mit den Leuten reden, die den Autodiebstahl bearbeiten. Wer ist das?"

„Rayburn und Wagner. Aber die sind unterwegs und kommen vielleicht heute nicht mehr rein. Soll ich sie herbeordern?“

„Morgen ist noch früh genug. Schicken Sie mir Garvey.“

Nachdem Russell gegangen war, rief Macimer zu Hause an. Als Jane sich meldete, sagte er: „Ich hoffe, du hast keinen großen Hausputz vor.“

„Ist das eine Beschwerde, mein Herr?“

Macimer lachte. „Kaum. Aber morgen kommen Leute vorbei und nehmen Fingerabdrücke. Die bringen ihre eigenen Staubsauger mit.“

Janes Ton wurde sofort ernst. „Versprecht ihr euch denn was davon?“

„Na ja, wir hoffen auf einen Zufallstreffer“, gab Macimer zu. „Außerdem wird's heute abend spät bei mir – warte nicht mit dem Essen.“

„Na, das ist ja mal 'ne Abwechslung“, versetzte sie sarkastisch.

Als Macimer auflegte, stand Pat Garvey in der offenen Tür. Er war schwarzhaarig und hatte die Schultern eines Boxers. Nach der stundenlangen Wühlarbeit in der Kartei waren seine Augen rot umrändert.

„Wie weit sind Sie inzwischen?“ wollte Macimer wissen.

„Bis jetzt habe ich achtzehn Xaviers zwischen sechzehn und fünfundzwanzig, die meisten aus der Kartei im Innenministerium.“

„Wenn Sie fertig sind, prüfen Sie nach, wie viele davon in der Hauptkartei enthalten sind.“

„Hab ich mir schon gedacht.“ Garvey zögerte. Ihm war zu Ohren gekommen, daß ein Sonderauftrag unterwegs war. „Äh, ich dachte ...“

Macimer grinste. „Keine Angst, ich übergehe Sie nicht. Jemand anders wird die Suche nach Xavier übernehmen.“ Er dachte einen Moment nach. „Wann können Sie fertig sein, um nach Kalifornien zu fliegen?“

Garveys Augen leuchteten auf. „In ein paar Stunden.“

„Gut. Sie fliegen morgen. Mit Collins. Sprechen Sie sich mit ihm ab.“

„Jawohl, Sir. Hinter was sind wir her?“

„Sie bekommen Ihre genauen Instruktionen morgen früh. Eins kann ich Ihnen jetzt schon sagen. Vernon Lippert, der FBI-Mann in San Timoteo, hat auf eigene Faust versucht, etwas über das Volkskomitee-Massaker vor drei Jahren rauszukriegen. Wir wissen nicht, was er ausgegraben hat, aber irgend jemand muß großes Interesse daran haben. Die Akte ist verschwunden, und es gibt keine Kopien. Sie sollen versuchen, die Akte noch einmal zusammenzustellen, indem Sie in Lipperts Fußstapfen treten."

„Was ist mit Lippert selbst?"

„Er ist bei einem Unfall ums Leben gekommen ..."

In Macimers Kopf schrillte plötzlich eine Alarmglocke. Zum ersten Mal brachte er Lipperts Tod mit dem Verschwinden der Akte Brea in Verbindung.

Er blickte auf den Aktenstapel vor sich auf dem Schreibtisch, in dem die Volkskomitee-Untersuchung Schritt für Schritt festgehalten war. Der gewaltige Umfang der Ordner machte ihn ganz mutlos. Zum Glück konnte man sich wohl auf den letzten Teil konzentrieren, jene Phase, die auch Lippert besonders interessiert hatte.

Mit einem Seufzer zog er den ersten Ordner zu sich. Die Geste genügte Garvey, um sich diskret zurückzuziehen.

„Du siehst müde aus", sagte Jane Macimer zu ihrem Mann. Sie stand vor dem Frisiertisch und bürstete ihr mattblondes Haar. Die Farbe stand ihr gut, ebenso wie die kurze Lockenfrisur. Ihr halbes Leben lang hatte Jane ihre Haare vom Friseur glattlegen lassen. Jetzt auf einmal waren Locken groß in Mode.

„Na ja, wird auch Zeit, daß ich ins Bett komme", antwortete er.

„Ein paar Stunden Schlaf werden nichts nützen. Du brauchst mal richtig Urlaub."

„Ein bißchen Wärme und Mitgefühl, das ist es, was ich brauche."

Er war spät nach Hause gekommen, hatte ein Sandwich mit einem Glas Milch hinuntergespült und sich im Fernsehen die Spätnachrichten angesehen. Erleichtert hatte er den Bericht aus Miami verfolgt, wo sich der Flugzeugentführer dem FBI-Beamten Callahan gestellt hatte. Erst jetzt, kurz vor dem Zubettgehen, erzählte er Jane von seiner Begegnung mit Halbig und daß man sich bald einmal privat treffen wolle.

„Wie nett", sagte Jane. Es klang allerdings ein bißchen spitz. Sie war mit Elaine Halbig gut befreundet gewesen. Beide waren damals frischgebackene Ehefrauen junger FBI-Beamter, beide bekamen kurz nacheinander ihr erstes Kind. Als Halbig später eine blonde Schönheit heiratete, die zehn Jahre jünger als Elaine war, war Jane mit ihm und seiner neuen Frau nie wieder richtig warm geworden. „Erika und ich haben eigentlich nie viel miteinander anfangen können", meinte Jane nachdenklich.

„Soll ich Halbig etwa absagen, wenn er uns einlädt?"

Jane lachte. „Nein, nein, das willst du doch bestimmt nicht. Wenn ich an das letzte Mal denke – du hast doch nur Augen für Erika gehabt."

„Das ist eine grobe Übertreibung."

„Grob ja, aber keine Übertreibung."

VIER

ALS sein Chef ihn am Dienstag morgen um sieben zu sich rief, sprang Harrison Stearns so eilig auf, daß er sich das Schienbein am Schreibtisch stieß. Ohne auf das unterdrückte Gelächter hinter seinem Rücken zu achten, humpelte er zum Chefzimmer.

Stearns hatte bis Mitternacht Dienst gehabt. Es waren nur wenige Anrufe hereingekommen, und er hatte viel Zeit gehabt, über seine Zukunft nachzudenken und sich auszumalen, daß man ihn wohl bald in ein Büro in der tiefsten Provinz verbannen würde.

„Ich habe einen neuen Job für Sie", verkündete Macimer, nachdem Stearns vor seinem Schreibtisch Platz genommen hatte. Er wartete, ließ den jungen Beamten etwas schmoren. „Wir arbeiten an einem Sonderauftrag und versuchen, eine Akte wieder zusammenzubekommen, die Sie verloren haben, als Sie die Kartons vom Flughafen holten."

Stearns sah aus wie ein geprügelter Hund. Es war schlimmer, als er befürchtet hatte.

„Einer muß den Papierkram übernehmen. Ich habe dabei an Sie gedacht. Sie haben nichts weiter zu tun, als aufzupassen, daß nicht noch mehr verlorengeht. Fühlen Sie sich dem gewachsen?"

„Jawohl, Sir", murmelte Stearns.

„Werden sehen. Bringen Sie Ihr Zeug ins kleine Wartezimmer. Russell stellt Ihnen einen Schreibtisch rein. Und sagen Sie ihm, ich möchte Garvey und Collins sprechen, sobald die beiden auftauchen."

Nachdem Stearns auf leisen Sohlen verschwunden war, wandte Macimer sich den beiden Tonbändern zu, die eben aus dem Büro des Direktors gekommen waren. Dem Päckchen lag eine kurze Notiz bei: „Die Bänder sprechen für sich. Das FBI muß schnellstens wissen, was dahintersteckt und was sich vor drei Jahren in Wahrheit zugetragen hat." Darunter die Unterschrift: „John Landers."

Die Wahrheit wollte er also wissen. Gut, die sollte er kriegen!

Zumindest standen Macimer nach der Durchsicht der Untersuchungsberichte die Ereignisse des Jahres 1981 wieder deutlich vor Augen: jener lange, unselige Sommer, als das „Revolutionäre Volkskomitee" zum ersten Mal in Kalifornien in Erscheinung trat und die Verantwortung für eine Reihe von Anschlägen und Entführungen beanspruchte. Das kapitalistische System liege im Todeskampf, verkündeten sie. Die Zeit sei reif für das Volk, sich zu erheben und die Ketten abzuschütteln – endlich Schluß zu machen mit der Ausbeutung durch Großkapital und Regierung.

Die Gruppe, ein zusammengewürfelter Haufen von jungen Radikalen, darunter Schwarze und Halbmexikaner, hatte einen selbsternannten charismatischen Führer, der sich den Namen Ramses zugelegt hatte. In Wirklichkeit hieß er Carlos Sanchez, kam aus Los Angeles, hatte dort eine Straßenbande angeführt und war der Polizei durch eine lange Liste von Vorstrafen bestens bekannt.

Ramses und sein Revolutionäres Volkskomitee finanzierten ihre Aktivitäten durch Banküberfälle in Kleinstädten. Ihr erklärter Feind war die Polizei. Mehr als einmal lockten sie Polizisten und FBI-Beamte in einen falschen Alarm, um eine Bombe in einer Polizeistation hochgehen zu lassen. Gegen Ende des Sommers herrschten überall bei der Polizei in Nordkalifornien große Nervosität – und Haß.

Macimer gehörte zum FBI-Sonderkommando, das auf die Terrorgruppe angesetzt war und sein Hauptquartier in Sacramento hatte. Eines Nachmittags Ende August wurde er von einem Informanten angerufen, der seinen Namen nicht nennen wollte. Sie kamen überein, sich am 28. August um siebzehn Uhr in einem Hotel nahe der Stadt Fresno zu treffen. Macimer versprach sich nicht viel davon, fuhr aber trotzdem hin und wartete auf den Informanten. Der Mann tauchte nicht auf und ließ nie wieder etwas von sich hören.

Zur gleichen Zeit, während Macimer in dem Hotel wartete – um sechzehn Uhr sechsundvierzig genau –, bekam hundertfünfzig Kilometer weiter nördlich die Polizei von San Timoteo einen entscheidenden Tip. Das Volkskomitee habe sich in einem Haus am Stadtrand verschanzt, sei bis an die Zähne bewaffnet und wild entschlossen, aufs Ganze zu gehen. Der Anruf löste ein hektisches Durcheinander aus, und man vergaß – sei es absichtlich, sei es aus Versehen –, den FBI-

Mann der Stadt, Vernon Lippert, zu informieren. Lippert erfuhr erst von der Sache, als die Polizei bereits unterwegs zum Versteck der Bande war. Er rief sofort die Sondereinheit in Sacramento an, bat dringend um Unterstützung und begab sich direkt zum Schauplatz der Ereignisse. Als er ankam, fiel bereits der erste Schuß.

Von wem und unter welchen Umständen dieser erste Schuß abgefeuert wurde, blieb umstritten. Im offiziellen Polizeibericht hieß es, die Terroristen hätten mit Gewehrfeuer reagiert, als Polizeichef Whittaker sie zur Übergabe aufforderte. In Lipperts Protokoll stand nur, der auslösende Schuß sei aus der Richtung des Hauses gekommen und hätte einen massiven Gegenschlag der Polizei zur Folge gehabt...

Macimer wandte sich den Tonbändern zu, hörte sie ab und machte sich dann Notizen. Er schrieb noch, als Garvey und Collins ins Büro kamen. Macimer bot ihnen Platz an, lehnte sich zurück und musterte sie kritisch.

Garvey mit seiner Boxerfigur und seinem irischen Aussehen – schwarzes Haar, blaue Augen und Nußknackerkiefer – hätte vor zwanzig Jahren ganz gut in Macimers Klasse an der Akademie gepaßt. Nur das Haar trug man damals noch nicht so lang. Collins hingegen gehörte einer anderen Generation von FBI-Beamten an. Schwarze waren früher beim FBI eine ausgesprochene Seltenheit gewesen, ebenso wie Leute mit Collins' kühlem, sachlichem Stil und seiner modebewußten Kleidung: Heute trug er einen maßgeschneiderten dreiteiligen Anzug aus hellblauem Gabardine. An den beiden Männern konnte man ablesen, wieviel sich beim FBI in den letzten zwanzig Jahren geändert hatte.

„Wir haben den Einuhrflug nach Sacramento für Sie gebucht", erklärte Macimer. „Ich nehme an, Sie sind beide über die Vorgänge in San Timoteo vor drei Jahren informiert."

„Jawohl, Sir", versicherte Garvey. Collins nickte.

„Gut. Lassen Sie mich also zusammenfassen, wie sich die Dinge im Moment darstellen. Der Fall war für uns abgeschlossen. Alle uns bekannten Volkskomitee-Leute waren tot. Niemand hat die Explosion überlebt, auch das junge Paar nicht, das von den Terroristen als Geiseln gefangengehalten wurde und dessen Transporter sie benutzten. Es gab keinen Grund für weitere Nachforschungen. Lippert dagegen war offenbar anderer Meinung. Ich glaube, die Art, wie das Volkskomitee ausgelöscht wurde, hat ihm keine Ruhe gelassen.

Ein Arzt hat später ausgesagt, daß er Ramses wegen einer

Schußwunde behandelt hat, die von einem Banküberfall stammte. Das war zwei Wochen vor dem Massaker. Der Arzt hatte Angst um seine Familie, deshalb hat er sich nicht gemeldet. Demnach war Ramses gar nicht in der Lage, seine Truppe in einen Kampf zu führen. Also hat sich die Bande wahrscheinlich in San Timoteo verkrochen, um Zeit zu gewinnen. Sie hatten Verletzte, waren wahrscheinlich ziemlich demoralisiert. In diesem Zustand konnte ihnen nicht daran gelegen sein, sich mit der Polizei anzulegen.

Wenn man es so sieht, dann muß man sich tatsächlich fragen, warum sie sich ausgerechnet dieses Haus am Stadtrand ausgesucht haben. Für eine Entscheidungsschlacht war es auf jeden Fall völlig ungeeignet. Was hat aber dann der anonyme Telefonanruf bei der Polizei in San Timoteo zu bedeuten, der diese Schlacht erst ausgelöst hat?"

Die beiden jüngeren Beamten, die sich eifrig Notizen machten, blickten erwartungsvoll auf.

„Viele von uns haben sich damals gewundert, warum Ramses solchen Mist gebaut hat. Lippert ist der Sache nachgegangen, hat eine eigene neue Akte angelegt. Leider hat er seine Untersuchung nicht genehmigen lassen und folglich auch keine Kopien seiner Aufzeichnungen eingeschickt. Und jetzt ist Lippert tot, und die Akte ist verschwunden."

Kurz umriß Macimer die neuen Erkenntnisse der letzten Woche. Erstens: Ein Stück rostiges Fliegengitter, das Lippert ins Labor geschickt hatte, wies Schießpulverrückstände auf. Frage: *Woher stammte das Gitter?* Zweitens: Ein von Lippert angeforderter Handschriftenvergleich bewies, daß ein Mann namens Walter Schumaker zwei Tage vor der Schießerei das Versteck in San Timoteo unter falschem Namen gemietet hatte. Schumaker arbeitete als Spitzel für die FBI-Zweigstelle San Francisco und verfügte über Kontakte zu radikalen Gruppen. Für seine Dienste hatte er ein Jahr lang ein monatliches Honorar bezogen, bis zum Juni 1980. Als die Zahlungen ausblieben, verschwand er spurlos. Frage: *Was geschah mit Walter Schumaker?*

Collins pfiff leise durch die Zähne.

„Pikante Angelegenheit, nicht wahr", sagte Macimer. „Unter den Volkskomitee-Leuten war also ein ehemaliger FBI-Spitzel. Und wenn ich ehemalig sage, stimmt das nicht ganz. Er wurde nämlich von einem FBI-Beamten weiterbeschäftigt, der sich Brea nannte – ein

Deckname. Und dieser Deckname kommt nirgendwo in unseren Karteien vor."

„Woher wissen wir dann überhaupt von ihm?" fragte Garvey.

„Sie können es selbst hören." Macimer wandte seinen Drehsessel zum Regal. Dort stand ein Tonbandgerät. „Es gibt zwei Tonbänder, die Lippert zum Vergleich ins Labor geschickt hat. Dieses hier enthält einen Anruf, den die Beamtin Katherine Ward im FBI-Büro Sacramento um elf Uhr zwei am 27. August 1981 entgegengenommen hat – am Tag vor der Katastrophe in San Timoteo." Macimer schaltete das Gerät ein.

ANRUFER: Ich möchte Brea sprechen.

WARD: Buchstabieren Sie bitte Ihren Namen.

ANRUFER: Sie brauchen meinen Namen nicht, Brea weiß, wer ich bin.

WARD: Ich verstehe nicht. Wer ist Brea?

ANRUFER: He, machen Sie keine Zicken, Mädchen. Ich hab nicht viel Zeit. Bei der Nummer, die er mir gegeben hat, meldet sich niemand, und es ist dringend.

WARD: Wenn Sie mir sagen könnten, wer Brea ist –

ANRUFER: Das ist der, dem ich immer Informationen zukommen lasse. Wenn er nicht da ist, richten Sie ihm was aus. Sagen Sie ihm, es ist nicht so, wie ich gesagt habe. Die Situation hat sich geändert.

WARD: In diesem Büro gibt es keinen Beamten namens Brea. Sind Sie sicher, daß das der richtige Name ist?

ANRUFER: Es ist sein Deckname. Hören Sie, richten Sie ihm das aus, und zwar so schnell wie möglich! Ich muß wissen, ob der Plan noch gilt. Er muß mir Zeit lassen rauszukommen, und ich brauche ein paar Kohlen.

WARD: Wo kann er Sie erreichen?

ANRUFER: Er weiß, wo ich bin. Ich bin beim Ägypter.

WARD: Beim Ägypter? Was –

Macimer stellte das Gerät ab. „Da hat er aufgehängt."

Eine Zeitlang herrschte Schweigen. „Der Ägypter", sagte Garvey schließlich. „Ramses?"

„Vielleicht. Sie müssen bedenken, dieser Anruf war nur einer von ungefähr zweihundert, die unsere Spezialeinheit in Sacramento innerhalb von achtundvierzig Stunden empfangen hat. Fast immer ging es dabei um Volkskomitee-Informationen. Diesen Anruf hat deshalb niemand richtig ernst genommen. Kein Mensch kannte den Decknamen Brea."

„Was ist auf dem andern Band?" wollte Collins wissen.

„Ein Gespräch vom Anfang des Jahres 1980 zwischen einem Beamten der Zweigstelle San Francisco und Walter Schumaker, dem Informanten, der das Versteck in San Timoteo gemietet hat. Die vergleichende Stimmanalyse im Labor hat ergeben, daß der Anmieter und der Mann, der am 27. August 1981 die Beamtin Ward angerufen hat, identisch sind: Walter Schumaker.

Zweihundert Beamte waren hinter den Volkskomitee-Leuten her", faßte Macimer zusammen. „Einer davon hatte einen Spitzel in die Gruppe geschleust, wir wissen nicht, für wie lange. Aber auf jeden Fall wußte dieser Mann, der sich Brea nannte, kurz vor der Schießerei genau, wo sich die Terroristen versteckt hielten."

„Und hat es nicht gemeldet?" fragte Garvey ungläubig.

„Weder damals noch später."

Im Zimmer herrschte betroffenes Schweigen. „Und was ist mit Schumaker?" fragte Garvey schließlich.

„Wir wissen es nicht. Offenbar hat Schumaker das Haus am Tag vor der Schießerei verlassen und die Gelegenheit benutzt, Brea anzurufen. Man darf aber annehmen, daß er tags darauf wieder bei der Gruppe war. Nach der Explosion hat unser Räumtrupp noch die Überreste von sieben oder acht Leichen gefunden, aber zumindest zwei der Opfer waren nicht identifizierbar. Die Vermutung drängt sich auf, daß Schumaker dazugehörte."

„Dann muß Brea also gewußt haben –"

„Keine voreiligen Schlüsse, Collins. Ich möchte, daß Sie beide nach San Timoteo gehen und Lipperts Ermittlungen rekonstruieren. Stellen Sie fest, mit wem er gesprochen und was man ihm erzählt hat. Sprechen Sie mit den Nachbarn, mit der Polizei. Finden Sie heraus, woher dieses Fliegengitter stammt. Ich will alles wissen, was Lippert zusammengetragen hat. Wir müssen nämlich herauskriegen, wer Brea war."

AM SPÄTEN Dienstag nachmittag meldeten sich Wagner und Rayburn, die beiden Beamten, die den Autodiebstahl bearbeiteten, in Macimers Büro. Die Akte mit den täglichen Berichten über ihre Nachforschungen war enttäuschend dünn.

Macimer blätterte sie kurz durch und lehnte sich zurück. „Mehr weiß Stearns über die Leute, die ihm nach seinem Sturz auf dem Parkplatz zu Hilfe kommen wollten, nicht zu sagen?"

„Nur daß es drei waren, ein älteres Paar und ein junger Mann", antwortete Wagner. „Stearns erinnert sich kaum an den Mann, außer daß er jung, mager und eher groß gewachsen war."

„In Ihrem letzten Bericht steht, Sie haben eine Tankstelle im Bundesstaat Virginia ausfindig gemacht, wo er gehalten hat. Ist das geklärt?"

„Er war es, eindeutig", antwortete Rayburn.

„Wir sind uns da sicher", bestätigte Wagner. „Der Kassierer hat einen jungen Mann aussteigen, um seinen Wagen, einen blauen Ford Fairmont, herumgehen und den Kofferraum öffnen sehen. Er hat nur hineingeschaut und den Deckel wieder zugeknallt. Der Kassierer hatte den Eindruck, daß der Bursche plötzlich ganz nervös war. Er hat den Zapfhahn mittendrin abgestellt. Die meisten Leute runden entweder auf eine glatte Summe auf oder machen den Tank ganz voll, doch die Rechnung betrug so was wie acht Dollar und siebenunddreißig Cent. Darum hat sich der Kassierer auch daran erinnert."

Kurzes Schweigen. Dann erklärte Rayburn: „Er ist umgekehrt."

„Ist mir auch aufgefallen", sagte Macimer. „Warum? Wegen etwas, das er im Kofferraum gesehen hat?"

Rayburn zuckte die Achseln. „Kann sein."

„Eine Akte ist aus dem Kofferraum verschwunden", sagte Macimer. „Vielleicht hat der Bursche sie genommen, vielleicht auch nicht. Das können wir nur von ihm erfahren." Nach einer Pause fuhr er fort: „Von jetzt an gehören Sie beide zu einer Sondereinheit. Gehen Sie noch einmal zu dem Einkaufszentrum. Warum hat sich unser Kandidat dort herumgetrieben? Hat er eingekauft? Arbeitsschluß gehabt? Wohnt er in der Nähe?"

„Wird gemacht", sagte Wagner mit gespieltem Eifer.

Macimer grinste ihn an. „Viel Spaß."

Als die Beamten gegangen waren, sah Macimer auf die Uhr. Fast fünf. Er malte sich gerade aus, wie schön es wäre, einmal rechtzeitig Feierabend zu machen und richtig auszuschlafen, als seine Sekretärin sich über die Sprechanlage meldete. „Auf Leitung drei wartet ein Reporter", sagte sie. „Ein Mann namens Gerella. Wollen Sie mit ihm sprechen?"

„Hat er gesagt, was er will?"

„Nein, aber es gibt einen Gerella, der für Oliver Packard arbeitet. Und Sie wissen ja, wie sehr Packard uns das Leben schwermachen kann."

Macimer runzelte die Stirn. Oliver Packard schrieb Leitartikel für verschiedene einflußreiche Zeitungen. Er war der Vertraute von Senatoren und Gerichtspräsidenten, einer der mächtigsten Männer in Washington. Macimer konnte nicht umhin, seinen Scharfsinn anzuerkennen, doch er haßte Packards Skrupellosigkeit. Wenn Packard glaubte, einem Skandal auf der Spur zu sein, stützte er sich bei seinen publizistischen Attacken auf versteckte Anspielungen und voreilige Schlüsse, ohne sich um solide Beweise zu kümmern.

„Stellen Sie durch", entschied Macimer.

Gerella gab sich weit zurückhaltender, als Macimer erwartet hatte. Nach ein paar einleitenden Floskeln schlug er ein Treffen außerhalb des Büros vor.

„Warum wollen Sie mich denn sprechen, Mr. Gerella?"

„Ich würde das lieber unter vier Augen erläutern. Ich habe mich ein bißchen mit der jüngsten Vergangenheit des FBI beschäftigt. Und wie ich höre, könnten Sie mir helfen."

Nicht ungeschickt, dachte Macimer. Läßt aufhorchen, sagt aber gar nichts. „Könnten Sie etwas deutlicher werden?"

„Nicht am Telefon – auch in Ihrem Interesse, Mr. Macimer. Wir sollten uns irgendwo treffen, wo man uns nicht sieht."

Macimer lachte. „Sie wollen nicht, daß man Sie mit einem FBI-Mann sieht?"

„Es geht mir dabei mehr um Sie", erwiderte Gerella.

Diese Worte bestärkten Macimer in der Absicht, sich mit dem Reporter zu treffen. Er mußte erfahren, warum Gerella ausgerechnet ihn angerufen hatte.

„Wo also?" fragte Macimer.

„Ich kenne eine Bar in Georgetown, wo wir nicht auffallen."

Sie vereinbarten die näheren Einzelheiten, und Gerella legte auf. Seufzend wählte Macimer seine eigene Nummer. Warum, dachte er, hat nicht jeder beim FBI ein vorgefertigtes Tonband, das seiner Frau mitteilt, daß aus dem gemeinsamen Abendessen wieder einmal nichts wird?

DRAUSSEN im Stadtteil Georgetown parkte Macimer in einer Seitenstraße der Wisconsin Avenue. Er ging vor zur Hauptstraße, folgte ihr ein Stück weit und bog dann nach rechts in die M-Street. Dort entdeckte er den Eingang zu einer Arkade, die Gerella ihm beschrieben hatte. Einem Impuls folgend, ging er daran vorbei bis zur nächsten Ecke. Er überquerte die Straße und schlenderte auf der anderen Seite wieder zurück, woher er gekommen war. Er sah niemanden sonst die Straße überqueren.

Als er wieder auf der Wisconsin Avenue angelangt war, trat er rasch in den Eingang eines Geschäfts und blieb einige Minuten dort stehen. Während er den Verkehr auf der belebten Straße genau im Auge behielt, wunderte er sich selbst, warum er so vorsichtig war. Aber das Gefühl, beobachtet zu werden, ließ ihn nicht los. An dem Abend des Einbruchs in sein Haus war es ihm ebenso ergangen; da war ihm immer wieder derselbe braune Chevrolet aufgefallen.

Doch warum sollte ihm jemand folgen? Weil jemand glaubte, daß er die Akte Brea besaß und sie wie Lippert verborgen hielt?

Macimer verzog unwillig das Gesicht. Wenn seine Vermutungen über die Akte zutrafen, dann war sie ein höchst wichtiges Dokument. Fragte sich nur, für wen sie so wichtig war.

Fünf Minuten später ging Macimer noch einmal dieselbe Strecke ab, bis er wieder bei der Arkade anlangte. Ein dunkler Torweg führte von der Straße auf eine Art Innenhof mit vielen Geschäften. Jenseits des Hofes gelangte man zwischen zwei Häusern zum Hintereingang der Bar. Macimer ging hinein und blieb einen Moment stehen, um seine Augen an das Dämmerlicht zu gewöhnen.

Der Raum war lang und schmal. Neben einer alten Mahagonitheke mit einer blitzenden rundumlaufenden Messingstange und einem Dutzend Hockern führte ein enger Gang an einer Reihe von Nischen entlang, deren Bänke mit einem abgewetzten roten Kunststoffbezug versehen waren.

Gerella hatte sich für die Nische entschieden, die dem Hintereingang am nächsten war. Er saß mit dem Rücken zum Raum und hatte Macimer offensichtlich schon ein paar Sekunden beobachtet, bevor der FBI-Mann ihn bemerkte.

Macimer trat an die Nische heran. „Mr. Gerella?"

„Erraten. Setzen Sie sich, Mr. Macimer. Möchten Sie ein Bier?"

„Nur Kaffee."

Macimer spürte, daß der Mann sehr auf der Hut war. Außerdem war aus seinem Ton eine gewisse Feindseligkeit herauszuhören. Der Reporter trug einen schlechtsitzenden Anzug aus einer Kunstfaser, die vergeblich vorzutäuschen suchte, es handle sich um Flanell. Sein Hemd war offen, die Krawatte auf halbmast, und Gerellas ungewöhnlich langes Haar wirkte reichlich ungepflegt. Doch Macimer hatte zu oft schon Leute vernommen, um sich durch solche

Äußerlichkeiten täuschen zu lassen. Der Mann war nicht zu unterschätzen, und mit seinem durchdringenden Blick schien er es darauf anzulegen, sein Gegenüber einzuschüchtern.

Eine Bedienung erschien, und Gerella bestellte sich ein zweites Bier sowie Kaffee für Macimer. Erst als sie wieder allein waren, wandte sich der Reporter an Macimer. „Nach dem, was man über Sie hört, Mr. Macimer, gehören Sie zu den sauberen FBI-Beamten."

„Ich weiß nicht, was Sie damit sagen wollen."

„Nur Gutes – ich meine, Sie haben keinen Dreck am Stecken. Niemand fühlt sich durch Sie in seiner Bürgerehre verletzt, und Sie brauchen nichts zu vertuschen."

„Niemand beim FBI muß etwas vertuschen", antwortete Macimer scharf.

Gerella lächelte, doch Macimer erschien es eher wie ein Zähnefletschen. „Das ist doch nicht Ihr Ernst", beharrte der Reporter. „Ich bitte Sie, Macimer – was ist dann mit all den illegalen Einbrüchen und Hausdurchsuchungen? Ganz zu schweigen von COINTELPRO? Wollen Sie das alles in Schutz nehmen?"

Macimer seufzte. COINTELPRO war nicht gerade sein Lieblingsthema. Das Kürzel stand für das „Counterintelligence Program" zur Spionageabwehr, das Mitte der fünfziger Jahre eingeführt und 1971 offiziell wieder abgeschafft worden war. Ein Programm geheimer Aktionen, um Angehörige gefährlicher Gruppen – etwa des „Ku-Klux-Klan" oder der „Black-Panther-Bewegung" – in Mißkredit zu bringen. Das geschah mit nicht immer ganz sauberen Methoden. Beispielsweise hatte man den Zeitungen ehrenrührige Falschmeldungen über Gruppenmitglieder zugespielt oder durch gezielt in Umlauf gebrachte Gerüchte rivalisierende Kräfte gegeneinander aufgehetzt.

„Ich habe nicht die Absicht, dieses Programm zu verteidigen", erklärte Macimer. „Meiner Meinung nach war es aufs Ganze gesehen ein Mißgriff. Aber vergessen Sie nicht, daß der Zweck manchmal die Mittel heiligt. Wir haben Feuer mit Feuer bekämpft."

Die beiden Männer verstummten, als die Bedienung die Getränke brachte.

„War das Ihr Traum vom Heldentum", fragte Gerella, als sie wieder gegangen war, „FBI-Beamter zu werden und die Welt zu retten?"

„So ähnlich könnte man es ausdrücken."

Gerella wiegte ungläubig den Kopf. Er zündete sich eine Zigarette an und hielt Macimer die Packung hin, doch der lehnte ab. „Wissen Sie eigentlich, daß die Leute vor der Polizei Angst haben, Macimer? Und wissen Sie, wovor ich selbst eine Heidenangst habe? Daß ihr nicht streng auf die Einhaltung der Gesetze achtet und deshalb jedes Maß verliert."

Macimer wollte antworten, daß Unschuldige nichts vom FBI zu fürchten hätten, doch plötzlich fielen ihm die beiden Geiseln ein, die bei der Explosion in San Timoteo ums Leben gekommen waren. Er starrte den Reporter an. „Was wollen Sie eigentlich, Gerella? Sie haben mich doch nicht angerufen und allerhand düstere Andeutungen gemacht, nur um mit mir über die Geschichte des FBI zu diskutieren."

Gerella beugte sich überfallartig vor. „Wie mir zu Ohren kam, hat sich vor ein paar Wochen auf der Fernstraße siebzehn ein interessanter Zwischenfall ereignet."

Macimer ließ sich Zeit. „Wo haben Sie das gehört?"

Der Reporter zuckte die Achseln. „Mich umhören ist mein Beruf. Ich höre zum Beispiel, daß es am Unfallort von FBI-Leuten nur so gewimmelt haben soll. Sie waren auch da. Wollen Sie mir nicht erzählen, was da los war?"

Woher wußte Gerella, daß er, Macimer, dort gewesen war? Hatte der Reporter einen Informanten innerhalb des FBI? Oder war das nur ein Versuchsballon?

Macimer ließ sich nichts anmerken, doch er wahrte äußerste Vorsicht. „Ich habe nichts für Sie, Gerella. Und ich weiß auch nicht, warum Sie mit mir sprechen wollen."

„Da bin ich anderer Meinung."

„Wie kommen Sie darauf?"

„Weil Sie hier sind, Mr. Macimer."

Der FBI-Mann lächelte. „Sie machen es sich zu leicht, Gerella."

Der Reporter war unbeeindruckt. „Nun gut, dann will ich ein wenig deutlicher werden. Nach dem, was ich gehört habe, ist ein Dokument gestohlen worden. Es soll ein ganz heißes Eisen sein – vielleicht ist es zu heiß für Sie. Vielleicht möchten Sie die Sache diskret an die Öffentlichkeit bringen. Niemand braucht zu erfahren, daß die Geschichte von Ihnen stammt."

Der kaltschnäuzige Vorschlag verschlug Macimer fast die Sprache. „Ich weiß nicht, wer Ihnen den Floh ins Ohr gesetzt hat, Gerella, aber ich habe nichts für Sie. Es stimmt, daß ein FBI-Wagen mit Geheimakten gestohlen worden ist. Die Kartons mit den Akten waren im Kofferraum und sind sichergestellt worden. An der ganzen

Geschichte ist nichts dran, nichts, worüber Oliver Packard auch nur eine Zeile schreiben würde."

Gerella drückte seine Zigarette aus. „Nichts dran, wie?"

„Genau."

„Und Sie sind sich auch ganz sicher, daß Sie nicht zufällig so ein paar Papierchen an den Reißwolf verfüttert haben?"

Macimer fühlte, wie ihm die Röte ins Gesicht stieg. Die Akte war vielleicht nicht im Reißwolf gelandet, doch Gerella hatte nicht unrecht: Es gab jemand, der sie gerne aus der Welt geschafft wüßte. Macimer schlug einen ungehaltenen Ton an: „Mit mir kommen Sie so nicht weiter, Gerella. Sie wollen mich für Ihre Schnüffeleien benutzen. Ihre Dreckarbeit müssen Sie schon selber machen." Er griff in die Tasche, warf ein paar Münzen auf den Tisch und stand auf, als Gerella sagte: „Der Wagendiebstahl interessiert mich nicht, Macimer. Mich interessiert die Volkskomitee-Affäre."

Vor Schreck wäre Macimer fast zusammengezuckt, und es dauerte einen Moment, bis er antworten konnte. Dann beschied er dem Reporter scheinbar ganz gelassen: „Sie sind ein bißchen spät dran, Gerella. Der Senat hat die ganze Angelegenheit genauestens überprüft. Sie können es in den Protokollen nachlesen."

Er verließ die Bar, ohne sich umzusehen, wütend und ziemlich durcheinander.

Was wußte Gerella über die Akte Brea? Und wer hatte ihm einen Tip gegeben?

GERELLA trat auf den Hof und blickte dem FBI-Beamten nach, der raschen Schrittes den Torweg zur Arkade entlangging. Er beobachtete, wie Macimer unter der Arkade kurz stehenblieb und rechts und links die Straße hinunterblickte, bevor er um die Ecke verschwand. Glaubte er, beschattet zu werden?

Macimer wußte etwas, das war deutlich zu spüren. Der FBI-Mann hatte gelogen, als er behauptete, die Dokumente seien alle sichergestellt worden. Das war Gerella klar, denn in der Innentasche seiner Jacke steckte, säuberlich gefaltet, die Kopie eines dieser Dokumente. Sie war ihm zusammen mit einem anonymen Brief zugeschickt worden, der weiteres Material der gleichen Art verhieß. Das Kuvert hatte den Poststempel von Washington getragen.

Gerella wußte nicht, was der Absender des Briefes wollte. Geld wahrscheinlich. Oder er hatte etwas gegen das FBI. Das Dokument war ziemlich rätselhaft: eine Seite einer offenbar längeren Liste. Namen von FBI-Beamten, die im Sommer 1981 zur Antiterroreinheit gehört hatten. Interessant war das Datum über der Liste: 28. August.

Das war der Tag, an dem das Versteck der Terroristen in San Timoteo hochgegangen war. Gerella war sich nicht schlüssig gewesen, ob er Macimer das Dokument zeigen sollte. Schließlich hatte er darauf verzichtet. Er verließ sich auf seine Reporternase. Dies roch nach einer ganz großen Sache, und Paul Macimer steckte mittendrin.

NACH Pauls Anruf, er könne nicht zum Essen kommen, wußte Jane Macimer nicht so recht, was sie mit dem vor ihr liegenden Abend anfangen sollte. Linda blieb über Nacht bei einer Freundin. Chip war beim Baseballtraining und Kevin im Kino. In der Volkshochschule, wo sie gelegentlich unterrichtete, fanden heute Prüfungen statt.

Sie griff nach dem Telefon und wählte Caroline Baumgartners Nummer. Caroline war Janes beste Freundin, eine kluge, humorvolle Innenarchitektin. Die Fünfunddreißigjährige lebte allein, und ihr beruflicher Erfolg bestärkte sie in der Auffassung, jede Frau müsse auf eigenen Beinen stehen. Sie war es, die Jane dazu überredet hatte, wieder zu unterrichten, als die Kinder größer wurden.

Caroline meldete sich sofort nach dem ersten Klingeln, und Jane erkundigte sich, ob sie etwa auf einen Anruf gewartet habe.

„Auf keinen bestimmten. Der Abend ist viel zu schön, um sich festzulegen."

„Hast du Lust, mit mir essen zu gehen, oder willst du auf was Besseres warten?"

„Phantastische Idee. In einer halben Stunde bin ich soweit", sagte Caroline.

Jane holte Caroline mit dem Wagen in ihrer todschicken kleinen Wohnung ab, und kurze Zeit später saßen die beiden Frauen in der Cocktailbar eines reizenden Restaurants draußen auf dem Land und warteten darauf, daß ein Tisch frei wurde.

„Wie geht's mit dir und Paul?" erkundigte sich Caroline.

„Gut. Warum fragst du?"

„Ich meine nur, Jane ...", sagte Caroline ernst, „du siehst aus, als hättest du Sorgen."

Nach kurzem Schweigen gestand Jane: „Du hast recht. Aber es ist nicht wegen Paul, sondern wegen Linda."

Caroline horchte auf. „Sag bloß nicht, sie hat sich verliebt."

„Im Gegenteil. Sie wird nicht damit fertig, wie dieser junge Gangster sie behandelt hat. Sie fängt an, genauso zu reden, wie es jetzt bei vielen Mädchen in ihrem Alter Mode ist: Ehe ist Mist, Kinderkriegen ist Mist, alle Männer sind Chauvinisten."

„Nicht schlecht für ihr Alter." Caroline lächelte amüsiert. Auch sie hielt Männer nicht unbedingt für die Krone der Schöpfung. „Kein Grund, sich Sorgen zu machen."

„Es ist nur ... Caroline, was weiß sie denn schon? Da kommt so ein Halbstarker, setzt ihr ein Messer an die Kehle und macht schlüpfrige Anspielungen. Sie ist völlig durcheinander. Linda ist kein Kind mehr und noch keine Frau, und jetzt hat sie Angst vor dem Erwachsenwerden. Ich will nicht, daß sie sich in sich selbst verkriecht und die ganze Welt für niederträchtig hält."

„Die Kerle haben ihr doch nicht wirklich was getan ...?"

„Nein. Aber ihr kommt es so vor."

„Glaub mir, Jane, sie kommt drüber weg", versicherte Caroline. „Du darfst sie nur nicht treiben. Laß ihr Zeit. Zu Hause hat sie das beste Beispiel vor Augen."

Jane lächelte etwas verlegen. „Ich weiß, ich sollte zuversichtlich sein. Aber ich mach mir eben Sorgen."

„Du brauchst nur ein bißchen moralische Rückenstärkung, weiter nichts."

Nach dem Essen und einem Glas Wein fühlte Jane sich wesentlich besser. Es tat gut, sich auszusprechen. Und Caroline war eine Seele von Mensch. Ihre Zuversicht und Heiterkeit ließen die Welt freundlicher erscheinen.

Als sie das Lokal verlassen hatten und der milde Fahrtwind durch die Wagenfenster strich, war es Jane zum ersten Mal seit Tagen wieder richtig leicht ums Herz. Dann merkte sie, daß Caroline angespannt durch das Rückfenster spähte. „Was ist los?" fragte Jane.

„Ich weiß nicht recht." Caroline verrenkte sich in ihrem Sitz und sah wieder nach hinten.

„Was weißt du nicht recht? Tu nicht so geheimnisvoll, Caroline." Jane blickte in den Rückspiegel. Ein Scheinwerferpaar blendete sie für einen Moment, als ein Wagen hinter ihnen in die Seitenstraße abbog. Dahinter war die Straße leer.

„Als wir ins Lokal kamen, hast du da den Mann in der Ecke am Fenster bemerkt?" fragte Caroline. „Wahrscheinlich nicht. Aber er hat dich bemerkt, das kann ich schwören. Entweder war es Liebe auf den ersten Blick, oder er befürchtete, daß du ihn sehen könntest, ich weiß nicht recht."

„Du hast nichts davon gesagt."

„Ich wollte es, aber als wir uns gesetzt hatten, war er weg."

„Wie sah er aus?" fragte Jane neugierig.

„Hm ... er saß ziemlich im Schatten. Er war so ein richtig kräftiger, kantiger Typ – wie die vom FBI. Paßte gar nicht zu der blonden Schönheit neben ihm."

„Blonde Schönheit? Das wird ja immer spannender, Caroline –"

„Trotzdem ist ihm beinah das Gebiß rausgefallen, als er dich sah", beharrte Caroline. „Das Ganze ist mir nicht zuletzt wegen der Blonden aufgefallen – neben ihr hätte Miß Amerika wie Aschenbrödel ausgesehen. Ich hab gedacht, warum starrt er andern nach, wenn er so einen Knüller dabeihat?"

Jane lächelte. „Vielleicht hast du ihn so interessiert, nicht ich."

„Nein, das glaub ich nicht." Caroline schwieg einen Augenblick, dann sagte sie nachdenklich: „Übrigens kam er mir bekannt vor. Möglich, daß es ein Prominenter war. Jedenfalls ist er schleunigst verschwunden."

Jane blickte wieder in den Rückspiegel. „Hast du gedacht, er folgt uns?"

Caroline lachte kurz auf. „Schön, wahrscheinlich leide ich unter Verfolgungswahn. Aber als wir abfuhren, hatte ich den Eindruck, in einem Wagen auf dem Parkplatz denselben Mann zu sehen. Er schien uns zu beobachten. Und fuhr direkt nach uns aus der Lücke."

Jane begann sich unbehaglich zu fühlen. „Jetzt ist niemand mehr hinter uns", sagte sie.

„Ich weiß, ich weiß. Sicher alles nur Einbildung."

Fünf

Ein großer Ventilator mit Holzflügeln sorgte dafür, daß das Büro von Harold Whittaker, dem Chef der Ortspolizei von San Timoteo, trotz der hohen Temperatur, die an diesem Mittwochmorgen draußen bereits herrschte, schön kühl blieb. Der FBI-Beamte Leonard Collins hatte gegen die Hitze nichts einzuwenden. Sie störte die Leute, mit denen er es zu tun hatte, mehr als ihn, und das war manchmal von Vorteil.

„Ja, Mr. Collins", erklärte Harold Whittaker gerade. „Lippert ist immer wieder hiergewesen, ziemlich regelmäßig. Hat immer in dem Sessel gesessen, in dem Sie jetzt sitzen, Sir. Wir haben prima zusammengearbeitet – nicht so, wie man das dauernd hört, daß Polizei und FBI sich gegenseitig auf den Schlips treten. Wir arbeiten gern mit euch FBI-Leuten zusammen, Sie werden schon sehen."

Collins verkniff es sich, den Polizeichef an jenen großen Tag seiner Provinzkarriere zu erinnern, an dem er gegen die Volkskomitee-Leute ausgezogen war, ohne dem diensthabenden FBI-Beamten Bescheid zu sagen. „Freut mich, das zu hören, Mr. Whittaker", sagte er statt dessen. „Uns interessiert im Augenblick am meisten, warum Lippert nach so langer Zeit die Sache wiederaufgegriffen hat. Hat er mit Ihnen darüber gesprochen?"

Der dicke Polizeichef rutschte unbehaglich in seinem Sessel umher. Ein schwarzer FBI-Beamter in seinem Büro – das macht ihm ganz schön zu schaffen, dachte Collins.

„Lippert ist einem Hirngespinst nachgejagt", sagte Whittaker, „und das hat ihm keine Ruhe gelassen. Wenn Sie mich fragen, Mr. Collins, dann war er regelrecht von der Idee besessen, etwas über die Explosion und die Volkskomitee-Leute rauszukriegen. Die ganze Angelegenheit ist von allen Seiten durchleuchtet worden, aber Lippert hat einfach keine Ruhe gegeben. Er war wie ein Hund, der hinter 'nem Knochen her ist."

„Meinen Sie nicht, er könnte was Neues entdeckt haben?"

„Was soll da zu entdecken gewesen sein? Sie wissen ja, dreißig Millionen haben das Ganze auf dem Bildschirm mit angesehen. Wenn da noch was rauszukriegen war, was wir nicht gewußt haben oder was das FBI nicht gefunden hat, dann hätten es garantiert die Reporter ausgegraben. Wir hatten Journalisten in Scharen hier, praktisch für jeden Einwohner einen. Die haben doch jeden ausgequetscht wie eine Zitrone, angefangen davon, was er an jenem Tag zum Frühstück gegessen hat."

„Aber Lippert war doch an ganz bestimmten Einzelheiten interessiert, nicht wahr? Zum Beispiel hat er immer wieder gefragt, wer den ersten Schuß abgefeuert hat, der das Massaker auslöste."

Harold Whittakers Ausdruck verdüsterte sich. „Der Schuß ist aus dem Haus gekommen, Mr. Collins", erklärte er voll Überdruß. „Meine Leute haben nicht geschossen, nicht, bevor auf sie geschossen worden ist. Das bin ich schon tausendmal gefragt worden, und die

Antwort ist immer noch dieselbe. Wir sind nicht einfach losmarschiert wie die Cowboys gegen die Indianer. Wir haben das Haus umstellt, und ich hab die Terroristen aufgefordert rauszukommen. Die Antwort war ein Schuß."

Collins nickte und machte sich rasch ein paar Notizen. „Ich bin Ihnen sehr dankbar, Mr. Whittaker. Sie haben doch nichts dagegen, daß ich mit ein paar von Ihren Beamten spreche, die damals dabei waren und die Lippert seinerzeit auch ausgefragt hat? Ich möchte genau wissen, wonach Lippert eigentlich gesucht hat."

„Nur zu, Mr. Collins. Wie gesagt, wir haben immer gern mit euch FBI-Leuten zusammengearbeitet. Hat uns damals schwer leid getan, daß das FBI-Büro hier nach Lipperts Tod geschlossen worden ist. Für die Leute hier war das 'ne liebe Gewohnheit, 'nen FBI-Mann hier zu haben, direkt um die Ecke, wie 'nen alten Bekannten. Knöpfen Sie sich nur meine Leute vor, Mr. Collins. Aber Sie können's auch genausogut sein lassen."

„Reine Routine, Mr. Whittaker." Collins zögerte einen Moment. „Waren Sie eigentlich überrascht über Lipperts Unfall?"

„Überrascht?" Whittaker schwang langsam in seinem Sessel herum, um aus dem Fenster in den winzigen Park gegenüber zu starren, wo zwei alte Männer auf einer Bank vor sich hin dösten. „Also das ist eine interessante Frage", meinte der Polizeichef. „Ich war nämlich sehr überrascht. Ich war oft mit Lippert da oben am See zum Angeln. Er kannte den See genau, er konnte mit 'nem Boot umgehen, und schwimmen konnte er auch. Aber die Autopsie hat eindeutig ergeben, daß Lippert ertrunken ist."

„Keine Verletzungen, Blutergüsse, keine Unklarheiten?"

„Nur eine einzige", sagte Whittaker. „Wieso einem Mann wie Vernon Lippert so was passieren konnte."

Am späten Nachmittag warfen Collins und Garvey eine Münze. Garvey verlor und mußte die Fahrt von San Timoteo zum FBI-Büro nach Sacramento auf sich nehmen. Von dort gab er per Telex nach Washington durch, was die beiden Beamten über den ersten Tag ihrer Arbeit am Fall Brea zu berichten hatten.

Wieder zurück im Hotel am Rande von San Timoteo, hörte er sich an, was Collins bei seinen Gesprächen mit verschiedenen Angehörigen der Ortspolizei in Erfahrung gebracht hatte. „Einer namens Forbes, er ist Sergeant, hat den Trupp angeführt, der hinterm Haus in der Dover Street postiert war. Er beharrt darauf, daß keiner seiner Leute den ersten Schuß abgefeuert hat. Gleichzeitig sind sich alle darüber einig, daß der Schuß nicht von der Vorderfront gekommen ist. Vielleicht decken sie sich alle gegenseitig, aber das glaube ich nicht. Wie steht's bei dir? Irgendwas Neues?"

Garvey schüttelte den Kopf. „Ich hab jedes Haus in der Straße abgeklappert. Der beste Zeuge ist die Frau, die uns schon bekannt war, diese Mrs. Torgeson. Die wohnt direkt im Haus gegenüber und hat das Ganze vom Fenster aus mit angesehen."

„Ist das diese neugierige Klatschtante?"

Garvey nickte. „Sie hat Arthritis und kann nicht viel rumlaufen. Deswegen sitzt sie die ganze Zeit am Fenster und guckt auf die Straße. Sie hat speziell auf das Volkskomitee-Haus aufgepaßt; war ja auch das Interessanteste, mit all den jungen Leuten. Sie hat sich eingebildet, das ist so 'ne Kommune, wie man's manchmal in der Zeitung liest."

„Und sie hat Schumaker am siebenundzwanzigsten aus dem Haus kommen sehen?"

„Ja. Im Laufe des Vormittags hat ein Mann das Haus verlassen, sagt sie. Die Beschreibung paßt auf Schumaker. Einige Zeit später sei er mit Einkaufstüten zurückgekommen." Garvey schüttelte den Kopf. „Die Frau bleibt stur bei ihrer Aussage. Sie ist damit berühmt geworden. War sogar im Fernsehen."

„Und sie ist absolut sicher, daß am achtundzwanzigsten niemand das Haus verlassen hat, den ganzen Tag nicht?"

„Sie sagt, sie war den ganzen Tag zu Hause und immer in der Nähe des Fensters."

Collins sah seinen Kollegen ernst an. „Dir ist doch klar, was das bedeutet? Als Schumaker am siebenundzwanzigsten einkaufen gegangen ist, hat er Brea in Sacramento angerufen und um Hilfe gebeten. Wenn er am nächsten Tag das Haus nicht verlassen hat, dann kann er es nicht gewesen sein, der der Polizei den Tip gegeben hat."

Garvey schwieg überrascht.

„Brea", sagte Collins ruhig. „Er war der einzige Mensch außerhalb des Hauses, der wußte, daß die Volkskomitee-Leute sich dort versteckt hielten. Er ist der einzige, der die Polizei in Marsch gesetzt haben kann."

„Aber warum?"

„Er wollte das Massaker. Er hat es arrangiert."

Am selben Abend hatte sich Erika Halbig in ihrem hübschen Haus im Washingtoner Stadtteil Chevy Chase bereits ihr drittes Glas Cognac eingegossen. Sie saß im Schlafzimmer auf dem breiten Bett und trug ein fast völlig durchsichtiges Nachthemd. Als Russ Halbig hereinkam, warf er einen Blick auf das Glas in ihrer Hand, sagte aber nichts. Er war wie immer spät nach Hause gekommen und hatte noch lange am Schreibtisch gesessen.

Gelangweilt sah ihm Erika bei den Vorbereitungen fürs Schlafengehen zu. „Irgendwas Interessantes heute?" fragte sie, während er neben dem Bett sein Fitneßprogramm durchturnte.

„Das Übliche", antwortete Halbig zwischen zwei Rumpfbeugen.

Das Übliche, wiederholte sie in Gedanken. Was ist das Übliche? Wie soll ich mir eine Vorstellung machen, wenn er mir nie was erzählt?

Halbig beendete seine Übungen. Er kroch ins Bett und knipste seine Nachttischlampe aus. „Hab für Samstag abend ein paar Leute eingeladen", sagte er gähnend.

„Wen?"

„Die Macimers – du weißt doch, Paul und Jane. Und Gordon und Mary Ruhle."

Erika Halbigs Herz schlug plötzlich etwas schneller, und sie mußte tief durchatmen. „Warum denn bloß?"

Halbig drehte sich im Bett herum und wandte ihr den Rücken zu. „Ich habe meine Gründe. Außerdem sind sie doch alte Freunde."

„Also ich weiß nicht, was dieses plötzliche Interesse an alten Freunden soll", sagte Jane Macimer.

„Gordon, Russ und ich haben einander in den letzten Jahren ziemlich aus den Augen verloren. Halbig meint, wir sollten die alte Bekanntschaft auffrischen."

„Hm." Jane blätterte die Examensarbeiten durch, die sie von der Volkshochschule mitgebracht hatte. „Wie lang unterrichtet Gordon denn schon an der FBI-Akademie in Quantico?" fragte sie beiläufig.

„Seit ein paar Wochen. Er ist als Spezialausbilder für die Antiterrortruppe geholt worden. Hat sich freiwillig gemeldet", fügte Macimer hinzu. „Du weißt doch, Gordon war immer einer der Eifrigsten."

„Hast du schon mit ihm gesprochen?"

Paul schüttelte den Kopf. „Nein. Aber morgen fahr ich nach Quantico und überrasche ihn." Er erwähnte nicht, daß er an der

Akademie in erster Linie Timothy Callahan sprechen wollte, der nach seinen erfolgreichen Verhandlungen mit dem Flugzeugentführer in Miami wieder nach Quantico zurückgekehrt war. „Warum Callahan?“ hatte Macimer gefragt, als Russ Halbig am Nachmittag angerufen hatte, um das Treffen vorzuschlagen.

„Erinnerst du dich nicht, Paul?“ hatte Halbig geantwortet. „Callahan war doch Landers’ rechte Hand beim Volkskomitee-Einsatz. Kennt den Fall besser als jeder andere. Er hat auch Lippert gut gekannt – war ziemlich befreundet mit ihm. Die beiden haben eng zusammengearbeitet, glaube ich.“

Halbig weiß ganz genau, dachte Macimer, wann und wie lange Callahan und Lippert zusammengearbeitet haben.

Jane legte die Examensarbeiten beiseite und ging mit Paul nach oben. Während sie sich auszogen, sagte Jane plötzlich: „Paul ... Linda macht mir Sorgen.“

„Was ist los mit ihr? Ist sie noch nicht über diese Einbruchsgeschichte hinweg?“

„Leider nicht. Sie müßte sich mal mit jemand aussprechen.“

„Mit wem? Meinst du mit einem Arzt?“

„Ich meine mit einem Psychologen. Aber erst solltest du mit ihr reden. Das hilft vielleicht schon.“

„Gut, ich kümmere mich darum.“ Er trat ans Fenster und starrte in den leichten Regen hinaus, der die Laternen in nebligen Dunst hüllte.

Jane schlüpfte ins Bett. „Noch etwas, Paul“, sagte sie. „Könnte es sein, daß jemand vom FBI mich beschattet?“

Macimer wandte sich um und starrte sie an. „Wie kommst du denn darauf?“

„Caroline hat gestern abend gedacht, ein Mann wäre uns vom Restaurant aus gefolgt.“ Sie berichtete Macimer kurz, was passiert war und wie Caroline den Fremden beschrieben hatte. „Falls du es wüßtest, würdest du mir dann verraten, warum mich jemand beschattet?“

Er zögerte eine Sekunde zu lang. „Natürlich. Außer es wäre besser für dich, nicht Bescheid zu wissen.“

„Und was besser für mich ist, das darf ich nicht selbst entscheiden, was?“

„Jane, Liebes, das hab ich nicht gesagt. Ich habe keine Ahnung, ob dich jemand beschattet und warum. Es gibt keinen Grund dafür.“

„Na schön, aber irgendwas stimmt nicht. Man bricht in unser Haus ein, terrorisiert uns, ich werde von einem Fremden beschattet ... Paul, sind wir in Gefahr? Die ganze Familie?"

„Nein."

„Und wie soll ich das glauben? Selbst wenn es so wäre, würdest du es mir ja doch nicht sagen."

„Mir darfst du sowieso nichts glauben. Ich bin doch FBI-Mann, oder?"

„Ich rede nicht vom FBI. Ich rede von dir und mir und von unseren Kindern."

Als Macimer ins Bett kroch und das Licht ausknipste, war die Spannung zwischen ihnen geradezu mit Händen zu greifen.

„Mutter hat mir heute geschrieben", sagte Jane leise. „Sie fragt, ob wir in den Ferien zu ihr nach Sun City kommen."

„Ich kann im Augenblick nicht weg." Paul dachte an den Mann im Restaurant, an Caroline Baumgartners genaue Beschreibung, die er viel ernster nahm, als er sich hatte anmerken lassen. Sun City bei Phoenix in Arizona war weit weg von Washington. Es war sonnig und sicher. „Du könntest mit den Kindern allein fahren, ohne mich."

„Ja. Vielleicht ist das für uns beide das beste."

DONNERSTAG morgen war der Himmel wieder klar. Doch es war so heiß und schwül, wie es nur im Juni in Washington sein kann. Macimer nahm sich kurz Zeit, die ersten Berichte von Collins und Garvey aus Kalifornien zu überfliegen, und stieg dann sofort ins Auto, um südwärts nach Quantico zur FBI-Akademie zu fahren.

Während der Fahrt durch die hügelige Landschaft Virginias schweiften seine Gedanken zurück zu alten Zeiten. Er dachte an einen ebenso heißen und schwülen Morgen, an dem er mit Gordon Ruhle in einem Café in Omaha gesessen hatte. Gordon hatte sich gerade um seine Versetzung in die neugegründete Dienststelle in Jackson im Bundesstaat Mississippi beworben.

Macimer hatte Gordon Ruhle kennengelernt, als er nach Abschluß der FBI-Akademie dem Büro in York im Staat Nebraska zugeteilt worden war. Dort war Gordon sein Chef gewesen – ein Chef, der nichts von starrem Ressortdenken hielt. Jeder machte alles und jedes; ob es um einen Autodiebstahl ging, um Bewährungssünder oder Fahnenflüchtige – wer gerade frei war, kümmerte sich um den Fall. Für einen neuen Beamten ein idealer Einstieg.

Später wurden Gordon Ruhle und Macimer gleichzeitig nach Omaha versetzt, wo sie gemeinsam einer Sondereinheit zur Spionagebekämpfung angehörten. Im Sommer 1964 dann benötigte das FBI Freiwillige, um Bürgerrechtler in Mississippi zu schützen, die sich für die Gleichberechtigung von Schwarz und Weiß einsetzten.

Als Ruhle an jenem Morgen im Café in Omaha erzählte, daß er sich gemeldet hatte, gab es für Paul Macimer kein Zögern. Auch er würde sich melden.

Ruhle empfand keine besonderen Sympathien für die Bürgerrechtler, aber er war durch und durch FBI-Mann. Er hatte einen Eid geleistet, die Gesetze des Landes, in dem er lebte, zu schützen und zu stärken. Und wenn Demonstranten aus dem Norden den brutalen Übergriffen der Rassenfanatiker aus den Südstaaten ausgesetzt waren, dann war er dazu da, sie zu schützen. Oder ihre Mörder aufzuspüren.

Macimer hatte sich damals überrascht gezeigt, daß auch Russ Halbig sich für den gefährlichen Dienst in Mississippi gemeldet hatte, doch Ruhle hatte nur mit den Schultern gezuckt. „Ist doch klar", sagte er mit zynischem Grinsen. „Hoover wird uns da unten keinen Moment aus den Augen lassen. Das weiß Halbig ganz genau. In Omaha kann er zehn Jahre schuften, ohne überhaupt bemerkt zu werden."

Macimer, Ruhle und Halbig kamen im August 1964 in Jackson an. Die Unruhen waren auf dem Höhepunkt, und überall lagen Drohung und Gewalt in der Luft. Während der nächsten zwei Jahre waren die Beamten voll damit beschäftigt, auf die jugendlichen Bürgerrechtler aus dem Norden aufzupassen und jene Schwarzen zu beschützen, die es riskierten, öffentlich für Rassengleichheit einzutreten. In Jackson selbst verlief der Alltag ziemlich friedlich, wie in den meisten großen und reichen Städten. Die Gefahr lauerte in den Wäldern, auf den abgelegenen Farmen und in den kleinen ländlichen Gemeinden. Macimer und Ruhle verbrachten viele Nächte auf einem Horchposten im Sumpf, umschwirrt von Moskitoschwärmen, sie entschärften eine Zeitbombe unter einem Gemüseladen und kamen mit knapper Not davon, als man ihnen einmal in voller Fahrt die Reifen zerschoß. Russ Halbig war besser dran. Er fungierte als Verbindungsmann zur Presse, nachdem das FBI-Büro so etwas wie das Informationszentrum für die Bürgerrechtskämpfe in Mississippi geworden war.

Im Sommer 1966 kam ein junger Mann namens Tom Rothleder von

New York nach Mississippi, zusammen mit Maureen, seiner hübschen und stets gutgelaunten Frau, die ein großes Herz für Kinder hatte. In einem kleinen Holzhaus eröffnete das junge Paar einen Kindergarten und eine Kinderbücherei. Maureen warb bei den Müttern und Kindern für ihr neues Unternehmen, während Tom an Bürgerrechtsdemonstrationen teilnahm. An einem heißen Juliabend waren die Rothleders und ein siebzehnjähriges schwarzes Mädchen gerade dabei, Bücher für die Bibliothek auszupacken, als plötzlich Molotowcocktails durch die beiden Vorderfenster krachten. Die jungen Leute gerieten in Panik und versuchten, durch die Hintertür zu entkommen. Eine weitere Explosion verwandelte die Rückseite des Gebäudes in eine Feuerhölle. Der einzige Ausweg aus dem brennenden Haus war die Tür zur Straße.

Draußen parkte mit laufendem Motor ein Lieferwagen, in dem vier Männer mit Gewehren und Schrotflinten auf der Lauer lagen. Tom Rothleder, der als erster aus der Tür taumelte, wurde von zwei Schüssen in die Brust niedergestreckt. Er war auf der Stelle tot. Nicht besser erging es dem schwarzen Mädchen, das von einer Ladung Schrot förmlich durchsiebt wurde. Der letzte Schuß traf, während der Lieferwagen mit aufheulendem Motor anfuhr, Maureen Rothleder in den Unterkiefer. Sie überlebte als einzige den Anschlag, wenn auch mehrere Operationen nötig waren, um ihr zerschmettertes Gesicht wiederherzustellen.

Zu der knappen Hundertschaft an Beamten, die in den nächsten sechs Wochen nach den Mördern fahndeten, gehörten auch Paul Macimer und Gordon Ruhle. Eine wichtige Spur lieferte einer von Macimers Informanten. Er identifizierte den Fahrer des Lieferwagens als den neunzehnjährigen Leroy Parrish. Der junge Mann hatte an dem Überfall teilgenommen, um sich als neues Mitglied des Ku-Klux-Klan zu beweisen. Da er jedoch als einziger keinen Schuß abgefeuert hatte, mißtrauten ihm die anderen drei, und er bangte um sein Leben.

Nach vielen vergeblichen Bemühungen kam schließlich in einem abgelegenen leerstehenden Gehöft ein Treffen zwischen Macimer und Parrish zustande. Parrish wirkte nicht gerade einnehmend – er war dürr und mickrig, der geborene Verlierer. Einer, der zu jeder Aussage bereit ist, um beachtet zu werden, dachte Macimer – oder um eine Belohnung zu kassieren.

Eins an Leroy Parrish wirkte allerdings echt: seine Angst. Der junge

Mann verlangte eine Schutzgarantie und genügend Geld, um sich in den Norden der Staaten absetzen zu können. Nach mühsamen Verhandlungen kam man überein, den jungen Mann zu schützen und umzusiedeln und ihm zehntausend Dollar für seine Aussage zu bezahlen – vorausgesetzt, er würde vor Gericht als Zeuge gegen die drei Mörder auftreten.

Danach war der junge Mann plötzlich verschwunden. Zwei Wochen lang ließ er nichts von sich hören. Entweder hatte er nur geblufft, oder man hatte ihn umgebracht. Dann, eines späten Samstagabends im September, bekam Macimer einen Anruf von Leroy Parrish.

Die Abmachung gelte noch, erklärte Parrish. Er wolle den FBI-Mann in dem leerstehenden Gehöft treffen und ihn zu der Stelle führen, wo die Mordwaffen vergraben seien. Doch der junge Mann bestand darauf, daß Macimer alleine kommen müsse. Er wollte sich auf keinen anderen einlassen. Macimer war im Zweifel. Er besprach die Sache mit Gordon Ruhle. Der ältere Kollege äußerte große Bedenken und schlug schließlich vor, Macimer zusammen mit zwei anderen Beamten zu beschatten. Sie wollten ihm von einem Wagen aus Deckung geben.

Macimer kam in seinem Wagen allein beim Gehöft an. Dort wartete er mit Parrish, bis es dunkel wurde. Danach fuhren sie eine halbe Stunde lang in Macimers Auto nach Norden. Dann bestand Parrish darauf, daß Macimer ihm das Steuer überließ. Er fuhr überraschend schnell und gut, bog häufig in Seitenstraßen ab. Macimer wurde klar, daß der Wagen, der ihm Deckung geben sollte, wahrscheinlich längst abgehängt war. Schließlich führte ein holpriger Feldweg zu einem halbverfallenen Bauernhof, der dunkel am Rand der Sümpfe lag.

Schweißüberströmt stand Macimer am Rande des Sumpfes bis zu den Knien im Schlamm und grub im weißen Licht des vollen Mondes, als Parrish plötzlich aufschrie. Grelles Scheinwerferlicht fiel auf den Pfad, der quer durch den Bauernhof auf die Sümpfe zulief.

„Sie haben mich reingelegt! Ich hab doch gesagt, nur wir beide!" brüllte Parrish.

Macimer starrte in die schnell herannahenden Scheinwerfer. „Das ist kein FBI-Wagen."

„O mein Gott!" stöhnte Parrish auf. „Dann sind es die andern!"

Mit einem Satz war Macimer aus dem Schlamm. „Runter!" zischte er. „Hinters Auto."

Das Motorgeheul des herankommenden Wagens brach plötzlich ab. Einen Augenblick später gingen die Scheinwerfer aus. Die Mondnacht wirkte auf einmal stockfinster. Ein Gewehrschuß peitschte durchs Dunkel. Die Kugel schlug durch ein Seitenfenster von Macimers Wagen. Macimer zielte mit seinem Revolver in Richtung des Mündungsfeuers; seinem Schuß folgte der Aufschrei eines Getroffenen. Für einen Moment schöpfte der FBI-Mann Hoffnung, mußte sich aber sogleich eingestehen, daß er trotz des Treffers keine Chance hatte. Nicht, wenn die übrigen Angreifer Gewehre bei sich trugen.

Er robbte zur Fahrertür. Ruhle und die anderen mochten den Anschluß verloren haben, aber sie suchten bestimmt nach ihm und konnten nicht weit sein. Vielleicht konnte er über Funk ...

Vorsichtig tastete er nach dem Türgriff. Wieder krachte ein Gewehrschuß durch die Nacht, diesmal von links. Eine zweite Kugel prallte von der hinteren Stoßstange ab.

„Zurück!" zischte Macimer Parrish zu. „Es hilft nichts, wir müssen ins Wasser."

„Nein! Ich kann nicht –"

„Wenn sie den Benzintank treffen", zischte Macimer grimmig, „kannst du keinen Dollar von der Belohnung mehr ausgeben."

Während er den zitternden Jungen zum Sumpf zerrte, in den Schutz der hohen Binsen, jagte das angreifende Mordgesindel eine Salve von Schüssen in Richtung Auto. Der Benzintank explodierte mit solcher Wucht, daß Macimer trotz dreißig Meter Entfernung von der Druckwelle in den Sumpf geworfen wurde.

Prustend und spuckend kam er wieder auf die Beine, erwischte Leroy Parrish unter Wasser und zog ihn am Kragen hoch. Um den Jungen am Schreien zu hindern, preßte er ihm die Hand auf den Mund.

Bis zur Hüfte im Schlammwasser kauernd, fragte sich Macimer, ob die Angreifer sie wohl im grellen Licht der Explosion gesehen hatten. Er begann, sich tiefer in den Sumpf zurückzuziehen. Der Junge stöhnte und zitterte und weigerte sich weiterzugehen. Macimer fuhr ihn ärgerlich an: „Wenn sie uns erwischen, pumpen sie uns mit Blei voll und schmeißen uns so tief in den Sumpf, daß man uns nie mehr findet."

„Es sind ... es sind nicht bloß die", schluchzte Parrish, „es sind ... die Schlangen! Schlangen halt ich nicht aus."

Macimer spürte sein Blut in den Adern gerinnen. Er hatte nicht an die giftigen Biester gedacht. Hier mußte es vor Mokassinschlangen nur so wimmeln.

Ein Stück weiter fand er ein Fleckchen verhältnismäßig festen Bodens, wo er mit Parrish im Binsengewirr kauerte. Minuten dehnten sich zu Ewigkeiten. Nachdem eine halbe Stunde verronnen war, wagte Macimer kaum mehr zu hoffen, Ruhle und die anderen könnten den Schein der Explosion wahrgenommen haben. Er konnte die Terrorbande am Rand des Sumpfes herumstreifen hören. Sie hatten offenbar Hemmungen, in der Dunkelheit weiter einzudringen. Manchmal rief einer dem andern etwas zu. Sonst gab es keine Geräusche als gelegentlich ein leises Klatschen im Wasser und das fortwährende Summen der Moskitos. Macimer fragte sich, wieviel die Moskitos wohl von ihm übriglassen würden.

Ein Gewehrschuß zerriß die gespenstische Stille. Leroy Parrish schrie erschrocken auf. Macimer hielt ihm hastig den Mund zu. Nach dem Mündungsfeuer zu schließen, war der Schuß senkrecht nach oben gegangen; so, als habe der Schütze auf die Sterne gezielt.

Ein Hoffnungsschimmer. Macimer wartete. Dann drang eine ruhige Stimme zu ihnen herüber. „Bist du da draußen, Paul?"

Macimer grinste vor Erleichterung. „Ja, ich und die Schlangen."

„Du kannst rauskommen und dich abtrocknen!" rief Gordon Ruhle. „Die Knaben hier machen uns keinen Ärger mehr."

Als Ruhle den einen angesprungen hatte, hatte sich der Schuß gelöst, der in den Himmel gegangen war. Die beiden anderen Beamten hatten den zweiten Gangster überwältigt. Der dritte, dem Macimer den Arm zerschossen hatte, war neben dem Wagen der Angreifer gefunden worden und hatte keinen Widerstand geleistet.

Wie lange das alles schon her ist, dachte Paul Macimer, während er von Washington südwärts fuhr, in Richtung Quantico. Ob Russ Halbig sich auch noch an diese Nacht in Mississippi erinnert? Macimer hatte Halbig noch in derselben Nacht in Jackson angerufen, und der hatte klugerweise sofort J. Edgar Hoover im Hauptquartier informiert. Als die Beamten am nächsten Morgen mit ihren Gefangenen in Jackson eintrafen, hatte Hoover bereits persönlich die Neuigkeit bekanntgegeben und war so den Heerscharen von sensationshungrigen Reportern zuvorgekommen.

Für Paul Macimer war der Fall Rothleder der Höhepunkt seiner

Arbeit in Mississippi. Sechs Monate später wurde er nach Nordkalifornien versetzt, wo gewaltsame Antikriegsdemonstrationen von Studenten Unruhe stifteten. Russell Halbig wurde für sein umsichtiges Handeln in jener Nacht in die Verwaltungsspitze im FBI-Hauptquartier berufen. Gordon Ruhle blieb noch vier Jahre in Mississippi und tat sich besonders im Kampf gegen den Ku-Klux-Klan hervor, in einem Programm, das unter dem Namen COINTELPRO lief...

Mein Gott, wie lange ist das her, dachte Paul Macimer wieder. Auch nach jenem Sommer in Mississippi hatten sich ihre Wege gelegentlich gekreuzt. Und nächsten Samstag wollte Halbig sie alle drei noch einmal zusammenbringen. Macimer fragte sich, warum. Sentimentalitäten waren nicht gerade Halbigs Art.

BEI der Ausfahrt zum Marinestützpunkt in Quantico verließ Macimer die Fernstraße 95 und folgte den Wegweisern, bis er die beiden Sandsteintürme sah, in denen die FBI-Akademie untergebracht war. Er parkte auf dem großen, glühendheißen Platz vor dem Verwaltungsgebäude, zeigte dem Portier am Eingang seinen Ausweis und fragte nach Timothy Callahan. Der Portier sah im Stundenplan nach. Callahan hatte um elf Uhr eine Vorlesung beim „Großen Vogel". Der Große Vogel war ein aus dem Verkehr gezogenes Flugzeug, in dem Entführungssituationen und Geiselbefreiungen simuliert wurden.

Macimer sah auf die Uhr in der Halle. Es blieben ihm noch ein paar Minuten Zeit, um schnell mal bei Gordon Ruhle vorbeizuschauen. Also ließ er sich vom Portier die Nummer des Hörsaals geben, wo sein Kumpel aus früheren Tagen seine Vorlesung hielt.

Gespannt auf das Wiedersehen, eilte Macimer die Gänge entlang, schlüpfte dann leise durch die Tür an der Rückseite des Hörsaals und blieb hinter der letzten Pultreihe stehen. Das Halbrund des Hörsaals fiel steil zum Podium hin ab. Dort stand ein Mann mit dem Rücken zu den Zuhörern vor der Tafel. Die breiten Schultern, die aufrechte Haltung, das dichte schwarze, teilweise leicht angegraute Haar ließen keinen Zweifel. Macimer schlüpfte auf einen leeren Platz, gerade als Gordon Ruhle sich umdrehte.

Ruhle bemerkte Macimer sofort. Er sah ihn eine Sekunde lang an und fuhr in seiner Vorlesung fort, ohne eine Miene zu verziehen. Macimer grinste. Eins nach dem andern, so ging das immer bei Ruhle, und der Dienst kam an erster Stelle. „Eigentlich ist es mit Terroristen ganz einfach, wenn Sie mich fragen", erklärte Gordon Ruhle seinen aufmerksamen Zuhörern. „Man stellt sie alle an die Wand und veranstaltet ein schönes kleines Silvesterfeuerwerk." Er wartete, bis sich das leicht irritierte Lachen seiner Zuhörer gelegt hatte, und fuhr dann fort: „Aber so machen wir das nicht beim FBI. Wir haben ein Handbuch und eine Verfassung, und danach richten wir uns. Ich will Ihnen erklären, wie das funktioniert.

Sie kennen den alten Spruch: ‚Du brauchst einen Dieb, um einen Dieb zu fangen.' Auf Terroristen trifft das erst recht zu. Ob Sie über Geiseln verhandeln, ob Sie feilschen, Zeit schinden oder sonstwas – in jedem Fall müssen Sie über den Gegner genau Bescheid wissen. Sie müssen wissen, was er denkt und wie er denkt."

Gordon Ruhle legte eine Pause ein. Es war totenstill im Raum. Er hat immer noch die Ausstrahlung von früher, dachte Macimer. Seine Zuhörer, lauter Freiwillige für die Antiterroreinheit, wußten genau, daß dieser Mann aus gründlicher Erfahrung sprach.

„Das A und O im Umgang mit Terroristen", fuhr Ruhle fort, „ist, sich folgendes klarzumachen: Der Terrorist hält sich nicht an Spielregeln. Die einzige Regel, das einzige Gesetz, das er kennt, ist sein eigenes. Er glaubt nur an ein einziges Recht, und das schafft er sich selbst. Er kennt die Skrupel nicht, die das Bewußtsein von Recht und Unrecht, die Ehr- oder Pflichtgefühl auslösen und wie die schönen Ideale alle heißen mögen, die demokratische Regierungen in ihrer Handlungsfreiheit beschränken." Ruhle lief, während er dozierte, auf und ab wie ein Tiger und fixierte seine Zuhörer mit grimmigen Blicken. Er brauchte seine Stimme nicht zu heben. Er war auch so überall gut zu verstehen.

„Einem Revolutionär ist es egal, wer dran glauben muß. Die IRA pfeift darauf, wenn mit dem britischen Soldaten, für den die Bombe bestimmt war, auch der Gemeindepfarrer hochgeht. Die PLO schert sich einen Dreck darum, wenn alte Frauen von einer Bombe im Basar in Stücke gerissen werden. Dem echten Terroristen ist es sogar egal, wenn er selbst zusammen mit seinem Feind draufgeht. Ihn interessiert einzig und allein das Ergebnis seiner Tat."

Gordon Ruhle ging zurück zum Pult und sah auf die Uhr an der Wand. „Das wär's für heute", brummte er. „Sie haben jetzt eben genug Zeit, zu Callahans Großem Vogel rüberzugehen. Und passen Sie gut auf. Einen Experten wie Callahan gibt's kein zweites Mal."

ALS die Zuhörer in den Korridor hinausströmten, fing Macimer Gordon Ruhle an der Tür ab. „Du hast nicht mal mit der Wimper gezuckt. Woher hast du gewußt, daß ich in deine Vorlesung hineinplatzen würde?"

„Halbig hat's mir angekündigt. Hast du dich von ihm reinlegen lassen? Das hast du nicht bei mir gelernt."

Macimer grinste. „Du bist noch dasselbe alte Ekel, aber es ist trotzdem schön, dich wiederzusehen. Hat Halbig dir auch erzählt, warum ich dich sehen wollte?"

„Er hat gesagt, daß du nach einer Akte suchst. Irgendwas über die Volkskomitee-Geschichte von 1981."

„Genau. Ein Sonderauftrag. Ich möchte, daß du mitmachst."

Das Angebot war ein unmißverständliches Kompliment. Macimer sah, daß Ruhles Augen zu leuchten begannen.

„Ich weiß nicht recht", sagte der Ältere nachdenklich. „Normalerweise würde ich auf so was fliegen ..., aber ich hab mich schon für dieses Antiterrorprogramm gemeldet. Eine wichtige Sache."

„Ich weiß. Laß uns beim Essen darüber reden." Macimer sah auf die Uhr. „Ich muß erst zu Callahan. Kommst du mit zu seiner Vorführung?"

Ruhle hob die breiten Schultern. „Ja, warum nicht? Da können wir uns die neuesten Geschichten erzählen."

Sie fuhren in Macimers Wagen zum Ort der Veranstaltung. Wie oft waren sie früher zusammen unterwegs gewesen! Hatten Kriegsrat gehalten, Enttäuschungen und Erfolge miteinander geteilt. Jetzt stellte sich die alte wohltuende Vertrautheit wie von selbst wieder ein.

Macimer parkte am Straßenrand, von wo man auf ein weites, offenes Gelände hinunterblickte. In seiner Mitte befand sich die C 54, die man vor zehn Jahren zu Demonstrationszwecken von der Luftwaffe erstanden hatte. Hinter dem Flugzeug, dessen silberner Glanz schon leicht verblaßt war, standen dicht gedrängt die Zuhörer.

Macimer und Ruhle kletterten die Böschung hinunter und gingen auf das Flugzeugheck zu. Dabei hörten sie schon Callahans durch Lautsprecher verstärkte Stimme. „Alles dreht sich ums Ichgefühl, um das Ego", erklärte Callahan gerade. „Wenn die Polizei bei einer Entführung hinzugezogen wird, dann müssen Sie das Ego der Polizisten, ihren Stolz und ihre Belastbarkeit mit berücksichtigen. Und natürlich auch Ihr eigenes und sogar das der Regierung. Und dann müssen Sie das alles hinter sich lassen und sich ins Ego des

Geiselnehmers einfühlen. Der hätte sich nämlich gar nicht erst in eine solche Situation gebracht, wenn es ihm nicht in erster Linie darum ginge, ernst genommen zu werden."

Macimer bog um das Flugzeugheck und sah den weißhaarigen Experten weit vorne in der Tür der Kanzel stehen. Er folgte Ruhle, der sich im Rücken der Zuhörer aufstellte. Von dort aus hatten sie einen leidlich guten Blick auf Callahan, der weiterdozierte: „Hüten Sie sich also, sein Ego zu verletzen. Streicheln Sie es. So habe ich es mit dem Jungen in Miami gemacht. Zuerst mußte ich ihn beruhigen und dann seinen Sinn auf einfache, alltägliche Dinge lenken, zum Beispiel, ob wir für ihn und die Geiseln etwas zu essen besorgen sollten ..."

Macimer konnte sich später nicht mehr genau daran erinnern, wie alles vor sich gegangen war. Eben stand er noch hinter der Menschenmenge und blickte zu Ruhle, der ihm etwas zuflüsterte. Im nächsten Moment lag er rücklings im Gras. Die Luft über ihm war eine einzige Staubwolke, Schutt rieselte auf ihn nieder; seine Ohren schienen verstopft zu sein, seltsam gedämpft hörte er Gebrüll und Schreie. Wie durch einen Filter nahm er das heillose Durcheinander ringsumher wahr, das Heck der C 54, das auf dem Boden lag, und den nach vorne gekippten Rumpf, in dem ein riesiges Loch mit gezackten Rändern klaffte. Vor dem Wrack, das Macimer wie eine gigantische aufgeschnittene Konservendose erschien, lagen oder knieten Menschen im Gras, andere irrten verwirrt umher.

Als Macimer sich aufzurappeln versuchte, beugte sich Gordon Ruhle über ihn. Seine Wangen waren dreckverschmiert, und er blutete an der Stirn, wo ihn ein Splitter getroffen hatte. „Callahan hat's erwischt!" sagte Ruhle heiser.

„Mein Gott, was ist denn passiert?"

„Eine Bombe", preßte Ruhle zwischen den Zähnen hervor. „Was von ihm übrig ist, reicht nicht mal mehr für die Heuschrecken hier."

Sechs

In Oliver Packards Büroräumen in Washington nahm die Nachttelefonistin um zwanzig Uhr fünf einen Anruf für Joseph Gerella entgegen. Der Anrufer weigerte sich, seinen Namen zu nennen.

„Es tut mir leid, Sir", sagte die Telefonistin, „aber Mr. Gerella ist nicht im Büro. Wollen Sie eine Nachricht hinterlassen?"

„Nein, keine Nachricht. Warten Sie! Doch. Richten Sie Gerella aus, ich hab ihm was geschickt, aber ich hab noch nichts in der Zeitung gesehen."

„Sie haben ihm etwas geschickt?"

„Hören Sie, er weiß Bescheid. Es ist wegen dem FBI. Sagen Sie ihm einfach, daß ich ihm noch 'ne Probe schicke. Das reicht, dann weiß er, daß ich noch mehr für ihn habe."

„Wie kann er Sie erreichen?"

„Überhaupt nicht. Ich ruf ihn wieder an, klar? Das, was ich für ihn hab, ist ziemlich teuer. Wenn er nicht interessiert ist, gibt's andere Reporter."

„Warten Sie –" Doch der Anrufer hatte schon aufgelegt. Ohne lange zu zögern, wählte die Telefonistin Gerellas private Nummer und wiederholte ihm genau, was der anonyme Anrufer gesagt hatte.

„Und das war alles?" knurrte Gerella. „Ist es auf Band?"

„Als er nach Ihnen gefragt hat, habe ich sofort das Gerät eingeschaltet."

„Gut gemacht. Ich bin gleich da."

„WIE konnte das geschehen?" Landers war außer sich. Er erhob sich und lehnte sich über den Konferenztisch. „Verdammt noch mal, ich will es wissen! Der Präsident will es wissen! Das ganze Land will es wissen!"

Niemand im Konferenzraum und niemand vor den Bildschirmen in den abhörsicheren Kommunikationszentren der sechzig FBI-Zweigstellen wußte darauf eine Antwort.

Es war eine ausgewachsene Gipfelkonferenz, an der die gesamte Führungsspitze des FBI und Vertreter aller Zweigstellen teilnahmen, und es war die erste, die John Landers als geschäftsführender Direktor einberufen hatte. Punkt einundzwanzig Uhr Washingtoner Ortszeit waren die Teilnehmer über Satelliten miteinander in Verbindung getreten. Der Konferenzraum lag im siebten Stock, und eine ganze Wand war mit Monitoren bestückt. Auf einem großen Bildschirm war im Augenblick, ebenso wie auf den Monitoren in den Zweigstellen, das markante Gesicht des FBI-Direktors zu sehen. Die Bilder auf den zwölf kleineren Monitoren im Konferenzraum wechselten alle zwölf Sekunden; die sechzig Zweigstellen wurden reihum eingeschaltet. Wenn ein Zweigstellenleiter sprach, erschien sein Bild auf dem großen Schirm.

Die Beamten draußen hatten nur magere Informationen über die Ereignisse in Quantico. Deshalb rief Landers Paul Macimer in der Zweigstelle Washington und ließ ihn als Augenzeugen das Attentat schildern.

Macimer beschrieb die Explosion und das anschließende Chaos. „Es ist ohne Vorwarnung passiert", schloß er. „Auch hinterher hat sich niemand gemeldet und die Verantwortung für den Anschlag übernommen. Soweit wir bis jetzt wissen, ist niemand in der Nähe des Flugzeugs gesehen worden, der nicht dorthin gehörte."

Ein Beamter im Konferenzraum meldete sich: „Wie hätte sich ein Fremder Zugang verschaffen können?"

Die Fernsehkamera im Hauptquartier konzentrierte sich auf Henry Szymanski, zu dessen Verantwortungsbereich auch die Schulungskurse gehörten.

Szymanski räusperte sich. „Das Gebiet außerhalb des eigentlichen Akademiegebäudes wird nicht rund um die Uhr überwacht. Leider ist es von öffentlichen Straßen aus zugänglich. Daran läßt sich nichts ändern."

„Schlimm genug", murmelte jemand.

„Wenn Sie etwas zu sagen haben, Magnuson", schnauzte der FBI-Direktor, „dann bitte laut und deutlich."

Frank Magnuson war der Leiter der Zweigstelle New York, eine Position, die seiner Meinung großes Gewicht verlieh. „Mit unserer Sicherheit ist es nicht weit her", sagte er. Sein Bild auf dem Monitor ähnelte dem von Landers – das eines schweren Mannes mit einer großen fleischigen Nase und eckigem Kiefer. „Meiner Meinung nach müssen wir uns noch auf einiges gefaßt machen. Mich wundert nur, daß wir nicht schon eher angegriffen worden sind."

„Von wem?"

„Von Terroristen", erwiderte Magnuson knapp. „Wir haben keinen Grund anzunehmen, daß unser Land für Terroristen tabu ist. Und wenn Staat und Regierung angegriffen werden, dann steht das FBI bestimmt ganz oben auf der Liste."

Landers gab die Diskussion frei, und viele stimmten Magnuson zu. „Die meisten von Ihnen scheinen also der Meinung zu sein", sagte Landers, „daß das Attentat dem FBI gegolten hat?"

„So bestimmt läßt sich das nicht sagen", wandte Russ Halbig ein. „Wir können nicht wissen, ob die Bombe nicht speziell für Tim Callahan bestimmt war."

Einen Augenblick herrschte überraschtes Schweigen. Dann meldete James Caughey energischen Widerspruch an: „Wer sollte etwas gegen Callahan haben? Für jeden Entführer war er doch am Ende immer wie ein guter Onkel."

Halbig begegnete seinem Blick gelassen. „Es ist natürlich möglich, daß die Bombe dem FBI allgemein gegolten hat. Aber es gibt keine Beweise dafür. Wir wissen nur, daß Callahan umgekommen ist und niemand sonst."

Halbig ist der einzige, der sich nicht von seinen Emotionen hinreißen läßt, dachte John Landers. Für den ist das Attentat in Quantico nichts weiter als ein Problem unter anderen. Der ist kalt wie ein Fisch. „Wenden wir uns den Einzelheiten zu", erklärte er laut. „Szymanski, was hat das Labor über die Bombe zu sagen?"

„Einem vorläufigen Bericht zufolge handelte es sich um den bei der Armee gebräuchlichen Plastiksprengstoff T-4. Leider ziemlich verbreitet."

„Wie ist die Bombe gezündet worden?"

„Das wissen wir noch nicht. Wir suchen das Flugzeugwrack und das Gelände drumherum ab. Wenn es was zu finden gibt, finden wir es."

„Es war mit allergrößter Wahrscheinlichkeit eine ferngesteuerte Zündung", ergänzte James Caughey. „Zeitzündung wäre zu ungenau gewesen."

„Warum?" wollte Landers wissen. „Jeder wußte doch, daß Callahan um elf Uhr seine Vorführung beginnen würde. Die Bombe ist genau fünf Minuten nach elf hochgegangen."

„Wie dem auch sei", schaltete sich Russ Halbig ein, „eines steht jedenfalls fest: Wer diese Bombe gelegt hat, muß genau Bescheid gewußt haben, wie Callahan seine Vorlesungen und Übungen abzuhalten pflegte."

„Was?" rief Magnuson. „Was Sie da sagen, heißt doch, daß ein Insider die Bombe gelegt hat – jemand aus unseren Reihen!"

„Ich weise nur auf eine Möglichkeit hin, die wir nicht außer acht lassen dürfen", erklärte Halbig gelassen. „Nur eine von vielen natürlich."

„Das ist ein ganz und gar übler Gedanke", antwortete Magnuson mißmutig.

Die Konferenz ging noch fünfzehn Minuten weiter. Am Schluß umriß Caughey, welche Maßnahmen zur Aufklärung des Attentats bereits eingeleitet waren. Hunderte von Beamten waren an der Jagd

beteiligt. Solange keine bestimmte Spur auftauchte, waren sie hauptsächlich damit beschäftigt, Verbindungen zu Extremisten und deren Sympathisanten aufzuspüren, vor allem zu solchen, deren feindselige Haltung gegen das FBI bekannt war.

NACH der Konferenz folgte Russ Halbig Landers in dessen Büro. Der Direktor ließ sich schwer in seinen Schreibtischsessel fallen und bedeutete Halbig mit einer Handbewegung, sich ebenfalls zu setzen. Landers schien plötzlich müde, die Anspannung der letzten Tage war nicht spurlos an ihm vorübergegangen.

„Sie hatten sicher Gründe, Paul Macimer ausgerechnet heute nach Quantico zu schicken", begann Landers.

„Ja, die hatte ich. Er sollte mit Callahan über Brea reden. Ich erhoffte mir einiges davon. Schließlich ist Callahan im Sommer vor drei Jahren Ihre rechte Hand gewesen."

Landers runzelte die Stirn. „Vielleicht wollten seine Mörder verhindern, daß er mit Macimer sprach. Haben Sie Macimer immer noch in Verdacht, die Akte, die Lippert zusammengestellt hat, gestohlen zu haben?"

„Ich habe nie gesagt, daß ich Macimer für schuldig halte – nur, daß er es sein könnte. Im übrigen habe ich ihn und seinen früheren Partner Gordon Ruhle für Samstag zu mir nach Hause eingeladen. Da kann ich ihn mir einmal etwas genauer ansehen, außerdienstlich sozusagen."

Landers stand auf und begann im Büro auf und ab zu gehen. „Ich möchte detaillierte Berichte über die Ermittlungen in Quantico haben, keine Zusammenfassungen. Das gilt auch für den Fall Brea." Abrupt wandte er sich Halbig zu. „Hat das Attentat etwas mit der Akte Brea zu tun? Was glauben Sie persönlich?"

Halbig nahm sich Zeit, ehe er antwortete: „Ich möchte noch kein endgültiges Urteil in dieser Sache abgeben", betonte er. „Doch ich halte es für möglich, daß Callahan ermordet wurde, weil er etwas über die Akte Brea wußte – oder zu wissen glaubte."

„Eine ziemlich gewagte These, was, Halbig?"

„Sie haben nach meiner persönlichen Meinung gefragt, Sir."

Landers nickte bedächtig. „Ja, das habe ich."

Als Halbig gegangen war, starrte Landers noch lange auf die Tür. Halbig ist tatsächlich ein kalter Fisch, dachte er. Vorsichtig und korrekt, schaut unter jeden Stein und leistet sich keine privaten Gefühle. Kein angenehmer Gedanke, den als Stellvertreter zu haben.

Später am selben Abend, gegen halb elf etwa, klingelte das Telefon in Paul Macimers Arbeitszimmer. Dieser Apparat hatte einen separaten Anschluß und eine Geheimnummer. Der Anrufer war der Beamte Pat Garvey, der sich aus Kalifornien meldete.

„Wir haben rausgekriegt, wo das Fliegengitter herstammt, das Lippert ins Labor geschickt hat. Paßt alles zusammen."

Garvey hatte die gesamte Umgebung des Unglückshauses genau durchgekämmt. Spät am Donnerstag nachmittag war er bei den Häusern angekommen, die der Rückfront gegenüber lagen. Dort war er fündig geworden – in dem Haus direkt hinter dem Volkskomitee-Versteck.

„Die Leute heißen Lazzeri. Wohnen dort schon achtzehn Jahre, waren aber zur Zeit der Katastrophe nicht zu Hause. Die ganze Familie war auf Verwandtenbesuch."

„Wollen Sie damit sagen, das Haus stand an dem Tag leer?"

„Genau, Sir. Und als Lippert das herausfand, hat er gefragt, ob er sich das Haus mal ansehen darf. Lazzeri erzählte, daß Lippert ganz aufgeregt war, als er in eins der Schlafzimmer im ersten Stock kam. Das Fenster in dem Zimmer geht direkt auf das Grundstück, wo sich damals das Versteck der Terroristen befand. Lippert hat sich das alte rostige Fliegengitter von diesem Fenster ausgeliehen. Das war im Februar. Paßt zeitlich genau mit seiner Anfrage im Labor zusammen."

„Und das Gitter hatte ein Loch", führte Macimer den Gedanken zu Ende.

„Ja, Sir. Lazzeri hielt es für einen Riß – doch Lippert war anderer Meinung. Und die Laboranalyse gibt ihm recht. An den Rändern des Loches waren Pulverrückstände. Für Lippert muß sich daraus eine eindeutige Schlußfolgerung ergeben haben: Jemand war am fraglichen Tag im Haus der Lazzeris und hat vom oberen Fenster aus einen Schuß abgefeuert."

„Den Schuß, der die Katastrophe ausgelöst hat."

„Richtig, Sir."

Macimer schwieg. Er hatte so etwas vermutet, und Garveys Entdeckung war der Beweis dafür.

„Gute Arbeit, Garvey", lobte er schließlich. „Was haben Sie und Collins sonst noch?"

„Der Telefonanruf am Tag vor dem Unglück. Collins hat die Listen der Telefongesellschaft durchgesehen. Darin ist ein Anruf registriert – von einer Zelle in San Timoteo an die FBI-Spezialeinheit in

Sacramento. Am Vormittag, zwei Minuten nach elf. Das ist genau die Zeit, zu der auch im Büro in Sacramento der Anruf für Brea registriert worden ist."

„Also", sagte Macimer, „hat Walter Schumaker das Versteck am Tag vor dem Massaker verlassen, um Brea anzurufen. Und nach Ihrem Bericht hat weder er noch sonstjemand das Haus am achtundzwanzigsten verlassen."

„Genau, Sir", bestätigte Garvey. „Er war im Haus, als die Schießerei losging – und sein Auftraggeber wußte das."

„Die große Frage ist also: Wer hat den Schuß aus dem Haus der Lazzeris abgefeuert?"

Nachdem Garvey eingehängt hatte, blieb Macimer noch lange regungslos am Schreibtisch sitzen und dachte nach. Die Explosion in San Timoteo. Die Bombe im Flugzeug in Quantico. Macimer schüttelte den Kopf. Was er dachte, konnte nicht wahr sein – es war einfach unmöglich.

Und doch – das war das erste, was man an der Akademie lernte: Bei einer Serie von Verbrechen war genau zu prüfen, ob ihnen eine Gemeinsamkeit zugrunde lag. Wer die Explosion in San Timoteo auf dem Gewissen hatte, war leicht imstande, auch eine Flugzeugkanzel hochgehen zu lassen, um jemanden umzubringen, der ihm gefährlich werden könnte.

Wie Tim Callahan.

Und wie Carey McWilliams, der in der Zweigstelle Washington vor nicht ganz zwei Jahren durch eine Bombe ums Leben gekommen war. Es gab normalerweise keinen Grund, einen Anschlag in Kalifornien mit einem anderen in Washington und einem dritten in Virginia in Verbindung zu bringen.

Doch es gab Gemeinsamkeiten. Jedesmal hatte Sprengstoff eine Rolle gespielt. Und Carey McWilliams und Tim Callahan waren bei der Jagd auf die Volkskomitee-Leute, damals im Sommer 1981, John Landers' engste Mitarbeiter gewesen. Von den drei Männern, die diese Jagd geleitet hatten, lebte jetzt nur noch einer.

Und der war geschäftsführender Direktor des FBI.

Der Anruf für Chuey Gutiérrez kam am Freitag früh und erreichte ihn in dem billigen Hotel im Norden Washingtons, wo er sich mit Xavier und Rosalba seit fast drei Wochen verborgen hielt. Er kannte die tiefe Stimme am anderen Ende der Leitung.

„Du hast gute Arbeit geleistet", sagte der Anrufer. „Ich habe mir eben das erste Band angehört. Die Anlage arbeitet perfekt."

„Bueno."

„Wahrscheinlich kannst du mir in dieser Sache noch einmal behilflich sein. Es ist noch nicht vorbei. Kann sein, daß ich auch in Zukunft Aufnahmen brauche."

„Bin jederzeit bereit, Maestro."

Der Anrufer schwieg, legte aber nicht auf. Chuey wartete geduldig, was der FBI-Mann noch in petto hatte.

Eigentlich hieß Chuey Raúl Jesús Gutiérrez y González. Er war in Miami aufgewachsen. Sein Vater, ein kubanischer Polizist, war in die USA geflohen, als Castro an die Macht kam. Ramón Gutiérrez war 1961 in der Schweinebucht ums Leben gekommen, im selben Jahr, als sein Sohn Chuey dreizehn wurde. Der Tod seines Vaters hatte Chuey zum glühenden Anhänger der Vereinigten Staaten werden lassen – des Landes, das ihnen Zuflucht geboten hatte.

Schon als Teenager war Chuey Gutiérrez einem Mann vom FBI aufgefallen, einem Mann, den er von da an immer als seinen Wohltäter betrachtete. Dieser Mann, den er Maestro nannte, hatte Chuey in die Lage versetzt, an den Feinden seines Vaters und seiner neuen Heimat Vergeltung zu üben. Vor ein paar Wochen hatte ihn der FBI-Mann nach Washington bestellt – in einer Sache von höchster Wichtigkeit für die Vereinigten Staaten, wie er sagte –, und Chuey hatte keine Sekunde gezögert, den Auftrag anzunehmen. Er war den Anweisungen des FBI-Mannes gefolgt, hatte Xavier und Rosalba angeheuert und beide mit nach Washington gebracht.

Die Stimme des FBI-Mannes riß Chuey aus seinen Gedanken. „Der Junge ist ein Hitzkopf. Kann man sich auf ihn verlassen?"

„Ich werd dafür sorgen", antwortete Chuey und warf einen Blick auf Xavier, der mit Rosalba vor dem Fernseher saß.

„Gut. Ich kann ihn und das Mädchen vielleicht brauchen. Sie dürfen niemand auffallen; am besten lassen sie sich nirgendwo blicken. Ist das klar?"

„Ja, geht in Ordnung, Maestro."

„Bueno."

Das Gespräch war beendet. Einen Augenblick lang blieb Chuey auf dem Bettrand sitzen und starrte vor sich hin. Er dachte an die Worte des FBI-Mannes – „Du hast gute Arbeit geleistet" –, und heißer Stolz stieg in ihm auf.

Am Freitag morgen bekam Paul Macimer einen ersten Laborbericht vom Hauptquartier. Wie vorauszusehen war, hatte man in seinem Haus keine fremden Fingerabdrücke gefunden; die drei Eindringlinge hatten die ganze Zeit Handschuhe getragen. Der Fall Brea hingegen schien in Bewegung zu kommen. Während der Nacht waren weitere Beamte für die Sondereinheit eingetroffen. Nachdem er sie instruiert hatte, rief Macimer Harrison Stearns zu sich ins Büro, um die neuesten Ermittlungsberichte mit ihm durchzusprechen. Darin ging es unter anderem um die Bemühungen der Beamten Wagner und Rayburn, den jungen Mann ausfindig zu machen, der den FBI-Wagen und, wie Macimer glaubte, auch die Akte Brea gestohlen hatte. Macimer gab seine Anweisungen. Die beiden Beamten sollten sich weiter auf das Einkaufszentrum und seine Umgebung konzentrieren, andere auf die Gegend, wo der Bursche mit dem Wagen im Bach gelandet war.

Harrison Stearns verbrachte an diesem Abend nach Dienstschluß noch mehrere Stunden in der Nähe des Einkaufszentrums und in den Läden selbst. Stillschweigend hatte er sich vorgenommen, durch eigene Ermittlungen die Scharte des Autodiebstahls auszuwetzen. Sein Chef war überzeugt, der Dieb müsse hier irgendwo beschäftigt sein, vielleicht sogar wohnen; was hätte er sonst an einem verregneten Abend ohne eigenes Auto auf dem Parkplatz zu suchen gehabt? Stearns wußte, daß die Beamten Rayburn und Wagner bereits alle jetzigen und früheren Angestellten des Einkaufszentrums überprüft hatten und daß keiner für die Tat in Frage kam.

Na schön, sagte sich Stearns, dann arbeitet er vielleicht hier in der Nachbarschaft. Und hat gegen acht oder neun Uhr Feierabend. Vielleicht ist er Kellner in einem Schnellimbiß oder Lagerarbeiter in einem Warenhaus – oder Dieb.

Bei diesem Gedanken wurde Stearns ganz aufgeregt. Vielleicht war es gar kein Zufall, daß der Junge sich an jenem Abend auf dem Parkplatz herumgetrieben hatte? Vielleicht war er ein Automarder, einer, der auf Parkplätzen herumlungert und nach unverschlossenen Autos Ausschau hält, um an Wertsachen zu kommen?

Stearns versuchte, sich in den Burschen hineinzuversetzen. Falls er erneut auf Beute aus war, würde er wohl nicht wieder hierherkommen. Aber es gab ja noch andere Läden und Restaurants in der Gegend, und alle hatten große Parkplätze.

Stearns verließ das Einkaufszentrum und fuhr einen Kilometer weiter zum nächsten Parkplatz. Er parkte in einer dunklen Ecke, rutschte so tief in seinen Sitz, wie es ging, und harrte der Dinge, die da kommen mochten.

Paul Macimer verließ sein Büro am späten Nachmittag. Als er nach Hause kam, schienen alle bis auf Kevin ausgeflogen. „Wie geht's, Kev?" fragte er seinen Sohn, der im Wohnzimmer saß.

Der Junge zog den Kopf ein und murmelte etwas vor sich hin. Neben ihm auf der Couch lag sein Baseballhandschuh. Er zog ihn über, ballte die andere Hand zur Faust und rammte sie zwei-, dreimal hinein.

„Weißt du, wo deine Mutter ist?"

„Einkaufen", antwortete Kevin mürrisch.

„Wann hörst du auf, wütend auf mich zu sein?"

Kevin starrte zu Boden. „Ich bin nicht wütend."

„Du bist enttäuscht, nicht wahr?"

Der Junge zögerte und schüttelte dann den Kopf.

„Du denkst immer noch, ich hätte es diesen Einbrechern zeigen müssen, nicht wahr? Hast du dir überlegt, was dabei herausgekommen wäre? Das Risiko?"

„Ich weiß. Nur ... vielleicht ..."

„Ich kann dich verstehen", kam Macimer ihm zu Hilfe. „Wenn ich die Wahrheit sagen soll, ich war selbst ganz schön enttäuscht. Vielleicht mach ich's das nächste Mal besser. Oder lasse es gar nicht dazu kommen."

Wieder boxte Kevin mit der Faust in den Handschuh und wich dem Blick seines Vaters aus. „Ich wette, du könntest es mit denen aufnehmen!"

Macimer schwieg einen Augenblick und unterdrückte die Versuchung, den Jungen einfach in den Arm zu nehmen. „Eins mußt du mir glauben, Kevin. Ich hätte nicht einfach dagestanden und zugesehen, wenn dir oder deiner Schwester oder deiner Mutter etwas passiert wäre. Soviel ist sicher."

Kevin sah zu ihm auf. In seinen Augen glänzte es plötzlich verdächtig. „Das weiß ich."

Macimer lächelte. „Gut. Hast du mit dem Handschuh noch was vor, oder spielst du nur mit ihm rum?"

„Ich wollte mit den andern ein bißchen üben."

„Also gut, dann nichts wie los." Wie der Blitz war Kevin bei der

Tür. Macimer rief ihm hinterher: „Ist sonst noch jemand zu Hause?"

„Nur Linda!"

Macimer sah Kevin nach, wie er davonrannte. Kevin hatte es eilig gehabt wegzukommen, doch man sah ihm an, wie erlöst er war. *Ich hätte nicht zugelassen, daß dir etwas passiert.* Große Worte, dachte Macimer, während er die Treppe hinaufging.

Linda war in ihrem Zimmer. Die Tür stand offen, doch Macimer klopfte trotzdem leise an.

„Kann ich reinkommen?" fragte er.

Sie saß auf dem Bett, ans Kopfende gelehnt, eine Zeitschrift im Schoß. „Klar", sagte sie ausdruckslos.

„Deine Mutter mußte weg?"

„Ja, sie hatte es ganz eilig. Hat noch nicht mal gefragt, ob ich was brauche."

Macimer ließ sich auf einem Stuhl nieder, dem einzigen, der nicht mit Stofftieren besetzt war. Es wurde Zeit, sich mal wieder um das lädierte Familienleben zu kümmern. Jane hatte absichtlich das Feld geräumt, wahrscheinlich gleich nach seinem Anruf, er werde früh nach Hause kommen. Sie wollte ihm Gelegenheit geben, mit den Kindern zu sprechen.

„Deine Mutter sagt, was hier mit den Einbrechern passiert ist, macht dir schwer zu schaffen. Sie meint, du kannst es nicht vergessen."

„Was hast du denn gedacht?" Ihr Blick war kühl, fast feindselig.

„Ich weiß auch nicht." Macimer hatte Mühe, die rechten Worte zu finden. „Wie soll ich's dir erklären? Solche Leute haben alle möglichen Gründe und Motive."

„Versuch bloß nicht, sie zu verteidigen!" Linda brach in Tränen aus. „Die zwei Affen! Stolzieren hier rum, wollen der Kleinen mal zeigen, was für große Nummern sie sind. Ich glaube langsam, alle Männer sind gleich. Manche haben nur bessere Manieren."

„Wir sind nicht alle gleich", protestierte Macimer. „Denk doch mal an deine Brüder. Chip zum Beispiel. Kannst du dir vorstellen, daß er jemand absichtlich weh tut, noch dazu einem Mädchen? Sehr viele Leute legen's drauf an, einander weh zu tun, und sie entwickeln eine erstaunliche Phantasie dabei. Aber wir sind nicht so, Linda, das weißt du doch. Und du solltest mir glauben, daß nicht alle Männer so sind wie diese zwei Dreckskerle."

Sie blieb eine Weile still, schien verängstigt. Dann sagte sie: „Ich weiß nicht. Ich bin nicht sicher."

Ziemlich entsetzt starrte Macimer seine Tochter an. Dann rief jemand unten im Haus: „Hallooo! Jemand zu Hause?"

Linda und Macimer tauschten vielsagende Blicke. Beide kannten sie die Stimme. Macimer schnitt eine Grimasse.

„Hallooo? Paul? Ich bin's, Aileen ..."

„Sitzt sicher wieder in der Patsche, Daddy."

„Der Retter naht ... Siehst du, Linda, wir sind nicht alle so schlecht."

Sie wirkte nicht überzeugt, schien aber bereit, es fürs erste dabei bewenden zu lassen. Macimer ging ins Wohnzimmer hinunter. Dort stand Aileen Hebert, eine Nachbarin, in der offenen Verandatür.

„Gott sei Dank, Sie sind zu Hause!"

„Was ist passiert, Aileen? Haben Sie sich wieder ausgesperrt?" Aileen, eine schon leicht ergraute, aber noch attraktive Frau in den Vierzigern, war geschieden und lebte allein. Sie verlor ständig ihre Autoschlüssel, und ebensooft vergaß sie, ihre Hausschlüssel einzustecken, bevor sie die Haustür hinter sich zuzog.

„Diesmal kann ich wirklich nichts dafür, Paul. Ich weiß genau, ich hatte die Schlüssel dabei, als ich wegging. Ich kann sie nur nicht finden."

„Alles abgeschlossen? Haben Sie schon alle Fenster probiert?"

„Aber ja. Ich hab die Schlüssel in meine Handtasche getan, als ich einkaufen ging. Das weiß ich ganz genau."

Während sie ununterbrochen weiterschwatzte, begleitete Macimer sie die paar Schritte zu ihrem Haus und prüfte dort Türen und Fenster. Ein durch ein Fliegengitter geschütztes Badezimmerfenster stand offen.

In der Garage fand Macimer eine Spachtel. Damit gelang es ihm, die Arretierung des Fliegengitters zu lösen; er kletterte hinein und öffnete von innen die Haustür. Die Schlüssel lagen auf einem Tischchen in der Diele.

„Ich kann mir einfach nicht erklären, wie das passiert ist", murmelte Aileen reichlich betreten.

Macimer grinste. „Aileen, Sie und Schlüssel – das geht einfach nicht zusammen."

„So langsam glaub ich das auch", antwortete sie lachend. „Möchten Sie einen Kaffee, Paul? Oder einen Drink?"

„Nein, danke. Ich –"

„Ich muß unbedingt mit Jane reden. Neulich ist was ganz

Komisches passiert. War es am Montag? Nein, ich glaub, es war am Dienstag. Möchten Sie bestimmt nichts? Auch kein Bier?

„Nein, bestimmt nicht. Trotzdem vielen Dank, Aileen."

„Ich hatte gerade das Radio an – ich hab's immer auf UKW, wissen Sie. Da gibt's am meisten Musik. Also, ich bin eben dabei, einen anderen Sender zu suchen, und plötzlich höre ich Janes Stimme, so deutlich als stünde Jane neben mir."

Macimer blieb in der Tür stehen. „Janes Stimme? Sind Sie sicher?"

„Aber ja! Sie hat mit jemand telefoniert. Ich wollte nicht horchen, ganz bestimmt nicht, aber verstehen Sie, ich war so maßlos überrascht. Jane verabredete sich mit einer anderen Frau. Sie wollten zusammen essen gehen."

„Dienstag abend", sagte Macimer langsam.

„Ja, es war wohl Dienstag, ich bin ganz sicher. Oder ..."

„Ich glaube, ich will doch ein Bier", erklärte Macimer. „Und dann erzählen Sie mir ganz genau, was passiert ist."

Macimer war kein Spezialist für Abhörtechnik, aber jeder FBI-Beamte kannte sich mit Wanzen aus und wußte, wie man sie benutzte und aufspürte. Das gehörte zur Grundausbildung. Daß ein Nachbar auf UKW zufällig mithören konnte, ließ auf eine drahtlose Abhörvorrichtung schließen. Die Reichweite dieser Wanzen beschränkte sich meist auf eine kurze Entfernung, betrug im Höchstfall einen Kilometer. Der Sender wurde auf irgendeine UKW-Länge eingestellt, der Empfänger, meistens ein einfaches Radio, auf dieselbe Frequenz, und man brauchte das Radio nur einzuschalten, um alles mitzuhören. Der Abhörer saß dabei in einem in der Nähe geparkten Wagen oder hatte irgendwo in Reichweite der Wanze ein Tonbandgerät versteckt, das sich automatisch einschaltete, sobald gesprochen wurde.

Die Methode war so einfach wie wirksam; sie barg nur ein Risiko in sich: Jedes UKW-Radio in der Umgebung konnte das Abgehörte auffangen, wenn es zufällig auf die entsprechende Frequenz eingestellt war.

Sofort nachdem er Aileen Hebert verlassen hatte, durchsuchte Macimer sein Haus. Er prüfte die Telefone, Fensterrahmen, Lampen, Sessel und andere naheliegende Verstecke. Die erste Wanze fand er in der oberen Diele, im Heizungsthermostat. Der war an der Wand angebracht, hinter der das Schlafzimmer lag. Dahinter, im Schlafzimmer, hatte die Wand ein winziges Loch. In einem Hohlraum in der Wand baumelte ein gut dreißig Zentimeter langer Draht, eine Antenne.

Eine zweite Abhörvorrichtung, etwa in der Größe eines Stücks Würfelzucker, fand sich im Schlafzimmer selbst, und zwar im Telefon. Man hatte dort die Leitung an einer Stelle getrennt und die Wanze einfach dazwischengeschaltet.

Macimer war wütend über das skrupellose Eindringen in sein Privatleben. Er war aber auch ausgesprochen beunruhigt, weil er die Wanzen so leicht gefunden hatte. Das konnte kein Zufall sein; man hatte damit gerechnet, daß er sie finden würde. Ein alter Trick, echte Profiarbeit. Diese Wanzen waren dazu bestimmt, von ihm entdeckt zu werden, damit er sich hinterher um so sicherer fühlte.

Und das bedeutete, daß es noch mehr Wanzen gab, die schwerer zu entdecken waren. Aber warum? Glaubte jemand, daß er die verschwundene Akte Brea besaß? Oder wollte jemand durch das Abhören seiner Telefongespräche Einzelheiten über die Untersuchung erfahren?

Falsch! Die Abhörer konnten nicht wissen, daß Macimer überhaupt mit dem Fall Brea in Berührung kommen würde. Die Wanzen waren mit größter Wahrscheinlichkeit von den drei Latinos angebracht worden. Dies war der wahre Grund für ihren scheinbar unsinnigen Einbruch gewesen. Das Ganze aber war geschehen, bevor man Macimer die Untersuchung des Falles Brea übertragen hatte.

Je länger er darüber nachdachte, desto weniger geheuer erschien ihm die Sache. Und seine Familie, der Teil seines Lebens, den er immer sorgfältig vom Beruf abgeschirmt hatte – seine Familie war auf einmal nicht mehr sicher.

Sieben

Am Samstag abend um sechs steuerte Paul Macimer seinen Wagen durch ein schmiedeeisernes Tor und eine lange Auffahrt hinauf, die zu Russ Halbigs Haus führte. Der großzügige Backsteinbau in strahlendem Weiß, der über und über von Efeu bewachsen war, entlockte Jane einen Seufzer der Bewunderung. Im Hof davor war ein Ford geparkt. Er trug ein Nummernschild des Staates Virginia, und eine Plakette zeigte, daß es sich um einen Leihwagen handelte.

Paul und Jane Macimer fanden Halbig an der Bar auf der Terrasse, wo er Drinks mixte. Gordon und Mary Ruhle waren schon früher eingetroffen, und Gordon saß bereits in der Badehose auf dem Sprungbrett über Halbigs geräumigem Schwimmbecken. Sein muskulöser Oberkörper war tiefbraun, und das weiße Pflaster auf seiner Stirn stach wie ein Etikett von seiner sonnenverbrannten Haut ab. Für einen Mann Mitte Fünfzig schien er phantastisch in Form zu sein – vollkommen durchtrainiert, mit der Figur eines Athleten. Er winkte Paul und Jane zu. „Kommt rein – wann dürfen wir kleinen Angestellten schon mal das Schwimmbad vom Chef benutzen?"

Jane schüttelte lachend den Kopf. „Ich hab keinen Badeanzug dabei."

„Na und? Erika wird dir schon was geben. Schließlich bin ich extra hergekommen, um dich im Bikini zu sehen. Du siehst fabelhaft aus, Jane."

„Bedaure, aber heute wirst du dich wohl an Erika halten müssen", sagte Jane, mit einem Seitenblick auf Halbigs junge Frau, die eben wie eine Nixe dem Swimmingpool entstieg. Sie war groß und schlank, und ein hautenger roter Badeanzug betonte ihre beachtlichen Rundungen. Mit Bewegungen, die deutlich verrieten, wie sehr sie sich ihrer Wirkung bewußt war, griff sie nach einem Handtuch und rubbelte ihr kurzes hellblondes Haar. Jane unterdrückte den Impuls, Paul anzusehen, doch sie konnte sich seinen Gesichtsausdruck auch so gut vorstellen. Gordon Ruhles unverfrorene Art, Erika anzustarren, genügte.

„Jane – und Paul! Wie schön, daß ihr gekommen seid!" Erika kam strahlend auf sie zu und gab beiden ein Begrüßungsküßchen. „Wir haben uns ja viel zu lange nicht gesehen!"

„Ich weiß nicht, wo die Zeit geblieben ist", pflichtete Jane höflich bei.

„Aber ich weiß es – du hast doch drei Kinder!" rief Erika in einem Ton, als handle es sich um eine bestaunenswerte Sensation. „Wie geht's ihnen denn?"

„Gut, sehr gut."

„Also, was ist jetzt?" ließ Gordon sich vom Sprungbrett her vernehmen. „Los, Paul. Sei nicht wasserscheu."

Macimer nahm einen Drink in Empfang, den Halbig ihm reichte, trat an den Beckenrand und sah zu, wie Gordon mit einem Kopfsprung ins Wasser hechtete. Dicht unter Macimer kam er wieder hoch und bespritzte dessen Schuhe und Hosenbeine, bevor er erneut untertauchte. Macimer schmunzelte amüsiert. Gordon hat sich nicht verändert, dachte er. Muß immer noch der Jüngste, Flotteste und Härteste sein.

Gordon kraulte ein paar Längen, stieg dann aus dem Becken, trocknete sich ab, kam zur Bar und verlangte einen Bourbon. Jane und Erika waren im Haus verschwunden.

„Schön, daß wir alle mal wieder zusammen sind", sagte Gordon, während sie sich erfreut musterten. Mit Erstaunen stellte Macimer fest, daß Gordon und er gleich groß waren, obwohl er sich von jeher eingebildet hatte, Ruhle sei der Größere. Ruhle war eben muskulöser und breiter gebaut.

„Wenn ich nicht nach Quantico gekommen wäre, dann hättest du dich wahrscheinlich nie gemeldet", sagte Gordon.

„Du hast ja gewußt, wo ich stecke", gab Macimer grinsend zurück. „Deine Briefe müssen alle verlorengegangen sein."

„Gordon war viel unterwegs", erklärte Halbig.

Ruhle zuckte die schweren Schultern. „Einer muß ja all die Spinner in Schach halten. Ich war bei der Personenfahndung. Meistens in Kalifornien. Du weißt sicher, daß wir jetzt in Burbank wohnen. Mary ist zwar hierher mitgekommen, aber nur für ein paar Tage. Wie geht's übrigens meiner hübschen kleinen Linda? Hab sie jahrelang nicht gesehen."

Noch ehe Paul antworten konnte, wurde er durch freudig erregte Stimmen abgelenkt. Jane und Erika kamen aus dem Haus gestürmt, zwischen ihnen eine Frau, die Macimer im ersten Moment gar nicht erkannte.

„Paul!" rief Mary Ruhle. „Paul Macimer!" Sie kam über die Terrasse auf ihn zugelaufen. Mein Gott, wie sehr sie gealtert ist, dachte Macimer und versuchte, sich nichts anmerken zu lassen. Mary Ruhle war erst dreiundfünfzig, hatte aber bereits völlig weiße Haare und sah gut zehn Jahre älter aus. Sie flog in seine ausgebreiteten Arme, drückte ihn fest an sich und trat dann zurück, um ihn anzusehen. Ihre Augen waren feucht. „Es ist so ... o Gott, ich glaube, ich fang gleich an zu heulen. Eben ist es mir mit Jane genauso ergangen, und ich dachte, ich bin jetzt drüber weg."

Macimers unterschwellige Zweifel am Zweck dieses Treffens mit den Halbigs und den Ruhles waren mit einem Mal wie weggeblasen. Marys unbändige Freude über das Wiedersehen berührte ihn so, daß er sich seines Mißtrauens schämte.

Bald unterhielt man sich ganz ungezwungen, tauschte alte Erinnerungen aus, erging sich in Familienklatsch und Neckereien, und nur ganz vereinzelt wurde übers FBI gefachsimpelt. Nach einiger Zeit bereitete Russ Halbig auf der Terrasse Steaks zu und briet sie auf einem Grill über offenem Feuer. Er geht ganz in seiner Rolle als Gastgeber auf, dachte Macimer. Und es scheint so, als habe er wirklich Spaß daran. Halbigs Einfall, dieses Zusammentreffen zu organisieren, hatte Macimer überrascht; daß Halbig es so augenscheinlich genoß, überraschte ihn noch mehr.

Noch lange nachdem das Hausmädchen abgeräumt hatte, hing der Duft von Holzkohle und gebratenem Fleisch in der Luft. Die Frauen machten es sich in den Liegestühlen am Rand des Beckens bequem, und ihre Stimmen drangen zu den Männern hinüber, die sich in eine Ecke der Terrasse zurückgezogen hatten.

Ruhle setzte eine dicke Bruyèrepfeife in Brand. Er rauchte immer noch den gleichen nach Kirschen duftenden Tabak wie vor zwanzig Jahren, fiel Macimer auf. Schon immer waren Gordon alle Neuerungen suspekt gewesen.

Ruhle starrte in die Dunkelheit hinaus. „Man könnte meinen, es sei alles noch wie früher."

„Manches bleibt sich immer gleich. Familie, Freunde ...", nahm Macimer den Gedanken auf.

Ruhle stieß eine Rauchwolke aus. „Mach dir doch nichts vor", sagte er ärgerlich. „An einem Abend wie diesem mag es so aussehen, doch die Welt da draußen ist längst nicht mehr so, wie sie war, als wir angefangen haben. Keine Spur davon."

„Mit der Welt stimmt vielleicht manches nicht mehr", meinte Macimer unbeschwert, „aber der liebe Gott sitzt immer noch im Himmel, und wir sind immer noch die guten Kerls vom FBI."

„An beidem hab ich so allmählich Zweifel", sagte Ruhle finster.

„Du warst schon immer ein großer Schwarzseher, Gordon", flachste Halbig, lächelte aber versöhnlich dabei. „Ich weiß noch genau, wie du steif und fest behauptet hast, bis 1980 hätten die Kommunisten uns alle geschluckt. Nichts ist passiert."

„Das kann noch kommen."

Eine Zeitlang herrschte Schweigen. Vom Swimmingpool klang Erika Halbigs perlendes Lachen herüber. Sie lacht ziemlich viel, dachte Macimer. Er sah, wie sie sich in seine Richtung wandte, als schaue sie direkt zu ihm herüber.

„Was machen die Kinder, Paul? Sorgen?“

Ruhles Frage riß Macimer aus seinen Gedanken. „Das Übliche“, erklärte er. „Mein jüngster Sohn hat eine Zeitlang nicht mit mir geredet.“ Er erzählte von dem Einbruch und den Auswirkungen auf seine Kinder.

„Siehst du, wovon ich spreche?“ ereiferte sich Ruhle. „Jetzt mußt du schon damit rechnen, daß das Gesindel dein Haus besetzt. Und wenn wir sie uns schnappen, was passiert dann? Man setzt sie auf freien Fuß, und sie lachen uns noch aus.“

„Was machen deine zwei, Gordon?“ fragte Halbig.

„Meine Kinder …“ Ruhle verstummte. Schließlich sagte er: „Ihr könnt es ruhig wissen. Sie stecken voll in der Drogenszene. Natürlich geht das vielen Jugendlichen so. Warum sollten meine anders sein?“

Macimer spürte geradezu schmerzhaft, wie schwer Ruhle dieses Geständnis fiel. „Meine Kinder sind nicht besser als die anderer Leute“, fuhr Ruhle fort. „Haben einfach nicht den Mumm, sich auszuschließen und nein zu sagen. Nehmen Hasch, LSD, was du willst. Die mußt du mal fragen, Paul, ob der liebe Gott noch im Himmel sitzt – die glauben an nichts mehr, denken nur an sich.“ Ruhle beugte sich vor und klopfte heftig die Asche aus seiner Pfeife. „Ob ihr's glaubt oder nicht“, erzählte er dann leise weiter, „ich hab rausgekriegt, daß mein sauberer Herr Sohn in seiner Schule mit Rauschgift handelt. Ich hab ihn zu Hause rausgeschmissen. Dann hab ich erfahren, daß Ann gar nicht mehr im Studentenwohnheim wohnt. Sie ist bei so 'nem Kerl vom Lehrpersonal untergekrochen, der zehn Jahre älter ist als sie. Hab seitdem mit beiden kein Wort mehr gesprochen.“

Auf der Heimfahrt eröffnete Macimer seiner Frau, er habe Gordon und Mary Ruhle für Sonntag zum Abendessen eingeladen. Wenn Jane überrascht war, so ließ sie sich jedenfalls nichts anmerken. Dafür berichtete sie ihm einiges über ihre alten Freunde, was er nicht wußte.

„Hat Gordon von seinen Kindern erzählt?“ fragte Jane.

„Ja. Offenbar spricht er nicht mehr mit ihnen – lehnt jeden Kontakt ab. Das sieht Gordon ähnlich. Wie wird Mary damit fertig?“

„Nicht sehr gut. Sie trifft die Kinder heimlich oder lädt sie ein, wenn Gordon nicht zu Hause ist. Das dürfte allerdings ziemlich oft der Fall sein.“

„Ja, er ist viel unterwegs“, bestätigte Macimer.

Nach kurzem Schweigen meinte Jane: „Erika hat ununterbrochen getrunken. Ich weiß nicht, wie sie das fertigkriegt, ohne unterm Tisch zu landen. Hast du nichts davon bemerkt?"

„Nein ..., mir kam sie einigermaßen nüchtern vor."

„Sie trinkt. Kein Wunder, daß es Probleme gibt."

„Was für Probleme?"

Sie blickte ihn überrascht an. „Zwischen ihr und Russ natürlich. Ehrlich, Paul, was du nicht sehen willst, das siehst du nicht."

„Ich hatte wahrscheinlich andere Sachen im Kopf."

„In letzter Zeit", sagte Jane, „ist das meistens so."

Gordon Ruhle bog mit seinem Mietwagen in die Connecticut Avenue ein und fuhr stadteinwärts. Einen Augenblick später tauchte hinter ihm, aus derselben Straße kommend, ein zerbeulter VW-Käfer auf.

Der VW konnte mit dem Ford nicht recht mithalten, blieb aber während der nächtlichen Fahrt durchs Stadtzentrum von Washington ständig in Sicht und verschwand auch nicht, als Gordon Ruhle den Potomac überquerte und südwärts in Richtung Alexandria fuhr.

Joseph Gerella gab die Verfolgung erst auf, als der Ford in Alexandria auf den Parkplatz eines Hotels einbog. Während der Rückfahrt grübelte er über das anscheinend harmlose Samstagabendtreffen nach, das er aus sicherer Entfernung beobachtet hatte. Eine Woche lang hatte Gerella Paul Macimer diskret überwacht, ohne daß ihm etwas Ungewöhnliches aufgefallen wäre. Doch heute war mit der Morgenpost wieder ein Brief seines anonymen Informanten gekommen. Er enthielt ein weiteres Blatt aus der verschwundenen FBI-Akte. Darauf standen Namen, Zeit- und Ortsangaben, eine Art Einsatzplan. Leider sagte er Gerella auch nicht mehr als das erste Blatt, das ihm ebenfalls per Post zugestellt worden war – abgesehen von der Tatsache, daß diesmal auch Macimers Name auf der Liste stand.

Gerella bewohnte ein Apartment in einem alten Haus östlich vom Kapitol. Es war eine friedliche Gegend mit netten Nachbarn, und Gerella fühlte sich dort zu Hause. Bloß Parkplätze gab es kaum. Als er endlich in einer Parallelstraße einen gefunden hatte, war es schon nach ein Uhr morgens. Während er zu seinem Haus zurückging, dachte er über den Abend nach. Vielleicht war seine Mühe nicht umsonst gewesen. Vielleicht gab es eine Verbindung zwischen den drei Beamten, der nachzugehen sich lohnte.

Gerella war zu sehr in Gedanken versunken, um auf seine Umgebung zu achten. Vor seinem Haus tauchten plötzlich drei Gestalten aus dem Dunkel auf.

Eine davon war ein bulliger Mann, ungefähr so groß wie Gerella. Die anderen zwei wirkten schlank und jung, fast zart. Gerella machte sich keine Sekunde etwas vor. Er saß in der Tinte, das war klar. „Warum streiten", sagte er. „Ich hab nur zehn Dollar bei mir –"

Der Bullige verschwendete keine Zeit auf Vorreden, sondern kam rasch auf Gerella zu. Er hielt etwas in der rechten Hand und holte zum Schlag aus. Ein Gewehr? Gerella wich ein Stück zurück. Eine der beiden anderen Gestalten schlich sich hinter ihn. Gerella war irritiert, denn er glaubte, in ihr ein junges Mädchen erkannt zu haben. Im nächsten Augenblick holte ihn ein Tritt von hinten von den Beinen. Noch im Stürzen spürte er, wie ein Schlag von seinem Schulterblatt abglitt.

Blitzschnell rollte er zur Seite, sprang auf und ging in Abwehrstellung. Als Junge hatte Gerella mehr als eine Straßenschlacht mitgemacht. Er wußte noch, wie man mit gleicher Münze heimzahlte. Als der Bullige erneut auf ihn zukam, versuchte es Gerella mit einem Tritt gegen die Kniescheibe, war aber nicht schnell genug und wurde von einem gewaltigen Hieb am Arm erwischt. Während ein rasender Schmerz seinen Körper durchzuckte, erkannte Gerella den Gegenstand in der Hand seines Angreifers. Es war ein Bleirohr. Noch ehe der Reporter wegrennen konnte, wurde er von hinten gepackt. Einen Augenblick lang konnte er sich nicht losmachen. Das genügte. Das Bleirohr zerschmetterte dem Wehrlosen den Unterkiefer.

Gerella sackte auf den Bürgersteig; sein Körper krümmte sich zusammen. Es hagelte Schläge und Fußtritte. Die Welt um ihn verschwamm, und er sah nur noch das Gesicht eines der Angreifer über sich und hörte ein einzelnes Wort auf spanisch, schneidend und voller Verachtung: *„Traidor!"* – Verräter.

Dann raubte ihm der Schmerz das Bewußtsein.

Etwa um die gleiche Zeit, als Joseph Gerella überfallen wurde, unterhielten sich Paul und Jane Macimer im Bett über den Abend, der hinter ihnen lag. „Es ist nicht mehr dasselbe", sagte Jane, nachdem sie das Licht ausgeknipst hatte. „Nichts ist mehr so wie früher."

„Was meinst du damit?" murmelte Macimer schläfrig.

„Alles, den ganzen Abend meine ich. Es war nicht mehr so wie früher. Ich hab mich gefreut, sie alle wiederzusehen, und ich bin froh, daß du Mary und Gordon für morgen eingeladen hast. Aber es gibt kein Zurück. Auch für uns nicht."

„Das klingt aber düster."

„Alles hat sich verändert. Nur Gordon nicht", korrigierte sie sich mit kurzem Auflachen. „Aber sonst alles." Sie seufzte. „Mein Gott, heute abend hatte ich das Gefühl, die Zeit damals sei eine Ewigkeit her. Ich sehe uns noch, mich und Mary und Elaine Halbig, alle drei mit einem Baby, und jeden Tag warteten wir darauf, daß ihr endlich nach Hause kamt, du und Gordon und Russ. Und ich war oft so entsetzlich allein. Das hat mir immer schwer zu schaffen gemacht, Paul. Auch jetzt noch."

„Jane –"

„Weißt du, ich brauche dich, Paul. Wir sollten mehr Zeit füreinander haben."

Impulsiv drehte er sich ihr zu und streckte die Arme nach ihr aus. Sie zog ihn fest an sich.

Hoffentlich muß ich sie nicht wegschicken, ging es ihm durch den Kopf. Dann wäre sie wieder allein.

GORDON RUHLE stand mit Macimer auf dessen Veranda und sah hinaus auf den Garten. Noch immer regnete es, und ein plötzlicher Windstoß preßte die Zweige des Weidenbaums fast bis zum Boden. „Mieses Wetter. Noch dazu am Sonntag. Regnet's hier immer so?" knurrte Ruhle.

Macimer lachte. „Außer wenn Halbig eine Party gibt."

„Genau. Dann scheint auf höheren Befehl die Sonne."

Macimer erinnerte sich an Gordons Bemerkung, Halbig könne sogar den Regentropfen ausweichen. Und diesmal? Wenn der Fall Brea abgeschlossen war – würde Halbig auch diesmal sein Schäfchen im trockenen haben?

Würde John Landers unbelastet dastehen?

Die beiden Männer gingen ins Haus zurück. Das Wohnzimmer war leer; Jane hatte Mary Ruhle zu einer Ausstellung an der Volkshochschule mitgeschleppt – ein abgesprochenes Unternehmen, damit Macimer mit Gordon allein sein konnte. Die drei Kinder waren nach dem Abendessen ins Kino gegangen.

Ruhle folgte Macimer durch den Wohnraum ins Arbeitszimmer. Vor der Tür blieb er stehen, um ein paar gerahmte Fotografien an der

Wand zu betrachten. Auf einem Foto war er mit Macimer vor der alten Hauptpost in Omaha zu sehen – beide zwanzig Jahre jünger, mit forschem Blick und kurzem Haarschnitt, korrektem Anzug, weißem Hemd und Krawatte. „Was ist mit den beiden bloß passiert?" fragte Ruhle.

„Sie haben sich die Haare wachsen lassen", sagte Macimer. „Weiter nichts."

„Meinst du?" Ruhle grinste. „Also, wie war das mit deinen Wanzen? Erzähl mir mal alles ganz genau."

Macimer berichtete kurz, wie er die Abhörgeräte im Thermostat und im Schlafzimmer entdeckt hatte. „Ich vermute, es sind noch mehr da. Du verstehst doch mehr von Elektronik als ich. Ich dachte, du findest sie vielleicht." Macimer erklärte nicht, warum er Ruhle um Hilfe bat, statt einen Spezialisten der Dienststelle Washington herzubeordern. Im letzteren Fall hätte er einen Bericht ans Hauptquartier schicken müssen, und der konnte in die falschen Hände geraten.

„Du glaubst, die drei Latinos haben sie installiert?" fragte Gordon.

„Ich wüßte nicht, wer sonst."

„Aber warum?"

Macimer zuckte die Achseln. „Wenn ich mir das erklären könnte..."

Die Antwort war nicht ganz ehrlich. Aber was hatte es für einen Zweck, die Sache mit dem Fall Brea in Zusammenhang zu bringen? Mit dem wollte Ruhle ja nichts zu tun haben. „Du weißt, Paul, wie gern ich mit dir zusammenarbeiten würde", hatte Ruhle nach dem Bombenattentat in Quantico gesagt. „Aber ich kann jetzt von der Terroristenbekämpfung einfach nicht weg."

Macimer schloß den Schreibtisch auf und zeigte Ruhle die beiden Wanzen, die er am Freitag gefunden hatte.

Nachdem dieser sie sich angesehen hatte, zog er aus einem kleinen schwarzen Lederetui einen Apparat, der etwa Größe und Form einer Zigarrenschachtel aufwies. „Ein Telefonabtaster", erklärte er. „Damit kann man den elektrischen Widerstand in der Leitung messen."

Ruhle zog den Telefonstecker in Macimers Arbeitszimmer aus der Dose, verband die Leitung mit der einen Seite des Abtasters, stöpselte das Telefon auf der anderen Seite ein und las die Werte ab.

„Und?"

„Die Sache ist faul."

Mit demselben Gerät prüfte Ruhle auch das Telefon selbst. Er pfiff leise durch die Zähne. „Die Werte sind zu niedrig. Vermutlich ist da noch so ein Ding drin. Ich muß es ausprobieren. Dazu muß ich in eine Telefonzelle. Wo gibt's hier eine?"

„Bei der Tankstelle an der Ecke."

„Gut. Du bleibst hier und machst dich bemerkbar. Sing oder pfeife. Warte fünf Minuten, bis ich in der Zelle bin, dann kannst du mit der Vorstellung beginnen."

Draußen regnete es immer noch gleichmäßig weiter. Gordon Ruhle bemerkte es kaum, als er zu seinem Wagen rannte. Macimer wartete ein paar Minuten, dann begann er zu singen *„From the halls of Montezuma ...“* Er kam sich ziemlich dämlich dabei vor, aber das Lied war bestimmt nach Gordons Geschmack.

Das Telefon klingelte. Macimer griff nach dem Hörer. „Gordon?"

„Ja. So wie du singst, solltest du's aufs Badezimmer beschränken."

Macimer runzelte die Stirn. „Du hast mich hören können?"

„Laut und deutlich. Du hast einen weitreichenden Sender da drin. Der Lauscher kann ihn aktivieren, indem er dich anruft. Er muß dabei nur einen bestimmten Ton aussenden, um zu verhindern, daß das Telefon klingelt. Das Telefon dient dann gleichzeitig als Mikrofon und als Sender. Und dein Lauscher hört alles mit, als wäre er selbst im Zimmer."

„Wie hast du den Sender eingeschaltet?"

„Mein kluger kleiner Abtaster kann alle Töne produzieren, die in Frage kommen. Ich bin einfach die Skala durchgegangen, bis es geklappt hat."

Als Ruhle zurückkam, nahm er das Telefon auseinander. „Da haben wir den Übeltäter", sagte er und hielt die runde Sprechkapsel hoch.

„Sieht wie eine normale Sprechkapsel aus."

„Das soll es auch." Ruhle sah Macimer fragend an. „Willst du es drinlassen? Wenn wir es rausnehmen, dann weiß der Abhörer, daß du es gefunden hast."

Macimer nahm die Wanze und rollte sie nachdenklich zwischen den Fingern. Schließlich sagte er: „Bau sie aus. Er soll es wissen."

„Na schön. Ich würde sie drinlassen, aber schließlich sitzt die Laus ja in deinem Pelz", murmelte Gordon. „Ich wollte, ich könnte dir weiterhelfen ..."

„Du hast mir sehr geholfen. Danke, Gordon."

„Ich schätze, du willst, daß es unter uns bleibt?"

„Vorläufig, ja“, antwortete Macimer. „Was ist mit den anderen Telefonen? Die hast du nicht überprüft.“

„Da gibt's was ganz Einfaches“, sagte Gordon Ruhle. „Kauf neue.“

Als die Ruhles gegangen waren, brühte Jane einen Kaffee auf und setzte sich zu ihrem Mann ins Wohnzimmer. „Was habt ihr zwei ausgebrütet?“ fragte sie ruhig. „Da steckt doch was dahinter, daß du Gordon hierhaben wolltest – und das Haus für euch allein.“

„Es war die letzte Gelegenheit, noch einmal zusammenzukommen. Mary geht doch bald zurück nach –“

„Spar dir die Ausflüchte, Paul. Was ist los? Wenn es uns betrifft, dann will ich es wissen.“

Früher oder später muß sie ja doch von den Wanzen erfahren, überlegte Macimer. Aileen Hebert würde ihr von dem abgehörten Telefongespräch erzählen. Und Jane war lang genug mit einem FBI-Mann verheiratet, um zu begreifen, was das bedeutete.

Jane verstand sein Schweigen als Weigerung, auf ihre Fragen einzugehen, und stand abrupt auf. Wortlos brachte sie ihre Tasse in die Küche und stapfte erzürnt die Treppe hinauf. Macimer zuckte zusammen, als die Schlafzimmertür laut ins Schloß fiel.

Er blieb noch eine Weile sitzen, um sich über seine Lage klarzuwerden, wurde aber durch das Telefon aufgeschreckt. Wer konnte das sein – am Sonntag um diese Zeit? Kopfschüttelnd ging Macimer in sein Arbeitszimmer. Wenigstens war das Telefon dort wieder in Ordnung.

„Macimer?“ fragte mine fremde Stimme in schneidendem Ton.

„Ja, wer spricht?“

„Wenn Sie glauben, Sie kommen mit so 'ner Schweinerei ungeschoren davon, dann kennen Sie Oliver Packard nicht!“

„Ich weiß nicht, wovon Sie reden, Mr. Packard. Vielleicht beruhigen Sie sich erst mal –“

„Und ob Sie wissen, wovon ich rede!“ schnauzte Packard. „Joe Gerella ist gestern abend vor seiner Wohnung zusammengeschlagen worden. Im Moment liegt er in der Universitätsklinik in Georgetown. Er hat einen Kieferbruch, Rippenbrüche und wer weiß wie viele innere Verletzungen. Da waren Experten am Werk, Macimer. Eiskalte Profis.“

„Ich weiß nicht, was Sie damit sagen wollen“, antwortete Macimer möglichst ruhig. „Für Gerella tut's mir leid, aber woher wissen Sie so genau, daß es nicht einfach ein Raubüberfall war? Das kommt doch alle Tage vor."

„Ich will Ihnen sagen, woher ich das so genau weiß, Macimer. Es wird lange dauern, bis Joe wieder reden kann – dafür ist gründlich gesorgt worden. Aber bevor er bewußtlos wurde, hat er in der Ambulanz noch etwas auf einen Zettel gekritzelt. Ihren Namen, Macimer. Nur Ihren Namen."

Macimer war so erschrocken, daß er den Hörer vom Ohr riß. „Ich habe keine Ahnung, warum Gerella das getan haben könnte", sagte er, als er sich wieder gefaßt hatte. „Ich habe neulich mit ihm gesprochen – er dachte, ich hätte vielleicht eine Story für ihn. Er hat sich geirrt, und das habe ich ihm gesagt."

„Ich glaube Ihnen kein Wort", erwiderte Packard erbost. „Gerella hat ein paarmal von einem anonymen Informanten Post bekommen, irgendwelches Material, das mit dem FBI zu tun hatte. Nach dem Überfall hat man ihm die Schlüssel weggenommen und seine Wohnung durchsucht. Das Material ist verschwunden, Macimer. Gestohlen! Und wenn ich nachweisen kann, daß Sie was damit zu tun haben, dann mach ich Sie fertig, das können Sie mir glauben!"

„Die richtige Dreckschleuder dafür haben Sie ja!" gab Macimer wütend zurück, dem Oliver Packards haltlose Anschuldigungen allmählich zuviel wurden. „Schlamm aufwühlen und in Zeitungen rumschmieren ist schließlich Ihr großes Geschäft. Drucken Sie, was Sie wollen, ich kann Sie nicht daran hindern, aber Gnade Ihnen Gott, wenn Sie Ihr Gewäsch nicht mit Tatsachen belegen können!"

Macimer knallte den Hörer auf die Gabel. Ein Geräusch in seinem Rücken ließ ihn herumfahren. Jane stand in der Tür seines Arbeitszimmers. „Was war denn da los?"

Er erklärte es ihr mit knappen Worten.

Jane sah ihn forschend an. „Warum sollte dieser Reporter deinen Namen aufschreiben, in so einer Situation! Er muß völlig verzweifelt gewesen sein."

„Ich weiß es nicht", antwortete Macimer. Plötzlich hatte er es über die Maßen satt, Geheimnisse vor ihr zu haben, und erzählte ihr von den Wanzen, die er im Haus gefunden hatte.

„Jemand hat also ... alles mithören können?"

Macimer nickte. „Wer es auch ist, er ist bestimmt nicht an unserem Liebesleben interessiert, falls du das meinst."

„Woran also? Wer hat die Dinger eingebaut?"

„Dreimal darfst du raten."

„Die drei Einbrecher! Aber warum, um Himmels willen?"

„Das kann ich erst beantworten, wenn ich weiß, wer dahintersteckt. Die drei Latinos haben bestimmt nicht in eigener Regie gehandelt."

„Paul, was geht hier eigentlich vor? Warum hast du Angst, daß dir jemand folgt? Warum spioniert man mir nach? Warum ist dieser Reporter zusammengeschlagen worden?"

„Ich kann es dir nicht sagen, Jane. Nicht, daß ich nicht will. Ich kann es nicht, weil ich zuwenig weiß." Er überlegte sorgfältig, bevor er weitersprach. „Ich möchte, daß du eine Zeitlang von hier weggehst, Jane. Du und die Kinder. Fahrt nach Arizona – deine Eltern freuen sich bestimmt."

„Du willst uns weghaben ... raus aus der Gefahrenzone?"

So konnte man es nennen. Macimer nahm sie schützend in die Arme. „Keine Angst, so wild geht's hier nicht zu", sagte er leise, „aber mir wär dann einfach leichter ums Herz."

Acht

Joseph Gerella war nach dem Überfall mit Blaulicht und Martinshorn zur Universitätsklinik von Georgetown gebracht worden. Dort lag er betäubt von hochdosierten Schmerzmitteln auf der Intensivstation und war vorerst nicht ansprechbar.

Die Polizei hatte den Überfall und den Einbruch in Gerellas Wohnung als Routinefall behandelt, bis Oliver Packard sich meldete. Jetzt warteten die Beamten ungeduldig darauf, Gerella selbst befragen zu können. Am Montag vormittag setzte Macimer zwei seiner Leute darauf an, die Polizeiberichte zu prüfen und Gerellas Wohnung unter die Lupe zu nehmen. Andere Beamte sollten die Nachbarschaft durchkämmen und Zeugen auftreiben.

Das Dumme war, daß solche Bemühungen allzu leicht die Aufmerksamkeit der Öffentlichkeit auf den Fall Brea lenken konnten. Und damit war Macimer wieder bei der Frage, die ihn mehr beunruhigte, als er sich eingestehen mochte. Warum wollte der geschäftsführende Direktor, daß der Fall Brea als Geheimsache behandelt wurde? Warum mußte die Sache unter Verschluß bleiben? Mußte man um den guten Ruf des FBI fürchten? Oder lag es daran, daß John Landers' endgültige Bestätigung im Amt in genau einer Woche über die Bühne gehen sollte?

Als Macimer nach der Mittagspause ins Büro zurückkehrte, teilte ihm seine Sekretärin mit, ein Mann namens Antonelli habe angerufen und ihn sprechen wollen. „Er hat etwas mit der Aufsichtsbehörde im Senat zu tun, dem Ausschuß für Spionageabwehr", setzte sie hinzu. „Ich glaube, er ist Detektiv."

Macimer rief zurück. Schon beim zweiten Klingeln meldete Antonelli sich. „Ich muß mit Ihnen reden, Inspektor", sagte er.

„Ich bin kein Inspektor, Mr. Antonelli. Aber Sie können trotzdem losschießen."

„Nicht am Telefon." Die Stimme klang dumpf, als sei der Mann erkältet.

„Wer sind Sie eigentlich, Mr. Antonelli?"

Nach kurzem Zögern kam die vorsichtige Antwort: „Ich bin ein Privatdetektiv aus New York. In den letzten zwei Monaten habe ich für den Spionageabwehr-Ausschuß des Senats gearbeitet. Von diesem Anruf hier weiß man dort aber nichts. Kein Mensch weiß was davon."

Macimers Herz begann schneller zu schlagen. Erst Gerella, jetzt ein Privatdetektiv. Beide voll dunkler Andeutungen. Gerella schrieb Reportagen über die Anhörungsverfahren des Senats; Antonelli arbeitete für den Ausschuß. „Also gut, wann können wir uns treffen?"

„Heute abend. Neun Uhr."

Wenn es dunkel ist, dachte Macimer. „Wo?"

„Ich melde mich wieder. Essen Sie gern Fisch, Mr. Macimer?"

„Sehr gern."

„Gut. Dann warten Sie bitte um sieben im Restaurant Hogate. Ich ruf Sie an. In der Bar."

Sofort nachdem Antonelli aufgelegt hatte, besorgte Macimer sich ein Verzeichnis der Telefonnummern von Privatdetektiven. Antonelli war unter einer Nummer in Manhattan eingetragen. Als Macimer dort anrief, meldete sich eine gelangweilte Frauenstimme. Mr. Antonelli sei nicht erreichbar, beschied sie ihn.

„Wann kann ich ihn sprechen?"

„Kann ich Ihnen nicht sagen, tut mir leid. Wenn Sie mir Ihren Namen und Ihre Nummer angeben, ruft er Sie an, sobald er kann."

„Danke, das ist nicht nötig."

Schließlich war Antonelli ja in Washington.

Als Macimer über das bevorstehende Treffen nachdachte, fiel ihm etwas Merkwürdiges auf: Antonelli wollte ihm doch persönlich gegenübertreten. Warum machte er sich dann überhaupt die Mühe, seine Stimme am Telefon zu verstellen?

HOGATE war einst nichts weiter als ein kleines, bescheidenes Fischrestaurant am Wasser gewesen. Im Lauf der Jahre jedoch hatte es sich zu einem Mammutunternehmen entwickelt, einem wahren Fischpalast, in dessen großer Bar sich die Leute drängten.

Macimer schwang sich auf einen Hocker an der Bar mit Aussicht auf den Kanal und bestellte einen Drink. Der Himmel war grau, das Wasser des Washington Channel unbewegt und glatt wie ein Spiegel. Regentropfen klatschten auf die braune Oberfläche. Umgeben von Lärm und Stimmengewirr, nippte Macimer an seinem Drink und sah auf die friedvolle Szenerie hinaus. Der Anblick wirkte beruhigend und erinnerte ihn an Kindertage in einem Ferienhaus an einem See in Michigan.

„Sieh mal an! Hierher verkrümelt sich also das FBI, wenn die Sonne untergeht", sagte eine Stimme hinter ihm.

Macimer wandte sich um. „Erika! Du lieber Himmel ... Wo ist Russ? Ist er nicht bei dir?"

„Bleib doch sitzen." Sie legte ihm mit leichtem Druck die Hand auf die Schulter und kletterte auf den Hocker neben ihm. „Ich sitz gern nah bei der Quelle, du nicht? Such nicht nach Russ, er ist nicht hier. Er ist doch mit dem FBI verheiratet, wußtest du das nicht? Natürlich weißt du's. Du bist einer von den Trauzeugen, stimmt's?"

Macimer grinste. Sie ist schon ziemlich beschwipst, dachte er. „Triffst du dich hier mit Russ?"

„Vielleicht, vielleicht auch nicht." Erika schielte ihn von der Seite an und runzelte übertrieben die Stirn. „Bist du im Dienst?"

„Ob du's glaubst oder nicht, ich warte hier auf einen Anruf."

Sie beugte sich zu ihm und flüsterte im Verschwörerton: „Steht das Lokal unter Überwachung? Ich hab schon immer gedacht, daß die hier im trüben fischen."

Er lachte, wodurch sie sich ermutigt fühlte, etwas näher zu rutschen. Der Duft ihres schweren Parfüms stieg ihm in die Nase. Sie trug ein türkisfarbenes Kleid, das eng am Körper anlag. Ein seitlicher Schlitz gab den Blick auf wohlgeformte Beine frei. Ob sie wohl oft so allein durch die Bars zieht, während Halbig im Büro sitzt? überlegte Macimer.

Er plauderte ein paar Minuten mit ihr, wobei er immer darauf wartete, vom Barkeeper ans Telefon gerufen zu werden. Eine kleine Pause entstand, während er sich ein unverfängliches Gesprächsthema überlegte.

Plötzlich spürte er ihr bloßes Knie an seinem Bein. Er rutschte etwas zur Seite, um ihr auszuweichen. „Kommst du oft hierher?" fragte er.

Sie nickte. „Sag bloß, du weißt nicht, daß ich 'ne Schnapsdrossel bin. Jane hat's gemerkt, jede Wette drauf."

„Machst du dir das Leben nicht ein bißchen schwer?"

„Was ist denn los, Paul, ist dir mein Benehmen peinlich?"

„Nein. Aber ich mache mir Sorgen um dich."

„Wie lieb." Plötzlich lag ihre Hand auf der seinen.

„Erika ..., ich habe noch zu tun, aber es kann sein, daß es nicht lange dauert. Wie wär's, wenn du hier was ißt? Sobald ich kann, komme ich wieder und bringe dich nach Hause."

Sie nahm die Hand wieder weg. „Ich bin noch ganz gut auf den Beinen, Paul. Kann mir schon selber helfen. Und du mußt dir keine Sorgen machen, daß ich fremde Männer abschleppe", sagte sie mit einem gewitzten Lächeln. „Du bist kein fremder Mann, Paul. Und du bist auch nicht irgendwer."

Bevor das Thema noch heikler werden konnte, meldete sich der Barkeeper. „Mr. Macimer? Ihr Anruf. Wollen Sie ihn hier entgegennehmen?"

„Nein, drüben in der Ecke."

„Viel Spaß!" rief Erika Halbig ihm nach.

Musik und Stimmengewirr um ihn herum waren so laut, daß er die dumpfe Stimme am Telefon kaum verstehen konnte. „Allein, Macimer?"

„So allein, wie man hier eben sein kann." Er blickte hinüber zu Erika Halbig. Sie zwinkerte ihm zu, hob das Glas an die Lippen und legte mit einer koketten Bewegung den Kopf in den Nacken.

„Gut. Sicher kennen Sie das Denkmal auf der Theodore-Roosevelt-Insel? Da draußen um neun Uhr. Bei Sonnenuntergang wird das Tor am Ende der Fußgängerbrücke zugemacht, aber man kann leicht drüberklettern."

„Augenblick, Antonelli. Sie müssen mir schon einen Grund geben, damit ich mich im Dunkeln auf einer einsamen Insel mit Ihnen verabrede."

„Einen Grund wollen Sie, Macimer? Den können Sie haben. Ich weiß Bescheid über die Akte Brea."

Bevor Macimer antworten konnte, klickte es in der Leitung. Antonelli hatte aufgelegt.

Langsam ging Macimer zu seinem Platz zurück. Erika sah ihn fragend an. „Sieht aus, als hätte ich doch noch Zeit", erklärte er. „Und wir können beide was zu essen gebrauchen. Was hältst du davon?"

„Alles hört auf dein Kommando."

ZUM x-ten Mal suchte Raymond Shoup nervös mit den Augen das Zimmer ab, in dem er zur Miete wohnte. Es war spärlich möbliert – ein ungemachtes Doppelbett, ein Sessel mit beigefarbenem Kunststoffüberzug, ein alter Schwarzweißfernseher, zwei zerkratzte Tischchen, darauf zwei Lampen mit zerbeultem Schirm, ein Stapel abgegriffener Pin-up-Hefte. Dazu an einer Wand ein Küchenelement mit Herd, Kühlschrank und Spüle. In der Spüle hatten sich Berge schmutzigen Geschirrs angesammelt.

Alles war so häßlich wie immer. Alles an seinem Platz. Nichts fehlte.

Und doch war jemand hiergewesen. Raymond wußte selbst nicht genau, wie er darauf kam. Vielleicht wegen der Pin-up-Hefte. Sie lagen noch am selben Platz auf dem Tischchen neben dem Sessel, doch ... nicht genauso wie vorher. Und jemand mußte die Matratze bewegt haben.

Das Zimmer war durchsucht worden. Da war er sich jetzt absolut sicher.

Wer konnte es gewesen sein? Die Polizei? Das FBI – wegen des gestohlenen Wagens und der fehlenden Akte? Aber wie hätten die ihn finden können? Oder war es dieser Reporter, Gerella?

„Mr. Shoup?" Alice Volker, die Besitzerin der Pension, stand vor der Tür, leicht gereizt wie immer, wenn sie die Treppen heraufsteigen mußte. „Ein Anruf für Sie."

„Ein Anruf? Für mich?" Die Angst krampfte seinen Magen zusammen.

Das Telefon war in der Diele am Fuß der Treppe. Alice Volker drückte sich am Eingang zu ihrer Wohnung herum, doch Raymond wartete stur und starrte sie an, bis sie sich verstimmt zurückzog. Dann erst nahm er den Hörer. „Hallo, was gibt's denn?"

„Gerella hier."

Raymond Shoup mußte sich an die Wand lehnen. Die Knie wurden ihm weich, so erleichtert war er. Nicht die Polizei! Nicht das FBI! Aufgeregt fragte er: „Wie haben Sie mich gefunden?"

„Glauben Sie, vor Oliver Packard kann man sich verstecken?"

Raymond lachte schwach. In seiner Erleichterung dachte er nicht darüber nach, wie Oliver Packard oder sein Reporter ihn hatte ausfindig machen können, obwohl er Gerella keinen Namen, keine Adresse, keine Telefonnummer gegeben hatte.

„Wir wollen die Akte, Raymond. Wieviel verlangen Sie?"

Raymond hatte schon öfter darüber nachgedacht und hatte die Summe – gerade soviel, wie er glaubte, herausholen zu können – bereits im Kopf. „Fünftausend Dollar!"

Der Anrufer reagierte erst nach kurzem Zögern. „Sollen Sie haben. Aber wir wollen die Akte noch heute abend. Haben Sie sie bei sich?"

Shoup verzog das Gesicht. Ihm war sofort klar, daß er mehr Geld hätte herausholen können. „Ich kann jederzeit dran", sagte er. Nicht, wo ihr glaubt, dachte er, nicht in meinem Zimmer. Und auf einmal überkam ihn die Wut, weil der Reporter versucht hatte, die Akte zu klauen, ihn um seinen Lohn zu prellen. Er schwor sich im stillen, seine Ansprüche höherzuschrauben.

„Raymond, wir müssen uns irgendwo treffen, wo uns keiner sieht. Wissen Sie, wie man auf die Roosevelt-Insel kommt?"

„He, das ist ausgeschlossen. Ich hab doch keinen fahrbaren Untersatz!"

„Um so besser. Autos kann man nachspionieren. Nehmen Sie die U-Bahn über den Fluß, und steigen Sie in Rosslyn aus. Von da können Sie zu Fuß weiter. Gehen Sie über die Fußgängerbrücke auf die Insel. Ich treffe Sie am Denkmal."

„Warum können Sie mich nicht in Rosslyn abholen? Da sieht uns kein Mensch."

„Unterschätz das FBI nicht, Kleiner. Die sind dabei, die ganze Stadt nach der gestohlenen Akte durchzukämmen. Vergiß nicht ... ich hab dich gefunden."

Obwohl die miefige Diele überheizt war, wurde es Raymond Shoup eiskalt. Er schielte zu Alice Volkers Tür. Sie stand einen Spalt offen. Das Luder horchte!

„Also gut", sagte er. „Wieviel Uhr?"

„Genau um acht."

„Ist geritzt", bestätigte Raymond noch einmal. „Vergessen Sie das

Geld nicht." Du kriegst was dafür, dachte er, aber nicht, was du denkst, nicht die ganze Akte. Die wird ganz schön teuer!

„Acht Uhr. Keine Verspätung, Raymond. Sonst ist der Zug abgefahren!"

„ALSO, worüber unterhalten wir uns?" fragte Erika Halbig. Es klang nicht belustigt, eher bissig. „Ob es morgen wohl wieder Regen gibt, was glaubst du?"

„Wahrscheinlich."

„Aha, sehr diplomatisch. Immer im Dienst, bloß keine Farbe bekennen."

Vielleicht war es doch keine so gute Idee gewesen, Erika zum Essen einzuladen.

„Mach dir nichts draus, Paul. Ich komm manchmal in so 'ne Stimmung. Was ist mit Jane, beklagt die sich nie? Wegen der Nachtarbeit und der plötzlichen Dienstreisen? Und wegen der Geheimnistuerei? O diese Geheimnistuerei! Oder gibt sie sich auch als guter Kumpel wie die arme Mary Ruhle?"

„Die arme Mary?"

„Arme Mary, arme Jane, arme Erika ... Wir sitzen alle im selben Boot, oder?" Erika beugte sich vor. „Wirst du Jane von diesem Abend erzählen, Paul? Daß wir zusammen ausgegangen sind?"

Macimer lächelte. „Ich sehe keinen Grund, es zu verschweigen."

„Ich schon", sagte Erika mit sanfter Stimme. „Und ich glaube, du auch ..."

DIE Theodore-Roosevelt-Insel liegt mitten im Potomac. Als Raymond Shoup an der hölzernen Fußgängerbrücke anlangte, die vom Westufer zur Insel hinüberführt, blieb er stehen und blickte zurück. Von der nahen Straße drang das Rauschen des Verkehrs auf dem regennassen Asphalt herüber. Im übrigen war es still.

Mit der rechten Hand fühlte er nach dem braunen Umschlag, der im Gürtel steckte, unter der Jacke, damit er nicht naß wurde. Fünftausend Dollar, sagte er sich noch einmal. Und dann ein neues Angebot. Er hatte nur ungefähr ein Drittel der Dokumente mitgebracht; der Rest lag in einem Gepäckschließfach im Busbahnhof. Den Schlüssel hatte er vorsichtshalber mit der Post an seine eigene Adresse geschickt. Das war ihm gerade noch rechtzeitig eingefallen. Nicht daß er Gerella mißtraute, aber man konnte ja nie wissen ...

Ein Eisentor versperrte den Zugang zur Brücke. Es war verschlossen, aber niedrig genug, um leicht darüberzukommen. Mühelos kletterte Raymond Shoup auf die andere Seite. Er ging die Brücke entlang auf die Insel zu.

Über dem Fluß war es noch einigermaßen hell, doch die Insel vor ihm lag im Dunkeln. Die Bäume standen bis ans Ufer, ihre Äste ragten aufs schlammige Wasser hinaus. Raymond zögerte einen Augenblick, bevor er von der Brücke trat. Nach wenigen Schritten war er im Wald, und fast völlige Dunkelheit umfing ihn. Leise tropfte der Regen von Zweigen und Blättern und machte die Stille um ihn herum erst richtig fühlbar. Vorsichtig tastete er sich den unebenen Pfad entlang, spürte bald Schlamm, bald Kies unter seinen Füßen; jeder Schritt zerrte an seinen Nerven.

Nach ein paar Minuten wurde es vor ihm heller, und gleich darauf stand Raymond am Rande einer Lichtung. Vor ihm lag der mit Kopfsteinen gepflasterte Denkmalhügel. Auf beiden Seiten der Erhebung schimmerten dunkle, halbmondförmige Teiche. Drüben am anderen Ende des Platzes waren die Umrisse des Roosevelt-Standbilds zu sehen: der Präsident mit erhobener Faust, in der bekannten aggressiven Pose. Die gespenstische Stille und das bedrohliche Zwielicht ließen Raymond schneller atmen. Er zuckte zusammen. „Gerella?" rief er mit zitternder Stimme.

Ein Mann hatte sich aus dem Schatten des Denkmals gelöst, eine stämmige, kraftvolle Gestalt, die Hände in den Taschen eines schwarzen Regenmantels. „Sehr pünktlich, Raymond", sagte er. „Hast du die Akte dabei?"

Voller Nervosität starrte Raymond Shoup auf den Fremden, der jetzt auf ihn zukam. Raymond hatte Gerella nie gesehen – er kannte nur seinen Namen aus einer Reportage in der Zeitung. Der Mann vor ihm war freilich älter, als er erwartet hatte.

„Zeig, was du hast."

„Erst das Geld!" antwortete Raymond, der all seinen Mut zusammennahm.

„Du bist sehr vorsichtig, Raymond. Aber ich auch – ich will sicher sein, daß ich die Ware auch bekomme." Der Fremde wartete einen Moment, dann fragte er scharf: „Du hast doch nicht etwa eine Kopie von der Akte gemacht, oder?"

Er stand jetzt dicht vor Raymond und starrte ihn durchdringend an. Als Raymond den Kopf schüttelte, schien sein Gegenüber sich zufriedenzugeben, denn er griff in seinen Mantel und zog einen dicken weißen Umschlag hervor. Raymond griff gierig danach und hielt ihm mit der anderen Hand den braunen Umschlag hin.

„Zähl es nur, Raymond. Ich seh inzwischen nach, ob die Ware stimmt." Der braune Umschlag war offen, bevor Shoup seinen weißen öffnen konnte.

Im Zwielicht der Lichtung sah Raymond nur, daß sein Umschlag ein dickes Bündel Banknoten enthielt. Er beugte sich darüber, um das Geld vor dem Regen zu schützen; mit fliegender Hast blätterte er die Geldscheine durch, und sein Herz schlug wie rasend. Plötzlich fühlte er sich mit eisernem Griff am Arm gepackt, so schmerzhaft, daß er aufschrie. „Was soll das, Raymond? Das ist nicht die ganze Akte."

Der Mann ließ ihn los, und Raymond schob das Geld in die Jackentasche. „Das Ganze ist mehr als fünftausend wert", sagte er und versuchte, seiner Stimme einen zuversichtlichen, furchtlosen Klang zu geben. „Sie wissen das ganz genau! Das hier ist nur eine Probe. Der Rest kostet Sie ein bißchen mehr!"

Der Fremde starrte ihn an und rang sichtlich um Fassung. „Wo ist der Rest, Raymond? Hast du es irgendwo weggeschlossen? So ist es, nicht wahr? So schlau warst du doch, daß du's nicht in deinem Zimmer versteckt hast."

„Sie haben versucht, es zu klauen!" schrie Raymond Shoup aufgebracht. „Dafür wird es jetzt viel teurer!"

„Du bist ein sehr, sehr dummer Junge, Raymond, aber wenn du das Zeug unterwegs abgeholt hast, dann muß es in einem Schließfach gewesen sein. Wo ist der Schlüssel, Raymond?"

„Nicht hier", erwiderte Raymond, stolz auf seinen guten Einfall.

„Du lügst, Raymond."

„Nein – ich hab gedacht, Sie nehmen ihn mir vielleicht weg." Raymond begann schrittweise zurückzuweichen. Er spürte den Drang, möglichst schnell abzuhauen, weit fort von dieser gespenstischen Insel und diesem stämmigen, zu allem entschlossenen Reporter. „Sie wissen, wo Sie mich finden –"

Drüben, am nahen Flughafen, stieg eine Maschine auf und dröhnte über die Insel.

Urplötzlich setzte sich der Fremde in Bewegung, so überraschend, daß Raymond bei dem Versuch wegzulaufen auf dem nassen Kopfsteinpflaster ausglitt. Der Mann erwischte ihn am Arm. Blitzschnell wurde der Arm nach oben gebogen und seitlich verdreht, dann mit einem kurzen Ruck nach unten gedrückt. Das Handgelenk brach wie ein dürrer Ast, und Shoup schrie laut auf.

Sein Schmerz- und Angstgeheul ging im Lärmen der Flugzeugmotoren unter. Einen Augenblick lang lockerte sich der Griff, und es gelang Raymond freizukommen.

Wieder wollte sich der Fremde auf ihn stürzen. Raymond Shoup duckte sich zur Seite und rannte um sein Leben. Er erreichte den nächstgelegenen Pfad und hetzte durchs finstere Dickicht. Äste und Zweige schlugen ihm ins Gesicht. Einer peitschte gegen seinen Arm und ließ Shoup erneut aufheulen. Vor ihm teilte sich der Pfad. Dort stand, kaum zu erkennen, der stämmige Fremde und versperrte ihm den Weg. Raymond Shoup blieb keuchend stehen, das gebrochene Handgelenk an den Körper gepreßt. „Sie ... Sie sind nicht Gerella!" schrie er.

„Stimmt, Kleiner."

„O mein Gott, wer ... wer sind Sie?"

„Einfach jemand, der diese Papiere haben muß. Du hättest nicht versuchen sollen, mich reinzulegen, Raymond. Jetzt weiß ich noch nicht einmal, ob du auch wirklich die ganze Akte gestohlen hast."

Raymond starrte gehetzt um sich, doch auf beiden Seiten war der Wald so dicht wie eine Mauer. In seiner Verzweiflung drehte Raymond vollkommen durch. Mit einem Aufschrei stürzte er sich direkt auf seinen Gegner.

Dieser hatte mit allem gerechnet, nur damit nicht. Der Angriff warf ihn rücklings ins Unterholz, und Raymond raste heulend und schreiend den Pfad entlang, halb blind von Tränen. Er hörte den andern hinter sich, hörte das Krachen von Ästen und Zweigen, als sei ihm ein riesiges Ungeheuer auf den Fersen.

Die Angst mobilisierte Raymonds letzte Kraftreserven und ließ ihn trotz seiner Schmerzen weiterlaufen. Jetzt wurde der Wald lichter; Raymond konnte schon das Ufer des Flusses sehen. Hoffnung keimte in ihm auf, schien ihm Flügel zu verleihen. Nur noch wenige Schritte zu der rettenden Brücke, jubelte es in ihm. Im nächsten Augenblick glitt er aus und stürzte.

Er landete auf dem Rücken im Uferschlamm. Starke Hände ergriffen ihn, hielten ihn am Boden. „Wer hat den Rest von der Akte – ein FBI-Mann? Verdammt noch mal, spuck's aus!"

„Ja!" keuchte Raymond, weil er dachte, das sei vielleicht ein Ausweg. „Ja, genau – ich hab nichts mehr!"

„Du hättest nicht versuchen sollen, mich reinzulegen, mein Bester."

Bevor Raymond Shoup seine Verzweiflungslüge zurücknehmen konnte, wurde sein Kopf unter Wasser gestoßen. Nase und Mund füllten sich mit Schlick. Er strampelte und schlug wild um sich, doch die starken Hände hielten ihn fest, bis sein Gezappel nachließ und sein Körper erschlaffte.

Um zwanzig Uhr dreißig besorgte Macimer Erika Halbig ein Taxi, das sie nach Hause brachte. Er selbst fuhr über den Potomac und am jenseitigen Ufer entlang.

Der dunkle Parkplatz gegenüber der Insel war leer. Macimer ließ seinen Wagen stehen und ging im letzten Licht des Tages auf die Fußgängerbrücke zu. Er fragte sich, ob Antonelli schon auf der Insel war und auf ihn wartete und wo er in diesem Fall wohl seinen Wagen gelassen hatte.

Der FBI-Mann schwang sich übers Tor und marschierte rasch über die Brücke. Der Schein seiner Taschenlampe erfaßte einen Pfad im Unterholz. Daneben waren frische Spuren im Schlamm, als sei jemand ausgeglitten und gestürzt. Einen Augenblick lang fühlte Macimer sich sehr unbehaglich. Ein nächtliches Treffen auf einer einsamen Insel – vielleicht hatte er etwas zu vorschnell zugestimmt.

Er erreichte die Lichtung und sah sich dem Denkmal Theodore Roosevelts gegenüber. Zu beiden Seiten des Denkmalhügels schimmerte ein Teich.

Die Leiche schwamm mit dem Gesicht nach unten im rechten der beiden Teiche. Macimer watete ins Wasser. Er wußte, daß er zu spät kam. Und er ahnte, wer der Mann war, der da im Wasser lag.

Als er die Leiche aus dem Wasser zog, umdrehte und in das jugendliche, etwas hagere Gesicht blickte, stand für Macimer fest, daß er den Dieb der Akte Brea gefunden hatte.

Neun

Die Konferenz der FBI-Führungsspitze an diesem Dienstag morgen verlief stürmisch. Neben Direktor Landers waren die Unterdirektoren Halbig, Szymanski und Caughey anwesend. Fünf Tage waren seit dem Attentat in Quantico vergangen, bei dem Tim Callahan ums

Leben gekommen war. Trotz größter Anstrengungen und trotz massiven Einsatzes aller Mittel hatte man den Täter – oder die Täter – immer noch nicht gefunden. Und John Landers wollte Erfolge sehen.

Das FBI-Labor hatte das Flugzeugwrack untersucht, und Henry Szymanski berichtete über die Ergebnisse. Die Täter hatten einen Plastiksprengstoff benutzt, der, in Schwelle und Rahmen der Flugzeugtür untergebracht, aussah wie ein harmloser Dichtungsgummi. Er war durch ein akustisches Signal gezündet worden.

„Callahan hat ihn selbst gezündet“, erklärte Szymanski. „Der Auslöser kann einfach auf Callahans Stimme reagiert haben, auf bestimmte Wörter, von denen jeder wußte, daß er sie regelmäßig benutzte, oder auf eine bestimmte Stimmfrequenz. Und der Sprengsatz kann bereits Tage vor der Explosion gelegt worden sein.“

Schließlich kam der nächste Fall an die Reihe. Russ Halbig berichtete Landers über die Identifizierung einer Leiche, die man auf der Roosevelt-Insel gefunden hatte. Ein junger Mann war dort in der Nacht von Montag auf Dienstag ermordet worden. Alles deutete darauf hin, daß es sich um den Autodieb handelte, der den FBI-Wagen mit Geheimdokumenten, darunter auch die Akte Brea, gestohlen hatte.

„Seine Fingerabdrücke stimmen mit denen in dem gestohlenen Auto überein“, erklärte Halbig.

„Die Leiche wurde von Macimer entdeckt, nicht wahr?“ sagte Landers und blätterte finster in seinen Unterlagen.

Ein langes, schwer lastendes Schweigen folgte diesen Worten.

„Wer ist dieser Antonelli?“ wollte Landers schließlich wissen. „Der Privatdetektiv, der Macimer auf die Insel bestellt hat.“

„Es gibt einen Privatdetektiv namens Antonelli“, sagte Halbig, „aber der war gestern mit einem Fall in New York beschäftigt. Er hat nie von Macimer gehört, und er war auch nicht in Washington.“

„Also hat jemand anders Macimer angerufen“, stellte der Direktor fest.

Halbig nickte. „Zuerst im Büro. Und es steht fest, daß Macimer noch einen Anruf bekommen hat, gegen neunzehn Uhr in Hogates Restaurant. Macimer hat das Restaurant erst um etwa zwanzig Uhr dreißig verlassen, er hat dort noch gegessen.“

Während Halbig referierte, beobachtete ihn der Direktor mit gemischten Gefühlen. Als die Sprache darauf kam, daß seine Frau sich zum Essen mit Macimer getroffen hatte, zeigte Halbig keine Spur von Unruhe. Ein zufälliges Treffen, meinte er sachlich. Er selbst habe bis acht im Büro gearbeitet. Er habe seine Frau am Nachmittag angerufen, daß er nicht zum Essen zu Hause sein werde. Von ihrer Absicht, zu Hogate zu gehen, habe er nichts gewußt.

Kalt wie ein Fisch, dachte der Direktor wieder.

Dann war noch einmal Szymanski an der Reihe. Die Untersuchung der Fußabdrücke im feuchten Boden des Pfades auf der Roosevelt-Insel hatte ergeben, daß außer Macimer und Raymond Shoup noch eine dritte Person anwesend gewesen war. Trotzdem warf Macimers Abstecher auf die Insel eine Reihe schwerwiegender Fragen auf. Niemand ging so weit, Macimer des Mordes an Shoup zu bezichtigen. Doch der unausgesprochene Verdacht hing während der ganzen Konferenz in der Luft. Macimer hatte die Kartons mit den Akten aus dem gestohlenen Wagen zurückgebracht. Die Akte Brea fehlte; angeblich hatte Shoup sie genommen. Jetzt hatte Macimer Shoups Leiche entdeckt – und die Akte fehlte immer noch.

„Ich weiß, was Sie alle denken", sagte James Caughey. „Und ich bin sicher, daß Sie sich gewaltig irren."

„Bisher befindet sich niemand unter Anklage – noch nicht." Landers sah seine Unterdirektoren durchdringend an. „Der gute Ruf des FBI steht hier auf dem Spiel. Der Fall muß unter allen Umständen aufgeklärt werden – und zwar noch vor der Anhörung des Senats am Montag!"

„Verdammt noch mal, wieso haben wir Shoup nicht rechtzeitig aufgestöbert? Wieso ist uns jemand zuvorgekommen? Und wie hat der ihn gefunden?" So wütend hatte man Paul Macimer hier in der Zweigstelle Washington noch nie gesehen. „Was habt ihr eigentlich die ganze Zeit getrieben?"

Jack Wagner und Calvin Rayburn, die beiden Beamten, die den Autodieb hatten suchen sollen, saßen steif auf ihren Stühlen vor Macimers Schreibtisch.

Schließlich sagte Rayburn: „Manchmal muß man einfach Glück haben."

„Ich ziehe es vor, mich nicht nur darauf zu verlassen", versetzte Macimer bissig. „Zum Henker auch, er hat noch nicht einmal sechs Blocks von dem Einkaufszentrum entfernt gewohnt – Sie hatten ihn doch die ganze Zeit direkt vor der Nase!"

Nach einem betretenen Schweigen sagte Wagner: „Und was ist mit den andern? Die sind ja auch nicht erfolgreicher gewesen."

„Welche andern?" giftete Macimer ihn an.

Wagner wechselte einen Blick mit Rayburn. Der räusperte sich und sagte: „Wir waren nicht die einzigen, die in der Gegend ermittelt haben."

„Natürlich waren Sie die einzigen. Von unserer Sondereinheit oder dem Büro war sonst keiner dort." Macimer stutzte. „Wen haben Sie gesehen?"

„Na ja ... Ich weiß nicht, wer der Mann war, aber auf jeden Fall war er vom FBI. Ich hab ihn Freitag abend vor dem Supermarkt gesehen."

„Wie sah er aus?"

Rayburn rutschte auf seinem Stuhl herum. „Ich hab ihn nicht richtig sehen können. Aber er war im Dienst, da bin ich sicher. Man bekommt ein Gespür dafür."

Macimer starrte Rayburn an. Noch ein Beamter auf der Suche nach Raymond Shoup? Wer war das? Und wer hatte ihm den Auftrag dazu gegeben?

„Sind Sie sicher, daß er nicht von der Stadtpolizei war?" fragte Macimer.

„Kann sein. Vielleicht hat er auch mit unserem Fall gar nichts zu tun", druckste Rayburn herum. Er zögerte einen Moment, bevor er sich weiter vorwagte. „Ich hab angenommen, daß Sie den Burschen rausgeschickt haben ..."

„Welchen Burschen?"

„Na ja ... Stearns natürlich, den Beamten Stearns."

Macimer hielt sich nicht mit der Benützung der Sprechanlage auf, um Stearns ins Büro zu zitieren. Er brüllte auf den Korridor, daß die Fensterscheiben klirrten. Stearns trat zögernd ins Büro, während Wagner und Rayburn machten, daß sie davonkamen. Der junge Beamte hatte dunkle Schatten um die Augen. Der ist ganz schön fertig, dachte Macimer. Der Gedanke stimmte ihn milder.

„Also, heraus damit, Stearns. Was haben Sie bei dem Einkaufszentrum gemacht?"

Mit hohler Stimme, völlig niedergeschlagen, gestand Stearns seinen Versuch, den Autodieb aufzuspüren. Er beschrieb, wie er am Wochenende nach Dienstschluß Posten bezogen und Wache gestanden hatte. Am Sonntag abend war ihm ein junger Mann aufgefallen, der sich auf einem Parkplatz herumtrieb, von dem in letzter Zeit mehrere Autos verschwunden waren. „Ich dachte, unser Dieb ist vielleicht nicht in der Kartei, weil er normalerweise die Autos nicht stiehlt, sondern sie nur ausraubt. Jedenfalls ist er mir aufgefallen, weil er sich da so herumdrückte. Ich bin ihm bis zu seiner Wohnung gefolgt, einer billigen Pension, und habe seinen Namen festgestellt. Mehr, dachte ich, kann ich im Moment nicht tun."

Stearns hatte seine Nachforschungen am Montag fortsetzen wollen, hatte am Montag abend jedoch bis sieben im Büro bleiben müssen. Danach war er sofort zu der Pension gefahren und hatte dort in seinem Wagen Posten bezogen. Doch der junge Mann war nicht wieder-aufgetaucht. Nach etwa zwei Stunden hatte Stearns aufgegeben. Zu der Zeit, das wußte er inzwischen, war Raymond Shoup bereits tot.

„Warum haben Sie Ihren Verdacht nicht gemeldet?" fragte Macimer.

„Ich war noch nicht sicher, ob er wirklich unser Mann war." Stearns versuchte nicht, sich rauszureden. „Am Sonntag abend habe ich ihn nur von fern gesehen, und es war dunkel."

„Wenn Sie einen Bericht gemacht hätten, dann hätten wir ihn gestern aufstöbern können. Statt dessen ... hat das ein anderer getan."

„Aber wie hat ihn jemand finden können? Wie hat ein anderer wissen können, wer er war?"

Macimer betrachtete den jungen Beamten jetzt mit Wohlwollen. Stearns' Initiative war im Grunde lobenswert. „Es gibt nur eine Möglichkeit, wie ein Fremder Raymond Shoup gefunden haben kann", sagte Macimer. „Er ist Ihnen gefolgt. Er hat sich gedacht, Sie sind auf der richtigen Spur, und er ist Ihnen einfach nachgegangen."

Stearns wurde leichenblaß. „Das darf nicht wahr sein!" flüsterte er.

Auf dem Weg in die Klinik nach Georgetown hielt Macimer bei der Pension, wo Raymond Shoup gewohnt hatte, und sprach kurz mit der Besitzerin. Alice Volker hatte „zufällig" Teile eines Telefongesprächs mit angehört, das Raymond Shoup geführt hatte, bevor er am frühen Montag abend in aller Eile die Pension verlassen hatte. Was sie gehört hatte, brachte Macimer auch nicht weiter, trotzdem hinterließ er seine Büro- und seine Privatnummer. „Für den Fall, daß Ihnen noch was einfällt."

Alice Volker schien gerne bereit, das FBI zu unterstützen. „Er war so ein netter junger Mann", versicherte sie.

Macimer fuhr weiter nach Georgetown. „So ein netter junger

Mann" war Raymond Shoup zwar nicht gewesen, trotzdem hatte er ein solches Schicksal nicht verdient. Shoup hatte sterben müssen, weil er zuviel wußte – oder zuviel wollte. Oder einfach nur, weil er die Akte besaß.

Die Akte – war sie nun in den Händen seines Mörders?

In Georgetown fand Macimer vor der Universitätsklinik gerade noch einen Parkplatz. Er stieg aus und blinzelte in die Morgensonne. Die beiden Männer, die ihren grauen Ford Fairmont so geparkt hatten, daß die Sonne sich in der Windschutzscheibe spiegelte und sie nahezu unsichtbar machte, entgingen seiner Aufmerksamkeit. Sie warteten, bis er in der Klinik verschwunden war, dann machte der Fahrer eine Mitteilung über sein Sprechfunkgerät.

Joseph Gerella lag allein in einem Zimmer auf der dritten Etage. Leise trat Macimer ans Bett des Reporters, der zu schlafen schien. Gerella befand sich außer Lebensgefahr, doch sein Gesicht war immer noch geschwollen und verzerrt, soweit man es zwischen den vielen Mullbinden überhaupt sehen konnte. Auch seine Brust war dick umwickelt, der rechte Arm in Gips. Sein Atem ging mühsam und pfeifend. Man hatte ihm den Kiefer verdrahtet und seinen Mund nur eben weit genug offengelassen, damit er flüssige Nahrung aufnehmen konnte.

Nur ein Auge war sichtbar. Es war offen und starrte auf Macimer.

Unter dem Eindruck dieses Blicks entfuhr es Macimer: „Sie irren sich, wenn Sie glauben, daß das FBI etwas damit zu tun hat."

Gerella tastete mit der freien Hand nach dem Nachttisch neben dem Bett. Dort lagen ein Schreibblock und ein Filzschreiber. Macimer drückte Gerella beides in die Hand. Der Reporter balancierte den Block auf seinem Bauch und kritzelte mühsam etwas mit der linken Hand. Die Worte, in Druckbuchstaben, lauteten: WAS GESCHAH IN SAN TIMOTEO?

Ein Schuß ins Schwarze. Macimer war voller Bewunderung. Gerella gab nicht auf.

„Ich weiß, daß Sie von einem Informanten Unterlagen bekommen haben", sagte der FBI-Mann. „Einzelne Blätter einer fehlenden FBI-Akte des Volkskomitee-Falles. Dies ist sehr wichtig, Gerella. Was stand auf diesen Blättern?"

Gerella begann eine Antwort zu schreiben. Der Block rutschte von seinem Bauch, und er griff mit der freien Hand danach. Sein ganzer Körper bebte vor Schmerz bei der jähen Bewegung.

Macimer hob den Block auf und hielt ihn fest, während Gerella mühsam seine Antwort vollendete: NAMEN & AUFTRÄGE. FBI. 28. AUG. 81. VOLKSKOMITEE.

„Das ist alles? Ein Dienstplan oder so was?" Gerella nickte langsam, und Macimer fragte weiter: „Zeiten für Dienstantritt und -ende? Einsatzorte?" Sein Geist arbeitete fieberhaft, während der Reporter erneut zustimmend nickte. Was konnte daran so wichtig sein? Wichtig genug, um dafür zu morden?

Ging etwa aus diesen Dienstplänen hervor, daß irgend jemand an diesem Tag nicht an Ort und Stelle gewesen war?

Gerella tastete nach dem Block und brachte wieder eine kurze Notiz zustande: IHR NAME – AUF LISTE.

Das war für Macimer keine Überraschung. Ihn hatte man an jenem Tag mit einem fingierten Telefonanruf nach Fresno gelockt, weit weg vom Ort der Katastrophe ...

„Sie hätten diese Unterlagen dem FBI nicht vorenthalten sollen", erklärte er Gerella. „Wenn Sie gleich zu uns gekommen wären, wäre Ihr Informant vielleicht noch am Leben."

Gerellas Auge verriet den Schock. Nach dem, was die Medien über den Mord berichtet hatten, konnte Gerella ihn nicht mit seinem Informanten in Verbindung bringen.

„Er ist gestern nacht ermordet worden", erklärte Macimer ohne Umschweife. „Und die Akte ist immer noch verschwunden." Gerellas Auge schloß sich. Macimer konnte sich vorstellen, was der Mann durchmachte. „Es war falsch von Ihnen, Beweismaterial zurückzuhalten, Gerella, aber Sie hatten recht mit dem, was Sie bei unserem ersten Gespräch zu mir gesagt haben. Wie wichtig es ist, streng auf die Einhaltung des Gesetzes zu achten. Was Ihnen passiert ist, ist ein Vorgeschmack auf das Chaos, das ausbricht, wenn jeder seine eigenen Gesetze macht."

AN DIESEM Nachmittag war es fast dreißig Grad heiß und sehr schwül. Chip Macimer hatte sich mit einigen Freunden aus dem Staub gemacht, und Kevin war schwimmen gegangen. Linda Macimer war allein im Haus. Als das Telefon klingelte, meldete sie sich. Sie erkannte Caroline Baumgartners Stimme. Ihre Mutter sei nicht da, erklärte Linda und wurde zu ihrer Überraschung daraufhin von Caroline zu einer Partie Tennis eingeladen.

Zwanzig Minuten später saß Linda selig neben Caroline in deren weißem BMW. „Klasse!“ rief sie. „Was bin ich froh, wenn ich aus dem Haus rauskomme.“

„Ich dachte, du wohnst gerne hier.“

„Früher ja ..., aber jetzt nicht mehr ...“ Linda schauderte es. „Ich hasse es, wenn ich allein dort bin.“

„Du solltest einen Freund haben, der dich dann besucht.“

Linda warf Caroline einen raschen Blick zu. Ihre Miene verdüsterte sich. „Hat Mama gesagt, du sollst mit mir reden?“

„Nein, sie weiß nicht, daß wir uns heute treffen. Ich glaube, sie hätte Angst, daß ich dich auf meine Seite ziehe.“

„Welche Seite?“

„Das weißt du nicht?“ Caroline lachte. „Ich gelte doch als Feministin. Aber was heißt das schon?“ fügte sie erklärend hinzu. „Für mich bedeutet es lediglich, daß wir Frauen zusammenhalten und darauf achten, nicht untergebuttert zu werden.“

Linda nickte zustimmend, während Caroline auf das Gelände des Tennisclubs einbog.

Voll Vorfreude auf das Spiel überquerten sie kurz darauf die gepflegten Rasenflächen der Anlage, und nach ein paar Schlägen zum Warmspielen kam schnell ein flottes Match in Gang. Mit ihren Mitschülerinnen konnte Linda mühelos mithalten; Caroline jedoch trieb sie mit präzis plazierten Bällen kreuz und quer übers Spielfeld, und nach dem zweiten Satz mußte Linda um eine Verschnaufpause bitten.

Sie setzten sich an einen Tisch auf der großen Terrasse über den Plätzen. Caroline bestellte zwei Limonaden. „Du kannst noch sehr gut werden, Linda, wenn du fleißig übst“, lobte sie das Mädchen.

„Hoffentlich werde ich mal so gut wie du.“

Caroline lächelte und erklärte, daß es im Club mindestens ein halbes Dutzend Mitglieder gebe, denen sie nicht gewachsen sei.

„Ich wette, die sehen dabei nicht halb so gut aus“, entfuhr es Linda.

„Glaubst du, es ist schrecklich wichtig, wie eine Frau aussieht? Wie sie bei den Männern ankommt, zum Beispiel?“

„Das habe ich nicht gemeint“, sagte Linda verlegen.

„Ich weiß schon, Linda. Und natürlich genieße ich es, wenn man mir Komplimente macht. Ich tue sehr viel für mein Aussehen, glaub mir – aber ich tue es nicht für andere. Ich tue es für *mich*. Ich möchte, daß du mich da richtig verstehst.“

Das Mädchen hörte gespannt zu, während Caroline fortfuhr. „Ich weiß genau, wie dir zumute ist seit dem Abend mit den drei Kerlen. Das ist aber kein Grund, sich selbst vom Leben abzukapseln – und von Männern. Wichtig ist nur, daß man sich nicht ausnützen läßt, nicht mißbrauchen läßt, sei es so, wie diese Mistkerle dich mißbrauchen wollten, oder anders – es gibt viele Arten. Wenn man's genau nimmt, wird das Mädchen, das sie dabeihatten, auch ausgebeutet und mißbraucht." Caroline legte eine Pause ein. „Verstehst du, was ich sagen will, Linda?"

„Ich glaube, ja."

„Heutzutage haben die Frauen so viele Möglichkeiten – Beruf, Heirat, Familie. Wir müssen uns nicht übers Ohr hauen lassen. Wir können selbst entscheiden, was wir aus unserem Leben machen wollen."

Linda nickte. Das Interesse, das die ältere, so viel erfahrenere Frau für sie zeigte, schmeichelte ihr. Caroline hatte einen anderen Ton angeschlagen als ihre Mutter – nicht so ängstlich und besorgt, nicht so versteckt besserwisserisch. Caroline behandelte sie wie eine Erwachsene, wie eine Frau, die ihr gleichgestellt war. Linda begann zu verstehen, warum ihre Mutter und Caroline so eng befreundet waren.

Caroline Baumgartner steuerte ihren BMW sicher und gekonnt durch die engen Kurven der Straße, die vom Tennisclub zur Ebene hinabführte. Dann erreichte sie eine lange, gerade Gefällstrecke, und Caroline lehnte sich entspannt zurück. Mit einem Blick in den Rückspiegel bemerkte sie einen zerbeulten Lastwagen, der rasch näher kam und immer dichter auffuhr. „Dieser Idiot!" schrie sie erschrocken.

Der Laster scherte aus. Caroline bremste etwas, damit er sie rasch überholen konnte. Im Nu war das lärmende Ungetüm neben dem BMW. Caroline blickte zur Fahrerkabine hinauf. Der Laster war dreckverspritzt, sein verschmutztes Seitenfenster verhinderte die Sicht auf den Fahrer.

Sie wartete darauf, daß der Laster an ihr vorbeiziehen würde. Überrascht stellte sie fest, daß er neben ihr blieb und ihr Tempo hielt. Sie empfand Unbehagen. „Blödes Spiel!" sagte sie zu Linda, die verwundert neben ihr saß. Dann reagierte sie auf die Herausforderung und trat aufs Gaspedal. Der BMW gewann ein paar Meter an Boden, doch schon nach wenigen Sekunden war der Laster wieder an ihrer Seite.

Linda bekam es mit der Angst zu tun. Ein Blick auf den Tacho zeigte ihr, daß sie mit hundertzwanzig Stundenkilometern bergab rasten. Wenigstens kam kein Fahrzeug entgegen.

„O mein Gott!“ schrie Caroline auf. Im selben Augenblick spürte Linda einen Stoß und hörte das Scheuern von Blech, als der Laster den weißen Wagen zur Seite rammte.

Caroline bemühte sich verzweifelt, den BMW auf der Straße zu halten. Der Laster schien aufzugeben und wich zur linken Straßenseite, kam aber gleich darauf schwungvoll zurück. Diesmal katapultierte der Aufprall den weißen Wagen von der Straße. Er schoß durch die Luft und landete krachend auf einem Schotterstreifen. Die Vorderräder gerieten in eine flache Rinne, und der Wagen überschlug sich. Linda prallte mit dem Kopf gegen etwas Hartes. Sie verlor das Bewußtsein.

SCHWEREN Schrittes ging Paul Macimer im Klinikflur auf und ab. Erst vor ein paar Minuten hatte er Lindas Zimmer verlassen. Er hatte die zermürbende Stille dort nicht mehr ausgehalten. Während er mit Jane zusammen in dem engen Raum Wache gehalten hatte, waren seine Gedanken immer wieder um Lindas „Unfall“ gekreist.

Beim FBI war kein Fahrzeug als gestohlen gemeldet, das Carolines Beschreibung des Lasters entsprach. Proben des abgeriebenen blauen Lacks auf dem linken vorderen Kotflügel des weißen BMW waren ins FBI-Labor geschickt worden. Wenn der Laster nicht umgespritzt worden war, ließen sich auf diese Weise Hersteller, Modell und Baujahr feststellen.

Macimer versprach sich nicht viel davon. Über kurz oder lang würde man den Laster irgendwo in Washington verlassen auffinden. Es würde sich herausstellen, daß er gestohlen war. Dann kam die übliche Routinedurchsuchung nach Stoffasern, Haaren, Fingerabdrücken. Den Fahrer würde man wahrscheinlich nie finden.

Ein dringliches Flüstern riß ihn aus seinen Gedanken. „Paul!“ Jane stand in der Tür zu Lindas Zimmer und winkte ihn heran. Das Mädchen war zu sich gekommen.

Linda blickte in das versteinerte Gesicht ihres Vaters. Auf der anderen Seite des Bettes stand ihre Mutter. Sie sah erschöpft aus, ihr Augen-Make-up war verwischt von Tränen. Linda versuchte, tapfer zu lächeln. Sie fühlte sich vollkommen zerschlagen. „Wie sehe ich aus?“

„Wunderbar“, sagte ihr Vater. „Wie so ein richtiges Glückskind mit Beule.“

„Oh, vielen Dank!“

„Du wirst schon wieder“, ergänzte Jane.

„Wie ... wie geht's Caroline?“

„Sie hat ein Bein gebrochen, aber sonst ist alles in Ordnung. Ein Glück, daß ihr angegurtet wart.“

„Linda ...“ Ihr Vater blickte sie forschend an. „Ich will dich nicht drängen, aber ... ich muß dir ein paar Fragen stellen. Wegen diesem Laster.“

„Er hat uns von der Straße gedrängt! Mit Absicht!“

„Hast du den Fahrer sehen können oder das Nummernschild vielleicht?“

Sie schüttelte den Kopf. „Ich hab nichts sehen können. Alles war vollgespritzt mit Dreck.“

„Caroline hat gesagt, der Laster war dunkelblau, vielleicht ein 75er oder 76er Chevrolet. Kann das sein?“

„Ich weiß nicht. Eben ein alter Lastwagen.“

Macimer stellte keine Fragen mehr. Bald darauf wurde Linda müde, und ihre Eltern zogen sich zurück. Während Linda in den Schlaf hinüberglitt, fiel ihr ein, was Caroline Baumgartner gesagt hatte: „Blödes Spiel!“ Das war kein Spiel, dachte Linda. Irgendwas anderes, aber bestimmt kein Spiel.

CAROLINE wachte aus dem Schlaf auf. Sie war schweißgebadet, und der Schmerz in ihrem Bein trieb ihr die Tränen in die Augen. Fetzen eines Alptraums lasteten auf ihrem Gedächtnis; sie versuchte, sich zu erinnern, doch die Bilder entglitten ihr.

Es war ganz still im Zimmer. Die Vorhänge waren zugezogen, doch durch einen Spalt konnte sie sehen, daß es draußen dunkel war. Ein Nachtlicht verbreitete über der Tür einen sanften Schein; im übrigen lag das Zimmer in dämmriges Zwielicht gehüllt.

Ihr Blick fiel auf die Infusionsflasche über ihr. Eine klare Flüssigkeit tropfte langsam aus der Flasche in den Schlauch, der zu ihrem Arm führte. Meine Nabelschnur, dachte sie, die meinen Kreislauf mit Nähr- und Abwehrstoffen versorgt. Es war so still, daß sie glaubte, die Tropfen aus der Flasche in den Schlauch fallen zu hören. Aber das war natürlich Einbildung; kein Geräusch störte die Stille. Oder doch?...

Caroline hörte jemand atmen. Sie schielte erschrocken zum Kopfende des Bettes. Als sie den weißen Mantel sah, atmete sie erleichtert auf. „Hallo, Doktor, klopfen Sie nie an, wenn Sie eine Dame besuchen?"

„Sie haben geschlafen. Sie haben mich nicht gehört."

Er hatte hinter den Apparaturen gestanden, im Dunkel. Jetzt trat er näher, doch sie konnte sein Gesicht immer noch nicht erkennen.

„Wie steht's mit mir?" murmelte sie.

„Sehr gut, scheint es. Vielleicht ein paar innere Verletzungen, aber nichts Ernstes." Er beugte sich über sie. Sie erhaschte einen Blick auf sein Gesicht, und irgendwie kam er ihr bekannt vor ...

Ihre Lider waren schwer wie Blei. Sie fühlte sich schwach und hilflos. Da lag sie, das eingegipste Bein im Streckverband gefesselt, bewegungsunfähig, und ein Fremder im weißen Mantel starrte sie an– feindselig, wie ihr schien. Der Arzt hantierte an einem der Hähne, die oben unter der Flasche am Schlauch saßen.

„Was tun Sie da?"

„Wir bessern Ihre Diät ein bißchen auf", sagte er lächelnd. „Damit Sie schön tief schlafen."

„Wie heißen die Dinger da am Schlauch?" fragte sie.

„Die hier?" Er blickte nachdenklich auf die Vorrichtung, während er die Nadel einer großen Spritze in den Schlauch einführte. „Seitenleitungen, ganz einfach."

Caroline runzelte die Stirn. Es klang falsch, war der Ausdruck eines Laien. Erschrocken starrte sie ihn an. „Wer ... wer sind Sie?" flüsterte sie. „Habe ich Sie nicht schon mal gesehen?"

„Haben Sie das?"

„Nein ... nein." Sie mußte es leugnen, denn jetzt wußte sie, wer er war.

„Tut mir leid, daß es so kommen mußte", meinte er in bedauerndem Ton. Sein Daumen bewegte sich, trieb den Kolben der Spritze vor. Zu spät erkannte sie, was die Spritze enthielt. Keine Flüssigkeit. Sie enthielt ... nichts! Luft!

„Ihr Pech, daß Sie mich erkannt haben", sagte er.

Sie versuchte zu schreien, doch es war schon zu spät. Sie keuchte und rang nach Luft. Der Schweiß brach ihr am ganzen Körper aus, ihr Atem rasselte, ihr Herz hämmerte wild. Der Mann war gewiß kein Schwächling, aber er mußte seine ganze Kraft aufbieten, um sie festzuhalten, als ihr Körper zu zucken begann. Mit einem gewaltigen

Ruck bäumte sie sich auf. Die heftige Bewegung riß den Schlauch aus der Infusionsflasche. Ihr Herz krampfte sich ein letztes Mal zusammen. Dann hörte es auf zu schlagen.

Erst als sie sich eine Minute nicht mehr gerührt hatte, ließ er sie los. Er schlich zur Tür, öffnete sie einen Spalt und spähte den Korridor entlang. Die Nachtschwester war nicht zu sehen.

Schnell trat er auf den Gang hinaus und ging auf die Treppe zu.

GEGEN Mitternacht fiel Jane Macimer erschöpft in Schlaf. Ihr Mann saß im Arbeitszimmer, als das Telefon im Wohnzimmer klingelte. Es war Sergeant Sims, der Sicherheitsbeamte, der in der Klinik Nachtdienst hatte. Macimer hatte in der Notaufnahme schon ein paar Worte mit ihm gewechselt.

„Ich habe leider schlechte Nachrichten, Mr. Macimer. Unglückliche Umstände, wissen Sie. Ich meine, sie war ganz allein im Zimmer –"

„Wer? Von wem sprechen Sie?"

„Wie? ... Oh, Verzeihung, Mr. Macimer, nicht Ihre Tochter. Die andere Dame. Miß Baumgartner."

Macimer war so erleichtert, daß ihm die Knie weich wurden. „Was ist passiert?"

„Ihr Herz ist stehengeblieben."

„Sie ist *tot?*"

„Jawohl, Sir. Und ich habe mitbekommen, wie der diensthabende Arzt, Dr. Lansberg, laut geschimpft hat, wegen einer Panne mit dem Infusionsapparat. Ich dachte, ich sag Ihnen Bescheid; nach dem seltsamen Autounfall kommt mir das Ganze komisch vor. Verstehen Sie, zwei solche Unfälle an einem Tag, und jedesmal trifft's dieselbe Person."

Macimer war wie betäubt. „Vielen Dank für Ihren Anruf, Sergeant. Ich komme, so schnell es geht. Und sagen Sie Dr. Lansberg, daß ich ihn sprechen möchte."

DR. LANSBERG war dreißig, besaß eine athletische Figur, dunkles Kraushaar und ein energisches Auftreten. „Caroline Baumgartner hatte einen Herzanfall", sagte er. „Das war, technisch gesehen, die Todesursache."

„Technisch gesehen?"

Dr. Lansberg zögerte. „Möglicherweise war sie auch das Opfer eines unseligen Mißgeschicks – einer Embolie. Irgendwie ist Luft in den Infusionsschlauch geraten."

„Kommt das oft vor?"

Der Arzt schüttelte heftig den Kopf. „Selten – sehr selten."

„Und Sie glauben, das könnte in diesem Fall passiert sein? Warum?"

„Es ist nur eine Vermutung", antwortete Dr. Lansberg nachdenklich. „Ihr Herz blieb plötzlich stehen, das wissen wir. Die Körperreaktion war heftig genug, um den Schlauch loszureißen. Dazu starke Schweißausbrüche, ein typisches Symptom."

„Wenn es eine Embolie war, wie lange dauert das?"

„Nur Sekunden", sagte Dr. Lansberg.

ALS Macimer in bedrückter Stimmung nach Hause fuhr, war er überrascht, wie leer die Vororte am frühen Morgen waren. Die Straßen waren wie ausgestorben, totenstill, ganz unwirklich. Genau die richtige Stimmung, um über ungelöste Fragen nachzudenken. Warum mußte Caroline zum Schweigen gebracht werden? Was konnte sie gewußt oder gesehen haben?

Macimer fiel ein, was Jane ihm kürzlich erzählt hatte: der Fremde im Lokal, der sie so angestarrt hatte, daß es Caroline aufgefallen war. Doch selbst wenn das Brea gewesen sein sollte, was konnte es ihm schaden, daß Caroline ihn gesehen hatte?

Es gab eine mögliche Antwort: Der Mann in dem Restaurant fürchtete, von Caroline wiedererkannt zu werden. Und Caroline hatte ihn vielleicht unter kompromittierenden Umständen gesehen. Erst Shoup, dann Caroline – zwei Morde so kurz hintereinander ließen vermuten, daß Brea verzweifelt bemüht war, jedes noch so kleine Risiko auszuschließen. Der Mann hatte keinerlei Skrupel mehr, als wachse ihm die Sache über den Kopf, als habe er jedes Maß verloren.

Als Macimer zu Hause ankam, wartete Jane in der Küche auf ihn. „Ich habe in der Klinik angerufen", erklärte sie. „Als ich aufwachte und du warst nicht da, bekam ich Angst ..."

Ihre Augen waren rot und verweint, und ihr Blick verriet Schuldgefühle. Macimer konnte sich denken, warum. Sie hatte voll Panik in der Klinik angerufen. Ihre Angst hatte Linda gegolten, nicht Caroline. Erleichterung mischte sich in die Trauer über Carolines Tod, und deshalb schämte sie sich. Macimer war es nicht anders gegangen.

„Ist noch Kognak da?" fragte er.

„Ich glaube ja."

Sie nahmen die bauchigen Gläser mit ins Wohnzimmer und setzten sich an den Eßtisch.

„Warum hast du mich nicht geweckt, Paul?" fragte Jane.

„Du brauchst den Schlaf."

„Du auch." Schweigen. „Ich storniere den Flug nach Arizona. Ich kann jetzt nicht weg."

„Das solltest du nicht tun."

„Aber Carolines Beerdigung ..., und wir wissen nicht, wann Linda aus der Klinik kommt."

„Ich setze Linda, sobald es geht, ins Flugzeug."

„Du meinst, ich soll ohne sie fliegen?" Jane musterte ihn schweigend. „Du verheimlichst mir etwas."

„Ich kann nicht darüber sprechen."

„Du mußt es mir sagen."

Macimer begegnete ihrem Blick. Während der letzten Wochen war man in ihr Zuhause eingebrochen, hatte ihr Telefon angezapft und in ihrer Privatsphäre herumgeschnüffelt. Heute nachmittag ein Mordversuch an ihrer Tochter. Heute nacht der Tod von Janes bester Freundin. Sie hatte ein Recht zu erfahren, was hinter alldem steckte.

„Soviel kann ich dir sagen", erklärte er. „Was heute nachmittag passiert ist, war kein Unfall. Dieser Laster hat Caroline absichtlich von der Straße gedrängt. Aber das war noch nicht alles." Ihre Augen begannen sich vor Entsetzen zu weiten. „Ich glaube, Caroline ist heute nacht ermordet worden. Bei dem Autounfall ging es nicht um Linda. Es ging um Caroline. Doch dem Fahrer wäre es egal gewesen, ob Linda auch dran glauben hätte müssen. Sie war einfach im Weg. Heute nacht ist ihm gelungen, was er bereits am Nachmittag versucht hat." Macimer sprach nicht gleich weiter. „Ich will nicht, daß noch einmal einer von euch im Weg ist. Ich möchte dich, Chip, Kevin, Linda – euch alle –, so weit wie möglich von hier weghaben. Und zwar so schnell es geht."

Zehn

Flug 115, der Direktflug nach Phoenix in Arizona, ging am Donnerstag nachmittag vom Dulles-Flughafen in Washington ab. Chip und Kevin versorgten sich am Zeitungskiosk mit Reiselektüre;

das gab Macimer und Jane, die in der Abflughalle warteten, Gelegenheit, sich noch eine Weile alleine zu unterhalten.

„Mir macht noch immer zu schaffen, daß Linda nicht mit kann", sagte Jane.

„Sobald sie entlassen wird, bring ich sie zum Flughafen. Bis dahin brauche ich mir wenigstens um euch keine Sorgen mehr zu machen."

„Trotzdem. Meines Wissens sind wir noch nie bedroht worden. Nicht ein einziges Mal in all den Jahren", sagte Jane leise. „Vielleicht ist es an der Zeit für dich, beim FBI auszusteigen."

„Du solltest mich eigentlich besser kennen, Jane. Und selbst wenn ich's wollte, könnte ich jetzt nicht alles hinwerfen. Ich muß diesen Fall zu Ende führen."

„Ohne mich." Jane verstummte und blickte ihn erbittert an. Über ihre Schulter sah Macimer Chip und Kevin zurückkommen. „Vielleicht hast du recht, Paul", sagte Jane schließlich. „Und vielleicht bin ich es, die hier nicht mehr hingehört."

Die Worte klangen Macimer noch in den Ohren, als er dem Bus nachsah, der Jane, Chip und Kevin übers Rollfeld zum Flugzeug brachte.

Auf dem Weg zu seinem Wagen fiel ihm ein grauer Ford auf, in dem zwei Männer saßen und zu warten schienen. Später, auf der Schnellstraße in die Stadt, sah er den Ford im Rückspiegel. Ein paar Blocks vor der Zweigstelle Washington bog der Wagen ab. Mich weiter zu beschatten, dachte Macimer, ist ja auch überflüssig.

An seinen Schreibtisch zurückgekehrt, studierte Macimer zunächst die Berichte von Collins und Garvey aus Kalifornien und die Protokolle über die Suche nach den drei Latinos. Dann las er die Laborberichte über den Mord auf der Roosevelt-Insel und den Autopsiebefund über Raymond Shoup. Das Wasser in Shoups Lungen stammte nicht aus dem Teich, wo Macimer ihn gefunden hatte, sondern aus dem Fluß. Jemand hatte also die Leiche zum Teich geschleppt, nachdem Shoup ertränkt worden war. Die Fußabdrücke, die man neben denen von Shoup in der weichen Erde gefunden hatte, stammten von einem schweren Mann, der Überschuhe aus Gummi getragen hatte. Sie waren also nicht identifizierbar, es sei denn, man fand die Überschuhe selbst – was bestimmt nie der Fall sein würde. Brea hatte sich ihrer ganz sicher schnell entledigt.

Macimer verließ das Büro kurz nach siebzehn Uhr und fuhr in die

Klinik, um Linda zu besuchen, die man zur Beobachtung noch dortbehalten hatte. Zwar wirkte sie noch etwas mitgenommen, aber es schien ihr besserzugehen. Als Macimer erfuhr, daß sie am nächsten Tag entlassen werden sollte, buchte er sofort einen Flug für sie. Um sie abzulenken, ließ er sie eine Liste aller Dinge anfertigen, die sie mit nach Arizona nehmen wollte. Er würde alles für sie einpacken und mitbringen. Er wollte sie so schnell wie möglich aus Washington weghaben.

Auf der Heimfahrt hielt er Ausschau nach dem grauen Ford, konnte ihn aber nicht entdecken.

Der Anrufbeantworter zu Hause hatte zwei Nachrichten für ihn gespeichert. Die erste war von Jane, die wohlbehalten in Phoenix angekommen war. Macimer rief sofort bei Janes Eltern in Sun City an. Jane schlafe noch, erklärte ihm ihre Mutter, sie sei sehr müde von der Reise. Macimer gab ihr die Nummer von Lindas Flug und sagte ihr, wann das Mädchen am Freitag in Phoenix ankommen werde.

Die zweite Nachricht war wesentlich irritierender. Sie kam von Erika Haibig.

Die Beamten Leonard Collins und Pat Garvey aßen an jenem Abend im „Nut Tree", einem beliebten Restaurant in Vacaville, ein paar Autominuten von Sacramento entfernt. Gerella hatte Macimer auf eine Idee gebracht, und dieser hatte beiden Beamten strenge Anweisungen gegeben: erstens, alle Dienst- und Einsatzpläne vom Tag des Volkskomitee-Massakers zu überprüfen, und zweitens, niemand anderem als nur ihm Bericht zu erstatten.

„Wir suchen nach jemand, der an dem Tag allein im Einsatz war, ohne Begleitung", hatte Macimer gesagt. „Wir suchen nach Brea."

Garvey und Collins hatten mühevolle Kleinarbeit hinter sich. Gehorsam hatten sie versucht, die Bewegungen von etwa zweihundert Beamten, Angehörigen der Volkskomitee-Sondereinheit, zu rekonstruieren, hatten Dienstpläne und Tagesmeldungen miteinander verglichen und die Ergebnisse durch Befragungen auf ihre Richtigkeit geprüft. Die meisten Beamten konnte man von vornherein ausschließen, weil sie am fraglichen Tag zu zweit oder in kleinen Trupps unterwegs gewesen waren. Doch von den dreiundzwanzig Beamten mit Einzelaufträgen hatten Collins und Garvey erst elf überprüfen können.

Garvey schnüffelte nicht gern hinter anderen FBI-Beamten her. Er arbeitete auch nicht gern im dunkeln; er hatte den Verdacht, daß sein Chef, Macimer, mehr wußte als er und Collins. Am unbehaglichsten aber war Garvey der Gedanke, daß ihre Ermittlungen ihn und seinen Partner spätestens am Freitag nach Fresno führen würden – um Macimers Alibi nachzuprüfen.

„Ich kann mir einfach nicht vorstellen, daß Macimer in die Sache verwickelt ist", sagte Garvey beim Kaffee. „Wenn er unter Verdacht steht, warum vertraut man ihm dann die Untersuchung an? Das ergibt doch keinen Sinn."

„Wer ihm den Auftrag gegeben hat, ist vielleicht selbst darin verwickelt."

„Ist das dein Ernst?"

Collins zuckte die Achseln. „Ich sag bloß eins: Wenn Macimer so wild darauf ist, diese Sache aufzuklären, warum sind wir zwei dann allein hier? Warum sind dann nicht noch ein paar Dutzend andere Beamte hier und suchen nach Brea? Und noch was: Wenn wir etwas finden, was einem von den Bossen unangenehm werden könnte, egal, ob Macimer oder sonst einem, weißt du, was dann passiert? Dann verschwindet unser Bericht einfach. Außer ..." Collins hielt inne.

„Außer was?" drängte Garvey.

„Außer wir finden etwas, was unserer Meinung nach direkt ans Hauptquartier gehen muß."

Garvey warf seinem Kollegen einen beunruhigten Blick zu. „Macimers Anordnungen ignorieren?"

„Warum nicht?" erwiderte Collins trotzig und rührte seinen Kaffee um. „Warum sollten wir den Mund halten, wenn mit diesen Anordnungen etwas vertuscht werden soll, das zum Himmel stinkt?"

„Das glaube ich einfach nicht", sagte Garvey hilflos.

„Weil du's nicht glauben willst. Ich ja auch nicht. Ich mag Macimer. Aber mich kann nichts mehr überraschen. Außerdem, vergiß nicht, da ist noch ein großer Name auf der Liste. Du weißt, wen ich meine."

Garvey wußte es. Es war der Name des Mannes, der im Sommer 1981 die Spezialeinheit bei der Jagd auf das Volkskomitee angeführt hatte: John Landers, geschäftsführender Direktor des FBI.

Um neun Uhr an diesem Donnerstagabend war Paul Macimer nach Bethesda im Norden Washingtons unterwegs. Zwar war kein grauer Ford zu sehen, doch Macimer war ziemlich sicher, daß sich seine Beschatter irgendwo hinter ihm befanden.

Nach kurzer Fahrt tauchte die hellerleuchtete Fassade des Hotels „Marriott" auf, das Erika ihm als Orientierungspunkt genannt hatte. Er fuhr hinterm Marriott den Hügel hinauf, den riesigen Komplex des Hotels „Linden Hill" entlang und parkte vor dem Gebäudeteil, in dem der hoteleigene Tennisclub untergebracht war. An der Tür zum Club vertrat ihm ein sonnengebräunter Angestellter den Weg. Macimer zückte seinen Dienstausweis. „Kein Grund zur Beunruhigung", sagte er. „Ich bin hier verabredet. Wenn jemand nach mir fragt, ich bin im Umkleideraum."

„Jawohl, Sir", antwortete der junge Mann sichtlich verdutzt.

Rasch durchquerte Macimer den Umkleideraum und trat in die große Halle, wo die Tennisplätze lagen. Sofort sah er, wonach er suchte: einen Notausgang.

Er ließ den Blick durch die riesige Halle schweifen. Ein Gewimmel weißgekleideter Gestalten, niemand im Straßenanzug darunter.

Kein Mensch achtete auf Macimer. Schnell schlüpfte er durch den Notausgang ins Freie und suchte unter den Bäumen auf der Rückseite des Hotels Deckung. Nach kurzem Lauf durch ein angrenzendes Wäldchen gelangte er zum Schwimmbad hinter „Pooks Hill Lodge", einem großen, teuren Apartmenthotel. Durch den Hintereingang betrat er die Halle und ging auf die Fahrstühle zu. Im kühlen Luftzug der Klimaanlage merkte er, wie sehr er ins Schwitzen gekommen war. Kommt das nur von dem kurzen Spurt durch den Wald, dachte er, oder ist es die ungewöhnliche Verabredung mit einer schönen Frau?

„Paul! Gott sei Dank!" hatte Erika am Telefon gejubelt, als er sie unter der auf dem Anrufbeantworter hinterlassenen Nummer erreicht hatte. „Ich hatte schon Angst, du rufst nicht an."

Sein Herz tat einen kleinen, aufgeregten Sprung, und das gefiel ihm gar nicht. „Ich bin momentan sehr beschäftigt, Erika. Worum geht's denn?"

„Das weißt du doch ..., du mußt es wissen. Heute abend, Paul. Wir müssen uns unbedingt treffen."

Mit ihrer Stimme war etwas nicht in Ordnung. Angst vielleicht. Oder hatte sie zuviel getrunken? Macimer war sich nicht sicher. Außerdem mißtraute er sich selbst, irritiert von der spontanen Neigung, ihrer Bitte nachzugeben.

„Wo bist du, Erika? Das ist doch nicht deine Nummer."

„In Bethesda. Im ‚Pooks Hill Lodge'. Komm direkt in mein Zimmer, Paul, Nummer 1115. Es ist wichtig. Ich warte ..."

Macimer dachte nach. *Du mußt es wissen,* hatte sie gesagt. Was wußte er denn?

Der Fahrstuhl summte aufwärts und hielt im elften Stock. Fast lautlos glitten die Türflügel auseinander und gaben den Blick in einen breiten, sanft illuminierten Korridor frei. Gespannt ging er an den Zimmern entlang bis zur Nummer 1115 und klopfte. Einen Augenblick später flog die Tür auf.

„Paul!" rief sie. „Komm rein, komm rein . . ."

Er trat in ein riesiges Wohnzimmer, das mit schickem Mobiliar und dickem, weißem Teppichboden ausgestattet war. Durch die gewaltige Fensterfront gegenüber der Tür blickte man auf einen großzügigen Balkon und auf die Lichter der Stadt.

„Das ist das Schöne dran, wenn man zu den oberen Zehntausend zählt", sagte Erika Halbig, die seinem Blick gefolgt war. „Die Wohnung gehört einer Freundin von mir. Sie ist den Sommer über aufs Land gefahren und hat mich gebeten, gelegentlich nach dem Rechten zu sehen." Erika lachte nervös. „Du siehst, wir sind ganz allein."

„Was ist los, Erika? Du hast gesagt, es ist wichtig."

Wieder lachte sie. „Du machst es einem wirklich nicht leicht, Paul. Willst du was trinken?" fragte sie abrupt. „Ich bin dir einen oder zwei voraus. Was darf's sein – Bourbon mit Eis?"

„Ja, gerne."

Sie war ihm mehr als nur einen oder zwei voraus. Als sie an ihm vorbeistreifte und zur Hausbar ging, war der Geruch von Gin trotz ihres aufreizenden Parfüms unverkennbar. Er sah ihr zu, während sie die Gläser füllte. Sie schien es gar nicht eilig zu haben, ihm mitzuteilen, was so wichtig war.

Plötzlich wußte er ganz sicher, daß sie dies auch gar nicht vorhatte. Es war alles nur Theater. Koketterie. Ihr tief ausgeschnittenes, hautenges Kleid verriet ihre Absichten deutlich genug.

Sie reichte ihm seinen Drink und kuschelte sich mit untergeschlagenen Beinen in eine Sofaecke. „Mach nicht so ein überraschtes Gesicht, Paul, als hättest du nicht gewußt, warum ich dich hergebeten habe." Sie war unübersehbar nervös, wirkte empfindlich, verletzbar. „Wie lange geht das schon, Paul?"

Er lächelte und setzte sich in einen Sessel ihr gegenüber, auf der anderen Seite des Couchtisches. „Wie lange geht was?"

„Daß du mich begehrst. Wann ist es dir bewußt geworden?"

Er starrte sie an, überrumpelt. „Du bist eine sehr begehrenswerte Frau, Erika, und ich bin nicht aus Holz. Aber ..." Er blickte zur Seite und holte tief Luft. „Wir haben beide ... andere Verpflichtungen."

Sie stellte ihr Glas auf den Tisch und stand sehr vorsichtig auf. Dann ging sie um den Tisch herum und trat neben ihn. Ihre Fingerspitzen streichelten seinen Nacken, ganz zart. „Das Märchen von der ewigen Treue, wer glaubt das denn heute noch? Jane doch bestimmt nicht!"

„Wenn sie's nicht glaubt, verstellt sie sich zumindest sehr gut." Macimer lächelte. „Klingt wahrscheinlich, als lebten sie und ich in einer andern Welt."

„Es hört sich gut an ..., ist aber nicht sehr praktisch. Du bist hier, und ich bin hier. Jane nicht. Es hat nichts mit ihr zu tun, sie wird es nicht einmal erfahren."

„Aber ich werde es wissen."

„Ist das so schlimm?" Erika lachte. Plötzlich sank sie vor ihm auf die Knie. „Paul, *sieh mich doch an!* Kann man mich so einfach abweisen? Vergiß Jane, vergiß Russ!" Sie nestelte im Rücken an ihrem Kleid. Es glitt ihr von den Schultern. Sie hob den Blick zu ihm. In ihren Augen standen Tränen. „Was muß ich tun, Paul? Betteln wie ein Hund? Ich tu's, ich tu auch das, wenn du mich zwingst."

War es Verlangen, war es Verlegenheit oder der Versuch, sie zu beruhigen – jedenfalls stand er unbeholfen auf und zog sie mit sich hoch. Ihr Kleid glitt zu Boden; sie trug nichts darunter. Er nahm sie in die Arme. Sie preßte sich fiebernd an ihn und flüsterte ihm ins Ohr: „Sag es, Paul! Du willst mich auch. Ich weiß, du willst mich. Ich hab's immer gewußt."

Zu begierig, dachte er. Zu schnell. Zu ausgeklügelt.

Ernüchtert stieß er sie von sich. „Hat Russ dich dazu abkommandiert? Denkt er vielleicht, ich kann hinterher den Mund nicht halten? Was hat er dir von dieser Akte erzählt?"

Ihr furchtsamer Blick verriet ihm, daß er recht hatte. „Was ... wovon redest du, Paul?" brachte sie stockend hervor. „Was ist los? Was hab ich denn verbrochen?"

„Das ist doch wohl klar." Er hob ihr Kleid auf. „Da – es ist kalt hier. Zieh das lieber wieder an. Sag ihm, du hast alles versucht."

An der Tür drehte er sich noch einmal um; er kam sich vor, als hätte er eben ein Minenfeld hinter sich gelassen. „Du hast es mir weiß Gott nicht leichtgemacht." Er lächelte grimmig. „Und es mag sein, daß ich mich eines Tages ohrfeigen könnte, weil ich die Chance vertan habe."

AM FREITAG vormittag um elf wurde Linda aus der Klinik entlassen. Macimer fuhr sie vom Krankenhaus direkt zum Flughafen. „Ich hab alles eingepackt, was auf deiner Liste stand", erklärte er ihr unterwegs. Sie nickte gleichgültig.

„Wenn ich doch was vergessen habe, mußt du eben in Phoenix einkaufen gehen", sagte er leichthin. Sie blickte teilnahmslos aus dem Fenster. Ihre Gleichgültigkeit beunruhigte ihn. Nicht einmal auf den Flug schien sie sich zu freuen.

Sie gaben das Gepäck auf und setzten sich in den Warteraum. Macimer versuchte, ein Gespräch in Gang zu bringen, aber Lindas Antworten blieben einsilbig. Manchmal zuckte sie nur die Schultern.

Verzweifelt sagte Macimer schließlich: „Ich weiß ja, Linda, nach dem, was mit Caroline passiert ist, kommt dir das Leben sinnlos vor – als ob niemand mehr zählt, auch du selbst nicht. Aber du zählst – für mich, für deine Mutter, für Kevin und Chip, für viele andere Menschen. Außerdem, das mit dem Lastwagen war kein willkürlicher Schicksalsschlag. Der Fahrer hat euch mit Absicht von der Straße gedrängt."

„Ich weiß!" zischte Linda erbost. Erleichtert sah er, wie der apathische Blick verschwand. Ihre Augen waren voll Zorn, aber sie funkelten wieder. „Warum hat er das getan? Ich verstehe das einfach nicht!"

„Ich glaube, ich weiß es", sagte Macimer leise. „Sehr wahrscheinlich war das FBI hinter dem Fahrer her – und Caroline hatte ihn gesehen."

Linda bekam große Augen. „Was soll das heißen? Ist er ein Terrorist oder so was?"

„Ja." Das war gar kein schlechtes Wort für Brea. „Ich würde dir gern mehr sagen, Linda, aber ich kann nicht. Wenigstens nicht jetzt. Aber du mußt wissen, was da passiert ist, war kein blinder Zufall."

„Caroline ist trotzdem tot. Daran ändert sich nichts."

„Nein . . ., daran ändert sich nichts."

Eine Ansage aus dem Lautsprecher unterbrach ihr Gespräch. „Passagiere für den United-Airlines-Flug Nummer siebenundzwanzig nach Phoenix bitte zum Ausgang drei."

Am Ausgang drei herrschte das übliche Gedränge, das Durcheinander hastiger Verabschiedungen. Plötzlich kam Macimers Name über den Lautsprecher. „Mr. Paul Macimer wird gebeten, sich am Auskunftsschalter im Erdgeschoß zu melden."

Macimer runzelte die Stirn. Wollte das Büro ihm etwas Dringliches mitteilen?

„Geh nur, Daddy, ich komm schon klar. Vielleicht ist es wichtig."

„Egal, es kann warten, bis du an Bord bist."

„Aber Daddy, ich bin eh gleich weg. Vielleicht haben sie Mama am Telefon. Sonst weiß doch niemand, daß du hier bist."

Macimer lächelte voll Zuneigung. „Du mußt unbedingt Detektiv werden. Also gut, warte hier, solange du kannst. Ich versuche, wieder dazusein, bevor du einsteigst." Ehe sie sich abwenden konnte, verpaßte er ihr rasch einen Kuß. „Paß gut auf dich auf, Zwiebelchen."

„Nur wenn du mich nie mehr so nennst." Sie lächelte – zum ersten Mal an diesem Tag.

Sie wird schon wieder, sagte er sich.

Macimer hastete durch die Halle und die Treppe hinunter. Bei der Auskunft drückte man ihm einen Telefonhörer in die Hand. Er meldete sich: hier Macimer."

„Paul Macimer?" Des Mannes Stimme klang dumpf und verzerrt, kam ihm aber irgendwie bekannt vor. „Am Mietwagenschalter neben der Rolltreppe liegt etwas für Sie."

„Was? Was soll das alles?"

Die Leitung war tot.

Verwundert ging Macimer zum Mietwagenschalter. „Bitte, Sir?" sagte eine der beiden hübschen jungen Damen dahinter.

„Hier soll etwas für mich hinterlegt worden sein. Macimer. Paul Macimer."

Die junge Dame nickte und zog einen grauen Umschlag unterm Pult hervor, auf dem in Großbuchstaben der Name des FBI-Mannes stand.

Macimer suchte sich eine stille Ecke. Der Umschlag enthielt ein halbes Dutzend Hochglanzfotos. Die Bilder waren sehr grobkörnig. Trotzdem erfüllten sie ihren Zweck, erkannte Macimer bestürzt.

Das erste Foto war über seine Schulter hinweg aufgenommen. Es zeigte seinen Rücken und Erika Halbigs Kopf und Schultern. Sie schien direkt in die Kamera zu blicken. Auf einem anderen Bild war Macimer leicht zur Seite gedreht. Erikas Arme lagen um seinen Nacken, ihr Körper war eng an den seinen geschmiegt. Es war deutlich zu sehen, daß sie splitternackt war. Die übrigen Fotos zeigten ebenfalls diese Szene.

Die Hauptdarsteller sind leicht zu erkennen, dachte Macimer voll

Zorn, und es sah keineswegs so aus, als ob er sich Erikas erwehrte. Er war auf den ältesten Erpressertrick der Welt hereingefallen.

Zu seiner Überraschung empfand er keinen Groll gegen Erika. Im Gegenteil, sie tat ihm leid. Sie war ein Werkzeug wie er. Sein Zorn und seine Verachtung richteten sich gegen Russ Halbig. Wer sonst hätte Erika in diesen miesen Plan, ihn zum Schweigen zu bringen, einspannen können?

Macimer versuchte, Halbigs Rolle in der Affäre Brea zu durchschauen. Offenbar sollte etwas vertuscht werden, und Halbig war mit von der Partie; es ging ihm wohl um seine Karriere. An der Ausradierung des Volkskomitees konnte er nicht beteiligt sein. Erstens war er damals in Washington gewesen, und zweitens war ein Massaker wie jenes in San Timoteo einfach nicht sein Stil. Da waren so viele Unwägbarkeiten im Spiel gewesen, und Halbig ging nie ein Risiko ein. *Halbig kann sogar den Regentropfen ausweichen.*

War Halbig also Teil einer Verschwörung in den obersten Rängen des FBI? War es Brea möglich, die Führungsspitze derart zu manipulieren?

Es gab nur einen, der über Halbig stand, der völlige Loyalität verlangen konnte; nur einen, dessen Gunst Halbigs Karriere entscheidend beeinflussen konnte: John Landers. Der Verdacht gegen den Direktor schien allerdings jeder Menschenkenntnis Hohn zu sprechen. Es paßte einfach nicht zu Landers' Charakter.

Nichts paßte zusammen. Macimer starrte gedankenverloren auf das Kuvert. Viel zu viele Fragen und nur unklare, verschwommene Antworten. Alles war möglich.

Plötzlich schüttelte er sich und steckte das Kuvert ein. Der Schock, den die Fotos ausgelöst hatten, hatte ihn einen Augenblick lang alles vergessen lassen. Sogar Linda.

Die Rolltreppe war überfüllt; in langen Sätzen rannte er die Haupttreppe hinauf. Schon während er durch die Halle lief, sah er, daß der Warteraum hinter Ausgang drei leer war. Ein Angestellter in der Uniform der Fluggesellschaft stand davor. Macimer wandte sich an den Mann: „Meine Tochter hat hier auf den Flug Nummer siebenundzwanzig gewartet."

„Jawohl, Sir, die Passagiere gehen gerade an Bord."

Macimer lief zum Fenster und blickte auf die Rollbahn hinaus. Eine schlanke junge Frau betrat eben als letzter Passagier die Maschine. Aber es war nicht Linda.

Macimer wandte sich wieder an den Angestellten. „Ich möchte sichergehen, daß meine Tochter – Linda Macimer – wirklich in diesem Flugzeug ist“, sagte er und hielt dem Mann seinen Dienstausweis hin.

Nervös ging der junge Mann die Liste durch. „Hier. Sie hat ihre Bordkarte abgegeben.“

„Sind alle Passagiere an Bord?“

„Jawohl, Sir. Niemand fehlt.“

Beruhigt trat Macimer wieder ans Fenster und sah auf die Rollbahn hinaus. Erst als die Maschine langsam zu rollen begann, machte er sich auf den Weg zu seinem Wagen.

„NICHT dabei“, verkündete Collins seinem Kollegen Garvey.

„Was ist nicht dabei?“

„Macimers Name. Da, sieh selbst.“

Die beiden FBI-Leute befanden sich im Lagerraum eines Hotelbüros in der Nähe des kalifornischen Städtchens Fresno. Das Melderegister, das Collins aus den alten Hotelakten ausgegraben hatte, umfaßte die Zeit vom 1. April bis zum 30. September 1981.

Collins deutete auf die Seite für den 28. August. „Er hat sich nie eingetragen.“

„Das bedeutet gar nichts“, betonte Garvey.

„Aber nach so was suchen wir doch. Nach jemand, der an diesem Tag nicht dort war, wo er hätte sein sollen. Wir wissen nicht, wovor Brea Angst hat, was in der verschwundenen Akte steht, aber es muß so was sein wie das hier – etwas Kleines, Alltägliches, das man einfach übersieht.“

„Vielleicht hat Macimer mit dem Geschäftsführer vereinbart, auf die Eintragung zu verzichten.“

„Seinem eigenen Tagesbericht zufolge hat er sich hier eingetragen, hat ein Zimmer gemietet und zwei Stunden darin auf einen Informanten gewartet, der nie erschienen ist.“

Garvey öffnete die Hintertür der stickigen Kammer und sah auf die angrenzenden Felder hinaus. „Ich glaub’s einfach nicht“, beharrte er. „Warum läßt Macimer uns das alles überprüfen, wenn er weiß, daß er sich damit selbst bloßstellt?“

„Er hatte keine Wahl. Früher oder später mußte er es tun.“ Das klang nicht sehr überzeugend, und Collins fügte hinzu: „Er hat angenommen, daß wir gar nicht so weit kommen oder daß die neue Hotelleitung die Unterlagen längst weggeworfen hat.“

„Nur weiter“, sagte Garvey. „Aber sehr überzeugend klingt das nicht.“

„Ja, zugegeben, aber kannst du dir einen Reim drauf machen?“

„Vielleicht hat jemand an der Meldeliste hier etwas verfälscht.“

„Um Macimer reinzureiten?“ fragte Collins spöttisch. „Ziemlich weit hergeholt.“

„Vielleicht. Aber: Wie du weißt, hat das Hotel den Besitzer gewechselt. Der frühere Geschäftsführer ist noch bis zum März dieses Jahres geblieben. Dann hat er plötzlich gekündigt und ist weggezogen, ohne eine neue Adresse zu hinterlassen. Ist das nicht ziemlich eigenartig?“

„Was ist daran so eigenartig? Diese Burschen in der Gastronomie sind nicht gerade besonders seßhaft.“

„Trotzdem, der Zeitpunkt macht mich stutzig“, beharrte Garvey eigensinnig. „Wir sollten das Register ins Labor geben. Wenigstens die Seiten für den siebenundzwanzigsten, achtundzwanzigsten und neunundzwanzigsten August analysieren lassen. Das Papier und die Tinte.“

Collins dachte einen Augenblick nach. „Gut, schaden kann's nicht“, sagte er dann. „Die Seiten lassen sich einzeln herausnehmen, eine Manipulation ist also nicht auszuschließen. Und weißt du, was wir noch machen?“

„Was?“ fragte Garvey, obwohl er die Antwort schon ahnte.

„Wir schicken einen Bericht über unsere Ermittlungen ans Hauptquartier. Unter der Rubrik ÄUSSERST DRINGEND!“

MACIMER kam an diesem Abend um Viertel vor sieben nach Hause. Auf seinem Anrufbeantworter war eine Nachricht von Erika Halbig. „Paul? Ich weiß, was du denkst, und es tut mir entsetzlich leid. Aber du weißt nicht alles ...“ Ihre Stimme klang erregt, mit gehetztem Unterton. War das auch wieder nur Theater? „Paul, bitte ruf mich an! Ich bin immer noch in dem Apartment in Pooks Hill, aber ich bin allein, und es hört niemand zu. Diesmal nicht.“

Diesmal nicht.

Er unterdrückte eine Anwandlung von Mitgefühl und beschloß, ihr kein Wort zu glauben. Doch schließlich siegte die Neugier. Er wählte ihre Nummer in Pooks Hill. Obwohl er es lange läuten ließ, meldete sich niemand.

Kurz nach sieben, als Macimer eben ein Fertiggericht aus dem

Tiefkühlfach holte, kam der Anruf von Jane. In Phoenix war es jetzt kurz nach fünf. „Was ist passiert, Paul? Wo ist Linda?"

Eine unsichtbare Hand drückte ihm die Kehle zu. „Was soll das heißen? Ich hab sie um eins ins Flugzeug gesetzt."

„Ich wollte sie abholen. Sie war nicht an Bord." Macimer konnte hören, wie rasch Janes Atem ging. „Hast du sie einsteigen sehen?"

„Ich hab den Abflug mitgekriegt", sagte Macimer und fühlte sich elend dabei. Ich war eine Treppe tiefer, dachte er, und habe mir Fotos von Erika Halbig und mir angesehen, statt auf Linda aufzupassen.

„Aber Paul, wo ist sie dann?"

Er flüchtete sich in vage Vermutungen, versuchte, nicht in Panik zu geraten. Linda hatte keine Veranlassung, bei der Zwischenlandung in Dallas auszusteigen, überlegte er nüchtern. Daß man ihn ausgerechnet kurz vor ihrem Abflug weggerufen hatte, war ihm gleich komisch vorgekommen, aber der Schreck über die Fotos hatte ihn abgelenkt. Und als der Angestellte ihm versichert hatte, Linda sei an Bord, hatte er sich zu schnell zufriedengegeben.

Jemand anders war an ihrer Stelle geflogen.

Aber wie hatte man es fertiggebracht, sie wegzulocken? Noch eine Durchsage, eine Nachricht? Das hätte dem Angestellten doch auffallen müssen.

„Paul, glaubst du, man will Linda etwas antun? Hat es etwas mit Caroline zu tun?"

„Wir wissen ja noch nicht einmal, ob überhaupt etwas passiert ist –"

„Mach mich nicht wahnsinnig, Paul! Du sagst mir nicht die Wahrheit! Du weißt mehr, als du zugibst."

„Ich setze mich sofort mit der Fluggesellschaft in Verbindung", sagte er und versuchte, ruhig und zuversichtlich zu klingen. „Ich ruf dich wieder an, sobald es geht."

Elf

Unter den Sicherheitskräften der Flughäfen und -gesellschaften findet man oft ehemalige FBI-Beamte, die als frühere Kollegen jederzeit zur Amtshilfe bereit sind. Macimer hatte bei seinen Nachforschungen schon oft von diesem Umstand profitiert.

Ein Sicherheitsbeamter der United Airlines in Phoenix bestätigte, daß der Passagier, der als Linda Macimer in der Liste stand, das

Flugzeug bis zur Ankunft in Phoenix nicht verlassen hatte. Macimer erkundigte sich nach den Stewardessen, die den Flug begleitet hatten. Eine davon hatte inzwischen eine Maschine nach Los Angeles genommen, die jeden Augenblick dort landen mußte.

Ein weiterer ehemaliger FBI-Mann, Sicherheitsbeamter in Los Angeles, holte die Stewardeß ans Telefon, als sie dort ausstieg. Sie hieß Melissa Powell. Ihre Stimme klang müde, aber sie zeigte sich sehr hilfsbereit.

Macimer erklärte, was er auf dem Herzen hatte, und fragte, ob ein Platz im Flugzeug unbesetzt geblieben sei.

„Nein, das Flugzeug war voll", beschied ihn Melissa Powell. „Meines Wissens hat niemand gefehlt."

„Bitte versuchen Sie, sich zu erinnern, Miß Powell. Ich weiß, es ist viel verlangt, wenn man sich um so viele Passagiere kümmern muß, aber ... Linda ist siebzehn, schlank, einssiebenundsechzig groß, sie trug graue Hosen und einen hellblauen Rollkragenpullover."

„Ich kann mich nicht an sie erinnern, Mr. Macimer. Moment mal – Linda! Jetzt fällt's mir ein. Ist im letzten Augenblick in Washington eingestiegen. Ich weiß noch, ich dachte, Linda paßt zu ihr, aber der amerikanische Nachname hat mich gestört. Ich hab sie für eine Mexikanerin oder Spanierin gehalten. Langes schwarzes Haar und dunkelbraune Augen. Paßt das auf Ihre Tochter, Mr. Macimer?"

„Nein. Linda hat aschblondes Haar und blaue Augen."

„Tut mir leid, aber ich kann mich an niemand erinnern, der so aussah. Ich weiß nur, daß das schwarzhaarige Mädchen Linda hieß. Wahrscheinlich nützt Ihnen das nicht viel."

„Vielleicht doch", meinte Macimer. Die drei Einbrecher. Das Mädchen, das damals dabei war. Hatte Brea sie erneut für seine Zwecke eingesetzt?

„Noch was", sagte Melissa Powell. „Sie war nicht allein. Ein junger Mann war bei ihr, auf dem Platz daneben. Der war ebenfalls aus Lateinamerika oder Spanien."

ALS Macimer das FBI-Büro im Dulles-Flughafen anrief, meldete sich der Mann vom Nachtdienst. Fünf Minuten später rief er zurück. Er hatte eine Kopie der Passagierliste des betreffenden Fluges aufgetrieben. Linda Macimer hatte den Platz Y66. Der Name ihres Sitznachbars war Francisco Perez.

Francisco Xavier Perez war einer der vielen Xaviers, die Garvey nach dem Einbruch aus der FBI-Kartei herausgesucht hatte. Macimer rief im Hauptquartier an und veranlaßte, daß die Zweigstelle Phoenix sofort die Suche nach den beiden Verdächtigen aufnahm.

DAS Haus lag am Tracy Place, in einer vornehmen Gegend Washingtons, nicht weit von der Innenstadt. Hier war das Gelände hügelig, die Straßen waren schmal, die Häuser alt und würdevoll. Das Haus, das Russ Halbig suchte, war aus grauem Stein und hinter hohen Hecken verborgen. Das schmiedeeiserne Gitter stand offen, und entlang der Auffahrt parkten mehrere Wagen.

Halbig drückte auf den Klingelknopf und hörte aus dem Innern des Hauses den melodischen Klang der Glocke. Ein muskulöser junger Mann öffnete und begrüßte Halbig respektvoll. „Guten Abend, Sir. Der Direktor ist in der Bibliothek."

Die Bibliothek war ein hoher Raum mit Regalen an den Wänden, Ledermöbeln und einem riesigen gemauerten Kamin. Alles hier wirkte grundsolide und gediegen, wie maßgeschneidert für John Landers.

Der Direktor stand auf, als Halbig eintrat. „Ich nehme an, Sie kennen sich alle."

„Ja ... natürlich." Halbig nickte James Caughey und Frank Magnuson, dem Leiter der Zweigstelle New York, zu. Er war offenbar in eine private Unterhaltung hineingeplatzt. Landers, Caughey, Magnuson. Warum war Magnuson hier? Ein neuer Anwärter für den Stellvertreterposten?

„Ich habe gerade die beiden Herren mit den letzten Ergebnissen des Falles Brea bekannt gemacht", erklärte Landers. „Wollen Sie was zu trinken, Russ? Sie sehen aus, als könnten Sie einen Drink gebrauchen." Er drückte Halbig einen Scotch in die Hand und nickte ihm auffordernd zu. „Erzählen Sie uns die ganze Geschichte", sagte er. „Das Wesentliche haben Sie mir ja schon am Telefon gesagt, aber es ist wichtig, daß jeder alle Einzelheiten kennt."

Halbig nahm einen großen Schluck Scotch. Was er zu berichten hatte, kam einem Offenbarungseid gleich; das Eingeständnis seines Versagens – denn in seiner Position war privates Versagen vom Beruf nicht zu trennen.

„Sie wissen ja, wir haben Macimer überwachen lassen", begann Halbig. „Gestern abend sind ihm zwei Beamte nach Bethesda gefolgt. Er hat vor dem Linden-Hill-Hotel geparkt. Unsere Leute sahen ihn in den Tennisclub des Hotels gehen. Ihm zu folgen, schien ihnen nicht ratsam, da er sie dort bemerkt hätte. Er blieb etwa fünfunddreißig Minuten weg. Unsere Leute hatten inzwischen einen Wagen zur Unterstützung angefordert. Als Macimer wieder herauskam, ist ihm einer der Wagen bis nach Hause gefolgt. Die beiden anderen Beamten haben die Angestellten im Club verhört." Halbig zögerte, schluckte; sein Mund war trocken. „Macimer hat niemand getroffen, auch nicht die Toilette aufgesucht. Er ist also einfach durchgegangen und hat den Club durch die Hintertür verlassen. Offenbar hat er ihn benutzt, um die Verfolger abzuschütteln." Halbig spürte plötzlich den absurden Drang, einfach loszuheulen.

Er gab sich einen Ruck und sprach hastig weiter. „Von der Annahme ausgehend, daß Macimer mit jemand im Linden-Hill-Hotel oder in dessen Nähe verabredet war, haben unsere Beamten heute im Hotel und im Tennisclub ausführliche Ermittlungen angestellt. Bei keinem der Gäste läßt sich eine Verbindung zu Macimer herstellen. Heute abend konzentrierten sich die Nachforschungen auf Pooks Hill Lodge, ein Apartmenthotel in der Nachbarschaft. Der Nachtportier hat Macimer gestern abend ins Hotel kommen sehen. Macimer hat den Aufzug benutzt. Es hat einige Zeit gedauert, bis sich feststellen ließ, daß Macimer ein Apartment im elften Stock besucht hat. Als die Beamten dort klopften, antwortete niemand. Schließlich brachte das Zimmermädchen den Schlüssel."

Halbig stockte erneut. „Hätten die Beamten das Apartment nicht rechtzeitig geöffnet ..." Er konnte den Satz nicht zu Ende bringen, seine Stimme versagte. Eine Zeitlang herrschte Schweigen. Dann hatte Halbig sich wieder gefaßt. „Die Dame in dem Apartment war, wie Sie wissen, meine Frau. Man fand sie im Schlafzimmer, in bewußtlosem Zustand. Sie hatte offenbar eine Überdosis Schlaftabletten geschluckt. Man bestellte einen Krankenwagen und rief mich an. Und ich habe natürlich sofort Sie angerufen, Sir." Halbig leerte sein Glas und starrte auf die Eiswürfel.

„Das war nicht einfach für Sie, ich weiß", sagte Landers leise. Wieder Schweigen. „Wie geht es Erika jetzt?"

„Sie ist außer Gefahr."

„Gut. Morgen früh kann sie uns sicher mehr sagen, vielleicht schon eher. Inzwischen könnten Sie, Russ, wenn Sie sich dazu in der Lage fühlen, uns eine Zeitlang Gesellschaft leisten. Es sind einige Entscheidungen zu treffen."

Langes Schweigen. Halbig spürte, wie die anderen ihn beobachteten. Wie sollte er sich verhalten? Zu seiner Überraschung fiel ihm die Entscheidung ganz leicht, obgleich sie seinem Karrieredenken vollkommen widersprach. „Ich glaube nicht, daß Sie mich dabei brauchen, Sir. Ich finde, ich muß bei Erika sein, wenn sie aufwacht. Ich fühle mich ... verantwortlich für das, was geschehen ist."

Nun war es heraus. Wie stand er jetzt vor dem Direktor da? Angeknackst, unzuverlässig, ein Mann, der unter Druck ins Wanken geriet.

Er wandte sich zum Gehen, doch der Direktor hielt ihn auf. „Ich verstehe Sie, Russ. Sie sollten bei ihr sein. Aber bevor Sie gehen, möchte ich wissen, wie Sie die Situation beurteilen. Sie kennen Macimer und die anderen Beteiligten. Was Sie nicht kennen, ist der Bericht des Beamten Collins – er ist gerade erst über Telex aus Kalifornien gekommen." Landers umriß kurz, was die beiden Beamten in dem Hotel bei Fresno in Erfahrung gebracht hatten. „Zusammen mit dem, was wir bereits wissen – was für Schlüsse kann man daraus ziehen?"

Halbig dachte an Macimers Besuch in Pooks Hill Lodge. Ein Mann, der auf Abwegen wandelte. Und doch ... „Ich weiß nicht recht. Etwas daran ... gefällt mir nicht. Das ist alles zu glatt, zu simpel. Und Macimer hätte sich ein besseres Alibi als Fresno einfallen lassen, wenn er damals gar nicht dort war. Ich habe meine Zweifel."

In Landers' Blick lag etwas, das Halbig nicht deuten konnte. „Die habe ich auch", sagte der Direktor. „Gute Nacht, Russ ... und vielen Dank, daß Sie gekommen sind."

MACIMER wartete voller Ungeduld, doch das Telefon blieb stumm. Früher oder später mußte ein Anruf kommen. Ein Anruf von Brea. Von Lindas Entführer.

Der viele Kaffee machte ihn zittrig. Er schob die Tasse von sich und ging langsam durchs Wohnzimmer. Vor der Glastür blieb er stehen und starrte auf den nächtlichen Hof hinaus, in dessen finsteren Winkeln tausend Gefahren lauern mochten. Vielleicht stand jemand da draußen im Dunkel und beobachtete ihn. Jemand, der wieder und wieder gemordet hatte, um sein schmutziges Geheimnis zu hüten. Doch Macimer fürchtete nicht um sein Leben.

Noch nicht. Nicht, solange Brea glaubte, daß Macimer Vernon Lipperts Aufzeichnungen besaß. Denn nur so ließ sich die Entführung

Lindas erklären. Ein Mann, der Frau und Kinder besaß, war leicht unter Druck zu setzen. Deshalb hatte Macimer Jane und die Kinder weggeschickt. Er hatte richtig gehandelt, war nur nicht schnell genug gewesen. Jetzt hatte Brea Linda in seiner Gewalt.

Er würde anrufen. Macimer konnte nichts tun, als auf diesen Anruf zu warten.

Ein müder, übernächtigter Harrison Stearns nahm am Samstag morgen kurz nach sieben in der Zweigstelle Washington den Anruf von Alice Volker entgegen.

„Ich hab hier einen Brief. Er ist gestern mit der Post gekommen“, sagte die Frau, bei der Raymond Shoup gewohnt hatte. „Wir haben nicht für jeden Mieter einen Briefkasten, wissen Sie, und Mr. Macimer hat gesagt, ich soll alles sofort melden, was mir auffällt.“

„Was ist Besonderes an dem Brief, Mrs. Volker?“

Sie zögerte. „Die Adresse sieht so aus, als hätte sie Mr. Shoup selbst geschrieben. Ich glaub jedenfalls, es ist seine Handschrift. Und der Poststempel ist vom Montag. Hier in Washington aufgegeben“, fügte sie hinzu. „Und war fünf volle Tage unterwegs.“

„Ist Ihnen sonst noch etwas aufgefallen, Mrs. Volker?“

„Na ja ... ich glaube, es ist ein Schlüssel drin.“

Montag, dachte Stearns. Der Mordtag. „Ich komme sofort, Mrs. Volker“, sagte er aufgeregt. „Schließen Sie sich ein, und sprechen Sie mit niemand, bis ich da bin.“

„Glauben Sie ... ich meine, wer sollte denn –“

„Jemand hat Raymond Shoup wegen dieses Umschlags umgebracht“, sagte Stearns grimmig. „Verstecken sie ihn, und machen Sie niemand die Tür auf. In einer Viertelstunde bin ich bei Ihnen.“

Er brauchte zwanzig Minuten, und es kostete ihn eine weitere Minute, Alice Volker durch die geschlossene Tür davon zu überzeugen, daß er der Beamte war, mit dem sie telefoniert hatte. Als er den Umschlag aufriß, fand er einen Schlüssel für ein Gepäckschließfach im Busbahnhof.

„Mrs. Volker“, sagte er aufgeregt, „kann ich Ihr Telefon benutzen?“

Paul Macimers Anweisungen waren klar und eindeutig. Wie Stearns glaubte auch er, daß dies der Durchbruch war, auf den sie gewartet hatten. „Ich kann jetzt nicht weg“, erklärte Macimer ihm,

„aber ich treffe Sie dort so bald wie möglich. Frühstücken Sie inzwischen. Und, Stearns ..."

„Jawohl, Sir?"

„Passen Sie auf, daß Ihnen niemand folgt."

Mechanisch begann Macimer den neuen Tag. Duschen, rasieren – immer auf dem Sprung, falls das Telefon klingelte. Während er sich anzog, dachte er über Stearns' Anruf nach, über den Schlüssel im Umschlag. Offenbar hatte Raymond Shoup mit Brea zu handeln versucht, hatte seine Trumpfkarte ausgespielt – die fehlenden Blätter der Akte Brea. Was hatte Shoup falsch gemacht, wodurch hatte er Brea zum Mord getrieben?

Macimer ging in die Küche, trank einen Orangensaft und setzte Kaffeewasser auf. Wenn die Akte im Schließfach war, hatte er, was er brauchte: einen Trumpf für den Poker um Lindas Leben. Doch warum hatte Brea nicht angerufen?

Als das Telefon endlich läutete, zuckte Macimer heftig zusammen. Er rannte ins Arbeitszimmer und riß den Hörer von der Gabel. Seine aufgestaute Erregung entlud sich. „Bist du das, Halbig? Wenn du Linda was angetan hast –"

„Verlassen Sie sofort Ihr Haus", unterbrach ihn eine undeutliche Stimme. Der Mann nannte Macimer eine Telefonnummer. Der Vorwahl nach handelte es sich um einen Ort in Maryland. „Rufen Sie mich von einer Zelle aus an. Los!"

Nach kurzem Zögern verließ Macimer das Haus und fuhr zur nächsten Telefonzelle. Passendes Kleingeld hatte er genug in der Tasche – eine eiserne Gewohnheit jedes FBI-Beamten.

Als erstes hörte Macimer ein amüsiertes Lachen. „Sie irren sich, Macimer. Ich bin nicht Halbig."

„Die Erpressung habe ich jedenfalls kapiert. Sie hätten wissen müssen, daß Sie mit den Fotos niemals an die Akte rankommen."

Der andere lachte wieder. „Ich hab auch nicht recht daran geglaubt, aber ich dachte, man kann es ja mal versuchen. Und mein kleiner Lockvogel hat sich nicht mal sonderlich gesträubt."

Die Stimme konnte jedem gehören. Macimer ging zum ersten Mal auf, daß sie nicht einfach mit einem Taschentuch abgedämpft war. Die Stimme war elektronisch verzerrt, es war unmöglich, sie zu erkennen.

Trotzdem klickte etwas in Macimers Gehirn, ein blinder Verdacht, eine vage Eingebung. *Mein kleiner Lockvogel hat sich nicht mal sonderlich gesträubt.* Die verächtlichen Worte klangen weder nach Halbig noch nach einem von ihm geheuerten Komplizen. Nicht Halbig, ein anderer hatte Erika für seine Zwecke eingespannt. Macimer begann die Wahrheit zu dämmern – eine Wahrheit, weit komplizierter und abwegiger, als Macimer sich hatte träumen lassen.

„Ich habe mir gedacht, daß es mit den Fotos nicht klappt", sagte der andere. „Aber ich habe noch etwas, was Sie interessiert."

Macimers Nackenmuskeln verkrampften sich schmerzhaft. „Wenn Linda auch nur das Geringste passiert, dann sehen Sie Ihre Akte auf der Titelseite der *Washington Post.*"

„Sie haben sie also. Gut, machen wir ein Geschäft. Ich sage Ihnen, wo Sie Ihre Tochter finden. Sie bringen die Akte. Und zwar allein. Sonst steht Ihnen eine häßliche Überraschung bevor."

Die Drohung war deshalb so schlimm, weil sie so ruhig angekündigt wurde. Macimer brauchte ein paar Sekunden, um ebenso ruhig antworten zu können. Dann sagte er: „Sie haben gewonnen, Brea."

„Wir gewinnen beide, Macimer. Sie wollen genausowenig wie ich, daß diese Geschichte an die Öffentlichkeit kommt. Darum haben Sie die Akte versteckt gehalten. Darum haben Sie Oliver Packard keine Munition für seine Dreckschleuder geliefert."

„Vielleicht. Wohin soll ich kommen?"

„Na, na. Keine Namen und Adressen. Und machen Sie sich nicht die Mühe, diesen Anschluß aufzuspüren. Es ist eine Telefonzelle, und ich bleibe bestimmt nicht hier."

Ehe Brea auflegte, nannte er eine weitere Telefonzelle, in der Macimer auf den nächsten Anruf warten solle. Es handle sich um die erste einer Reihe von Stationen, erklärte er, vermied aber jede Andeutung über das Ziel der Reise. „Fahren Sie gleich los, Macimer", schloß er. „Und falls Sie Gesellschaft haben, hängen Sie die besser ab."

Die Zelle war eng und unerträglich heiß, doch Macimer rührte sich nicht, nachdem Brea aufgelegt hatte. Er war der Lösung nahe, so nahe, daß er vor Erregung zitterte. Diese elektronisch verzerrte Stimme hatte er schon einmal gehört. Sie gehörte dem Mann, der sich als Privatdetektiv Antonelli ausgegeben hatte. Verzerrt war sie, weil Brea entweder Angst hatte, Macimer könnte sie erkennen, oder weil er das Risiko nicht eingehen wollte, daß sie aufgezeichnet und identifiziert wurde.

Macimer hatte diese Stimme am Montag abend gehört, am Telefon in Hogates Fischrestaurant. Erika Halbigs Anwesenheit dort war also kein Zufall gewesen. Sie hatte Macimer aufgehalten, während Brea Raymond Shoup auf der Roosevelt-Insel traf.

Bis dahin hatte Brea offenbar nicht gewußt, wer die Akte hatte, Macimer oder Raymond Shoup. Zuerst hatte er Macimer in Verdacht gehabt, darum der vorgetäuschte Einbruch und die Überwachung durch Wanzen. Dann hatte Brea erfahren, daß jemand Teile der Akte an Gerella geschickt hatte. Doch als Brea schließlich auf Raymond Shoup traf, hatte der junge Mann offenbar durchblicken lassen, daß er nicht die ganze Akte gestohlen hatte. Also hatte Shoup sterben müssen, und Brea hatte wieder Macimer ins Visier genommen.

Brea glaubte, Macimer halte die Akte deshalb verborgen – sogar vor seinen Vorgesetzten –, weil er nicht wollte, daß die Sache an die Öffentlichkeit kam. Warum war sich Brea da so sicher?

„Darum haben Sie Oliver Packard keine Munition für seine Dreckschleuder geliefert", hatte Brea gesagt.

Macimer stolperte aus der heißen Telefonzelle. Wie ein Organismus fremdes Gewebe abstößt, so wehrte sich sein Verstand gegen die Wahrheit, suchte Widersprüche und Gegenargumente, zweifelte sein Gedächtnis an. Doch ein Irrtum war ausgeschlossen. Der Anruf von Packard war am Sonntag abend über das Telefon in Macimers Arbeitszimmer gekommen, weniger als zwei Stunden nachdem die Wanzen daraus entfernt worden waren. Niemand hatte aber Gelegenheit gehabt, das Telefon noch einmal anzuzapfen. Also war eine Wanze darin geblieben. Und Brea hatte ganz offenkundig das Gespräch mit Oliver Packard abgehört.

Auf einmal paßte alles zusammen. Keine Verschwörung. Ein Einzelgänger! Einer, für den es kein Zurück mehr gab! Der gelernt hatte zu töten. Jetzt war auch klar, wie Linda vom Flughafen weggelockt worden war. Macimer hätte es früher wissen können, hätte er sich nicht gegen die Wahrheit gesperrt, weil sie zu schmerzhaft war.

Es mußte jemand sein, den Linda kannte, sonst wäre sie nicht mitgegangen. Jemand, dem sie vertraute. Jemand, der sie auf den Knien geschaukelt hatte, noch bevor sie laufen konnte.

Ihr „Onkel Gordon". Gordon Ruhle.

Macimer fuhr nach Hause zurück, um Jane in Arizona anzurufen. Obwohl es ihn große Überwindung kostete, Jane die neueste Entwicklung mitzuteilen, redete er gar nicht erst um den heißen Brei.

Er gab Jane einen kurzen Überblick über den Fall Brea, berichtete von Breas Anruf und dem bevorstehenden Treffen. Trotz allem, was vor ihm lag, fühlte er sich unerwartet gefaßt und zuversichtlich. „Ich bringe Linda zurück", versprach er.

„Ich weiß, daß es dir gelingen wird", antwortete Jane.

Macimer lächelte. „Ein Vertrauensvotum. Etwas Besseres gibt es gar nicht."

DIE Führungsspitze des FBI hatte sich am Samstag morgen bereits um sieben Uhr zu einer außerplanmäßigen Sitzung versammelt. Außer Landers und den beiden Unterdirektoren James Caughey und Henry Szymanski nahm auch noch Anthony Tartaglia daran teil, der für die Beschattung Macimers verantwortlich war.

Landers faßte kurz die Ereignisse des Vortags zusammen: Macimers Tochter war augenscheinlich auf einem Linienflug von Washington nach Phoenix verschwunden; zwei Latinos waren in der betreffenden Maschine gewesen und wurden auf Macimers Betreiben dringend gesucht. Einer davon, ein Mann namens Francisco Xavier Perez, schien an dem Einbruch in Macimers Haus beteiligt gewesen zu sein. „Macimer geht davon aus", sagte Landers, „daß die Einbrecher nach der Akte Brea gesucht haben."

„Das alles klingt so, als sei Macimer die Zielscheibe eines Verbrechens, keinesfalls aber der Täter", bemerkte Caughey.

„Immer langsam. Es kommt noch mehr", sagte Landers.

Noch in der Nacht war der Beamte Leonard Collins mit der 1981er Meldeliste des Hotels bei Fresno nach Washington geflogen.

„Unsere Chemiker haben die vier Seiten vom 27. August bis zum 30. August 1981 untersucht", erklärte Henry Szymanski. „Es bestand der Verdacht, daß die Eintragung vom 28. August geändert oder eine Seite ausgewechselt worden sein könnte. Die Ergebnisse sind eindeutig. Auf drei Seiten – vom 27. bis zum 29. – dieselbe Tinte und dasselbe Papier. Das ist wichtig, denn entgegen Macimers eigenen Angaben im Tagesbericht vom 28. August taucht sein Name nicht in der Liste auf."

„Was ist mit der vierten Seite, vom 30. August?" fragte Caughey.

„Nun ... da existieren gewisse Unterschiede", gab Szymanski zu. „Das gleiche Papier, aber nicht von derselben Rolle wie die ersten drei Seiten. Und die Tinte ist nicht dieselbe."

„Also nichts bewiesen."

„Es handelt sich um ein Ringbuch, und da werden natürlich von Zeit zu Zeit neue Blätter eingelegt“, sagte Szymanski steif.

„Ja, sicher, und natürlich werden gleichzeitig die Füllhalter gewechselt.“ Caughey wurde fast ausfällig. „Ich verlange weitere Tests – weitere Seiten, vor und nach den Daten, die Sie sich schon vorgenommen haben. Wenn jemand die Meldeliste manipuliert hat, um Macimer etwas anzuhängen, und wenn der Betreffende vom FBI war, dann war er bestimmt schlau und erfahren genug, nicht nur eine Seite auszuwechseln.“

Landers griff ein. „Zusätzliche Tests sind sicher kein Problem“, sagte er. „Es sieht so aus, James, als stünden Sie immer noch hinter Macimer. Sie glauben nicht, daß er Brea ist.“

„Glauben Sie es, Sir?“

Landers zögerte mit der Antwort. „Wenn Sie mich nach meinem Riecher fragen, James, dann glaube ich, wir sind auf der falschen Fährte. Wer immer an dem Tag in San Timoteo ein Gewehr durchs Fenster geschoben und abgedrückt hat, Paul Macimer war es nicht. Mein Gefühl sagt mir, daß Macimer nicht Brea ist.“ Er lächelte dünn. „Aber das ist natürlich kein Beweis.“

Landers blickte von einem zum anderen. Er merkte, daß Halbig ihm fehlte, seine Begabung, komplizierte Zusammenhänge klar und übersichtlich darzustellen. An Halbig hatte ihn nur dessen kalte, leidenschaftslose Art gestört. Doch seit gestern abend dachte Landers anders darüber. Der unterkühlte, äußerst disziplinierte Halbig hatte sich aus einem brisanten Fall in einer entscheidenden Phase zurückgezogen – allein weil seine Frau ihn brauchte. Ein guter FBI-Mann mußte beides sein, pflichtbewußt, aber auch fähig zum Mitgefühl. Vielleicht ist er doch der richtige Mann für den Posten des Stellvertreters, dachte Landers.

Eine Stimme kam über den Lautsprecher. Sie gehörte einem der Beamten, die Paul Macimer überwachten. Seine Mitteilung ließ die Männer in Landers' Büro aufhorchen: Macimer hatte sein Haus verlassen. Er war auf dem Weg nach Washington.

Gespanntes Schweigen. Schließlich sagte Landers: „Meine Herren, es ist soweit. Bald wissen wir, was gespielt wird!“

So FRÜH an einem Samstagmorgen hatte Macimer keine Schwierigkeiten, beim Lincolndenkmal einen Parkplatz zu finden. Er nahm einen Bus nach Osten.

Vor dem Smithsonian-Institut stieg er wieder aus und schlenderte über die Rasenflächen der Promenade. Bestimmt wurde er beschattet, wahrscheinlich von einer ganzen Reihe von Beamten, die sich immer wieder abwechselten. FBI-Routine. Nur: Wenn seine Schlußfolgerungen stimmten, warum beschattete man ihn und nicht Gordon Ruhle?

Er spazierte weiter, blieb hin und wieder stehen und blickte sich um wie ein interessierter Tourist, wobei er versuchte, sich das eine oder andere Gesicht einzuprägen, die Farbe eines Hemdes, einer Hose, eines Anzugs. Der Mann im blauen Cordanzug zum Beispiel war bestimmt viel zu warm angezogen. Vielleicht brauchte er, wie Macimer, die Jacke, um sein Pistolenhalfter zu verdecken.

Bei der Freer Gallery of Art, einem Kunstmuseum, betrat Macimer die Treppe der U-Bahn-Station und verschwand unter der Erde. Er mußte fast fünf Minuten auf einen Zug warten. Der Kerl im blauen Cordanzug sah mittlerweile ziemlich unglücklich aus, er wußte, daß Macimer ihn bemerkt hatte. Für ihn war die Jagd zu Ende.

Im Metro Center stieg Macimer aus und schlüpfte eben noch in einen anderen Zug, bevor sich dessen Türen schlossen. Er fuhr eine Weile kreuz und quer, wechselte überraschend die Züge und kehrte schließlich zum Metro Center zurück.

Er war jetzt ziemlich sicher, daß er seine Bewacher abgeschüttelt hatte, blieb aber trotzdem vorsichtig. Sich immer möglichst inmitten der Menschenmenge haltend, fuhr er die Rolltreppe hinauf und trat auf die Straße hinaus. Er ging um die nächste Ecke und stellte sich in den Eingang eines Restaurants. Dort wartete er volle fünf Minuten. Niemand kam um die Ecke geschlendert. Kein Auto fuhr auffällig langsam vorbei oder umkreiste den Block.

Macimer nickte zufrieden und wandte sich nordwärts. Er war nur zwei Blocks vom Busbahnhof entfernt.

Harrison Stearns wartete in einer Nische des Cafés auf ihn. Er sah ziemlich zerknittert und übernächtigt aus. Macimer setzte sich ihm gegenüber.

„Haben Sie es gelesen?" fragte er und nahm den dicken Umschlag vom Tisch, den Stearns ihm zugeschoben hatte.

„Jawohl, Sir. Es ist ... es ist ein ziemlicher Schock."

Macimer überflog rasch die Seiten von Vernon Lipperts Akte Brea. In den letzten beiden Eintragungen fand er, was er suchte. Eine Liste von vier Namen – Beamte, die im Sommer 1981 unter falschem Namen in Nordkalifornien gearbeitet hatten. Da es sich um einen

Geheimauftrag handelte, standen sie nicht auf der Liste der Volkskomitee-Sondereinheit.

Auf dem letzten Blatt hatte Vernon Lippert die Ergebnisse seiner Nachforschungen eingetragen. Bei drei von den vier Beamten war es ihm gelungen, ihre Bewegungen genau zu rekonstruieren. Der Name des vierten war Gordon Ruhle.

Macimer lehnte sich zurück. „Gute Arbeit, Stearns." Er hatte, was er brauchte; er hätte zufrieden sein können, doch er fühlte sich elend. „Hatten Sie Zeit, eine Kopie zu machen?"

„Jawohl, Sir."

„Ich nehme das Original. Sie können noch etwas für mich tun – zwei Dinge, um genau zu sein. Geben Sie mir Ihre Autoschlüssel, und verschaffen Sie mir eine halbe Stunde Zeit. Dann tragen Sie Ihre Kopie der Akte eigenhändig ins Hauptquartier. Übergeben Sie sie dem Direktor persönlich, keinem sonst."

Stearns war überwältigt. „Oh ..., glauben Sie, daß er da ist, Mr. Macimer? Muß er nicht heute nach Quantico, zu der Abschlußfeier der Akademie?"

„Er wird dasein. Und sagen Sie ihm bitte folgendes ..."

Die Männer im Büro des Direktors warteten angespannt. Anthony Tartaglia hatte den Hubschrauber bestellt, mit dem Landers nach Quantico fliegen sollte. Plötzlich kam die Stimme eines Beamten über den Lautsprecher. „Es tut mir leid, Sir, aber ... wir haben ihn verloren."

„*Sie haben ihn verloren?*"

„Jawohl, Sir. Acht Leute sind ihm zu Fuß gefolgt und drei im Auto. In der U-Bahn hat er sie alle abgehängt."

Langes Schweigen. „Wo ist sein Wagen?" fragte Landers schließlich in frostigem Ton.

„Wir beobachten ihn, aber ich glaube nicht, daß Macimer wiederkommt. Er benimmt sich wie jemand, der sich schuldig fühlt."

„Hab ich Sie nach Ihrer Meinung gefragt?" polterte Landers los. „Setzen Sie so viele Leute ein, wie Sie auftreiben können. Finden Sie ihn!"

In der Telefonzelle einer Tankstelle nordwestlich von Washington wartete Macimer auf Breas ersten Anruf. Brea gab ihm knappe Anweisungen für die Fahrt zur nächsten Station, und Macimer hörte kommentarlos zu. Dann stellte Brea eine einzige Frage: „Haben Sie die Akte bei sich?“

„Ja.“

Macimer stieg in Stearns’ Dienstwagen und fuhr auf der Fernstraße 270 nach Norden.

LANDERS blickte finster auf den betretenen Anthony Tartaglia, dessen Überwachungsteam so kläglich versagt hatte. „Die Leihwagenfirmen!“ sagte der Direktor plötzlich. „Macimer geht bestimmt nicht zu Fuß.“

„Sie werden alle überprüft“, antwortete Tartaglia. „Leider gibt es ziemlich viele –“

„Schluß mit den Ausreden“, sagte Landers grimmig. „Ich will jetzt endlich –“ Das Telefon unterbrach ihn. „Was ist los, Mary?“

„Der Beamte Stearns will Sie unbedingt sprechen, Sir“, meldete seine Sekretärin. „Er besteht darauf, mit Ihnen persönlich zu reden.“

Landers wechselte einen raschen Blick mit Caughey und Szymanski. Dann sagte er: „Schicken Sie ihn rein.“

Der junge Beamte, der gleich darauf ins Büro trat, sah todmüde aus und war sehr aufgeregt. Er trat vor Landers’ Schreibtisch. In der Hand hielt er einen dicken braunen Umschlag.

„Ich hoffe, es ist wichtig, Stearns.“

„Das ist es ganz bestimmt, Sir. Mr. Macimer hat mich beauftragt, Ihnen dies hier zu geben –“

„Macimer! Sie haben ihn gesehen?“

„Jawohl, Sir. Ungefähr ... vor vierzig Minuten.“

„Wo ist er jetzt?“

„Ich weiß es nicht, Sir.“ Die Hände des jungen Mannes zitterten ein wenig, doch er hielt Landers’ Blick stand.

John Landers ergriff den Umschlag und zog den Inhalt heraus. „Was ist das?“ fragte er Stearns.

„Die Akte Brea, Sir.“

Landers blickte dem jungen Beamten forschend ins Gesicht. Dann sagte er ganz ruhig: „In Ordnung, Stearns. Erzählen Sie uns mal alles, was Sie wissen.“

ZWEI Stunden nachdem er die Stadtgrenze Washingtons hinter sich gelassen hatte, hielt Paul Macimer an einer Raststätte hinter Hagerstown im Bundesstaat Maryland, um zu tanken. Er verspürte Hunger, hätte aber trotzdem nichts essen können. Außerdem war ein hungriger Mensch weniger träge, konnte schneller denken und reagieren.

Nach einer neuen knappen telefonischen Unterweisung durch Brea fuhr er weitere fünfundzwanzig Kilometer nach Norden. Dann bog er nach Westen ab, auf eine Straße, die ziemlich steil anstieg und bald in die Berge der Appalachen führte.

Inzwischen mußte der Direktor die Akte Brea bekommen haben. Bestimmt war die Suche nach Gordon Ruhle bereits in vollem Gange – und die nach Macimer.

Fünf Minuten bevor der nächste Anruf fällig war, erreichte er den Rand des kleinen Bergstädtchens Wheeler. Ruhle hatte ihm eine Telefonzelle vor dem Lokal „Red's Diner" genannt. Als Macimer die Zelle betrat, kam auch schon der Anruf.

Gordon Ruhle, dessen Stimme immer noch verzerrt war, schien in Eile. Seine Anweisungen beschränkten sich auf ein paar knappe, präzise Ortsangaben. Nachdem Ruhle aufgehängt hatte, blieb Macimer noch eine Zeitlang stehen. Er hatte das beunruhigende Gefühl, beobachtet zu werden.

Drüben im Restaurant saßen drei Leute am Fenster. Alle starrten zu ihm heraus. Einheimische, dachte er, die jeden Fremden neugierig anstarren. Macimer zuckte die Achseln. Vielleicht hatte Ruhle ihn zu dieser Zelle dirigiert, weil er ihn hier beobachten konnte – um sicherzugehen, daß Macimer allein war.

Er verließ das Städtchen und fuhr weiter nach Westen. Ohne Schwierigkeiten fand er die Abzweigung eines steilen Feldweges, den Ruhle ihm angegeben hatte. Macimer folgte langsam der holprigen Spur, die in ein Fichtenwäldchen hinaufführte und danach in eine langgestreckte Wiese mündete. Sie lag in gleißendem Sonnenlicht, und Macimers geschärften Sinnen prägte sich die Farbigkeit der Szenerie ein: die sattgrüne Wiese unter einem strahlendblauen Himmel, dahinter die braunen, kahlen Berghänge, die oben einen schmalen Grat bildeten.

Und dort oben, an der höchsten Stelle des Grats, stand, verwittert und ungeschützt, eine einsame Hütte. Ein ideales Versteck für eine Geisel, dachte Macimer. Fernab aller Städte und Dörfer und so gelegen, daß jeder, der sich nähert, schon von weitem zu sehen ist.

Nirgends waren Telefonleitungen zu entdecken. Von der Hütte aus konnte Ruhle nicht angerufen haben. Es war also nicht nur Einbildung gewesen; er war tatsächlich beobachtet worden. Ruhle mußte im Städtchen gewesen sein, hatte die Telefonzelle im Auge gehabt. Macimers Herz schlug schneller. Wenn Ruhle hinter ihm war, mußte Linda allein in der Hütte sein.

Oder gab es einen anderen Weg dorthin? Eine Abkürzung, auf der sein Gegner ihm zuvorkommen konnte?

„Manchmal gibt es keine Möglichkeit, sich unbemerkt zu nähern", hatte Ruhle Macimer einmal erklärt. „Dann bleibt nur eins übrig: einfach drauflos und sehen, was passiert. Es paßt dir vielleicht nicht, so anzugreifen – wie auf dem Präsentierteller –, aber du machst es trotzdem."

Der Feldweg verließ die Wiese, führte wieder durch ein Fichtenwäldchen und wand sich allmählich zum Grat hinauf. Mühsam quälte sich Macimers Ford durch die tief eingekerbten Fahrspuren bergan. Zweige hingen über den Weg und streiften zu beiden Seiten am Wagen entlang. Plötzlich hörte der Wald auf. Macimer bremste scharf. Vor ihm auf einer grasbewachsenen Lichtung lag die Hütte, hart am Rande des Abgrunds. Der Blick über die Berggipfel nach Süden war atemberaubend. Macimer wendete seinen Wagen für den Fall, daß eine rasche Flucht nötig war.

Er stellte den Motor ab und stieg aus. In der Hand hielt er den braunen Umschlag. Das dumpfe Geräusch, mit dem die Wagentür zufiel, wirkte in der Stille wie eine Explosion. Langsam ging Macimer auf die Hütte zu. Kein zweites Auto weit und breit. Kein Zeichen von Leben. Kein Laut von der Hütte. Sie wirkte vollständig verlassen, seit Jahren aufgegeben; rundherum wuchsen Gras und Unkraut kniehoch.

Vor der Tür blieb er stehen. Er glaubte, im Innern ein schwaches Geräusch zu hören, war sich aber nicht sicher. Vorsichtig faßte er nach der verrosteten Klinke und drückte sie langsam nieder. Ungeölte Angeln quietschten, als die Tür nach innen aufging. Nach dem grellen Sonnenlicht sah er nur dunkle Schatten, als er über die Schwelle trat.

In diesem Augenblick begann Linda zu schreien.

Zwölf

„Daddy! Komm nicht näher! Es ist eine Falle! ... Alles explodiert!"

Ihre Stimme brach. Sie saß zusammengekauert mit aufgerissenen Augen am Rande des Heubodens und blickte zu ihm hinunter.

„Mir ist nichts passiert“, versicherte sie dann. „Ich kann mich nur nicht bewegen.“

Stolz und Rührung überkamen ihn. Das war sein Kind, seine Tochter. Trotz der alptraumhaften Erlebnisse der vergangenen zwei Wochen behielt sie noch klaren Kopf und sorgte sich nicht nur um ihre eigene Sicherheit.

Sie erklärte ihm, was passiert war. Nachdem Gordon Ruhle, den sie noch immer Onkel Gordon nannte, gegangen war, hatte sie versucht, vom Heuboden herunterzuklettern. Den einzigen Zugang bildete eine Leiter. Kaum hatte sie einen Fuß auf die oberste Sprosse gesetzt, gab es ein scharfes Geräusch – ein Draht war gerissen. Sie blickte ängstlich nach unten.

Dort baumelte, nur Zentimeter von ihrem Fuß entfernt und mit Drähten an der Leiter aufgehängt, eine Handgranate. Minutenlang hatte sie nicht gewagt, sich zu rühren, bis sie schließlich auf den Heuboden zurückgekrochen war.

Macimer blinzelte ins Halbdunkel. Allmählich gewöhnten sich seine Augen an das dämmrige Licht. Die Handgranate hing in einem Spinnennetz aus Drähten. Wer die Leiter herunterstieg, mußte dabei unweigerlich die Zündung auslösen. Der Draht, der bei Lindas erstem Schritt gerissen war, hatte lediglich zur Warnung gedient.

„Faß ja nichts an, Daddy“, fuhr Linda fort. „Er hat gesagt, überall sind Minen und so was.“

Macimer nickte betroffen. Die baumelnde Handgranate, die Minen, alles war dazu gedacht, ihr Angst einzujagen und sie auf dem Heuboden gefangenzuhalten.

„Er hat mir nichts getan“, betonte Linda.

„Nein, natürlich nicht“, sagte Macimer erschüttert. Onkel Gordon hatte ihr nichts getan, hatte sie nur als Köder in die Falle gesetzt. Es war nicht seine Schuld, wenn sie auszureißen versuchte und eine Explosion auslöste, die ihr einen Arm oder ein Bein abriß. Onkel Gordon tat nur, was getan werden mußte.

So hatte er auch die ahnungslose Polizei dazu benutzt, das Volkskomitee auszuradieren – denn das Volkskomitee war ja der Feind. „Nicht sehr nett“, würde Gordon sagen, „aber notwendig. Wir werden nicht dafür bezahlt, nett zu sein.“

„Bleib, wo du bist“, sagte Macimer ruhig zu Linda. „Vielleicht kann ich dich runterholen.“

Er sah sich sorgfältig in der Hütte um. Sie bestand nur aus einem

einzigen großen Raum. Links hinten stand ein Bett, daneben ein Tisch und zwei Stühle, und rechts gab es eine winzige Kochnische. In der Mitte des Raumes lag ein ovaler bunter Teppich. Macimer ging auf die Knie und hob vorsichtig ein Stückchen davon hoch. Ebenso vorsichtig ließ er es wieder zurücksinken. Eine druckempfindliche Gummimatte lag unter dem Teppich. Sie konnte durchaus als Auslöser für eine Bombe dienen; unklar war nur, wie dieser funktionierte. Ging die Bombe hoch, wenn man auf den Teppich trat? Oder genügte es bereits, ihn wegzuziehen? Gordon Ruhle fordert dich heraus, dachte Macimer. Er war schon immer ein Typ gewesen, der es auf einen Wettkampf, ein Kräftemessen anlegte. Doch aus dem Spiel war längst tödlicher Ernst geworden.

Auf allen vieren kroch Macimer vorsichtig um den Teppich herum, spähte und tastete nach gefährlichen Fäden oder Drähten. Nach fünf Minuten war er am Fuß der Leiter angelangt, die auf den Heuboden führte. Mit den Fingerspitzen tastete er behutsam das Drahtgewirr ab, an dem die Handgranate hing.

Um Linda abzulenken, redete er dabei mit ihr. „Weißt du, wo Gordon jetzt ist?"

„Nein. Er ... er ist vor zwei Stunden weggegangen."

Macimer nickte. „Erzähl mir, was am Flughafen passiert ist."

Während sie berichtete, trennte er behutsam zwei Drähte, die zum Sicherungsstift der Handgranate führten. Wie er sich schon gedacht hatte, war Linda zwar überrascht, aber nicht beunruhigt gewesen, als Gordon Ruhle auftauchte, nur ein paar Sekunden nachdem man ihren Vater zur Auskunft gerufen hatte. Sie war Gordon arglos zu dessen Wagen gefolgt, in der Annahme, daß sie ihren Vater dort treffen werde, weil der Reiseplan geändert sei. Als sie einmal im Wagen saß, war nichts mehr zu machen. Ruhle war direkt zur Hütte gefahren. Hier hatte sie die Nacht verbracht.

Mit einem Seufzer der Erleichterung löste Macimer den letzten Draht und steckte die Granate vorsichtig in die Jackentasche. „Du kannst jetzt herunterkommen. Paß auf deine Füße auf, und faß nur die Leiter an. Ich helfe dir."

Bevor sie die letzte Stufe erreichte, fing er sie in seinen Armen auf und setzte sie mit sanftem Schwung neben dem Teppich ab. Sie hing an seinem Hals, und ein gewaltiger Seufzer löste sich aus ihrer Brust. „O Daddy, ich hatte solche Angst!"

„Kein Wunder. Aber jetzt nichts wie raus hier."

Sie wandten sich zur Tür. Ein scharfes knackendes Geräusch hielt sie auf. Dann kam Gordon Ruhles Stimme laut und bedrohlich über eine Sprechanlage. „Versuch's lieber nicht, mein Sohn. Ich hab die Tür im Visier. Da kommt keiner heil raus."

Die Wanduhr schlug langsam die Mittagsstunde. John Landers blickte auf Russ Halbig, der im grünen Ledersessel vor des Direktors riesigem Schreibtisch saß. Die beiden Männer waren allein.

Halbig hat sich gut in der Hand, dachte Landers. Die Aussage von Halbigs Frau, die sich inzwischen auf dem Wege der Besserung befand, hatte Klarheit in den Fall Brea gebracht. Ihrem Mann hatte sie eine frühere Affäre mit Gordon Ruhle gebeichtet, außerdem mehrere andere Verhältnisse. Ruhle hatte über Erikas Lebenswandel Bescheid gewußt und sich Beweismaterial verschafft. Damit hatte er sie gezwungen, Macimer im Zimmer des Apartmenthotels zu treffen. „Sie hat sich dafür geschämt", bemerkte Halbig sachlich. „Und sie hatte Angst, daß Ruhle sie, nachdem er sie einmal in der Hand hatte, nach Belieben weiterbenutzen würde. Dann fand sie die Schlaftabletten im Badezimmer des Apartments ..."

Nach kurzem Schweigen meinte Landers: „Sie wollte nicht, daß Sie es erfahren, Russ. Das müßte Sie eigentlich nachdenklich stimmen."

„Ja ..." Einen Augenblick hatte es den Anschein, als wolle Halbig mehr sagen, als falle die Maske der Selbstbeherrschung von ihm ab, doch er fing sich wieder. Er sagte ruhig: „Der Hubschrauber wartet auf Sie, Sir."

„Ich weiß. Ich muß gleich nach Quantico, aber ..., verdammt noch mal, wo ist Macimer?" Landers, froh darüber, daß die Diskussion den privaten Bereich verließ, war jetzt wieder der alte Polterer. „Versuchen Sie, ihn übers Autotelefon zu kriegen. Spielt den einsamen Wolf – er sollte es wirklich besser wissen."

„Todsicher hält Ruhle seine Tochter gefangen, Sir. Macimer wird nicht antworten, solange er um das Leben des Mädchens fürchten muß, wenn wir uns einmischen."

„Ich weiß, ich weiß ..."

Landers' Gedanken schweiften zurück. Vor drei Jahren war Gordon Ruhle zum Verräter geworden und hatte seinen Informanten beim Volkskomitee-Massaker geopfert. Seitdem hatte er wieder und wieder morden müssen, um nicht entdeckt zu werden. Er würde auch diesmal nicht zögern.

„Warum hat er Tim Callahan nicht früher umgebracht?" murmelte Landers.

Halbig beantwortete die Frage mit jener logischen Kombinationsgabe, die ihn immer ausgezeichnet hatte. „Er hat Carey McWilliams ziemlich früh aus dem Verkehr gezogen, weil McWilliams das Geheimkommando unter sich gehabt hat, das in jenem Sommer in Nordkalifornien tätig war. Ruhle fürchtete, daß McWilliams ihm auf die Schliche kommen würde. Callahan betrachtete er offenbar erst als Gefahr, nachdem Vernon Lippert die Untersuchung des Falles Brea aufgenommen hatte. Falls etwas von Lipperts Nachforschungen durchsickerte, hätte Callahan neugierig und damit für Ruhle gefährlich werden können. Auch er wußte über den Geheimtrupp Bescheid, den McWilliams losgeschickt hatte." Halbig zögerte. „Eines haben wir noch nicht bedacht, Sir."

„Was denn?"

„Vielleicht hält Ruhle Sie auch für ein Risiko. Beide, McWilliams und Callahan, haben unter Ihnen gearbeitet. Wie kann Ruhle sicher sein, daß Sie nicht über alles Bescheid gewußt haben, den Einsatz des Geheimkommandos eingeschlossen?"

„Das ist jetzt nur noch eine rhetorische Frage, oder?" sagte Landers.

„Wahrscheinlich." Halbig schien nicht zufriedengestellt. „Ich möchte mit Ihnen nach Quantico fliegen, Sir."

Landers schüttelte den Kopf. „Nein, Sie müssen hierbleiben und die Suche nach Macimer und Ruhle dirigieren. Aber sobald es etwas Neues gibt, will ich sofort informiert werden."

„Selbstverständlich, Sir."

„Wie lange weißt du es schon?" fragte Ruhle in überraschend freundlichem Ton über die Sprechanlage.

Er muß ganz in der Nähe sein, dachte Macimer, wahrscheinlich drüben im Wald.

„Erst seit heute morgen. Ich hätte schon früher darauf kommen müssen, als sich herausstellte, daß Linda gar nicht ins Flugzeug gestiegen war. Linda wäre nie mit einem Fremden weggegangen."

„Du bist nicht auf mich gekommen, trotz Lipperts Aktennotizen?" Ruhle klang ehrlich verblüfft.

„Raymond Shoup hatte die Akte", sagte Macimer. „Ich hab sie erst heute morgen in die Finger bekommen. Aber da hatte ich schon zwei und zwei zusammengezählt."

„Tut mir leid, daß es ausgerechnet dich trifft, Paul", meinte Ruhle, „aber ich hab gedacht, du hättest die Akte, und da hatte ich natürlich keine Wahl."

„Warum nicht?"

„Weißt du das noch nicht? Beim FBI denken sie, du warst es! Halbig und Landers – sie glauben, du bist Brea."

„Du spinnst." Doch plötzlich wurde Macimer klar, daß Ruhle recht hatte. Darum hatte man ihn ständig überwacht; es gab keine andere Erklärung.

„Glaubst du? An dem Tag, als es das Volkskomitee erwischt hat, warst du angeblich in Fresno, um einen Informanten zu treffen. Es gibt keinen Beweis, daß du je da warst, Paul."

„Ich hab mich in einem Hotel eingetragen", erklärte Macimer.

„Im Melderegister steht nichts dergleichen. Dafür hab ich längst gesorgt."

Macimer spürte einen kalten Schauer über seinen Rücken laufen. „Du warst der anonyme Anrufer. *Du* hast mich nach Fresno geschickt!"

„Ich wollte dich aus dem Weg haben. Ich hab nie daran gedacht, daß man dich für Brea halten könnte – jedenfalls damals nicht. Erst später, als Vernon Lippert keine Ruhe gegeben hat und ich seine Unterlagen nicht finden konnte. Da ist mir aufgegangen, was die hohen Herren von dir denken mußten – besonders wenn sie glaubten, daß du die Akte hast." Ruhle schwieg eine Weile. „Komisch, wie auf einmal alles zusammenpaßte."

Es klingt nicht so, als ob es ihm leid tut, dachte Macimer. Er hat keine Schuldgefühle. Darüber ist er längst hinaus. Er bestimmt, wie die Welt zu sein hat, setzt die Spielregeln fest.

„Warum sollte man mich verdächtigen?" fragte er schließlich. „Warum nicht dich?"

„Wenn die Akte verschwunden bleibt und wenn alle Zeugen tot sind, gibt es keinen Beweis, daß ich je in San Timoteo war. Alles deutet auf dich, Paul. Du hast die Kartons mit den Akten entdeckt – und die Akte Brea hat gefehlt. Du hast den Tod von McWilliams in der Zweigstelle Washington untersucht – und nichts gefunden. Du warst in Quantico, als Callahan ins Gras gebissen hat. Und dieser Reporter, der zusammengeschlagen wurde, hinter wem war er her? Hinter dir, Paul. Man kann sich's an den Fingern einer Hand abzählen ... Du bist Brea, Paul."

„Damit kommst du nicht weiter, Gordon. Nicht ich habe das alles getan – sondern du. Du hast auch Caroline Baumgartner umgebracht. Warum?“

„Sie hat mich mit Erika gesehen.“

Linda begann leise zu weinen; Tränen liefen ihr über die Wangen. Macimer drückte sie besänftigend an sich. „Sie hat dich noch nicht einmal gekannt, Gordon“, sagte er.

„Woher sollte ich das so genau wissen? Bei euch zu Hause hängt ein Schnappschuß von uns an der Wand. Wir beide vor der Post in Omaha. Sie hätte mich auf dem Bild wiedererkennen können.“

Der kleinste Verdacht genügte. Wer Ruhles Geheimnis bedrohte, wurde zum Schweigen gebracht.

„Du hast einen vergessen – den Direktor. Er muß doch Bescheid gewußt haben, daß ein Geheimtrupp gegen das Volkskomitee eingesetzt wurde. Landers wird keine Ruhe geben, bis er nicht alle Namen hat.“

„Ich hab ihn nicht vergessen.“ Eine nüchterne, sachliche Feststellung. „Er hält heute in Quantico seine große Rede vor den neuen Beamten. Erinnerst du dich an die alten Zeiten, Paul? J. Edgar Hoover hat jedem frischgebackenen FBI-Beamten persönlich die Hand geschüttelt.“ Man konnte Ruhle leise lachen hören. „Glaub mir, Paul, die heutige Feierstunde wird so leicht niemand vergessen.“

„Du bist verrückt, Gordon!“ schrie Macimer. „Du solltest dich selbst hören! Es geht um Mord, und du amüsierst dich darüber – du bist wahnsinnig!“

Dieser Ausbruch brachte die Stimme aus dem Lautsprecher zum Verstummen. Endlose Sekunden lang herrschte Schweigen. Macimer nutzte die Zeit, um sich noch einmal in der Hütte umzusehen, sich über seine Chancen klarzuwerden.

„Vielleicht hast du recht, Paul“, sagte Ruhle schließlich. „Aber ich lass' mich nicht an den Pranger stellen, nur weil ich wußte, was meine Pflicht war. Was ich getan habe, mußte getan werden. Niemand soll meinen Namen in den Dreck zerren – nach all den Jahren. Landers ist die letzte Verbindung zwischen Brea und mir. Danach gibt's keinen Hinweis mehr auf mich. Weißt du, wie es aussehen wird, Paul? Du hast die Akte gefunden und versucht, sie verschwinden zu lassen. Weil du Brea warst. Und als du gemerkt hast, daß du es nicht vertuschen kannst –“

„Hab ich Selbstmord begangen, nicht wahr?“

„Jetzt hast du's verstanden."

Linda wimmerte auf und preßte sich fester an ihren Vater. Für einen Mann, der eben sein Todesurteil vernommen hat, blieb Macimer erstaunlich ruhig. Er hatte Angst, doch hauptsächlich um Linda. Und um John Landers. Um beide zu retten, mußte er Linda zur Flucht verhelfen.

Wann mochte Ruhle auf die falsche Bahn gekommen sein? Undenkbar, daß der Mann, den Macimer beim Eintritt ins FBI kennengelernt hatte, den Tod eines Freundes geplant, einen derartigen Massenmord organisiert hätte. Vielleicht wird man so, dachte Macimer, wenn man jahrelang im Namen des Gesetzes das Recht bricht. Wenn man Verbrechen mit Verbrechen bekämpft, den Ku-Klux-Klan mit Verleumdung und Rufmord, Terroristen mit Einbrüchen und Brandstiftung. Der Zweck heiligt die Mittel – mit diesem Argument hatte Ruhle das Volkskomitee-Massaker in Gang gesetzt.

Die Versuchung ist immer da, dachte Macimer. Zu viele Ganoven kommen ungeschoren davon, und wir müssen es mit ansehen. Müssen mit ansehen, wie Terroristen noch mit ihren Taten prahlen, weil das Gesetz uns die Hände bindet. Die Versuchung, es ein wenig zu beugen, Gewalt gegen Gewalt zu setzen, war immer da. Man mußte stets aufs neue dagegen ankämpfen.

Macimer wußte, daß es für Gordon zu spät war. Zu spät zu begreifen, daß fragwürdige Tricks und fanatische Loyalität der Institution, die ihm alles bedeutete, mehr schadeten als nutzten. Darüber zu diskutieren war sinnlos – doch er mußte Gordon am Reden halten, mußte unbedingt Zeit gewinnen.

„Du hast mir einen Handel angeboten!" rief er laut. „Lindas Leben gegen die Akte. Willst du das leugnen, Gordon? Willst du sie opfern wie die Geiseln, die mit den Terroristen im Haus waren? Wie deinen Informanten? Wie deine FBI-Kollegen?"

„Manchmal muß man Dinge tun, die man nicht gern tut", antwortete Ruhle kalt. „Manchmal stehen Unschuldige im Weg und bekommen etwas ab, wie in jedem Krieg. Ich hab die Drecksbande in San Timoteo ausgelöscht – niemand sonst hätte das tun können. Seither kann man sich in unserem Land wieder sicher fühlen ..."

Solange Ruhle selbst redete, konnte er nicht hören, was in der Hütte vorging. Macimer beugte sich zu Linda und flüsterte ihr ins Ohr: „Wenn ich dir Bescheid sage, lauf, so schnell du kannst, aus der Tür. Drüben am Waldrand steht ein Auto, ein blauer Ford." Er drückte ihr die Wagenschlüssel in die Hand. „Fahr den Berg hinunter, ohne anzuhalten, bis du ganz unten bist. Dann benutze den Autofunk, Station fünf. Ruf durch, bis sich jemand meldet. Frag nach Russ Halbig im FBI-Hauptquartier. Sag ihm, der Direktor darf heute nicht in der Akademie sprechen!"

Sie schüttelte den Kopf. „Ich ... ich kann nicht."

„Tut mir leid wegen Linda", sagte Ruhle. „Aber wie die Dinge liegen ... Durch sie sieht die ganze Sache noch besser aus. Du hast gewußt, dein Spiel ist aus, und bist ausgeflippt, hast total durchgedreht. Und hast deine Tochter mit in den Tod genommen."

„Bitte!" flüsterte Macimer Linda zu. „Du mußt! Es ist unsere einzige Chance."

„Nein! Ich lasse dich nicht allein!"

„Es ist aus, Paul", tönte Ruhle.

„Stimmt, Gordon – es ist tatsächlich aus. Es ist schon seit heute morgen aus, seit ich Washington verlassen habe. Ich habe Fotokopien von der Akte Brea."

„Sehr hübsch, Paul", sagte Ruhle. „Aber das würdest du dem FBI genausowenig antun wie ich. Du würdest lieber sterben, als die Akte der Öffentlichkeit preiszugeben."

Macimer empfand so etwas wie Mitleid für den alten Freund. Das FBI war sein Leben; das FBI hatte er auf so entsetzliche Weise schützen wollen. „Du irrst dich, Gordon. Ich habe einem meiner Beamten die Kopie gegeben, damit er sie dem Direktor eigenhändig überreicht, sobald ich weg bin. Die Wahrheit kann man nicht einfach begraben und vergessen. Sie muß ans Licht."

„Du verdammter Idiot!" brüllte Gordon Ruhle.

Macimer hatte Linda inzwischen vorsichtig um den gefährlichen Teppich herumgeführt. Bei der Tür hielt er sie fest an den Armen und sah ihr ins Gesicht. „Zähl bis drei, sobald ich aus dem Fenster bin. Dann lauf, so schnell du kannst, durch diese Tür. Du mußt unbedingt diese Meldung durchgeben!"

Ohne ihr Gelegenheit zum Protestieren zu lassen, wandte er sich dem einzigen Fenster an der Ostwand der Hütte zu. Er hielt die Arme schützend vors Gesicht und warf sich wuchtig gegen das Glas.

„EINE Grenzstreife hat die beiden jungen Latinos gefaßt, als sie Arizona verlassen wollten", meldete Russ Halbig aus dem Hauptquartier. Seine Stimme ging im Motorlärm des Hubschraubers fast unter;

John Landers hatte Mühe, ihn zu verstehen. „Sie werden gerade verhört. Es wird nicht lange dauern, dann kennen wir auch die Identität des Anführers. Der führt uns dann zu Gordon Ruhle."

„Endlich kommen wir voran", sagte Landers.

Der Motor wurde leiser, die Drehung der Rotorblätter langsamer. Hinter den Baumwipfeln sah der FBI-Direktor die Gebäude der Akademie auftauchen.

KLIRREND zerbarst die Fensterscheibe. Macimer schoß mit dem Kopf voran durch die Öffnung. Mit einem Bein streifte er das gezackte Glas. Es riß die Hose der Länge nach auf und schnitt ihm tief in die Wade. Er spürte es nicht. Geschmeidig landete er im Gras, wälzte sich blitzschnell um die eigene Achse und rannte los.

Geduckt lief er im Zickzack auf die Bäume zu. Noch zwanzig Meter. Ein rascher Blick über die Schulter. Da drüben bewegte sich ein farbiger Fleck überm hohen Gras – Lindas blauer Pullover. Sie rannte in großen Sprüngen auf den Wagen am Waldrand zu. Tapferes Mädchen!

Dann sah er aus dem Augenwinkel, daß ein zweiter Wagen den engen Weg blockierte. Gordon hatte sein Manöver vorausgeahnt. Linda konnte nicht entkommen.

Er hörte eine Salve von Schüssen und konnte eben noch denken: O nein, nur nicht Linda!, als ihn eine Kugel in die linke Schulter traf und wie ein Faustschlag zu Boden streckte. Er sah etwas Rotes im Gras unter sich, hell und glänzend wie frische Farbe.

Entschlossen kroch er auf dem Bauch weiter. Sein Herz hämmerte, doch der Schmerz hielt sich noch in Grenzen. Trotz all des Blutes auf seiner Schulter konnte er den linken Arm bewegen. Die Handgranate, die Linda in Schach gehalten hatte, lag jetzt in seiner Hand. Eine winzige Chance!

Er hob vorsichtig den Arm – und erstarrte. Nur Zentimeter vor seinen Augen verlief ein dünner, straffer Kupferdraht. Er wagte kaum noch zu atmen.

Ruhle hatte vorausgesehen, daß er auf die Bäume zulaufen würde. Er hatte mit Panik gerechnet, mit blinder Flucht. Wäre Macimer nicht gestürzt, hätte er im Laufen diesen Draht berührt, die Sprengladung ausgelöst . . .

Doch er war nicht gestürzt. Ruhle hatte ihn niedergeschossen – bevor er den Draht erreichte. Absicht?

Macimer hatte keine Zweifel, daß dieser Draht nicht der einzige war, daß das Gelände sorgfältig vermint war. Immer auf Nummer Sicher gehen, würde Gordon sagen. Verlaß dich nie darauf, daß der Feind das tut, was du erwartest.

Der Feind ...

Macimer kroch am Draht entlang. Woher war die Salve gekommen? Von den Bäumen? Aus welcher Richtung?

Erschöpft blieb er liegen, um Atem zu schöpfen. Etwas war ihm vorhin aufgefallen, eine wichtige Erkenntnis. Ruhle mußte Linda gesehen haben, hatte aber nicht auf sie geschossen. Hatte er es nicht fertiggebracht? War doch noch etwas übrig von dem Mann, den Macimer einst bewundert hatte?

Der Schmerz setzte ihm jetzt immer mehr zu; die linke Schulter pochte heftig. Trotzdem, es hätte schlimmer sein können. Er hatte nur eine Kugel abbekommen, und die hatte keinen Knochen getroffen. Er zog sein Taschentuch heraus und stopfte es unters Hemd, um die Blutung zu stillen. Vorsichtig hob er den Kopf und spähte zu den Bäumen hinüber. Etwa zehn, fünfzehn Meter entfernt, stand Ruhle am Waldrand und starrte zu Macimer herüber.

Macimer ließ sich sofort wieder flach auf den Bauch fallen. Eine zweite Salve fegte über ihn hinweg. Ruhle war mit einer Thompson-Maschinenpistole bewaffnet. Aus dieser Entfernung konnte er einen Menschen damit buchstäblich zerfetzen.

Macimer warf sich herum, damit er auf dem Rücken zu liegen kam. Mit den Zähnen faßte er den Stift der Handgranate und zog ihn heraus. Er schleuderte die Granate von sich und preßte sich so flach wie möglich gegen den Boden.

Stille. Und dann – leise, aber deutlich – spöttisches Lachen. Die Handgranate war ein Blindgänger. Oder längst entschärft? Wieder warf Macimer sich herum, bekam seinen Revolver zu fassen und feuerte aufs Geratewohl drauflos. Auf Knien und Ellbogen robbend, versuchte er dabei, sich rückwärts davonzustehlen. Kugeln peitschten den Boden und rissen eine gezackte Furche in die regennasse Erde. Schnell wechselte Macimer den Kurs, versuchte, den Todesschützen auszutricksen – mit Mitteln, die er von ihm gelernt hatte. Wieder bellte die Maschinenpistole und grub eine neue Furche in den Boden. Macimer spürte einen heftigen Schlag am Hinterteil und schrie unwillkürlich auf, mehr aus Überraschung als vor Schmerz. Dann blieb er unbeweglich auf dem Bauch liegen, den rechten Arm unterm

Körper angewinkelt. Die Hand umklammerte immer noch den Revolver.

Er hörte das Gras rascheln, als Gordon Ruhle sich heranpirschte, die Stelle, an der Macimer lag, in langsam enger werdenden Bögen umkreisend. Schließlich tauchte Ruhle hinter Macimer auf, stand über ihm und zielte mit der Maschinenpistole auf seinen Nacken. „Bring die rechte Hand raus – schön langsam, Paul. Und zwar leer."

Macimer stieß die Luft aus, die er angehalten hatte. Ganz langsam zog er die rechte Hand unterm Körper hervor. Er spürte seinen Revolver hart gegen die Rippen drücken.

„Das war knapp", sagte Gordon Ruhle. „Aber knapp verloren ist trotzdem verloren."

„ER HAT getankt, nachdem er Hagerstown in Richtung Norden verlassen hat", sagte Anthony Tartaglia. „Auf dem Quittungsdurchschlag steht seine Autonummer."

Russ Halbig nickte kurz. „Moment mal!" rief er dann plötzlich aus. „Haben wir nicht ein Versteck da oben in den Bergen? Eine Hütte für Leute, die vorübergehend untertauchen müssen? Nordwestlich von Hagerstown?"

„Ja, das stimmt. Aber ich weiß nicht, ob Ruhle die kennt."

„Wetten? Sagen Sie unserem Mann in Hagerstown, er soll zu der Hütte rauffahren, so schnell er kann."

MACIMER verrenkte sich fast den Hals, um über die Schulter auf Gordon Ruhle zu blicken. Die Augen in dem vertrauten Gesicht blickten unbewegt auf ihn nieder.

„Hast du die Wahrheit gesagt, Paul? Daß du die Akte kopiert hast?"

„Ja."

„Verdammt noch mal, warum? Warum alles noch mal aufrühren?"

„Früher oder später wär's doch herausgekommen. Besser gleich und auf diese Weise."

„Du bist sentimental geworden."

„Und du ein Mörder."

Gordon Ruhle starrte auf Macimer; etwas wie Verblüffung lag in seinem Blick. Macimer erkannte, daß Ruhle sich sogar jetzt noch im Recht glaubte. Er hatte getan, was er für seine Pflicht hielt. Und er hatte sich längst seine eigene Logik geschaffen, die Logik eines kranken Gehirns.

„Tut mir leid, Paul."

Macimer hörte Linda schreien und sah gleichzeitig, wie Gordons Finger sich um den Abzug krümmte. Macimers Körper zog sich reflexhaft zusammen. Doch die tödliche Salve blieb aus. Die Maschinenpistole hatte blockiert.

Macimer versuchte, den Revolver unterm Körper hervorzuziehen, und wich im letzten Moment zur Seite, als er die Maschinenpistole auf seinen Schädel niedersausen sah. Der Lauf schlug krachend in die Erde, so heftig, daß der Kolben in Ruhles Hand splitterte. Macimers Finger schlossen sich um den Griff seines Revolvers. Er rollte sich auf den Rücken, aber Ruhle ließ sich auf ihn fallen und bekam seinen Arm zu fassen. Keuchend rangen die beiden Männer im hohen Gras miteinander. Doch Ruhle war stärker. Allmählich gab Macimers rechter Arm nach; die Hand, die den Revolver umschlossen hielt, begann sich zu öffnen. Er tat das einzige, was ihm übrigblieb. Er schleuderte die Waffe seitwärts ins Gras.

Einen Augenblick lang bewegte sich keiner von beiden. Die zwei Männer hielten sich umklammert und starrten einander keuchend in die Augen.

Dann bekam Ruhle einen Arm frei, rammte Macimer die Faust ins Gesicht und sprang auf. Er hechtete nach dem Revolver.

Hatte Ruhle den Draht im hohen Gras wirklich vergessen? Macimer sollte es nie erfahren. Jedenfalls folgte eine gewaltige Explosion, die den Boden erzittern ließ. Erde, Gras und Leichenteile nahmen Paul Macimer die Sicht.

TAUMELND, mit tränennassem Gesicht, kam Macimer auf die Beine. Sein Fuß stieß gegen das Magazin der Maschinenpistole auf dem Boden. Langsam und unter großen Schmerzen bückte er sich und hob die Waffe auf. Abgesehen von dem geborstenen Kolben schien sie unbeschädigt. Macimers Blick blieb am Verschluß hängen.

Der Verschluß stand vorn.

Die Waffe war nicht gespannt.

Überwältigt von Schmerz und Elend, riß Macimer den Lauf der Maschinenpistole hoch und zielte auf eine einzelnstehende junge Fichte am Waldrand. Er spannte die Waffe, bereitete sich auf den Rückstoß vor und drückte den Abzug. Der Donner der Salve hallte über die Lichtung, während der obere Teil des Baumes langsam abknickte und nach vorne kippte. Macimer blieb bewegungslos stehen, den Finger am Abzug gekrümmt. Dann drehte er sich um und starrte stumpf auf die Stelle, an der Gordon Ruhle ein schreckliches Ende gefunden hatte. Sie hat nicht blockiert, dachte er. *Sie hat nicht blockiert.*

Wie betäubt ließ er die Maschinenpistole fallen und stolperte auf seinen Wagen zu. Er war völlig leer, empfand weder Schmerz noch Kummer. Linda kam ihm entgegengelaufen, flog an seinen Hals, preßte sich fest an ihn. Seine Arme schlossen sich um sie und ließen sie nicht mehr los.

„Hier WFO 172", sagte Macimer ins Mikrofon. Das war die Rufnummer seines FBI-Wagens. „Hören Sie mich?"

„HGN 15, ich höre Sie. Wo sind Sie?"

„Hier spricht Paul Macimer. Ich bin acht Kilometer östlich von Wheeler, oben in den Bergen –"

„Ich bin eben unterwegs nach Wheeler. Alles in Ordnung, Mr. Macimer?"

„Ja, ja, aber hören Sie zu. Sie müssen eine Nachricht nach Washington durchgeben. Es ist wichtig, Dringlichkeitsstufe eins." Hoffentlich ist es noch nicht zu spät, dachte Macimer, holte tief Luft und begann zu sprechen.

Die Abschlußklasse des Schulungskurses der FBI-Akademie stand ratlos im Gang herum. Die Türen zum Hörsaal blieben verschlossen, aber niemand wußte zu sagen, was vorgefallen war.

Vor zwanzig Minuten waren eine Gruppe grimmig blickender FBI-Beamter und ein Trupp uniformierter Soldaten in die Akademie gestürmt, hatten die Absolventen aus dem Hörsaal getrieben und alle Türen verschlossen. Kurz darauf war der Direktor erschienen und schweigend im Hörsaal verschwunden. John Landers, dessen Bestätigung im Amt des FBI-Direktors inzwischen so gut wie feststand, war gekommen, um im Rahmen der Feierstunde eine Ansprache zu halten und den frischgebackenen Beamten seine persönlichen Glückwünsche zu übermitteln – ein Augenblick, auf den sie lange gewartet hatten. Jetzt rätselten alle, was der Grund für die Verzögerung sein mochte.

„Es soll ein Sprengkommando sein. Es heißt, sie entschärfen eine Bombe", sagte einer.

Plötzlich wurden die Türen des Hörsaals aufgestoßen. Die neuen Beamten begaben sich auf ihre Plätze vorne am Podium, während sich das Auditorium rasch füllte. Überall aufgeregtes Geflüster. Das Pult, von dem aus der Direktor eigentlich hätte sprechen sollen, war vom Podium entfernt worden.

Schließlich erschien die bekannte eindrucksvolle Gestalt des neuen FBI-Direktors. John Landers trat in die Mitte des Podiums, während es im Saal ganz still wurde. Hochspannung lag in der Luft, genährt von Neugier, Vermutungen, Gerüchten. Jemand begann zu klatschen, andere fielen ein. Die ganze Abschlußklasse erhob sich wie ein Mann, und eine Woge spontanen Beifalls brandete auf.

Foto: O. T. Barry

Louis Charbonneau

Louis Charbonneau kommt das Verdienst zu, mit seinem Roman *Stich ins Wespennest* dem Leser Einblick in Aufbau und Arbeitsweise einer Institution zu gewähren, die nicht selten als die beste Polizeiorganisation der Welt gelobt wird. Denn trotz der Konkurrenz von sage und schreibe 40 000 Behörden, die in den USA auf verschiedenen Ebenen mit Polizeiaufgaben betraut sind, erfreut sich das FBI einer überragenden Bedeutung und eines fast schon legendären Rufes.

Zum hohen Ansehen des „Federal Bureau of Investigation“ haben sicher auch zahlreiche Spielfilme beigetragen, in denen die Agenten des FBI unermüdlich gegen das Verbrechen zu Felde ziehen. „Wissen Sie, ich bin mit Filmhelden wie James Stewart großgeworden“, erzählt Louis Charbonneau, „und diese Männer waren meine Vorbilder – Kerle, die zupacken konnten und für das Gute kämpften.“

Als der Autor das FBI um Hintergrundinformationen für sein Buch ersuchte, stieß er auf ein Maß an Hilfsbereitschaft, das ihn überaus erstaunte. „Ich erhielt Gelegenheit, mit zahlreichen FBI-Leuten, sogar einem Unterdirektor, zu sprechen, und man nahm sich die Zeit für ausführliche Besichtigungstouren durchs Hauptquartier und durch die Akademie in Quantico.“

Derzeit leben der Autor und seine Frau Hilda im kalifornischen Fountain Valley, wo Charbonneau, fleißig wie eh und je, seiner Arbeit als Schriftsteller nachgeht. Seiner Feder entstammen inzwischen mehr als dreißig Bücher, einschließlich des Bestsellers *Rache per Computer,* der auch in den Auswahlbüchern erschienen ist.

Dennoch läßt Charbonneau es sich nicht nehmen, ab und zu Beiträge für eine kleine Lokalzeitung zu verfassen. In der „Klatsch- und Tratschspalte“, wie er seine Kolumne mit einem vergnügten Grinsen nennt, berichtet er über den Wochenmarkt, verrät Tips und Tricks für Bauern und Kaufleute und gibt die neuesten Anekdoten über Händler und Marktbesucher zum Besten. Und immer spürt der Leser, wie gut der Autor sich auf sein Handwerk versteht, ganz gleich, ob ihn Charbonneaus Geschichten ins bunte Treiben eines Marktplatzes oder in die aufregende Welt des FBI-Hauptquartiers entführen.

KEIN TAG WIE JEDER ANDERE

Eine Kurzfassung des Buches von MORRIS GIBSON
Ins Deutsche übertragen von Isabella Nadolny
Illustrationen von Michael Cole

„Auch Ärzte sind nur Menschen", bekennt Dr. Morris Gibson in diesem Buch über seinen geliebten Beruf als Allgemeinpraktiker.

Und auch Patienten sind Menschen und nicht bloß „Fälle" – könnte man in Gibsons Sinn fortfahren. Denn er sieht all die Kranken, die täglich in seine Praxis kommen, nicht nur vom medizinischen, sondern auch vom menschlichen Standpunkt aus.

Ohne Vorurteile stellt sich der Doktor den Problemen und gelangt dadurch zu manchen überraschenden Einsichten, die nicht in Lehrbüchern stehen, den Bedrängten aber zugute kommen. So wird statt irgendwelcher Schlafmittel ein Spaziergang oder eine Reise in ferne Länder „verschrieben". Ein andermal wird die Hypnose als Geburtshelfer bei einer völlig erschöpften Frau erfolgreich eingesetzt. Durch die oftmals schwierigen Lebensbedingungen der Nachkriegszeit lernen Dr. Gibson und seine Frau Janet, die ebenfalls Ärztin ist, bei ihren Patienten die ungeheure Bedeutung von „Streß" als krankheitsauslösenden Faktor kennen – lange bevor der Begriff erfunden und anerkannt worden ist.

Daß auch Irren menschlich ist, weiß Dr. Gibson natürlich ganz genau, und so berichtet er freimütig, daß nicht jedem Kranken geholfen werden konnte und mancher Fall eine unvorhersehbare Wendung nahm.

1. Kapitel

„Parnett Street fünfzehn? Das erste Kind? Ich komme sofort." Man schrieb das Frühjahr 1939. Ich war Student, zweiundzwanzig Jahre alt und von brennendem Ehrgeiz erfüllt, an der Universität Glasgow meinen Doktor in Medizin zu machen. Weiter dachte ich nicht. Weiter dachten damals die wenigsten, denn kaum einer glaubte an den von Chamberlain salbungsvoll prophezeiten „Frieden für unsere Generation". Wir sahen wenig optimistisch in die Zukunft. Wir hätten nur gern noch unseren Doktor gebaut, bevor der Kessel auf dem Kontinent überbrodelte.

Während der kommenden sechs Monate mußten wir wie besessen fürs Examen pauken. Anschließend sollten wir drei anstrengende Wochen lang täglich Prüfern gegenübersitzen, die uns mündlich, schriftlich und in praktischer klinischer Arbeit abfragten. Mit einigem Glück würden wir nach der letzten Prüfung wenigstens auf dem Papier als Doktoren gelten. Die meisten von uns waren noch recht unerfahren.

Das sollte sich nun ändern; wir mußten in den letzten Monaten vor dem Examen als Geburtshelfer im äußersten Osten der schottischen Industriestadt Glasgow Dienst tun.

Es war vorgeschrieben, innerhalb eines Monats einer bestimmten Anzahl von Babys ans Licht der Welt zu verhelfen. Während dieser Zeit waren wir äußerst spartanisch im Studentenheim an der Rotten Row unweit des Bürgerhospitals untergebracht. Wir arbeiteten zu zweit. Mein Kollege hieß Tommy Starkey.

Der Stadtteil, in dem wir Dienst hatten, war eine düstere Gegend: verkommene Mietshäuser an schmutzigen Straßen, in denen der Regen – und es schien fast dauernd zu regnen – weggeworfene Straßenbahnfahrscheine und Zeitungen zu einer breiigen Masse zerdrosch. Ein Großteil unserer Patienten wohnte in diesen Mietskasernen. In manchen Wohnungen herrschte trotz Baufälligkeit, trotz der Klosetts im Treppenhaus, die sich mehrere Familien teilten, menschliche Wärme und Liebe. Doch die Wirtschaftskrise hatte die

Arbeiterschicht hart getroffen. Von den Mietern brachte manchmal nur einer von zwölfen überhaupt eine Lohntüte heim, und freitags war seine Tür belagert von Nachbarn, die ihn anpumpen wollten – um einen für heutige Begriffe lächerlich geringfügigen Betrag.

Außerdem war dieser Stadtteil von Glasgow eine gefährliche Gegend. Es tobte ein erbitterter Bandenkrieg, der die Umgebung in Angst und Schrecken versetzte. Die Burschen, die sich gegenseitig bekämpften, gehörten dem Namen nach zu verschiedenen Religionsgemeinschaften, doch christliche Nächstenliebe war auf keiner von beiden Seiten zu finden. Die „Billy Boys" unterstützten die größtenteils protestantische Fußballmannschaft, die „Rangers", ihre Gegner, meist irische Katholiken, standen geschlossen hinter „Celtic", dem Verein der „katholischen Kelten".

Spiele zwischen diesen Mannschaften, zu denen riesige Menschenmengen zusammenströmten, waren meist der Auftakt zu bürgerkriegsähnlichen Auseinandersetzungen. Am Ende eines Spiels mußten Spieler und Schiedsrichter ihre Umkleideräume unter Polizeischutz aufsuchen. Die Parteigänger, die an beiden Enden des Stadions Aufstellung genommen hatten, stürmten dann vor, eine zerlumpte Horde, die noch im Laufen Bierflaschen an den Bänken zerschlug. Gezackte Bruchstellen wurden zu fürchterlichen Waffen. Die Anhängerscharen beider Mannschaften tasteten in ihren Stoffmützen, ob die versteckte Rasierklinge griffbereit war, und entrollten scharf geschliffene Fahrradketten, die sie um den Kopf wirbelten, ehe sie auf den verhaßten Gegner losgingen.

Nun war für die Glasgower Polizei der Moment gekommen einzugreifen. Am Ende behaupteten immer die Gummiknüppel das Feld, aber nicht bevor es auf allen Seiten Verletzte gegeben hatte. Ein Polizist, der etwa auf dem nassen Rasen ausrutschte und stürzte, war sofort von brüllenden Wilden umringt und wurde von ihnen mit Fußtritten traktiert, bis seine Kameraden sich bis zu ihm durchkämpfen konnten. Gesichter wurden zerschunden, Schädel eingeschlagen, rings auf dem Spielfeld lagen stöhnende Menschen.

In der Notaufnahme des Bürgerhospitals bekam man mit vielen solcher Verletzungen zu tun, die feindlichen Parteien brauchten nicht immer ein Fußballspiel, um sie sich gegenseitig zuzufügen. Ein junger Katholik, der es sich einfallen ließ, einem protestantischen Mädchen wohlwollend nachzublicken, mußte damit rechnen, erbarmungslos zusammengeschlagen zu werden. Ladeninhaber zitterten um ihr

Geschäft, brave Bürger fürchteten, ihre Sprößlinge in solche Auseinandersetzungen verwickelt zu sehen. Nie jedoch hörte ich, daß ein Medizinstudent angegriffen worden wäre. Die kleine schwarze Tasche, die wir trugen, war unser Freibrief, wir blieben ungeschoren.

Bei Leuten aus diesem Milieu halfen Tommy und ich erstmals bei Entbindungen. Zum Glück verliefen die meisten Fälle gynäkologisch ohne Komplikationen. Wenn wir gerufen wurden, zogen wir unsere Regenmäntel an, nahmen die kleine schwarze Tasche und begaben uns zu der genannten Adresse. Dort trafen wir auf Liebe oder Gleichgültigkeit, Angst, Besorgnis, Freude und manchmal auf Verzweiflung. Zu lernen gab es immer etwas.

Einmal mußte ich in einer von Ratten bevölkerten, dreckstarrenden Mansarde das Neugeborene in alte Zeitungen und Sackleinwand wickeln, während Tommy den Gemeindepfarrer suchen ging. Er brachte dann auch gleich Kohlen mit für den offenen Kamin, in dem seit Monaten kein Feuer gebrannt hatte. Die Rattenlöcher waren deutlich zu sehen: Die fauligen, gesplitterten Dielenbretter waren in den Zimmerecken durchgenagt. Eine schmuddelige Matratze auf dem Fußboden war das Lager für Mutter und Kind. Die Hoffnungslosigkeit im Gesicht des Mannes, die Furchen, die Hunger und Leid in das der Frau gegraben hatten, werde ich nie vergessen.

Dieser Sommer 1939 war für Tommy und mich ein nachdrücklicher Anschauungsunterricht in Soziologie. Alles in allem arbeiteten wir gut zusammen. Tommy war ein ernsthafter junger Mann. Ich war der Weichherzigere von uns beiden, das Elend um uns herum ging mir an die Nieren. Tommy konnte natürlich auch nicht darüber hinwegsehen und versuchte zu helfen, wo er konnte. Gemeinsam verfluchten wir die Regierung, die solche Zustände zuließ. Selbstverständlich stritten wir uns auch manchmal, etwa darüber, wer das nächste Kind holen durfte und ob unsere Methode richtig oder falsch war. Die Ursache war aber einfach das bevorstehende Examen, das an unseren Nerven zerrte und uns gereizt machte.

Ich erinnere mich deutlich an einen Samstagnachmittag, an dem sich mindestens ein Dutzend Studenten in unserem Wohnheim aufgehalten hatte. Ausnahmsweise war schönes, sonniges Wetter, und wir hockten in unseren vier Wänden und warteten, daß eines der Telefone klingelte. In diesem Fall hätten wir zu zweit losziehen und irgendwo einem Menschlein auf die Welt helfen müssen. An diesem Nachmittag blieb alles still. Irgendwann steckte ein Assistenzarzt den Kopf durch die Tür und meldete, es seien erst für die Nacht Fälle „vorgemerkt", bis dahin dürften wir alle ein bißchen ausspannen.

Was dann passierte, konnte nicht gutgehen: Einer holte ein paar Kästen Bier und eine Flasche Scotch. In meiner Naivität gestand ich, noch nie Whisky getrunken zu haben.

„Was? Noch nie Whisky probiert?" rief einer meiner Kommilitonen in entsetzlich schnarrendem Schottisch. „Da wird es Zeit, Kleiner, daß du damit anfängst." Damit reichte er mir ein volles Glas.

An Whisky muß man sich erst gewöhnen. Ich kippte ihn hinunter, weil mich alle beobachteten, und ich bemühte mich, dabei keine Grimasse zu schneiden.

„So, jetzt schön nachspülen!" Das war schottischer Brauch – nach dem Whisky sofort ein Glas Bier. Draußen war es heiß, das Bier überlagerte den Whiskygeschmack, ich trank es daher mit Vergnügen.

„Noch eins?"

„Nein, danke."

„Sonst schimpft der Lehrer in der Sonntagsschule, was?" Wieherndes Gelächter.

Der karge Mittagsimbiß lag Stunden zurück.

Der Alkohol beflügelte mich, das einzig Naheliegende zu tun: Ich rammte meinem Quälgeist den Ellbogen in die Rippen. Eben holte ich zu einem rechten Haken aus, da verlangten die anwesenden Moralhüter die Einstellung der Feindseligkeiten – aber nur, um sie gründlicher zu organisieren.

Ein Kampf über drei Runden mit bloßen Fäusten wurde beschlossen, Wetten plaziert, man schob die Möbel an die Wände, die Sekundanten wurden bestimmt, und die beiden Gladiatoren rüsteten sich zum Streite.

Die erste Runde war kurz, heftig und entscheidend. Das Blut, das meinem Gegner aus der Nase strömte, setzte ihn außer Gefecht. Ich wurde fast einstimmig zum Sieger erklärt. Nur zwei Burschen, die ihre Wetten verloren hatten, waren der Ansicht, mit ein bißchen Nachhilfe könne mein Gegner mich doch noch niederringen. Dieser schien das in ihn gesetzte Vertrauen nicht recht zu würdigen. Ich half, ihn in ein heißes Bad zu setzen. Als ich das Badezimmer verließ, schwor er mir ewige Freundschaft.

Mich erfüllte der Siegesrausch, doch leider sind solche Triumphe nicht von langer Dauer.

„Du bist blau!“ So sprach Tommy, der mich finster musterte, und in seiner Miene drückte sich der gerechte Zorn seiner puritanischen Vorfahren aus. „Du solltest dich sehen! Geh ins Bett und bete, daß wir heute nicht rausmüssen. Wenn du keinen Alkohol verträgst und dich nicht zusammenreißen kannst, darfst du eben nicht trinken!“

Gehorsam ging ich ins Bett, beruhigt von dem Gedanken, mich eine ganze Nacht lang ausschlafen zu können. Nach etwa zwei Minuten, wie mir schien, geriet ich in einen Orkan, Bettzeug flog mir um die Ohren, meine Glieder wurden der kalten Nachtluft ausgesetzt.

„Steh auf, jemand hat angerufen. Ich dachte schon, ich krieg dich überhaupt nicht mehr wach.“

„Wo sind die anderen?“

„Die ganze Bande ist weg. Jetzt sind wir dran. Nun komm schon, Mann.“

Ungeschickt fuhr ich in meine Sachen, innerlich noch immer erwärmt von meinem Erfolgserlebnis, wenn auch müde. Nicht einmal Tommys schlechte Laune vermochte meine Stimmung zu dämpfen.

„Bilde dir ja nicht ein, daß du dieses Baby holen darfst, auch wenn du eigentlich dran wärst“, verkündete er. „Im Moment bist du unfähig, auch nur eine Zeitung zu holen, verstanden.“ Unser Ziel lag im vierten Stock einer Glasgower Mietskaserne. Auf dem dritten Treppenabsatz blieb Tommy stehen, drehte sich um und streckte die Hand nach der Arzttasche aus, die ich trug.

„Dieses Kind hole ich!“ sagte er im Befehlston. Ich tat ihm gern den Gefallen. Wenn die Arzttasche ihn glücklich machte, sollte er sie haben.

Er griff danach und sagte: „Noch was. Du hältst den Mund, verstanden? Du riechst wie eine Schnapsbrennerei. Wenn du was sagen mußt, halt beim Reden die Luft an.“

Er klopfte an die Tür mit dem Namensschild McGUFFIE. Ein stämmiger, grobschlächtiger Mann um die Vierzig öffnete. Sein kragenloses Hemd stand am Hals offen und gab den Blick auf eine muskulöse, tätowierte Brust frei. Seine Miene war nicht gerade einladend.

„Sie sind wohl die Doktors, was? Da drin.“ Mit einer Kopfbewegung wies er nach rechts.

Wir waren durch die Wohnungstür in die Küche eingetreten. Am Ende eines kurzen Korridors lag das Schlafzimmer. Alles war strahlend sauber. Auf einem glänzend polierten Kohlenrost brannte ein Kaminfeuer, zwei tadellos geputzte Messingpferde standen auf dem Sims, ein großer schwarzer Wasserkessel summte über den tanzenden Flammen.

Auf der einen Seite des Küchenfeuers saß, in einen Schal gehüllt, ein altes Weib, sein Hexengesicht den Flammen zugeneigt. Der andere Sessel, vor einem Regal voller Bücher, war leer. Ein Bett in einer Wandnische war ordentlich gemacht und sah ebenfalls peinlich sauber aus.

Unser ruppiger Gastgeber setzte sich auf den freien Stuhl, starrte ins Feuer und beachtete uns nicht weiter. Tommy ging voraus in das winzige Schlafzimmer. An der Tür empfing uns eine dralle, etwa vierzigjährige Frau. Ihre Miene war besorgt, ihre Hände hielt sie in die offenbar für diese Gelegenheit vorgebundene weiße Schürze gekrampft, aber sie lächelte wenigstens. „Ich bin Mrs. McGuffie, meine Herren. Hier ist die Patientin." Damit führte sie uns zu einem Bett, auf dem eine Art Ebenbild ihrer selbst – nur viel jünger – lag. Das Mädchen war fast noch ein Kind, und seine weit aufgerissenen, ängstlichen Augen ließen es noch jünger erscheinen. Tommy hielt auf Distanz, spielte den Halbgott in Weiß, während ich der Patientin überschwenglich versicherte, wir seien bestimmt die tüchtigsten Fachärzte der ganzen Universität. Mein Kamerad warf mir einen mißbilligenden Blick zu, das Mädchen aber lächelte. Tommy wies mich an, heißes Wasser herbeizuschaffen, und dieser Aufgabe unterzog ich mich gern.

In der Küche erkundigte ich mich dann nach Einzelheiten, die mir für die Krankengeschichte unerläßlich erschienen. „Und der Ehemann?" fragte ich.

„Gibt keinen." Der Gesichtsausdruck des Mannes am Kamin wirkte grimmig.

Jetzt schob sich die Frau zwischen ihn und mich. „Die da drin ist unsre Kleine." Sie versuchte wohl mehr ihren Mann zu beschwichtigen als mich. „Unsre Tochter, Herr Doktor. Und es ist doch ein Kind der Liebe."

„Quatsch, Kind der Liebe", knurrte der Mann. „Ein Bankert ist es."

„Hast du das Wasser, ich brauch es!" rief Tommy aus dem Schlafzimmer, und ich gehorchte, so schnell ich konnte. Tommy schien aus irgendeinem Grunde böse auf mich zu sein, und ich bildete mir ein, wenn ich besonderen Eifer zeigte, würde ihn das milder stimmen. Er verlangte noch mehr heißes Wasser, und ich mußte wieder zurück in die Küche. Diesmal schien Mr. McGuffie auf mich gewartet zu haben. „'tschuldigen Sie, daß ich Sie so angeschnauzt hab. Ich hab unsre Kleine herzlich lieb. Wo sie doch unsre Einz'ge ist. Der Vater ist auf und davon zum Militär. Sie haben ihn nach Palästina geschickt. Wenn er jemals wiederkommt, erwürg ich ihn eigenhändig."

Sein Zorn war verständlich. „Wer nimmt sie denn jetzt noch, wenn sie das Gör von 'nem anderen aufziehen muß, könn' Sie mir das sagen, Doktor? Sie wird bei uns leben müssen. Das wär mir schon recht. Aber das Kleine auch noch hier im Haus, das halt ich nicht aus."

Plötzlich verstummte er, nickte mir zu, wie um sich zu verabschieden, und setzte sich wieder in den Sessel am Kamin.

Die Wehen dauerten lange, aber das ist oft so bei der ersten Geburt. Alles schien ganz normal zu verlaufen. Tommy arbeitete äußerst korrekt, aber als das Kleine erschien, schrie es nicht und ballte nicht die Fäustchen, sondern lag marmorblaß und regungslos da. Unsere Besorgnis übertrug sich sofort auf die Wöchnerin.

„Es stimmt was nicht, was, Doktor?" rief sie und streckte die Arme nach dem Kind aus, das ich hielt.

Bei unseren Bemühungen, das Kleine zum Atmen zu bringen, merkten wir anfangs nicht, daß die Mutter ständig Blut verlor. Ein unheilvoller roter Strom breitete sich inzwischen auf dem Laken aus. Tommy wandte nun ihr all seine Aufmerksamkeit zu. Ich griff unterdessen nach dem Tubus, den wir für Notfälle mithatten, steckte ihn dem Kind in den Hals und saugte allen Schleim ab, den es möglicherweise während der Geburt in die Atemwege bekommen hatte. Absaugen löst meistens das Problem.

Instinkt, nicht einstudiertes Wissen, hieß Tommy der jungen Mutter sagen: „Dem Kind geht es prima. So was kommt häufig vor, dann muß eben der Arzt eingreifen, das ist alles." Mir flüsterte er zu: „Schaff das Kleine raus."

Ich flüchtete in die Küche. Mir auf den Fersen folgte die Frau des Hauses, die nun vor Aufregung zitternd neben mir stand.

„Ist es tot, Doktor?" fragte sie.

Die Alte in ihrer Ecke hörte auf zu schaukeln, zog sich den Schal über den Kopf, begann zu jammern: „Das Kleine ist tot ... das

Kleine ist tot ..." und schaukelte dann wieder im Takt ihres Klageliedes.

„Ich tu, was ich kann", sagte ich mit angehaltenem Atem.

Mr. McGuffie legte seiner Frau den Arm um die Schultern und fragte ruhig: „Brauchen Sie noch was, Doktor? Kann ich was tun?"

„Ja, zwei Schüsseln mit Wasser, eine heiß, eine kalt", antwortete ich.

Es war ein altes Hausmittel, das anzuwenden nicht schaden konnte. Als die beiden Schüsseln auf dem Tisch standen, tauchte ich das Neugeborene erbarmungslos erst in die eine, dann in die andere, während ich weiter saugte und blies und den Brustkorb des Kleinen zusammendrückte bei dem verzweifelten Versuch, die Atmung in Gang zu bringen. Plötzlich stand Tommy neben mir. Sein weißer Kittel war blutverschmiert.

„Die Blutung steht", sagte er gleichmütig. „Es tröpfelt nur noch.

Wie geht's dem Kind?“ Ein Blick genügte ihm. „Weitermachen!“ Damit verschwand er.

Das Wehklagen aus der Kaminecke hätte einen Stein erweichen können. Ich konnte es nicht mehr aushalten. „Seien Sie doch ruhig!“ brüllte ich mit Donnerstimme. „Das Kind lebt ja noch!“ Das Gewimmer verstummte, der Schal sank herab. „Ich hab gedacht, es ist tot“, murmelte die Alte aus ihrem zahnlosen Mund. „Stimmt das denn nicht?“

Ich setzte meine Anstrengungen fort, und plötzlich ging ein kleiner Ruck durch den Körper, die bleiche Haut färbte sich allmählich rosig, der Brustkorb hob und senkte sich, erst flach und unregelmäßig, dann stetig. Das Ehepaar McGuffie stand neben mir, der Mann noch immer mit dem Arm um die Schultern der Frau. „Mann Gottes, Sie haben's geschafft“, brummte er.

Bald hatte unsere Patientin ihr Baby neben sich und flüsterte zärtlich mit ihm, wie alle Mütter seit Anbeginn der Zeiten. Erst jetzt merkte ich, daß es ein Junge war.

Wir verließen die dankbare Familie und wankten heim. Ich war zerknirscht und reuevoll. „Entschuldige, Tommy, war ich tatsächlich richtig besoffen?"

„Laß gut sein. Du hast gestunken wie eine Destille. Herrgott, hat das Mädel geblutet. Bei so was kann man es mit der Angst kriegen." Aber daß er alles gut und richtig gemacht hatte, erfüllte ihn mit stiller Genugtuung.

„Ich hab wirklich gemeint, das Kind schafft es nicht", meinte ich, als wir uns schon dem Studentenheim näherten. Um uns dämmerte ein neuer Tag. „Ich hab einfach weitergemacht wie besessen, ich wollte nicht akzeptieren, daß uns ein Kind wegstirbt. Vielleicht hat der Whisky mich über die Runden gebracht", sagte ich und grinste. „Aber trotzdem – nie wieder. Ein schauderhaftes Zeug."

Am nächsten Tag machte Tommy einen Krankenbesuch bei den McGuffies sowie an den folgenden Tagen. Ich wollte nicht wieder mit. „Ich war blau, das haben die bestimmt gemerkt. Sag ihnen, ich sei krank oder sonstwas." Am zehnten und letzten Tag der Nachsorge für Mutter und Kind ließ er das nicht mehr gelten. „Du mußt einfach hin. Sie fragen jedesmal nach dir. Ich hab gesagt, heute nachmittag kämst du mit."

Widerwillig stieg ich die Treppe hinauf. Die Tür ging auf, und eine strahlende Großmutter führte mich hinein. Die lächelnde Mutter hielt mir ihr Kleines zur Bewunderung hin. Ich war willkommen, hatte meinem Beruf also doch keine Schande gemacht. Selbst das faltige Gesicht von Mr. McGuffie verzog sich zu so etwas wie einem Lächeln, als er mit der Hand über das blonde Haar seines Enkels fuhr. Anscheinend hatte eine Versöhnung stattgefunden.

„Bitte in die Küche, Doktor", sagte er. „Das ist ein feines Kerlchen, das wir da gekriegt haben." Ich folgte ihm, seine Frau kam nach. Sie wollte wissen, ob ich den Film nach Cronins Roman „Die Zitadelle" gesehen hätte. Mrs. MacTavish, die Nachbarin, sei drin gewesen und ganz begeistert heimgekommen. Da habe der Held ein Neugeborenes zum Leben erweckt, indem er es abwechselnd in heißes und kaltes Wasser tauchte. „Das ist noch gar nichts", hatte Mrs. McGuffie die Nachbarin unterbrochen. „An dem Abend, als Sie im Kino waren, hat der junge Doktor das bei uns auch so gemacht. Unser Kleiner war tot geboren, wie im Film, und unser Doktor hat ihm eine Röhre in den

Hals gesteckt und gepustet und seinen Atem in die Brust von unsrem Kleinen geblasen, und so was war im Film bestimmt nicht vorgekommen, Mrs. MacTavish", hatte sie atemlos und triumphierend geschlossen.

„Ist ja gut", beschwichtigte Mr. McGuffie sie. „Wissen Sie, Herr Doktor, wir wußten nämlich Ihren Namen nicht, ich meine, Ihren vollen Namen."

„William Morrison Gibson."

„William, soso." Er nickte. „Ihre Freunde werden Sie sicher Willie nennen, was? Wenn's Ihnen recht ist, Doktor, heißt der Kleine da nebenan Willie McGuffie. So lange er lebt, soll er Ihren und meinen Namen haben."

Ich wußte nicht, wie mir geschah. „Das wär's dann", schloß der Hausherr. „Und jetzt, wo wir fast so was wie verwandt sind, wollen wir 'n bißchen feiern."

Er griff in den Schrank und stellte eine Flasche Scotch und zwei Gläser auf den Küchentisch. „Los, Mann", ermunterte er mich und stieß mir den Ellbogen in die Rippen, „schließlich wissen wir ja alle, daß Sie gegen 'n Gläschen nichts einzuwenden haben."

NIEMAND wird Glasgow eine Hochburg der Kultur nennen können. Selbst seine in weite Ferne ausgewanderten Landeskinder verbinden es in Gedanken nur mit Schiffbau, Ingenieuren und allenfalls einigen Dudelsackklängen. Und dennoch war die Glasgower Universität einmal in ganz Europa bekannt. Sie wurde im Jahr 1450 durch ein päpstliches Edikt gegründet und hat eine hervorragende medizinische Fakultät. Joseph Lister, der Begründer der modernen aseptischen Chirurgie, hat in der zweiten Hälfte des neunzehnten Jahrhunderts hier gelehrt. Der große Sir William MacEwan, wohl einer der bekanntesten Chirurgen Europas, war der gute Geist ihrer chirurgischen Station. Ich hörte noch als Student ehrfürchtig von ihm erzählen. Seine manuelle Geschicklichkeit soll verblüffend gewesen sein, die Legende will wissen, daß er in einen Spinnwebfaden einen chirurgischen Knoten machen konnte.

In meinem Studienjahrgang an der Universität Glasgow waren wir einhundertachtzig Studenten, darunter ein Dutzend Mädchen, die man nur herablassend duldete. Sie saßen in den beiden vordersten Reihen des großen, steil ansteigenden Hörsaals nebeneinander, denn „bei den Jungen zu sitzen" hätte ihren Ruf untergraben. Mancher

Professor glaubte es sich schuldig zu sein, sie möglichst oft in Verlegenheit zu bringen, und erfüllte diese vermeintliche Pflicht mit bescheidenem Stolz. Der begeisterte Beifall der übertriebener Männlichkeit huldigenden sehr jungen Zuhörer war ihm Belohnung genug.

„Heute", begann etwa einer der Professoren in breitestem Glasgower Dialekt, „kommen wir zum Abortus. Und zwar" – mit einer leichten Verneigung in Richtung der weiblichen Studenten in den vordersten Reihen – „dem septischen Abortus, dem unangenehmen, aber sehr naheliegenden Thema der heutigen Vorlesung. Sie, meine Damen" – hier machte er eine Pause, als komme ihm eine Erleuchtung –, „wissen vermutlich schon etwas darüber. Nicht aus eigener Erfahrung natürlich, doch von ein, zwei Freundinnen, wie?"

Die meisten dieser anzüglichen Bemerkungen waren eher scherzhaft als böse gemeint. So war es von alters her gewesen, und die intelligenten Studentinnen nahmen es nicht weiter tragisch. Denn intelligent mußten sie sein, sonst wären sie gar nicht bis in den Hörsaal vorgedrungen.

Sie bildeten eine beachtliche akademische Konkurrenz, die wir durchaus ernst nahmen. Einige waren auch noch bildhübsch, vor allem eine Rothaarige, auf die ich seit kurzem begehrliche Blicke warf, wenn auch vorläufig nur von weitem.

Die praktische Ausbildung war kein Honiglecken, wir mußten hart arbeiten. In allen Fächern wurden hohe Anforderungen gestellt, doch wir merkten bald, daß es über die Behandlung von Menschen keine allgemeingültigen Lehrsätze gab. Wir machten uns fleißig Notizen, drückten auf Bäuche, klopften Lungen ab, hatten aber mit so vielen verschiedenen Patienten zu tun, daß wir uns Namen und Gesichter nicht mehr merken konnten. An die Details des Leukämiefalles in Bett zweiundzwanzig erinnerten wir uns wohl, die seelische Verfassung und die Lebensumstände des Kranken blieben uns nur zu oft verborgen.

Untersuchten wir Patienten, so interessierten wir uns für Blutkörperchen, dafür, wie sich die Bauchdecke anfühlte, für die Charakteristika von Herztönen und manchmal auch für den klinischen Vorgang des Sterbens, doch wir waren zu jung, um hinter dem gefaßten, höflichen Gesicht des Kranken den Mut zu erkennen, den wir hätten bewundern, die Angst, die wir hätten zerstreuen, die Verzweiflung, die wir hätten lindern sollen. Zum Glück gab es ein paar prächtige

Lehrer, die mitfühlende Menschen waren. Aus ihrem Beispiel lernten wir.

Dr. Alexander Glen war ein solcher Mann, ein ganz in seinem Beruf aufgehender Gelehrter, Professor für klinische Medizin am Viktoria-Krankenhaus in Glasgow. Wir älteren Semester durften auf seiner Station schon wie Assistenten fungieren, eine große Chance. Sein Wissen reichte weit über die Grenzen klinischer Medizin hinaus. Er ermahnte uns junge Leute, ein Leben lang neugierig zu bleiben: „Vorurteilsfreiheit", sagte er, „ist für einen guten Arzt unerläßlich."

„Ihre Diagnose, meine Herren?" pflegte er zu fragen und von einem Stuhl am Krankenbett, wo er sich niedergelassen hatte, zu unserem Grüppchen aufzublicken.

Eines Morgens war seine Frage fast zu leicht zu beantworten, zu offensichtlich waren die fatalen Symptome: Der unheimlich starre, angstvolle Blick des kranken Mädchens, die Unbeweglichkeit des steifen, verzogenen Halses, das hohe Fieber sprachen es deutlich aus – Gehirnhautentzündung.

Bei dieser akuten Infektionskrankheit kamen gewöhnlich zwei Varianten vor: die bakterielle und die tuberkulöse. Die Diagnose war meist verhältnismäßig leicht; man entnahm dem Rückenmark des Patienten Flüssigkeit und analysierte sie. Aber die Therapie stand auf einem anderen Blatt, denn heilbar war eine Gehirnhautentzündung damals zu neunzig Prozent nicht.

Schlimme Infektionskrankheiten gehörten in jener Zeit zum Alltag.

Der Ausbruch von Diphtherie bei einigen Kindern bedeutete für die Eltern eines ganzen Wohnviertels wochenlang grauenvolle Ängste vor einer Epidemie. Auch Scharlach, eine immer wieder ausbrechende ansteckende Krankheit, hinterließ zahlreiche Todesfälle. Tuberkulose rottete noch ganze Familien aus, obwohl sie sich seit der Entwicklung der vorbeugenden Medizin bereits auf dem Rückzug befand. Blutvergiftung, eine akute Streptokokkeninfektion eines scheinbar geringfügigen Kratzers, konnte ihr Opfer binnen weniger Tage ins Grab bringen.

Heute sind diese Krankheiten selten geworden. Ein Medizinstudent bekommt manchmal während seines ganzen Studiums keinen einzigen dieser Fälle zu Gesicht. Und vielleicht wird er sein Leben lang nicht ein einziges Mal mit Diphtherie konfrontiert.

Ein junger Kollege schilderte einmal den Fall eines Kindes, das er am Vormittag untersucht hatte. „Halsentzündung", meinte er. „Sah gar nicht schlimm aus, obwohl es dem Kind miserabel zu gehen schien. Der Geruch allerdings war widerlich, als ob etwas im Zimmer verfaulte."

„Diphtherie", sagte ich sofort und behielt recht. Es gehörte keine Prophetengabe dazu – den Gestank hatte ich zu oft wahrgenommen, um ihn je zu vergessen. Mein Kollege war nur zehn Jahre jünger als ich, aber noch nie einem solchen Fall begegnet.

Manche Infektionskrankheit läßt sich eindämmen und heilen, und doch formiert sich das Heer unserer tödlichsten Feinde, der Bakterien und Viren, immer wieder neu und greift in den verschiedenartigsten Verkleidungen an. Ihr Anpassungsvermögen ist erstaunlich hoch entwickelt. Dr. Glens Mahnung, stets auf neue Entwicklungen gefaßt zu sein, erwies sich als weise, ja prophetisch. An jenem Morgen aber, damals vor langer Zeit, hatte er für die Heilung der kleinen Patientin wenig Hoffnung. Wenn kein Wunder geschah, würde das Mädchen innerhalb weniger Tage sterben.

Stunde um Stunde verrann, ich absolvierte pflichtgemäß meine Runden, machte mir Notizen und untersuchte Neuzugänge. Mir fiel auf, daß „der Chef" viel Zeit hinter einem Wandschirm zubrachte, den man um das Bett des Mädchens mit der Gehirnhautentzündung gestellt hatte, und daß er auch mit den Eltern sprach. Sie waren außer sich vor Angst und nicht aus dem Korridor vor dem Krankensaal wegzubringen. Das ihnen von einer freundlichen Schwester hingestellte Essen blieb unberührt. (Dr. Glens Fürsorge für die Patienten und deren bekümmerte Angehörige blieb nicht ohne Auswirkung auf das Personal.)

Als ich am nächsten Morgen ganz früh im Krankenhaus anlangte, kam mir die diensttuende Schwester schon in der Tür zur Station entgegen.

„Sie sollen bitte dringend zu dem Meningitisfall raufkommen!" rief sie. „Der Chef ist praktisch die ganze Nacht oben geblieben."

Dr. Glen war nicht mehr der Jüngste, und für Notfälle standen Assistenzärzte zur Verfügung. Warum war er die ganze Nacht auf dem Posten geblieben? Ich rannte durch die Station und schlüpfte zu ihm hinter den Wandschirm. Er sah mich an, legte einen Finger auf seinen Mund und führte mich ein paar Meter weiter weg, wo bereits ein anderer Kollege stand.

„Eben ist sie eingeschlafen", sagte er. „Es war erstaunlich zu beobachten, wie die Temperatur fiel und die Steifheit des Halses zurückging. Klinisch ist sie auf dem Weg der Besserung. Ich glaube, sie kommt durch."

„Ein Wunder, Herr Kollege", meinte der andere Arzt, „wenn man die Sterblichkeitsrate bedenkt."

„Ein Wunder ist es nicht", erwiderte der Chef. „Aber ein neues Medikament. Eines, das ich in hoffnungslosen Fällen experimentell anwende. Es heißt Sulfonamid." Er sah uns beide an. „Sie haben also kein Wunder miterlebt, wohl aber einen Machtwechsel in der Medizin. In Zukunft werden die Biochemiker ein Wort mitzureden haben."

MAN schrieb September 1939. Vor einer Woche war der Krieg erklärt worden.

Ich hatte im Lauf der Jahre so manchen Patienten von den Schrecken des Weltkriegs erzählen hören. Stand nun – kaum eine Generation später – der Menschheit eine neue Katastrophe bevor? Wie würde man sie diesmal überleben?

Für diejenigen unter uns, die vor dem Abschlußexamen standen, hatte der Krieg etwas Unwirkliches. Der Höhepunkt unseres fünfjährigen, intensiven Studiums war erreicht. Zwar bedeutete für diejenigen, die es bestanden, der akademische Titel nur das Vorspiel zu zwei Jahren harter Arbeit als Assistent an einem Krankenhaus, aber die größte Hürde lag doch hinter uns.

Wir standen – fast zweihundert Mann – auf den breiten Stufen des Hauptgebäudes der Universität und warteten darauf, daß es neun Uhr schlug, die großen Tore sich auftaten und wir uns an die zugeteilten Pulte begeben durften. Die erste Prüfung war eine schriftliche Arbeit über Allgemeinmedizin. Während des Wartens lag ein raunendes Flüstern über der Versammlung, viele aber standen stumm und wiederholten im Geiste noch dies und das. Langsam schob sich die Schlange auf die Tore zu. Hie und da wurde laut – viel zu laut – gelacht. Ich entdeckte meine kleine Rothaarige in einer Gruppe von Kommilitoninnen und fand, daß sie sehr selbstsicher wirkte. Sie erkannte mich ebenfalls wieder und winkte mir verstohlen zu. Daraufhin wurde mir etwas besser. Schlag neun öffneten sich die Tore, und wir verteilten uns wie Läufer vor dem Rennen auf unsere Plätze, schlugen die zusammengefalteten Prüfungsblätter auf und seufzten entweder erleichtert auf oder stöhnten erschrocken. In den nächsten Stunden brachten wir alle Kenntnisse zu Papier, die wir in den vergangenen Jahren angesammelt hatten. Den schriftlichen Prüfungen folgten dann praktische, bei denen wir Patienten in Kliniken befragten und uns ihre Krankengeschichte anhörten. Danach hatten wir sie zu untersuchen, eine Liste diagnostischer Möglichkeiten aufzustellen und uns schließlich für eine endgültige Diagnose zu entscheiden. Die Prüfer, die uns nicht von der Seite wichen und unsere Untersuchungsmethoden genau beobachteten, durften uns nach weiteren Einzelheiten fragen. Sie verhielten sich dabei entweder höflich-neutral, oder zeigten ihr Mißfallen unverhohlen. In den meisten Fällen waren sie fair, aber wenn so ein grauhaariger Experte einem Studenten ein Glasgefäß aus den Geheimverliesen der Pathologie hinschob und sagte: „Wie Sie sehen, haben wir hier ein menschliches Herz. Woran, bitte, litt der Patient, was hätten Sie diagnostiziert, und für welche Therapie hätten Sie sich entschieden?" konnte uns schon der Angstschweiß ausbrechen.

Kranke Kinder galten bei uns Kandidaten als besondere Nervensägen. Erstens neigten die kleinen Racker dazu, schon beim Anblick eines Stethoskops loszubrüllen, zweitens konnten sie keine brauchbaren Auskünfte geben. Sonst rettete manchen Studenten in letzter Minute, daß eine runzlige, alte Patientin ihm – kaum wandte der Prüfer einen Augenblick den Rücken – zuraunte: „Bei mir is' es das Herz."

Diese drei Wochen waren ein wahrer Alptraum, aus dem wir total erschöpft wiederauftauchten. Noch in vorgerückten Jahren gestand ich zwei Kollegen, die letzte Nacht angstschwitzend geträumt zu haben, mir sei die Praxisgenehmigung entzogen und ich müsse nochmals nach Glasgow zur Abschlußprüfung. Amüsiert stellten wir fest, daß wir alle irgendwann einmal diesen Traum gehabt hatten. An den medizinischen Fakultäten Schottlands war die Durchfallquote beträchtlich hoch. Manch ein vielversprechender Student wurde „zwecks weiterer Studien" zurückgestellt und damit zu einem sechsten Jahr schwerer Arbeit verdonnert, weil ihm irgendein Beurteilungsfehler oder Irrtum unterlaufen war. Dagegen gab es so gut wie keine Einspruchsmöglichkeit. Eine Zurückstellung – o Schreckenswort! – war endgültig. Doch das heute übliche Ultimatum – Vorrücken oder Rausfliegen – gab es damals nicht. Ein paar sonnige Gemüter, ewige Studenten, nahmen eine Niederlage nach der anderen mit bewundernswertem Humor hin.

Die drei Wochen Examina waren uns bereits endlos vorgekommen.

Nun lagen drei weitere Wochen vor uns, in denen die Prüfer ihre Beurteilungen koordinierten. Die Ergebnisse wurden am Schwarzen Brett angeschlagen. Unter freiem Himmel scharte sich eine schweigende, gespannte Menschenmenge darum und drängte sich gegenseitig beiseite, um einen Blick auf die Namensliste zu werfen.

Ich hatte mich als Student nie besonders ausgezeichnet, und meine Hoffnungen waren daher alles andere als hochgespannt. Um nun nicht Fremde zu Zeugen meiner Niederlage zu machen, beschloß ich, erst später hinzufahren, wenn sich alles verlaufen hatte. Die halbe Stunde im Zug zwischen meinem Domizil in Wishaw und Glasgow erschien mir grauenhaft lang. Endlich hielten wir im Zielbahnhof. Als ich durch das geschäftige Treiben zur Straßenbahn lief, die zur Uni fuhr, hatte ich so etwas wie Lampenfieber. Die letzten hundert Meter zu Fuß dauerten eine Ewigkeit. Dem ersten Prüfling, der mir begegnete, sah man auch ohne Worte an, was ihm widerfahren war. Seine Miene war düster und starr. Dann kam einer, der mir noch vor wenigen Tagen zuversichtlich versichert hatte, er rechne zu achtzig Prozent mit einem „Bestanden".

„Durchgerasselt", knurrte er, als er an mir vorüberschlich. Mir fiel das Herz in die Hose.

Doch dann kam ein Mädchen auf mich zugelaufen, dessen Haar in der Herbstsonne intensiv rot leuchtete, winkte mir zu und rief: „Du hast bestanden, du hast bestanden! Und ich auch!" Das mußte unbedingt gefeiert werden. Ein paar Stunden lang vergaßen wir sogar den Krieg. Wir wollten nur eines: Irgendwo in einem Café sitzen und miteinander reden. Während des Studiums hatten sich unsere Wege gelegentlich gekreuzt, doch ich hatte angenommen, ein so beliebtes, reizvolles Mädchen nähme mich gar nicht wahr. Im Frühling hatten wir uns dann kennengelernt, in der Anatomie, über einer Leiche: Vier Studenten – Janet, ich und noch zwei andere Kommilitonen – waren für den gleichen Seziertisch eingeteilt, um dort die konservierten Reste eines älteren Mannes zu sezieren. Dazu gehörte das Freilegen von Muskeln, Nerven oder Blutgefäßen, die der Lehrer, auch „Prosektor" genannt, dann überprüfte. Es war eine langwierige, knifflige Arbeit.

An diesem schicksalhaften Frühlingstag war es sehr heiß. Die Sonne schien durch die Oberlichter in den Seziersaal, der gegen jeden Lufthauch hermetisch verschlossen war. Das Formalin, in dem Leichenteile konserviert werden, hat einen besonders beißenden

Geruch. Damals gab es noch keine Klimaanlage. Janet Grant arbeitete mir gegenüber am Tisch. In ihrem weißen Kittel, der ihr rotes Haar noch stärker leuchten ließ, sah sie sogar in dieser Umgebung entzückend aus. Sie arbeitete rasch und gewandt.

„Ich bin fertig", verkündete ich nach einem letzten Angriff mit Pinzette und Skalpell. „Hat jemand Lust, mit mir an den See zu fahren?"

„Fertig?" rief Gibb, einer unserer Mitstudenten. „Dann haben die dir aber was ganz Einfaches zu präparieren gegeben!" Er beugte sich zu mir und prüfte meine Arbeit. „Was, diese Ferkelei nennst du Sektion?" höhnte er. „Warte nur, was der Prosektor dazu sagt." Dann äugte er zu Janet hinüber und meinte anerkennend: „Janet hat prima gearbeitet."

Ich überhörte diese Bemerkung und wiederholte meine Frage. Janet lächelte mir zu. „Ja, ich würde gern mitfahren."

Wir flohen aus dem Smog von Glasgow ans Ufer des Loch Lomond. Es war nur eine kurze Busfahrt. Mit unseren Lehrbüchern versehen und ein paar Äpfeln als Proviant, stellten wir fest, daß das Büffeln fürs Abschlußexamen reizvoller sein konnte, als wir es uns je hatten träumen lassen. Und ebenso schnell entdeckten wir, daß wir auch die gleichen Ansichten, Zukunftsvorstellungen und Ideale hatten.

Diesmal aber, nachdem wir alles hinter uns hatten, an dem Septembernachmittag 1939, flüchteten wir uns in die nächste Teestube.

„Na, Herr Doktor", sagte meine Mitstudentin und hob die Tasse zum Mund. „Das ist also nun der wichtigste Tag in unser beider Leben. Ich bin gespannt, wie es weitergeht!"

2. Kapitel

Es war eine sonderbare Zeit für uns alle. Die Kriegserklärung hatte das Gerücht ausgelöst, die Schlußprüfungen würden „ein Kinderspiel" sein, der Bedarf an Ärzten sei gewaltig und die meisten würde man durchrutschen lassen. Statt dessen schafften fast vierzig Prozent meines Prüfungsjahrgangs die Examen nicht, und diejenigen, die ihren Doktor bekamen, fanden keine Arbeit. Die übliche „Umgruppierung" der jüngeren Assistenten an den Krankenhäusern fiel in diesem September aus. Bei Kriegsausbruch versuchten die Stationsärzte, ihre Assistenten zu halten, da sie fürchteten, keinen vollwertigen Ersatz zu bekommen, wenn diese eingezogen würden. In manchen Fällen wurde Ärzten sogar untersagt wegzugehen. Einige Kliniken wurden geräumt, um für die erwarteten Opfer des Luftkrieges bereitzustehen. Andere Krankenhäuser wurden Militärärzten unterstellt, die wiederum ihre eigenen Assistenten und Schwestern mitbrachten.

Ich gehörte zur Reserve und mußte damit rechnen, von einer Minute auf die andere eingezogen zu werden. Doch der Krieg fand vorläufig nicht statt, zumindest nicht in Schottland. Statt Uniform zu tragen, mußte ich mich nach einer Praxisvertretung oder ähnlichem umsehen. Der Assistenzarzt, den Janet abzulösen gehofft hatte, blieb ebenfalls in seiner Stellung. So war sie in der gleichen Lage wie ich. Verwirrt und besorgt telefonierten wir mit medizinischen Agenturen und meldeten uns bei verschiedenen Krankenhausverwaltungen. Ich hatte das Glück, vorübergehend einen Job zu bekommen, und arbeitete sechs Wochen nach bestandenem Examen bereits als Assistent eines gewissen Dr. MacRoberts, eines praktischen Arztes in der Fabrikstadt Wass in Lancashire.

Schön wäre es gewesen, hätte Wass in einem idyllischen Tal der Lancashire-Moore gelegen, doch an dieser Stadt war nichts idyllisch. Die engen, katzenkopfgepflasterten Straßen waren gesäumt von zweistöckigen, ziemlich heruntergekommenen Reihenhäusern, die sich glichen wie ein Ei dem anderen. Wass sah nicht aus wie eine natürlich gewachsene Siedlung, sondern so, als habe man es in der wenig umweltbewußten Gründerzeit der Jahrhundertwende einfach dorthin gekippt.

Himmelhohe Fabrikschlote beherrschten die Szenerie. Aus vielen Schornsteinen stieg seit Beginn der Wirtschaftskrise und dem Rückgang der Textilindustrie in Lancashire zwar kein Rauch mehr, doch die Fabriken, die noch arbeiteten, schienen für alle übrigen mitzuqualmen.

Tag für Tag ringelte sich dichter schwarzer Rauch langsam aus den Schornsteinen, rollte in schweren Wolken über die Stadt und die sie umgebenden Moore. Noch kilometerweit außerhalb der Stadt bekam ich rußige Finger, wenn ich beim Spazierengehen ein Grasbüschel ausriß. Hingen die Wolken einmal tief, dann konnte man kaum zwischen Wolken und Qualm unterscheiden. Im Winter schneite es schwarzen Schnee. Wie um die Atmosphäre noch trübseliger zu stimmen, war strikte Verdunkelung angeordnet.

Die Bewohner dieser Gegend aber waren temperamentvoll, verschroben, warmherzig und setzten sich über das viele Grau ringsum kühn hinweg. Sie lebten nur für eines: für die alljährliche sommerliche Ferienzeit von Lancashire. Dann war die Stadt wie ausgestorben, alles strömte nach Blackpool, dem nahe gelegenen Badeort an der Küste. Fabrikmädchen im Sonntagsstaat, Burschen in blauen Anzügen amüsierten sich nach Kräften in einer völlig anderen Welt und kehrten dann heim zur Realität, nach Wass, zu einundfünfzig Wochen dampfiger, schweißtreibender Fabrikarbeit. „Möönschenskind", sagte dann wohl einer, in Erinnerungen schwelgend, „das war diesmal eine prima Urlaubswoche."

Die Fabriken beherrschten das Leben. Riesige Gebäude, deren schmutzige Fensterreihen auf die Stadt herabglotzten wie die Augen namenloser Ungeheuer. Frauen wie Männer arbeiteten in langen, anstrengenden Schichten und hatten, außer am Wochenende, selten Zeit, daheim zu kochen. Es gab kleine Eckläden, die täglich warmes Essen verkauften. Noch heute sehe ich die weißen, blaugerandeten Emailschüsseln der Arbeiter auf den Granittresen stehen. Das ganze Viertel aß das gleiche: montags Kutteln mit Zwiebeln, dienstags Schweinsfüße, mittwochs Aal in Gelee, donnerstags Eintopf, und am Freitag gab es unausweichlich Fisch.

Die Leute waren arm. Ich habe mich beispielsweise oft gefragt, ob sie sich überhaupt einen Wecker leisten konnten. Doch eigentlich brauchten sie gar keine Weckuhr, denn viele wurden in aller Herrgottsfrühe von einem „Wachklopfer" geweckt. Vielleicht ließen sie den Wachklopfer auch herumgehen, weil das einem älteren Mann, der die Fabrikarbeit nicht mehr schaffte, ein paar bitter benötigte Pennies einbrachte. Ehe der Morgen dämmerte, ging er durch die Straßen, eine lange Stange in der Hand, blieb von Zeit zu Zeit stehen und klopfte damit leise an eines der Fenster im Obergeschoß. Erst wenn er Antwort bekam, ein heiseres „Is' gut, Alf", oder wenn eine Kerze hinter der Scheibe aufflackerte, ging er weiter, den nächsten Kunden wecken. Hinter ihm strömten immer mehr Menschen auf die Straße. Um pünktlich in der Fabrik zu sein, warfen sie sich erst beim Hinausgehen hastig Mäntel oder Jacken über.

UNSERE Praxis in Wass bestand aus zwei Räumen und einem langen, fensterlosen Korridor, der als Wartezimmer diente. Entlang der einen Wand war eine Holzbank ohne Rückenlehne befestigt, auf der anderen

Seite gab es nur Stehplätze. War alles besetzt, und das war meist der Fall, mußten überzählige Patienten draußen im Freien warten.

Mein Behandlungsraum war sehr dürftig möbliert. Es gab keine Liege. Eine auch nur annähernd zweckdienliche Untersuchung war daher fast nicht durchzuführen. Oft mußte ich meine Patienten bitten, sich auf den Boden zu legen. Gründlichere körperliche Untersuchungen wurden aber weder erwartet, noch waren sie willkommen. Eine Frau, die über Fieber und Husten klagte, protestierte wortreich, als ich sie bat, ihre Bluse auszuziehen, damit ich sie abhören könne. „He, Sie, darauf bin ich aber nicht vorbereitet", platzte sie heraus. „Bei Dr. MacRoberts hat's keine Untersuchung gebraucht, der hat immer gleich gewußt, was mir fehlt. Der hat mich nur angeschaut und hat's gewußt." Ich merkte, daß sie mich nicht nur für einen naseweisen Kerl hielt, sondern geradezu für einen Wüstling. Im industriellen Norden Englands schien sich die ärztliche Praxis doch beträchtlich von dem zu unterscheiden, was man an der Uni darüber lernte.

Nach einem Monat fing ich an, mich in der Stadt zurechtzufinden, nur die Nachtbesuche waren noch schwierig. Die Verdunkelung tauchte alles in eine Höllenfinsternis, und der nach oben gerichtete Strahl der Taschenlampe, mit dem ich einen Straßennamen zu lesen versuchte, rief sofort einen Luftschutzwart auf den Plan. Ein Fahrrad zu benutzen war bei Schnee und Dunkelheit unmöglich, ich ging daher zu Fuß. Nachtdienst hatte ich täglich, bekam aber dafür einen halben Tag pro Woche frei.

Ich hatte ein nettes Quartier, und meine Wirtin, eine ältere Witwe, tat das menschenmögliche, um es mir behaglich zu machen. Jeden Morgen aber wurde ich, noch ganz erschossen von der Arbeit des Vortages, viel zu früh geweckt, wenn nämlich die Fabrikmädchen zu zweit und dritt fröhlich schwatzend am Haus vorübergingen. Kurz vor Schichtbeginn kamen sie dann in großen Scharen, und ihre Holzschuhe machten einen ohrenbetäubenden Lärm.

Eines Nachts fuhr ich durch hartnäckiges Klopfen aus tiefstem Schlaf empor. Ich warf mir den Bademantel über und taumelte die Treppe hinunter zur Haustür. Draußen stand ein Mann, der keinen trockenen Faden mehr am Leibe hatte.

„Können Sie gleich mal kommen, Doktor? Bill Kettlewell, der Kanalräumer, hat 'n Unfall gehabt, es sieht nicht gut aus. Jack Oates und ich haben ihn heimgebracht. Ich nehm Sie am besten gleich mit."

„Was ist denn passiert?"

Er fingerte an seiner Stoffmütze. „Tja, wissen Sie, wegen dem vielen Schnee und Regen war eine von den Kloaken verstopft, und die haben wir frei machen müssen. Und dabei ist der Bill hingefallen. War für 'ne Minute glatt weggetreten. Wenn Sie kommen könnten – Jack und ich wär'n sehr dankbar."

Sekunden später zog ich mich im Schlafzimmer hastig an. Meine Gedanken rasten. Selbst unbedeutende kleine Gehirnerschütterungen, ausgelöst durch einen Schlag auf den Kopf, können sich als heimtükkisch und gefährlich herausstellen. Bei solchen Verletzungen sollte immer die Einweisung in ein Krankenhaus und eine vierundzwanzigstündige „neurologische Beobachtung" erfolgen. Ein Student, so alt wie ich, ein hochbegabter Mensch, war einmal mit dem Fahrrad gestürzt und mit dem Kopf auf der Gehsteigkante aufgeschlagen. Er war nur einen Augenblick benommen gewesen, hatte sich aufgerappelt und war in die Vorlesung gegangen. Als er den Unfall meldete, röntgte man ihn: Es war keinerlei Bruch sichtbar. Am nächsten Morgen fanden ihn seine Freunde bewußtlos im Bett, in einem irreversiblen Koma – vermutlich infolge einer Blutung innerhalb des Schädels.

Dieser Fall hatte uns alle von der Notwendigkeit überzeugt, solche Verletzungen streng zu überwachen. Natürlich hätte ich die Polizei anrufen und den Krankenwagen bestellen sollen, doch das nächste Krankenhaus lag meilenweit entfernt in einer anderen Stadt. Außerdem verstieß es gegen die Standesehre, einen Hausbesuch abzulehnen. So trabten wir denn durch die Winternacht, und mein Begleiter klapperte mit den Zähnen, wenn der Wind durch seine klatschnassen Kleider fuhr.

Jack Oates öffnete die Tür. Auch er war total durchnäßt, hatte es aber geschafft, Kettlewell ins Bett zu bringen. Ein Haufen durchweichter, übelriechender Kleidungsstücke lag auf dem Holzboden. Wir befanden uns in einem kalten, ungemütlichen Raum, und da ich den Patienten nicht schlimmer vorfand, als ich erwartet hatte, schickte ich seine Kollegen heim, damit sie sich nicht noch eine Lungenentzündung holten.

Die Untersuchung bestätigte, daß Puls und Herztöne gut waren. Kettlewell hatte trotz des Sturzes keine Kopfschmerzen. Die Pupillen waren gleich groß und reagierten auf Reize, er blutete nicht aus Nase, Hals oder Ohren. Soweit war alles in Ordnung. Das Wichtigste war im Augenblick, ihn warm zu kriegen. Ich heizte ein, gab ihm Heißes zu trinken, packte Decken auf sein Bett. Dann fragte ich ihn, welchen seiner Nachbarn ich wecken solle, damit er die Polizei verständigte. „Ich hab keine Nachbarn. Ich wohn allein. Keine Seele is' in Rufweite. Aber mir geht's schon wieder gut. Jetzt ist mir wärmer und viel besser. Geh'n Sie nur wieder nach Haus, Doktor."

Ihn allein zu lassen kam nicht in Frage. Ich blieb die ganze Nacht bei ihm sitzen, kochte unzählige Tassen Tee und döste zwischendurch auf dem Küchenstuhl.

Auch mein Patient nickte manchmal ein, aber zwischendurch unterhielten wir uns. Bill Kettlewell, das zeigte sich in den Gesprächen, war ein intelligenter, nachdenklicher Mensch.

Als der Morgen graute, versicherte er mir, er fühle sich prima. Ich fand auch bei nochmaliger Untersuchung nichts Besorgniserregendes, versprach, in ein paar Stunden wiederzukommen, und begab mich in mein Quartier, um zu baden und zu frühstücken.

Innerhalb dieser zwei Stunden starb Bill Kettlewell. Ich habe mir seinen Tod nie erklären können, ich kann nur Vermutungen anstellen. Eine plötzliche, massive nachträgliche Gehirnblutung? Ein Herzanfall? Eine Embolie? Es gab viele Möglichkeiten. Eine Obduktion wurde nicht vorgenommen und, soviel ich weiß, auch kein Gerichtsverfahren angestrengt. Doch kein Richter hätte mich strenger verurteilen können als ich mich selbst. Kettlewell hätte bei Tagesanbruch ins Krankenhaus gehört. Nie hätte man ihn allein lassen dürfen, auch nicht angesichts einer scheinbaren Besserung.

Kurz nach Kettlewells Tod kam ich während meiner Hausbesuchsrunde an zwei Frauen vorüber, die, auf ihre Besen gelehnt, vor ihren Haustüren standen.

„Wer is'n das?" fragte die eine.

„Kennste den nich'?" erwiderte die andere. „Das is' der, der Bill Kettlewell auf dem Gewissen hat."

Mit starrem Gesicht, voller Schmerz und Scham, ging ich weiter. Ich wußte in diesem Moment, daß die sorglosen Studententage für immer vorbei waren.

Es war ausgemacht, daß ich Gemeindeschwester Midley im Hause der Patientin treffen sollte, um das Krampfadergeschwür an Mrs. Tidswells Bein zu untersuchen, während die Schwester den Verband wechselte. Da ich frisch von einer bekannten Universität kam, dachte ich, man erwartete von mir einen fachmännischen Rat. Schwester

Midley war Anfang Sechzig, stand kurz vor der Pensionierung, und ihre hingebungsvolle Liebe zu Beruf und Patienten war unverändert groß. Von diesen Gemeindeschwestern und Hebammen kündet kein Heldenepos. Heute werden sie sicherlich alle Autos haben, damals aber – so lang ist es eigentlich nicht her – verließen sie in fürchterlichen Winternächten, wenn der Sturm von der Nordsee her über Moore und Städte fegte, klaglos ihr Bett und schoben ihr Rad hinaus in den peitschenden Regen, um irgendwo Hilfe zu leisten.

Als unsere Arbeit getan war, schlug ich einen neuartigen Salbenverband vor, der nicht so oft gewechselt werden mußte. Ich hatte damit schon mehrfach gute Heilerfolge erzielt und keine Bedenken, ihn auch hier anzuwenden.

„Alsdann auf Wiedersehen", sagte ich schließlich. Mrs. Tidswell war besonders nett zu mir gewesen und hatte mich mit großer Hochachtung behandelt. „Wenn etwas nicht klappt, lassen Sie es mich unbedingt wissen."

Schwester Midley ging neben mir her, als wir das Haus verlassen hatten, eine stämmige Person in blauem Regenmantel, das Häubchen verwegen nach hinten geschoben. Sie sah mich von der Seite an und balancierte dabei ihr Rad mit einer Geschicklichkeit, wie nur jahrelange Übung sie verleiht.

„Sie mögen alte Leute, was, Doktor?" Es war eher eine Feststellung als eine Frage.

„Stimmt. Sie sind oft interessant. Ich meine, nicht nur medizinisch. Mrs. Tidswell zum Beispiel", fuhr ich fort, „ist doch eine reizende alte Dame."

„Ein böses altes Luder ist sie", sagte meine Begleiterin ebenso sachlich wie vergnügt. „Sie haben da eben eine Einladung verteilt – zu noch mehr schlaflosen Nächten als Sie schon haben."

Sie stellte das Fahrradpedal nach vorn, um leichter aufsteigen zu können, und meinte lachend: „Ich dachte, ich sollte Sie lieber warnen. Manchmal sind alte Leute amüsant, einige haben viel hinter sich, und man kann was von ihnen lernen. Aber Sie, lieber Herr Doktor, müssen lernen, genau zu unterscheiden. Schließlich heißt älter werden nicht immer netter werden." Sie winkte mir zu und fuhr los.

Einige Wochen nach meiner Begegnung mit Schwester Midley kam Mr. Stainforth zu mir in die Sprechstunde: ein altes Männlein, flink wie ein Spatz und ebenso frech.

„Stainforth, William", stellte er sich vor. „Ich hab seit zwei Wochen ein schlimmes Knie.“ Und ehe ich eine Frage stellen konnte, krempelte er das Hosenbein hoch und zeigte mir sein knolliges altes Gelenk. „Ich möcht mal wissen, was Sie da machen wollen“, äußerte er in einem Ton, der besagte, daß er zwar viel erhoffte, aber infolge meines Aussehens nicht allzuviel erwartete.

„Hatten Sie da schon früher Schmerzen?“ fragte ich. „Das Gelenk sieht aus, als hätten Sie schon eine ganze Weile Rheuma?“

„Na ja, ’n bißchen.“ Mehr sagte er nicht. Er war offenkundig der Meinung, diese Information habe mir zu genügen, und wartete ungeduldig, während ich tastete und das Knie hin und her bewegte. Eine Salbe brauchte ich ihm nicht zu geben, sagte er, das Wundermittel Lancashires, Gänsefett, würde genügen. Auch Tabletten lehnte er ab, die waren voller Zucker und entweder purer Dreck oder gefährliche neumodische Chemikalien. Eine Medizin in der Flasche war jedoch willkommen.

Ich wiegte übertrieben nachdenklich den Kopf hin und her, legte den Rezeptblock vor mich hin und schrieb entschlossen eine geheimnisvolle Formel auf. Mr. Stainforth überflog das Gekritzel, und einen Augenblick glaubte ich, er würde auch diese mysteriösen Zeichen in Zweifel ziehen. Doch er fügte sich brummend und zog ab, um sich die bittere Mixtur aus flüssigem Aspirin zu besorgen, die er die nächsten zwei Wochen dreimal täglich nach der Mahlzeit einnehmen sollte.

Nach vier Tagen war er wieder da.

„Wird nicht besser davon“, sagte er knapp. „Eine andre Medizin.“ Ich verschrieb ihm statt dessen das neueste Medikament in Tablettenform. Widerstrebend und mit sichtlichem Mißtrauen erklärte er sich bereit, auch dies zu probieren. Wie vorauszusehen, nützte es nichts. Beim letzten Besuch ließ er keinen Zweifel aufkommen, daß seine Geduld erschöpft sei.

„Stainforth“, stellte er sich überflüssigerweise nochmals vor und setzte sich. „Ist Ihnen klar, daß es mir noch immer nicht bessergeht, seit ich vor zwei Wochen zu Ihnen gekommen bin?“

Auch ich war am Ende, weniger mit meiner Geduld – obwohl auch die mir langsam ausging – als vielmehr mit meinen pharmakologischen Möglichkeiten.

Ich beschloß, an den gesunden Menschenverstand des Patienten zu appellieren. Schließlich war er nicht mehr der Jüngste. „Schauen Sie, Mr. Stainforth“, beschwichtigte ich ihn, „Sie sind doch kein Jüngling mehr, nicht wahr? Auch Gelenke nutzen sich ab, und manchmal ist es schwer, in Ihrem Alter eine Besserung zu erzielen. Wie alt sind Sie genau?“

Er sah mich kriegerisch an. „Ich bin siebenundneunzig“, sagte er kurz angebunden. „Was hat denn das damit zu tun? Soll ich für den Rest meines Lebens ’n Krüppel bleiben, nur weil Sie Ihren Kram nicht verstehen?“

DAMALS war ich nicht mehr allein und einsam. Ich hatte Janet dazu überreden können, sich um einen Posten in einer Klinik in der nächsten Stadt zu bewerben. Dort stand ihr auch ein Zimmer zur Verfügung, so daß ich sie oft besuchen oder zum Essen abholen konnte. Ich habe Janet oft gesagt, ich hätte nur deshalb Erfolg bei ihr gehabt, weil ich ihr den gräßlichen Krankenhausfraß ersparte, indem ich dafür sorgte, daß sie etwas Vernünftiges zu essen bekam. „Auswärts essen“ konnte sie sich nicht leisten. Für das Privileg, regelmäßig achtzig Wochenstunden arbeiten zu dürfen, bekam sie etwas über drei Pfund Sterling die Woche (bei freier Station, dadurch kostete uns das Wäschewaschen nichts). Ich verdiente immerhin fünf Pfund die Woche – ein fürstliches Gehalt.

Die Monate vergingen und damit auch der Kummer über Bill Kettlewells Tod. Ich gewann das verlorene Selbstvertrauen wieder. Menschen suchten meinen Rat. Allerdings blieb ihnen kaum eine andere Wahl: Außer meinem Chef und mir gab es nur noch einen anderen Arzt, Dr. Acey, in Wass.

Diesem Dr. Acey war ich bislang nie begegnet. Er war „die Konkurrenz“, und mein Brötchengeber mochte ihn nicht. Als Dr. MacRoberts sich entschloß, ein paar Wochen Urlaub zu machen, war ich nicht überrascht zu hören, daß ich mich in Notfällen an einen gewissen Dr. Wilson in der Nachbarstadt zu wenden hätte. Aber zu Notfällen würde es nicht kommen, meinte Dr. MacRoberts, alles sei unter Kontrolle. Die Gemeindehebammen würden mit allem Erdenklichen fertig, außerdem seien bis zu seiner Rückkehr keine Entbindungen fällig. Falls ich Schwierigkeiten bekäme, sollte ich die Patientin einfach ins Krankenhaus überweisen. „Das geht alles völlig problemlos“, sagte er munter und verabschiedete sich.

In der ersten Woche nach Dr. MacRoberts’ Abreise ging tatsächlich alles glatt. Ich fand sogar, daß ich meine Sache recht gut machte. Dann passierte es. Spätnachts weckte mich hartnäckiges Klingeln unten an der Haustür. Verschlafen öffnete ich mein Fenster. „Hier Joe

Featherstone, Ivy Street zehn. Herr Doktor, die Hebamme braucht Sie. Sie sagt, es ist dringend und Sie sollen bitte sofort kommen."

Ich wurde hellwach. „Sagen Sie ihr, ich bin schon unterwegs."

Ungefähr bis zum Jahr 1950 wurden die meisten Kinder zu Hause geboren. Geschulte Hebammen leisteten ausgezeichnete Arbeit und wurden unterstützt von praktischen Ärzten und speziell ausgerüsteten Noteinsatzgruppen der örtlichen Krankenhäuser. Aber Engpässe konnten beängstigend schnell auftreten. So war gerade mehrere Kilometer im Umkreis kein Krankenwagen zu bekommen gewesen, und noch während ich mich hastig anzog, überflog ich in Gedanken die am häufigsten auftretenden Komplikationen: Blutungen, blockierte Geburtswege.

Joe Featherstone erwartete mich auf dem Gehsteig. Die Featherstones wohnten nur ein paar hundert Meter von mir entfernt, und auf dem Weg dorthin blies der Wind mir den letzten Schlaf aus den Augen. Als ich vor ein paar Tagen Joe auf der Straße getroffen hatte, war mir sein frisches, jungenhaftes Gesicht aufgefallen, jetzt sah er richtiggehend abgehärmt aus. Oben an der Treppe stand eine stämmige Frau, die Mutter der Patientin.

„Hier herein, Doktor. Sie sieht wirklich schlecht aus. Nicht wahr, Sie tun, was Sie können?"

Die Hebamme erwartete mich am Fuß des Bettes. Die Nippsachen der jungen Mrs. Featherstone waren vom Toilettentisch geräumt, um Tüchern und einer Blechschüssel Platz zu machen. Alles, was die Hebamme brauchte, lag ordentlich aufgereiht auf dem Nachttisch.

Ich sah mit einem Blick, daß die junge Frau auf dem Bett total erschöpft war. Nach stundenlangen Wehen hatte sie nicht mehr die nötige Kraft, das Kind auszutreiben, wir würden es mit Instrumenten holen müssen. Noch ernster aber war, daß es dem Kind bereits von Minute zu Minute schlechter ging, die Veränderung der Herztöne war alarmierend. Wenn wir sein Leben retten wollten, war keine Zeit zu verlieren.

Während meiner Untersuchung wanderte Jill Featherstones banger Blick vom Gesicht der Hebamme zu meinem. Die junge Frau versuchte mit ihren großen, dunklen, von Angst und Schwäche geweiteten Augen, in meiner Miene zu lesen.

„Ist nicht schlimm", beruhigte ich sie. „Sie schaffen einfach die letzte große Anstrengung nicht mehr, verstehen Sie. Sie brauchen Hilfe."

Hilfe? Was sie brauchte, war eine sofortige Totalnarkose und die Anwendung der Zange. Der Kopf des Kindes stand schon tief im Becken. Zu einem solchen Eingriff war Geschick vonnöten, ein Talent, das ich nicht besaß. Ich hatte zwar bei ein paar Dutzend Kindern als Geburtshelfer fungiert, doch das waren normale Fälle gewesen. Wenn nichts unternommen wurde – und zwar sehr rasch –, war das Kind tot. „Die Patientin einfach ins Krankenhaus bringen lassen“, hatte MacRoberts zum Abschied gesagt. Aber dazu blieb keine Zeit, das Krankenhaus war weit entfernt. Der behäbige alte Dr. Wilson würde eine Stunde brauchen, um herüberzukommen. Dr. Acey aber wohnte nur ein paar Straßen weiter, und sein Ruf war ausgezeichnet.

Ich richtete mich auf und sagte zur Hebamme: „Ich geh Hilfe holen, bin in ein paar Minuten zurück.“

Ich konnte nur hoffen, Dr. Acey zu Hause anzutreffen. Er bewohnte eine imposante Villa, in der schon Generationen von Ärzten residiert hatten. Ich zerrte am altmodischen eisernen Glockenzug. Kurze Stille, dann pfiff es gespenstisch fast direkt in mein Ohr. Dr. Acey besaß eine sehr praktische viktorianische Sprechanlage, die es ihm ermöglichte, vom behaglichen Bett aus mit Besuchern unten vor der Tür zu sprechen. Ich erklärte ihm kurz die Lage. Drinnen wurde es hell, und Sekunden später öffnete sich schwungvoll die Haustür. „Die Konkurrenz“ stand vor mir, im Schlafrock, und begrüßte mich trotz der nachtschlafenden Zeit freundlich. „Kommen Sie einen Moment herein, Doktor, ich bin gleich angezogen.“ Ich hatte kaum Zeit, mich umzusehen, da war er schon zurück. „Der Wagen steht vor der Tür. Ich muß noch meine sterile Trommel mitnehmen, die brauchen wir vielleicht.“ Hastig griff er nach dem Stahlbehälter, der Kittel, Masken und chirurgische Instrumente enthielt, und stürzte zur Tür. Bei unserer Ankunft im Haus der Featherstones übersah Dr. Acey mit geübtem Blick sofort die Lage. „Sie hatten recht“, sagte er. „Hier tut Eile not.“ Er wandte sich an die junge Frau und beruhigte sie. „Kommt alles in Ordnung, meine Liebe. Ich sorge dafür, daß Sie schlafen, und Ihr Doktor holt das Baby. Hier, atmen Sie das mal ein. Und haben Sie keine Angst – wenn Sie aufwachen, ist alles vorbei.“

Er streifte ihr eine Betäubungsmaske über, und die Atemzüge des Mädchens wurden rasch tiefer.

„Überwachen Sie nur die Luftwege“, sagte er, „und halten Sie ihr das Kinn hoch. Jetzt kommt ein bißchen Anschauungsunterricht.“

Damit machte er sich an die Arbeit. „So reguliert man die Zange. Prüfen Sie die Lage des Kopfes. Vor allem vergewissern Sie sich, ob der Muttermund ganz erweitert ist. Dann setzen Sie den Löffel Nummer eins an. Jetzt Löffel Nummer zwei."

Ich sah, wie sich seine Unterarmmuskeln spannten, als er anfing zu ziehen. Es war keine leichte Arbeit, und seine Stirn begann vor Schweiß zu glitzern. „Nie mehr Kraft anwenden als nötig", mahnte er. „Und immer der natürlichen Krümmung des Beckens folgen."

Dann war plötzlich alles vorbei, er richtete sich auf und grinste. „Kräftige Lungen hat es auch, das Kerlchen", murmelte er.

Mrs. Featherstone regte sich, sie war bald wach und blickte mit großen, erstaunten Augen das Baby an. Dann wandte sie sich zu mir, ergriff meine Hände und rief: „Oh, Herr Doktor, Gott sei Dank, daß Sie gekommen sind! Als Sie zur Tür hereintraten, wußte ich gleich, daß alles gutgehen wird." Ich errötete bis zu den Haarwurzeln und sah meinen Wohltäter an. „Aber Dr. Acey hat doch . . .", begann ich, aber er fiel mir ins Wort. „Gehen wir, Doktor. Wir haben noch einen dringenden Besuch zu absolvieren. Die Schwester macht hier schon alles. Tut sie ja immer, nicht wahr?" fragte er die strahlende Hebamme. Miteinander stiegen wir hinunter, wobei Acey sich noch die Zeit nahm, Joe Featherstone zur Geburt seines Stammhalters zu gratulieren.

Niedergeschlagen kroch ich in den Wagen. Hin und her gerissen zwischen Beschämung, Verlegenheit und Erleichterung stammelte ich meinen Dank. Der Kollege lachte.

„Auch ich war mal dreiundzwanzig und unerfahren. Das ist keine Blamage. Sie lernen es schon noch. Anders wäre es gewesen, wenn Sie sich überschätzt hätten. Und jetzt", sagte er, als er sich ans Steuer setzte und anfuhr, „zu unserem dringenden Besuch. Port? Brandy? Oder unser Nationalgetränk Whisky?"

3. Kapitel

Im Frühjahr 1940 war die deutsche Wehrmacht auf dem Vormarsch in Westeuropa. Binnen weniger Wochen war Frankreich geschlagen und das britische Heer in Dünkirchen um Haaresbreite der Vernichtung entgangen. Nun kam auch für mich der Stellungsbefehl.

Ein bunt zusammengewürfelter Haufen – ein paar Dutzend Ärzte in meinem zarten Alter, aber auch würdige Herren mittlerer Jahrgänge – versammelte sich am Regimentsstandort. Wir hörten einige Tage lang Vorträge, erhielten Schutzimpfungen und brachten den Ausbilder, einen Feldwebel, mit unserer unmilitärischen Haltung fast zur Verzweiflung. Dann bekam ich einen schlechtsitzenden Kampfanzug verpaßt, wurde kurz in die Rolle eines Unteroffiziers der Sanitätstruppen eingewiesen und stand damit endgültig im aktiven Dienst meines Regiments.

Meine militärische Laufbahn hatte begonnen.

Die meisten Angehörigen des Artillerieregiments, bei dem ich ein Jahr lang Dienst tun sollte, waren entweder Berufssoldaten oder Reservisten. Wir wurden an der Nordwestküste Englands stationiert – so weit wie möglich entfernt von einer etwaigen Feindlandung. Das war auch angebracht, angesichts der Bewaffnung unserer Einheit. Nur einer von dreien besaß ein Gewehr, die übrige Bewaffnung bestand aus technisch veralteten Lewis-Maschinengewehren mit je sechshundert Schuß Munition, das genügte lediglich für wenige Minuten Dauerfeuer. Ich merkte schnell, daß man von mir nichts Soldatisches erwartete. Ich wurde als Regimentsarzt ebenso in der Kantine akzeptiert wie im gehobeneren Milieu der Offizierskasinos. Nach wenigen Wochen hatte ich mich an das neue Leben gewöhnt. War die militärische Umgebung auch nicht gerade der rechte Rahmen für akademische Medizin, so war er doch wie kein anderer geeignet, die menschliche Natur kennenzulernen.

Zunächst beschäftigte ich mich ausschließlich mit wund gelaufenen Füßen, blau geschlagenen Schultern und anderen typischen Dienstkrankheiten.

Auf London fielen Bomben. Der Ostteil der Stadt wurde schwer in Mitleidenschaft gezogen. Wenn die Männer auf Urlaub zu ihren Familien gingen, sprachen sie scherzhaft von „an die Front müssen“. Ein Hauptfeldwebel fuhr für ein Wochenende nach London und kam zwei Tage zu spät wieder zum Dienst. Der Stadtteil, in dem er wohnte, war nur noch Schutt und Asche, und der Mann hatte verzweifelt nach Frau und Kind gesucht. Er fand sie schließlich unter zusammengestürztem Gebälk – tot. Der Bataillonskommandeur bat mich, diesen Hauptfeldwebel zu untersuchen. Als er jedoch im Krankenrevier erschien, sagte er mir gleich, er sei nur auf Befehl da. Sein Gesicht war starr und hart, und meine unbeholfenen Beileidsbekundungen schienen ihm fast lästig. Er dankte für mein Mitgefühl, behauptete, keinerlei Hilfe zu benötigen, und wollte sofort wieder Dienst tun.

Als ich ihn ein paar Tage später wieder sah, lag er schmerzgekrümmt auf einer Pritsche, und kalter Schweiß stand auf seinem grauen Gesicht. Seine Bauchdecke war bretthart, und er hatte starke Schmerzen im Oberbauch. Die Diagnose war leicht. Akutes, durchgebrochenes Zwölffingerdarmgeschwür. Ich ließ ihn ins Krankenhaus bringen, wo man ihn sofort operierte. Während seiner Rekonvaleszenz besuchte ich ihn mehrfach. Er sollte vor einen Ausschuß von Militärärzten, und es war damit zu rechnen, daß er von einer Kommission zur anderen weitergereicht und nie wieder zum Dienst zurückkehren würde.

Hätte man etwas für ihn tun können? Ich war überzeugt, daß er trotz seiner eisernen Beherrschung mehr Streß erduldet hatte, als er physisch und psychisch verkraften konnte. Sein Geschwür schien mir die unmittelbare Folge ungelöster seelischer Belastungen zu sein.

Es dauerte nicht lange, da begegnete mir ein ähnlicher Fall. Einer unserer Feldwebel war als Reservist eingezogen worden. Im Zivilleben besaß er zusammen mit seiner Frau ein kleines Tabakwarengeschäft in London, das nach ein paar Jahren intensiver Arbeit anfing zu florieren. Nun mußte er zum Militär, und mit dem Geschäft ging es bergab. Seine Frau schrieb ihm verzweifelte Briefe. Der Feldwebel klagte nicht. In einem Gespräch mit seinem Vorgesetzten hätte sich vielleicht eine Lösung finden lassen, doch dazu war er zu stolz. Seine Selbstbeherrschung, sein verbissenes Die-Ohren-Steifhalten führte zu einem Zwölffingerdarmgeschwür, das ihn dienstuntauglich machte. Er verließ die Armee mit verkniffenem Gesicht und in der Überzeugung, er habe in einer Krise versagt.

Weitere Fälle folgten, und ich fing an, die Krankenblätter meiner Einheit zu studieren. Ein häufiger Grund für Geschwüre war Untreue. Freundinnen und Ehefrauen schrieben rundheraus, die Trennung und das Alleinsein gingen über ihre Kraft. Merkwürdigerweise schienen es immer die sensiblen, anhänglichen Männer zu sein, die solche Briefe bekamen. Sie waren es dann auch, die darauf mit plötzlichen heftigen Beschwerden des Verdauungstraktes reagierten. Ich war schließlich von meiner Theorie so überzeugt, daß ich eine Arbeit über psychische Belastung als auslösendes Moment für Zwölffingerdarmgeschwüre bei Soldaten schrieb. Die Arbeit wurde zurückgewiesen. Heute ist es eine anerkannte Tatsache, daß unbewältigter psychischer Streß die verschiedenartigsten Krankheiten verursachen kann, und ich kenne wenige praktische Ärzte, die abstreiten würden, daß unbewältigte Trauer, fortwährende Frustration und anhaltender Unmut geeignete Grundlagen für die Entwicklung körperlicher Störungen sind, und zwar nicht nur im Verdauungstrakt. Damals jedoch wurde meine Behauptung nicht akzeptiert.

Im Winter 1940, als das Regiment noch immer die friedlich stille Nordwestküste „verteidigte", schickte man mich für einige Wochen nach Aldershot zur weiteren militärischen Ausbildung. Janet, die ihre medizinischen Kenntnisse erweitern wollte, war an ein großes Krankenhaus im mittelenglischen Bergland gegangen. Wir sahen uns deshalb nur noch in größeren Zeitabständen.

Viele englische Städte haben Garnisonen. Aldershot aber ist nur Garnison und in Kriegszeiten so trostlos und unfreundlich wie seine Barackenunterkünfte. Der ganze Ort atmete militärische Disziplin und hatte nur einen einzigen Reiz: die Nähe Londons. Die deutschen Luftangriffe waren damals auf dem Höhepunkt, und man legte uns nahe, London zu meiden. Auf dem Felde der Ehre zu fallen war erlaubt, nicht aber, in einem Londoner Nachtklub verschüttet zu werden. Doch wir waren jung, neugierig und ein bißchen rebellisch und ignorierten den Rat der Vorgesetzten. Es ging das Gerücht, die Militärpolizei dürfe jeden Uniformierten anhalten, nach dem Woher und Wohin fragen und mit dem nächsten Zug wieder aus der Stadt expedieren. Um das zu vermeiden, verließen meine Kameraden und ich den Zug immer schon in den Vororten und fuhren mit der Untergrundbahn weiter ins Zentrum.

Dabei lernten wir – wenn wir spätabends auf dem Rückweg in unsere Unterkünfte waren – die stoische Haltung und ruhige Disziplin der Londoner kennen. Später wurden die U-Bahn-Stationen offiziell als Luftschutzkeller eingerichtet, mit solide gebauten Schlafnischen entlang der Bahnsteigwände; ein Luftschutzwart sorgte für Ordnung, obwohl das kaum nötig war. Vom ersten Tag der Luftangriffe an suchten die Menschen Schutz in der Tiefe der U-Bahnhöfe, nahmen Verpflegung und Decken mit und übernachteten in rasch organisierten Gruppen auf dem Boden der Bahnsteige. Die Kinder schliefen unbekümmert um ein- und ausfahrende Züge oder um das gedämpfte Donnern der Explosionen und das dumpfe Bellen der Flakgeschütze. Manche Männer lagen mit offenen Augen da, ruhig und wachsam, und nickten uns freundlich zu, wenn wir behutsam zwischen den Decken und Schläfern herumstiegen.

Als Janet mich anrief, sie habe vierundzwanzig Stunden Urlaub und wolle sich am nächsten Tag mit mir in London treffen, zögerte ich. Es könne gefährlich werden, sagte ich. Sie entgegnete, es sei sehr wichtig für sie. Kein Mensch wisse, was die Zukunft bringen werde und wie oft wir uns überhaupt noch sehen könnten. „Es ist mein einziger freier Tag im Monat“, argeWeXdiebte sie. „Ich könnte den frühesten Zug nehmen und somit um die Mittagszeit in London sein. Und zurück nehme ich dann den Vieruhrzug, damit wären wir beide am Spätnachmittag schon wieder aus London heraus.“

Die Zeit der Tagesangriffe war vorbei, aber die Bombennächte waren entsetzlich. Wir verabredeten, daß ich sie am Bahnhof abholen würde.

Krankenhausärzte, die in der Klinik wohnten, hatten barbarisch lange Dienstzeiten. An Janets Krankenhaus wurde den Ärzten monatlich nur ein einziges freies Wochenende gestattet; sie durften während des ganzen Monats das Gebäude nicht verlassen. Nicht einmal den zu Besuch kommenden Ehefrauen der Chirurgen war es erlaubt, im Zimmer ihrer Männer zu übernachten. Herrenbesuch im Zimmer einer Ärztin hätte einen Skandal ausgelöst, der das Haus bis in die Grundfesten erschüttert hätte. Die langen Dienststunden, die außerordentlich große Infektionsgefahr und der Mangel an frischer Luft führten manchmal zu schweren Erkrankungen der jungen Fachkräfte.

Am nächsten Tag war ich früh genug vor Janets Eintreffen am Londoner Bahnhof, aber ihr Zug kam und kam einfach nicht. Es wurde Mittag, der Nachmittag ging vorüber, und um vier Uhr sah ich schweren Herzens den Zug abfahren, den sie für die Rückfahrt hatte nehmen wollen. Der nächste Zug, mit dem sie zurückmußte, ging erst in ein paar Stunden. Die Dämmerung nahte, die Büroangestellten drängten eilig zu den Vorortzügen, da sie noch vor dem Alarm aus dem Stadtzentrum herauswollten.

Nach und nach lichtete sich die Menge, und die Bahnhofshalle wirkte gespenstisch leer und verlassen. Doch da fuhr noch ein Zug ein, und Janet kam winkend auf mich zugelaufen.

„Ich bin kreuz und quer durch halb England gefahren!“ rief sie. „Irgendwo war das Gleis bombardiert, wir hielten endlos lange, und als es weiterging, sind wir eine Strecke gefahren, die ich noch nie entlanggekommen bin. Ich habe mich halb totgeängstigt, weil ich wußte, du wartest hier, aber was sollte ich machen." Hauptsache, wir waren zusammen! Statt in einem eleganten Lokal zu Mittag zu essen, tranken wir Tee in einem schlecht beleuchteten, muffigen Bahnhofsrestaurant. Es hatte keinen Sinn mehr, in die Stadt zu fahren, die in totaler Finsternis lag. Lederartige Brötchen und eine heiße Flüssigkeit, die man nur mit einigem Wohlwollen als Tee bezeichnen konnte, stellten unser Menü dar. Nach und nach verließen auch die letzten Gäste das Lokal und strebten ihren Zügen zu. Wir beide waren mit der Bedienung allein. Sie wirkte heiter und schicksalsergeben. „Wenn's mir bestimmt ist, Miß, daß es mich heut nacht erwischt", sagte sie, „kann keiner was dran ändern." Sekunden später drang das Heulen der Sirenen zu uns, es schwoll immer mehr an, verstummte wieder völlig, bis es erneut einsetzte.

Mittlerweile war es Zeit, an Janets Heimfahrt zu denken. Ich war entschlossen, ungeachtet möglicher disziplinarischer Folgen, Janet bis in ihr Krankenhaus zurückzubegleiten. Bei meiner Einheit würde man mich sowieso schon vermissen, denn ich hatte mittlerweile beim Appell gefehlt. Auf dem riesigen Bahnhof war es pechfinster, und wir stolperten blindlings zu dem Gleis, auf dem der Zug stand.

Das irrsinnige Geheul erstarb, und bald drang von fern her das Wummern deutscher Bomber. Das erste, noch weit entfernte Knattern britischer Flak setzte ein.

Die Flugzeuge kamen immer näher. In die dumpfen Einschläge explodierender Bomben mischte sich das scharfe Gebell von Artilleriesalven – eine Flakbatterie nach der anderen begann zu feuern. Die Wolkendecke hing tief herab, geisterhaften Fingern gleich schwenkten Suchscheinwerfer durch das Gewölk, das bald vom Widerschein der brennenden Häuser rötlich leuchtete.

Wir kletterten in den Zug und hatten nach wenigen Stunden unser Ziel erreicht. In dieser Nacht gab es keine langen Abschiedsküsse. Ich ließ Janet in der angenehm geheizten Eingangshalle der Klinik zurück, machte kehrt und rannte zum Bahnhof, als seien tausend Teufel hinter mir her. Auf die Unterhaltung mit meinem Kommandeur nach der Rückkehr freute ich mich nicht.

Zum Glück fuhr bald ein Zug nach London. Es war noch nicht hell, als er die Vororte erreichte. Das Abteil füllte sich bis auf den letzten Sitzplatz. Meine Mitreisenden, die mit steifem Hut auf dem Kopf nach dem Motto „Das Geschäft geht weiter" zu ihren Arbeitsplätzen

unterwegs waren, wirkten genauso abgekämpft und unausgeschlafen wie ich. Niemand sprach ein Wort.

Wir waren etwa noch einen Kilometer von der Endstation entfernt, da verlangsamte der Zug die Fahrt und blieb schließlich behaglich pustend stehen. Minuten vergingen, ehe einer der Reisenden, ungeduldig auf die Uhr schauend, sich entschloß, nach dem Grund für den Aufenthalt zu forschen. Er öffnete ein Fenster und lehnte sich hinaus, schloß es, setzte sich wieder auf seinen Platz und las weiter seine Zeitung. Bald tat ein zweiter Mann das gleiche, und die anderen machten es ebenso.

Schließlich wollte auch ich wissen, was um Himmels willen uns aufhielt. Zwischen meinen Mitreisenden und mir war kein Wort gewechselt worden, daher mußte ich mir selbst Klarheit verschaffen. Kurz entschlossen kurbelte ich das Fenster herunter und schaute das Gleis entlang.

Trotz des kalten Morgens brach mir ein noch kälterer Angstschweiß aus. Keine fünf Meter voraus umstand eine Gruppe Männer ein Loch im Boden, aus dem die Schwanzflosse eines nicht explodierten Lufttorpedos ragte. Offenbar hatte man das Ding eben erst entdeckt und dem Zug das Haltesignal gegeben. Auch jetzt noch konnte die geringste Erschütterung den Zündmechanismus auslösen. Mein Mund war vor Angst ganz trocken. Ich sah mir meine Mitreisenden an.

Ein Mann saß ruhig da, den Kopf angelehnt, die Augen geschlossen. Seine Fäuste lagen auf den Knien, so fest geballt, daß die Knöchel weiß hervortraten. Ein zweiter starrte mit ängstlichem Blick vor sich hin. Zwei oder drei schienen die Zeitung zu lesen, äußerlich waren alle ruhig.

Ich steckte meine feuchten Hände in die Taschen, setzte mich und wartete. Die Minuten vergingen. Das Zwielicht der Morgendämmerung wich der Tageshelle, und noch immer umgab mich Grabesstille, gelegentlich unterbrochen vom nervösen Rascheln einer Zeitung. Plötzlich begann der Mann mir gegenüber zu uns übrigen Passagieren im Abteil zu sprechen. Er hätte im Kindergottesdienst predigen können, so sanftmütig tönte er. „Meine Herren, es ist an der Zeit, uns darauf vorzubereiten, vor das Angesicht unseres Schöpfers zu treten."

Nach Lage der Dinge war das kein ausgefallener Rat, denn nur wenige Meter entfernt erwartete uns alle ein grausamer Vernichtungsapparat.

Da senkte ein anderer die Zeitung, und seine eisig-blauen Augen kamen zum Vorschein, mit denen er unseren Vorbeter kalt musterte. „Sir", sagte der Mann mit der Zeitung, „wenn Sie weiter öffentliches Ärgernis erregen, lasse ich Sie an der nächsten Station hinauswerfen."

Wieder senkte sich Schweigen auf uns alle. Ich denke mir oft, wie schön sich an dieser kleinen Begebenheit die englische Tugend veranschaulichen läßt, unbedingt und immer „die Ohren steifzuhalten".

Plötzlich ruckte die Lokomotive ein-, zweimal an. Leise und unbehindert glitt der Zug vorwärts.

„STILLGESTANDEN! Das ist kein Stillgestanden, Sir. Rühren! Das ist kein Rühren, Sir!"

Mit der Gemütlichkeit beim Militär war es vorbei. Ich war als Zugführer zum Feldlazarett einer Panzerdivision versetzt worden. Die Feldlazarette, mit etwa einhundertfünfzig Mann besetzt, waren bewegliche Sanitätseinheiten. Ich merkte plötzlich, daß man von mir

Eignung zur Menschenführung erwartete. Dazu gehört beim Heer die Fähigkeit, im Gleichschritt zu marschieren. Mein neuer Kommandeur hatte – entsetzt über mein ziviles Gebaren – einem Hauptfeldwebel Anordnung gegeben, sich jeden Morgen eine Stunde lang persönlich mit mir zu befassen, bis ich den nötigen Drill intus hätte.

Meine Versetzung zum Feldlazarett war ganz plötzlich gekommen, und mein voriger Oberst hatte mir achtundvierzig Stunden Urlaub gegeben. Er hatte mir nahegelegt, nach Schottland zu reisen und aus der „kleinen Rothaarigen", mit der ich herumzog, eine „ehrbare Frau" zu machen.

Janet nahm meinen Heiratsantrag an. Ihre einzige Bedingung war, daß unsere Ehe eine Partnerschaft zwischen Gleichberechtigten sein müsse. Anders hätte ich es auch nicht gewollt. Wir sind Partner geblieben, und sie hat noch heute ihre eigene Praxis.

Unsere Hochzeitsreise verbrachten wir in einem Eisenbahnabteil voller Soldaten, die nach Südengland fuhren. Einen Tag später meldete ich mich bereits bei meiner neuen Einheit, die in den schönen Wäldern und Wiesen von Surrey lag. Janet wurde vorübergehend „Zivilperson im Heerlager", bis unser Korpskommandeur, ein gewisser Montgomery, der später als Gegenspieler Rommels in die Geschichte eingehen sollte, alle Ehefrauen heimschickte.

Janet fuhr aber nicht sofort ab. Ich versteckte sie in einem bezaubernden Dörfchen namens Friday Street, wo das Fenster ihres Hotelzimmers auf einen schönen Seerosenteich hinausging. Nachts, wenn der Wachtposten seine Runden gemacht und mein Zeltgenosse „Entwarnung" signalisiert hatte, kletterte ich über die Mauer und kehrte vor Morgengrauen auf dem gleichen Wege zurück. Um sechs Uhr dreißig traten wir – ungeachtet des Dienstgrades – zu „Kampfübungen ohne Waffen" an, einer Mischung aus Boxen, Karate und unerlaubten Tricks, bei denen die Mannschaft sich ein Vergnügen daraus machte, ihre Offiziere tüchtig durchzubleuen.

Außer dem gefürchteten Exerzieren waren noch andere Fertigkeiten zu erlernen. Mein aus dreißig Sanitätern bestehender Zug war zwar in mancher Hinsicht gut ausgebildet, mußte aber auf bestimmten Gebieten, gleich mir, von vorn anfangen. Kartenlesen im Dunklen bei äußerst rascher Fahrt bot beispielsweise allerlei Überraschendes; Flüsse schienen eine besondere Anziehungskraft auf die Fahrzeuge meines kleinen Konvois auszuüben. Doch im Lauf der Monate wurden wir echte „Pfadfinder" und trafen schließlich sogar nach

Gewaltmärschen voll einsatzfähig und einigermaßen pünktlich ein, häufig sogar am vorgeschriebenen Zielpunkt.

Wir Ärzte waren selbstverständlich in besonderer Weise für die medizinische Betreuung unserer Kameraden verantwortlich. Eines Morgens, ich war gerade diensthabender Offizier, bat man mich, Feldwebel Tomkins, einen Pioniersoldaten, anzusehen. Forsch betrat ich das Krankenrevier, in der Meinung, es handele sich wieder einmal um ein Bagatelleiden.

Nichts an Tomkins oder seinen Beschwerden schien besorgniserregend. Der Mann war Anfang Vierzig, langgedienter Berufssoldat, eben erst aus Indien nach England heimgekehrt. Er sagte, ihm tue „alles weh", er habe starke Kopfschmerzen. Schon seit ein paar Tagen sei ihm nicht gut, aber heute früh sei es dann so schlimm geworden, daß er den Arzt aufsuchen mußte.

Ich untersuchte ihn. Er hatte hohes Fieber, doch ich fand keine Ursache dafür. Wegen der erhöhten Temperatur und weil er über Erschöpfung klagte, ließ ich ihn zur Beobachtung auf dem Krankenrevier. Dann ging ich wieder an meine Pflichten, frohen Mutes, denn zum Wochenende sollte Janet mich besuchen kommen, die inzwischen Amtsärztin in einem Tropenkrankenhaus in Glasgow geworden war.

Nach der Einweisung Tomkins' in das Krankenrevier holte ich Janet vom Bahnhof ab, brachte sie schnell in ihr Hotel und meldete mich wieder im Revier. Dort erwartete mich der ängstlich dreinschauende Sanitätsfeldwebel Jones.

„Sind Sie zu einer Diagnose über Feldwebel Tomkins gekommen, Sir?"

„Nein, Sanitätsfeldwebel. Es gab so gut wie keine Symptome."

„Aber jetzt hat er eine Menge, Sir. Kommen Sie und schauen Sie ihn sich an, ich habe Gesichtsmaske und Kittel schon bereitgelegt."

Ich zog den Kittel über und begleitete Jones zu unserem Patienten. Feldwebel Tomkins lag verdächtig still und erschöpft im Bett. Sein Fieber war gestiegen, sein Kopfschmerz unerträglich geworden, das Abendessen stand unberührt auf dem Tablett. Binnen weniger Stunden hatte sich ein Ausschlag gebildet, und jetzt bedeckten wäßrige Pusteln sein Gesicht. Der Sanitätsfeldwebel warf mir einen vielsagenden Blick zu, als wir den Kranken verließen. „Haben Sie eine Ahnung, was es ist, Sir?" Ich antwortete nicht, ob aus Unwissenheit oder aus Angst, ist schwer zu sagen. Der Sanitätsfeldwebel wartete meine Antwort nicht ab. „Es sind die Pocken. Ich hab mal in Indien gedient. Ich hab sie dort oft gesehen."

Jones war ein guter Pfleger, seit Jahren bei der Sanitätstruppe; ich respektierte seine Meinung. Entsetzt über die fürchterlichen Konsequenzen, die diese Diagnose nach sich ziehen würde, konnte ich nur wortlos nicken.

„Er kommt gerade aus Indien", sagte ich schließlich. „Ist vermutlich x-mal geimpft worden. Wo ist sein Gesundheitspaß?" Jones zeigte mir den kleinen Ausweis, den jeder Soldat bei sich tragen mußte. Demzufolge war Tomkins mehrmals geimpft worden.

Erleichtert reichte ich das Büchlein zurück, aber Jones war nicht zufrieden. „Alte Hasen verstehen sich zu drücken. Er kann die Unterschrift des Truppenarztes gefälscht oder eine Ordonnanz mit ein paar Rupien bestochen haben, damit er seinen Stempel kriegt. Darauf, Sir, dürfen Sie sich nicht verlassen."

Heutzutage sind die Pocken ausgerottet. Das ist ein großer Fortschritt für die Menschheit. Damals waren sie eine der gefürchtetsten Infektionskrankheiten. In Ländern wie Indien blieben sie bis vor kurzem eine wahre Geißel, und bis ins neunzehnte Jahrhundert hinein waren sie auch in England gefürchtet. Zwischen 1793 und 1802 starben sechsunddreißig Prozent aller Kinder Glasgows an den Pocken, zu einer Zeit, in der die Hälfte aller Neugeborenen das zehnte Lebensjahr nicht erreichte. Heutzutage ist man nach erfolgreicher Impfung gegen Pocken immun.

Für Nichtgeimpfte konnte die Krankheit auch 1940 noch schrecklich enden. Es genügte dann, auch nur in die Nähe eines Pockenfalles zu geraten, um sich anzustecken. Die Verantwortung für sofortiges Handeln lag jetzt bei mir. Ich glaubte dem Sanitätsfeldwebel, denn ich hatte zwar noch keinen Pockenfall selbst erlebt, doch das klinische Bild war mir bekannt: einige Tage grippeähnliche Beschwerden, Kopfweh, Fieber, dann wäßrige Pusteln auf Gesicht und Extremitäten.

Ich meldete den Fall und meinen Verdacht. Hätte ich eine Bombe geworfen, ich hätte keine größere Wirkung erzielt. Ich sollte sofort in Quarantäne, Jones sollte in Quarantäne und selbstverständlich Tomkins' ganze Einheit. Über die gesamte Brigade wurde Ausgangssperre verhängt, und ich unschuldiges Opfer der Verhältnisse war der Sündenbock, weil ich den Jungen verbieten mußte, zu ihren Mädchen zu fahren.

Der einzige Mensch, von dem ich nicht isoliert wurde, war Janet. Sie hörte sich meinen Bericht an und sagte: „Bring mich zu dem Patienten, ich möchte ihn sehen." Das wollte ich nicht, aber sie erinnerte mich daran, daß sie als Ärztin in einem Tropenkrankenhaus an einem einzigen Tag schlimmere Infektionskrankheiten sähe als ich in einem ganzen Jahr.

Mit Genehmigung des diensthabenden Truppenarztes besuchte Janet in Kittel und Maske den Pionierfeldwebel, dem es mittlerweile sehr schlecht ging. Aber Janet war sich ihrer Sache nicht sicher. Tomkins' Impfpaß machte sie nachdenklich. Sie mußte zwar am nächsten Morgen abreisen, riet mir aber, dem Patienten hohe Dosen Sulfonamid zu geben. Antibiotika gab es erst Jahre später.

Inzwischen verschlechterte sich Tomkins' Zustand immer mehr. Das Fieber war in schwindelerregende Höhe gestiegen, er redete irre, und ich wurde vor Sorge fast verrückt. Das Kriegsministerium war bereits benachrichtigt worden. Morgen würde der große Sir Knolly Pratt, ziviler Facharzt für Tropenkrankheiten, eintreffen und sich Tomkins ansehen.

Die Nacht schien endlos. Mein Patient tobte im Delirium. Ich saß fast die ganze Zeit bei ihm und döste nur gelegentlich im Nebenzimmer. Endlich graute der Morgen. Der Gedanke, daß Sir Knolly nun schon irgendwo zwischen London und unserem Standort unterwegs war, tröstete mich etwas. Als ich zu meinem Patienten trat, erkannte er mich wieder – zum ersten Mal seit vierundzwanzig Stunden. Seine Temperatur war gefallen. Er hatte sogar schon versucht zu frühstükken. Das Sulfonamid hatte eine dramatische Wende herbeigeführt.

Endlich fuhr ein riesiger amerikanischer Wagen vor, dem Sir Knolly mit einem Gefolge von drei Herren entstieg. Sir Knolly war etwa sechzig, lebhaft und leutselig. Die Herablassung der anderen drei ließ vermuten, daß Militärärzte für sie zu den niedrigsten Erscheinungsformen der medizinischen Spezies gehörten.

Kittel und Masken lagen bereit, ich hatte Tomkins gesagt, daß ein Spezialist ihn untersuchen würde; mit vier Personen hatte er jedoch nicht gerechnet. Als wir im Gänsemarsch hereinströmten, sah er zu Tode erschrocken aus. Sir Knolly und seine Unterhäuptlinge untersuchten ihn, und er verfolgte angstvoll jede Bewegung, als solle ihm der Bauch aufgeschnitten werden. Sir Knolly wusch sich die Hände, las meine sorgsam angelegten Notizen, nickte dem dienstältesten Arzt des Reviers zu, der Glasröhrchen mit Bakterienkulturen, Abstriche und Reagenzgläser präsentierte. Bisher war kein Wort gefallen. Sir Knolly und seine Mitarbeiter zogen sich zur Geheimberatung zurück. Wir anderen warteten. Endlich kamen sie wieder. Sir Knolly griff nach seinem Mantel und gab damit zu erkennen, daß die Konsultation beendet sei. Er hatte bereits die Klinke in der Hand und wollte hinausgehen, als er sich umdrehte und sagte: „Nun, die Pocken sind es nicht."

Er war schon halb draußen, ehe ich genügend Mut beisammenhatte: „Sir!"

Er drehte sich um. „Ja, bitte?"

„Sir, ich habe als Sanitätsoffizier die volle Verantwortung. Der Brigade ist jeglicher Urlaub gesperrt. Ich muß meine Meldung machen. Wenn es nicht die Pocken sind, Sir, was ist es dann?"

„Äh, ja", sagte der große Mann. „Ich wünschte, Sie hätten mich das nicht gefragt. Aufrichtig gesagt, ich weiß es auch nicht, verdammt noch mal. Einen schönen guten Morgen allerseits."

Das Rätsel wurde nie gelöst, aber Tomkins genas, und ich behielt mein Kommando.

4. Kapitel

1943 WURDE Catriona geboren. In ihrem Pflichteifer hatte Janet fast bis zum letzten Tag weitergearbeitet. Nach der Entbindung hoffte sie, eine Stelle als Krankenhausärztin in Schottland zu finden. Es herrschte zwar starke Nachfrage nach Ärzten, und als alleinerziehende Soldatenfrau mit einem Kindermädchen schien ihr der Plan durchführbar, als Mutter berufstätig bleiben zu können. Doch so etwas wurde damals in Schottland nicht toleriert. Janet fand schließlich eine Stelle, aber in England. Sie wurde Anstaltsärztin in einem privaten Pflegeheim für Geistesgestörte in Lincolnshire und sammelte nun zu ihren Erfahrungen mit Infektionskrankheiten solche auf psychiatrischem Gebiet. Mary, eine junge Frau, deren Mann in Übersee stationiert war, wurde Catrionas Kindermädchen.

Bei Kriegsende gehörte ich einem großen Stabshauptquartier an und hatte administrative, aber auch medizinische Pflichten. Meine Entlassung stand unmittelbar bevor, und ich freute mich sehr auf das Zusammenleben mit Janet und unserer süßen, quicklebendigen Kleinen.

Wir besprachen die gemeinsame Zukunft. Es reizte mich nicht besonders, Facharzt zu werden, lieber wollte ich mich um Menschen mit ihren alltäglichen Krankheiten kümmern. Janet gefiel der Gedanke an eine Allgemeinpraxis ebensogut wie mir. Wir studierten aufmerksam die Rubrik „Praxis zu verkaufen" in medizinischen Fachzeitschriften und telefonierten miteinander, wenn eine Anzeige interessant zu sein schien. Zu hoch durften wir unser Ziel nicht stecken, denn wie die meisten unserer Generation verfügten wir über keinerlei Ersparnisse. Doch das machte uns nichts aus. Wir waren beide neunundzwanzig Jahre alt und glaubten an eine Zukunft, während viele unserer Freunde sich in einer Welt zerstörter Träume und tragischer Erinnerungen nicht mehr zurechtfanden.

Der Großteil der angebotenen Praxen überstieg unsere Mittel. Eines Tages aber fiel unser Blick auf folgende Annonce: „Kleine Praxis mit ausbaufähigem Patientenstamm zu verkaufen. Anlaby Road 535–537, Hull. Büro und Wohnräume auf Mietbasis."

Wir schrieben an den Inserenten, einen vom Geschützfeuer schwerhörig gewordenen Veteranen, der nicht mehr praktizieren konnte. Die meisten seiner Patienten waren abgewandert, doch er war überzeugt, daß ein Teil von ihnen zurückkehren und wir die Praxis wieder in die Höhe bringen würden.

Wir schauten im Atlas nach. Hull, am Nordufer des Humberflusses gelegen, war der Nordsee genauso nah wie den Yorkshire Dales mit ihrem Nationalpark. Als Soldat hatte ich manche Nacht auf den Feldern von Yorkshire geschlafen und mich immer wieder an der Schönheit dieser Hügel und Täler erfreut. Janet gefiel die Landschaft auch, und – was noch wichtiger war – diesmal stimmte der Preis. Wir ließen Catriona bei Bekannten und fuhren nach Hull, um uns die Räumlichkeiten anzusehen.

Die Fahrt mit der Fähre über den dort in die Nordsee mündenden Humber empfanden wir als Ausgangspunkt einer schicksalhaften Expedition. Die Bucht ist sehr breit, gleicht fast dem offenen Meer, und wir hatten genügend Zeit, uns an der frischen Salzluft und dem weiten Himmel über uns zu erfreuen, ehe wir am Pier in Hull von Bord gingen und in ein Taxi stiegen. In der Innenstadt fanden wir zu unserem Schreck ganze Stadtteile in Schutt und Asche vor. Fußböden hingen krumm und schief an Mauerresten, durch Decken und Dächer erblickten wir den Himmel. Wo einmal ein Schlafzimmer gewesen war, lehnte nur noch ein Bett einsam und verlassen an der Wand, von einem gemütlichen Wohnzimmer hing die Tapete in Fetzen herab. Dem Taxifahrer fiel es nicht schwer, unsere Gedanken zu erraten. „Hier haben die Deutschen mal richtig hingelangt", sagte er. „Tag und Nacht Fliegerangriffe. War ja kein Kunststück, mal eben über die Küste reinzufliegen und wieder abzuhauen. Wir haben Tausende von Toten nach den Angriffen gehabt."

Wir fuhren die Anlaby Road hinauf und wurden bei der Nummer 535 abgesetzt. Zwischen den ohnehin verfallenen und unbewohnten Häusern mit den vernagelten, scheibenlosen Fenstern wirkte dieses Haus besonders schäbig. Wir sahen uns beklommen an, als wir auf die Haustür zugingen. Das Haus hatte sechs Jahre leer gestanden, und wir wußten oder glaubten zu wissen, was eine so lange Vernachlässigung anrichten kann.

Der kleine Vorgarten war völlig von Unkraut überwuchert. Eine Klosettschüssel, ein ausgedienter Herd und ganze Wagenladungen von Schutt verbesserten den Gesamteindruck nicht. Wir bemühten uns, durch einige übriggebliebene schmutzstarrende Scheiben ins Innere zu blicken, und erkannten, daß im ganzen vorderen Raum mannshoch Sandsäcke gestapelt waren. Im Raum dahinter war ein Kamin halb eingestürzt. Wir gingen hinüber zum „Wohnhaus", einem dreistöckigen roten Ziegelbau. Im Hof lag ein riesiger Abfall- und Schutthaufen. Obenauf thronte in gefährlicher Schräglage eine ausrangierte Badewanne. Entgeistert trat ich einen Schritt zurück und schaute ungläubig zu meiner Frau hinüber. Sie schüttelte sich vor Lachen.

„Janet", sagte ich finster, „es gibt noch einen anderen Arzt in Hull, der seine Praxis verkaufen möchte. Den wollen wir anrufen."

Als wir Dr. Frank Micks anriefen, antwortete eine sonore irische Stimme: „Aber ja, ich würde Sie auch gern kennenlernen. Bleiben Sie mal, wo Sie sind. Ich komme gleich!"

Dr. Micks war ein großer Mann von etwa sechzig, ein gemütlicher Dicker, dabei durchaus eine würdevolle Erscheinung. Er trug einen Ledermantel und einen Hut ehrwürdigen Alters, in dessen Band künstliche Fliegen staken – zusammengebundene Feder- und Haarbüschel, die beim Angeln als Köder verwendet werden. Er ergriff meine Hand und sah mir über die Schulter. „Aha", sagte er dann, „Sie sind solche Zustände wie in Hull noch nicht gewöhnt, was? Na ja, das gibt sich. Erst wollen wir mal essen und uns unterhalten. Reden ist überhaupt eins von meinen Hobbys, und – ich gesteh's lieber gleich – das andere ist Forellen angeln."

Wir stiegen in seinen Wagen und klemmten uns zwischen Verbandskästen, Anglerstiefel, Angelruten, Reusen und eine Tüte frisch eingekaufter Lebensmittel. Nach kurzer Fahrt hielten wir vor einem imponierend aussehenden Haus.

Dr. Micks führte uns in sein Wohnzimmer, einen großen, nahezu leerstehenden Raum. Nur eine Ecke war möbliert, aber wie! Hier war ein sorgfältig gebauter, praktisch bombensicherer Bunker angelegt.

Dicke Balken stützten weitere Balken, die ihrerseits die Decke stützten, an allen Wänden waren Sandsäcke gestapelt. In diesem Schutzraum standen Schränke, ein Tisch, Stühle und ein schmales Bett.

„Hier lebe ich seit vier Jahren", erklärte Dr. Micks. „Das beste Quartier in der ganzen Stadt. Als die Bombenangriffe immer häufiger wurden, hab ich meine Frau nach Irland heimgeschickt. Wir leiden beide unter der Trennung, aber sie kann mich wenigstens mit ein paar Delikatessen versorgen – irischem Whiskey zum Beispiel. Wollen Sie ihn mal probieren?"

Der Whiskey wurde eingeschenkt, die Lebensmitteltüte auf den Tisch entleert. Gegessen werde, sagte Dr. Micks, sobald wir noch ein weiteres Glas gehoben hätten. „Und jetzt“, sagte er schließlich und machte es sich in seinem großen Stuhl bequem, „will ich alles über euch junge Leute wissen.“

Die Pfeife in der einen, das Glas in der anderen Hand, wartete er darauf, daß einer von uns anfing. Schließlich redeten wir beide gleichzeitig, aber das schien ihn nicht zu stören. Die Stunden vergingen wie im Flug, bis ich unseren Gastgeber an den Zweck unseres Besuchs erinnerte.

„Ach so, das bedrückt Sie noch. Mein Entschluß steht schon seit zwei Stunden fest. Ich verkaufe Ihnen meine Praxis nicht. Ich will viel zuviel Geld dafür.“ Er lachte über unsere enttäuschten Gesichter.

„Ich will Ihnen sagen, was Sie tun sollten: Mieten Sie die beiden Häuser in der Anlaby Road. Ja, ich weiß, auf den ersten Blick sehen sie furchtbar aus. Aber lassen Sie sich nicht einschüchtern. Wir brauchen hier junge Ärzte. Ein Klecks Farbe hierhin und dorthin, und es wird ein Schmuckstück!“

Ich sah ihn entsetzt an. Ein Klecks Farbe? Mit einem Kamin, den der Explosionsdruck ins Zimmer gepustet hatte und durchhängenden Decken? Er mußte verrückt sein. Das war eine Schnapsidee. Da sah ich Janets Augen funkeln. „Ich meine es durchaus ernst“, fuhr Dr. Micks fort. „Das Ding war mal eine gemütliche Wohnung und außerdem die beste Praxis der Stadt. Und noch was – gegenüber wohnt ein alter Arzt. Der braucht genau die Hilfe, die ihr jungen Leute ihm geben könnt. Hugh Webster heißt er, ist fast achtzig und praktiziert immer noch. In puncto Finanzen ist es bei ihm nicht weit her. Diese Stadt schuldet ihm eine Menge – nicht nur in finanzieller Hinsicht. So, und jetzt bringe ich Sie in Ihr Hotel." Der Hotelportier grüßte unseren Begleiter mit so viel Wärme und Hochachtung, daß es einem König Ehre gemacht hätte. „Ein richtiges Original", sagte ich zu dem Portier, als er uns zu unserem Zimmer führte.

„Das kann man wohl sagen, Sir. Wissen Sie, zu der Zeit, als die Bomben fielen, zog er bisweilen, wenn es nachts schnell gehen mußte, den Mantel über den Pyjama, setzte den Hut auf und zog mit der Arzttasche los. Einmal hat er seelenruhig ein bereits brennendes Haus betreten. Jeder hat ihn gekannt, die Ambulanzfahrer, die Feuerwehrleute, alle. Wir wußten, wenn Dr. Micks auftaucht, kommt schon alles wieder in Ordnung."

Dr. Micks schien uns mit einem Zauberkunststück aus seinem heimatlichen Irland verhext zu haben: Wir mieteten die Häuser Nummer 535 und 537 in der Anlaby Road schließlich doch.

Nun hatten wir endlich ein Zuhause. Zwar starrte es vor Dreck, war total heruntergekommen und wimmelte von Mäusen, aber es gehörte uns.

Verglichen mit manchen anderen jungen Ärzten hatten wir unglaubliches Glück gehabt. Dank unserer Entschlossenheit, uns eine dauerhafte Bleibe zu schaffen, in der man leben und arbeiten konnte, waren wir zuversichtlich, in den kommenden Monaten alle Hindernisse überwinden zu können.

Doch schon das erste Hindernis erwies sich als unüberwindlich. Unvermutet wurde mir – mit Bedauern, aber mit größter Bestimmtheit – mitgeteilt, meine Entlassung aus dem Militärdienst sei verschoben. Verwaltungsarbeit mache es nötig, daß ich noch ein Weilchen Uniform trage. Janet würde die Praxis also allein eröffnen müssen.

In unserem Domizil gleich wieder bürgerliche Behaglichkeit herzustellen, stellte sich als schwer erfüllbarer Wunschtraum heraus. In der ganzen Stadt waren die Bombenschäden so groß, daß vorläufig nur das Allernotwendigste repariert werden konnte. Dr. Micks jedoch brachte die Instandsetzungskolonnen dazu, daß sie unser Haus vorrangig behandelten. Der Schuttberg verschwand aus dem Hof. Ebenso die Sandsackbarrikade aus dem Raum, der einmal unser Wohnzimmer werden sollte. Die durchhängenden Decken wurden repariert, die Kamine neu aufgemauert, die zersplitterten Dielenbretter ersetzt.

Als Janet mit Catriona eintraf, war das Haus bewohnbar, wenn man über die Mäuseplage und die Wolken von Staub und Splittern der hämmernden Arbeiter hinwegsah. Ein paar Ärzte, die sich vorstellten, äußerten sich kritisch über Janets spartanische Unterbringung. Sie deuteten auch an, es sei nicht zulässig, daß eine praktizierende Ärztin gleichzeitig Mutter sei. Doch wir gehörten einer neuen Generation an und gingen unseren eigenen Weg.

Als ich am Wochenende auf Urlaub kam, betrat ich ein verwandeltes Haus. Gewiß, es gab nur einen einzigen möblierten Raum, aber überall waren die Dielen gescheuert und glänzten vor Sauberkeit. Hier und dort lag schon ein Teppich, kleine Nippsachen zierten den Kaminsims, und die neueingesetzten Fensterscheiben waren sauber geputzt und hatten hübsche Vorhänge. Catriona spielte vor einem lustig flackernden Kamin. Ich sah mich um. „Wie hast du das nur alles geschafft?" fragte ich.

„Leicht war es nicht", antwortete Janet. „Aber ich hatte Hilfe. Ich habe eine Haushälterin eingestellt, und eine Putzfrau hat überall geschrubbt. Die Vorhänge sind Sackjute aus einer Fabrik, gewaschen, gefärbt und auf die richtige Länge genäht. Und einer der Soldaten, der mit dir gedient hat, brachte mir noch etwas sehr Notwendiges." Damit zeigte sie lächelnd auf einen dickköpfigen, rötlichgelb getigerten Kater, der eben würdevoll hereinstolzierte. „Der hat sich des Mäuseproblems angenommen – er und seine Herzallerliebste. Die ist nämlich eine noch bessere Jägerin als er."

„Und die Praxis? Wie schaffst du die?" fragte ich.

„Sehr umfangreich ist sie ja noch nicht", erwiderte Janet. „Ich schaff es allein. Aber es ist sonderbar", fuhr sie fort, „wie sehr die Menschen dieses Haus noch immer als Arzthaus ansehen. Hier war anscheinend schon immer eine Praxis. Ein alter Herr war ganz erstaunt, als er eine Ärztin vorfand. Weißt du, was er gesagt hat: ‚Hier ist mir immer geholfen worden, diesem Haus bleib ich treu.'"

Dr. Micks hatte recht gehabt, wir bekamen eine Chance. Neue Patienten versuchten es mit uns, die früheren kehrten zurück.

NICHT lange danach wurde ich endgültig vom Militär entlassen. Einer meiner ersten Patienten war Dr. Hugh Webster, der alte Arzt, der gegenüber wohnte. Er war Sozialist, Mitglied der Fabian Society, zu deren Mitgliedern der Philosoph Bertrand Russell und der Dramatiker George Bernard Shaw gehört hatten. Obwohl seine

Praxis mit den Jahren zurückgegangen war, kamen doch noch jeden Tag ein paar Leute zu ihm.

Ich hatte noch keine Zeit gehabt, ihn aufzusuchen, wie Dr. Micks mir geraten hatte, so daß unsere Begegnung nun unter keinem günstigen Stern stand. Eines Nachmittags rief Miß Webster, Hughs Tochter, an, eine Dame um die Fünfzig. Hughs Frau war seit Jahren tot, und der Tochter war das Los zugefallen, „für Papa zu sorgen".

„Vater ist krank, Herr Doktor, und möchte, daß Sie kommen. Ich glaube", ergänzte sie schüchtern, „es könnte Lungenentzündung sein."

Man schrieb 1946, und wir Ärzte begegneten noch immer der klassischen Lobärpneumonie: zu Anfang Husten, Brustschmerzen, Rippenfellentzündung, steigendes Fieber, Atemnot. Binnen einer Woche führte die Infektion dann zur „Krise", die Krankheit heilte von selbst – oder tötete den Patienten. Oft war diese Lungenentzündung eine bedrohliche Komplikation kleiner Erkältungen. Früher wurde sie von einer relativ geringen Anzahl bekannter Bakterien hervorgerufen, heute lösen unzählige Organismen, darunter die Viren, sie aus. Selbst ihre Symptome haben sich geändert.

Ich ging über die Straße zu Dr. Websters Haus. Seine Tochter, eine tüchtige, nüchterne Person, empfing mich an der Haustür und führte mich hinauf ins Schlafzimmer ihres Vaters. Als ich unten durch die schmale Diele geschritten war, hatte das an der Wand lehnende Fahrrad des Doktors meine Aufmerksamkeit erregt: ein altes, schweres und hohes Gestell, das bestimmt schwer zu besteigen war. Damit also machte er höchstwahrscheinlich seine Hausbesuche.

Dr. Websters Schlafzimmer war genauso spartanisch eingerichtet wie das übrige Haus. Der Patient ruhte in einem metallenen Krankenhausbett, auf dem nackten, gebohnerten Boden lag als einziger Schmuck ein fadenscheiniger Bettvorleger. Eine alte Seemannskiste unter dem Fenster enthielt wohl seine gesamte Garderobe. Im Kamin war kein Feuer. „Vater, hier kommt der Arzt", verkündete Miß Webster.

Als Antwort hörte man ein Grunzen. Der Patient und ich sahen uns an. Der alte Mann war ein bemerkenswerter Typ. Mit seiner hellgrauen Mähne, den durchdringend blauen Augen und der Adlernase glich er einem alten Wikinger und hatte sichtlich auch das entsprechende Naturell.

„Also dann", sagte er. „Ich habe Lungenentzündung."

Sein Gesicht war gerötet, seine Temperatur bedrohlich hoch, und sein Puls raste. Er hatte tatsächlich Lungenentzündung, die klassische Variante, und das bestätigte ich ihm.

„Was gedenken Sie zu tun?"

„Ich werde Ihnen alle vier Stunden eine Penicillinspritze geben ...", begann ich.

„Penicillin! Penicillin!" wetterte er. „Euer neumodischer Quatsch kommt mir nicht ins Haus, verdammt noch mal. Mädel, hol mir meine Tinktur."

In schonendster Form schlug ich einen Kompromiß vor: die Tinktur, kombiniert mit einer Penicillinbehandlung. Doch Sanftmut am Krankenbett kommt bei manchen Leuten in Yorkshire einfach nicht an.

„Bleiben Sie mir mit diesem Blödsinn vom Leibe. Ich weiß, daß Sie mir was einreden wollen. Was kann denn das verdammte Zeug überhaupt?"

„Sie gesund machen."

„Ich will es nicht, und damit basta. Meine Tochter holt die Tinktur."

„Bitte, Herr Doktor ...", bat ich.

„Nix Herr Doktor. Zeig ihm die Hausapotheke, Mädel ..."

Sie mischte ihm seine Tinktur aus Opium und Kampfer, lindernd, aber nicht harmlos. Im vorliegenden Fall würde sie Dr. Websters Hustenreiz stillen und ihn daran hindern, den infizierten Auswurf abzuhusten. Die Tinktur konnte also seine Reise ins Wikinger-Walhall nur beschleunigen.

Ich verabschiedete mich. An der Haustür sagte ich noch: „Wenn er die richtige Behandlung verweigert, Miß Webster, können wir nichts weiter tun. Die Opium-Kampfer-Tinktur ist ganz sinnlos."

„Das weiß ich, Herr Doktor. Aber Vater ist störrisch wie ein Maultier."

Ich ging heim. Nach dem Abendessen klingelte das Telefon. Es war Miß Webster. Ihr Vater war in Fieberwahn gefallen.

Ich ging also wieder hinüber. „Jetzt ist er nicht mehr bei Bewußtsein, und ich habe die Verantwortung", meinte Miß Webster. „Ich erteile Ihnen die Erlaubnis, mit der Penicillinbehandlung anzufangen, wenn Sie meinen, daß ihn das retten kann."

Die folgenden drei Tage tobte Dr. Webster im Fieber. Seine Tochter und eine Freundin wechselten sich bei der Pflege ab. Alle vier Stunden, Tag und Nacht, injizierte ich ihm vierzigtausend Einheiten Penicillin. Am Morgen des vierten Tages kam mir Miß Webster lächelnd, aber ängstlich an der Haustür entgegen.

„Es geht ihm besser", erklärte sie leise, „er hat sogar ein bißchen gefrühstückt. Aber seine Laune ist nicht gerade rosig."

Ich stieg die Treppe hinauf. Dr. Webster war zwar noch schwach, aber man konnte ihm sein Temperament und seinen Eigensinn schon wieder anmerken wie beim ersten Besuch.

„Hab ich Ihnen nicht verboten, das verfluchte Zeug anzuwenden", flüsterte er. Hätte er schon brüllen können, er hätte es getan. „Ich hatte es ausdrücklich untersagt, verdammt noch mal."

„Vater!" entgegnete die Tochter empört. „Statt den Doktor so grob anzufahren, solltest du dich dafür bedanken, daß er dir das Leben gerettet hat."

Er warf erst ihr, dann mir einen grimmigen Blick zu.

„Danke", sagte er dann, drehte sich auf die Seite und zog die Decke über den Kopf.

„Es ist noch nicht vorbei", ermahnte ich ihn. „Sie brauchen noch ein paar Tage Behandlung." Ich zog die Decke weg und stach die Nadel ein.

„Aua!" krächzte er. „Muß das so weh tun?"

„Es ist Kochsalzlösung", sagte ich fröhlich. „Alle vier Stunden während der nächsten drei Tage."

Dr. Webster wurde wieder gesund. Ich traf Miß Webster eines Morgens, und sie erzählte mir, ihr Vater hielte an ebendiesem Nachmittag zum ersten Mal wieder Sprechstunde. Um drei klingelte das Telefon.

„Hier Webster", meldete sich eine Stimme. „Ich hab einen Mann da mit einem vereiterten Zeh. Wie würden Sie mit Penicillin behandeln?"

Ich sagte es ihm.

Eine halbe Stunde verging. Das Telefon klingelte wieder.

„Diesmal", erklärte Dr. Webster, „habe ich hier einen Patienten mit Lymphangitis, und meiner Meinung nach müßte da Penicillin . . ."

„Herr Kollege", unterbrach ich ihn, „wie wäre es, wenn ich heute abend zu Ihnen hinüberkäme und wir uns mal ausführlich über Penicillin unterhielten?"

Während in Janets und meinem Leben eine Art Aufbauphase anfing, begann der alte Dr. Webster seinem bisherigen gemütlichen Arztdasein völlig neue Seiten abzugewinnen. Mit einem Schlag wurde er wieder Lernender. Er las viel über die aktuellen Entwicklungen, wandte sie in seiner kleinen Praxis sogar an, stritt sich mit mir über ihr Pro und Contra – ebenso temperamentvoll und vehement wie über Politik. Dr. Webster hatte mit beinahe achtzig die Welt der modernen Medizin betreten.

Es DAUERTE nicht lange, da gab Dr. Webster das Radeln auf. Er hatte einen Chauffeur gefunden, nämlich mich. Ich hatte mir den Wagen meiner Träume angeschafft, einen schnellen niedrigen Sportzweisitzer. Vor über sechs Jahren hatte auch ich in Wass, in der trostlosen Fabrikstadt in Lancashire, wo ich meine erste Stelle angetreten hatte, meine Hausbesuche mit dem Fahrrad gemacht. Noch nach der Entlassung vom Militär hatte es mir nicht geschadet, zu meinen Patienten per Rad zu strampeln. Neue Autos waren damals so gut wie nicht erhältlich, auch nicht für Personen der Dringlichkeitsstufe eins, wie Ärzte. Daher hatte ich auf einen Wagen gewartet, auf den ich stolz sein konnte.

Dr. Websters wenige Hausbesuche waren rasch erledigt. Er

wartete, bis einige zusammen fällig waren und ich ihn mitnehmen konnte. Ich setzte ihn dann bei seinen Kranken ab und fuhr weiter zu eigenen Patienten.

Auf dem Rückweg holte ich ihn, der geduldig in irgendeiner Einfahrt wartete, wieder ab, oder ich fand ihn nach meiner Runde bereits im Wagen wartend vor, wo er sich gerade eine Zigarette drehte. Selbstgedrehte Glimmstengel zu rauchen war sein einziges Laster.

Er war ebensosehr mein Schüler wie ich der seine und hörte sich alles an, was ich ihm über moderne Therapien zu erzählen wußte. Er besaß eigentlich gar keinen Doktortitel und hatte bis auf eine kurze Zeitspanne auch nie eine Universität besucht. Seine Ausbildung hatte er bei einem sogenannten Penny-Doktor absolviert, der für die Wochengebühr von einem Penny seine Patienten medizinisch betreute. Nach fünf Jahren gelang es ihm, an einem längst nicht mehr existierenden Medical College, einer Art Fachhochschule für Medizin, eine Prüfung abzulegen und dadurch eine Praxislizenz zu erwerben, was damals noch möglich war. Er mußte einer der letzten seiner Art sein.

„Doktor" Webster erzählte mir vieles über Yorkshire, insbesondere über das Yorkshire seiner Jugendzeit. Er war damals – tief betroffen über die Lebensbedingungen der Arbeiter – Sozialist geworden, hatte bei Straßenversammlungen gesprochen, dadurch seinem Standesethos zuwidergehandelt und war von manchem Kollegen angefeindet worden. Die Wähler von Ferriby, früher eine kleine selbständige Gemeinde und heute ein Vorort von Hull, hatten ihn damals zum Gemeinderat seiner Heimatstadt gemacht, und als alter Mann war er von der Sozialistischen Internationale geehrt worden.

Eines Tages begleitete Dr. Webster mich einige Kilometer außerhalb der Stadt, eben nach Ferriby, wo ich zu tun hatte. Er fuhr so gern in meinem Wagen, daß ich ihn nur der Fahrt wegen mitnahm. Dabei lobte ich den hübschen Ort, in dem er geboren war.

„Diese Straßen zum Beispiel", sagte ich, „sind so breit und geräumig, da muß einer weit vorausgeplant haben."

„Ja, ja", murmelte Dr. Webster, drückte sich den Strohhut fester auf den Kopf und fing an, sich eine Zigarette zu drehen. „Zum Beispiel diese Boothferry Road hier", fuhr ich fort, „eine vierspurige Autostraße, mit Grünstreifen in der Mitte, ihrer Zeit um Jahre voraus."

„Ja, ja“, brummte er vor sich hin, räusperte sich und äußerte: „Wir sind gleich an der Stadtgrenze, treten Sie mal richtig aufs Gas, damit wir sehen, was der Wagen kann.“

„Sie hören mir ja nicht zu“, entgegnete ich. „Ich spreche von dem Weitblick, den jemand beim Straßenplanen gehabt haben muß.“

„Ja, ja. Wir sind gleich da. Glauben Sie, daß der Wagen hundertsechzig Stundenkilometer schafft?“

„Dr. Webster!“ Aber Dr. Webster war damit beschäftigt, sich die Zigarette anzuzünden.

„Ich habe zugehört“, sagte er, als sie endlich brannte. „Das alles hier ist nämlich zum Teil mein Verdienst. Als ich vor vielen Jahren Gemeinderat war, habe ich zu den Leutchen gesagt, sie sollen die Straßen breit machen und in der Mitte einen Grünstreifen anlegen. Damals hab ich gesagt, denkt an meine Worte, wir werden's noch erleben, daß Pferdebahnen von Hull bis hinaus nach Ferriby fahren. Und damit“, spöttelte er, „hab ich wirklich außerordentlichen Weitblick gezeigt.“

Seine Zigarette war schon wieder ausgegangen. Er durchsuchte alle Taschen nach Streichhölzern und fand sie schließlich. „Und jetzt“, sagte dieser verhinderte Verkehrsrowdy, „treten Sie mal richtig aufs Gas!“

5. Kapitel

In Hull hatten die Menschen noch immer alle Mühe, zu einem normalen Leben zurückzufinden. Obwohl „die Jungen“ schon längst wieder daheim waren, hatten wir noch immer unter den seelischen und materiellen Verwüstungen des Krieges zu leiden. Grundstücke voller geborstener Ziegel und Betonbrocken und ausgebrannte Häuserreihen gehörten zum gewohnten Anblick in den Straßen von Hull. Die friedliche Vorkriegszeit schien eine Ewigkeit her zu sein.

Auch wir Ärzte bekamen die verschiedenartigsten Kriegsfolgen zu sehen. Der Begriff „Streß“ als auslösendes Moment für Krankheiten war damals noch nicht bekannt. Doch wurde uns Allgemeinärzten wohl als ersten der Zusammenhang zwischen unbewältigtem Leid und Krankheiten augenfällig, denn tagtäglich kamen Herr und Frau Jedermann zu uns in die Praxen und klagten über ernst zu nehmende, aber keineswegs eindeutig erklärbare Symptome. Bei Männern, die den fürchterlichsten Feindeinwirkungen standgehalten hatten, traten plötzlich Beschwerden auf, für die keine physischen Ursachen vorlagen. Mit etwas Glück und Zuspruch – nach gründlicher Untersuchung – legten sich die unheimlichen Symptome allmählich wieder. Auch Hausfrauen, die in den bombardierten Städten Englands zu lange hatten allein leben müssen, waren unter den Fällen.

Heute gehört es zur medizinischen Ausbildung, ein gewisses Maß an psychosozialen Gesichtspunkten zu berücksichtigen, damals aber konnte ein Arzt – der selbst überarbeitet war – nur Beruhigungsmittel wie Phenobarbiturate verordnen – und gegebenenfalls selbst dazu greifen. Da er dem einzelnen Patienten nur einige Minuten Zeit widmen konnte, mußte mancher, der unter Sorgen und Kummer zusammenzubrechen drohte, sich aus eigener Kraft wieder aus dem Sumpf ziehen. Da waren die Beruhigungsmittel eher ein Segen, vorausgesetzt, die Einnahme wurde nicht zur Gewohnheit.

Auch ich war damals mehr als ausgelastet mit den täglichen Pflichten und schenkte der wissenschaftlichen Seite der Praxis nicht allzuviel Beachtung.

Als Mrs. Teale, eine meiner ersten Patientinnen in Hull, zu mir ins Sprechzimmer trat, forderte ich sie auf, sich auf den Stuhl neben meinem Schreibtisch zu setzen. Sie hatte flachsblondes Haar, graublaue Augen und markante Wangenknochen. Eine höchst reizvolle Dreißigjährige, obwohl das gewohnte freundliche Lächeln auf ihrem Gesicht heute fehlte. Sie kam selten, aber ich hatte bei ihr wegen regelmäßig wiederkehrender Erkältungen Hausbesuche gemacht. Die Teales wohnten in einem komfortablen Haus mit großer Terrasse. Als ich das Ehepaar kennenlernte, war der Mann gerade nach langem Militärdienst aus Übersee heimgekehrt. Er hatte seinem Vaterland unter schrecklichen Bedingungen gedient, und als seine Frau mich ihm vorstellte, strahlte sie vor Stolz. Ihr Haus war von Bomben verschont geblieben und wurde offensichtlich hingebungsvoll gepflegt. Es war ein Heim, in das ein Held gern heimkehrte; für Catherine Teale war ihr Jim ein Held, und sie blickte verehrungsvoll zu ihm auf.

„Na, Mrs. Teale, was führt Sie denn heute her?" fragte ich. „Ich nahm an, Sie machten sich einen gemütlichen Nachmittag zu Hause, hörten Platten und schauten zu, wie Jim sein Bier trinkt."

Sie hatte nur ein schwaches Lächeln für meinen Scherz übrig. „Ich weiß nicht, was mit mir los ist; mir ist derzeit gar nicht gut. Ich schlafe schon seit langem schlecht und bin deshalb tagsüber immer so zerschlagen. Vielleicht könnten Sie mir was zum Einschlafen geben, ein Tonikum oder so was ...", schloß sie verlegen.

Das sah Mrs. Teale nicht ähnlich, und mir kam eine sehr erfreuliche Vermutung.

„Ist es vielleicht der Beginn einer Schwangerschaft? Dabei fühlen sich manche Frauen erschöpft, wissen Sie."

„Nein, schwanger bin ich bestimmt nicht, das weiß ich genau." Als ich sie untersucht hatte, war ich auch nicht klüger. Während sich Catherine Teale hinter dem Wandschirm wieder anzog, ließ ich in Gedanken noch einmal ihre Symptome Revue passieren: Kopfschmerzen, dauernde Müdigkeit, Gewichtsverlust, Schlaflosigkeit. Hin und wieder begegnete mir eine Tuberkulose, die sich manchmal so hinterhältig ankündigte. Ich hatte die Lunge aber sorgsam auf verdächtige Knistergeräusche abgehört und nichts gefunden.

Ich bat Janet aus dem Nebenzimmer herüber und gab ihr ein Resümee. Sie hörte schweigend zu und riet mir dann: „Weiter kontrollieren. Bestell sie in etwa einer Woche wieder her. Im Moment genügen vielleicht ein leichtes Sedativum und ein paar Vitamine."

Sie verschwand wieder in ihr Sprechzimmer. „Mrs. Teale", sagte ich zu meiner Patientin. „Ich finde keine eindeutige Ursache für Ihre Beschwerden. Voriges Jahr hätte ich vielleicht gesagt, es sei eine Kriegsnachwirkung. Das könnte es übrigens immer noch sein. Ich verschreibe Ihnen jetzt erst mal ein schwaches Schlafmittel. Aber ich verordne Ihnen noch etwas anderes", fuhr ich fort. „Gehen Sie einmal die Woche mit Jim aus, nur spazieren meinetwegen. Versuchen Sie, an die Zeit anzuknüpfen, als er Ihnen noch den Hof machte. Ehrlich gestanden ist das ein Rezept, das ich auch mit meiner Frau praktiziere. Janet hat mich dazu gebracht, daß wir einmal pro Woche auswärts essen oder ins Theater gehen. Es hat Wunder gewirkt. Versuchen Sie es."

Ich traf Mrs. Teale dann ein paarmal, als ich zu Hausbesuchen unterwegs war. Sie klagte nicht, aber es ging ihr auch nicht besser. Nach drei Monaten erschien sie wieder in meiner Sprechstunde – weinend.

„Ich bin ganz verzweifelt", flüsterte sie und setzte sich.

„Es dreht sich um Jim, nicht?" fragte ich. „Ich hab schon vor Monaten so was vermutet, obwohl Sie beide einen so glücklichen Eindruck machten. Sie lieben ihn, das sieht man."

„Gewiß, ich liebe ihn. Ich habe sechs Jahre auf ihn gewartet und keinen anderen Mann auch nur angeschaut. Ich wollte nur eines: daß er heimkommt. Und wenn er blind geworden wäre oder keine Beine mehr besäße, hätte ich ihn dafür nur noch lieber gehabt." Sie rang um Fassung. „Abend für Abend geht er ins Wirtshaus, trinkt aber nicht viel, kommt heim und legt sich schlafen. Ich weiß, daß keine andere Frau im Spiel ist, verstehen Sie, ich bin ihm gefolgt. Aber er rührt mich nicht an. Das ist das Problem, wenn ich ehrlich bin, Herr Doktor, aber ich hab es bisher nicht über die Lippen gebracht."

„Ist er vielleicht impotent?"

„Ich bin ihm widerlich!" rief sie aus. „Er erträgt meine Nähe nicht mehr. Er ekelt sich vor mir."

„Vor Ihnen?" Ich sah in ihr hübsches, kluges Gesicht. „Vor Ihnen kann man sich gar nicht ekeln, Mrs. Teale. Reden Sie keinen Unsinn."

Sie seufzte tief. „Fast ein Jahr lang nach seiner Rückkehr war alles in Ordnung, wir hätten nicht glücklicher sein können. Er erzählte mir von der Zeit, als er ohne mich war, und eines Abends erzählte ich ihm auch von mir. Wissen Sie, vom ersten großen Luftangriff auf Hull. Hunderte von Toten, bei lebendigem Leibe verbrannt, verschüttet, in Stücke gerissen. Trotzdem bin ich am nächsten Morgen zur Arbeit gegangen, wie die meisten." Sie weinte nicht, sondern blickte starr auf die Wand hinter mir, während sie den Alptraum von damals wieder heraufbeschwor. „Morgens kam dann ein Luftschutzwart ins Büro. Wir waren ungefähr ein Dutzend Schreibkräfte. Er brauchte Freiwillige, die im Leichenschauhaus die Toten identifizierten. Keiner wollte gehen. Damals war ich dreiundzwanzig und die Älteste im Büro. Ich dachte, ich muß ein Beispiel geben, und ging mit. Es war grauenvoll", sagte sie ruhig. „Leichen, Köpfe, Beine. Ich hab mich immer wieder übergeben müssen. Ich weiß nicht, wie ich den Tag überstanden habe, aber irgendwie schaffte ich es." Sie legte erschöpft eine Pause ein, bevor sie fortfuhr. „Nach dem nächsten Angriff haben sie mich dann wieder geholt und immer wieder. Es war schon fast so etwas wie ein Job geworden."

Sie sah mich an. „Sehen Sie, und das war verkehrt, Jim zu erzählen, es sei schließlich ein Job geworden und daß ich meine Sache gut gemacht habe. Seitdem hat er mich nicht wieder angerührt."

Ich stand vom Schreibtisch auf und legte ihr eine Hand auf die Schulter. „Mrs. Teale, der Krieg hat uns alle gezeichnet, und Ihre seelischen Wunden müssen schrecklich sein. Aber möglicherweise sind die Ihres Mannes noch schlimmer."

Sie nickte.

„Kann ich mal mit ihm reden?" bat ich. „Vielleicht könnte ich ihn zu einem wirklich guten Psychiater schicken. Er muß doch das alles mal loswerden."

Ich besuchte Mr. Teale mehrfach – aber vergebens. Er weigerte sich, einen Psychiater aufzusuchen, und seine Beziehung zu seiner Frau wurde von Monat zu Monat schlechter. Sie war bald am Ende ihrer Kraft, das sah man deutlich. Bei ihrem letzten Besuch gab ich ihr einen Rat, der mir schwerfiel, aber ich war überzeugt, daß er richtig war. „Ziehen Sie weg", sagte ich. „Ganz weg von England. Es gibt Orte, wo die Sonne scheint und der Himmel blau ist und wo Sie nicht jeden Morgen an Ruinen vorübergehen müssen, die Sie an die Hölle erinnern. Sie haben keine Eltern und keine Kinder. Gehen Sie, fangen Sie ganz neu an!"

Sie starrte mich an. „Ich glaube, Sie haben recht. Mein Mann und ich quälen uns hier nur gegenseitig. Es war töricht, daß ich es ihm überhaupt erzählt habe . . ."

„Mrs. Teale", versuchte ich sie zu trösten, „auch wenn Ihr Mann es vielleicht nicht so sieht – seine Frau ist eine Heldin."

Sie sah mich fest aus ihren graublauen Augen an, sie schüttelte den Kopf. „Er hat das Gefühl, mit einer Leichenschauhausangestellten verheiratet zu sein."

Es verging fast ein Jahr, da sah ich eines Morgens einen Brief im Postkasten – mit einer sehr exotischen Briefmarke.

Es steckte nur eine Weihnachtskarte darin, auf der stand: „Das Rezept hat gewirkt. Hier scheint die Sonne. Viele Grüße, Catherine Teale."

Bei einer anderen meiner Patientinnen, Eva Stinson, gab es kein solches Happy-End. Eva Stinson war von fast strenger Schönheit, groß, schlank, ihr zum Knoten frisiertes Haar betonte das Ebenmäßige ihrer Züge: hohe Stirn, gerade Nase, festes Kinn. Sie wirkte sehr zurückhaltend, aber die graziöse Eleganz ihres Ganges ließ alle Männer den Kopf nach ihr wenden. Ihr Vater verbrachte seine Tage vor dem Kamin und versuchte, kläglich keuchend, genügend Luft in seine kranken Lungen zu bekommen. Die Mutter, krumm vom Rheuma, litt oft Schmerzen. Es war kaum zu fassen, daß Eva Stinson das Kind dieser Eltern war. Ihr Heim, eins der um die Jahrhundertwende gebauten Reihenhäuser, umfaßte zwei winzige Räume, Schlafzimmer genannt, und einen Wohnraum, der zugleich als Küche diente. An dem Ausguß, wo es nur einen Kaltwasserhahn gab, wusch man sich und spülte auch das Geschirr. Heißes Wasser gab es nur aus dem Kessel auf dem Herd. Die Toilette im Hinterhof teilte man sich mit den Nachbarn.

Es wäre zuviel gesagt, würde ich behaupten, daß meine Patientin aus dieser ärmlichen Behausung etwas Gemütliches gemacht hätte, doch sie hielt alles tadellos sauber. Sie war kein junges Mädchen mehr. Als ich das erste Mal bei den Stinsons einen Hausbesuch machte, war sie Anfang Dreißig. Sie blieb im Zimmer, als ich ihren Vater untersuchte, und deckte ihn dann wieder zu. Man sah, daß die Eltern in allem auf sie angewiesen waren.

Ihren Unterhalt verdiente sie durch Hausieren mit Wäsche und Kurzwaren. Viel sprang nicht dabei heraus, doch es genügte ihr, und sie war gern ihr eigener Herr, wie sie mir sagte. Manchmal wunderte ich mich, warum sie nicht geheiratet hatte, fragte aber nie danach. Es gab überall so viele vom Krieg verursachte Tragödien – ich wollte nicht unnütz an eine Wunde rühren. Ihre Miene verriet nichts, sie wirkte stets heiter und gelassen.

Eines Tages klingelte gerade zu Beginn meiner Sprechstunde das Telefon. „Hier spricht eine Freundin von Eva Stinson", sagte eine weibliche Stimme. „Könnten Sie sie bitte sofort drannehmen, wenn sie zu Ihnen kommt? Es ist sehr dringend." Ehe ich nachfragen konnte, hatte sie aufgelegt.

Wenige Minuten später schon klopfte es, und meine Patientin stand vor mir, das Gesicht verzerrt, die geballten Fäuste an den Leib gepreßt. Als ich ihr auf die Liege half, stöhnte sie, ihre Stirn war schweißbedeckt. Ich bat Janet zu mir herein. Eva Stinson hatte hohes Fieber, und die bloße Berührung am Bauch verursachte ihr heftige Schmerzen.

„Wie ist das gekommen, Miß Stinson?"

Sie sah uns an, die Lippen fest zusammengepreßt. „Ich hab vor zwei Tagen abtreiben lassen", sagte sie endlich. „Ich hatte gleich das Gefühl, daß es nicht richtig gemacht worden ist. Ach, Frau Doktor, muß ich dran sterben?" Sie umklammerte Janets Hand, und ihre Augen bettelten um Beruhigung und Trost. Wir redeten ihr zu, so gut wir konnten. Wir hatten beide schon solche Hinterhausabtreibungen mit tödlichem Ausgang erlebt, und Eva Stinson war wirklich in einem schlimmen Zustand. Die ganze Bauchhöhle war infiziert. Hier konnte nur noch eine umfassende Krankenhausbehandlung helfen.

„Nicht wahr, Sie sagen meinen Eltern nichts", bat sie, als wir sie in die Klinik fuhren.

Sie kam mit dem Leben davon und ging – Wochen später –, blaß, aber entschlossen, wieder an ihre Arbeit. Wir waren sehr erleichtert, baten sie aber, zu uns zu kommen, um sich für künftige Fälle mit uns zu besprechen.

Gegen beträchtlichen Widerstand war in der Stadt eine Familienplanungsstelle eingerichtet worden. Meine Frau riet vielen unserer Patientinnen, sie aufzusuchen. Janet gehörte dort zum Beraterstab und gab Ratschläge zur Empfängnisverhütung. Uns beschäftigte weniger die moralische Seite des Sexualverhaltens als die katastrophalen Folgen mißglückter Abtreibungsversuche, die uns zu Gesicht kamen. Eva Stinson ging nicht zur Beratung.

Abtreibungen waren ein strafwürdiges Verbrechen. Ärzten, die sie vornahmen, wurde die Zulassung entzogen, und sie bekamen Gefängnisstrafen. Die verzweifelten Frauen, die sie aufsuchten, wurden daher von den Ärzten abgewiesen. Es blieb ihnen nur der Ausweg, zu Pfuschern zu gehen. Erst viele, viele Jahre später, 1967, wurde das Gesetz geändert, was dann allerdings zu der pauschalen Abtreiberei von heute führte.

In Janets und meine Praxis kamen viele ratsuchende Frauen, teils jung und unverheiratet, aber auch ältere, oft kränkliche Ehefrauen, die einer weiteren Schwangerschaft mit Schrecken und manchmal berechtigter Angst entgegensahen. Im Fall von Lebensgefahr für die Mutter war ein Schwangerschaftsabbruch legal, doch fiel es manchmal schwer, einen Arzt zu finden, der die Notwendigkeit eines solchen Eingriffs einsah. Es war schrecklich, mit ansehen zu müssen, wie diese Frauen durch strenge Auslegung des Gesetzes zu Engelmachern getrieben wurden.

Zwei Jahre waren vergangen, seit Eva Stinson zu uns in die Sprechstunde gekommen war. Sie war noch immer schön und beherrscht, ging mit ihrem schwingenden, graziösen Gang weiterhin von Tür zu Tür, bis wieder einmal eine Frau uns anrief und uns bat, sofort zu Eva Stinson zu fahren.

Ich rannte die enge Treppe zu ihrem Schlafzimmer hinauf, so schnell ich konnte. Mein entsetzter Blick fiel auf eine regungslos auf dem Bett liegende Gestalt. Ihr Gesicht war ganz gelb, und sie öffnete erst die Augen, als ich nach ihrem Puls tastete, beinahe schon eine überflüssige Handlung.

„Nichts zu machen, Doktor. Diesmal ist es aus, das weiß ich. Ich hätte auf Ihre Frau hören sollen. Ich war wieder schwanger. Da hab ich Pillen genommen, um es loszuwerden."

„Warum haben Sie mich denn nicht eher rufen lassen?"

In dem stumpfen Blick, mit dem sie mich ansah, lag kein Vorwurf. „Was hätten Sie schon ausgerichtet?"

Sie hatte recht. Man hätte sowieso nichts mehr tun können. „Was haben Sie für Pillen genommen?" fragte ich. „Wer hat sie Ihnen gegeben?"

Ein schwaches Kopfschütteln war die einzige Antwort.

Ich ließ Eva Stinson ins Krankenhaus bringen. Ich wußte, daß sie im Sterben lag, und sie wußte es auch. Vielleicht hatte sie nicht genug Geld gehabt, um nochmals zu einem Pfuscher zu gehen. Deswegen hatte sie „Pillen" genommen, ein Schwermetall, vermutlich Quecksilber.

Ihre Leber war buchstäblich zerfressen.

Gnädigerweise verschleierte sich ihr Bewußtsein, und sie war nur noch halb von dieser Welt, als das Koma einsetzte. Sie starb, ohne den Namen ihres Liebhabers genannt zu haben. Kein Mensch stand ihr während ihrer letzten Stunden bei. Sie war fünfunddreißig Jahre alt. Die Gesellschaft hatte ihr einen fürchterlichen Preis dafür abverlangt, daß sie jemanden geliebt hatte.

6. Kapitel

„Könnten Sie bitte zu uns herunterkommen, Herr Doktor. Ich weiß, es ist schon sehr spät, aber Mr. Calvert ist erkrankt und in seine Garderobe gegangen."

Ich sah auf die Uhr. Es war halb zehn an einem trüben Novemberabend. Der Anrufer war Direktor eines Varietés in der Stadt, der mich bestimmt nicht grundlos gerufen hätte.

„Was genau ist passiert?" fragte ich. „Haben Sie eine Ahnung, was ihm fehlt?"

„Schon nach der ersten Vorstellung, als Mr. Calvert abging, fühlte er sich nicht wohl, hat seine Frau mir gesagt, und im Lauf des Abends ging es ihm immer schlechter. Die zweite Vorstellung hat er nur noch mit Ach und Krach geschafft. Er hat Fieber und hustet."

Ich sagte dem Direktor, ich käme so schnell wie möglich. In Notfällen war ich schon öfter bei ihm gewesen. Die Liste meiner Patienten dort reichte vom angehenden Bühnenstar bis zum alten, abgetakelten Mimen, vom Habenichts bis zur Erfolgskanone. Interessante Originale waren sie alle.

Janet, die auf dem Teppich vor dem Kamin saß und stillvergnügt Kreuzworträtsel löste, schaute auf und lächelte mir zu.

„Um was geht's denn diesmal?" fragte sie.

Das Haus war still, unsere kleine Catriona schlief oben fest, und das gemütliche Feuer sah verlockend aus, aber die eiserne Disziplin siegte. Ich zog den Regenmantel über und griff nach der Arzttasche. „Ich muß ins Theater, zu einem Mr. Calvert. Er scheint ein Star zu sein, er hat seine eigene Garderobe."

„Bevor du gehst", sagte Janet, „fällt dir ein Wort ein, das mit ‚E' anfängt und ‚gehetztes Wild' bedeutet?"

„Ehemann", sagte ich ohne Zögern und zog die Haustür hinter mir ins Schloß.

Wer und was Mr. Calvert war, kümmerte mich zu diesem Zeitpunkt wenig. Der Besuch war eine Notwendigkeit, eine Routineangelegenheit. Ich konnte nicht ahnen, daß ich im Begriff war, eine ganz neue Dimension meines ärztlichen Berufs zu entdecken.

Als ich vor dem Varieté ankam, flackerten die Neonröhren immer noch über dem Eingang und erhellten den Gehsteig, der im Regen schwarzgrau glänzte. Die Leuchtschrift kündigte „John Calvert – Amerikas Meisterzauberer" an.

Der Patient, ein großer, schlanker Mann, saß an seinem Schminktisch. Im ersten Moment machte mir seine Frau allerdings mehr Eindruck: eine rothaarige, blauäugige Dame mit einer hinreißenden Figur. Sie dankte mir für mein rasches Kommen. Dann wandte ich mich dem Patienten zu. „Doc", sagte er ohne Umschweife, „ich habe eine Lungenentzündung und brauche eine Penicillinspritze."

Ich war etwas pikiert. Das ärztliche Selbstgefühl leidet schon genug, wenn einen Hinz und Kunz mit dem vertraulichen „Doc" anreden. Wenn sich Patienten ihre Diagnose auch noch selber stellen, ist für mich das Maß voll, auch wenn sie dabei manchmal richtig tippen. Ganz abgesehen von alledem benötigte ich keine beruflichen Belehrungen von einem anmaßenden Amerikaner.

„Mr. Calvert, wenn Sie nichts dagegen haben, stelle ich den Befund lieber selbst fest. Ich verschreibe nie ohne besonderen Grund Penicillin. Es aufs Geratewohl anzuwenden ist nicht ratsam."

Ich hörte ihn ab, beklopfte alle Stellen, an denen ein dumpfer Ton eine Verhärtung der Lunge hätte anzeigen können – nichts. Ich nahm das Stethoskop und horchte auf Pfeifen und Flüssigkeitsrasseln in den Bronchien – wieder nichts. Eines aber hatte er unzweifelhaft: erhöhte Temperatur.

„Vermutlich eine Grippe", sagte ich in autoritärem Ton, der keinen Widerspruch duldete. „Für eine Lungenentzündung finde ich keinerlei Symptome. Sicherheitshalber lasse ich Ihnen Sulfonamid da."

Das charmante Lächeln, mit dem Mrs. Calvert mir dankte, stimmte mich dann milder, ich fuhr die beiden noch in ihr Hotel und versprach, am nächsten Tag wiederzukommen.

Als ich dies am darauffolgenden Morgen tat, machte Mrs. Calvert einen besorgten Eindruck und führte mich zu dem bettlägerigen Zauberkünstler.

„Na, wie geht's uns denn heute?" stellte ich die übliche Frage.

Mr. Calvert sah mich trübe an. „Nicht besonders, Doc, diese Lungenentzündung macht mir zu schaffen."

„Mr. Calvert", begann ich, „wie ich Ihnen schon gestern sagte, sprechen keinerlei Symptome für eine Lungenentzündung ..." Schweigend rappelte er sich auf, stieg aus dem Bett, stapfte mißmutig hinüber zum Waschbecken, hustete und spuckte. Wortlos zeigte er mir das Sputum, dick, blutig, rostrot, ein so sicheres Anzeichen für Lungenentzündung wie ein Röntgenbild.

„Doc, kann ich jetzt mein Penicillin bekommen?" bat er. Ich injizierte es ihm sofort. Er hatte schon früher Lungenentzündung gehabt, erzählte er, und mir wurde klar, daß ich mir nach der Untersuchung auch seine frühere Krankheitsgeschichte hätte anhören müssen. Mein Stolz hatte zwar einen empfindlichen Schlag abbekommen, in einem aber blieb ich eisern: Er gehörte ins Bett.

„Verpassen Sie mir bloß die Spritzen, und überlassen Sie alles Weitere mir. Ich stehe heute abend wieder auf der Bühne." Er war schlapp, aber entschlossen. „Die Vorstellung muß weitergehen, diesen Spruch kennen Sie ja. Wird nicht Tradition gerade in England großgeschrieben? Verstehen Sie", fuhr er fort, „mit mir steht und fällt die ganze Vorstellung. Das Theater ist die gesamte nächste Woche ausverkauft. Sie müssen mir helfen."

Für den Rest der Woche saß ich allabendlich nach der Sprechstunde in den Kulissen. Noch vor wenigen Jahren hätte die Lungenentzündung John Calvert vermutlich umgebracht, jetzt bekämpfte er sie mit Penicillin und trat weiter auf. Ein-, zweimal glaubte ich, er werde auf der Bühne zusammenklappen, doch er konnte sich gerade noch zusammenreißen und ließ sein hochgespanntes Publikum nicht im Stich.

Während der großen Pause gab ich ihm nochmals eine Penicillinspritze und horchte Herz und Lunge ab. Dann saß ich wieder neben Anne Calvert in der Kulisse, wenn sie ihrem Mann nicht auf der Bühne assistieren mußte. Er zauberte. Er sagte den Leuten ihr Alter, er forderte sie auf, sich eine Zahl auszudenken, sie mit einer anderen zu multiplizieren, und verblüffte sie dann mit der richtigen Antwort.

Es war eine geistreiche Show, aber was mich daran am meisten verblüffte, war Calverts Gabe zu hypnotisieren. Anfangs meinte ich, die Leute würden dafür bezahlt, nicht vorhandene Hunde zu streicheln, wie verrückt einem eingebildeten Ufer zuzuschwimmen, ja sogar vorübergehend Riesenkräfte zu entwickeln. Aber er bat um Freiwillige aus dem Publikum, und sie kamen in hellen Scharen, darunter auch ein paar meiner Patienten. Calverts hypnotische Kräfte waren unzweifelhaft echt.

Die Krönung seines Auftretens in Hull kam am letzten Sonntag des Gastspiels. Er hatte nach der Abendvorstellung die städtischen Honoratioren zu einem Empfang in die Theaterbar eingeladen, war die Höflichkeit in Person, sagte aber zum Schluß: „Meine Herren, ich muß leider weg, würden Sie jetzt bitte Ihre letzten Bestellungen aufgeben."

Die Gäste wandten sich wie ein Mann zur Bar. John Calvert ging die Reihe entlang und schüttelte jedem die Hand.

„Schade, aber ich muß wirklich gehen", sagte er. „Kann mir jemand sagen, wie spät es ist?"

Achtundzwanzig Männer warfen einen Blick auf ihr Handgelenk, achtundzwanzig Stimmen riefen: „Meine Uhr ist weg!"

„Nun", sagte John Calvert, „vielleicht ist sie dabei", und zog aus der Tasche eine lange Kette ordentlich ineinanderhängender Armbanduhren.

Zur Erholung verbrachten die Calverts dann ein paar Tage als unsere Gäste, und Catriona war begeistert, wenn John Calvert Kaninchen und schier endlos zusammengeknotete Taschentücher aus

dem Nichts zauberte. Als wir abends vor dem Kamin zusammensaßen, kam das Gespräch bald auf die Hypnose. „John“, sagte ich lachend, „Ihre Schau ist der raffinierteste Schwindel, der mir je begegnet ist.“

„Sagen Sie nicht Schwindel, Doc, das ist ein häßliches Wort. Sagen Sie meinetwegen Illusion, Täuschung – der Zauberer nutzt, was das Publikum wahrzunehmen glaubt. An der Hypnose aber ist nichts geschwindelt. Sie als Arzt sollten sich einmal damit befassen.“

„Ich glaube kaum, daß sie sich medizinisch einsetzen lassen wird“, sagte ich zweifelnd.

Calvert sah mich an. „Sind Sie vorurteilsfrei genug, es mal auszuprobieren?“

Ich willigte ein und tauchte wenige Minuten später aus einem herrlichen Trancezustand auf, weil ich Janet erschrocken rufen hörte: „Wecken Sie ihn wieder, bitte wecken Sie ihn auf!“

„Na, überzeugt?“ fragte Calvert. „Bis ich abreise“, fuhr er fort, „bringe ich Ihnen die Technik des Hypnotisierens bei. Richtig angewendet ist die Methode völlig gefahrlos, und wegen der Vorteile für die Patienten würde die Mühe sich lohnen. Ich selbst wende sie an, um zu unterhalten. Ihr Berufsstand nimmt sie nicht zur Kenntnis. Warum eigentlich nicht?“

„Vielleicht, weil man in meinem Beruf alles schwarz auf weiß bewiesen haben will, John. Schließlich verlassen sich die Patienten nur auf erprobte Heilverfahren."

„Hypnose ist kein unerprobtes Verfahren, Doc. Sie ist alt wie die Welt. Beschäftigen Sie sich mit ihr, es wird Ihnen nicht leid tun."

Heute ist die Hypnose ein anerkanntes Teilgebiet der Medizin und ein wichtiger Aspekt der klinischen Psychologie. Ich habe Studenten und Arztkollegen aus aller Welt, von Neuseeland bis Kanada, gelehrt, wie man sie anwendet und experimentell in Universitätskliniken benutzt. Sie hat Schmerzen gelindert, Spannungen abgebaut und Entbindungen zu etwas gemacht, auf das man sich freut, statt sich davor zu fürchten. Und ich bin nur darauf gekommen, weil ich eines Abends eine Fehldiagnose stellte!

Wir haben vermutlich alle schon einmal irgendwann im Leben unter Hypnose gestanden, denn sie ist ein natürliches Phänomen.

Man sitzt beispielsweise am Meer, horcht auf den Wellenschlag am Strand, fährt eine lange, gerade Straße entlang, vielleicht sogar in der Sonne: All das kann einen Zustand zwischen Wachen und Schlaf auslösen, der an leichte hypnotische Trance grenzt. Jede Störung hebt gewöhnlich den Trancezustand auf.

Calvert lehrte mich in wenigen Tagen die grundlegende Technik. Ich blieb zwar skeptisch, war aber doch entschlossen, die neue Kenntnis bei Bedarf anzuwenden.

Die Hypnose wird seit Tausenden von Jahren angewendet, von den Priesterärzten im alten Ägypten, von den Medizinmännern der Indianer, von den Fakiren in Indien. Erst in neuerer Zeit tun es auch die Ärzte. James Esdaile aus Edinburgh arbeitete zu Beginn des Jahrhunderts als Chirurg in Indien. Damals war die Chirurgie eine grausame Schlächterei, Betäubungsmittel kannte man nicht, der Patient wurde mit Rum fast bewußtlos gemacht und von kräftigen Freunden festgehalten, während die Chirurgen arbeiteten. Die Todesrate durch traumatischen Schock und später hinzukommende Infektionen war entsetzlich hoch.

Fasziniert durch die von indischen Fakiren ausgelösten Trancezustände, sah Esdaile in der Hypnose eine Möglichkeit, den Patienten während der Operation einzuschläfern. Er führte auf diese Weise Hunderte von Operationen durch und hatte eine wesentlich niedrigere Sterblichkeitsrate unter seinen Patienten als die besten europäischen Kliniken. Stolz wollte er das Ergebnis seiner Erfahrungen in einer medizinischen Fachzeitschrift in Schottland veröffentlichen. Seine Arbeit wurde zurückgewiesen, er selbst als Scharlatan abgetan. Verbittert kehrte er nach Indien zurück. Von da an waren bei jeder seiner Operationen unter Hypnose ein Behördenvertreter und ein Offizier der nächstgelegenen britischen Garnison zugegen.

Die Regierung von Bengalen war toleranter als Esdailes schottische Kollegen, sie baute dem bemerkenswerten Mann ein eigenes Krankenhaus.

Um das Jahr 1950 war ich ein anerkannt guter praktischer Arzt und Geburtshelfer geworden. Dr. Micks war mittlerweile nach Irland in Pension gegangen und hatte mich bei seiner Abreise gebeten, die etwa fünfzig Entbindungen zu übernehmen, die er innerhalb der nächsten sechs Monate bei seinen schwangeren Patientinnen erwartete. Auch die Hebammen und Kollegen hielten mich inzwischen für „sicher", und es war mir zur Gewohnheit geworden, mich für Notfälle bereitzuhalten.

Der Besuch der Calverts lag schon ein paar Wochen zurück, da wurde ich in ein Entbindungsheim in einer benachbarten Kleinstadt gerufen. Der Arzt am Ort war nicht zu erreichen, und eine gewisse Mrs. Mainprize, die eben niedergekommen war, schien allerlei Beschwerden zu haben. Ob ich gleich kommen könne?

Ich war binnen einer halben Stunde zur Stelle. Dieses Heim machte einen ausgezeichneten Eindruck; ich konnte mir für eine normale, komplikationslose Entbindung keinen besseren Ort vorstellen. Die Patientin, Mrs. Mainprize, hatte bereits ein Kind geboren, das bei meiner Ankunft selig schlummerte, aber eine rasche Untersuchung der Mutter überzeugte mich davon, daß noch ein weiteres Baby kommen würde.

Mrs. Mainprize war fünfundzwanzig, ein hübsches, schmächtiges Persönchen, und es war ihre zweite Schwangerschaft. Ihr erstes Kind hatte sie vor zwei Jahren bei der Geburt verloren. Im vergangenen Monat war ihr Blutdruck erhöht gewesen. Diese Auskunft gefiel mir nicht. Den ersten Zwilling hatte sie vor einigen Stunden geboren, in der vergangenen Nacht kaum geschlafen und näherte sich nun einem Zustand totaler Erschöpfung. Wenn je eine Kombination von Faktoren geeignet war, gynäkologische Schwierigkeiten hervorzurufen, dann diese.

Ich beruhigte sie, erklärte ihr, daß das zweite Kind ganz leicht kommen würde, wenn sie sich erst einmal ausgeruht hätte. Ich spürte jedoch, daß ich ihr Vertrauen noch nicht gewonnen hatte.

Nach der Untersuchung ging ich mit der Hebamme, die das Heim führte, auf den Gang hinaus. „Hat sie irgendwelche Mittel bekommen?"

„Dr. Beaton, unser Arzt, gibt während der Wehen hin und wieder hundert Milligramm Demerol, solange die Fruchtblase noch intakt ist", sagte die Hebamme. „Das hab ich auch gegeben. Es ist aber mindestens vier Stunden her, Herr Doktor."

Die Wirkung des Medikaments würde bald nachlassen. Das Dumme bei Mitteln wie Demerol ist nur, daß sie die Atemtätigkeit des Neugeborenen beeinträchtigen, und was die kleinen Burschen bei ihrer Ankunft am nötigsten haben, ist das Atemholen. „Wir wollen abwarten", sagte ich zu der Hebamme, „je weniger sie von dem Zeug kriegt, desto besser. Aber sie muß unbedingt zu Kräften kommen."

Ich rief Dr. Gavin Brown an, den besten Facharzt für Gynäkologie in Hull.

„Fassen Sie sich kurz", sagte er. „Ich bin auf dem Weg ins Krankenhaus. Notfall. Kaiserschnitt." Er hörte sich meinen Bericht schweigend an.

„Sind Sie sehr beunruhigt?"

„Sie ist so erschöpft, das gefällt mir nicht."

„Und das Ungeborene?"

„Die Herztöne des Fötus sind unverändert. Aber die Patientin schafft die Wehen nicht mehr."

Gavin Brown versprach, mich nach der Operation anzurufen und notfalls zu kommen. Ich gab Mrs. Mainprize eine kleine Dosis Demerol in der Hoffnung, daß sie dann weniger Schmerzen habe und sich besser ausruhen könne.

Das Demerol blieb wirkungslos, Mrs. Mainprizes Angst und Erschöpfung nahmen sichtlich zu. Da entschloß ich mich, zum ersten Mal Hypnose anzuwenden. Mrs. Mainprize schien etwas mehr Vertrauen zu mir gefaßt zu haben, seit ich ihr versprochen hatte, nicht wegzugehen, bevor das Baby da sei. Jetzt setzte ich mich an ihr Bett und erklärte ihr alles Nötige über medizinische Hypnose. Sie werde nur so lange schlafen, wie sie selbst wolle, und dann mit ausgeruhtem Körper und Geist aufwachen. Sie werde jedes Wort hören, das ich sagte. Jetzt brauche sie unbedingte Ruhe, und wenn wir zusammenarbeiteten, werde sie die auch finden.

Ich begann mit der simplen Methode des „Schlafauslösens“, die John Calvert mich gelehrt hatte. Sie funktionierte zu meiner Verblüffung sofort. Meine Patientin schloß die Augen und schien nach wenigen Minuten schon fest zu schlafen. Ich prüfte ihre Schlaftiefe und sagte, sie werde jetzt die Augen nicht öffnen können, selbst wenn sie dies wolle. Ihre Lider zuckten, zitterten, blieben aber geschlossen, und zum ersten Mal an diesem Morgen lächelte sie. Bald konnte ich ihre Hand anheben, ohne daß Mrs. Mainprize irgendeine Reaktion zeigte.

Ich blieb eine Stunde lang neben ihrem Bett sitzen. Sie atmete leicht und schien ganz entspannt. Die zweite Stunde verging. Als ich sie ansprach, versicherte sie mit der schlaftrunkenen Stimme, die ich später als für den Hypnosezustand typisch erkennen lernte, es gehe ihr schon viel besser. Bald darauf erwachte sie ganz und sagte, sie fühle sich ausgezeichnet, und nun wolle sie wieder an die Arbeit gehen und das Baby kriegen. Binnen fünfzehn Minuten hatte sie ihr zweites Kleines und betrachtete es strahlend, als die Hebamme mich ans Telefon holte.

„Ich höre, Sie brauchen mich nicht mehr“, sagte Dr. Brown vergnügt. „Mußten Sie noch zusätzlich etwas tun?“

„Nein, nichts“, erwiderte ich stolz, „die Patientin war durch die Hypnose völlig entspannt.“

Eine Weile blieb es am anderen Ende der Leitung still.

„Was haben Sie gesagt?“

„Ich habe die Patientin hypnotisiert.“

„Aha. Dann habe ich Sie also richtig verstanden. Darüber müssen Sie mir mehr erzählen“, fuhr mein Kollege fort und schloß: „Ich hab’s ja immer gesagt, in den meisten Ärzten steckt etwas von einem Hexenmeister.“

Ehe mir eine passende Antwort einfiel, hatte er aufgelegt. An diesem Fall hatte ich den wahren Wert der Hypnosetherapie kennengelernt. Ich sollte ihn später noch oft bestätigt sehen.

Hypnose kann Schmerzen lindern, trotzdem dürfen wir Ärzte die Schmerzen eines Patienten nie mildern, ohne weiter nach ihrer Ursache zu suchen. Das habe ich im Laufe der Jahre lernen müssen, und manchmal war die Lektion nicht einfach.

Schmerz kann unerheblich sein, er kann aber auch zu einer Geißel werden, er kann plötzlich und ohne feststellbaren Grund auftauchen und auf genauso mysteriöse Weise wieder verschwinden. Schmerzen können wandern, können, von einem Entzündungs- oder Krankheitsherd ausgehend, durch die Nervenbahnen weitergeleitet, an ganz anderer Stelle auftreten. Es gibt unzählige Varianten.

Einige Menschen sind empfindlicher gegen Schmerz als andere. Wir Ärzte sprechen dann von einer hohen oder niedrigen Toleranzschwelle, sollten diese aber stets im Zusammenhang mit der Gesamtpersönlichkeit des Patienten sehen. Einige Ärzte sind sich über die Schmerzintensität bei ihren Patienten und deren Reaktionen im klaren, aber manchen sonst tüchtigen Mediziner läßt es kalt, auch wenn seinem Patienten der Schmerz noch so deutlich anzusehen ist.

Mrs. Bertha Ayres war eine hochgewachsene, schlanke Frau Mitte Dreißig, die vor allem durch ihren anmutigen Gang auffiel. Ihr Mann, Vorarbeiter in einer Fabrik, war ein grundanständiger, gutmütiger Kerl, der sich durch Schweigsamkeit auszeichnete. Hier war meiner Ansicht nach die Frau die tragende Säule der Familie. Im Lauf von acht Jahren hatte Mrs. Ayres meine Sprechstunde nur selten aufgesucht. Meist brauchte sie etwas für ihre drei Kinder, und wenn Janets Wartezimmer voll war, ging sie wieder und kam ein anderes Mal. Mich betrachtete sie ersichtlich als „zweite Wahl". Deshalb war ich überrascht, als ich eines Montagmorgens die Tür zum Wartezimmer öffnete, um den ersten Patienten hereinzurufen, und Mrs. Ayres gleich neben der Tür sitzen sah.

„Guten Morgen, Mrs. Ayres", begrüßte ich sie.

Sie erklärte mir ohne Umschweife, sie wolle lieber zu meiner Frau. Ich bat also den nächsten Patienten herein, denn es saßen genug „dringende" Fälle da, die übers Wochenende von irgendeinem Zipperlein gepackt worden waren und jetzt auf die erlösende Verschreibung hofften. Darüber vergaß ich Mrs. Ayres, bis Janet klopfte und hereinkam.

„Hast du einen Moment Zeit?" fragte sie.

Ich ging mit in ihr Sprechzimmer. Mrs. Ayres saß da, mit einem Thermometer im Mund.

Janet hielt es mir hin. „37,3 – stimmt doch?"

„Ja. Leicht erhöhte Temperatur. Wovon?"

„Seit über einer Woche hat Mrs. Ayres Schmerzen im Nacken", erklärte Janet. „Ein hämmernder, bohrender Schmerz. Bis jetzt hat sie versucht, ihn einfach auszuhalten. In den letzten Tagen ist er allerdings so arg geworden, daß sie kaum bis heute früh durchgehalten hat. Aber sie wollte uns am Wochenende nicht belästigen. Ich möchte, daß du Kopf und Nacken untersuchst."

Ich begann mit der üblichen Untersuchung. Mrs. Ayres drehte den Kopf sehr behutsam, der Nacken war aber nicht steif, er tat ihr nur weh. Die Muskeln waren allgemein berührungsempfindlich. Janet bat mich, jeden Wirbel des Rückgrates einzeln abzutasten. Dabei empfand die Patientin zwar Unbehagen, wie man deutlich bemerkte, doch erst als ich vorsichtig, aber fest mit der Fingerspitze auf einen bestimmten Punkt drückte, fuhr sie zusammen.

„Ich möchte eine Röntgenaufnahme machen lassen", sagte Janet. „Heute noch."

Das war damals leichter gesagt als getan. Seit der Einführung des staatlichen Gesundheitsdienstes durften praktische Ärzte Krankenhauseinrichtungen grundsätzlich nicht mehr benutzen und schon gar nicht eine Röntgenaufnahme „heute noch" verlangen.

Das war allerhöchstens Fachärzten erlaubt. Zum Glück hatten praktische Ärzte und Spezialisten in Hull miteinander ein vernünftiges Abkommen getroffen, mit dem sich das bürokratische System umgehen ließ.

Ich verabschiedete mich von Mrs. Ayres und ging hinüber zu der ehemaligen Speisekammer, die wir in unsere Apotheke verwandelt hatten. Janet kam mir bald nach. Mir war noch immer schleierhaft, warum sie es so dringlich machte.

„Na", fragte ich. „Was, glaubst du, hat sie?"

„Es ist Osteomyelitis des obersten Halswirbels", antwortete meine Frau. Ich starrte sie entgeistert an. Wie kam sie mit solcher Bestimmtheit zu dieser Diagnose?

„Aber Liebling", wandte ich ein, „das ist eine sehr, sehr seltene Krankheit. Mir ist ein solcher Fall noch nie untergekommen."

„Ich weiß", entgegnete Janet kurz, „aber mir. Vorgeschichte, Lokalisierung und Schilderung des Schmerzes stimmen genau. Ich will eine Röntgenaufnahme, und zwar noch heute."

„Da wirst du einen von den Fachärzten anrufen müssen."

„Ja, ich ruf Bob Armstrong an", sagte meine bessere Hälfte.

Dr. Armstrong, ein ausgezeichneter Spezialist, war vernarrt in Meßapparaturen und medizinische Technik. Er willigte ein, Mrs. Ayres noch am gleichen Tag zu empfangen, hielt Janet aber einen wissenschaftlichen Vortrag über die statistische Seltenheit einer Osteomyelitis des Halswirbels – auf gut deutsch einen Abszeß in jenem Knochen, der die Hauptstütze des Schädels bildet. Die Krankheit ist selten, verläuft aber ohne Behandlung tödlich.

Die Röntgenaufnahme zeigte keinen Befund. Dr. Armstrong rügte, die Patientin habe sich wenig kooperativ verhalten. Zwischen den Zeilen des Begleitschreibens stand, daß Frauen – einschließlich Ärztinnen – nun einmal alles tragischer nähmen als Männer. Er bezweifle, daß Mrs. Ayres' Schmerzen so stark seien, wie sie behauptete. Wahrscheinlich seien sie psychisch bedingt. Wie sie sich denn mit ihrem Mann vertrüge? Janet war auch durch das Röntgenbild nicht zu überzeugen, beobachtete die Patientin laufend und gab ihr immer stärkere Medikamente gegen die Schmerzen. Eines Tages rief sie mich dann herein, damit ich mir Mrs. Ayres nochmals ansah. Die Veränderung in ihrer Erscheinung war erschütternd: ihre Gesichtsfarbe war fahl, das Fieber hatte sie völlig geschwächt, der Schmerz mußte kaum zu ertragen gewesen sein. Die starke Frau war ein Wrack. Sie weinte und stöhnte.

„Sie kommt jetzt sofort zur Beobachtung in die Klinik", sagte meine Frau, als wir miteinander in meinem Sprechzimmer allein waren, und griff nach dem Telefonhörer. Mrs. Ayres wartete nebenan. „Ich werde schon jemand anderen finden, wenn Dr. Armstrong sie nicht einweisen will."

Unser Kollege protestierte auch prompt ärgerlich gegen diese, wie er fand, unnötige Zeitverschwendung. Die Frau sei ja bereits vor ein paar Tagen geröntgt worden.

„Dann röntgen Sie noch mal, Doktor", verlangte meine Frau.

Widerstrebend erklärte er sich bereit, Mrs. Ayres nachmittags in der Ambulanz zu empfangen.

„So lange können wir nicht warten", beharrte Janet eisern, „sie muß sofort untersucht werden. Ich lasse sie im Krankenwagen zu Ihnen schaffen, jetzt gleich."

Wütend willigte unser Kollege ein. Nach ein paar Stunden meldete er sich am Telefon: „Ihre Patientin ist als dringender Fall stationär aufgenommen", sagte der „Spezialist" mit recht kleinlauter Stimme. „Sie hatten recht, Janet. Tut mir wahnsinnig leid. Es ist tatsächlich eine Osteomyelitis des Halswirbels. Das neue Röntgenbild stellt es deutlich dar. Ich fürchte, ihr Zustand ist sehr ernst."

Janet fragte nur kalt: „Darf ich fragen, ob sie durchkommen wird?"

„Das weiß ich nicht. Wir unternehmen jedenfalls alles menschenmögliche. Ich kann Ihnen gar nicht sagen, wie leid es mir tut."

Janets medizinischer Instinkt, ihre Erfahrungen aus einem Jahre zurückliegenden ähnlichen Fall, ihre Beurteilung von Mrs. Ayres, die nicht dazu neigte, wegen Bagatellen hysterisch zum Arzt zu rennen, hätten von Dr. Armstrong in Betracht gezogen werden müssen. Da die wissenschaftlichen Untersuchungsmethoden keinen nachweisbaren Befund ergaben, hatte Armstrong angenommen, es gäbe auch keine Krankheit – eine falsche, gefährliche Logik angesichts anhaltender Symptome. Mit der gleichen Logik nahm man Mrs. Ayres' Schmerzen nicht ernst und verweigerte ihr die Chance des Überlebens. Sie starb binnen zwei Wochen.

Kein Arzt ist unfehlbar, jeder irrt sich einmal. Wir behielten unser Vertrauen zu Dr. Armstrong bei, und er rechtfertigte es, aber in diesem einen tragischen Fall hatte ein guter Arzt seine Urteilsfähigkeit von seinen Vorurteilen trüben lassen, sein Glaube an Tests, Technik und Statistik war größer gewesen als sein gesunder Menschenverstand, und das verzieh er sich nie.

Jeder von uns Ärzten muß sich allerdings sagen: Das hätte mir auch passieren können, wenn ich Pech gehabt hätte.

7. Kapitel

„Das stinkt ja gräßlich", konstatierte mein Freund, ein Rechtsanwalt, der noch nicht lange in Hull war. Ich wohnte nun schon seit Jahren hier und nahm den Geruch kaum noch wahr. Die Stadt lebte vom Fischfang, und ein Großteil der Fische wurde zu Düngemitteln verarbeitet. An windstillen Tagen stank es entsprechend. Ich erklärte ihm: „Wenn dieser Geruch für immer verschwunden ist, haben Leute wie du und ich einen guten Grund zur Sorge."

Hull war damals der Heimathafen der größten Hochseefischereiflotte der Welt. Vom St.-Andrews-Dock liefen die Trawler zu den Fangplätzen bei Island, im Weißen Meer, bei der Bäreninsel und Grönland aus. Einundzwanzig Tage auf See, achtundvierzig Stunden an Land, das war der Lebensrhythmus der Schleppfischer, und dieses Leben war hart und gefährlich. Alle ein bis zwei Jahre ging ein Schiff verloren, und zwar oft „mit Mann und Maus". Mancher Fischer lernte niemals schwimmen. Wozu auch, pflegte er zu sagen, in den arktischen Gewässern würde die Kälte ihm sowieso binnen einer Minute den Garaus machen.

Die Trawler von Hull waren schmutzig und zerschrammt, ihre Farbe abgeblättert, aber ihre verstärkten Decks und kraftvollen Maschinen machten sie zu den besten der Welt. Die Mannschaften waren ein Schlag für sich. Keine Elitetruppe war stolzer auf ihre Zunft als die Hochseefischer, keine blickte gelassener in die Zukunft. Schon die Mannschaften waren so, die Kapitäne aber bildeten eine Art Adel.

„Drei Tage und Nächte, bis wir wieder auf dem offenen Meer waren", sagte Dan Short, der in meinem Sprechzimmer saß. „Nix zu tun, nur Wache schieben, in die Koje kriechen, rauchen und horchen. In der Back drin mit nix als der Bordwand zwischen uns und dem Packeis. Und der Bug immer rauf, runter, rauf, runter – *krrr!* So verdammt regelmäßig wie ein Uhrpendel." Er zeigte auf ein hübsches Seestück, das hinter mir an der Wand hing, und lachte darüber. „Der Kerl, der das gemalt hat, hat die See nie von einem Trawler aus gesehn, Doktor, schon gar nicht im Winter, soviel steht fest. Aye", fuhr er fort, „drei Tage und drei Nächte. Wenden konnte er nicht, verstehen Sie? Mußte immer tiefer rein ins Packeis. Aber wir haben dem Käpt'n vertraut. Dem Skipper vertrauen muß man. Gute Skipper sind die besten Schutzengel der Welt."

„Haben Sie nie daran gedacht aufzuhören, Dan?" fragte ich. „Schließlich ist Matrose zu sein doch was für junge Männer, und Sie werden bald vierzig."

„Aye, dran gedacht hab ich oft. Aber sehen Sie, ich hab nie was anderes getan als zur See fahren. Ich glaube, an Land halt ich's einfach nicht aus. Außerdem verdien ich gut auf einem Trawler."

„Wie ich Sie kenne, Dan, geben Sie das Geld immer gleich wieder aus", sagte ich lachend. „Also dann ab mit Ihnen, und viel Glück!"

Dan Short war recht typisch für seine Gattung. Die meisten Seeleute verdienten gut, wohnten aber in der heruntergekommenen Gegend um die Hessle Road, und so mancher Skipper, der es sich hätte leisten können, in einem eleganten Villenvorort zu leben, weigerte sich, die lange, trostlose, am Ufer verlaufende Straße zu verlassen. Die Trawlerleute und das Hessle-Road-Viertel mit seinen schäbigen roten Backsteinhäusern gehörten nun einmal zusammen.

Die Fischer waren ein abergläubischer Haufen. Es brachte Unglück, an einem Freitag auszulaufen. Keine Frau hätte es gewagt, das Schiff etwa dadurch zu gefährden, daß sie ihren Mann bis an Bord begleitete, keine wollte eine Katastrophe heraufbeschwören, weil sie freitags

Wäsche gewaschen hatte. Es gab die verschiedensten Arten von Aberglauben, leichtfertig gescherzt wurde über keinen.

Joe Templeton galt als ein „Topskipper". Für Janet und mich waren er und seine Frau Ada nicht nur Patienten, sondern auch gute Bekannte. Beide hingen sehr aneinander. Einmal, als Ada eine akute Bronchitis hatte, machte ich einen Hausbesuch bei ihnen. Joe war daheim und verwöhnte seine Frau nach Strich und Faden mit seiner Kocherei und seiner Fürsorge, und Ada fand es himmlisch. Den Arm um ihre Schultern gelegt, sagte er: „Doc, sie ist mein bester Kumpel. Bitte kümmern Sie sich um sie, solange ich auf See bin." Dies war ein Privileg, auf das Janet und ich stolz waren. Eines Morgens begegnete ich Ada auf der Straße, wünschte ihr fröhlich einen guten Tag und ging weiter. Nach ein paar Schritten blieb ich stehen. Warum, um Himmels willen, überlegte ich, steht Ada Templeton da wie eine Salzsäule?

Ich kehrte um. Sie sah mich an und senkte langsam und betont den Blick auf das Pflaster vor sich. Dort lag ein Handschuh. Ich hob ihn auf und reichte ihn ihr.

„Oh, danke", sagte sie. „Sie sind ein Schatz."

„Was ist denn los? Haben Sie einen Hexenschuß? Warum haben Sie mir nichts gesagt?"

„Quatsch, Hexenschuß. Es bringt Unglück, einen Handschuh aufzuheben."

„Sie hätten mich ja darum bitten können."

„Bringt auch Pech. Es muß ihn jemand aufheben, der ihn sieht. Und es muß ein Mann sein."

„Aber Ada! Das alles für einen Handschuh! Seit wann leben Sie hier?"

„Lange genug! Aber diese Handschuhe haben mich vorige Woche drei Pfund und fünfzehn Pennce gekostet, deshalb bin ich nicht weitergegangen."

Man konnte den Leutchen nicht böse sein. Es gibt auf der Welt nun einmal die sonderbarsten Dinge. So hießen alle Trawler in Newington nach Schriftstellern. Edgar Wallace, der behauptete, ein Pechvogel zu sein, wollte kein Fangschiff seines Namens. Trotz seiner Einwände wurde ein Trawler der Newington-Flotte *Edgar Wallace* getauft. Bei der Heimfahrt lief er in dichtem Nebel auf Grund, kenterte und war samt Besatzung binnen weniger Minuten verloren. Aberglauben? Zufall? Oder einfach Schicksal?

Eines Nachmittags wollte ich gerade eilig das Haus verlassen, um Hausbesuche zu machen, als mir meine Sprechstundenhilfe sagte, Mrs. Crozier sei da, die Frau von einem der Hochseefischer. Ich stöhnte. Woche für Woche schleppte Mrs. Crozier eine ihrer drei Gören in die Sprechstunde, mit Halsweh, Triefnase, entzündetem Ohr. Ihre Älteste war gerade in die Schule gekommen und brachte unausweichlich jede Infektionskrankheit nach Hause, die dort grassierte.

Mrs. Crozier und ihre Shirley erwarteten mich schon im Sprechzimmer. Ohne ein freundliches Wort schaute ich Shirley in den Hals, untersuchte ihre Ohren und tastete an ihrem Hals nach geschwollenen Drüsen. Sie schniefte jämmerlich, doch hätte alles bis nach fünf Uhr Zeit gehabt, wenn die übliche Sprechstunde begann, und das sagte ich Mrs. Crozier auch.

„Entschuldigung“, erwiderte sie, „aber es hat ganz plötzlich angefangen, und da hab ich's mit der Angst gekriegt, weil doch Alf heute abend heimkommt.“

„Er ist Matrose, nicht wahr?“

„Stimmt. Ich bin Ihnen sehr dankbar, daß Sie uns gleich drangenommen haben.“

„Also, diesmal lass' ich es Ihnen noch durchgehen“, sagte ich in versöhnlichem Ton angesichts der familiären Vorfreude auf den heimkehrenden Vater und Gatten.

Mrs. Crozier war ein schmächtiges, unscheinbares Frauchen mit blassem, magerem Gesicht und dünnem Haar, das ihr ständig ins Gesicht hing. Sie sah immer verängstigt aus. Eines Abends bat man mich um einen Hausbesuch. Das jüngste Crozier-Kind, acht Monate alt, hatte Fieber und atmete zu rasch. So etwas kann akute Lungenentzündung bedeuten und war ernst zu nehmen.

Die Croziers bewohnten ein winziges Häuschen in einer Nebenstraße der Hessle Road. Innen war es freundlich und blitzsauber. Mich empfing eine völlig verwandelte Mrs. Crozier. Trotz ihrer Sorge um das Baby strahlte sie vor Stolz, als sie mich mit ihrem Mann bekannt machte.

„Meinen Alf kennen Sie noch nicht, was, Herr Doktor?“ Die Vorstellung war kurz, da Mr. Crozier mir nur wortlos zunickte, mir dann ans Kinderbettchen folgte und meine Untersuchung aufmerksam beobachtete.

„Sie wird doch bald wieder gesund?“ fragte er nach einer Weile.

„Das glaube ich schon, Mr. Crozier. Ich finde keine Anzeichen für eine Lungenentzündung. Aber in diesem Alter kann jede Infektion der Atemwege kritisch werden, ich komme morgen früh auf alle Fälle noch mal vorbei." Da ich wußte, wie schnell solche Dinge sich entwickeln können, riet ich ihnen, abwechselnd bei der Kleinen zu wachen.

Dann sagte ich den Croziers gute Nacht und wandte mich zum Gehen. Aber Alf vertrat mir den Weg. Wortlos reichte er mir eine Flasche Bier und forderte mich mit einer Handbewegung zum Sitzen auf.

Ich war das erste Mal bei ihnen, und wie schon so viele Begegnungen mit Menschen in ihrem eigenen Heim brachte auch dieser Besuch mir ganz neue Erkenntnisse.

Mrs. Crozier, adrett gekleidet und glücklich lächelnd, war ein anderer Mensch als die verhärmte Person, die immer zu mir in die Sprechstunde kam. Croziers Sorge um das Baby war rührend, ebenso seine sichtliche Erleichterung, als ich ihn beruhigen konnte. Mir fiel auf, wie vernarrt der Mann in seine Kinder war. Sie durften auf ihm herumkrabbeln, ihn umhalsen, und die liebevolle Art, wie er sie ansah, sprach Bände. Der Junge stand jetzt neben seinem Vater und ließ eine funkelnagelneue Spielzeuglok auf Mr. Croziers Bein auf- und abfahren, die Älteste stand daneben und wollte Vaters Arm gar nicht wieder loslassen.

„Das ist wohl ein Mitbringsel, Mr. Crozier?" fragte ich.

Seine Frau antwortete für ihn. „Immer bringt er Geschenke mit, Herr Doktor. Von jeder Fahrt. Sie sollten nur das neue Kleid sehen, das er mir diesmal mitgebracht hat."

Crozier war offenbar keiner von denen, die gern mal mit Freunden ausgehen, und als ich ihn darauf ansprach, nickte er. „Das überlass' ich den andren. Ich hab alles, was ich mir nur wünsche. Nicht mal 'n Millionär kann sich kaufen, was ich hier hab."

Ich trank ihm zu. Er war etwas über mittelgroß, mit breiten Schultern und schlanken Hüften, das wellige Haar fiel ihm ins Gesicht; was das Aussehen betraf, konnte er mit den meisten Filmstars mithalten.

Der Hausbesuch bei den Croziers war eine weitere Nachhilfestunde in dem Fach, das die Sozialwissenschaftler „soziopsychologische Aspekte der Arztpraxis" nennen. Ich hatte eine warmherzige, eng verbundene Familie kennengelernt und verstand nun, was Mrs.

Crozier so oft zu mir in die Sprechstunde trieb: Sie war ganz und gar unselbständig und brauchte einen Gesprächspartner, wenn den Kindern, diesem kostbarsten Besitz Alf Croziers, etwas fehlte. Bis auf zwei armselige Tage alle paar Wochen verbrachte ihr Mann sein Leben Hunderte von Seemeilen entfernt auf dem Trawler.

Mrs. Crozier blieb weiterhin eine rechte Last; es kam auch vor, daß ich vergaß, was ich mir an jenem Abend vorgenommen hatte, nämlich nachsichtig zu sein. Immerhin gewöhnte ich sie daran, mich anzurufen, wenn sie sich um die Kinder ängstigte, dann konnte Janet oder ich sie beruhigen. Das kostete uns weniger Zeit.

Die Winterstürme waren in diesem Jahr schlimmer denn je. Mein Freund Joe Templeton, der Skipper, zeigte mir ein Foto, das er von der Brücke seines Trawlers aus aufgenommen hatte: haushohe Wogen, deren Schaumkämme auf das dick vereiste Deck donnerten. „Windstärke zehn, Doktor", erläuterte er. „Noch kein Orkan, aber viel fehlte nicht."

„Sieht ja schrecklich aus, Joe. Davon müssen Sie mir erzählen."

Ich hörte fasziniert zu, bis Templeton lachend sagte: „Interessant, wie? Ja, wenn man bei einer Tasse Tee sitzt und sich Fotos anschaut ... Aber wenn man draußen in der Kälte steht, sieht die Sache anders aus. In die Lage werden Sie ja nach menschlichem Ermessen nie kommen."

Am 12. Januar in diesem grimmig-harten Winter nahm Skipper Coverdale mit der ihm anvertrauten *Roderigo* Kurs auf Island. Er war seit seiner Jugendzeit zur See gefahren und genoß in Hull höchstes Ansehen als kompetenter und erfolgreicher Trawlerkapitän. Etwa um die gleiche Zeit lief die *Lorella* unter Kapitän Blackshaw mit Kurs auf das Eismeer aus. Skipper Blackshaw, ein wortkarger, bescheidener Mann, war ein anerkannter Experte für isländische Fanggründe. Auf beiden Schiffen befanden sich insgesamt vierzig Mann.

Am 26. Januar kam vor Islands nördlichem Kap Sturm auf. Schnee, vom Eiswind waagrecht getrieben, blendete die Schiffer, trotzdem wurde irgendwann von beiden Trawlern aus die gefürchtete schwarze Wolke gesichtet: arktischer Frost, der alles auf seinem Wege erstarren läßt. Der Sturm hatte Stärke zwölf erreicht, über einhundertzehn Stundenkilometer, die Temperatur lag weit unter Null. Unter solchen Bedingungen auch nur einige Minuten an Deck zu überstehen war so gut wie unmöglich, und doch mußte man mit Dampfstrahl und Eispickel versuchen, das Gewicht des auf den Decksaufbauten wachsenden Eises niedrig zu halten, wenn das Schiff nicht kentern sollte.

Der erste SOS-Ruf kam von der *Lorella*. „Haben schwere Schlagseite, brauchen rasche Hilfe." Das Schiff in Rettungsbooten zu verlassen war unmöglich, die *Lorella* schlingerte und rollte ihrem tragischen Ende entgegen. Trotzdem wurde – getreu der Tradition – auch dieser Notruf befolgt. Obwohl die Aussichten, die *Lorella*-Besatzung zu retten, gleich Null waren, wendete die *Roderigo* im Sturm und funkte bald darauf, daß auch sie in Seenot sei und es die Kälte unmöglich mache, in die Boote zu gehen. Ihre letzte Nachricht lautete: „Wir kentern."

Ein drittes in der Nähe befindliches Schiff namens *Lancella* war es, das dieses Notsignal als erstes aufnahm und nach Hull weitergab. Zwischen Furcht und Hoffnung schwankend, wartete die Stadt auf weitere Nachrichten.

Der Nachmittag ging allmählich in die Winternacht über. Die Fischereigesellschaft befürchtete das Schlimmste, gab sich aber krampfhaft zuversichtlich. Dabei erwartete man noch ein weiteres Unglück, denn die *Lancella* war irgendwo weit draußen auf der Suche – vermutlich vergeblich. Der Pfarrer der Kirchengemeinde am Hafen verbrachte auch diese Nacht, wie schon oft, damit, von einer Familie zur anderen zu gehen und zu trösten, so gut er konnte.

Als der Tag dämmerte, gaben die Schiffseigner bekannt, daß die *Lorella* und die *Roderigo* samt Mannschaft gesunken seien. Die *Lancella* hatte die Nacht irgendwie überstanden, die Suche jedoch aufgeben müssen.

Bedrückt betrat ich am Morgen die Praxis. Meine Sprechstundenhilfe kam mir ebenso niedergeschlagen entgegen. „Ich glaube, Sie sollten zu Mrs. Crozier fahren."

„Na, was ist es denn diesmal?"

„Wissen Sie es noch nicht? Eben sind die Namen durchgegeben worden. Alf Crozier ist ertrunken."

Ich starrte sie entsetzt an. „Aber Crozier war doch auf keinem der Trawler?"

„Doch", erwiderte sie. „Er hat mit jemand den Platz getauscht."

Ich schlich förmlich in die Hessle Road. Zwei Nachbarinnen waren im Haus und reichten mir schweigend eine Tasse Tee. Mrs. Crozier stand mit dem Rücken zu uns am Kamin und nahm ihre Umgebung gar nicht wahr. Die Älteste lag auf dem Sofa, hatte den Kopf vergraben und schluchzte bitterlich. Der Kleine zupfte verängstigt die Mutter am Rock, die keine Notiz von ihm nahm.

Ich stotterte ein paar Beileidsworte. Wie, um Himmels willen, fragte ich mich im stillen, wird dieses armselige, unselbständige Geschöpf von jetzt an mit dem Leben fertig werden? „Sie hört Sie nicht, Herr Doktor“, sagte eine der Frauen. Aber Muriel Crozier hatte mich gehört, vielleicht sogar meine Gedanken erraten. Sie wandte sich zu mir. Ihr tiefbekümmertes Gesicht strahlte Kraft, Entschlossenheit und Würde aus. „Aye, ich hab Sie schon gehört“, sagte sie. „Ich hab jetzt viel zu tun. Ich muß um Alfs willen diese Kinder hier großziehen und immer an ihn denken.“

Ich konnte nur murmeln: „Sie haben viel hergeben müssen ...“ Sie fiel mir ins Wort. „Aye, das hab ich. Aber wissen Sie, hergeben kann ja nur, wer einmal gehabt hat.“

8. Kapitel

Einmal im Jahr, kurz bevor Herbststürme und Regen alle Veranstaltungen im Freien unmöglich machen, wird der Jahrmarkt von Hull abgehalten, einer der größten Englands. Der Widerschein seiner Millionen Lichter ist am nächtlichen Himmel kilometerweit zu sehen. Das Summen und Jaulen der Generatoren, die Dudelmusik aus Dutzenden von Lautsprechern und das Stimmengewirr vereinigen sich zu einem unbeschreiblichen Höllenlärm.

Tagelang rollten schwerbeladene Lastwagen auf die riesige Festwiese – nicht weit von meiner Praxis. Überall herrschte fieberhafte Geschäftigkeit. Bunte Zelte wurden aufgeschlagen, die später die Dame ohne Unterleib, den Zwerg aus den Dschungeln des Amazonas und alle sonstigen Kuriositäten beherbergen sollten. Wohnwagen, einige alt und schön bemalt, andere neu und langweilig einfarbig, nahmen für die kommende Woche am Rande des Feldes Aufstellung.

Die Achterbahn wurde rasch und fachmännisch aufgebaut, das große Zelt für den Zirkus wuchs empor. Elefanten wurden getränkt, Pferde bewegt, am geschotterten Mittelweg reihte sich schon Bude an Bude. Die Bewohner von Hull strömten zu Tausenden herbei, um sich zu amüsieren.

Für die Schausteller ist diese Flitterwelt nicht der wahre Alltag. Die Menschen hinter den Kulissen müssen schwer arbeiten, heute hier, morgen dort. Eine verregnete Woche mit geringen Einnahmen kommt für sie einer Katastrophe gleich. Alljährlich lernten wir einige Schausteller kennen, wenn sie uns als Patienten aufsuchten. Wegen jeder Kleinigkeit zum Arzt zu rennen war nicht ihre Art. Wie für die Theaterleute verlief auch ihr Leben nach strengen Regeln und stellte große Anforderungen.

Für viele von ihnen sollte Hull eine der letzten Stationen der diesjährigen Saison sein. Wer es sich leisten konnte, ging anschließend ins Winterquartier. Andere besserten im Weiterfahren noch ihre kärglichen Finanzen auf, indem sie ein Karussell auf einem regennassen, öden Platz vor der Stadt postierten.

Es war Mittwoch, und der Jahrmarktsrummel trieb auf den Höhepunkt zu, da rief mich Mr. Merod an. „Herr Doktor, könnten Sie rasch auf die Festwiese kommen? Bei meiner Frau haben vier Wochen zu früh die Wehen eingesetzt, und das Kind kommt furchtbar schnell." Er beschrieb mir rasch noch den Weg, und ich kritzelte seine Weisungen auf meinen Block. Sein Wohnwagen stehe hinter Ostlers Karussell, und wenn ich den Eingang von der Walton Street her nähme, könne ich es gar nicht verfehlen.

Es herrschte lebhafter Verkehr, die Zufahrtsstraßen zur Festwiese waren verstopft, aber als ich endlich die Walton Street erreicht hatte, war die Bahn frei: kein Wagen zu sehen. Ein Verkehrsschild verbot hier vernünftigerweise jegliches Parken außer für Rettungsfahrzeuge. Na, dachte ich, dazu gehöre ich bestimmt auch, hielt an der Bordsteinkante, stieg aus und hob meine Arzttasche heraus.

„He, Sie da! Das könn' Sie nich' machen. Sehen Sie denn das Schild nich'? Fah'n Sie weiter!" Neben mir war plötzlich ein Polizist aufgetaucht.

„Herr Wachtmeister, ich bin Arzt ..."

„Und wenn Sie der Oberbürgermeister selber wärn – hier wird nich' geparkt. Da steht's! Könn' Sie nich' lesen? Weiterfahren!"

„Herr Wachtmeister, es geht um einen Notfall. In einem Kilometer Umkreis gibt es hier keinen Platz zum Parken."

Der englische Bobby ist für gewöhnlich ein höflicher, gutmütiger Mensch, aber dieser Bursche wollte nicht hören, und ich merkte, daß der Sturkopf auch noch seine Freude an meiner Hilflosigkeit hatte. Ich notierte seine Nummer, die er auf dem Kragenspiegel trug, und entdeckte dabei, daß er im Besitz der Rotkreuzmedaille der St.-John-Ambulanzbrigade war.

„Ah, Herr Wachtmeister", sagte ich und zeigte auf die Medaille, „wie ich sehe, sind Sie Nr. X 93 und in Erster Hilfe ausgebildet. Sie sind genau der Mann, den ich brauche. Schauen Sie her." Ich drückte ihm das Blatt mit der Ortsbeschreibung in die Hand. „Nr. X 93, dies ist ein Notfall. Gehen Sie sofort dorthin. Ich parke inzwischen meinen Wagen, und Sie helfen bei der Entbindung."

Bevor er Atem holen konnte, war ich wieder eingestiegen und fuhr langsam an. X 93 stapfte wuchtig hinter mir her, holte mich schließlich ein und veranlaßte mich durch irres Hämmern auf meinen Kofferraumdeckel zum Halten.

„Ja, bitte, Herr Wachtmeister, was hab ich denn jetzt wieder falsch gemacht?"

Er hatte die besten Jahre hinter sich und war nicht mehr der Beweglichste. Außer Atem lehnte er sich an den Wagen. Sein Helm lag irgendwo hinter ihm auf der Straße. Ich sah seine Not ohne Mitgefühl. Außerdem war ich ungeduldig. „Also, Herr Wachtmeister, was ist los? Wenn etwas schiefgeht, mache ich Sie dafür verantwortlich. Sie sollten längst unterwegs zu dem Notfall sein."

„Puh", keuchte er. „Lassen Sie ... *keuch!* ... Ihren Wagen hier stehen, und ich ... *keuch!* ... sorge dafür, daß keiner ihn anrührt. Und Sie tun, was nötig ist." Er hatte noch nicht ausgesprochen, da war ich schon auf dem Weg. Und das war auch gut. Als ich den Wohnwagen erreichte, überblickte ich die Lage sofort. Mr. Merod stand hilflos da, und seine Frau ging aufgeregt auf und ab. Ihr gerötetes Gesicht und ihre zusammengepreßten Lippen sagten genug.

„Wie oft kommen die Wehen?" fragte ich rasch.

„Alle fünf Minuten."

„Das erste Kind?"

„Nein, das dritte."

Dritte Kinder pflegen manchmal überstürzt einzutreffen. Ich holte tief Luft. Hier fehlte es an allem Notwendigen. Und nun rief auch noch Mr. Merod plötzlich: „Ich muß mich ums Karussell kümmern!" und war bereits verschwunden.

„Mrs. Merod, ganz in der Nähe gibt es eine Frauenklinik. Ich muß Sie hinbringen, am besten in einem Krankenwagen. Wo ist ein Telefon?"

Sie klammerte sich an meinen Arm. „Bitte keinen Krankenwagen. So was bringt der ganzen Festwiese Unglück. Schausteller haben was gegen Krankenwagen."

Du großer Gott, stöhnte ich innerlich, erst hab ich mit dem Aberglauben der Hochseefischer zu tun und jetzt mit dem der Schausteller.

„Kommen Sie, wir gehen zu Fuß", beharrte sie eigensinnig, zog einen Mantel über ihr Nachthemd und wankte, mich hinter sich herziehend, die Stufen des Wohnwagens hinunter. „Wir schaffen es schon!" rief sie. Wir stolperten über Zeltspannleinen und hasteten hinter den aufgereihten Wohnwagen entlang, bis wir endlich in der Menschenmenge untertauchten. In dem dichten Gedränge wurde gestoßen und gerempelt. Die Arzttasche in der Linken, den rechten Arm schützend um die Patientin gelegt, kämpfte ich mich Meter für Meter vorwärts. Zwischendurch blieb sie stehen, warf mir die Arme um den Hals, rief: „Halt, halt! Jetzt kommt's wieder", barg das Gesicht an meiner Schulter und stöhnte. Bisher hatten mich Frauen nur selten leidenschaftlich umklammert. Mrs. Merod glich dies Defizit aus.

Unter den interessierten Zuschauern waren auch Patienten von mir. In dieser Lage vor den Damen den Hut zu ziehen war sehr schwierig, doch erforderte die Höflichkeit, es wenigstens zu versuchen.

So kämpften wir uns dem Ausgang zu. In meinem Wagen brausten wir zum Entbindungsheim. Dort verlangte ich von den verblüfften Schwestern ein Bett – sofort und irgendwo – und gewann den Wettlauf mit dem Storch nur knapp – um etwa zehn Minuten.

Am nächsten Morgen entdeckte ich im Wartezimmer unter den Patienten Mr. Frano, einen würdigen alten Herrn, den Besitzer eines Flohzirkus. Vor etwa einem Jahr hatte ich ihn kennengelernt, als seine Frau von einer kleinen Erkältung geplagt wurde. Ich mochte Mr. Frano sehr gern, er war ein echter Gentleman: höflich, dankbar für jeden ihm erwiesenen Dienst. Überdies besaß er ein stark ausgeprägtes Schicklichkeitsgefühl: Er trug zum Besuch beim Arzt seinen Sonntagsanzug. Als ich ihm mit ausgestreckter Hand entgegenkam, erhob er sich.

„Mr. Frano! Auch mal wieder in Hull? Wie geht's den Flöhen dieses Jahr?"

Er lächelte nur flüchtig. „Bitte, Herr Doktor, könnten Sie zu meiner Frau kommen, der geht es gar nicht gut."

Angesichts seiner Miene vergingen mir die Scherze, und ich versprach, möglichst bald zu kommen.

Mr. Frano war über siebzig, seine Frau ein paar Jahre jünger, sie waren kinderlos. In gewissem Sinne waren sie alter Adel, denn sie

konnten die Herkunft ihrer Familien fast zweihundert Jahre zurückverfolgen. Diesen ruhigen, gütigen Menschen war die gleiche innere Kraft eigen wie den Hochseefischern, das gleiche unerschütterliche Vertrauen zum Leben mit all seinen Hoffnungen und Härten.

Spätvormittags machte ich mich auf den Weg zu ihrem Wohnwagen. Es waren bei weitem nicht so viele Menschen wie am Abend zuvor unterwegs, ich brauchte nur die Regenpfützen zu umrunden und den vom kalten Ostwind verwehten bunten Papierschlangen auszuweichen.

Die Patientin lag im Bett, ein winziges, runzeliges Frauchen. Es dauerte nur eine Minute, da hatte ich in ihrem Oberbauch eine verhärtete, unebene Geschwulst ertastet. Tödlicher Magenkrebs.

Erst als sie den linken Arm auf die Bettdecke legte, sah ich die verkümmerten Muskeln und die furchtbaren Narben, die sich von der Schulter bis zum Handgelenk zogen. „Was, um Gottes willen, ist das?“ fragte ich.

„Ich war früher einmal Löwendompteurin“, antwortete sie, „und der Löwe, dem ich am meisten traute, hat mich von hinten angefallen.“

Mr. Frano zeigte mir dann eine Fotografie: ein wunderhübsches Mädchen vor einer Löwengruppe, die Peitsche in der Hand. „Hier“, sagte er, „das ist Ida.“ Ich betrachtete das Bild, die wohlgeformten Beine, die aufrechte, elegante Haltung. Die alte Frau, die da im Sterben lag, war einmal eine Schönheit gewesen.

Ich mußte sie ins Krankenhaus bringen lassen. Mehr, als meine Diagnose bestätigen zu lassen und ihr nach Möglichkeit die Schmerzen zu nehmen, konnte ich nicht tun. Ich erklärte es Mrs. Frano so ruhig wie möglich. Es war, als habe sie es bereits gewußt. Ohne Klage fand sie sich mit ihrem Schicksal ab.

Als der Jahrmarkt wieder für ein Jahr vorüber war, die Menschen sich verlaufen hatten und die großen Wohnwagen davongerollt waren, blieben zwei hübsche Anhänger im kalten Wind des nahenden Winters stehen. Der eine gehörte den Merods. Ihr Baby hatte Gelbsucht, und ich ließ sie nicht weiterziehen, ehe ich nicht sicher sein konnte, daß die Krankheit unter Kontrolle war. Nicht weit davon stand der alte, verwitterte Caravan der Franos. Am gleichen Tage, an dem das jüngste Kind der Familie Merod über den Berg war, ging Mrs. Frano, Flohzirkusbesitzerin und Löwendompteurin, still in den Himmel ein.

Die Merods zogen gerade ab, als ich Mr. Frano das letzte Mal besuchte.

„Es tut mir so leid, Mr. Frano. Niemand hätte mehr etwas tun können, das wissen Sie doch, nicht wahr?"

„Ja, das weiß ich, Herr Doktor." Er sprach mit der gewohnten Würde, obwohl ihm die Tränen über die Wangen liefen. „Ich habe sie geliebt, wissen Sie, sie war ein echter Kamerad. Wo ich hinging, ist sie mitgegangen. Sie hat sich nicht viel verändert, für mich, meine ich." Er lächelte entschuldigend, und ich mußte an die alte, verblichene Fotografie denken, an die schlanke Schöne mit den sanften Augen, und konnte nicht mitlächeln.

Er streckte mir die Hand hin. „Adieu, Herr Doktor. Ich hab das Gefühl, nächstes Jahr werden wir uns nicht wiedersehen." Er hielt noch immer meine Hand, dabei schaute er mir über die Schulter. „Dort kommt der Wohnwagen der Merods, Herr Doktor. Sie wollen sich wohl verabschieden."

Ich wandte mich um. Die Merods hielten zwar nicht an, aber sie lächelten und winkten im Vorbeifahren.

„Denen ihrer Kleinen haben Sie auf die Welt geholfen, nicht?" „Ja, die ist jetzt in bester Verfassung. Und nun sind die Merods wieder unterwegs."

„So ist das Leben, Herr Doktor", sagte mein alter Freund. „Kommen und Gehen. Für uns alle ein Kommen und Gehen. Und unterwegs sind wir immer."

Epilog

Die Arztpraxis hat sich im Lauf der Jahre sehr verändert und verändert sich weiter – wie alles. Wie sogar die Krankheitsbilder. Einiges aber bleibt doch, wie es war.

Da die Hausärzte das Leben ihrer Patienten oft von der Geburt bis zum Ende begleiten, werden viele von uns dem Dichter Hilaire Belloc recht geben, für den Freundschaft ein Schatz ist, den kein Geld der Welt erwerben kann, und das Lachen – das ist auch meine Überzeugung – manchmal Krankheiten heilen kann. Trotz all unserer Fortschritte auf dem Gebiet der Wissenschaft und Technik bleiben die Grundbedürfnisse des Menschen die gleichen.

Was Janet und mich betrifft, so sorgen unsere Patienten noch immer für Abwechslung. Sie machen uns Kummer, erschrecken uns, stellen uns vor unlösbare Rätsel und – amüsieren uns. Sie haben Herzanfälle, Kreislaufzusammenbrüche, bekommen Kinder, verschlucken ihr Gebiß, und all das meist mitten in der Nacht. Manchmal kommen die Babys, wenn sie nicht sollen, manchmal trinkt ein Patient zuviel, ein andermal zuwenig, denn es wäre für manchen wackeren Alten bekömmlicher gewesen, sich zum Einschlafen ein Gläschen zu genehmigen, als das nicht so verteufelte, aber ärztlich verschriebene Schlafmittel ganz zu schlucken.

Wir haben das Schicksal unserer Kollegen geteilt, sahen das Leben in all seinen Spielarten und befaßten uns nach besten Kräften mit den Menschen und ihren Problemen.

Die Bewohner von Yorkshire haben einen alten Spruch, den sie manchmal kopfschüttelnd zum besten geben. Er lautet: „'s gibt nichts Drolligeres als die Menschen."

Aber auch nichts Interessanteres!

Morris Gibson

Das Studium, die Dienstzeit in der Armee während des Krieges, die Niederlassung als praktischer Arzt in der englischen Hafenstadt Hull – man sollte meinen, damit seien die wesentlichen Stationen im Leben von Morris Gibson verzeichnet. Weit gefehlt! Die Gibsons, scheint es, sind immer gut für Überraschungen und Veränderungen. Was der Doktor in diesem Buch beschreibt, sind lediglich Erinnerungen an seine ersten Berufsjahre während des Krieges und in der Zeit danach. Denn im Jahr 1954 bereisten die Gibsons ganz Nordamerika, und sie waren von diesem Erlebnis so hingerissen, daß sie beschlossen, nach Kanada auszuwandern.

Zwölf Monate später war dieser Plan schon in die Tat umgesetzt. Ihre neue Heimat wurde die Stadt Okotoks am Fuße der Rocky Mountains in der kanadischen Provinz Alberta. Es dauerte nicht lange, bis Dr. Gibson wieder als Arzt tätig war: Er nahm eine Stelle im Krankenhaus von Calgary an. Seit 1972 ist Gibson außerdem Dozent an der medizinischen Fakultät der dortigen Universität. Dafür hat er sich unter anderem durch viele Artikel qualifiziert, die er in medizinischen Fachzeitschriften veröffentlichte. Diese „schriftstellerische" Nebentätigkeit machte er dann nach seiner frühzeitigen Pensionierung zur Haupttätigkeit. Im Alter begann der Doktor also erst mit dem Bücherschreiben. Heute leben die Gibsons auf dem waldreichen und klimatisch begünstigten Vancouver Island vor der Westküste Kanadas.

Ein guter Freund der Familie hat ihn zum Schreiben ermuntert: James Herriot – der allen Lesern der Reader's Digest Auswahlbücher wohlbekannte Tierarzt. Herriot hatte das Manuskript lange vor der Drucklegung gelesen und sich spontan begeistert geäußert. „Die Parallelen in unserem Leben sind verblüffend", stellt er außerdem fest. „Wir sind beide in Schottland aufgewachsen, in Glasgow auf die Universität gegangen und nach der Militärzeit in Yorkshire gelandet – Morris Gibson als Arzt für Allgemeinmedizin in Hull, ich als Tierarzt in Darrowby. Wir kannten uns zu der Zeit noch nicht persönlich, und deshalb ist es um so kurioser, daß wir beide Schriftsteller wurden. Natürlich verbindet uns unser ‚Nebenberuf' mehr als alles andere. Ich glaube, Dr. Gibson und ich haben eine gewisse Empfänglichkeit für die Eigenarten der Menschen – insbesondere der einfachen, liebenswerten Leute von Yorkshire."

DER FALKLAND-WAL

Eine Kurzfassung des Buches von
PIERRE BOULLE

Ins Deutsche übertragen von Hans Joachim Becker

Illustrationen von Ben Wohlberg

Man kann die Freude der Matrosen und Soldaten auf den Schiffen der britischen Flotte, die unterwegs zu den Falklandinseln ist, verstehen: Endlich gibt es eine Abwechslung von der nervtötenden Routine an Bord! Ein Blauwal – genaugenommen handelt es sich um ein Weibchen, das schon bald liebevoll „Tante Maggie" genannt wird – hat sich in den Schutz der Flotte begeben.

Der Auftakt dieser ungewöhnlichen Begegnung im südlichen Atlantik ist an Dramatik nicht zu überbieten: Mörderwale greifen an ... Ein Schiffskommandant steht vor einer schweren Entscheidung ... Wenig später mischt sich in den Jubel der Schiffsbesatzungen das zornige Grollen des Admirals ...

Welches Schicksal erwartet „Tante Maggie" im Verband der britischen Kriegsschiffe, die in absehbarer Zeit die von Argentinien besetzten Falklandinseln zurückerobern sollen?

ERSTES KAPITEL

DIE britische Flotte passierte den 50. Breitengrad, und bald würde Südgeorgien in Sichtweite kommen. Bisher war alles ohne Zwischenfälle verlaufen. Seekrankheit und Langeweile waren vorerst die einzigen Feinde, mit denen es die gut fünftausend Männer an Bord der Truppentransporter zu tun bekamen. Sie bekämpften sie tapfer, träumten von kommenden Taten oder hielten sich in der drangvollen Enge mit den immer gleichen gymnastischen Übungen fit.

Die Einnahme von Südgeorgien, das von einem lächerlich kleinen argentinischen Truppenkontingent besetzt war, erwies sich als reine Routineangelegenheit. Die Schiffe gingen dort drei Tage vor Anker – für die Landungstruppen gerade lange genug, sich wieder an festen Boden unter den Füßen zu gewöhnen. Dann nahm die Armada Kurs auf die Falklandinseln, die von den Argentiniern, die sie annektiert hatten, Islas Malvinas genannt wurden. Die Rückeroberung dieser Inseln war das eigentliche Ziel der Flottenexpedition.

Auf dem Flugzeugträger, den er zu seinem Hauptquartier gemacht hatte, empfing der Kommandierende Admiral einige Gäste zum Abendessen. Zwei von ihnen waren Freunde des Admirals, die nicht zur kämpfenden Truppe gehörten, deren Rat er aber gern einholte, wenn es sich empfahl, ein Problem einmal aus einem nichtmilitärischen Blickwinkel zu betrachten. Der eine war ein Geistlicher, der allgemein nur „Padre“ genannt wurde; ihm oblag die Sorge um das geistige und geistliche Wohlergehen der Seeleute und Soldaten. Oberst Hodges, der zweite Mann, war als Arzt für die Gesundheit der Truppe zuständig. Die meisten Offiziere und Unteroffiziere, mit denen er sich bestens verstand, nannten ihn „Doc“. Hodges war praktischer Arzt, aber gleichzeitig auch ein ausgezeichneter Neurologe. Da er nicht abgeneigt war, Patienten auf dieser Fahrt der Obhut seiner Assistenten anzuvertrauen, konnte er sich selbst vor allem um die Moral der Truppe kümmern.

Der dritte Gast war Kapitän zur See Grant, der Stabschef des Admirals, ein recht zurückhaltender und überaus beherrschter Mann mit einer beeindruckenden Berufserfahrung. Grant hatte den Auftrag, Informationen zu sammeln, zu sichten und eine Auswahl zu treffen, damit der Admiral anschließend anhand des vorsortierten Materials mühelos die richtigen Entscheidungen fällen konnte. Das ist die Aufgabe eines jeden Stabschefs. Doch Grant besaß darüber hinaus noch andere wertvolle Eigenschaften. So gelang es ihm zum Beispiel stets, den Admiral in seinem Zorn zu besänftigen, wenn das Verteidigungsministerium mal wieder einen besonders ärgerlichen Funkspruch geschickt oder der Kapitän eines Schiffes eine Fehlentscheidung getroffen hatte. Bei solchen Gelegenheiten schien das normalerweise rötliche Gestrüpp über den Augen des Admirals dunkel anzulaufen, das Blut schoß ihm in die Wangen, und die Adern an seinem Hals traten hervor. Sein erster Impuls war stets, eine sarkastische, respektlose Antwort auf den Funkspruch loszulassen, beziehungsweise den unglücklichen Kapitän wegen seines Fehlers zusammenzustauchen. Grant aber besaß die Gabe, solche Ausbrüche seines Vorgesetzten zu verhindern, bis sich die Situation entschärft hatte.

Zwei weitere Offiziere vervollständigten an diesem Abend die Gästeliste des Admirals. Der eine war der Kommandant des Flugzeugträgers, auf dem der Admiral Quartier genommen hatte. Der andere, ein General, war der Befehlshaber der fünftausend Soldaten, die die Falklandinseln zurückerobern sollten. Der General war von seinem Quartier auf einem der Truppentransporter mit dem Helikopter auf den Flugzeugträger übergesetzt worden.

Nachdem der Admiral mit seinen Gästen ein paar Worte über die beißende Kälte am Rand der Antarktis gewechselt hatte, beschrieb er die augenblickliche Situation der Flotte als überaus günstig: „Vor uns liegen noch weitere Tage der Ruhe und der Tatenlosigkeit, ehe wir auf feindliche Schiffe und Flugzeuge treffen. Bis jetzt haben wir noch kein unidentifiziertes Schiff gesichtet. Feindliche Verbände werden sich uns auch kaum auf offener See entgegenstellen."

Dann erkundigte er sich nach der Stimmung der Landungstruppen auf den Transportschiffen.

Die lange Reise, berichtete der General, gehe den Männern langsam auf die Nerven; er suche nach neuen Wegen, sie zu beschäftigen. „Schließlich kann ich die Leute nicht von früh bis spät Liegestütze machen lassen. Daher habe ich meine Offiziere gebeten, ein paar

Vorträge über die Geschichte der Falklandinseln und über die Beschaffenheit des Terrains zu halten. Das hat den Mannschaften immerhin ein paar Stunden lang etwas zu tun gegeben."

Der Padre und der Arzt bestätigten die Ausführungen des Generals, daß sich die Soldaten langweilten.

„Ihre Matrosen sind an das Leben auf See gewöhnt", erklärte Hodges dem Admiral. „Das Schiff ist ihr zweites Zuhause. Für meine Landratten von der Infanterie ist das anders. Es ist schwer für die Leute, vier Wochen ohne ihre gewohnten Zerstreuungen zusammengepfercht auf einem Schiff zu verbringen. Ich habe bereits mit Fällen von schwerer Depression zu tun gehabt."

„Mir sind auch schon einige Fälle begegnet", fügte der Padre hinzu.

„Es wird höchste Zeit, daß die Reise zu Ende geht", fuhr der Arzt fort. „Anhaltende Untätigkeit ist der schlimmste Feind."

„Keine Sorge", schaltete sich der Admiral mit Nachdruck ein, „die Truppe wird bald reichlich zu tun bekommen."

In diesem Augenblick wurde die Unterhaltung von einem Offizier unterbrochen, der mit einem Blatt Papier in der Hand eingetreten war und seinen Kommandeur zu sprechen wünschte.

„Was gibt es?" fragte Grant.

„Ein soeben eingegangener Funkspruch vom Verteidigungsministerium, Sir."

„Hoffentlich etwas Wichtiges", brummelte der Admiral und fügte in Gedanken hinzu: Wenn die hohen Herren in London schon den Nerv haben, mich zu stören, während ich gerade Gäste habe.

„Ich habe angenommen, jede Botschaft vom Ministerium sei wichtig, Sir", erwiderte der junge Offizier gelassen. „Außerdem trägt dieser Funkspruch den Vermerk ‚Sehr dringend.'"

Er händigte Grant das gefaltete Blatt Papier aus. Grant las die Meldung aufmerksam und entließ dann den Offizier mit einem Kopfnicken.

„Was ist los?" fragte der Admiral seinen Stabschef.

„Soweit ich sehen kann, nichts Weltbewegendes, Sir. Jedenfalls nichts, was den Vermerk ‚Sehr dringend' verdient hätte."

Der Admiral nahm den Funkspruch und überflog ihn, hielt dann einen Moment inne und las noch einmal von vorn. Zornesröte stieg ihm in die Wangen. Seine Augenbrauen gaben Sturmwarnung. Aus Höflichkeit seinen Gästen gegenüber nahm er sich aber zusammen. Nach einer längeren Pause wandte er sich an seine Tischgenossen und sagte mit mühsam unterdrückter Wut in der Stimme: „Meine Herren, Sie können es sicher kaum erwarten, den Inhalt dieses Funkspruchs zu erfahren. Er ist in der Tat sehr dringend, aber keineswegs vertraulich. So will ich Sie als erste informieren. Hören Sie sich das mal an." Er räusperte sich und begann mit lauter Stimme vorzulesen. „‚Wir machen den Oberbefehlshaber der Flotte ... und so weiter ... und so weiter ... darauf aufmerksam, daß der Herzog von Edinburgh unlängst anläßlich einer Versammlung des britischen Vogelschutzbundes seine Zuhörer sehr beeindruckt hat, als er darauf hinwies, daß Wale auf dem Radarschirm oft wie U-Boote aussehen. Prinz Philip sprach in seiner Eigenschaft als Präsident des World Wildlife Fund. Alle Kommandeure werden auf diese Warnung aufmerksam gemacht.' Das war's, meine Herren. Kurz und bündig. Was sagen Sie zu dieser Heuchelei, Mr. Grant? Können Sie ebenso zwischen den Zeilen lesen wie ich?"

„Die Botschaft ist eindeutig, Sir", erwiderte Grant ruhig.

„Für diejenigen unter Ihnen, denen der Stil von Ministerialschreiben nicht geläufig ist, werde ich es in Klartext übersetzen, meine Herren", fuhr der Admiral fort. „Hier wird gesagt: Wenn auf dem Radarschirm ein unidentifiziertes Objekt auftaucht, wenn das Ultraschall-Suchgerät es in siebzig Meter Tiefe ortet und wenn man beschließt, es mit Wasserbomben zu belegen, dann ist das in Ordnung. Dann tut man als Marineoffizier nur seine Pflicht. Sollte nach alldem freilich ein toter Wal kieloben auf dem Wasser dümpeln, werden wir Rechenschaft verlangen. Denn wenn die Sache herauskommt – und das wird sie mit Sicherheit, weil bestimmt einer dieser Zeitungsschreiber an Bord ist –, wird es in der Öffentlichkeit zu einem Protestgeheul kommen, und man wird der gesamten Marine die Schuld geben. Seien Sie also gewarnt. Habe ich mich korrekt ausgedrückt, Mr. Grant?"

„Durchaus, Sir. Wenn man aber andererseits –"

„Wenn man aber andererseits den Rat des Herzogs von Edinburgh beachtet, wenn man sich vor dem Werfen der Wasserbomben vergewissert, daß kein Wal in der Nähe ist, und wenn man schließlich, aus Angst, einer armen Kreatur der Tiefe ein Leid anzutun, ein paar Torpedos abkriegt und nicht nur ein Schiff, sondern vielleicht auch fünfzig Seeleute verliert, trägt man die volle Verantwortung und wird zu Recht vor ein Kriegsgericht gestellt ... Was halten Sie davon?" fragte er den Kommandanten des Flugzeugträgers.

Der erwiderte lebhaft: „Sir, als ich noch Fregatten und Zerstörer kommandiert habe, hätte ich beim geringsten Verdacht keine Sekunde gezögert, Feuerbefehl zu geben."

„Und was meint die Infanterie dazu, Herr General?"

„Als Marineoffizier würde ich in einer derartigen Situation wohl ebenso handeln, Herr Admiral."

„Sie sagen es. Mr. Grant, lassen Sie bitte dem Ministerium folgende Antwort zugehen: ‚Habe Ihre Information erhalten. Sie erscheint mir in Kriegszeiten zumindest unklug. Werde sie unter ‚Verrückte Wetterberichte und astrologische Voraussagen über den Ausgang des Feldzuges' ablegen.'"

„Sir, es ist vielleicht nicht ratsam, einen solchen Funkspruch zu senden", gab der Stabschef zu bedenken.

„Na gut, die Formulierung überlasse ich gern Ihnen, solange Sie nicht wieder das Wesentliche weglassen. Sie sehen so nachdenklich aus, Padre. Sind Sie etwa nicht meiner Meinung?"

„Ich verstehe zu wenig von militärischen Dingen, als daß ich hier einen Rat geben könnte", sagte der Padre nach einer kleinen Pause. „Aber ich respektiere das Lebensrecht jeder Kreatur, weil alles Leben von Gott kommt. Wenn ich mich recht erinnere, heißt es über das Meer im 104. Psalm: ‚Daselbst gehen die Schiffe; da sind Walfische, die du gemacht hast, daß sie darin spielen.'"

„Darin spielen?" protestierte der Admiral. „Ich jedenfalls habe auch nicht im entferntesten die Absicht, auf See mit dem Leben meiner Leute zu spielen!"

Dr. Hodges war ebenso bibelfest wie der Padre. „Da Sie gerade aus den Psalmen zitieren, Padre", sagte er, „erinnern Sie sich vielleicht auch an eine Textstelle aus Jesaja, wo es heißt, daß der Herr mit seinem harten, großen und starken Schwert den Walfisch treffen und das Ungeheuer im Meer erschlagen wird."

„Na, was sagen Sie dazu, Padre?" rief der Admiral gut gelaunt.

„Sie sind nicht Gott, Herr Admiral", erwiderte der Geistliche leise. „Und außerdem spricht der Prophet vom Schwert und nicht von Wasserbomben."

„Die Bibel ist voll von Symbolen, die man auslegen muß."

„Nicht alle Wale sind Ungeheuer wie der Leviathan", entgegnete der Padre fast flehend. „Pottwale können zwar gelegentlich aggressiv sein, aber die meisten Wale sind friedliche, harmlose Tiere. Womit ich gewiß nicht sagen will, daß das Leben eines Tieres, sei diese Kreatur nun harmlos oder nicht, gegen das Leben von zwanzig Seeleuten aufgewogen werden kann – vielleicht nicht einmal gegen ein einziges Menschenleben."

„Freut mich, daß Sie ‚vielleicht' gesagt haben. Im Grunde sind wir uns doch alle einig, daß man die Dinge vom militärischen Standpunkt aus zu sehen hat", erklärte der Admiral.

„Grundsätzlich ja. Ich wollte nur zu bedenken geben, daß Sie in eine Lage kommen könnten, in der die Gefahr, ein Schiff zu verlieren, geringer ist als die, einen Wal zu töten. In solch einem Fall sollte man versuchen, einen bösen Fehler möglichst auszuschließen."

„Was meinen Sie, Doc?" fragte der Admiral.

„Ich glaube, der Padre hat nicht ganz unrecht, Sir. Der Tod eines Wals würde weltweit Proteste auslösen, und man würde die ganze Flotte kritisieren. Ich bin sicher, daß der verantwortliche Offizier sich beim Anblick eines von ihm abgeschossenen Wals furchtbar schämen würde. Sogar Sie, Sir . . ."

„Ich würde den Mann zu seiner Treffsicherheit beglückwünschen", schnaubte der Admiral.

Hodges deutete durch ein diskretes Hüsteln an, daß er das nicht glaubte. „Wenn das stimmte, Sir, dann wären Sie wahrscheinlich der einzige in der ganzen Flotte, der auf eine solche Tat stolz wäre. Ein derartiger Zwischenfall würde sich sehr negativ auf die Stimmung der Männer auswirken und –"

„Mit Ihrer Erlaubnis, Sir", unterbrach ihn der Stabschef, „ich glaube, wir sollten die Entscheidung den U-Boot-Jägern überlassen. Und damit sie überhaupt eine abgewogene Entscheidung treffen können, müssen sie von Prinz Philips Warnung erfahren."

„Womit wir andeuten würden, daß wir ihnen in dieser Angelegenheit den Schwarzen Peter zuschieben, wie das Ministerium es mit uns gemacht hat. So etwas liegt mir nicht."

„Bedenken Sie bitte", fuhr Grant unbeirrt fort, „daß es am Ende der Meldung eindeutig heißt, alle Kommandeure sollen auf die Warnung aufmerksam gemacht werden. Das klingt doch sehr nach einem Befehl."

„Manche Befehle sind eben blödsinnig, Mr. Grant", knurrte der Admiral.

„Wir könnten die Warnung mit reichlich Wenn und Aber weitergeben. Wenn wir zum Beispiel festlegten, falls Zweifel an der Art des georteten Objekts bestünden –"

„Wenn auch nur der *geringste* Zweifel besteht", rief der Admiral wütend, „hat jeder Kommandant die Pflicht und Schuldigkeit, volle Fahrt und Feuer zu befehlen! *Daran* darf es nicht den geringsten Zweifel geben."

„Gewiß, Sir."

Trotz seiner Eigenwilligkeit war dem Admiral durchaus bewußt, daß sein Stabschef ihm gut zuraten wollte. Mürrisch und mit ein wenig schlechtem Gewissen befahl er ihm deshalb, die Information weiterzugeben.

Es bedurfte freilich einer Reihe von Entwürfen, an denen fast die ganze Nacht gefeilt wurde, ehe die Botschaft an die Kapitäne aller Schiffe genau den Wortlaut hatte, den der Admiral endlich gegen Morgen meinte, absegnen zu können.

DER Zerstörer *Daring*, ein Geleitschiff, das zur U-Boot-Bekämpfung eingesetzt werden konnte, lag ein gutes Stück vor dem Hauptkontingent der Flotte. Korvettenkapitän Clark las zum zweiten Mal den gerade eingetroffenen Funkspruch an alle Einheiten; der Text kam ihm mehrdeutig vor, obwohl der Admiral sich wahrhaftig alle erdenkliche Mühe gegeben hatte, sich klar auszudrücken. Als Clark den Funkspruch gerade ein drittes Mal studieren wollte, gab der Wachoffizier, ein unerfahrener Leutnant zur See namens Hudson, Alarm. Das Radargerät hatte in einigen Meilen Entfernung ein unbekanntes Objekt geortet.

Clark stopfte den Funkspruch des Admirals in die Brusttasche und rannte zur Brücke, wo er besorgt auf den Radarschirm starrte. Der Wachoffizier hatte sich nicht geirrt: Ein schwarzer Punkt, deutlich sichtbar auf dem leuchtenden Hintergrund, signalisierte die Anwesenheit eines verhältnismäßig großen Objekts, das sich mit einer Geschwindigkeit von mehreren Knoten näherte.

„U-Boot, Sir?" fragte der junge Hudson aufgeregt. „Oder Schiff? Vielleicht ein feindliches?"

„Kein feindliches Überwasserfahrzeug würde sich allein in dieses Gebiet vorwagen", antwortete Clark. „Sieht aus, als wär's ein U-Boot ... oder Wal", sagte er leise zu sich selbst und wiederholte den Satz, den er gerade gelesen hatte: „Achtung! Auf dem Radarschirm sehen Wale oft wie U-Boote aus."

Er spürte, wie plötzlich Ärger in ihm aufstieg. Warum mußte ihm diese Warnung auch gerade jetzt auf den Tisch flattern und Zweifel in ihm wecken? Er biß die Zähne zusammen. „Verdammtes Pech", murmelte er.

„Wir fahren direkt darauf zu, Sir", sagte Hudson. „Das Objekt befindet sich bereits in Schußweite."

„Stimmt. Aber vielleicht ist es ein harmloses Fischerboot, das vom Kurs abgekommen ist", erwiderte Clark. Er gab Befehl, Funkkontakt aufzunehmen, doch das geheimnisvolle Objekt antwortete nicht. Die Alarmsirene schrillte. Männer rannten auf Gefechtsstation und machten sich bereit, auf Befehl das Feuer zu eröffnen. Aber Clark zögerte.

„Schicken Sie Bjorg zu mir auf die Brücke", sagte er zu Hudson. „Er versteht mehr von Walen als jeder andere hier." Der Gedanke, daß er es vielleicht doch mit einem Wal zu tun haben könnte, ließ ihn nicht mehr los.

Bjorg, ein ehemaliger Walfänger, gehörte nicht zur regulären Mannschaft des Zerstörers. Er war Falkländer und stammte von der größeren der beiden Hauptinseln. Viele Jahre lang hatte er im Gebiet zwischen den Südorkneyinseln und Südgeorgien Wale gejagt. Im Alter von fünfzig Jahren war er nach England gegangen und hatte dort Delphine trainiert. Die waren für ihn so etwas wie Ersatzwale und machten es ihm leichter, das abenteuerliche Leben zu vergessen, das er hinter sich gelassen hatte.

Wie viele andere Falkländer hatte Bjorg skandinavische Vorfahren, und mit seinen kühnen Zügen und dem blonden Haarschopf sah er aus, wie man sich gemeinhin einen Wikinger vorstellt. Seine Familie betrieb Schafzucht ganz in der Nähe des Hauptortes Port Stanley. Bjorgs Großvater, der selbst einmal Walfänger gewesen war, hatte mit seinen abenteuerlichen Geschichten in dem Jungen den Wunsch geweckt, eines Tages auch Jagd auf die Meeresriesen machen zu können. Der alte Mann war ein Überbleibsel aus der Zeit, die Herman Melville in seinem Roman „Moby Dick" beschrieben hat. Er war Harpunier gewesen; allerdings nicht einer von diesen modernen Kanonieren, die einen Wal aus sicherer Entfernung mit einer Harpunenkanone in die Luft sprengen. Nein, er konnte sich an weit gefährlichere Abenteuer erinnern. Zu seiner Zeit fuhr eine Handvoll wagemutiger Männer in einem zerbrechlichen kleinen Fangboot fast bis auf Armeslänge an den gewaltigen Leib eines Wals heran. Aus kürzester Entfernung schleuderte der Harpunier seine

Handharpune. Das Fangboot tanzte wie ein Korken auf den kochenden Wogen, die vom riesigen Schwanz des getroffenen Tieres gepeitscht wurden. Als Kind konnte Bjorg von diesen Geschichten nie genug bekommen. Immer wieder mußte der Großvater erzählen, wie das Fangboot vom harpunierten Wal mitgeschleppt wurde; wie die Harpunenleine sich rasend schnell abwickelte; wie das verwundete Riesentier wegtauchte, bis es wieder Atem holen mußte. Und dann der Angriff mit der Lanze, der tödliche Stoß und schließlich die letzten Zuckungen des Tieres in einem Teppich aus Blut.

Wohl hundertmal hatte Bjorg diese Jagd fiebernd miterlebt; nicht nur in den Erzählungen des Großvaters, sondern auch – angefangen mit „Moby Dick" – in jedem Walfangbuch, das ihm in die Finger geriet.

Mit sechzehn musterte er auf einem Walfangschiff an. Er selbst konnte die Ära der mutigen Harpuniere nicht mehr miterleben. Der Walfang wurde jetzt von straff organisierten Fangflotten ausgeübt. Doch er tröstete sich mit dem Geruch des Meeres, der sich mit dem Trangeruch eines riesigen Beutetiers mischte, und er bewunderte die Bewegungen der „Schulen" von Pottwalen und teilte die Erregung des Mannes hoch oben im Krähennest, wenn der die Blaswolke eines Wals gesichtet hatte und in den gewohnten Ruf ausbrach: „Da bläst er!"

Bjorg war selbst oft Ausguck gewesen; er hatte überhaupt so ziemlich jede Arbeit auf einem Walfangschiff verrichtet. Manchmal hatte er die Blaswolke als erster gesehen und „Da bläst er!" gebrüllt, wobei ihm stets das Bild von Kapitän Ahab bei der unbarmherzigen Jagd auf Moby Dick, den weißen Wal, vor Augen stand.

In den Nächten, die auf solch glänzende Tat folgten – es war eine große Ehre, den Ruf als erster ausgestoßen zu haben –, wachte er unweigerlich aus unruhigen Träumen auf und weckte die Kameraden mit dem gleichen durchdringenden Schrei. Auch jetzt träumte er noch gelegentlich aufregende Szenen von der Waljagd. Die Träume halfen ihm, den Zauber der Vergangenheit zu bewahren – Träume und eine Unzahl von Büchern über den Walfang und alle möglichen anderen Abenteuer.

In den Wochen vor dem Auslaufen der Flotte hatte das Oberkommando nach Männern und Frauen gesucht, die sich auf den Falklandinseln auskannten und die Landungstruppen einweisen konnten. Da war ein Mann wie Bjorg natürlich unbezahlbar, denn als ehemaliger Seemann kannte er dort unten jede Bucht und jeden Kanal. Als sich ihm die Chance bot, sich dem Expeditionskorps anzuschließen, griff Bjorg sofort zu und war hoch erfreut, wieder einmal in heimatlichen Gewässern kreuzen zu können. Er vertraute die Delphine seinem Sohn an und ging an Bord der *Daring*.

Dort machte er sich sofort an die Arbeit. Man hatte ihn in eine Leutnantsuniform gesteckt und ihm den etwas nebulösen Titel „Verwaltungsoffizier" gegeben. Aus dem Gedächtnis erarbeitete er eine sorgfältige Beschreibung des künftigen Kampfgebietes. Korvettenkapitän Clark konnte ihn von Anfang an gut leiden. Er behandelte Bjorg wie einen Gast und ließ sich keine Gelegenheit entgehen, Geschichten aus der Welt der Walfänger, von Schiffen und Mannschaften zu hören, die so ganz anders waren als alle, die er je unter seinem Kommando gehabt hatte.

Und so war es eigentlich kein Wunder, daß Clark diesen Experten rufen ließ, weil er nicht wußte, was er mit Prinz Philips Warnung anfangen sollte. Bjorg – hoffte er – würde ihm vielleicht aus der Klemme helfen.

ALS Bjorg auf die Brücke stürmte, informierte Clark gerade das Oberkommando über das Radarsignal. Der Admiral wollte sofort einen Befehl erteilen, aber sein Stabschef überzeugte ihn davon, es sei das beste, die Kommandanten ihre eigenen Entscheidungen treffen zu lassen. Am Telefon verbarg der Admiral die eigene Unsicherheit hinter einem bemüht eisigen Tonfall. „Tun Sie, was Sie nach eigener Einschätzung der Lage tun müssen, und halten Sie mich auf dem laufenden. Ich werde alle Flotteneinheiten in Alarmbereitschaft versetzen lassen."

Clark hatte nichts anderes erwartet. Die ganze Verantwortung lag jetzt bei ihm, dem Kommandanten der *Daring* und einem der jüngsten Korvettenkapitäne der britischen Marine. Er seufzte und starrte auf den Punkt, der sich auf dem Radarschirm bewegte.

Bjorg traf ihn dort zusammen mit Hudson, dem jungen Wachoffizier, an. Clark unterrichtete Bjorg hastig von dem Funkspruch, den er erhalten hatte.

„Es könnte ein Wal sein, Sir", sagte Bjorg. „Wahrscheinlich ein großer. Wäre in diesen Gewässern nichts Ungewöhnliches. Die Geschwindigkeit würde jedenfalls zu einem Wal passen."

„Zu einem Wal“, murmelte Clark angewidert. „Sie würde auch zu einem U-Boot passen. Prinz Philip hätte hinzufügen sollen, daß auf dem Radarschirm umgekehrt U-Boote oft wie Wale aussehen.“

Die beiden Männer blickten schweigend auf den Radarschirm.

„Sehen Sie, Bjorg!“ rief Clark. „Es kommt auf uns zu.“ Das Objekt nahm jetzt eindeutig Kurs auf den Zerstörer. „Es hat uns geortet und bereitet einen Angriff vor. Wir haben keine Zeit mehr zu verlieren.“

„Sehr merkwürdig, muß ich schon sagen“, brummelte der ehemalige Walfänger. „Und einigermaßen beunruhigend. Wale sind zwar normalerweise furchtlos, aber ich habe noch nicht erlebt, daß einer direkt auf ein Schiff zugeschwommen wäre.“

Clark wollte gerade Befehl zum Feuern geben, als der Punkt plötzlich vom Radarschirm verschwand.

Gleich darauf meldete der Radargast über Telefon: „Wir haben das Objekt verloren. Wahrscheinlich ist es getaucht.“

„Danke! Darauf wäre ich auch selbst gekommen“, brummte der Kapitän. Im stillen verfluchte er sich, weil er abgewartet hatte. „Wir haben nicht mal mehr die Zeit, seine Position zu bestimmen, ehe es Torpedos abfeuert“, stöhnte er. „Das Objekt taucht und hält geradewegs auf uns zu.“

„Es ist durchaus möglich, daß es *lotet,* Sir“, sagte Bjorg. „So nennt man das auf einem Walfänger, wenn eins dieser Biester beschließt, auf große Tiefe abzutauchen. Pottwale zum Beispiel können bis zu tausend Meter tief loten.“

„Und ich sage Ihnen, daß ein U-Boot *taucht.* So nennt man das bei der Marine überall auf der Welt.“

„Aye, aye, Sir“, erwiderte Bjorg höflich. „Aber wenn es ein Wal ist – und ich möchte es jetzt fast annehmen –, dann lotet er. So ist das nun mal.“

„Mr. Bjorg“, sagte Clark – die Anrede „Mister“ verriet seine Erregung –, „Mr. Bjorg, wie kommen Sie darauf, daß wir es hier mit einem Wal zu tun haben, wo Sie doch noch vor einer Minute das Verhalten des Objekts als beunruhigend empfanden?“

„Wegen seines plötzlichen Verschwindens vom Radarschirm, Sir. Ich bin zwar kein Experte für U-Boote, aber ich kann mir nicht vorstellen, daß die so rasch wegtauchen wie Wale.“

„Endlich sagen Sie mir etwas Vernünftiges, Bjorg“, erwiderte Clark nach einer Pause. Er fühlte sich wieder etwas besser. „Es stimmt, daß kein U-Boot so rasch verschwindet, wenngleich ein

Mini-U-Boot es zur Not fertigbrächte. Aber ich gebe zu, daß dieser Faktor für Ihre Waltheorie spricht."

„Es ist lediglich meine Meinung, Sir."

Der Kapitän war immer noch unschlüssig. „Aber vielleicht ist es doch ein U-Boot und bereitet gerade eben einen Angriff vor ... Bjorg", fuhr er fort, jedes Wort sorgfältig abwägend, „angenommen – nur mal angenommen –, es ist ein Wal, der da ... lotet, wie Sie es nennen. Wenn das so ist, wie lange wird er dann unsichtbar bleiben?"

„Kommt darauf an, Sir. Natürlich muß er wieder auftauchen. Wale sind Säuger und –"

„Ich habe gefragt, wie *lange,* Mr. Bjorg!"

„Nun ja, es hat schon Wale gegeben, die vierzig bis fünfundvierzig Minuten unter Wasser geblieben sind."

„Vierzig bis fünfundvierzig Minuten! Soll das heißen, daß wir diese Tortur noch über eine halbe Stunde aushalten müssen?"

„Das ist das Maximum. Im Durchschnitt loten Wale vielleicht fünfzehn bis zwanzig Minuten. Das hängt von ihrer Stimmung ab."

„Also, das ist nun wirklich der Gipfel!" stöhnte der Kapitän. „Ich weiß nicht, ob meine Nerven das noch länger mitmachen."

Die Mannschaft der *Daring* war ebenso nervös wie ihr Kapitän. Das war immer so bei U-Boot-Alarm. Allerdings bewirkte die Möglichkeit, es mit einem Wal zu tun zu haben – wovon die ganze Crew mittlerweile wußte –, noch zusätzliche Aufregung.

„Wenn es den ursprünglichen Kurs beibehalten hat", murmelte Clark, „müßte es jetzt unter unserem Kiel sein."

„Sir", rief der Wachhabende, „es ist ganz in der Nähe. Das Ortungsgerät hat das Objekt gerade erfaßt."

Da Radar jetzt nutzlos geworden war, hatte das Sonargerät die Ortung übernommen, ein Gerät, das mit Hilfe von Ultraschall arbeitet.

Clark und Bjorg gingen zu einem anderen Bildschirm hinüber. Das geheimnisvolle Objekt war tatsächlich als deutlicher Punkt zu erkennen.

Clark atmete erleichtert auf. „Ein Glück, daß wir es wenigstens wieder auf dem Schirm haben", sagte er.

„Da bin ich anderer Ansicht, Sir." Bjorg betrachtete den Punkt besorgt. „Mir gefällt das, offen gestanden, gar nicht."

„Und warum nicht?"

„Ich habe noch nie mit Sonar gearbeitet, aber nach meinen

Informationen können Wale, im Gegensatz zum Menschen, Ultraschall ausgezeichnet hören."

„Na und?"

„Tja, Sir, normalerweise flüchten Wale vor den Schallwellen. Aber das Ding hier kommt weiter auf uns zu, als wär nichts. So betrachtet", fuhr er in einer Bierruhe fort, die Clark langsam in Wut versetzte, „ist es doch möglich, daß es sich um ein U-Boot handelt."

„Hab ich's nicht gesagt?" brüllte Clark. „Sie lullen mich hier mit Ihren Walgeschichten ein, und wir haben es mit einem verdammten U-Boot zu tun. Jetzt gibt es nur noch eins – falls es nicht schon zu spät ist."

Er griff nach dem Telefonhörer und wollte den Befehl geben, Wasserbomben zu werfen. Doch ein Ausruf des ehemaligen Walfängers, der den Sonarschirm nicht aus den Augen gelassen hatte, ließ ihn erneut zögern.

„Was ist denn jetzt wieder los, Mr. Bjorg?" fragte er mit mühsam beherrschter Stimme.

„Es flieht, Sir. Ist wahrscheinlich vom Ultraschall getroffen worden. Es hat nur nicht sofort reagiert. Sehen Sie selbst."

Clark wischte sich über die Stirn, wo sich trotz der Kälte ein paar Schweißtropfen angesammelt hatten. Er ging zum Sonarschirm. Das Objekt hatte um hundertachtzig Grad gewendet und bewegte sich vom Zerstörer weg.

„Sieht nicht nach panischer Flucht aus. Unser Sonar scheint nicht als übermäßig störend empfunden zu werden", sagte Clark besorgt.

„Was ich gesagt habe, trifft auf bestimmte Wale zu, Sir. Aber soweit ich weiß, hat man mit Sonar noch nicht häufig experimentiert, jedenfalls nicht so oft, als daß man eine allgemeine Regel aufstellen könnte. Wie auch immer – kein Wal ist wie der andere. Es gibt eine ganze Reihe von Arten, Sir, angefangen von –"

„Mr. Bjorg", unterbrach ihn der Kapitän ungeduldig, „verschonen Sie mich bitte mit einem Vortrag über Wale. Glauben Sie mir, dafür ist jetzt nicht der richtige Augenblick."

„Ich wollte nur sagen, Sir, daß man keine vorschnellen Schlüsse ziehen darf, wenn erst so wenige Forschungsergebnisse vorliegen. Wichtig ist allein die Tatsache, daß das Ding überhaupt auf Ultraschallwellen reagiert hat: Es hat abgedreht. Kein U-Boot hätte das getan."

„Kann der reine Zufall gewesen sein."

„Möglich. Aber es gibt da noch eine, wie ich meine, sehr wichtige Tatsache, die mich überzeugt hat, daß es sich nicht um ein U-Boot handelt."

„Welche wichtige Tatsache?" fragte Clark begierig.

„Eigentlich sind es sogar zwei Tatsachen, Sir. Die erste ... Sie haben gerade nicht auf den Bildschirm geschaut, als das Wendemanöver erfolgte. Nun, ich habe genau aufgepaßt: Das Ding hat sich fast auf der Stelle gedreht. Ich glaube nicht, daß ein U-Boot – nicht einmal ein Mini-U-Boot – mit so einem kleinen Wenderadius abdrehen kann. Aber ein Wal kann das."

„Endlich etwas, das mir einleuchtet", erklärte Clark zustimmend. „Ein U-Boot kann nicht auf der Stelle wenden. Aber das ist immer noch kein absolut sicherer Beweis. Haben Sie nicht etwas von einer zweiten Tatsache gesagt?"

„Ja, und die ist genauso wichtig, Sir. Wie gesagt, ich habe den Bildschirm ganz genau im Auge behalten, und für den Bruchteil einer Sekunde hatte ich den Eindruck, als habe sich der Punkt geteilt. Das könnte bedeuten, daß wir es mit zwei Walen zu tun haben."

„Mit *zwei* Walen?" stöhnte Clark leise.

„Jawohl, Sir", bestätigte Bjorg. „Ein Pärchen, ein Männchen und ein Weibchen, die so nah nebeneinanderschwimmen, daß sie sich fast berühren. Wenn sie Seite an Seite geradeaus schwimmen, dann erscheint auf Ihrem Bildschirm nur *ein* Punkt, da der Zwischenraum zu gering ist. Wenn sie aber einen Halbkreis beschreiben, müssen die Wale sich trennen, und das habe ich gesehen. Es sind ziemlich sicher zwei Wale, wahrscheinlich Blauwale. Blauwale sind die größten Tiere der Erde, sie sind monogam und treten zumeist paarweise auf."

„Na großartig, Bjorg! Mir hat ein Wal schon gereicht; fehlt nur noch, daß Sie mir eine ganze Herde präsentieren."

„Ich glaube kaum, daß wir auf eine größere Ansammlung von Walen stoßen werden. Nur Schwertwale, auch Mörderwale genannt, bewegen sich in Gruppen. In meiner Jugend gab es noch Schulen von Pottwalen, aber durch die ständige Bejagung haben sich die Herden zerstreut, und die Pottwale sind zu Einzelgängern geworden."

Der Kapitän verfiel in ein brütendes Schweigen. Der Punkt auf dem Sonarschirm bewegte sich immer noch gemütlich voran. Das Objekt hielt gleichen Kurs mit dem Zerstörer und hatte auch ungefähr dessen Geschwindigkeit.

„Ihre Zweifel werden gleich ausgeräumt sein, Sir", erklärte Bjorg.

„Unsere Freunde tauchen auf." Der Punkt auf dem Bildschirm wanderte nach oben.

„Fast vertikal", fuhr Bjorg fort. „Würde ein U-Boot so auftauchen? In ein paar Minuten werden sie die Wasseroberfläche durchbrechen, und das Radar kann sie wieder einfangen. Vielleicht bekommen wir sie sogar zu Gesicht – sie sind ganz in der Nähe."

„Wollen's hoffen. Ich werde mich erst wieder wohl fühlen, wenn ich die Tiere mit eigenen Augen gesehen habe. Aber ich glaube nicht, daß das Wetter es zuläßt." Der Wind hatte aufgefrischt, und eine schwere Dünung beeinträchtigte die Sicht.

Clark ging ans Telefon und gab seinem Ersten Offizier neue Instruktionen. Er redete und gestikulierte ungewohnt scharf und abgehackt. „Denken Sie daran, daß wir unsere Wachsamkeit verdoppeln müssen", predigte er dem Offizier. „Wir wissen nicht, was da auftaucht. Alle Mann bleiben auf Gefechtsstation."

„Glauben Sie immer noch, daß es sich um ein feindliches U-Boot handelt, Sir?" fragte der Erste.

„Ich glaube gar nichts. Ich will lediglich auf alles vorbereitet sein."

„Aye, aye, Sir."

Im stillen fragte sich der Erste Offizier, ob der Käpt'n es nicht doch ein wenig übertrieb. Und damit hatte er nicht ganz unrecht. Die Anspannung der vergangenen halben Stunde hatte den normalerweise ruhigen Korvettenkapitän Clark so nervös gemacht, daß er sich alles mögliche einbildete. Er war darauf gefaßt, einem Seeungeheuer aus den Tiefen des Ozeans entgegenzutreten oder einem legendären Geisterschiff samt Besatzung und dem Teufel persönlich am Ruder.

Nachdem der Erste Offizier ihm versichert hatte, die Crew werde wachsam bleiben, ging Clark einigermaßen beruhigt zu den Bildschirmen zurück.

„Wo ist denn Bjorg?" fragte er.

Der junge Hudson war immer noch da. Seine Wache war zwar zu Ende, und die Ablösung stand schon auf der Brücke, aber nichts auf der Welt hätte ihn jetzt vertreiben können. Mit einem Fernglas suchte er die See ab. Die beiden Bildschirme waren leer. Das Sonargerät hatte das Ziel verloren, und mit dem Radar hatte man es noch nicht wieder erfaßt.

Leutnant Hudson drehte sich um. „Bjorg?" fragte er. „Ich weiß es nicht, Sir. Vor einer Minute war er noch hier."

Dem Kapitän blieb keine Zeit, sich über die Abwesenheit des Walexperten zu beschweren. Ein Schrei, eher ein Jubelruf, gellte über ihm, übertönte den Wind und ließ jeden Mann auf der *Daring* sekundenlang erstarren.

„Er bläst! Er bläst! Hab ich es nicht gesagt, Sir? Da bläst er!"

Zweites Kapitel

„Wo, zum Teufel, sind Sie, Bjorg?" brüllte der Kapitän der *Daring* vorwurfsvoll.

„Hier oben, Sir, direkt über Ihnen, an der Radarantenne. Von hier aus kann ich weiter sehen als von der Brücke. Da bläst er! Der andere ist auch aufgetaucht. Ich sehe zwei Blaswolken!"

Clark war der Blick zur Antenne durch das Brückendach versperrt, doch einige Seeleute konnten von Deck aus nach oben blicken und den alten Walfänger sehen, der sich an den Antennenmast klammerte. Sein blonder Haarschopf wehte im Wind, und mit der freien Hand zeigte Bjorg aufgeregt in Richtung auf einen winzigen Punkt am Horizont. Wie der Mann auf seinen luftigen Ausguck gekommen war, interessierte Clark jetzt nicht besonders. Dem Kapitän war ein Stein vom Herzen gefallen, und er genoß erst einmal das Gefühl der Erleichterung.

„Blaswolken!" rief er. „Gott sei Dank. Sind Sie diesmal auch ganz sicher?"

„Völlig sicher. Sie sind direkt vor uns, Sir, keine drei Meilen entfernt. Bald werden Sie sie sehen können. Ein Pärchen, wie ich vermutet habe. Zwei prächtige Blauwale."

Bjorg steckte mit seiner freudigen Erregung die Seeleute an. Clark meinte, aus allen Ecken des Schiffes ein Echo des Rufes zu vernehmen: „Da bläst er! Da bläst er!"

„Da bläst er, Sir!" brüllte jetzt auch Leutnant Hudson, der mit dem Fernglas den Horizont abgesucht hatte.

„Ich sehe sie! Ich sehe sie!" rief der Kapitän, mitgerissen von der allgemeinen Erregung. „Zwei Blaswolken! Gott segne Sie, Bjorg! Sie hatten recht." Dann befahl er, um seine Würde wiederzuerlangen: „Mr. Bjorg, seien Sie bitte so liebenswürdig, und klettern Sie von Ihrem Ausguck herunter, den Ihnen niemand zugewiesen hat. Ich möchte nicht, daß Sie über Bord gehen oder aufs Deck stürzen und sich den Hals brechen."

Geschickt hangelte Bjorg sich wieder auf die Brücke und bewies damit, daß er trotz seiner fünfzig Jahre nichts von seiner Wendigkeit auf Deck eingebüßt hatte.

„Ich hab mir gedacht, Sie wollen so rasch wie möglich Klarheit. Dort oben konnte ich sie am schnellsten bekommen."

„Vergessen wir's", murmelte Clark, der nicht die geringste Lust verspürte, Bjorg zusammenzustauchen.

Die Anspannung war verflogen, und der Kapitän der *Daring* fühlte sich seltsam benommen. Er schwieg lange und beobachtete die beiden Wale mit einer Mischung aus Groll und Dankbarkeit. Der Wind schien sich zu legen, und es klarte auf. Die Wale, die sich im Delphinstil vorwärts bewegten, waren jetzt deutlich zu erkennen; über beiden stand eine Wolke aus feinem Gischt, die magisch in allen Regenbogenfarben schillerte, wenn ein Sonnenstrahl durch die Wolkendecke brach.

„Die beiden können sich gratulieren, weil es ihnen gelungen ist, mir eine äußerst unangenehme halbe Stunde zu bereiten", seufzte Clark. „Und sie können dem Gott der Wale für die Warnung des guten alten Philip danken."

Die beiden Wale schwammen jetzt so nahe am Zerstörer, daß man sie schon etwas genauer studieren konnte.

„Sie haben gesagt, es sind Blauwale, nicht wahr?" fragte Clark. „Wie konnten Sie das allein an der Blaswolke erkennen? Warum nicht Pottwale, die sich meines Wissens auch in diesen Gewässern aufhalten?"

Der ehemalige Walfänger sah den Frager mitleidig an. „Es können unmöglich Pottwale sein, Sir. Bitte beachten Sie die Form der Blaswolke, die sie aus ihren Spritzlöchern pressen: Sie steigt senkrecht auf wie ein Blumenstengel, öffnet sich oben und rieselt wie ein Schopf Palmenblätter wieder herab. Der *Blåst* eines Pottwals dagegen ist wegen der Lage der Spritzlöcher stets um fünfundvierzig Grad geneigt. Nein, dies sind eindeutig Blauwale. Da ist zum anderen ihre Größe. Das größere Tier von beiden muß das Weibchen sein; es ist wenigstens dreißig Meter lang. Kein anderer Meeressäuger wird so groß. Und sehen Sie sich mal den Bauch der Tiere an, wenn sie sich auf die Seite rollen; er ist blaugrau mit weißen Flecken und durchzogen von waagerechten Furchen. So sehen Blauwale aus."

Der erfahrene Walfänger wies noch auf weitere Details hin, und Clark sagte sich, diesen interessanten Vortrag dürfe er sich als

Belohnung dafür anhören, daß die Tiere ihm soviel Sorgen bereitet hatten. Ein Telefonanruf riß ihn jäh aus seinen Gedanken.

„Der Admiral, Sir", meldete der Wachhabende, der das Gespräch entgegengenommen hatte.

„Großer Gott!" entfuhr es Clark. „Ich sollte ihn alle fünf Minuten anrufen und auf dem laufenden halten." Er nahm den Hörer. „Ja, Sir, ich erwarte Ihre Befehle."

„Ich warte auf Ihren Bericht", erwiderte der Admiral eisig. „Ich wollte informiert werden. Habe ich mich da nicht klar ausgedrückt?"

„Wir sehen die Blaswolken, Sir!" sagte Clark triumphierend. „Da bläst er, Sir!" Er fand, die Situation ließe sich am besten mit dem legendären Ruf der Walfänger beschreiben.

„Was reden Sie da?" knurrte der Admiral.

„Wir sehen die Blaswolken, Sir. Von zwei Walen, Männchen und Weibchen. Kaum eine halbe Meile entfernt."

„Soll das heißen, es war ein Wal und kein feindliches U-Boot?"

„Zwei Wale, Sir. Sie sind vor ein paar Minuten aufgetaucht."

„Vor ein paar Minuten? Da hätten Sie ja wohl Meldung machen können. Oder glauben Sie nicht, daß ich wissen wollte, was nun wirklich vorgeht?"

„Ich war gerade im Begriff, Sie anzurufen, Sir."

„H-m-m . . . Sind Sie sicher, daß es Wale sind?"

„Absolut, Sir. Bjorg, der Walfänger, den ich an Bord habe, hat sie identifiziert, sobald sie aufgetaucht waren. Riesige Blauwale, wenigstens dreißig Meter lang. Man kann sogar die Bauchfurchen sehen, die für diese Art typisch sind."

Er hätte sein gerade erworbenes Wissen gern noch weiter an den Mann gebracht, doch der Admiral fiel ihm ins Wort.

„Schon gut, Mr. Clark. Beruhigen Sie sich. Ich nehme an, Ihre Erregung ist auf den Streß zurückzuführen, unter dem Sie gestanden haben – unter dem wir alle gestanden haben. Wie auch immer – alles hat sich zum Besten gewendet: Sie sind nicht torpediert worden und haben zwei Wale gerettet. Ich sollte Ihnen wahrscheinlich dazu gratulieren, daß Sie kühlen Kopf bewahrt haben", fügte er mit grollendem Unterton hinzu. „Ein anderer hätte wohl erst Wasserbomben geworfen und dann Fragen gestellt. Trotzdem sollten Sie mir nun so präzise wie möglich erklären, was Sie zu der Überzeugung gebracht hat, es mit Walen zu tun zu haben. Ich nehme an, Sie hatten triftige Gründe."

Clark schilderte den Ablauf der Ereignisse und fügte hinzu, daß er Bjorgs Meinung großes Gewicht beigemessen habe.

„Sie hatten also, sagen wir mal, eine beruhigende Gewißheit", bemerkte der Admiral schließlich.

„Gewißheit? Das nun nicht gerade, Sir. Tut mir leid, Sir. Wenn ich es recht bedenke, muß man wohl eher von Wahrscheinlichkeit sprechen."

„Welcher Grad von Wahrscheinlichkeit? Neunundneunzig Prozent? Neunzig Prozent? Oder noch weniger?"

„Das läßt sich so genau nicht sagen, Sir", gab Clark zu. „Ich kann nur versichern, daß die Wahrscheinlichkeit ziemlich groß war."

„Na gut", brummelte der Admiral. Es klang nicht sehr überzeugt. „Schließlich zählt allein das Ergebnis, und das scheint zu zeigen, daß Sie richtig gehandelt haben. Ich glaube, man muß Sie beglückwünschen."

„Danke, Sir."

„Noch eins. Sie sollen wissen, daß ich es Ihnen nicht verübelt hätte, wenn Sie die verdammten Wale aus dem Wasser gepustet hätten. Und lassen Sie mich noch etwas sagen: Sollte sich ein ähnlicher Vorfall ereignen ..." Der Admiral sprach jetzt warm und väterlich, als gelte es, den eigenen Sohn über die Fährnisse des Lebens aufzuklären. „Sollte es wieder so einen Alarm geben, dann denken Sie bitte nicht daran, daß Ihr Zuwarten sich in diesem Fall gelohnt hat, sondern handeln Sie so, als seien die Umstände völlig anders. Haben Sie mich verstanden?"

„Aye, aye, Sir."

Der Admiral legte den Hörer auf. „Ich hoffe, ich habe mich klar ausgedrückt", sagte er leise vor sich hin. „Verdammte Wale!"

Als Clark vom Telefon zurückkam, beobachteten Bjorg und Leutnant Hudson immer noch die Tiere. Clark wollte gerade den Alarmzustand beenden, als Hudson einen Ruf ausstieß, der erneut Alarm auslöste.

„Neues Radarsignal, Sir. Nein, nicht unsere beiden Wale – das neue Objekt ist weit von ihnen entfernt."

DER Kapitän blieb wie angewurzelt stehen. Würde er noch einmal den Mut haben, so kühl und beherrscht zu reagieren, wie es sich für den Kapitän eines Zerstörers gehörte, falls diese Prüfung sich wieder so lange hinzog wie die letzte? Bjorgs sorgenvoll gerunzelte Stirn wirkte jedenfalls nicht gerade beruhigend. Und jetzt verkündete der alte Walfänger auch noch mit Grabesstimme: „Wir brauchen den Radarschirm gar nicht zu beobachten, Sir. Ich kann es mit bloßem Auge erkennen."

Die See war jetzt verhältnismäßig ruhig, und man konnte meilenweit sehen. Die Wale hatten urplötzlich den Kurs geändert und waren in voller Flucht davongejagt. Clark blickte in die Richtung, in die Bjorg zeigte, und glaubte, er könne auf der Wasseroberfläche etwas sehen, das sich bewegte. Und erneut wurde er von Unruhe erfaßt.

„Ein Periskop?"

„Nein, Sir", erwiderte Hudson, der die See mit seinem Fernglas absuchte. „Es ist so etwas wie ein schwarzes, dreieckiges Segel, das mit großer Geschwindigkeit das Wasser durchpflügt."

Clark riß ihm das Fernglas aus der Hand, doch ehe er die neue Erscheinung im Visier hatte, gab Bjorg einen zweiten, nicht weniger unheilvollen Kommentar: „Es ist in der Tat kein Periskop, Sir. Da draußen schwimmt kein Feind. Die Wale würden das freilich anders beurteilen. Die armen Viecher wissen, was ihnen blüht."

„Wovon reden Sie denn? Würden Sie sich bitte etwas deutlicher ausdrücken?" rief Clark ungeduldig.

„Ein Mörder, Sir."

„Ein Mörder?"

„Ein Schwert- oder Mörderwal, oder wenn Sie seinen lateinischen Namen bevorzugen: *Orcinus orca*. Das schwarze Dreieck ist die Rückenflosse, die bei manchen Tieren über eineinhalb Meter hoch wird. Schwertwale greifen so große Beute immer in Rudeln an."

Als wollte er das eben Gesagte bestätigen, meldete Leutnant Hudson: „Zwei, vier, fünf Punkte auf dem Bildschirm. Jetzt sind es schon ein Dutzend! Ich kann sie nicht mehr zählen . . ."

„Ich sehe sie auch", verkündete Bjorg. „Ungefähr zwanzig, bald werden es hundert sein, aus allen Himmelsrichtungen angezogen von ihrer Lieblingsbeute. Unsere armen Wale haben keine Chance gegen sie."

Nachdem sie vergeblich versucht hatten, den Angreifern auf einem Zickzackkurs zu entkommen, waren die beiden Wale in panischer Angst auf den Zerstörer zugeschwommen. Die Schwertwale zogen unterdessen immer engere Kreise um ihre Beute.

„Ich habe über solche blutigen Kämpfe gelesen", fuhr Bjorg fort. „Wie ein Rudel verwilderter Hunde werden sie sich auf den kleineren

Wal, das Männchen, stürzen. Diese Teufel bedienen sich einer tückischen Taktik. Sie werden sehen, wie sie sich in die Schwanzflosse des Wals verbeißen. Das ist gleichsam der Propeller des Riesentiers. Wenn sie den brechen können – ihr Gebiß ist mörderischer als das der gefährlichsten Haie –, ist der Wal ihnen hilflos ausgeliefert. Dann greift ein anderes Rudel seinen Kopf an, reißt ihm die Kehle auf und packt sein empfindlichstes Organ, die Zunge. Diesen Leckerbissen verschlingen die Jäger, noch ehe sie ihr Opfer getötet haben. Der Wal dreht und wendet sich verzweifelt und schnellt hoch aus dem Wasser, weil er die Feinde mit seinem gewaltigen Gewicht zerquetschen will, der einzigen Waffe, die ihm geblieben ist."

„Er wehrt sich tapfer", verkündete der junge Hudson, den der einseitige Kampf gleichzeitig faszinierte und zornig machte.

„Ich glaube, einer von den Angreifern ist tot", meldete der Offizier, der Hudson ablösen sollte, im gleichen Ton.

„Mag sein, aber das macht die anderen nur um so blutrünstiger. Sehen Sie nur! Hab ich's nicht gesagt? Sie haben seine Zungenspitze gepackt!"

„Entsetzlich", murmelte Hudson. „Sie hatten recht, es ist ein blutiges Gemetzel."

Dienstfreie Besatzungsmitglieder, die den Kampf verfolgen konnten, waren derselben Meinung. Überall auf dem Schiff erhob sich wütender Protest. Clark war ebenso angewidert wie die anderen. Statt seine Empfindungen jedoch zu zeigen, versuchte er, die Aufmerksamkeit seiner Leute wieder auf den Falklandfeldzug zu lenken. Er tadelte den jungen Leutnant.

„Mr. Hudson, wenn Ihnen bei diesem Anblick das Herz bricht, darf ich Sie daran erinnern, daß niemand Sie zwingt hinzusehen und daß wir uns im Kriegszustand befinden. Wir sollten doch wohl heilfroh sein, daß wir es statt mit einem Rudel U-Boote nur mit einem Rudel Schwertwale zu tun haben. Diese Tiere sind nicht der Feind."

Hudson ließ den Kopf hängen und schwieg. Auch Bjorg sagte nichts, doch der Blick, den er dem Skipper der *Daring* zuwarf, hatte etwas Vorwurfsvolles. Clark beschlich das unangenehme Gefühl, daß alle – einschließlich seines Ersten Offiziers, der gerade auf die Brücke gekommen war – ihn für unfair hielten. Jetzt tat es ihm fast leid, daß er den Mund aufgemacht hatte. Er drehte sich um und sah erneut dem Blutbad zu.

Der erste Blauwal war dem Ende nahe. Mehrere Schwertwale

hatten sich in seinen Schwanz verbissen. Zuerst warf sich das hilflose Tier noch einige Male verzweifelt herum, doch dann wurden seine Bewegungen zusehends schwächer. Bjorg hatte recht gehabt: Die Angreifer fraßen seine Zunge. Noch einmal stieg der Gigant hoch, dann trieb er leblos in den mittlerweile blutroten Wellen.

Jetzt rauften sich die Jäger um die Beute. Die Schwertwale fielen sofort über den Rumpf des Tieres her und verwandelten ihn binnen kürzester Zeit in eine formlose Masse Fleisch. Das wilde Getümmel schien sich anderen Mörderwalen noch in großer Entfernung mitzuteilen – Meeresbewohner besitzen äußerst empfindliche Sinnesorgane –, denn am Horizont erschien ein schwarzes Dreieck nach dem anderen. Und als kein Platz mehr war beim Festschmaus, der sich unter den Augen der empörten Seeleute abspielte, wandten sich die Jäger dem zweiten Wal zu.

„Jetzt ist es um das Weibchen geschehen", stöhnte Bjorg verzweifelt. „Diese Biester lassen nie eine Beute entkommen."

Und wieder sollte sich seine Voraussage bewahrheiten. Die schwarzen Rückenflossen der Neuankömmlinge hielten auf den zweiten Wal zu. Zwei Schwertwale hatten den Angriff eröffnet. Vier Zahnreihen hatten sich in den Schwanz der Beute geschlagen, um sie bewegungsunfähig zu machen. Doch das Walweibchen verteidigte sich wütend, wehrte sich noch heftiger als zuvor sein Gefährte. Mit einem gewaltigen Satz schnellte es halb aus dem Wasser, schüttelte die Angreifer ab und fiel mit seinem ganzen Gewicht auf die Mörderwale. Der eine war tot, der andere zog sich benommen zurück und wartete auf Verstärkung.

Auf dem Schiff brach donnernder Applaus los, und Bravorufe ertönten überall. Der junge Hudson klammerte sich mit vor Erregung zitternden Händen an die Brückenreling und schrie lauter als alle anderen.

Einen Augenblick lang befand sich das Walweibchen nicht mehr in Bedrängnis. Es hatte eine Schlacht gewonnen, doch es war ziemlich klar, wie der Krieg ausgehen würde. Die Panik hatte es schon erfaßt, und es raste ungestüm auf die Mörderwale zu, die sich noch an ihrem ersten Opfer vollfraßen. Viele von ihnen stellten sich sofort zum neuen Kampf.

„Schon umzingelt", stöhnte Bjorg.

Kurz bevor sich die Angreifer auf das Weibchen stürzen konnten, setzte es zu einem verzweifelten Sprung an. Es warf sich nach vorn, knickte ab, verschwand im Wasser, und für den Bruchteil einer Sekunde stand der Schwanz mit der gewaltigen Flosse fast senkrecht in die Höhe. Dann war auch er verschwunden. Zurück blieben die Schwertwale, die im aufgewühlten Wasser bedächtig ihre Kreise zogen.

„Sie taucht!" rief Clark.

„Sie lotet", korrigierte ihn der ehemalige Walfänger. „Ein letzter verzweifelter Versuch, aber es wird ihr nichts nützen. Die Mörderwale können ihr zwar nicht auf den Meeresgrund folgen, wo sie sich versteckt. Sie versuchen es auch gar nicht, sondern warten nur geduldig, bis sie wieder auftaucht. Sie wissen genau, daß sie ihnen nicht entkommen kann."

„Wenn es stimmt, daß sie vierzig Minuten unter Wasser bleiben kann, dann könnte sie doch eine beträchtliche Strecke zurücklegen und hätte eine gute Chance zu entkommen", wandte Clark ein.

„Sie hat nicht einmal den Hauch einer Chance, Sir. Panik, die Flucht und der heftige Kampf haben sie zu sehr erschöpft. Sie kann höchstens ein paar Minuten unter Wasser bleiben. Die Schwertwale wissen das. Sie sind clever."

„Da ist sie!" rief Leutnant Hudson. „Sehen Sie doch, sie ist höchstens noch vierhundert Meter von uns entfernt."

Die Blauwalkuh war in einer mächtigen Schaumfontäne neben dem Zerstörer aufgetaucht, während die Jäger sich noch im Hintergrund hielten. Sie zog eine Blutspur hinter sich her, war aber offenbar nicht ernstlich verletzt, denn sie hatte keine Mühe, mit dem Schiff Schritt zu halten. Doch sie war geschwächt, und ihr Atem ging mühsam und sehr geräuschvoll.

„Ihr Instinkt treibt sie in unsere Nähe, Sir", sagte Hudson leise. „Man könnte fast meinen, daß sie uns um Hilfe bittet. Ob sie wohl ahnt, daß wir ihre letzte Hoffnung sind?"

Korvettenkapitän Clark ärgerte sich über diese Frage. „Reden Sie nicht solchen Unsinn, Mr. Hudson! Ich möchte sehr bezweifeln, daß die *Daring* die Mörderwale durch ihre bloße Gegenwart vertreibt."

„Gewiß nicht durch die *bloße Gegenwart* des Schiffes", warf Bjorg ein. „Jetzt haben sie ihre Beute entdeckt und kommen in einem Halbkreis näher."

Als er das Wort „bloße Gegenwart" betonte, hatte er dem Kapitän einen trotzigen und vielsagenden Blick zugeworfen. Clark bemerkte, daß alle, die auf der Brücke waren, ihn ebenso anblickten. Und er hatte das Gefühl, daß die ganze Mannschaft ihn erwartungsvoll anstarrte.

„Vielleicht ist es nicht nur Instinkt", murmelte Bjorg. „Wale besitzen eine erstaunliche Intelligenz. Ich glaube, Sie vermuten ganz richtig, Mr. Hudson, daß diese Waldame in uns ihre letzte Überlebenschance sieht."

Clark schwieg. Er spürte, daß alle auf eine Reaktion von ihm warteten.

Erregt wandte sich Leutnant Hudson an seinen Vorgesetzten. „Sir, als ich gesagt habe, sie sehe in uns ihre letzte Hoffnung, habe ich damit eigentlich etwas anderes sagen wollen."

„Was *haben* Sie denn sagen wollen, Mr. Hudson?" fragte Clark ungeduldig. „Bitte drücken Sie sich deutlicher aus."

Der junge Mann holte Luft, aber dann kam ihm der Gedanke, den er gerade aussprechen wollte, selbst so irrsinnig vor, daß er ganz rot wurde und kein Wort herausbrachte.

Clark, den die gespannte Atmosphäre um ihn herum ärgerte, ging wütend zum Angriff über. „Wenn Sie nicht in der Lage sind, sich verständlich auszudrücken", knurrte er, „ist vielleicht einer der anderen Herren so liebenswürdig und erklärt mir, wie wir diesem Tier helfen können?"

Als das lastende Schweigen schier unerträglich zu werden drohte, machte der Erste Offizier sich zum Sprecher der Mannschaft. „Ich glaube, ich weiß, was Hudson sagen möchte, Sir. Wir haben an Bord ein sehr einfaches Mittel, mit dem wir dieses Blutbad verhindern können. Allerdings würde es ein wenig gegen die Vorschriften verstoßen."

„Die Killer kommen näher, Sir!" rief Bjorg erregt und zeigte auf die Meute der Schwertwale, die den Blauwal fast umzingelt hatte.

„Wir könnten auf sie feuern lassen, Sir", schlug der Erste Offizier vor. „Es sind ausgezeichnete Übungsziele für die Kanoniere. Wenn Sie sich entschließen sollten, Feuerbefehl zu geben, würde bestimmt kein einziger Mörderwal entkommen."

„Und ein Blauwal wäre gerettet", spann Bjorg den Faden weiter. „Noch dazu ein Weibchen. Das ist von besonderer Bedeutung, wenn man bedenkt, wie selten diese Art geworden ist – trotz aller Gesetze zu ihrem Schutz."

„Wenn ich in Ihrer Haut steckte, Sir . . .", entfuhr es dem jungen Leutnant Hudson.

Clark sah ihn vernichtend an. „Sie stecken aber nicht in meiner Haut, Mr. Hudson", schnauzte er. „Ich möchte das auch gar nicht und wäre Ihnen dankbar, wenn Sie in Ihrer eigenen blieben. Dieses Schiff hat nur *einen* Kapitän."

Der Erste Offizier mischte sich lebhaft wieder ein, als habe er den Wutausbruch seines Vorgesetzten nicht bemerkt. „Die Geschütze sind noch feuerbereit. Aber natürlich sind Sie der Kapitän an Bord, Sir, und ich weiß, welch schwere Verantwortung bei dieser Entscheidung auf Ihnen lastet."

„Wir haben keine Minute mehr zu verlieren", sagte Bjorg drängend. „Sehen Sie doch – der Kreis wird enger. Gleich greifen sie an. Dann ist es zu spät, auf sie zu schießen, sonst würden wir auch den Blauwal treffen."

Clark traten Schweißperlen auf die Stirn. Später, viel später, als der Falklandkrieg schon längst Geschichte war, würde er sich an diese Minute erinnern und sagen, sie sei schlimmer gewesen als alle Gefechte, die später folgten. Völlig unvorbereitet hatte er sich dieser außergewöhnlichen Situation gegenüber gesehen – oben auf der Brücke stehend, die Hände erregt um ein Geländer gekrallt; unten zogen die Mörderwale die Schlinge um ihr Opfer langsam zu, während seine Männer ihn wütend oder flehend anstarrten.

Die Männer haben es leicht, dachte er. Sie erwarteten einen Befehl von ihm, den man beim Oberkommando fraglos als hellen Wahnsinn bezeichnen würde. Aber die Mannschaft trug nicht die Verantwortung für das Schiff. Die Konsequenzen, die so eine Entscheidung nach sich ziehen mußte, standen Clark deutlich vor Augen. Der Admiral würde irgendwelche Marotten bei einem seiner Kapitäne nicht dulden. Clark kannte ihn gut genug, und er befürchtete das Schlimmste: Das Ende seiner Karriere, nachdem man ihm das Kommando über sein Schiff entzogen haben würde.

Stocksteif und mit geballten Fäusten stand er da und warf dem riesigen Vieh, das aus den Tiefen des Ozeans aufgetaucht war und seine Laufbahn zu ruinieren drohte, einen zornigen Blick zu. Es war noch näher gekommen. Hudson hatte recht gehabt: Es bat um Hilfe und sah in der *Daring* seine letzte Hoffnung. Jetzt war es so nahe, daß Clark eins seiner Augen erkennen konnte, das im Verhältnis zu dem Riesenkörper geradezu lächerlich winzig wirkte. Diese Augen sahen fast wie Menschenaugen aus, standen aber so weit auseinander, daß das Tier das Schiff beobachten konnte, obwohl es parallel zur Bordwand schwamm.

Der Blick schien nur auf ihn, auf Korvettenkapitän Clark, den

Herrn dieses Schiffes gerichtet. Es blieben kaum noch dreißig Sekunden; bald, hatte Bjorg gewarnt, würde es zu spät sein. Clark reckte den Brustkorb heraus, holte tief Atem und traf seine Entscheidung.

„Feuer!" brüllte er trotzig. „Feuer frei!"

Ein Jubelsturm toste durch alle Gefechtsstationen, gefolgt von einem tödlichen Geschoßhagel aus den modernsten Waffensystemen, dem Stolz der britischen Kriegsmarine.

Drittes Kapitel

Die Armada, bestehend aus Kampfschiffen, Truppentransportern und einer großen Anzahl der verschiedensten Geleitschiffe, dampfte seit dem Zwischenaufenthalt in Südgeorgien mit gedrosseltem Tempo voran. Aufklärungseinheiten wie die *Daring* waren dem Hauptkontingent einige Meilen voraus und außer Sichtweite. Vom Auftauchen der Wale einmal abgesehen, die einen falschen Alarm ausgelöst hatten, war die Expedition bisher eher wie eine geruhsame Kreuzfahrt verlaufen. Und Kampfhandlungen erwartete der Admiral auch erst nach dem Erreichen der Gewässer um die Falklandinseln.

So durchbrach das Geräusch von Artilleriefeuer denn auch den täglichen Trott wie ein Donnerschlag. Der Admiral eilte zur Kommandozentrale und traf dort auf seinen Stabschef Grant, der gerade für alle Einheiten den Befehl „Klar Schiff zum Gefecht" gab.

„Was ist los, Mr. Grant?" fragte der Admiral.

„Bis jetzt weiß ich nur, daß der Zerstörer *Daring* das Feuer eröffnet hat, Sir. Ich habe das Geräusch seiner Bordwaffen erkannt."

Der Admiral lauschte angespannt. „Stimmt, es ist die *Daring*. Ich kann das Dröhnen ihrer 12-Zentimeter-Schnellfeuerkanonen hören. Was ist der Grund für das Gefecht? Haben Sie mit Clark gesprochen?"

„Das ist es ja gerade, was mir so seltsam vorkommt, Sir. Clark antwortet nicht. Keine Meldung. Funkstille auf dem Zerstörer."

„Was?" rief der Admiral ungläubig. „Warum haben Sie von Clark keine Erklärung verlangt?"

„Genau das habe ich getan, Sir, nachdem ich alle Einheiten in Alarmbereitschaft versetzt und der *Daring* Flugzeuge zur Unterstützung geschickt hatte. Aber es ist mir nicht gelungen, einen der ranghöheren Offiziere an die Strippe zu bekommen. Ein paar dämliche Mannschaftsgrade haben mir gesagt, Kapitän Clark und sein Erster Offizier seien beschäftigt, und wir sollten uns wegen der Schießerei keine Sorgen machen."

„Wie bitte?" brüllte der Admiral gereizt. „Wir sollen uns keine Sorgen machen, wenn die aus allen Rohren in die Gegend ballern? Und beschäftigt sind die Herren? Können sich nicht mit Belanglosigkeiten wie der Meldung an das Oberkommando aufhalten? Mr. Grant, fordern Sie Clark auf, unverzüglich Meldung zu machen. Sagen Sie ihm, ich wolle ihn sofort sprechen. Das sei ein Befehl."

„Aye, aye, Sir."

Der Stabschef eilte davon, um den Befehl weiterzugeben, und kam bald darauf zurück. „Befehl übermittelt, Sir. Man hat mir versichert, Korvettenkapitän Clark werde in wenigen Minuten ans Telefon kommen."

„So, so. In wenigen Minuten", erwiderte der Admiral zähneknirschend, und Zornesröte stieg ihm in die Wangen. „Das gefällt mir nicht, Mr. Grant."

„Mir auch nicht, Sir. Aber vielleicht kann er während des Gefechts seinen Posten nicht verlassen."

Der Admiral beherrschte sich mühsam und horchte erneut aufmerksam nach draußen. Das Geräusch der Explosionen änderte sich. Der Admiral war zwischen Verblüffung und wachsender Ungeduld hin- und hergerissen. „Jetzt schießen sie mit 40-Millimeter-Flugabwehrkanonen – das Geräusch ist unverkennbar. Was, zum Teufel, beschießen die denn bloß? Außer unseren eigenen Jägern ist doch kein Flugzeug in der Luft."

Grant war es unangenehm, daß er nicht wußte, was vorging, und er fühlte sich sogar ein wenig schuldig. „Unsere Flugzeuge kreisen jetzt über dem Zerstörer, Sir. Ich werde mit dem Staffelkapitän Verbindung aufnehmen, während wir auf Clarks Bericht warten." Am Telefon hörte er sich den ausführlichen Lagebericht des Piloten an und kehrte dann mit einem Ausdruck von Verwirrung und Zerknirschung im Gesicht zu seinem Vorgesetzten zurück.

„Nun?"

„Tja, also, Sir", begann Grant ein wenig hilflos, „fangen wir mit der guten Nachricht an. Es ist kein Feind in Sicht, kein Flugzeug, kein Schiff, kein U-Boot."

„Was der Staffelkapitän *nicht* gesehen hat, interessiert mich nicht", knurrte der Admiral. „Irgend etwas muß er doch gesehen haben, oder?“

„Dazu komme ich jetzt, Sir. Zuerst ist ihm die Farbe des Wassers in der Nähe der *Daring* aufgefallen. Es ist rot, blutrot. Ein blutiger Halbkreis von gut vierhundert Meter Durchmesser ist in der Nähe des Zerstörers zu erkennen.“

„Ein Meer von Blut?“ rief der Admiral bestürzt. „Da muß es ja Hunderte von Toten und Verwundeten gegeben haben!“

„Das habe ich anfangs auch befürchtet, Sir. Der Pilot hat mich beruhigt. Er hat keine Leichen gesehen, jedenfalls keine von Menschen.“

„Keine von *Menschen?* Was soll das heißen, Mr. Grant?“

„Es heißt, daß der Pilot über eine Unzahl toter oder sterbender Meerestiere hinweggeflogen ist. Er hat sie für Haie gehalten, aber sie waren riesig groß, wie er noch nie welche gesehen hat. Seiner Schätzung nach weit über hundert Tiere. Und in diese Masse von Tierkadavern schlug immer noch das Geschützfeuer ein.“

Während Grant noch berichtete, zeigten sich die bekannten Warnzeichen, an denen abzulesen war, daß der Admiral vor Zorn überzukochen drohte: Er wurde krebsrot im Gesicht, und die Adern an seinem Hals schwollen beängstigend an. Mühsam beherrscht, hörte der Admiral zu und konnte sich des Gedankens nicht erwehren, daß er jetzt statt aufrechter, treuer Untertanen Ihrer Majestät der Königin eine Legion von Verrückten befehligte.

„Wollen Sie mir allen Ernstes sagen, der Zerstörer habe aus allen Rohren auf einen Haufen Haie gefeuert?“ stieß er schließlich hervor.

„Alles deutet darauf hin, Sir.“

„Kein Feind? Nur Haie?“ brüllte der Admiral.

„So ist es, Sir. Halt – fast hätte ich den Wal vergessen.“

„Den Wal?“ bellte der Admiral. „Hätte ich mir eigentlich gleich denken können, daß wir diese verdammten Biester nicht so rasch wieder loswerden. Was ist mit diesem Wal?“

„Er lebt, Sir, und ist offenbar ein riesiges Exemplar. Er schwimmt in ein paar hundert Meter Entfernung vom Zerstörer und hält denselben Kurs. Das Geschützfeuer hat ihm anscheinend nichts ausgemacht ... Ach ja, der Pilot hat zum Schluß noch etwas beobachtet.“

„So, hat er das. Und was war das, Mr. Grant?“

„Ein Kadaver, größer als die der Haie und ebenfalls zerfetzt und blutend, aber in ziemlicher Entfernung. Der Pilot meint, es sei ein riesiger Wal, der von gefräßigen Fischen halb aufgefressen worden ist."

Langsam begann dem Admiral zu dämmern, was das alles zu bedeuten hatte. Clark hatte doch von zwei Walen, von einem Pärchen, gesprochen. Die Wahrheit würde schwer zu akzeptieren sein. Lange Zeit schwieg er, und Grant erwartete mit Schrecken die Reaktion seines Vorgesetzten. Doch die war erstaunlich zurückhaltend. Denn zuweilen äußerte sich das hitzige Temperament des Mannes nicht explosionsartig, sondern in einer erzwungenen Ruhe, was letzten Endes schwerer zu ertragen war.

„Mr. Grant", sagte der Admiral schließlich mit eisiger Stimme, „obwohl alles für das Gegenteil spricht, muß ich davon ausgehen, daß unser Staffelkapitän nicht plötzlich den Verstand verloren hat. Ich muß überdies annehmen, daß auch Sie geistig auf der Höhe sind und den Bericht des Piloten ziemlich wortgetreu wiedergegeben haben."

„Darauf können Sie sich verlassen, Sir."

„Dann sagen Sie mir doch bitte, ob Sie zu derselben Schlußfolgerung gelangen wie ich oder ob der Admiral, der diese Flotte befehligt, etwa derjenige ist, der langsam den Verstand verliert."

„Sir", erwiderte Grant zögernd, „für mich gibt es eigentlich nur eine mögliche Erklärung: Der Zerstörer hat das Feuer auf die Haie eröffnet."

„Das glaube ich auch. Und warum hat er das wohl getan?"

„Um den zweiten Wal zu retten", murmelte der Stabschef.

„Und sehen Sie auch nur einen einzigen vernünftigen Grund für ein derartiges Verhalten?" Der Admiral flüsterte jetzt fast.

Grant schüttelte nur stumm den Kopf. Ehe der Admiral fortfahren konnte, wurde ein Anruf vom Kapitän der *Daring* gemeldet.

„Nehmen Sie das Gespräch entgegen!" befahl der Admiral. „Ich glaube, es ist besser, wenn ich jetzt nicht mit ihm rede."

Nachdem Grant gegangen war, lief der Admiral ruhelos auf und ab, schweigend und mit ernster Miene. Ein paar Minuten später kam Grant zurück.

„Nun?"

„Grundsätzlich waren unsere Schlußfolgerungen richtig, Sir. Wir haben uns lediglich in Einzelheiten geirrt. Es waren keine Haie, sondern Schwertwale, die auch Mörderwale genannt werden. Sie haben den einen der beiden Blauwale abgeschlachtet, wie Sie ganz richtig vermutet haben. Offenbar haben sie dann das Weibchen, seine Gefährtin, angegriffen, woraufhin Clark Feuerbefehl gegeben hat. Er hat mir eine lange Geschichte erzählt, um sein Vorgehen zu rechtfertigen. Ich habe mir einiges notiert, damit ich nichts vergesse. Da war zuerst einmal –"

„Ersparen Sie mir bitte die Einzelheiten", unterbrach ihn der Admiral. „Was ich gehört habe, genügt mir fürs erste. Den Rest will ich von ihm selbst hören, von diesem kühnen Korvettenkapitän der britischen Marine, der keinen Augenblick gezögert hat, ein Rudel Haie oder sonstiges Meeresgetier zehn Minuten lang mit allen Bordgeschützen unter Feuer zu nehmen. Und das mitten im Krieg. Großer Gott! Ich hoffe, Sie haben ihm klargemacht, Mr. Grant, daß ich von seinem Vorgehen alles andere als begeistert bin."

„Das habe ich, Sir. Er läßt Ihnen sagen, daß es ihm leid tut. Er ist noch am Telefon und erwartet seine Bestrafung."

„Bestrafung, ha!" röhrte der Admiral. „Ich hätte gute Lust, ihn zur Abschreckung an der höchsten Rah aufknüpfen zu lassen! Sagen Sie ihm, er soll heute abend herkommen. Ich werde ihn von einem Hubschrauber abholen lassen. Jetzt habe ich nicht die Nerven, mich mit der Sache weiter zu befassen ... Nein, warten Sie. Ich glaube, ich sehe besser selbst nach, was auf dem Zerstörer vorgeht. Sagen Sie Clark, ich würde das Schiff morgen früh gegen zehn Uhr inspizieren. Und sagen Sie ihm, er kann auf militärisches Zeremoniell verzichten. Es ist vielleicht an der Zeit, ihm klarzumachen, daß wir uns im Krieg befinden. Und bereiten Sie ihn darauf vor", fuhr er fort, und sein Ton bekam etwas Drohendes, „daß ich genaue Angaben über die Munition verlange, die bei diesem blödsinnigen Feuerzauber verschwendet wurde."

„Aye, aye, Sir."

Mit einem dramatischen Blick himmelwärts fügte der Admiral hinzu: „Dieser Krieg, Mr. Grant, hat einen irrsinnigen Anfang genommen."

DIE Geschützbedienungen auf dem Zerstörer *Daring* hatten weit länger gefeuert als nötig gewesen wäre. Die Männer schienen lustvoll Rache an den Mörderwalen zu üben, bis sie den letzten erledigt hatten. Clark hatte wie in Trance an der Brückenreling gestanden und nie daran gedacht, das Feuer einstellen zu lassen.

Ein paarmal hatte das Telefon geläutet, doch weder Clark noch sein

Erster Offizier hatten es gehört. Als eine Ordonnanz erschien und meldete, man rufe vom Flugzeugträger an, nahm Clark es kaum zur Kenntnis. Wie abwesend starrte er das Blauwalweibchen an, das dieses Abenteuer ausgelöst hatte.

Das riesige Tier schwamm immer noch an Steuerbord, hechtete und wälzte sich mühelos voran, als tanze es einen Freudentanz, gänzlich unbeeindruckt vom Kugelhagel. Die besondere Anordnung seiner Augen erlaubte ihm, aus dem rechten Auge das willkommene Blutbad unter seinen Feinden zu beobachten und die Brücke des freundlichen Zerstörers aus dem linken, in dem nach Bjorgs fester Überzeugung ein Ausdruck unendlicher Dankbarkeit zu lesen war.

„Es hat genau verstanden, Sir", sagte er immer wieder zu Clark. „Die Intelligenz dieser Tiere ist verblüffend."

Ein Offizier kam mit der Nachricht von einem weiteren dringenden Anruf. Clark nickte resigniert, gab den Befehl, das Feuer einzustellen, und ging niedergeschlagen ans Telefon.

Nach den beiden Gesprächen mit Grant bestand kein Zweifel mehr, wie das Oberkommando sein Vorgehen beurteilte. Trotzdem vernahm er mit Erleichterung, daß der Admiral ihn erst am nächsten Morgen sprechen wollte. Den Rest des Tages ließ er die Vernichtung der Schwertwale immer wieder vor seinem geistigen Auge Revue passieren und fragte sich unablässig, was in aller Welt ihn wohl dazu veranlaßt haben mochte, sich auf eine so offenkundig maßlose Aktion einzulassen.

DIE Wörter ‚maßlos' und ‚Maßlosigkeit' gingen auch dem Admiral durch den Kopf, als ein Hubschrauber ihn am Morgen nach einer unruhigen Nacht auf dem Deck der *Daring* absetzte. Wie befohlen, war lediglich eine kleine Ehrenformation angetreten und präsentierte das Gewehr.

Clark salutierte schneidig. Der Admiral erwiderte den militärischen Gruß nur flüchtig und sah sich aus den Augenwinkeln um. Er wäre ein schlechter Menschenkenner gewesen, wenn er erwartet hätte, in der äußeren Erscheinung des Schiffes oder der Mannschaft Zeichen von Nachlässigkeit und Unordnung zu finden. Clarks Haltung beim Gruß und die schnurgerade ausgerichtete Ehrenformation hätten ein Beispiel für die gesamte britische Marine abgeben können. Auch ihre Uniformen waren untadelig. Clark hatte strikte Order gegeben, Schiff und Mannschaft auf Hochglanz zu bringen. Das war unnötig.

Die Seeleute wußten, daß es Scherereien geben würde. Und so hatten sie die halbe Nacht gewischt und gewienert, Beschläge poliert und sämtliche Mündungsrohre blitzblank geputzt.

Doch der Admiral hatte nicht die Absicht, die Geschütze zu inspizieren. Die Ordentlichkeit und Sauberkeit waren erfreulich, wie er zugeben mußte. Aber er war nicht hergekommen, um Lorbeeren zu verteilen. Er sah Clark finster an und verkündete mit unheilschwangerer Stimme, er wolle ihn unter vier Augen sprechen.

Korvettenkapitän Clark ging auf dem Weg zu seiner Kabine voraus. Plötzlich blieb der Admiral stehen und fragte verblüfft: „Was ist denn das?“

An Steuerbord, knapp hundert Meter entfernt, hatte er den gewaltigen Rücken des Meerestieres entdeckt, dessen Kielwasser so hoch wie das des Zerstörers aufschäumte.

Mit übertriebenem Gleichmut erwiderte Clark: „Das? Oh, das ist ein Wal, Sir.“ In diesem Ton hätte er auch sagen können: Das ist eine Möwe. Jedenfalls klang es so bemüht beiläufig, daß dem Admiral die Verlegenheit nicht entgehen konnte, die sich dahinter verbarg.

„Ist es einer der beiden, die Sie auf dem Radarschirm hatten?“

„In der Tat, Sir. Es ist das Weibchen. Diese Dame hat den bedauerlichen Zwischenfall verursacht.“

„Bedauerlich?“ fuhr der Admiral ihn an. „So kann man's natürlich auch nennen. Und jetzt folgt sie Ihnen?“

„Seit gestern, Sir“, erwiderte Clark verbittert.

„Schläft sie denn nachts nicht?“

„Aus der Tatsache, daß diese Art Wale ein Schiff manchmal mehrere Tage lang begleiten, haben einige Zoologen gefolgert, daß Wale nie schlafen. Jedenfalls hat Bjorg mir das erzählt. Er weiß alles über Wale.“

„So, tatsächlich?“ knurrte der Admiral und ging weiter, nicht ohne einen letzten verdutzten Blick auf das Blauwalweibchen geworfen zu haben.

Es schien wirklich keine rechte Lust zu haben, sich von dem Schiff zu trennen. Davon konnten sich Offiziere und Matrosen immer wieder überzeugen. Dabei zeigte sich auf ihren Mienen mal mürrischer Groll, wie bei Clark, und mal Jubel, als würden ihre Schuldgefühle von den endlosen Bewegungen dieses riesigen, kraftvollen Körpers entweder geweckt oder verdrängt.

Der Admiral betrat die Kapitänskajüte und setzte sich unaufgefordert. Seltsamerweise empfand er nicht mehr den glühenden Zorn, der ihm helfen sollte, diesem Offizier eine geharnischte Standpauke zu halten. Er ärgerte sich über sich selbst, weil er ein wenig den Schwung verloren hatte, und fragte barsch, ob Clark die geforderte Aufstellung über die Munition angefertigt habe, die bei dem „bedauerlichen Zwischenfall" vergeudet worden sei. Clark gab ihm eine Liste. Der Admiral überflog sie und kam dann zur Sache.

„Ist Ihnen eigentlich klar, Mr. Clark, welche Kosten dem britischen Steuerzahler durch Ihre unbesonnene Entscheidung entstanden sind?"

Daß das kein besonders geglückter Anfang und als Argument wenig überzeugend war, wurde dem Admiral sofort bewußt. Bei dem Gedanken, daß Clark hätte entgegnen können, im Vergleich zu den Gesamtkosten des Falkland-Unternehmens habe seine Tat doch wohl recht wenig gekostet, zuckte der Admiral innerlich zusammen. Doch der Offizier schwieg und sah immer noch zerknirscht aus. Dafür war der Admiral dankbar, und als er fortfuhr, klang seine Stimme schon weniger barsch.

„Wissen Sie eigentlich, wieviel Aufregung und Sorge Sie der ganzen Flotte bereitet haben?"

„Das weiß ich, Sir", entgegnete Clark ein wenig kläglich. „Und ich möchte Ihnen versichern, daß es mir leid tut."

„Haben Sie eine vernünftige Erklärung für Ihr Verhalten?"

„Nachdem ich mit angesehen hatte, wie der erste Wal in Stücke gerissen und richtiggehend abgeschlachtet worden war, habe ich gedacht, es sei unfair, das andere Tier einem ähnlich grausamen Schicksal zu überlassen. Nur ich hatte die Möglichkeit, den Wal zu retten."

„Sie meinen also, es sei die Pflicht eines Zerstörerkommandanten, der sich voll und ganz auf die mögliche Begegnung mit dem Feind konzentrieren sollte, einem Tier mit einem Brillantfeuerwerk zu Hilfe zu kommen, das meilenweit zu hören gewesen sein muß? Und das alles zu einem Zeitpunkt, an dem die Flotte betont vorsichtig vorrückt? Ich hatte den Eindruck – und Ihre Aufstellung bestätigt das –, daß Sie dabei mit der schweren Munition nicht gegeizt haben. Also wirklich! Für ein paar Salven von Maschinengewehren aus Mitleid hätte ich vielleicht noch Verständnis aufgebracht. Meinen Sie nicht, das hätte genügt?"

„Es hätte absolut nicht genügt, Sir", erwiderte Clark. „Die Schwertwale waren zu zahlreich und zu raubgierig."

„Da überrascht es mich eigentlich", sagte der Admiral mit beißender Ironie in der Stimme, „daß es Ihnen nie in den Sinn gekommen zu sein scheint, einen Ihrer Torpedos auf die Walfresser abzufeuern."

„Ich habe das nicht für nötig gehalten, Sir", erwiderte Clark ungerührt. „Die Situation hat Streufeuer aus vielen Rohren erfordert."

Dem Admiral verschlug es angesichts solch naiver Offenheit einen Augenblick lang die Sprache. Clark nutzte die Gelegenheit, seine Sache mit wachsendem Eifer zu verteidigen. Empört schilderte er das blutige Ende des ersten Blauwals.

„Versuchen Sie sich bitte auch unsere Gemütsverfassung vorzustellen, Sir. Wie Sie wissen, lag eine schlimme halbe Stunde hinter uns, mit all den Gewissensqualen, die Prinz Philips Warnung verursachte. Aber dann hatten wir immerhin das befriedigende Gefühl, diese arme Kreatur gerettet zu haben. Und das sollte alles umsonst gewesen sein?"

„Sie sind offenbar äußerst sensibel, Mr. Clark. Allerdings bin ich nicht davon überzeugt, daß das in Kriegszeiten die wichtigste Eigenschaft eines Marineoffiziers ist."

„Ich war nicht der einzige, der die Dinge so gesehen hat, Sir. Meine Offiziere und Seeleute waren durchaus nicht weniger bestürzt. Sie alle haben mich gebeten, etwas zu unternehmen. Ich hatte sogar fast das Gefühl, daß das Schiff selbst mich aufgefordert hat, den Schießbefehl zu erteilen."

Der Admiral runzelte die Stirn; er hatte Mühe, das alles zu verdauen. „Dann kann man wohl davon ausgehen, daß Ihre Devise ist: ‚Ich war ihr Anführer, deshalb mußte ich ihnen folgen'?"

„Durchaus nicht, Sir. Ich habe den Befehl gegeben, weil mir plötzlich klargeworden ist, daß ich mich für den Rest meines Lebens selbst nicht mehr würde leiden können, wenn ich dieses Tier seinem Schicksal überließe. Ganz gleich, welche Folgen das für mich haben wird – ich muß gestehen, daß ich meinen Entschluß nicht bedauere."

Mehr gab es nicht zu sagen. Nachdenklich geworden, beendete der Admiral das Gespräch.

„Gestatten Sie die Frage, Sir", sagte Clark, als sie wieder an Deck gingen, „soll ich mich unter Arrest stehend betrachten? Ich bin bereit, die Verantwortung zu tragen."

„Haben Sie keine anderen Sorgen?" knurrte der Admiral erneut zornig, um sich seine Verwirrung nicht anmerken zu lassen. „Wollen Sie mir vorschreiben, was ich zu tun habe? Ich werde darüber nachdenken und Ihnen meine Entscheidung zu gegebener Zeit mitteilen. Unterdessen sollten Sie versuchen, sich zur Abwechslung mal wie der Kapitän eines Schiffes aufzuführen und nicht wie der Schutzpatron der Wale."

Auf dem Rückflug zum Flugzeugträger schwieg der Admiral. Als er den Helikopter verließ, sah sein Stabschef ihn fragend an, aber der Admiral war kurz angebunden.

„Wirre Erklärungen. Die ganze Geschichte ist unklar. Ich muß darüber nachdenken."

Vor seiner Kabine verfiel der Admiral in brütendes Schweigen. Ehe sich Grant zurückzog, fragte er: „Soll ich die hohen Herren in London von dem Vorfall unterrichten, Sir?"

„Noch nicht. Was passiert, wenn Sie davon Meldung machen?"

„Wenn Clark keine vernünftige Erklärung für sein Vorgehen hat, Sir", sagte der Stabschef, und in seiner Stimme klang Bedauern mit, „werden wir ihn wohl oder übel vor ein Kriegsgericht stellen müssen."

Der Admiral starrte ihn an, als habe er etwas Unerhörtes gesagt. „Was sagen Sie da, Mr. Grant? Sie kennen doch die Dienstvorschrift auswendig. Können Sie mir auch nur einen Paragraphen nennen, der sich auf so einen Fall bezieht?"

Grant räumte ein, daß es einen derartigen Paragraphen nicht gebe.

„Na sehen Sie! ... Und außerdem", fuhr der Admiral listig fort, „warum, zum Teufel, sollten wir Korvettenkapitän Clark decken, wenn wir es hier mit einem Fall fürs Kriegsgericht zu tun hätten? Können Sie mir einen einzigen guten Grund dafür nennen?"

„Ich habe nur laut gedacht, Sir", entschuldigte sich Grant.

„In Wirklichkeit", sagte der Admiral, „haben wir es mit einem außergewöhnlichen Fall zu tun, der vor allem Fingerspitzengefühl von uns verlangt."

Nach diesen Worten zog der Admiral die Tür seiner Kajüte hinter sich zu und überließ sich wieder seiner einsamen Grübelei, die ihn freilich auch nicht tröstete.

Was er gerade gesagt hatte, entsprach seiner augenblicklichen Stimmung. Genau betrachtet, war er ähnlich verwirrt, wie Clark es unter völlig anderen Umständen gewesen war. Wie der Kapitän der

Daring mußte auch er mit einem ganz neuen Problem fertig werden. Eine außergewöhnliche Situation, dachte er. Selbst die Militärexperten können mir keinen vernünftigen Rat geben.

Nachdem er zu einem Schluß gekommen war, bat er seine beiden Zivilberater, den Padre und Dr. Hodges, zu sich.

Die beiden Freunde des Admirals hörten sich die Walstory aufmerksam an: der Padre mit halb geschlossenen Augen, der Mediziner mit wachem wissenschaftlichem Interesse.

„Übrigens", fügte der Admiral hinzu, nachdem er die Fakten geschildert hatte, „ich habe das Tier gesehen. Das verflixte Biest scheint sich an den Zerstörer zu hängen – es folgt ihm wie ein Hund."

„Ist es ein schönes Geschöpf?" wollte der Padre wissen.

„Sehr schön, ohne jeden Zweifel", erwiderte der Admiral ganz unerwartet im Brustton der Überzeugung, „eindrucksvolle Länge, zirka dreißig Meter."

„Ich nehme an, Sie wollen hören, was ich als Neurologe darüber denke, Sir", sagte Hodges. „Sie möchten wissen, ob dieser Offizier, dieser Clark, verrückt ist oder zumindest, ob er psychisch stabil genug ist, in Kriegszeiten ein Schiff zu führen."

„So ungefähr", grummelte der Admiral.

„Nach allem, was ich gehört habe, bin ich ziemlich sicher, daß er nicht verrückt ist. Er hat unter dem Druck außergewöhnlicher Ereignisse gehandelt. Bedenken Sie bitte, daß er binnen Sekunden eine Entscheidung treffen mußte, nachdem er zuvor eine extreme nervliche Belastung durchlebt hatte. Er mußte sich entscheiden, entweder nichts zu unternehmen und den Dingen ihren Lauf zu lassen oder Maßnahmen gegen einen Feind zu ergreifen. Und die Mörderwale waren fraglos in dem Moment der Feind. Kann man einen jungen Offizier tadeln, weil er im Krieg energisch gehandelt hat? Ich denke, nein."

„Was meinen Sie dazu, Padre?"

„Von militärischen Dingen verstehe ich nichts, Admiral. Ich glaube freilich, daß ich befähigt bin, Clarks moralisches Verhalten zu beurteilen. Ist durch sein Handeln viel Munition vergeudet worden? Hat Ihre Flotte jetzt nicht mehr genug Munition?"

Der Admiral zuckte die Achseln und mußte zugeben, daß der Verlust nicht ins Gewicht fiel. „Aber darum geht es doch hier nicht, Padre."

„Für mich ist es trotzdem von Bedeutung. Müssen wir eine Verfehlung nicht an dem Schaden messen, den sie verursacht?"

„Das ist aber nicht alles."

„Gewiß, da ist auch noch die Frage nach der Vorsätzlichkeit. Und in diesem Fall scheint mir keine böse Absicht vorzuliegen. Niemand kann die Tat verdammen, nicht einmal Sie, Admiral. Ich jedenfalls habe größte Zweifel, ob man hier von einer Sünde reden kann."

„Mit Theologen kann man nicht streiten", murrte der Admiral.

„Wenigstens dann nicht, wenn es um Sünde geht", fügte Hodges lächelnd hinzu.

Die Meinung dieser beiden Freunde und Berater zusammengenommen bestärkte den Admiral in einer Haltung, mit der er bereits geliebäugelt hatte. Clark war ein Offizier mit Zukunft und sollte bald befördert werden. War es richtig, eine so vielversprechende Karriere mit einem Makel zu behaften oder sie gar zu beenden? Verwirrt und besorgt stellte sich der Admiral diese Frage, um herauszufinden, ob er vielleicht langsam weichherzig oder nur menschlich wurde.

„Ich bin davon überzeugt, daß die Männer an Bord aller Schiffe es begrüßen würden, wenn Sie Nachsicht übten, Sir", erklärte Hodges. „Hartes Durchgreifen hätte nur allgemeinen Unmut zur Folge."

„Meinen Sie wirklich?"

„Da bin ich mir ganz sicher. Fragen Sie doch mal die Ordonnanz, die Ihnen die Schuhe putzt."

„Ich werde mich hüten", protestierte der Admiral.

„Sir", sagte der Arzt, „ist die Moral der Truppe nicht von Bedeutung im Hinblick auf einen möglichst erfolgreichen Ausgang dieses Krieges?"

Der Admiral schwieg und dachte nach. Er war zunehmend verunsichert.

„Nehmen wir mal an, ich vergesse die ganze Angelegenheit", sagte er schließlich. „Ich habe zwar nicht die Absicht, aber – nur mal angenommen. Was soll ich tun? Ich kann die Tatsache, daß wir das Feuer eröffnet haben, nicht verschleiern. Unser Logbuch und das des Zerstörers werden den Vorfall festhalten. Mein Stabschef sagt mir, daß wir wohl nicht um eine Kriegsgerichtsverhandlung herumkommen. Ich gebe zu, daß er nicht sehr froh darüber zu sein scheint."

Hodges ergriff erneut das Wort. „Da sehen Sie es. Selbst Ihr Stabschef, der es mit der Disziplin ganz genau nimmt, ist im Grunde gegen ein hartes Vorgehen."

„Aus der Art seiner Reaktion“, fügte der Padre leise hinzu, „schließe ich, daß es dem guten Grant doch ein wenig an Phantasie gebricht, so fähig er sonst fraglos ist. Denn wenn Sie den Feuerzauber schon nicht ignorieren können, könnten Sie vielleicht den Bericht über das beschossene Ziel ein wenig – sagen wir – abändern? Nehmen wir zum Beispiel mal an, das Radar hätte ein nicht identifiziertes Schiff aufgestöbert, das auf unsere Funksprüche nicht reagiert hat. Hmmm ..., dann ist der Zerstörer auf das Wrack eines Walfangbootes gestoßen, wie wäre das? In diesem stürmischen Seegebiet gibt es so viele Wracks ... Die sind durchaus eine Gefahr für die Schiffahrt, und man sollte sie nicht einfach so treiben lassen. Unter diesen Umständen beschloß Clark, das Feuer zu eröffnen, um das Wrack zu versenken und aus dem Weg zu räumen. Ganz einfach. Das kann ihm niemand zum Vorwurf machen.“

Der Admiral sah den Geistlichen mit großen Augen an. „Padre“, sagte er bewundernd, „was meinem Stabschef möglicherweise an Phantasie fehlt, machen Sie spielend wett.“

„Ich neige dazu, mit offenen Augen zu träumen“, gestand der Pfarrer lächelnd. „Kommt Ihnen meine Version vom Ablauf der Ereignisse absurd vor, Admiral? Ist sie nicht einsichtig?“

„Einsichtig schon. Nur gibt es da noch ein weiteres Problem. Wir dürfen nicht bloß an die Logbücher und andere schriftliche Berichte denken. Ich bin ganz sicher, daß nicht nur die Mannschaft der *Daring* Bescheid weiß, was sich da vorn zugetragen hat. Später werden sie darüber reden, und wie stehe ich dann da?“

Dr. Hodges räumte diesen Einwand beiseite. „Da kann ich Sie beruhigen, Sir. Das Ende der Mörderwale ist in der Tat Gesprächsthema Nummer eins in der ganzen Flotte. Es gibt an Bord dieses oder irgendeines anderen Schiffes nicht einen Seemann, der den Ablauf des Abenteuers nicht haarklein wiedergeben könnte. Funker haben bekanntlich ihren Privatcode und tauschen gern eigene Botschaften während des offiziellen Funkverkehrs aus. Jedenfalls begrüßen alle Clarks Vorgehen und hoffen, daß er nicht bestraft wird. Es ist also nicht sehr wahrscheinlich, daß jemand Meldung machen wird.“

„Meinen Sie?“

„Ich bin ganz sicher. Wir haben einen Journalisten an Bord, stimmt's? Nun, der Mann hat keine Ahnung, was vorgefallen ist. Er weiß, daß die *Daring* auf etwas geschossen hat, aber das ist auch schon alles. Nicht ein einziger hat ihm etwas von den Vorgängen verraten.“

„Wie können Sie da so sicher sein?"

„Ich persönlich unterhalte mich häufig mit meiner Ordonnanz", sagte Hodges mit der Andeutung einer Verbeugung. „Heute morgen hatten wir wieder ein langes Gespräch. Von daher weiß ich, was die Matrosen gerade beschäftigt."

„Ich danke Ihnen beiden für Ihren wertvollen Rat", sagte der Admiral mit einem verschmitzten Lächeln. „Jetzt besitze ich wohl genug Informationen, um den Zwischenfall auf befriedigende Weise abzuschließen."

DER Admiral machte sich sofort an die Aufgabe und setzte als ersten seinen Stabschef ins Bild.

„Wir hatten beide unrecht, Mr. Grant", sagte er beiläufig. „Wir haben uns vom äußeren Schein täuschen lassen. Mein Gespräch mit Clark hat alles aufgeklärt. Der Kapitän der *Daring* hat richtig gehandelt. Er hat auf ein Wrack schießen lassen, das eine Gefahr für die Schiffahrt darstellte, und hat es versenkt."

Er schilderte den Vorgang, wie der Padre ihn sich ausgedacht hatte, und fügte Details aus seinem eigenen Erfahrungsschatz hinzu, um die Sache authentischer zu machen. Der anfangs verblüffte Grant hörte bald mit einer Mischung aus ungläubigem Staunen und Erheiterung zu.

„Der erste Eindruck trügt eben oft, Sir. Ich habe Clark am Telefon wahrscheinlich mißverstanden."

„Sieht ganz so aus."

„Wir sollten freilich darauf achten, Sir, daß Clark in seiner Aufregung im Logbuch keine Version festgehalten hat, die von der unseren abweicht."

„Ein ausgezeichneter Hinweis. Sie haben recht. Holen Sie mir Clark gleich mal ans Telefon ... Ist sonst noch etwas?" fügte er hinzu, als er sah, daß Grant zögerte.

„Auch der Staffelkapitän wird sicher einen schriftlichen Bericht abliefern, Sir."

„Sie denken aber auch an alles, Mr. Grant. Sie sind ein vorbildlicher Stabschef. Ich werde mir den Mann vornehmen, sobald ich mit Clark gesprochen habe."

Als er Korvettenkapitän Clark an der Strippe hatte, sagte er statt einer Begrüßung: „Ich habe mir die Sache noch einmal durch den Kopf gehen lassen, Clark. Ich kann Ihnen wirklich keinen Vorwurf daraus machen, daß Sie sich entschlossen haben, ein Wrack zu versenken, das die Schiffahrt gefährdete."

„Wie bitte, Sir?"

„Ich habe gesagt, ein Wrack, das die Schiffahrt gefährdete!" röhrte der Admiral in die Sprechmuschel. „Können Sie mich nicht verstehen? Ich wiederhole ..."

„Aye, aye, Sir", stotterte Clark, als der Admiral geendet hatte. „Ich werde das im Logbuch richtigstellen."

„Na hoffentlich", knurrte der Admiral und legte den Hörer auf. „Und jetzt zum Staffelkapitän."

Es war eigentlich nicht seine Art, seinen Offizieren telefonisch Instruktionen zu erteilen, aber diese Geschichte war zu wichtig geworden, als daß er sie Untergebenen hätte überlassen können.

„Hören Sie", sagte er tadelnd zu dem Piloten, „ich möchte Ihnen einen guten Rat geben."

„Mir, Sir?"

„Bitte glauben Sie nicht, daß ich Ihnen Vorhaltungen mache. Ich weiß, daß es bei dem Nebel, der manchmal über dieser verdammten Wasserwüste liegt, schon mal vorkommen kann, daß man den Wald vor lauter Bäumen nicht mehr sieht. Am Telefon haben Sie von Haien oder anderen Meerestieren gesprochen, aber ich kann mich nicht erinnern, daß Sie das Wrack auch nur mit einem Wort erwähnt haben."

Jetzt durfte sich der Staffelkapitän die offizielle Version in allen Einzelheiten anhören. Als der Admiral fertig war, hatte es dem Piloten die Sprache verschlagen.

„Nun? Warum sagen Sie nichts? Antworten Sie gefälligst, Mann."

Endlich hatte der Pilot sich gefangen. „Sir, ich habe geschwiegen, weil ich momentan verwirrt war. Ich habe das Wrack nicht erwähnt, weil ich meiner Sache nicht ganz sicher war. Aber ich erinnere mich jetzt tatsächlich an etwas, das wie ein sinkender Schiffsmast aussah. Ich werde es in meinem Bericht erwähnen."

„Vergessen Sie's nicht", brummte der Admiral, der Mühe hatte, sich seine Erleichterung nicht anmerken zu lassen.

Er legte auf, seufzte und schenkte sich einen Whisky ein, was er sonst nie vor Sonnenuntergang zu tun pflegte. Es war schon beinahe Zeit zum Mittagessen, zu dem er den Padre und den Doktor eingeladen hatte. So begab er sich an Deck, um sich auf einem strammen Spaziergang Appetit zu holen.

Der Admiral befand sich in einem Zustand, der ihm fremd war: Er war unsicher. Einerseits war er erleichtert, weil er die Sache beigelegt hatte, aber im nächsten Moment fühlte er sich schon wieder schuldig an der Verschleierung einer unverzeihlichen Missetat. Obwohl Dr. Hodges ihn in diesem Punkt zu beruhigen versucht hatte, schauderte es ihn bei dem Gedanken, wie seine Untergebenen sein Verhalten beurteilen mochten.

Doch seine Befürchtungen wurden bald zerstreut. Der erste Mensch, dem er an Deck begegnete, war ein Seemann, der die Lafette eines Flugabwehrgeschützes putzte. Der Admiral ging fast furchtsam, mit eingezogenem Kopf vorbei, um den möglicherweise verächtlichen Blick des Mannes nicht wahrnehmen zu müssen. Doch der Matrose nahm Haltung an, sein zackiger Gruß verriet so etwas wie Verehrung, seine Augen strahlten. Ein Bootsmann kam vorbei und reagierte ähnlich. Dem Admiral hüpfte das Herz vor Freude; er grüßte lächelnd zurück.

Jetzt wollte er die Stimmung der gesamten Mannschaft ausloten. Wohin er auch kam, stets grüßten ihn Offiziere und Mannschaftsdienstgrade mit dem üblichen Respekt, dem aber immer auch eine Spur von Hochachtung, fast schon menschlicher Wärme anhaftete. Als der Admiral zum Schluß in das Schiffsinnere hinabstieg, fand er bestätigt, was Hodges gesagt hatte: Zum einen, daß es zwischen allen Einheiten der Flotte unsichtbare Verbindungen gab und alle Entscheidungen des Oberkommandos fast augenblicklich überall verbreitet wurden; und zum anderen, daß seine Entscheidung, Clark betreffend, allgemein begrüßt wurde. Das versetzte ihn in eine vorzügliche Laune. Das Geheimnis, auf dem die Entscheidung beruhte, würde von jedem Seemann eifersüchtig gehütet werden.

„Wenn dem guten alten Philip je zu Ohren kommt, was ich zugunsten eines Blauwals auf mich genommen habe", murmelte der Admiral vor sich hin, „wird er mich wohl zum Tierschützer des Jahres ernennen."

Viertes Kapitel

Die *Daring,* die dem Konvoi den Weg durch die südatlantischen Gewässer wies, hatte eine ständige Begleiterin. Die Blauwaldame hatte sich offenbar selbst zur Kundschafterin ernannt und schwamm oft dem Zerstörer voran, dessen Gesellschaft ihr zu behagen schien. Sie zeigte sich von ihrer freundlichsten Seite, weil sie sich wohl ihren edlen Rettern auf ihre Art tatsächlich zu Dank verpflichtet fühlte.

Jedenfalls zog sie für die erfreuten Seeleute eine spektakuläre Schau ab. Mit ihren Flossen, die Bjorg Paddel nannte, schlug sie zuerst wild das Wasser, als fordere sie Aufmerksamkeit für die bevorstehende Vorstellung. Sie tauchte flach, wobei ihre Schwanzflosse einen Augenblick lang wie ein einsamer Wachtposten aufrecht aus dem Wasser ragte. Dann verschwand sie, katapultierte sich wenig später mit einem mächtigen Satz wieder aus den Wogen und krönte ihr Wasserballett mit einer haushohen Fontäne. An windstillen Tagen fiel diese wie ein feiner Schleier nach hinten; wenn die *Daring* nahe genug war und der Wind entsprechend stand, sprühte sie bis aufs Deck. Das machte den Seeleuten großen Spaß, und sie dachten nicht daran, in Deckung zu gehen, sondern begrüßten die Dusche, als sei es Weihwasser.

„Man hat früher behauptet, die Blaswolke sei gefährlich, sogar tödlich", sagte Bjorg zu Clark. „Das ist natürlich abergläubischer Unsinn. Sie sehen ja selbst, daß nichts daran ist, jedenfalls nicht bei unserer Begleiterin. Diese hier wird uns Glück bringen, da bin ich ganz sicher."

Die meisten Besatzungsmitglieder der *Daring* waren der gleichen Ansicht. Sie betrachteten das Tier mittlerweile sogar als ihr Maskottchen, als einen Schutzengel, der die Gefahren des Meeres von ihnen fernhielt.

Dieses Gefühl wurde auch von sämtlichen Flotteneinheiten geteilt, denn die Blauwaldame kehrte in unregelmäßigen Abständen um und besuchte die anderen Schiffe. Sie war überall gern gesehen.

Da es sich um ein Weibchen handelte, tauften die Seeleute sie „Tante Maggie" – zu Ehren ihrer obersten Kriegsherrin Margaret Thatcher.

Zu besonderen Gelegenheiten und gleichsam als Höhepunkt ihrer Show tauchte Tante Maggie extrem tief, blieb länger als gewöhnlich unten und schnellte dann pfeilgerade wie ein Lachs aus dem Wasser. Bjorg stand neben Clark und war begeistert, als er diese Vorführung zum ersten Mal sah.

„Mein Gott! Ich hätte nie gedacht, daß sie das fertigbringt! Ich habe immer geglaubt, nur Pottwale könnten wie eine Rakete vertikal aus dem Wasser schnellen. Phantastisch. Genau wie Melville es beschrieben hat, Sir." Und er konnte sich nicht verkneifen, eine Passage aus

„Moby Dick" zu rezitieren, die er auswendig kannte. „‚Da schnellte sich der weiße Wal in prahlerischem Übermut wie ein Lachs himmelan. Jäh schäumte der Gischt empor aus dem tiefen Meeresblau und stand sekundenlang gegen das noch tiefere Blau des Himmels, unerträglich glitzernd und gleißend wie ein Gletscher, bis das sprühende Geleucht allmählich dahinwelkte und verblaßte zu dem matten Nebeldunst eines aufziehenden Regenschauers im Tal.' Ein dreißig Meter langer Blauwal bietet sogar einen noch imposanteren Anblick."

„Atemberaubend", sagte Kapitän Clark zustimmend. Der Admiral hatte anfangs diese Vorführungen mit einigem Unbehagen gesehen, weil er befürchtete, die Männer könnten abgelenkt werden und in ihrer Wachsamkeit nachlassen. Seine Offiziere versicherten ihm allerdings, daß das Gegenteil der Fall sei: Die Späße des Tieres sorgten allgemein für gute Laune, weil sie ein wenig Abwechslung in die Monotonie der langen Reise brächten. Nein, die so reichlich gegebenen Vorstellungen täten mehr für die Kampfmoral der Männer, als Spielfilme es je vermöchten.

Manchmal sah der Admiral selbst zu. Zuerst trieb ihn nur die Neugier, später empfand er echtes Vergnügen. Jedenfalls wäre die einzige Möglichkeit, der Walgeschichte ein Ende zu bereiten, die gewesen, das Tier abzuschießen, und danach stand dem Oberbefehlshaber nun wahrhaftig nicht der Sinn. Also fand er sich mit der Anwesenheit des Blauwals ab; das Tier, meinte er, würde sich gewiß schon bei der ersten Feindberührung schnellstens absetzen.

Der General, der die Landungstruppen befehligte, gehörte zu denen, die Tante Maggies sensationelle Kunststückchen aus vollem Herzen begrüßten. Seine Soldaten brauchten die Abwechslung noch weit mehr als die Seeleute, und seit Tante Maggie aufgetaucht war wie eine gute Fee, war die gedrückte Stimmung unter seinen Männern verflogen. Sie feuerten sie an und begleiteten jede ihrer Kapriolen mit frenetischem Beifall.

„Sie rollt! Sie springt! Sie lotet! Sie bläst!" Der Walfängerjargon hatte sich bereits allgemein durchgesetzt.

Der General hatte dem Admiral versichert, der positive Effekt von Tante Maggie auf die Stimmung der Truppe sei zumindest ebenso groß wie das Hüftwackeln der aufregendsten Nachtklubsängerinnen, die man während des Koreakrieges auf Truppenbetreuung geschickt habe.

„Vor allem meine Gurkhas sind ganz verrückt nach der Waldame“, erklärte er. „Sie hat ihnen geholfen, ihr Heimweh zu vergessen.“

Zum Expeditionskorps gehörte tatsächlich eine kleine Gurkha-Einheit, Elitesoldaten aus Nepal. Sie begrüßten Maggie mit gewaltigem Getöse und feuerten sie in einer Sprache an, die niemand sonst verstehen konnte. Tante Maggie aber schien ihr Auftritt so viel Spaß zu machen, daß sie sich manchmal sogar zu einer Zugabe entschloß.

Nachdem sie auf diese Weise den Rest der Flotte bezaubert hatte, schwamm sie stets zur *Daring* zurück, wo sie von der Besatzung mit lautem Jubel willkommen geheißen wurde. Ein paar Augenblicke blieb sie neben dem Schiff, dann setzte sie sich wieder an die Spitze und eilte in ihrer Eigenschaft als selbsternannte Kundschafterin den Männern voraus, die geschworen hatten, die Falklandinseln zurückzuerobern.

Eines Tages hielt sich Dr. Hodges wieder einmal dienstlich an Bord der *Daring* auf. Als er mit Clark und Bjorg einen Rundgang übers Deck machte, beobachteten sie selbstverständlich Tante Maggie, die einen neuen Trick vorführte. Sie war ganz nah an den Zerstörer herangekommen, scheuerte den Kopf an der Bordwand und hielt durch kräftige Schläge mit der Schwanzflosse Schritt mit dem Schiff.

„Was, zum Teufel, treibt sie denn jetzt?“ fragte Clark gereizt. „Haben diese Tiere die Gewohnheit, sich an Schiffen zu reiben?“

„Das tun sie gelegentlich“, entgegnete Bjorg. „Haben Sie noch nie einen Hund gesehen, der sich an einem Baum oder einer Mauer reibt, um seine Flöhe loszuwerden oder sich wenigstens zu kratzen? Genau das tut Maggie. Nur hat sie keine Flöhe, sondern alle möglichen Arten von Parasiten, die weit gefährlicher sind.“

„Parasiten?“

„Das arme Tier ist übersät davon. Ich habe bereits haselnußgroße Walläuse entdeckt, und das ist längst nicht alles. Da sitzen noch spiralförmige Entenmuscheln, die sich unter die Haut bohren. Es gibt Napfschnecken und Rankenfüßer, winzige, aber nicht weniger bösartige Krebse. Und der schlimmste Quälgeist von allen ist der Ruderfußkrebs, der sich einige Zentimeter tief in die Speckschicht der Walhaut einbohrt. Sie können ihn überall am Kopf von Tante Maggie erkennen.“

Die befand sich an der Bordwand, genau unter den drei Spaziergängern. Als Clark sich über die Reling beugte, erkannte er an dem gewaltigen Maul des Tieres kleine Erhebungen, die wie schwarze Würmer aussahen.

Bjorg fuhr in seinem Vortrag fort. „Diese Parasiten sind bösartig. Sie krallen sich an besonders dünnen und empfindlichen Stellen der Haut fest. Wenn Wale in Küstennähe sind und über Wasser schwimmen, landen Schwärme von Vögeln auf ihrem Rücken und befreien sie von den Plagegeistern. Doch auf hoher See gibt es keine Vögel, die ihnen diesen Dienst erweisen können. Die Haut ist fast ganz von einer dunklen Kruste überzogen, so daß man die wundervolle blaue Farbe nicht mehr erkennen kann, nach der die Blauwale benannt wurden. Sehen Sie, wie sie ihren Kopf am Schiffsrumpf scheuert? Tante Maggie leidet bestimmt Höllenqualen."

„Gut und schön", protestierte Clark. „Aber wenn es ihr schon nicht gelingt, die Bordwand zu ruinieren, wird sie zumindest den Anstrich beschädigen."

Er befahl einem Seemann, den ungebetenen Gast mit einem Besen zu vertreiben. Der Seemann, der Bjorgs Vortrag mit angehört hatte, ging unter Deck und stocherte durch ein geöffnetes Bullauge mit dem Besen nach dem Wal.

Tante Maggie hörte auf, sich an der Bordwand zu kratzen, blieb aber etwa einen halben Meter entfernt reglos liegen, als warte sie darauf, daß der Seemann etwas unternähme. Es schien so, als sähe sie ihn aus ihrem merkwürdig plazierten Auge bittend an. Plötzlich kam dem Seemann eine Idee. Mit aller Kraft schrubbte er die Ränder ihres Mauls, wo es von winzigen, schwarzen Parasiten nur so wimmelte. Es war ein Besen mit harten Borsten, der unzählige Schmarotzer ins Wasser fegte. Tante Maggie zeigte ihre Freude und Dankbarkeit, indem sie sich übermütig auf den Rücken wälzte.

Der Seemann konnte nur einen begrenzten Teil erreichen, und da das Tier an der Backbordseite schwamm, kam er an dessen linke Seite überhaupt nicht heran. Nachdem er den rechten Winkel des Mauls so gut wie möglich abgeschrubbt hatte, hörte er auf und stieß Tante Maggie erneut sanft mit dem Besen an, um ihr klarzumachen, daß es nun mit dem Striegeln ein Ende hatte. Tante Maggie ließ sich ein paar Meter abdriften, schwamm aber weiterhin an Backbord neben dem Schiff her. In ihrem Blick schien eine Mischung aus Dankbarkeit und Erstaunen zu liegen, als könne sie nicht verstehen, warum ein so erfolgreiches Unternehmen abgebrochen werden mußte.

„Sie will mehr. Sie denkt nach", murmelte Bjorg sinnend.

Dr. Hodges, der sich auch mit vergleichender Verhaltensforschung befaßt hatte, verfolgte Maggies Benehmen mit angespannter Aufmerksamkeit.

Ihr Verhalten und ihr verwirrter Blick schienen in der Tat Anzeichen dafür zu sein, daß sie über ein schwieriges Problem nachdachte. Ihre Blaswolke war nur schwach, als müsse sie den Atem anhalten, um sich besser konzentrieren zu können.

„Ich sage Ihnen, sie denkt nach, Sir", sagte Bjorg überzeugt. „Sie versucht, ihr Problem zu lösen, und ich wette, es gelingt ihr."

„Ich halte eine Flasche Whisky dagegen", widersprach Hodges. „Aber ich würde sie ganz gern verlieren."

Tante Maggie verharrte nur ein paar Minuten fast regungslos, dann kam wieder Leben in sie. Ihr rechtes Auge schien zu funkeln. Sie schwamm voraus, wendete rasch und kam wieder an die Backbordseite, nur diesmal mit dem Kopf in Richtung Heck. Sie drängte den Kopf an das Bullauge, an dem der Seemann mit dem Besen in der Hand immer noch wartete. Schnell schrubbte er die andere Seite ihres Mauls, die er nun erreichen konnte.

„Das nützt gar nichts", brummte Hodges.

„Stimmt", gab Bjorg zu.

Das Problem war damit tatsächlich nicht gelöst, denn Wale können nun mal nicht rückwärts schwimmen. Tante Maggie konnte sich nur einen Augenblick lang neben dem Zerstörer halten; dann hatte er sie passiert, und der Seemann erreichte ihren Kopf nicht mehr. Erneut wendete sie und nahm mit demselben nachdenklichen Blick ihre ursprüngliche Position wieder ein.

„Sie hat ihren Fehler schnell erkannt", sagte Bjorg. „Sie versucht, sich etwas Besseres einfallen zu lassen."

„Du lieber Himmel!" entfuhr es Clark. „Sie braucht doch nur ..."

Die drei Männer sahen einander vielsagend an. Ihnen allen war natürlich klar, wie Tante Maggie ihr Problem lösen könnte.

„Sie muß wirklich nur ...", wiederholte Hodges. „Es ist im Grunde so *einfach*."

„Aber sie wird nie darauf kommen", stöhnte Clark. „Das ist zu kompliziert für ihr Walgehirn."

„Deshalb habe ich ja gewettet", sagte der Arzt.

„Und ich behaupte immer noch, sie kommt drauf", erklärte Bjorg. „Natürlich ist es ein schwieriges und anspruchsvolles Problem für sie, aber Wale sind intelligente Tiere wie ihre Vettern, die Delphine. Und was Delphine nach geduldiger Dressur zu leisten vermögen, muß ich Ihnen wohl nicht sagen. – Schauen Sie sie an: Sie denkt nach."

Die drei Männer waren jetzt ganz aufgeregt. Mitgerissen von der Begeisterung des ehemaligen Walfängers sagte der Arzt aus tiefstem Herzen: „Ich hoffe wirklich, daß Sie recht haben, Bjorg! Das hieße, daß sie den Fehlschlag von vorhin überdenkt und durch Versuch und Irrtum weiterkommen will. Diese Methode hat schon zu den größten wissenschaftlichen Erkenntnissen geführt."

„Wie soll sie eine Lösung finden?" protestierte Clark. „Sie braucht Anleitung, Unterstützung und vor allem geduldige Lehrer."

„Sie wird wieder munter!" rief Bjorg aufgeregt. „Glauben Sie immer noch, sie wird keine Lösung finden, Sir? Sehen Sie doch, wie ihr Auge blitzt. Gleich wird sie einen neuen Versuch starten."

Zum zweiten Mal schien Tante Maggie sich aus ihrer Starre zu lösen. Langsam erst, dann immer schneller schwamm sie wieder voraus.

Mit angehaltenem Atem sahen die drei Männer ihr zu. Ein paar Seeleute ließen alles stehen und liegen und kamen ebenfalls zur Backbordseite herüber.

„Sie wird gleich denselben Fehler noch einmal machen." Clark seufzte. „Sehen Sie nur, wie sie losspurtet, um zu wenden. Ganz stur, so richtig verbiestert."

„Herumprobieren, aus Fehlern lernen", sagte Hodges. „Diese Waldame wird wahrscheinlich noch viele Fehler machen müssen, ehe sie Erfolg hat."

„Ich würde sagen, sie ist auf dem richtigen Weg, Doktor! Das Nachdenken hat sich gelohnt. Sie wechselt auf die andere Seite, aber nicht so wie vorhin. Sie ist nicht dumm."

Bjorg hatte recht. Weit vor dem Schiff hatte sich der Wal einfach nach rechts gewandt und lag jetzt an der Steuerbordseite des Zerstörers.

„Ich hab die Wette gewonnen!" rief der ehemalige Walfänger. „Sie hat die Aufgabe gelöst! Wir holen sie ein, wenn sie sich zurückfallen läßt."

Und genau das tat der Wal.

„Gehen Sie zur Steuerbordseite rüber, Mann!" rief Clark dem Matrosen mit dem Besen zu.

Der Seemann rannte zu einem Bullauge an der Steuerbordseite und wartete, bis das Schiff den bewegungslosen Wal eingeholt hatte. Auf der *Daring* war ein allgemeines Aufatmen zu vernehmen. Vereinzelt brandete Beifall auf, als Tante Maggie nach Erreichen der günstigsten Position schneller schwamm, um sie zu halten, und der Matrose mit dem Besen ihr endlich die Parasiten von der verklebten linken Seite des Mauls entfernen konnte.

„Ich habe die Wette verloren", erklärte Hodges, „und ich freue mich darüber!"

„Wir werden den Whisky gemeinsam trinken, Doktor."

„Ich bin immer noch nicht sicher, ob wir es hier mit Instinkt oder tatsächlich mit Intelligenz zu tun haben, wie Sie behaupten, Mr. Bjorg. Man müßte der Sache weiter nachgehen."

„Sehen Sie bloß, wie ihr Auge vor Freude strahlt", sagte Bjorg.

Und tatsächlich schien das linke Auge, mit dem der Wal die Männer jetzt ansah, von einem inneren Licht zu leuchten.

„‚Triumph! Ich habe den Ägyptern das größte Geheimnis entrissen. Ich darf mich meiner heiligen Ekstase hingeben!'" deklamierte der belesene Arzt.

„Was erzählen Sie da, Mr. Hodges?" fragte Kapitän Clark.

„Mit diesen stolzen Worten hat Johannes Kepler die von ihm entdeckten Gesetze der Planetenbewegung begrüßt. Der Wal kann zwar nicht sprechen, aber wenn einige meiner Kollegen ihn jetzt sehen könnten, würden sie zugeben, daß seine freudige Erregung der Verzückung jenes genialen Mathematikers nicht nachsteht."

„DIE schlimmsten Parasiten ist sie jetzt zwar los", erklärte Bjorg, „aber sie hat immer noch eine Menge davon."

Die drei Männer hatten ihre Promenade über Deck wiederaufgenommen. Der besenschwingende Seemann hatte nur die relativ kleine Stelle gesäubert, die er erreichen konnte, und Maggie war abgedriftet.

Bjorg war mit einer Überlegung beschäftigt und wollte erfahren, was die anderen darüber dachten. „Natürlich kann sie jetzt leichter atmen, aber das bringt nur ein wenig Linderung. Der ganze riesige Körper ist von Ungeziefer bedeckt. Es ist fast wie bei einem Bootsrumpf, den man jahrelang nicht gesäubert hat. Diese Kruste reizt nicht nur die Haut, sie ist bei jeder Bewegung hinderlich und verlangsamt die Fahrt, weil das Wasser nicht mehr glatt an den Flanken entlangströmen kann – genau wie bei einem verschmutzten Schiff."

„Na schön, aber was kann ich dagegen tun?" fragte der Kapitän.

„Vielleicht", schlug Bjorg vor, „könnten ein paar Seeleute dazu eingeteilt werden, in Gruppen entlang der Reling –"

„Ausgeschlossen!" fauchte Clark. „Meine Männer haben Wichtigeres zu tun, als einem Wal bei der Körperpflege behilflich zu sein."

„Ich dachte eigentlich mehr an Seeleute, die dienstfrei haben."

„Das fehlte mir noch! Damit sie anschließend erschöpft und mit weichen Knien ihren Dienst antreten? Kommt gar nicht in Frage. Wissen Sie eigentlich, wieviel Arbeit das erfordern würde und wie viele Männer ich dazu abkommandieren müßte?"

Enttäuscht ließ Bjorg das Thema fallen.

Doch Hodges war nachdenklich geworden und grübelte über Clarks letzte Worte nach. Und als er auf das Flaggschiff des Admirals zurückkehrte, machte er sich daran, seinen Plan psychologisch zu untermauern.

Zuerst führte er lange Telefongespräche mit den Offizieren der Landungstruppen auf den Transportschiffen. Hodges war überall beliebt, und sein Rat wurde stets ernst genommen. So war es für ihn auch ein leichtes, die Armeeoffiziere davon zu überzeugen, daß die Moral der Truppe sich zusehends verschlechtere. Das Auftauchen der Wale habe die Langeweile zwar bis zu einem gewissen Grad vertrieben. Was den Männern aber eigentlich fehle, sei eine sinnvolle Beschäftigung, bei der sie die Muskeln benutzen und überschüssige Kräfte loswerden könnten.

Nachdem er diesen Gedankengang entwickelt hatte, erzählte der Arzt beiläufig von Maggies jüngster Heldentat, die bedauerlicherweise nur zum Teil zu einem befriedigenden Ende geführt habe, da das Tier die meisten Parasiten noch nicht losgeworden sei.

Wenn er das Gefühl hatte, daß seine Gesprächspartner psychologisch vorbereitet waren, rückte Hodges mit der Idee heraus, die ihm auf dem Zerstörer gekommen war. Es überraschte ihn nicht sonderlich, daß alle geradezu begeistert anbissen.

Die Saat war bestellt. Hodges' Idee fand Anklang und gewann nach und nach Gestalt, weil immer mehr Verbesserungsvorschläge eingingen.

Als nächstes legten die ranghöchsten Offiziere dem Stabschef der Landungstruppen einen detaillierten Plan vor. Der General beugte sich schließlich zögernd den überzeugenden Argumenten seiner Berater und machte sich auf den Weg zum Flugzeugträger zu einem Gespräch mit dem Admiral.

„WENN ich Sie richtig verstanden habe", sagte der Admiral, den der stockende Vortrag des Generals ein wenig verwunderte, „dann möchten Sie Ihre Truppen durch ein kleines Sondertraining wieder in Form bringen."

„So ungefähr hatte ich es mir gedacht."

„Aber was habe ich damit zu tun? Ich habe weder die Pflicht noch die Absicht, mich mit einem Fitneßprogramm für die Landungstruppen zu befassen."

„Nein, natürlich nicht", erwiderte der General sichtlich verlegen. „Ich habe nur gedacht, ich sollte mich mit Ihnen abstimmen, ehe ich das Programm durchführen lasse, weil diese Übungen sich nicht eigentlich an Bord abspielen werden."

„Nicht *eigentlich* an Bord?"

Der General holte tief Luft und skizzierte dann für den Admiral den Plan, den man ihm unterbreitet hatte. Es ging schlicht darum, daß man den Wal zu einem der Truppentransporter bringen wollte, wo er längsseits gehen sollte, damit ein paar Gruppen von Soldaten sich an Seilen zu ihm hinunterlassen und die Parasiten abkratzen konnten, die dem Tier Probleme bereiteten.

Der Admiral runzelte die Stirn. „Bis jetzt hatte ich den Eindruck, Sir, daß viele meiner Offiziere einem ansteckenden Virus erlegen sind, das von einem Wal verbreitet wird. Ich habe – offenbar vergebens – gehofft, daß die Epidemie auf die Marine beschränkt bleiben würde. Nun muß ich sehr zu meinem Kummer entdecken, daß auch das Heer davon befallen ist."

Trotzdem hörte er sich geduldig die Argumente seines Besuchers an, den die relativ kühle Gesprächsatmosphäre nicht zu entmutigen schien.

„Ich sehe darin kein Risiko, Sir", erklärte der General. „Die See ist im Augenblick ruhig. Meine Infanteristen, Fallschirmjäger und Kommandotruppen sind in der Lage, unter ungünstigsten Bedingungen zu kämpfen – selbst dann noch, wenn sie irgendwo zwischen Himmel und Erde hängen."

„Hier ist nur weit und breit kein Fleckchen Erde zu sehen", protestierte der Admiral.

„Das macht ja nichts. Ich habe einen Zug Gurkhas unter meinen Männern. Diese Gebirgsbewohner sind gewöhnt, sich an steilen Felswänden abzuseilen. Eine Übung, wie wir sie planen, ist genau das richtige für sie. Es müßte ein leichtes für sie sein, mit Schabern und

Striegeln zu arbeiten, die unsere Bordwerkstätten schon angefertigt haben. Man hat mir versichert, diese Werkzeuge seien hervorragend geeignet zum Entfernen von Parasiten, die sich in die Walhaut gekrallt haben."

„So, die Werkstätten haben bereits die Produktion der Reinigungswerkzeuge aufgenommen?"

„Die Gurkhas hatten begonnen, ihre Kukris nachzuschleifen, aber als sie hörten, daß sie damit den Wal verletzen könnten, haben sie sich bereit erklärt, die Werkzeuge zu benutzen."

„Ist der Kukri nicht das Messer, mit dem Ihre Gurkhas Hälse aufschlitzen, wenn sie feindliche Stellungen überrollen?"

„Richtig. Für den Nahkampf sind sie hervorragend geeignet."

„Und Sie glauben, daß diese alten Krieger dazu bereit sind, einem Wal bei der Toilette zu helfen?"

„Sie können es kaum erwarten."

Die beiden Offiziere sahen einander schweigend an. Der Admiral schien in Gedanken versunken. „Fahren Sie doch fort", sagte er schließlich.

„Die Seile, die wir benötigen, gehören ohnehin zur Ausrüstung jedes Kommandos. Dann brauchen wir nur noch Bretter, die die Schiffszimmerleute zurechtsägen können, und noch ein paar Kleinigkeiten."

„Sie denken an eine Art mobiles Gerüst, wie man es bei der Instandhaltung von Denkmälern benutzt?" knurrte der Admiral.

Der General nickte.

„Da können Sie allerdings nur hoffen, daß nicht eine plötzliche Grundsee Ihre Männer ins Wasser wirft und meine Seeleute sie wieder rausfischen müssen."

„Sie werden gut gesichert sein. Außerdem habe ich strikte Order gegeben, daß die Sache beim ersten Anzeichen von schlechtem Wetter abgeblasen wird."

„Ich sehe, Sie haben bereits Befehle erteilt", bemerkte der Admiral mit gespieltem Gleichmut.

„Anweisungen, die noch Ihrer Zustimmung bedürfen, Sir. Wenn Sie absolut dagegen sind, geben wir das Unternehmen auf."

„Na großartig!" bellte der Admiral. „Und ich stehe da als das herzlose Ungeheuer. Wie könnte ich wohl dagegen sein? Schließlich sind es Ihre Soldaten." Er versuchte, seinem Besucher den Plan auszureden. „Wir sind unterwegs, um die Falklandinseln zurückzuerobern. Das ist ein gefährliches Unternehmen, bei dem es Tote und Verwundete geben wird. Unsere ganze Aufmerksamkeit und Energie sind gefordert. Glauben Sie nicht auch, daß es unter diesen Umständen mehr als töricht wäre, sich mit der Hautpflege eines Wals abzugeben?"

„Ich verstehe, was Sie meinen", erwiderte der General, „aber man kann die Sache auch anders sehen. Halten Sie es zum Beispiel für human oder auch nur für angebracht, Männern, die bereit sind, auf dieser Expedition ihr Leben zu opfern, ein unschuldiges Vergnügen zu mißgönnen? Meine Leute freuen sich wie die Kinder bei dem Gedanken, diesem Wal helfen zu können. Es wäre eine schreckliche Enttäuschung für sie, würde man ihnen diese Freude nehmen. In unserer Lage können wir nicht gut Künstler zur Truppenbetreuung einfliegen lassen, doch zum Glück hat uns die Vorsehung –"

„Diesen Wal geschickt", fiel ihm der Admiral ins Wort. „Mein Gott, dieses Tier hat alle verhext. Also schön, gehen Sie an Ihre Säuberungsaktion, und lassen Sie diese Tante Maggie abschrubben, daß sie nur so blitzt. Ich fürchte bloß, aus Ihrem Projekt wird nichts werden."

„Und aus welchem Grund, Sir?"

„Wie wollen Sie zum Beispiel Ihre Truppentransporter längsseits von Tante Maggie bringen? Einen Zickzackkurs werde ich nämlich in diesem Konvoi nicht genehmigen."

„Selbstverständlich, Sir. Tante Maggie wird von sich aus längsseits gehen. Was man mir von der Intelligenz dieses Tieres berichtet hat –"

„Intelligenz?"

„Das ist das Wort, das allgemein gebraucht wird. Die Leute sind davon überzeugt, daß sie sich selbst in die richtige Position bringen wird, sobald sie erkannt hat, welche Vorbereitungen wir treffen."

„Die richtige Position?" fragte der Admiral sinnend. „Aber ich verstehe immer noch nicht, wie das funktionieren soll. Natürlich sind Ihre Gurkhas behende Burschen, aber die Unterseite dieses Kolosses werden auch sie nicht erreichen. Ich hoffe, Sie erwarten nicht, daß sie sich deswegen in die eisigen Fluten stürzen."

„Nicht die Gurkhas – das ist nicht deren Spezialität, sondern die Froschmänner, die gelernt haben, auch in eisigen Gewässern zu operieren."

„Das hätte ich ja wissen müssen", stöhnte der Admiral. „Sie haben geplant, auch die Froschmänner einzusetzen?"

„Mir stehen mehrere Teams zur Verfügung, die es alle kaum erwarten können, wieder ins Wasser zu kommen."

„Ich geb's auf", erklärte der Admiral mit einer kurzen Verbeugung. „Sie haben an alles gedacht. Aber lassen Sie sich einen guten Rat geben: Beeilen Sie sich. Die kürzesten Torheiten sind die besten. Wenn wir erst einmal in Reichweite feindlicher Flugzeuge sind, ist es vorbei mit ausgefallenen Spielchen von der Art, zu der Sie mich gerade überredet haben."

Der General versprach, das Unternehmen werde allerhöchstens vierundzwanzig Stunden dauern, vorausgesetzt, Tante Maggie spiele mit. Sein Stab habe einen genauen Zeitplan ausgearbeitet; um Zeit zu sparen, würden die Arbeitsteams einander rund um die Uhr ablösen. „Besonders die Nachtschicht wird für meine Männer ein ausgezeichnetes Training sein", erklärte der General.

Der Admiral seufzte und nickte ergeben.

Als Tante Maggie am nächsten Tag ihre übliche Runde machte, gab der wachhabende Offizier an Bord des am weitesten vorn liegenden Truppentransporters ein Zeichen. Daraufhin kletterte die erste Welle von Freiwilligen über die Reling auf die Schaukelgerüste. Die Männer riefen Tante Maggie beim Namen und lockten sie herbei. Zur gleichen Zeit sprang eine Gruppe Froschmänner in eng anliegenden Gummianzügen ins Wasser; sie waren über Leinen mit dem Bug des Schiffes verbunden.

Tante Maggie begriff sofort, was hier vor sich ging. Sie zögerte nur eine Sekunde, dann schwamm sie mit einer Reihe fast anmutiger Bewegungen zum Schiff hinüber und legte sich an die Bordwand, den Kopf am Bug. Dank der sorgfältigen Vorbereitung verlief die Säuberungsaktion wie geplant. Die Soldaten saßen rittlings auf ihren abgesägten Brettern, die aussahen wie selbstgebastelte Schaukeln, und arbeiteten mit ungewohntem Eifer. Sie rubbelten, harkten, kratzten und bürsteten mit ihren Spezialwerkzeugen, wobei sie sich manchmal mit einem oder gar mit beiden Beinen auf dem breiten Rücken des Tieres abstützten. Die Froschmänner tauchten mit denselben Geräten unter den Bauch der Gigantin und arbeiteten dort mit gleicher Begeisterung.

Ein exakter Ablösungsplan für die verschiedenen Teams gab jedem Mann an Bord eines Truppentransporters die Gelegenheit, sein Teil zum Gelingen beizutragen. Dann schwamm Tante Maggie zu einem anderen Schiff, wo man ähnliche Vorbereitungen getroffen hatte. So war die Säuberungsaktion im Wechsel zwischen Backbord und Steuerbord tatsächlich nach einem Tag und einer Nacht beendet, wie der General versprochen hatte. Als der Morgen des nächsten Tages heraufdämmerte, war Tante Maggie dank britischer Tüchtigkeit und britischen Organisationstalents von allen Parasiten befreit. Ihre Haut glänzte wie frisch gebohnertes Parkett; die schöne blaugraue Farbe war wieder zum Vorschein gekommen.

Sobald die Soldaten auf dem letzten Truppentransporter mit der Arbeit fertig waren, zog sich Tante Maggie majestätisch zurück und machte sich daran, allen Mannschaften ihren Dank auf ihre Weise abzustatten – mit Schwimm- und Tauchvorführungen, die in der großen Nummer gipfelten: Sie ging auf Tiefe, schoß dann mit ihren hundertfünfzig Tonnen Gewicht aus dem Wasser und tauchte mit einem spektakulären Kopfsprung wieder ein, wobei sie eine gewaltige Gischtkaskade und einen Donnerschlag auslöste, der von den Bordwänden widerhallte.

„Sehen Sie doch, wie sie springt, nachdem sie gerade erst gelotet hat", sagte der Admiral zum General, denn auch er hatte den Walfängerjargon übernommen. Die beiden Männer standen an Deck des Flugzeugträgers. Die Galavorführung von Tante Maggie veranlaßte den Admiral zu einem Monolog, der sich aus seinem Mund sehr merkwürdig ausnahm.

„Manchmal frage ich mich, woher dieses Tier kommt und was es eigentlich ist. Die ansteckende Vernarrtheit, die es ausgelöst hat, ist unnatürlich. Zuerst hat das Walfieber die *Daring* erfaßt, dann nacheinander alle Einheiten der Flotte. Vielleicht befahren wir einen verzauberten, magischen Ozean. Vielleicht hatten unsere Vorfahren vor Urzeiten recht, wenn sie glaubten, Hexen oder Dämonen könnten Tiergestalt annehmen. Sie meinten, böse Geister wohnten in Katzen und Werwölfen – warum nicht auch in einem Wal? Ist Tante Maggie ein der Hölle entsprungener Dämon oder ein Bote des Himmels? Ich muß mich mal mit dem Padre darüber unterhalten."

Er schreckte wie aus einem Tagtraum auf, legte dem General

freundschaftlich die Hand auf die Schulter und sagte wieder ganz nüchtern: „Unter uns, Sir, glauben Sie, daß sich irgendeine andere Marine oder Armee der Welt wegen eines Wals so verrückt aufführen würde?"

„Offen gestanden, nein", erwiderte der General lächelnd.

„Ich auch nicht. Wahrscheinlich hätten sie Tante Maggie beim ersten Radarsignal voll Blei gepumpt."

„Und das wäre jammerschade gewesen, denn sie ist wirklich ein wunderschönes Tier", sagte der General abschließend. „Demnach ist es vielleicht doch kein Verbrechen, einmal etwas Ausgefallenes zu tun."

Fünftes Kapitel

In London öffneten Betsy und Joan, zwei junge Frauen in der militärischen Briefzensurbehörde, unterdessen die Post von Männern der Falklandflotte. Ein Schnellboot hatte die Postsäcke nach Südgeorgien gebracht, wo man sie in ein Flugzeug nach London umgeladen hatte. Betsy, die ältere von beiden, stand im Rang eines Hauptmanns, Joan war Leutnant. Zum Erstaunen der beiden Frauen handelten die Briefe diesmal von einem einzigen und ungewöhnlichen Thema: von einem Blauwal.

„Hören Sie sich das mal an, Joan", sagte Betsy und rückte ihre Brille zurecht. „Ich greife einen x-beliebigen Brief heraus." Sie las aus dem Brief eines Fallschirmjägers vor, der sehr ausführlich beschrieb, wie seine Einheit Stunden damit zugebracht hatte, Tante Maggie den Rücken zu schrubben.

„Meine Briefe handeln auch alle von einem Wal", sagte Joan. „Die Briefschreiber berichten seitenlang von dem Tier, einige Briefe sind wirklich verblüffend. Zum Beispiel dieser hier, den ein Bootsmann von der *Daring* an seine Freundin geschrieben hat:

> ‚Du kannst Dir gar nicht vorstellen, wie zärtlich dieses Walweibchen ist, Schatz, und wie sehr sie sich an uns gewöhnt hat! Von Tag zu Tag wird sie freundlicher und gehorcht wie ein Hund. Mr. Bjorg, der früher Walfänger war und von Walen viel versteht, hat es fertiggebracht, daß Tante Maggie auf seine Kommandos reagiert, die er mit einer Art Signalpfeife gibt, die Töne erzeugt, die wir nicht hören können, wohl aber ein Wal. Wirklich erstaunlich.

Gestern, als einige Seeleute und ich frei hatten, hat Mr. Bjorg demonstriert, wie willig, intelligent und gehorsam dieses Tier ist. Wir hatten uns an Deck um den Walfänger geschart, und er fragte uns der Reihe nach, ob wir wollen, daß sie zum Schiff kommt oder von uns wegschwimmt; ob wir wollen, daß sie von backbord nach steuerbord wechselt, und so weiter.

Je nachdem wie die Antwort ausfiel, blies Mr. Bjorg in das Ding, das wie eine Trillerpfeife aussieht, und Tante Maggie führte den Befehl aus. Es war unglaublich; wir waren einfach sprachlos. Aber das Beste kam erst noch, als Mr. Clark, unser Skipper – ein feiner Kerl, Berufsoffizier, der nicht zu hochnäsig ist, auch mal außerdienstlich mit uns zu reden – an Deck kam und sich mit Mr. Bjorg unterhielt.

„Befehlen Sie ihr doch, sie soll einmal rund um den Zerstörer schwimmen", sagte Mr. Clark.

„Ich bin nicht sicher, ob sie das fertigbringt", erwiderte Mr. Bjorg. „Schließlich hat ihre Ausbildung erst begonnen. Aber ich kann's ja versuchen."

Und dann hat er wieder die Pfeife benützt, und denk Dir nur, Schatz, es hat funktioniert! Tante Maggie ist im weiten Bogen ums Schiff herumgeschwommen. Natürlich hat sie ein paarmal haltgemacht und gezögert, bis Mr. Bjorg sie wieder auf den richtigen Weg gebracht hat. Aber sie ist genau zum Ausgangspunkt zurückgekommen. Ist das nicht verblüffend?'

Na, was meinen Sie dazu, Betsy?"

„Verblüffend!" murmelte Betsy verächtlich und runzelte die Stirn. „Was mich wirklich verblüfft, ist die Tatsache, daß keiner dieser Burschen auch nur einen Gedanken an Eltern oder Freunde verschwendet, die sich ihretwegen die größten Sorgen machen. Hören Sie zu, Joan, das hier hat der Erste Koch desselben Zerstörers geschrieben:

‚Tante Maggie wird von Tag zu Tag zutraulicher. Also hab ich mir gedacht, ich werfe ihr mal einen Leckerbissen zu, wenn sie nahe genug herankommt, und das macht sie ziemlich häufig. Anfangs habe ich gedacht, vielleicht ziehen die Küchengerüche sie an, aber Mr. Bjorg hat mir gesagt, daß sie so gut wie keinen Geruchssinn hat. Da hab ich mich dann gefragt, was so ein Riesentier wohl gern äße, und wollte ihr schon ein anständiges Stück Fleisch aus dem Kühlraum zukommen lassen, aber Mr. Bjorg hat das gerade noch verhindert. Der Blauwal, hat er gesagt, hat einen sehr engen Schlund und ernährt sich nur von Krill, das sind kleine Krebse. Eine Hammelkeule würde er also nie runterkriegen.

Wie's dann mit einem Stückchen Zucker wäre, fragte ich Mr. Bjorg. „Nicht mal Puderzucker!" sagte er warnend. Tante Maggie und ihre Verwandten wären an eine sehr salzige Kost gewöhnt, und ungewohnte Nahrung könnte sie krank machen.

Also habe ich ein paar große Pakete Salzbrezeln genommen und sehr fein gemahlen – das würde ihr nicht schaden, meinte Mr. Bjorg. Als sie wieder mal zum Schiff kam, habe ich dieses Pulver ins Wasser geschüttet und mich gefreut, als sie es geschluckt hat – wahrscheinlich zusammen mit einer Ladung Krill. Ein ziemlich kleines Geschenk für so ein riesiges Tier, aber mehr kann ich nicht tun.'

Und was sagen Sie dazu, Joan?"

„Gott segne sie alle! Eine rührende Geschichte."

„Rührend?" spottete Betsy. „Na, ich glaube eher, die haben nicht mehr alle Tassen im Schrank. Dieser Wal scheint sie hypnotisiert zu haben."

„Sie scheinen alle fasziniert zu sein. Hier ist ein Brief von diesem Bjorg an seinen Sohn:

‚... weil sie so gute Ansätze zeigte, habe ich gedacht, es wäre vielleicht möglich, ihre Intelligenz so zu entwickeln, wie wir es bei den Delphinen gemacht haben. Und, mein Junge, ich bin bald soweit! Ich muß sagen, daß das Training unter diesen Umständen weit schwieriger war. Tante Maggie war nicht immer in der Nähe, und ich konnte sie auch nicht mit kleinen Leckerbissen belohnen, was beim Lernprozeß eigentlich von fundamentaler Wichtigkeit ist. Aber die ganze Zeit hatte ich den Eindruck, es mit einer ausnehmend begabten Schülerin zu tun zu haben, und so habe ich mir überlegt, wie ich mich am besten mit ihr verständigen könnte. Du weißt, wie gut Meeressäuger auf Ultraschall ansprechen – ähnlich wie Hunde, nur in weit stärkerem Maße, wie ich herausgefunden habe. In meinem Gepäck hatte ich eine dieser Signalpfeifen, die wir bei der Delphindressur benutzen. Ich habe sie erfolgreich an Tante Maggie ausprobiert. Innerhalb kürzester Zeit ist es mir gelungen, eine Art Code zu etablieren. Je nach Länge oder Intensität der Vibrationen kam sie näher oder schwamm davon. Sie schwimmt auch geradeaus und biegt auf Kommando ab. Wenn sie einen Fehler macht, muß ich nur eine Reihe rasch aufeinander folgender Vibrationen erzeugen, um sie darauf aufmerksam zu machen und sie wieder auf Kurs zu bringen ...'

Lassen wir's genug sein, Betsy. Das alles unterstreicht nur den Bericht des Bootsmanns."

„Vielleicht sind sie alle bekloppt", brummelte Betsy.

„Ich weiß nicht, wie wir diese Briefe zensieren können", sagte Joan, die neu in der Abteilung war. „Sie enthalten keine militärischen Geheimnisse."

„Schon möglich. Aber das ist alles so merkwürdig, daß wir sie wohl besser dem Boß zeigen."

Und das taten sie auch. Der verantwortliche Oberst gab zu, er könne sich auch nicht vorstellen, was in den Köpfen der Briefeschreiber vorgehe. Nach einigem Hin und Her befand er jedoch, die Briefe müßten nicht zensiert werden, legte den jungen Frauen aber ans Herz, sich die nächsten Postsendungen besonders aufmerksam anzusehen. Sollten die nämlich wieder so überdreht klingen, würde er entscheiden, ob er höheren Orts vom alarmierenden Geisteszustand vieler Männer der Falklandflotte Meldung machen müsse.

Die Flotte näherte sich der Gefahrenzone, und alle Einheiten befanden sich in ständiger Alarmbereitschaft. Der Himmel war die meiste Zeit bedeckt, und Nebel kam auf. In den eiskalten Dauerregen mischten sich manchmal Schneeflocken. Der Blauwal schwamm dem Konvoi voran und schien sich an den Unbilden des Wetters nicht zu stören.

Eines Morgens rief der Wachoffizier den Kapitän der *Daring* auf die Brücke. Er habe im Wasser einen unidentifizierten Gegenstand ausgemacht, meldete er.

„Tante Maggie hat meine Aufmerksamkeit darauf gelenkt, Sir. Sie scheint mit dem Gegenstand zu spielen. In diesem Nebel war kaum etwas zu erkennen, aber jetzt löst er sich langsam auf. Sie ist da drüben, weniger als vierhundert Meter entfernt."

Beide Männer sahen durch ihr Fernglas. Tante Maggie benahm sich tatsächlich merkwürdig. Mit ihrem gewaltigen Kopf stieß sie einen Gegenstand vor sich her, der in Größe und Form an ein Faß erinnerte. Das Tier schubste das Ding über die Wellen, als spiele es Wasserball. Der Nebel lichtete sich, und als die Sicht einmal für längere Zeit besser war, konnte man den geheimnisvollen Gegenstand, den der Wal übers Wasser stupste, deutlicher sehen. Clark wurde blaß und rief: „Mein Gott, es ist eine Mine! Und sie drischt darauf herum, als wär's ein Sandsack!"

Hastig erteilte er seine Befehle und ließ das Schiff beidrehen. Alle Geschütze waren auf die Mine gerichtet und damit automatisch auch auf den Wal, der ein paar hundert Meter vom Zerstörer entfernt munter herumtollte. Clark wollte Feuerbefehl geben, fühlte sich aber plötzlich von Schuldgefühlen überwältigt.

Er ließ Bjorg holen und setzte ihn hastig ins Bild. „Eine Mine – allerdings keine Kontaktmine, denn die wäre dank der freundlichen Hilfe von Tante Maggie längst hochgegangen. Eine Magnetmine wie diese da explodiert nur in unmittelbarer Nähe eines Magnetfeldes, wie es jedes große Schiff produziert. Wenn das Ding noch viel näher kommt, gehen wir alle in die Luft. Und Maggie ist soeben dabei, es persönlich bei uns abzuliefern. Wenn sie bis auf hundert – nein, sagen wir bis auf hundertfünfzig Meter herangekommen ist, muß ich die verdammte Mine in Stücke schießen lassen."

„Dann sprengen Sie gleichzeitig Tante Maggie in die Luft."

„Das kann ich nicht ändern."

„Haben Sie hundertfünfzig gesagt, Sir? Auf diese Entfernung kann sie meine Signalpfeife gerade noch hören. Sie ist jetzt fast an diesem Punkt. Geben Sie mir noch eine Minute."

„Höchstens dreißig Sekunden", erwiderte der Kapitän bestimmt und sah auf seine Uhr.

Bjorg setzte die Pfeife an die Lippen. Anfangs achtete Tante Maggie nicht auf das Zeichen und setzte das tödliche Spiel fort, das sie näher und näher ans Schiff brachte. Clark sah immer noch auf die Uhr und hatte den rechten Arm gehoben, um anzudeuten, daß die Zeit fast abgelaufen war.

„Einen Augenblick, Sir", flehte Bjorg. „Ich glaub, ich hab's."

Plötzlich unterbrach sie ihr Spiel. Langsam ließ Clark den Arm sinken und wischte sich den Schweiß von der Stirn.

Bjorg sandte weiter seine Signale aus. Ungeduldig wartete Tante Maggie. Es schien, als sei sie verärgert darüber, daß man ihr den Spaß verderben wollte. Doch dann fügte sie sich und schwamm zögernd von der Mine weg.

Korvettenkapitän Clark wartete, bis sie in sicherer Entfernung war, dann gab er seinen Kanonieren den Befehl, die Mine in die Luft zu jagen. Der zweite Schuß saß im Ziel, und die tödliche Sprengladung detonierte in einer gewaltigen Schaumfontäne. Tante Maggie lag unbeweglich im Wasser und beäugte das Feuerwerk scheinbar ebenso verwirrt wie damals, als sie sich ihr Maul säubern ließ.

„Sie hat uns gerettet, Sir!" jubelte Bjorg. „Wenn sie nicht gewesen wäre, hätten wir bei diesem Nebel die Mine nie entdeckt. Und Sie wollten das Tier umbringen!"

„Das hätte ich auch getan – allerdings mit größtem Bedauern."

Unterdessen hatte das Oberkommando zwei Patrouillenboote ausgeschickt, die als Minensucher eingesetzt wurden. Clark erklärte Bjorg, daß jedes Boot ein Kabel mit einer Elektrode am Ende hinter sich herziehe. Das dadurch erzeugte Magnetfeld sei stark genug, jede Magnetmine zu zünden, die sich zwischen den beiden Elektroden befinde.

„Ich bezweifle allerdings, daß hier ein Minenfeld ist", fügte er hinzu. „Wir sind noch zu weit von den Inseln entfernt. Diese Mine ist wahrscheinlich mit einer Strömung hergedriftet. Vielleicht auch noch ein paar andere."

Während Clark das alles erklärte, behielt Tante Maggie ihren nachdenklichen Ausdruck bei. Die Patrouillenboote schienen ihr Interesse zu erregen.

„Die Explosion hat ihr keine Angst gemacht", bemerkte Clark.

„Sie weiß inzwischen, daß sie einer Gefahr entronnen ist", erklärte Bjorg, „und daß sie uns gleichzeitig aus einer Gefahr errettet hat."

„Was macht sie denn jetzt? Sieht so aus, als schwimme sie davon."

„Sie ist eben selbständig, Sir!" rief Bjorg aus, freudig erregt wie immer, wenn Tante Maggie von sich aus handelte. „Mit meiner Pfeife kann ich sie jetzt nicht mehr erreichen. Ich wette, daß sie verstanden hat, was vorgefallen ist, und sich entsprechend verhalten wird."

Tante Maggie schwamm in einem Zickzackkurs rasch davon und schien dabei die Wasserfläche genau abzusuchen.

„Wie ein Jagdhund auf frischer Fährte", sagte Bjorg. „Ihre Sinnesorgane sind so empfindlich wie Elektroden. Sie macht das gleiche wie Ihre Patrouillenboote – und ich wette, genauso sorgfältig wie Ihre Leute."

„Wahrscheinlich haben Sie recht", erwiderte Clark, der langsam ebensoviel Vertrauen in Tante Maggie zu setzen begann wie der ehemalige Walfänger.

„Na also, was hab ich gesagt?" rief Bjorg triumphierend. „Sie hat wieder eine Beute aufgestöbert! Eine zweite Mine, Sir! Und – schubst sie das Ding sorglos herum wie einen Wasserball? Nicht im mindesten. Sie lenkt es so vorsichtig, wie sie das mit ihrem riesigen Körper vermag."

„Aber sie schiebt die Mine auf uns zu!" rief Clark erregt.

„Natürlich. Sehen Sie nicht, was sie vorhat?"

„Ich sehe nur, daß ich sie samt der Mine in die Luft jagen muß, wenn sie zu nah herankommt. Machen Sie ihr klar, Bjorg, daß sie uns vom Leib bleiben soll."

„Sie ist noch außerhalb meiner Reichweite, Sir. Aber sie wird dem Schiff ohnehin nicht zu nahe kommen. Es sieht nämlich ganz so aus, als würde sie Ihnen die Beute lediglich in Schußweite bringen, damit Sie sie zu den Mörderwalen auf den Grund schicken können. Wenn sie das getan hat, wird sie von sich aus wieder aufs Meer hinausschwimmen und abwarten, bis Sie den Feind vernichtet haben ... Moment, hab ich's nicht gesagt? Tante Maggie hat ihren Auftrag erfüllt und bringt sich in Sicherheit."

Erneut hatte er die Situation richtig eingeschätzt: Nachdem sie die Mine noch ein letztes Mal angestoßen hatte, schwamm Tante Maggie eilends davon und wartete in sicherer Entfernung.

Lange brauchte sie sich nicht zu gedulden. Bereits der erste Schuß brachte auch diese Mine zur Explosion. Es klang wie ein Echo, als gleich darauf eine dritte hochging, die der perfekten Technik der Patrouillenboote erlegen war. Dann nahmen Tante Maggie und die motorisierten Minenjäger ihre Suche wieder auf, doch an diesem Tag fanden sie keine weiteren Minen.

„Ich bin wirklich dankbar, daß ich dieses Wunder mit eigenen Augen sehen durfte", sagte Clark leise. „Bjorg, sie ist einfach großartig."

„Sie macht ständig Fortschritte, Sir. Ich will nicht zuviel versprechen, aber ich bin fest davon überzeugt, daß sie eines gar nicht so fernen Tages keine Anweisungen mehr braucht."

Zu Wasser und in der Luft brach der Krieg los. Die Flotte lag in Gefechtsformation vor Ostfalkland, der größeren der beiden Falklandinseln. Argentinische Langstreckenbomber, die von Militärflugplätzen an der argentinischen Küste aufgestiegen waren, flogen regelmäßig Einsätze gegen die britische Armada. Diese Luftangriffe richteten erheblichen Schaden an; es waren erstklassige argentinische Piloten im Einsatz, die bei den schnellen Angriffen Kopf und Kragen riskierten, um die unmittelbar bevorstehende Landung der Briten zu verzögern. Mehrere Kriegsschiffe hatten schwere Treffer erhalten; zwei waren gesunken. Die Zahl der toten und verwundeten Seeleute stieg rapide.

Der Admiral hatte mit seiner Vorhersage unrecht behalten, denn Tante Maggie verließ die Flotte nicht, als Bomben und Granaten explodierten. Sie drehte weiter ihre Runden, allerdings vorsichtiger und weniger ausgelassen. War sie anfangs noch von dem infernalischen Chaos überrascht gewesen, mit dem die Menschen diese normalerweise friedliche Region heimsuchten, so schien sie sich bald daran gewöhnt zu haben. Bjorg behauptete, sie habe sich dem Kriegszustand angepaßt.

Ähnlich wie die Bevölkerung in den Städten, wenn die Sirenen heulen, hatte das Blauwalweibchen gelernt, bei einem Luftangriff Schutz zu suchen. Sobald sich Kampfflugzeuge näherten, lotete Tante Maggie tief. Freilich wurde sie nicht von Sirenen gewarnt, sondern durch das eigene hochempfindliche Gehör, mit dessen Hilfe sie das Schraubengeräusch der britischen Schiffe vom Geräusch argentinischer Flugzeuge unterscheiden konnte. So tauchte sie bei Gefahr senkrecht ab und hielt sich so lange wie möglich in der Nähe des Meeresbodens. Mußte sie wieder auftauchen, um Atem zu holen, war die Gefahr meistens schon vorüber. Wenn nicht, machte sie den gewaltigen Rücken krumm, atmete gierig ein und stürzte sich wieder in ihr Unterwasserversteck.

Wenn sie schließlich nach dem Abdrehen der feindlichen Flugzeuge auftauchte, betrachtete sie die Zeichen der Zerstörung ringsum mit Erstaunen und Verdruß. Dann schlängelte sie sich durch die Trümmer und Wrackteile und stupste sie gelegentlich vorsichtig an, wie Überlebende eines Luftangriffs sich durch Schutt und Trümmer hindurcharbeiten und stets befürchten, auf die verschütteten Leichen von geliebten Menschen zu stoßen. Instinktiv kam sie immer zur *Daring* zurück, und wenn sie sich davon überzeugt hatte, daß die Gefahr vorüber war, zeigte sie ihre Freude, indem sie eins ihrer beliebten Wasserballette zum besten gab.

Es war reiner Zufall, daß der Zerstörer bis jetzt keine schweren Treffer hatte hinnehmen müssen. Eine Bombe hatte die Brücke durchschlagen und war als Blindgänger nahe bei einem Munitionsdepot steckengeblieben. Glücklicherweise gelang es, sie zu entschärfen. Clark dankte seinem guten Stern; naivere Gemüter unter seiner Besatzung waren davon überzeugt, daß das Wunder Tante Maggie als der Beschützerin des Schiffes zu verdanken war.

Seit Beginn der Kampfhandlungen war der Blauwal mehr oder weniger auf sich allein gestellt. Bjorg war auf eines der Transportschiffe versetzt worden, dessen Truppen sich auf eine heimliche Landung an der Westküste der größeren Insel vorbereiteten. Zuerst schien Tante Maggie enttäuscht, daß sie keine Signale aus der Pfeife mehr vernahm. Sie wirkte ein wenig nervös, schwamm im Kreis um die *Daring* herum und stieß gelegentlich mit dem Kopf gegen den Schiffsrumpf. Schließlich aber fand sie sich mit der neuen Situation ab; wenigstens hatte es den Anschein, denn sie beruhigte sich. Schon beim Verlassen des Zerstörers hatte Bjorg erklärt, sie sei nun reif genug, ihr eigenes Leben zu leben.

„HIER ist zur Abwechslung mal was anderes", sagte Betsy, die ungeduldig mit ihrem Stuhl kippelte. Sie rückte ihre Brille zurecht, sah Joan an und las weiter. „Dieser Brief ist von einem Oberst, einem Nervenarzt. Er schreibt an einen Freund und Kollegen an einer Universität. Na ja, zuerst berichtet er über den Gemütszustand der Männer ..., aber dann schreibt er nur noch über den Verstand dieses Blauwalweibchens."

„Schon wieder diese Tante Maggie", murrte Joan.

„Das hört gar nicht mehr auf. Wenn jetzt schon die Gelehrten den Verstand verlieren, dann können wir uns ja auf einiges gefaßt machen."

„Oh, es gibt auch noch andere", bemerkte Joan. „Hier schreibt ein protestantischer Pfarrer an einen Kollegen. Auch er hat nur ein Thema. Dreimal dürfen Sie raten, was das ist ..."

Nachdem sie die erste Postsendung durchgesehen hatten, war den beiden jungen Frauen in der Briefzensurbehörde eine zweite, gleich große Sendung auf die Schreibtische geflattert. Und für jeden Briefschreiber schien die wichtigste Sache der Welt: der Blauwal.

„Hören Sie mal, was der Pfarrer schreibt", sagte Joan und las vor:

„‚Ich habe den ganzen Abend über die Natur dieses Wals nachgedacht und habe noch einmal in Ruhe Kapitel 40 und 41 des Buches Hiob, Jesaja 27 und den 104. Psalm gelesen, in denen vom Leviathan die Rede ist. Und ich bin jetzt davon überzeugt, daß das schreckliche Monstrum der Bibel kein Wal sein kann, ganz gleich, was manche Leute behaupten. Können Sie sich vorstellen, daß der Leviathan, den der Herr *mit seinem großen und starken Schwert* heimsuchen will, ein harmloser Wal ist? *Daß sein Herz ... so hart wie ein Stein ist?* Also, unsere Tante Maggie ist die Verkörperung von Sensibilität und Freundlichkeit. Ein Teufel in Tiergestalt, wie andere sagen? Nun, unsere Blauwaldame ist die fleischgewordene Tugend, ein wahrer Engel.‘

Genug davon, Betsy. Fest steht, daß auch ihm nur eins im Kopf herumspukt: der Wal."

„Dem Nervenarzt geht es nicht anders, Joan. Hören Sie zu, was er seinem Freund schreibt:

„‚Nachdem ich das Verhalten dieses Wals beobachtet habe, dachte ich viel über C. Lloyd Morgans Feststellung nach: *Auf keinen Fall dürfen wir eine Handlung als Ergebnis einer höheren geistigen Fähigkeit interpretieren, wenn sie sich auch anders erklären und niedriger einstufen läßt.* Wenn wir von dieser Prämisse ausgehen, müssen wir annehmen, daß zum Beispiel die Venusfliegenfalle, die sich schließt, sobald ein Insekt sich auf ihr niederläßt, das instinktiv tut, weil sie Nahrung braucht; oder daß eine Muschel instinktiv handelt, wenn sie sich beim Herannahen eines Seesterns, ihres Erbfeindes, schließt. In diesen Fällen könnte man rationales Verhalten ausschließen und von einer physischen Anpassung an gegebene Verhältnisse sprechen.

Aber wenn ich auf diesen Wal zurückkommen darf – hier bin ich versucht zu glauben, daß eine vergleichsweise hohe geistige Fähigkeit gegeben ist. Denn ich vermag mir keine, nach Morgan, niedrigere Fähigkeit vorzustellen, die zu einem derartigen Verhalten führen kann. Was meinst *Du?*'

Und so geht das munter weiter, Joan; mit Beispielen von tierischem Verhalten und mit komischen Namen, von denen ich noch nie etwas gehört habe. Ich glaube wirklich, die ganze Falklandtruppe ist übergeschnappt ... Na ja, das reicht jetzt für eine Akte. Ich werde sie gleich mal dem Boß bringen."

Der Chef der Zensurbehörde sah den Aktenordner durch, den Betsy ihm gebracht hatte. Auch er war einigermaßen ratlos und beschloß, seine Vorgesetzten auf die außergewöhnlichen brieflichen Ergüsse aufmerksam zu machen.

DAS Schiff, auf dem Bjorg jetzt war, kreuzte zusammen mit anderen Truppentransportern noch in einiger Entfernung vom Falklandsund, der die beiden Hauptinseln Ost- und Westfalkland trennt. Einige Einheiten waren in der vergangenen Nacht erfolgreich auf Ostfalkland gelandet und hatten dort einen Brückenkopf gebildet, bei dem das Gros der Truppen in der folgenden Nacht an Land gehen sollte.

Am späten Nachmittag machte die Verstärkung sich auf zur Bucht. Den ganzen Tag über hatten Luftangriffe der Argentinier bei der britischen Flotte Schaden angerichtet. Doch jetzt brach die Nacht herein, und eine dicke Wolkendecke machte weitere Angriffe vor dem nächsten Morgen unwahrscheinlich.

Obwohl Bjorg nicht zur kämpfenden Truppe gehörte, konnte er es, wie die Landungstruppen, kaum erwarten, an Land zu kommen. Es war nicht nur das Abenteuer, das ihn lockte. Er fühlte sich diesen Inseln verbunden, auf denen er alles über die See und den Walfang gelernt hatte.

Als die Flotte sich der Küste näherte, riß die Wolkendecke auf, und er sah die schroffen Klippen, die sich scharf gegen den düsteren Abendhimmel abhoben.

In diesem Augenblick brach die Hölle los. Wie aus dem Nichts tauchte eine Staffel argentinischer Flugzeuge auf und griff die Truppentransporter an. Mehrere Schiffe wurden getroffen, und Bjorgs Truppentransporter erhielt einen Torpedotreffer mittschiffs.

Die Explosion, die in dem Inferno alle anderen übertönte, zeigte an, daß das Schiff verloren war. Die Männer, die sich in der Nähe der Einschlagsstelle befunden hatten, wurden in Stücke gerissen. Andere wurden von der Druckwelle über Bord geschleudert und ertranken. Die wenigen Glücklichen, die die Explosion überlebt hatten, sprangen ohne Waffen und Ausrüstung ins Meer, denn das leckgeschlagene Schiff hatte Feuer gefangen und begann rasch zu sinken.

Bjorg war einer der Überlebenden. Als er wieder einigermaßen klar denken konnte, war er allein und schon ein gutes Stück vom Schiff entfernt. Wie es ihm gelungen war, so weit zu kommen, wußte er nicht. Das Wasser war eiskalt. Er hatte sich instinktiv an eine vorbeischwimmende Kiste geklammert, doch ihm war klar, daß er bei dieser Temperatur nicht lange würde durchhalten können. Schnell waren seine Glieder wie abgestorben.

Mittlerweile waren die feindlichen Flugzeuge wieder verschwunden, und in einer allgemeinen Panik begannen die ersten Rettungsversuche. Aber auf den Kriegsschiffen hatte man alle Hände voll zu tun, wenigstens die schlimmsten Schäden notdürftig zu reparieren, und dichter Nebel war aufgekommen, der den Einsatz von Rettungshubschraubern unmöglich machte. Außerdem wurde die Suche nach Überlebenden durch die Dunkelheit erschwert, denn die Rettungsschiffe liefen Gefahr, miteinander zu kollidieren. Die Hoffnung, Überlebende aufzufischen, schwand von Minute zu Minute.

Die Kälte machte Bjorg zu schaffen. Er fühlte sich schrecklich allein und empfand dadurch um so deutlicher, daß sein Tod unausweichlich und unmittelbar bevorstand. Und doch – anderen ging es sicher ähnlich; sie konnten doch nicht alle umgekommen sein. Er hatte versucht, um Hilfe zu schreien, aber seine schwache Stimme war gegen das Geräusch von Wind und Wellen nicht angekommen.

Er hatte sich gerade mit dem Gedanken an den Tod abgefunden, als er eine Schiffssirene hörte. In seiner wirren Phantasie meinte er, die Sirene des Zerstörers *Daring* zu erkennen. Das Geräusch machte ihm wieder Mut. Er spannte die fast steif gefrorenen Muskeln an und lauschte mit neuer Hoffnung.

Nein, er hatte sich nicht getäuscht. Es war eine richtige Sirene. Aber er konnte nicht sagen, wie weit entfernt sie war. Erneut versuchte er zu rufen, den Arm zu heben und zu winken. Vergebens. Er brachte keinen Ton heraus, und seine matte Geste wurde von der Nacht verhüllt. Das einzige Ergebnis seiner Bemühungen war, daß er einen Mundvoll ölverpestetes Salzwasser schluckte.

Seine Verwirrung wich einem Gefühl blinder Wut, als ihm seine Hilflosigkeit richtig bewußt wurde. Verzweifelt schlug er sich an die Brust. Aber dabei verlor er lediglich das Gleichgewicht und mußte noch einen Schluck der öligen Brühe hinunterwürgen. Wie sollte er den Rettern ein Zeichen geben? Nur mühsam konnte er seinen Verstand in Gang halten.

Plötzlich durchzuckte ihn ein Gedanke; das heißt, eigentlich war es nur der Kern eines Gedankens, der erfolglos versuchte, Gestalt anzunehmen, obwohl Bjorgs geschwächte Sinne sich alle Mühe gaben.

Eine beinahe ewig erscheinende Minute lang versuchte er, die Idee zu erkennen, die sich weigerte, ans Licht zu kommen. Er war sicher, daß sie ihn retten würde – und das steigerte nur seine Qualen.

Wann genau hatte dieser Gedankenblitz ihn eigentlich aufgeschreckt wie eine Vision der Erlösung, die wieder von der Nacht verschluckt worden war? Er versuchte verzweifelt, die letzten paar Augenblicke zu rekonstruieren – und plötzlich erinnerte er sich, daß der Gedankenblitz ihn durchzuckt hatte, als er sich aus Verzweiflung an die Brust geschlagen hatte.

Ja, das war's. Er hatte auf einen harten Gegenstand geschlagen. In seiner linken Brusttasche. Was konnte das sein? Das Nachdenken strengte ihn an. Der Gegenstand gehörte in diese Tasche. Er hätte daran denken müssen, ehe er sich an die Brust schlug. Es war ...

Und dann kam ihm die Erleuchtung. Es war die Pfeife, die sich für die Verständigung mit Tante Maggie als so nützlich erwiesen hatte. Er ahnte instinktiv, daß diese Pfeife ihm das Leben retten würde.

Halb tot vor Kälte zog er die Pfeife aus der Tasche – vorsichtig, damit sie ihm nicht aus den fast tauben Fingern glitt –, pellte sie aus der wasserdichten Plastikhülle, hob sie an die gespitzten Lippen und sandte die Signale aus, auf die Maggie in der Vergangenheit reagiert hatte.

Sein Instinkt hatte ihn nicht getrogen. Er war seiner Sache so sicher, daß er nicht einmal sonderlich überrascht war, als die See unter ihm zu brodeln begann und der gewaltige Rücken des Riesentieres, der breit wie eine Insel war, ihn aus dem schäumenden Wasser hob.

Sechstes Kapitel

„Wir alle wollten den Mut schon sinken lassen. Unsere Scheinwerfer konnten den Nebel nicht durchdringen, und um uns herum suchten die Beiboote, die wir gefiert hatten, so gut wie blind die See ab. Mit erbärmlichem Erfolg: Sie fanden nur einen Überlebenden und einige Tote. Später erst wurde mir klar, daß eine starke Strömung die Schiffbrüchigen mitgerissen hatte und wir das falsche Seegebiet absuchten. Ich kam mir auf der Brücke absolut hilflos vor. Und in dem Moment erschien Tante Maggie mit Bjorg."

Der Kapitän der *Daring* schilderte seinen Gästen das nächtliche Abenteuer und fuhr fort: „Ein Seemann entdeckte Tante Maggie, als sie sich am Schiffsrumpf rieb, wie sie es immer getan hatte, wenn sie spielen wollte. Sie können sich denken, daß wir in dem Augenblick nicht gerade zum Spielen aufgelegt waren! Ich war wütend, weil sie sich stur stellte, während wir so verzweifelte Rettungsversuche unternahmen und die Zeit uns davonlief. Und so gab ich den Befehl, sie zu verjagen. Plötzlich brüllte einer meiner Männer, sie sei nicht allein. Ich beugte mich über die Reling, während der Seemann den Strahl eines Handscheinwerfers nach unten richtete, und ich erkannte die undeutlichen Umrisse einer Gestalt auf dem gewaltigen Rücken des Tieres, dicht neben der Rückenflosse. Das waren Sie, Bjorg. Ist das zu glauben, Doc? Da lag er."

„Ich muß Ihnen ja wohl glauben", erwiderte der Arzt. „Schließlich sehe ich ihn hier mit eigenen Augen, fast wieder gesund und an Bord der *Daring*. Was meinen Sie denn dazu, Padre?"

„Das sage ich Ihnen, wenn ich den Rest der Geschichte gehört habe."

Der ehemalige Walfänger lag auf einer Couch in der Kapitänskajüte. Alle Betten im Schiffslazarett waren von Überlebenden des gesunkenen Schiffs belegt; zum Teil waren sie von den Männern der *Daring* aufgefischt worden. Andere lagen in den Gängen und auf dem Batteriedeck. Der Zerstörer hatte Order erhalten, die Kampfzone zu verlassen und sich in ruhigeren Gewässern mit einem Lazarettschiff zu treffen. Der Arzt und der Pfarrer waren an Bord gekommen, um den vielen Verwundeten Hilfe und Trost zu bringen.

Bjorg hatte vor ein paar Stunden das Bewußtsein wiedererlangt; wie durch ein Wunder hatte er sich lediglich eine böse Erkältung zugezogen. Clark hatte eine Flasche Whisky kommen lassen, und sie tranken auf Bjorgs Gesundheit, während der Kapitän mit seinem Bericht fortfuhr.

„Sie waren in einer ziemlich üblen Verfassung, Bjorg. Es war gar nicht leicht, Sie von der Rückenflosse loszumachen, an der Sie sich festgekrallt hatten."

„Das letzte, an das ich mich noch erinnern kann", sagte Bjorg leise, „ist, daß ich mich an der Flosse festgehalten habe, nachdem Tante Maggie mich auf ihren Rücken gehoben hatte. Sie tat ihr Bestes, diese gesegnete Plattform ruhig und über Wasser zu halten."

„Schließlich ist es uns aber doch gelungen, Sie abzupflücken, und der Arzt konnte sich um Sie kümmern", fuhr Clark fort. „Sie waren erstaunlich rasch wieder bei Bewußtsein."

„Bjorg hat eine Bärennatur", sagte Hodges mit einem Achselzukken. „Bei Feuer und Kälte fühlt ein alter Falkländer wie er sich offenbar erst richtig wohl."

„Danke, Sir. Aber was ist mit Tante Maggie geschehen?"

„Mit Tante Maggie? Also, das ist das Erstaunlichste, das ich je gesehen habe. Kaum hatten wir ihren Passagier an Bord geholt, als sie uns sozusagen auch schon durch die Finger glitt, ehe die Mannschaft richtig jubeln und sich bei ihr bedanken konnte. Sie verschwand in der Dunkelheit, als habe sie Wichtigeres zu tun, als auf Beifall zu warten. Ich wußte, sie würde zurückkommen; das hatte ich im Gefühl. Bjorg, ich muß mich bei Ihnen entschuldigen, weil ich an der Intelligenz dieses Tieres gezweifelt habe."

„Ist sie zurückgekommen?"

„Ein paar Minuten später war sie wieder da. Auf dem Rücken trug sie diesmal vier Soldaten, die sich wahrscheinlich gemeinsam an einem Wrackteil festgehalten hatten. Auch sie hatten verstanden und mit Tante Maggie zusammengearbeitet; sie wußten, daß sie sie in Sicherheit bringen würde."

„Ein ganz unglaubliches Verhalten für ein Tier", sagte der Padre.

„Sie lieferte die Schiffbrüchigen ab, schwamm davon, kam mit einer neuen Ladung wieder. Sie war unermüdlich und schien entschlossen, eine Mission zu erfüllen, die ihr womöglich vom Gott der Wale aufgetragen worden war, wer weiß? So ging es fast die ganze Nacht. Manchmal blieb sie nur ein paar Minuten fort, manchmal länger, aber nie kam sie ohne Passagiere zurück. Ich sah sie immer erst, wenn sie wieder behutsam längsseits ging, aber ich kann mir genau vorstellen, wie sie lautlos durch die dunklen Wogen pflügte."

„Das kann ich mir auch vorstellen, Sir", sagte Bjorg. „Ich sehe es genau vor mir, wie sie durch die Wellen gleitet, geführt von dem geheimnisvollen Gehörsinn, den die Meeressäuger besitzen, rastlos auf der Suche, genau wie damals, als sie die Magnetminen aufgestöbert hat."

„Mit dem feinen Unterschied, daß ihr Instinkt sie diesmal zu bedauernswerten Schiffbrüchigen geführt hat", bemerkte Hodges.

„Instinkt? Ich bitte Sie, Doc! Intelligenz und Einsatzbereitschaft."

„Eine Einsatzbereitschaft, hinter der die reine Nächstenliebe stand", sagte der Padre mit Nachdruck.

„Davon bin ich nicht so überzeugt wie Sie", brummelte Hodges, „aber ich will mich nicht mit Ihnen streiten. Sie hat diese Aktion wirklich mehrfach wiederholt?"

„Die ganze Nacht lang, Doc. Bis zum Morgengrauen. Bis –"

„Bis sie sicher war, daß es keine weiteren Überlebenden gab", unterbrach ihn Bjorg. „So ist es."

„Ich war Zeuge", sagte Clark, „und diesmal glaube ich, daß Sie recht haben."

Sie hätten sich wohl noch stundenlang über Tante Maggies Wundertaten unterhalten, wenn nicht ein Anruf des Admirals Clark ans Telefon gerufen hätte. Als er gegangen war, verließen auch der Arzt und der Pfarrer die Kajüte, damit Bjorg sich ausruhen konnte.

„Was höre ich da, Mr. Clark? Ihre Tante Maggie hat wieder Schlagzeilen gemacht?"

„Das kann man wohl sagen, Sir. Und zwar mit einer heldenhaften

Hingabe, für die man ihr, wäre sie ein Mensch, den höchsten Orden verleihen müßte."

„Erzählen Sie mir davon – und so ausführlich wie möglich."

Am frühen Morgen hatte das Oberkommando sich nach der Anzahl der Überlebenden erkundigt, die von den Rettungseinheiten geborgen worden waren. Der Zerstörer *Daring* hatte bei weitem die meisten – über fünfzig Mann – aufgefischt. In einem Telefongespräch mit Grant hatte Clark vor einer Stunde in den höchsten Tönen von den Verdiensten Tante Maggies geschwärmt. Der verblüffte Stabschef hatte den Bericht fast wörtlich an seinen Vorgesetzten weitergegeben.

Der Kummer um die Opfer des Luftangriffs hatte den Admiral die ganze Nacht nicht schlafen lassen. Lediglich die Nachricht von der erfolgreich verlaufenen Landung tröstete ihn ein wenig. Die Rückeroberung von Ostfalkland ging zügig voran. Nachdem Grant mit seiner erstaunlichen Meldung hereingeplatzt war, wollte der Admiral die Geschichte noch einmal von Clark persönlich hören.

Der war nur allzugern bereit, den Ablauf der Ereignisse in allen Einzelheiten zu schildern, angefangen von Bjorgs Rettung bis hin zur letzten Rettungsaktion, mit der die Zahl der von Tante Maggie Geretteten auf fünfundfünfzig gestiegen war.

„Ich kann mich darauf verlassen, daß sich das alles genau so abgespielt hat?" fragte der Admiral nach längerem Nachdenken mit großem Ernst.

„Mein Wort drauf, Sir. Sie können die ganze Mannschaft und jeden meiner Offiziere fragen. Ebenso die fünfundfünfzig Überlebenden. Beginnen Sie am besten mit Bjorg, der den Wal herbeigerufen hat."

„Ich glaube Ihnen, Mr. Clark", sagte der Admiral sinnend. „Was wir bereits von dieser Tante Maggie wissen, scheint zu beweisen, daß sie kein gewöhnliches Tier ist. Wenn sie sich weiter hervortut – auf welche Weise auch immer –, möchte ich davon unterrichtet werden."

Der Admiral betrat seine Kabine in Gedanken versunken, die mit den gegenwärtigen Kriegshandlungen nichts zu tun hatten. Nach einer Stunde Schlaf setzte er sich wieder an seinen Schreibtisch und brachte den Rest des Vormittags damit zu, sich über die Bewegungen seiner Truppen zu informieren und Befehle auszugeben. Vor allem drei Dinge gingen ihm an diesem Vormittag im Kopf herum: die unerfreuliche Tatsache, daß es höhere Verluste gegeben hatte als erwartet; die Befriedigung über ein erfolgreiches Landeunternehmen trotz dieser Verluste; und die bemerkenswerte Entdeckung, daß ein

Tier Mut und Ritterlichkeit bewiesen hatte. In diese Überlegungen platzte sein Stabschef.

„Eine Depesche vom Ministerium, Sir“, meldete Grant. „Man möchte Sie über Erkenntnisse der Zensurbehörde unterrichten. Es handelt sich um Briefe von Teilnehmern des Falkland-Expeditionskorps.“

„Und?“

„Nun“, fuhr Grant mit besorgter Stimme fort, „alle Briefschreiber haben sich ziemlich ausführlich über Tante Maggie ausgelassen.“

„Ach, tatsächlich? Über Tante Maggie? Na, wenn schon.“

„Der Leiter der Zensurbehörde war der Ansicht, er müsse das Ministerium auf die eigenartige, um nicht zu sagen alarmierende Geisteshaltung aufmerksam machen, die unter den Land- und Seestreitkräften gleichermaßen verbreitet sei. Im Ministerium ist man nun der Ansicht, daß eine Haltung, wie sie in der betreffenden Korrespondenz zum Ausdruck kommt, nicht gerade den Erwartungen entspricht, die man an –“

Der Admiral unterbrach ihn wutschnaubend: „Her mit dem Wisch!“

Er warf einen flüchtigen Blick auf den Funkspruch, kniff die Augen zusammen, knirschte mit den Zähnen, und seine gerunzelte Stirn gab Sturmwarnung. Grant erwartete eine Explosion, doch der Admiral benutzte die Gelegenheit zu einer Heldentat eigener Art: Er riß sich zusammen.

„Schicken Sie die folgende Antwort, Mr. Grant“, befahl er unerwartet sanft. „Und ausnahmsweise möchte ich, daß Sie an meinem Text kein einziges Wort, weder Punkt noch Komma, ändern. Schreiben Sie:

‚Besten Dank für Ihre Warnung. Eine eigenartige Geisteshaltung ...‘ Es hieß doch ‚eigenartig‘, Mr. Grant? Oder?“

„Ja, Sir. ‚Eigenartig, um nicht zu sagen alarmierend‘.“

„Gut. ‚Eine eigenartige, um nicht zu sagen alarmierende Geisteshaltung hat in der Tat die Land- und Seestreitkräfte infiziert. Das jüngste Opfer bin ich selbst, der Admiral der Falklandflotte. Kann Ihnen die freudige Mitteilung machen, daß Tante Maggie, das uns begleitende Blauwalweibchen, heute im Tagesbefehl folgende ehrenvolle Erwähnung finden wird: Die bemerkenswerte Blauwaldame ...‘ Wie lautet der lateinische Name, Mr. Grant?“

„*Balaenoptera musculus,* Sir.“

„Großartig. ‚*Balaenoptera musculus,* hier als Tante Maggie bekannt, hat der Falklandexpedition zu wiederholten Malen unschätzbare Dienste geleistet. Sie hat zum Beispiel eine Reihe magnetischer Minen aufgespürt und ihre Vernichtung ermöglicht. Außerdem ist sie nach der Versenkung eines unserer Truppentransporter sofort an die Unglücksstelle geeilt und hat unter Hintansetzung der eigenen Sicherheit in einem außergewöhnlichen Maß Mut und Pflichtbewußtsein bewiesen, indem sie fünfundfünfzig Soldaten und Seeleuten das Leben gerettet und sie sicher zu den Suchschiffen gebracht hat, die nicht in der Lage gewesen wären, diese Männer zu finden.‘ Haben Sie das, Mr. Grant?"

„Jedes Wort, Sir." Der Stabschef schrieb noch immer wie wild.

„Fügen Sie folgendes hinzu: ‚Diese ehrenvolle Erwähnung ist mit der Verleihung einer Tapferkeitsmedaille verbunden. Wegen der besonderen Umstände wird die Verleihung lediglich symbolisch vollzogen werden. Die Auszeichnung wird auf dem Zerstörer *Daring* verliehen, der zu den vortrefflichen Taten des Tieres einen gewissen Beitrag geleistet hat.‘ Das ist alles, Mr. Grant."

„Jawohl, Sir. Darf ich fragen, ob Sie diese Auszeichnung öffentlich bekanntmachen wollen?"

„Ob ich das will? Verdammt, Mr. Grant, nicht einmal die Königin von England könnte mich davon abbringen. Und nachdem Sie diesen Funkspruch ans Ministerium durchgegeben haben, bringen Sie ihn bei der Flotte und bei den Landungstruppen in Umlauf. Und wenn irgend jemand den Nerv hat, ihn ‚eigenartig‘ zu finden, möchte ich sofort davon erfahren, um den unverschämten Lümmel höchstpersönlich disziplinarisch zu bestrafen."

„Aye, aye, Sir", erwiderte Grant. „Aber – wenn Sie die Bemerkung erlauben, Sir – ich glaube nicht, daß eine derartige Unverschämtheit zu befürchten ist."

„Sicher, aber eine Warnung hat noch niemandem geschadet."

Nach längerem Schweigen sprach der Admiral so entschlossen weiter, als habe er sich mit seinem Funkspruch eine Last von der Seele diktiert. „Nun, Mr. Grant, finden Sie nicht auch, daß diese Tante Maggie ein fabelhaftes Geschöpf ist?"

„Das kann man wohl sagen, Sir."

„Und daß diese ehrenvolle Erwähnung auch nicht im entferntesten auszudrücken vermag, welch großen Dank wir dem Tier schulden?"

„Nicht im entferntesten, da stimme ich Ihnen zu, Sir."

„Sie ist nicht in Gold aufzuwiegen. – Was meinen Sie, Mr. Grant, wieviel Gold wäre das?“

„Bjorg hat ihr Gewicht auf hundertfünfzig Tonnen geschätzt, Sir.“

„Hundertfünfzig Tonnen“, sagte der Admiral verträumt. „Das verdient sie als Belohnung. Fügen Sie das unserem Funkspruch ans Ministerium hinzu, Mr. Grant. Hundertfünfzig Tonnen Gold.“

NACH der Landung auf Ostfalkland machte die Wiedereroberung der Inseln rasche Fortschritte. Geführt von Bjorg und anderen ehemaligen Falkländern, die das Terrain kannten wie ihre Westentasche, durchquerten britische Truppen die Inseln in einem geradezu schulbuchmäßigen Manöver auf Wegen, die der Feind für unpassierbar gehalten hatte. Achtundvierzig Stunden nach seinem unfreiwilligen Bad war der ehemalige Walfänger wieder auf dem Damm und hatte darauf bestanden, Kundschafterdienste zu leisten. Die argentinischen Besatzer waren schlecht ausgebildet und ausgerüstet; ihr Widerstand brach schnell zusammen. Innerhalb von vierundzwanzig Stunden fiel Port Darwin. Die Hauptstadt Port Stanley, letzte Bastion der Argentinier, wurde eingeschlossen und fiel. Die Übergabe der Stadt kündigte das Ende des Kampfes zwischen den ungleichen Gegnern an Land an.

Auf See dagegen fielen noch Bomben und richteten bei der Flotte neue Schäden an, doch nachdem die Briten mehrere Flugplätze erobert hatten und ihre eigenen Maschinen dort landen konnten, nahm die Zahl argentinischer Luftangriffe ab; sie waren weniger wirksam und hörten nach der Eroberung Port Stanleys gänzlich auf.

Damit war praktisch eine Waffenruhe eingetreten, die zum offiziellen Waffenstillstand führte. Der Admiral erlaubte bescheidene Siegesfeiern an Bord aller Schiffe. Er selbst bewirtete einige Offiziere, warnte sie aber davor, in ihrer Wachsamkeit nachzulassen. Er befürchtete, die waghalsigen argentinischen Piloten könnten gleichsam in letzter Minute einen Verzweiflungsangriff fliegen – eine Art Selbstmordkommando, um den Siegern zum Schluß noch einen empfindlichen Schlag zu versetzen.

Die Vorsicht des Admirals war berechtigt; sein Fehler lag darin, daß er die einzige echte Bedrohung aus der Luft erwartete. Ein verständlicher Fehler, denn seit Ausbruch der Kämpfe hatten Luftangriffe den weitaus größten Schaden angerichtet. Zu Lande und zu Wasser war es nur gelegentlich zu Kampfhandlungen gekommen.

Aber die Gefahr kam aus dem Wasser. Es war ein U-Boot, klein und fast museumsreif, das auslief, um Rache an den Eindringlingen zu üben. Unentdeckt näherte es sich der Flotte. Und dann legte es sich mit abgeschalteten Motoren am Meeresgrund auf die Lauer und wartete auf die Gelegenheit zum großen Vergeltungsschlag.

Mehrere Begleitschiffe kreuzten über dem kleinen U-Boot. Doch deren Suchgeräte zeigten nichts Verdächtiges; die Ultraschallechos kamen von so vielen Wracks und Wrackteilen von Schiffen zurück, die im Lauf der Jahrhunderte im sturmgepeitschten Seegebiet um die Falklandinseln gesunken waren und den Meeresboden bedeckten.

Das kleine U-Boot hatte kein Interesse an den Begleitschiffen. Es hatte nicht vor, seine kostbaren Torpedos an kleine Fische zu verschwenden. So eine selbstmörderische Feindfahrt mußte sich wenigstens lohnen. Das U-Boot lauerte auf das Flaggschiff des Admirals. Wenn man einen Gegner solcher Größenordnung auf den Grund schickte, ließ sich die Erinnerung an eine demütigende Niederlage vielleicht wenigstens zum Teil auslöschen.

Erst nachdem es den Flugzeugträger ausgemacht hatte, setzte sich das U-Boot in Bewegung und feuerte drei Torpedos ab; die anderen hatten sich als defekt erwiesen.

Eine Korvette entdeckte die Spur der ersten beiden Torpedos, gab Alarm und nahm Kurs auf die Abschußstelle, die am sprudelnden Schaum kenntlich war. Dem Kapitän des Flugzeugträgers blieb genug Zeit, das Ruder herumzuwerfen und ein klassisches Wendemanöver einzuleiten. Doch genau darauf hatte das kleine U-Boot seine Hoffnung gesetzt. Denn nun bot das Schiff des Admirals dem unbemerkt heranrauschenden dritten Torpedo die ungeschützte Flanke. Doch selbst, wenn man die Gefahr erkannt hätte, wäre es bereits zu spät gewesen, denn der Torpedo war zwar nicht sonderlich schnell, aber mit einer elektronischen Zielsuchvorrichtung ausgestattet, die ein Entkommen seines Opfers unmöglich machte.

Nach erfülltem Auftrag war das kleine U-Boot bereit, das Schicksal des Flugzeugträgers zu teilen: Es sank, getroffen von den Wasserbomben der Korvette. Auch den Flugzeugträger schien nichts mehr retten zu können.

In diesem Augenblick zog sich plötzlich eine neue Spur durchs Wasser. Tante Maggie beobachtete aufmerksam das Treiben. Nachdem sie vom Druck des ständigen Bombardements befreit war, hatte sie wieder ruhig ihre gewohnten Bahnen gezogen, nur unterbrochen von einem gelegentlichen kurzen Abtauchen. Aber sie blieb wachsam. Im Gegensatz zu den Gästen des Admirals, die damit beschäftigt waren, einander zum Sieg zu gratulieren, bestand für sie kein Grund zum Feiern.

Der Abschuß der ersten Torpedos hatte Tante Maggies Ängste wieder geweckt. Angelockt von einem ihr unbekannten Antriebsgeräusch, das sich so ganz anders anhörte als das Geräusch der Schiffsschrauben, schwamm sie näher. Das merkwürdige Brummen konnte nur Unangenehmes bedeuten. Dieses Gefühl drohender Gefahr wurde noch von der Heckwelle der Torpedos verstärkt, die dicht an ihr vorbeizogen. Ein Ding, das so durch die Wogen pflügen konnte, führte gewiß nichts Gutes im Schilde.

Tante Maggie war versucht, sich auf die Verfolgung zu machen, überlegte es sich aber anders, denn der Feind – und was sonst konnte es sein – schwamm zu schnell für sie. Es war sinnlos, sich auf ein ermüdendes Rennen einzulassen, das sie nie gewinnen konnte. Zudem drohte schon wieder Gefahr; des Gegners Vibrationen waren deutlich zu spüren.

Mit dem würde sie fertig werden. Tante Maggie hatte ihn zeitig genug entdeckt und konnte ihn abfangen, wenn sie ihm den Weg abschnitt. Sie durfte keine Zeit verlieren. Mit Höchstgeschwindigkeit griff sie den Gegner an.

Ihre Wege kreuzten sich, als der dritte Torpedo noch knapp hundert Meter vom Flugzeugträger entfernt war. Die unvermeidliche, schreckliche Explosion erschütterte das Schiff. Eine riesige Wassersäule stieg auf und schwappte zum Teil über das Flugdeck. Das Schiff selbst erlitt keinen Schaden.

Als die Wogen sich geglättet hatten, erblickten der Admiral und seine Gäste einen zerfetzten Tierkörper auf den Wellen. Er schwamm auf einem enormen Fleck aus Öl und Blut, der sich rasch ausbreitete und sich mit einem anderen Ölfleck vermischte, dem letzten Zeichen vom ruhmvollen Ende eines kleinen U-Boots.

Obwohl ihnen die tragischen Folgen eines Krieges gewiß nichts Unbekanntes waren, konnten die Seeleute bei diesem Anblick ihre Rührung nicht verbergen. Der Admiral scheute sich nicht, seine Trauer zu zeigen; er nahm die Mütze ab und verharrte eine Minute lang schweigend. Nachdem er dem Tier so die letzte Ehre erwiesen hatte, sagte er: „Bei den Menschen gibt es derartig heldenmütige

Taten nur selten, meine Herren. Aber von einem solchen Opfermut im Tierreich habe ich noch nie gehört."

Der Padre sprach einen Segen und zitierte eine seiner Lieblingsstellen aus der Bibel: „,Der Geist Gottes weht, wo er will.' Selbst in der Welt der Tiere, wo wir ihn am wenigsten erwarten würden."

Korvettenkapitän Clark, der auch unter den Gästen des Admirals war, sagte nichts. Er wußte, daß er losheulen würde wie ein Schloßhund, wenn er jetzt den Mund aufmachte.

Dr. Hodges war ebenso tief bewegt wie die anderen, hatte sich aber schneller wieder gefangen. Er dachte laut nach.

„Merkwürdig", murmelte er. „Sie nennen es Geist, Padre? Ich will Ihnen nicht widersprechen, aber manche Naturwissenschaftler dürften das anders beurteilen. Vielleicht haben wir es lediglich mit einem physischen Reflex zu tun."

„Reflex?" protestierten der Padre und einige der Offiziere wie aus einem Munde, während der Admiral drohend die Stirn runzelte.

„Ich bringe lediglich die Ansicht meiner Kollegen vor, für die das Verhalten von Tieren allein vom Instinkt geleitet wird, nie von der Vernunft. Sie würden Ihnen versichern, daß ein Mörderwal in vieler Hinsicht einem verlängerten Torpedo gleicht, der durch das Wasser gleitet. Der Haß, den ein Blauwal gegenüber seinem Erbfeind empfindet, steckt in jeder der Abermillionen Zellen seines riesenhaften Körpers. Wenn ein Blauwal nun so einen Mörderwal allein antrifft, ohne das Rudel, in dem er gewöhnlich jagt, wird er ihn ohne langes Zögern verfolgen und mit seinen hundertfünfzig Tonnen Gewicht zerquetschen."

„Für diese Theorie kann ich mich nicht erwärmen", protestierte Clark.

„Ich auch nicht", pflichtete ihm der Padre bei.

„Ich kann sie nicht ausstehen", murmelte der Admiral.

„Ich will Ihnen beileibe nichts aufzwingen, meine Herren. Lassen Sie mich also eine zweite Theorie vorbringen, da ich mich nicht in der Lage sehe, die erste mit voller Überzeugung zu vertreten. Andere Wissenschaftler würden vielleicht sagen, hier handle es sich um einen Fall von beschleunigter Entwicklung. Zuerst hat der Instinkt Tante Maggie dazu gebracht, sich Ihrem Schiff zu nähern, nachdem Sie ihr das Leben gerettet hatten, Mr. Clark. Dann macht sie sich so etwas wie Gedanken im Anschluß an mehr oder weniger ziellose Versuche, wobei sie gemerkt hat, daß bestimmte Handlungen ihr Hindernisse aus dem Weg räumen. Erinnern Sie sich nur an ihre nachdenkliche Miene, ehe sie sich entschloß, zur Steuerbordseite der *Daring* zu schwimmen. Eine langsame geistige Entwicklung, Padre, die in einer gewissen Dankbarkeit gipfelte, nachdem wir sie von den Parasiten befreit hatten. Dann der Schritt zur Pflichttreue, die sie dazu gebracht hat, ertrinkende Lebewesen zu retten, denen sie zutiefst dankbar war. Und was sie heute getan hat – nun, manche würden das als Ergebnis wahren, bewußten Opfermuts ansehen."

„Und das ist die höchste Form des Geistes", sagte der Padre und nickte zustimmend.

„*Der* Theorie kann ich beipflichten", brummte der Admiral befriedigt.

AUF den Falklandinseln war der Frieden eingekehrt, und das Tor zur Antarktis gehörte wieder ganz den Robben, den Pinguinen und ein paar Blauwalen.

Die britische Flotte operiert wieder in vertrauten Gewässern. Bjorg versucht immer noch, sich mit seinen Delphinen besser zu verständigen. Einige Gurkhas, deren Dienstzeit beendet war, kehrten in ihre Gebirgsheimat zurück und halfen dort beim Bau eines Tempels zu Ehren ihres Gottes Wischnu, der als golden schimmernder Blauwal dargestellt wurde. Hodges hat mit seinen Kollegen endlose Gespräche über das Verhalten von Tante Maggie unter dem Aspekt vergleichender Verhaltensforschung geführt. Der Padre hat, mit Zustimmung seiner Kirchenoberen, einen Gedenkgottesdienst für sie gehalten. Clark hat dafür gesorgt, daß die Medaille, die Tante Maggie verliehen worden war, einen Ehrenplatz auf der Brücke der *Daring* fand. Joan hat ein paar Tränen vergossen, als sie die Briefe über Tante Maggies letzte Heldentat las. Der Admiral setzt Himmel und Hölle in Bewegung, damit ihr noch posthum das Viktoriakreuz verliehen wird, die höchste britische Tapferkeitsauszeichnung. Der Herzog von Edinburgh hat von der Geschichte erfahren und unterstützt den Antrag des Admirals.

Foto: Louis Monier, Agence Photographique

Pierre Boulle

Nichts deutet darauf hin, daß der aus Avignon stammende Pierre Boulle, Jahrgang 1912, einmal weltbekannte Romane schreiben würde, als er 1936 Paris verläßt, um in Indochina eine Laufbahn entsprechend seiner Ausbildung als Ingenieur zu beginnen. Der Alltag in den damaligen Kolonialländern Südostasiens ist eher langweilig, und der junge Ingenieur findet das Abenteuer, das er gesucht hat, nicht. Allerdings begegnet er dort später den Schrecken des Zweiten Weltkrieges; 1942 gerät er in Vietnam in Kriegsgefangenschaft. Der Wille zu überleben bringt ihn während dieser Zeit auf die Idee, die sein Leben ändern wird: Er organisiert sich Schreibzeug und hält heimlich seine Erlebnisse fest. Der Wunsch, Schriftsteller zu werden, ist geboren.

Ende 1944 gelingt Pierre Boulle die Flucht aus der Gefangenschaft. Nach Paris zurückgekehrt, verkauft er fast sein gesamtes Hab und Gut („um die beiden ersten Jahre finanziell zu überstehen") und beginnt als freier Schriftsteller zu arbeiten. Das Manuskript seines ersten Romans wird sofort von einem Verlag angenommen, doch seine ersten Bücher finden beim Publikum keine besondere Beachtung.

Aber dann schafft der Autor den Durchbruch: 1952 erscheint sein Roman *Die Brücke am Kwai,* der 1958 verfilmt und später auch in die Auswahlbücher aufgenommen wird. Buch und Film werden Welterfolge. In den sechziger Jahren gelingt ihm mit dem Science-fiction-Roman *Planet der Affen* wieder ein großer Wurf; auch die Verfilmung dieses Romans wird ein Kassenschlager.

Pierre Boulle hat das Abenteuer, das er einmal in fremden exotischen Ländern gesucht hat, in sich selbst gefunden: Es ist die Fruchtbarmachung seiner Phantasie mit den Mitteln der Sprache. Wesentliches Element seiner Arbeit – und ein untrügliches Kennzeichen seiner Bücher – ist die Erfindungsgabe, mit der er zu Werk geht. Er achtet die Tatsachen, und zugleich liebt er es, sie spielerisch und phantasievoll umzugestalten.

Und dieser Beschäftigung geht der dreiundsiebzigjährige Autor – einige Stunden am Vormittag, einige Stunden am Nachmittag – noch immer im selben Rhythmus nach, mit dem er sich als junger Kriegsheimkehrer vor bald vierzig Jahren anschickte, die Abenteuer der Schriftstellerei zu erkunden.

REIS AUS SILBERSCHALEN

Eine Kurzfassung des Buches von
ALICE EKERT-ROTHOLZ

Illustrationen von Gabriele Willim

Johannes Petersen, Juniorchef des angesehenen Handelshauses Petersen & Co., wartet am Kai des Bangkoker Hafens auf die Ankunft seiner Familie. Nach langen Jahren der Trennung würde er sie nun endlich wiedersehen: seinen Sohn Albert, seine Tochter Charlotte – und Martha, seine geliebte Frau.

Martha – wie würde ihr Bangkok gefallen? Die thailändische Hauptstadt mit ihrer exotischen Farbenpracht war so anders als das neblig-kalte Hamburg. Würde Martha mit der tropischen Hitze fertig werden? Und würde es ihr gelingen, sich in die Mentalität der stets lächelnden Siamesen hineinzuversetzen?

Während sich die Barkasse mit Martha, Albert und Charlotte an Bord der Anlegestelle nähert, wischt Hannes Petersen seine Bedenken beiseite. Er ist fest entschlossen, Martha und die Kinder von der Schönheit des Landes zu überzeugen, das ihm bereits zur zweiten Heimat geworden ist.

Erstes Kapitel

Als Johannes Petersen im Hafen anlangte, um Martha und die Kinder zu empfangen, war er nervös und müde. Der Schweiß rann ihm in Strömen in den frisch gestärkten Hemdkragen. In seinem Kopf pochte ein glühender Hammer, der fast den Tropenhelm sprengte. Bangkok war ihm noch niemals so heiß vorgekommen; die Riesenstadt am Menamfluß brodelte in der Nachmittagsglut. Petersen hätte sich gern in seinem von Ventilatoren gekühlten Büro von dem alten chinesischen Boy einen Eiskaffee servieren lassen. Er hielt an geeisten Getränken fest, obgleich seine chinesischen Kunden ihm versicherten, daß heißer grüner Tee das beste gegen die Tropenhitze wäre. Chinesen wollten immer alles besser wissen.

Heute früh hatte er sich stundenlang mit einem wichtigen Kunden herumärgern müssen. Selbstverständlich hatte er strahlend gelächelt, als ob ihm die Unterhaltung mit Mr. Wang unerhörtes Vergnügen bereite. Petersens Lächeln war berühmt in der Firma. Er konnte es beinahe beliebig an- und abstellen. Es hatte ihm unlängst die Partnerschaft bei „Petersen & Co." in Bangkok eingetragen. Nun konnte er Martha und die Kinder zu Besuch kommen lassen.

Martha hatte lange gezögert, denn die politischen Nachrichten aus Siams Nachbarländern waren beunruhigend. Aber dann hatte sie sich doch entschlossen. Ihr wurde ein einzigartiges Erlebnis angeboten, und sie hatte nach den Kriegsjahren eine Abwechslung verdient. Petersens Vorschlag, die Kinder bei Verwandten in Hamburg zu lassen, hatte sie allerdings abgelehnt. Und Petersen lehnte sich niemals gegen Marthas Entschlüsse auf. Sie war fünf Jahre älter als er und wußte es wohl besser.

In einer Viertelstunde sollte die Barkasse von Paknam in Bangkok einlaufen. Martha! Wie würde sie wohl mit dem Tropenleben fertig werden? Sie war nie aus Europa herausgekommen. Was würde sie zu der Hitze sagen, zu den asiatischen Dienern und dem Müßiggang, der sie erwartete? Martha war keine Minute ihres Lebens untätig gewesen ...

Petersen hatte laut aufgelacht, als er heute mittag die Blumenarrangements auf den Tischen und die Spinnweben in allen Ecken seines geräumigen Tropenhauses musterte. Auf seine Anweisung hin hatte der „Boy Nummer eins“ – ein Enkelsohn von Petersens chinesischem Koch – lächelnd, aber insgeheim verärgert mit dem Besen hantiert und den Staub von einer Ecke in die andere gefegt. Danach hatte er sein Werk mit großer Befriedigung betrachtet. Die ganzen Jahre hatte der Master alles sehr sauber gefunden, aber wenn eine *Missie* ankam, war eben nichts mehr gut. Das sagten alle chinesischen Boys, die europäischen Strohwitwern oder Junggesellen dienten. Die zierliche siamesische *Amah* (Kinderfrau), die Petersens Koch zur Bedienung der „kleinen Missie“ besorgt hatte, hockte verängstigt im Kinderzimmer. Der Koch hatte ihr in seinem gebrochenen Siamesisch erzählt, daß eine *Mem Ferang,* eine Ausländerin also, sehr böse wurde, wenn Ameisen in der Wäschekommode herumliefen. Wo sollten sie denn sonst herumlaufen? Da Amah keine Antwort wußte, spuckte sie nachdenklich den roten Betelsaft auf den weißen, indischen Teppich im Kinderzimmer. Die dunkelroten Flecke, die sich mit keinem Fleckenwasser entfernen ließen, störten weder Amah noch den Boy Nummer eins.

Petersen betrachtete die langen, süß duftenden Jasminketten, die Amah ihm mitgegeben hatte. Sie hatte sie nach Landessitte für die Ankommenden geflochten: eine große Kette für Martha und zwei kleine für die Kinder. Petersen wischte sich den Schweiß von der Stirn. Seine blauen Augen hatten einen trüben Fieberglanz; hoffentlich war das Denguefieber nicht im Anzug. Petersen konnte es sich im Augenblick nicht leisten. Sein Onkel, der Seniorchef der Firma Petersen & Co., war vierundsechzig Jahre alt, und er setzte Petersens Vorschlägen für neue Importartikel sein ständiges „Ich lasse mich auf keine geschäftlichen Abenteuer ein“ entgegen. Onkel Wilhelm Christians Neigung zu Abenteuern war streng privat: Er hatte eine siamesische Adlige geheiratet und lebte seit vielen Jahren wie ein asiatischer Fürst in einem Tropenpalast von enormer Pracht und Unordnung. Seine Frau, Khunying Siri Kutharamarn, von ihren Freunden zwanglos *Nang Siri* (Frau Siri) genannt, ließ alles herumliegen, doch der Chef von Petersen & Co. hatte sich längst an das luxuriöse Chaos in seinem Haus gewöhnt. Er lebte – mit Unterbrechungen – seit vierzig Jahren im Fernen Osten und seit 1930 in Bangkok. Er importierte Maschinen, Präzisionsinstrumente und allerhand andere Geräte, die seine chinesischen Kunden regelmäßig bestellten und nach einer Saison wegwarfen. Wilhelm Christian Petersen war fast immer auf der Gewinnseite. Er verband Vorsicht mit dem Streben nach Qualität. Das hatte ihm in den Jahren vor dem ostasiatischen Krieg ermöglicht, sich gegen die japanischen Importeure durchzusetzen.

Petersen wischte sich wieder den Schweiß ab. Seine Kopfschmerzen wurden immer heftiger, gerade jetzt, wo Martha ankommen sollte! Warum hatte er auch gestern abend noch Abschied vom Strohwitwerdasein gefeiert?

Plötzlich mußte er an Karin Holm denken. Miß Karin, eine Eurasierin, hatte javanische Mandelaugen und schwedisches Blondhaar. Doch Petersen wußte, was er Martha schuldig war. Die Nachricht von Marthas Ankunft hatte Miß Karin eine Menge Tränen und Petersen eine goldene Halskette gekostet.

Petersen betrachtete den Tempel, der sich am gegenüberliegenden Ufer blitzend und phantastisch von den glühenden Wolken abhob. *Wat Arun,* die „Porzellanpagode", hatte vom ersten Augenblick an Siam für ihn verkörpert. Die Türme des Tempels sprachen von dem Einfluß der kambodschanischen Khmer-Völker in Siam; die schillernden Porzellanstücke, welche die Türme bedeckten, gingen auf chinesischen Einfluß zurück. Doch der Tempel atmete den Geist des Landes – buddhistische Stille an einem großen, geschäftigen Fluß. Petersen hatte Wat Arun einmal im Mondlicht gesehen, und die hochragenden, bizarren Reliquientürme hatten in seiner Hanseatenseele ein Element der Phantasie entfesselt, das Berechnungen abhold war. Auch Miß Karin verkörperte etwas Fremdes, Schillerndes und Gefährliches, das zum Träumen verführte. *„No good",* murmelte Petersen. Der Ferne Osten unternahm immer wieder Generalangriffe auf die nordische Vernunft. Wie sollte er Martha so etwas erklären?

Wie Martha wohl jetzt aussah? Bilder sagten so wenig, und Petersen hatte seine Frau so viele Jahre nicht gesehen, daß er sie sich gar nicht mehr recht vorstellen konnte. Er erinnerte sich eigentlich nur an ihr üppiges Blondhaar, ihren sicheren Gang und ihre schönen, kräftigen Hände. Ob Martha immer noch ihre altmodische Brille trug? Oder hatte sie sich im Zuge der Zeit eine Hornbrille angeschafft? Und die lose Haarsträhne hinter dem linken Ohr? Martha war eine wunderbare Frau, aber sie konnte sich nicht frisieren.

„Ich habe keine Zeit, in den Spiegel zu sehen", pflegte sie kurz angebunden zu sagen. Petersen hatte immer gefunden, daß Frauen sich dazu Zeit nehmen sollten. Diese Überzeugung hatte sich in Ostasien verstärkt. Die Siamesinnen betrachteten sich stundenlang im Spiegel, und das Resultat war ausgesprochen erfreulich.

Vor ihrer Heirat war Martha Oberlehrerin an einem Mädchengymnasium gewesen: Sie unterrichtete Mathematik und alte Sprachen. Die Mädel hatten Fräulein Dr. Jansen niemals angeschwärmt, aber wenn sie in der Klemme waren, hatten sie sich instinktiv an Martha gewandt. Wenn man nicht mehr ein noch aus wußte, dann leuchtete etwas Tiefes und Warmes aus Marthas kühlen, wissenden Augen, und man war wunderbar getröstet. Das mußte auch der junge Petersen gefunden haben; warum hätte er sonst Martha heiraten wollen? Petersens Freunde allerdings hatten nicht begreifen können, wie der bildhübsche, reiche Junge auf eine so ernste und wenig mondäne Frau verfallen war.

Zur Hochzeit war Martha ohne Brille und mit der einzigen Dauerwelle ihres Lebens erschienen. Sie hatte beinahe schön ausgesehen. Ihre feinen Züge schienen von innen erleuchtet; die Oberlehrerin hatte sie über Nacht abgestreift. Petersen fand in Martha die mütterliche Geliebte, die er gebraucht hatte, ohne es zu wissen. Er hatte grenzenloses Vertrauen zu ihr und begann viele Dinge mit ihren Augen zu sehen. Und Martha lebte nur für ihren Mann.

Petersen war 1939 nach Bangkok gegangen. Dort hatte ihn Onkel Wilhelm Christian ohne Kommentar willkommen geheißen. Mit seinem üblichen Leichtsinn hatte Petersen sich seinerzeit in Hamburg abfällig über das Hitlerregime geäußert. Zum Glück spielte ihm ein Freund der Familie eine private Warnung zu. Petersen drohte in der Krise vollständig den Kopf zu verlieren, aber Martha beruhigte ihn und verfrachtete ihn Hals über Kopf in den Fernen Osten. Sie wollte ihm ein Jahr später folgen, aber da bekam ihr Töchterchen Charlotte Typhus; und nachher hatte der Zweite Weltkrieg allen Plänen ein Ende gemacht ... Und nun stand Petersen in qualvoller Erwartung auf einem Kai in Bangkok und versuchte eine Brücke zwischen Vergangenheit und Zukunft zu bauen. Er hatte seine Familie seit zehn Jahren nicht gesehen.

Seinen Sohn und seine Tochter hatte er nur als ganz kleine Kinder gekannt. Martha hatte zwar nach dem Krieg Bilder geschickt; aber Petersen hatte irgendwie nicht glauben können, daß der bebrillte Schuljunge in dem schäbigen Anzug sein Sohn Albert wäre, der in der

Familie nur „Pummel" genannt wurde. Und das dünne, bezopfte Kind in dem Waisenhauskleid konnte doch unmöglich „Pünktchen" sein, die eigentlich Charlotte hieß – sein bezauberndes Töchterchen mit den blonden Locken und dem Puppengesichtchen! Pummel und Pünktchen hatte er als rosige, strahlende Zwerge in feinen, weißen Wollkleidchen in Erinnerung!

Die Bilder der Kinder hatten ihm in seinem Tropenparadies die Folgen des Krieges in Europa erschreckend zum Bewußtsein gebracht. Wenn selbst Hamburg eine schäbige Stadt geworden war, dann stand es schlecht um die Welt.

In der Ferne erschien ein dunkler Punkt, der sich langsam in Petersens Richtung vorwärts bewegte. Der siamesische Schiffsagent kam angelaufen. „Sie kommen!" rief er aufgeregt, und dann fragte er: „Kommt *Mem* (fremde Dame) das erstemal nach Siam?" Petersen nickte. Er sah die Barkasse wie durch ein beschlagenes Fenster. Er wußte nicht mehr, wie viele Jahre er auf diesem Kai auf Martha und die Kinder gewartet hatte.

Und dann war Martha plötzlich in seinen Armen und klammerte sich an ihn, als ob sie ihn nie wieder loslassen wollte. Und Petersen streichelte stumm ihre lose Haarsträhne, küßte ihre schönen, kräftigen Hände und hängte ihr und den fremden Kindern, die Albert und Charlotte hießen, die Jasminkränze um den Hals.

Marthas blondes Haar war seltsam leblos geworden. Sie sah merkwürdig eingefallen aus, und dabei hatte Petersen doch seit 1945 regelmäßig CARE-Pakete nach Hause geschickt. Eine Welle von Liebe und Mitleid überflutete ihn, als Martha – die gelassene, selbstbewußte Martha! – angsterfüllt durch ihre tränenblinde Brille zu ihm emporblickte und stammelte: „Bin ich *sehr* alt geworden, mein Jung'?"

„Unsinn, Liebste!" Petersen nahm seine Frau fest in beide Arme und küßte sie. Martha war seine Heimat. Sie war außerdem die einzige Frau, die gab und nicht immer nur nahm. Ruhe kam über Petersen. Nun war alles gut.

Das mußte Martha auch fühlen; denn sie schluchzte noch einmal auf, putzte dann ihre Brille und sah sich endlich ihren Mann an. Petersen war trotz der langen Tropenjahre kaum älter geworden. Seine meerblauen Augen blitzten aus dem gebräunten Gesicht. Seine hohe Gestalt war durch den täglichen Reitsport schlank und sehnig geblieben. Und er hatte noch fast kein graues Haar. Martha war stolz auf ihn.

Die Kinder standen Hand in Hand wie vergessene Gepäckstücke. „Los, Kinder! Sagt eurem Papi guten Tag!" rief Martha.

Pummel, der nun Albert hieß, trat verlegen von einem Riesenfuß auf den andern. Pummel hatte die größten Füße der Klasse und betrachtete dies als eine besondere Leistung. Er war ein langsamer Hamburger Jung': Der hochgewachsene, elegante Fremde mit schneeweißem Tropenhelm war doch nicht sein Papi! Pummels vierzehnjährige Würde litt außerdem unter dem Jasminkranz um seinen kurzen Hals. Was hätten seine Schulfreunde gesagt, wenn sie ihn so gesehen hätten? Ein Pfingstochse war nichts dagegen! Eigentlich wäre Pummel in diesem Augenblick brennend gern in Hamburg auf dem Fußballplatz gewesen, aber das war leider nicht zu machen. So fragte er Petersen höflich, ob es in Bangkok Radio gäbe. Er war wütend auf sich selbst, daß er knallrot wurde, als Petersen lachend sagte: „Aber natürlich, mein Junge! Bangkok ist eine Weltstadt. Du kannst heut abend alle Länder hören."

Pummel wollte eigentlich nur das Ergebnis des Fußballspiels im Stadion am Rothenbaum hören, aber er war sichtlich erleichtert über diese Antwort. Wenn Pummel nur sein Radio und seine Schwester Pünktchen hatte, war er zufrieden. Wißbegierig sah er sich auf dem tropischen Kai um. Die Kulis, die mit nackten, glänzenden Rücken Reis verluden: Warum wuschen sie nicht ihre schmutzigen Khakishorts? Pummel mochte nicht wieder fragen; vielleicht hätte Petersen ihn nochmals ausgelacht. Das war das Schlimmste, was es für ihn geben konnte. Im übrigen war Pummel Marthas Ebenbild. Er war stämmig, zuverlässig und intelligent.

Petersen konnte sich an seiner elfjährigen Tochter nicht satt sehen. Sie trug ein weißes, besticktes Leinenkleidchen, das Petersen nach Hamburg geschickt hatte. Pünktchen war immer noch winzig; aber sie hatte irgendwie Petersens elegante Haltung, dazu Marthas herrliches Blondhaar und – wenn sie nicht gerade weinte – das reizendste Lächeln der Welt. Leider weinte Pünktchen bei jeder Gelegenheit wie ein Wickelkind. Es stürzte Pummel jedesmal in Besorgnis. Pünktchen mußte lachen und glücklich sein. Im Augenblick strahlte sie. Es gefiel ihr, daß ihr schöner, lustiger Papi sie wie eine Puppe in die Höhe hob, sie behutsam wieder auf die Holzplanken stellte und zu Martha sagte: „Pünktchen ist ja eine richtige kleine Dame geworden!"

Martha erwiderte etwas schärfer als nötig: „Charlotte hat nur ihren

Putz im Kopf. Sonst denkt sie an nichts. Mach die Kleine nur nicht noch eitler!“

In der Aufregung des Wiedersehens waren Marthas Schreibmaschine und ein Handkoffer in der Barkasse der Ostasiatischen Schiffahrtsgesellschaft geblieben. Petersen eilte mit seiner Frau zurück, während die Kinder beim Chauffeur blieben, mit dem Petersen gekommen war.

Petersen hatte sich bei Martha eingehakt. Sie sprachen über die Kinder. „Pummel ist meine ganze Stütze“, bemerkte Martha stolz. Sie nannte ihn immer noch mit diesem Kosenamen, obwohl Pummel es sich endgültig verbeten hatte, seit er vierzehn Jahre alt war. „Charlotte ist ein schwieriges Kind“, fuhr sie fort. „Ganz unausgeglichen. Das wurde durch die Bombennächte noch schlimmer.“

In der Barkasse fanden sie nur den Handkoffer; die Schreibmaschine fehlte. Petersen blickte sich in dem schmalen Gang des Schiffs um. Es war niemand zu sehen. Er nahm seine Frau, die erstaunt zu ihm aufblickte, in die Arme und küßte sie leidenschaftlich. Sie wirkte so – sauber, so durch und durch sauber. „Martha“, flüsterte er heiser. Seine Kehle war ihm zugeschnürt vor Erschütterung. Wie hatte er nur die vielen Jahre ohne Martha leben können?

„Dummer Jung'“, flüsterte sie. Das war bei Martha der Ausdruck höchster Zärtlichkeit.

Als sie zum Kai zurückkamen, traf Petersen fast der Schlag. Das konnte doch nicht wahr sein! Da stand Miß Karin mit einer Jasminkette bewaffnet neben den Kindern. Sie trug ein altrosa Kostüm aus Seide, das ihre herrliche Figur raffiniert zur Geltung brachte. Unter ihrem Turban aus weißem indischem Brokat blitzten ihre schrägen Augen wie schwarze Diamanten. Sie war mit Juwelen in jeder Preislage beladen: Miß Karin kannte kein Maß und Ziel. Sie blickte regungslos dem Ehepaar entgegen.

„Wer ist denn *das?*“ fragte Martha mit hochgezogenen Augenbrauen.

Petersen log: „Meine Sekretärin. Die alberne Person bringt mir das Geschäft bis an den Kai nach.“

Miß Karin, die kein Wort Deutsch verstand, hatte ihrerseits Petersens Gattin einer scharfen Musterung unterzogen und mit Befriedigung festgestellt, daß sie unvorteilhaft gekleidet war.

„Liebling“, sagte Miß Karin in ihrem singenden Englisch, „ich habe dein Abschiedsgeschenk verloren. *So sorry!* Ich wollte die Kette gestern weiterverkaufen ... Du weißt ja: meine Spielschulden! Ich bin verzweifelt. Ich muß Selbstmord begehen, wenn ich das Geld bis morgen mittag nicht bezahlen kann. Es tut mir so leid, daß ich dich hier stören muß."

Petersen dankte seinen Sternen, daß Martha alte statt neue Sprachen studiert hatte. Er sagte mit steifen Lippen: *„This is Mrs. Petersen."*

„So glad to meet you", sagte Petersens neueste Sekretärin.

Martha murmelte etwas Unverständliches.

„Morgen vormittag um elf hole ich mir zweitausend Tikal aus deinem Büro." Miß Karin lächelte Petersen amüsiert und ein wenig heimtückisch an. Er würde ihr das Geld geben müssen, sonst würde die strenge Mem etwas über ihren Mann erfahren, das ihr bestimmt nicht gefiel. „Morgen vormittag um elf", wiederholte Miß Karin.

„Das würde ich an Ihrer Stelle *nicht* tun", sagte Martha zu Petersens Entsetzen in langsamem, korrektem Schulenglisch. Petersen hatte Martha oft genug geschrieben, daß man sich in Bangkok hauptsächlich auf englisch verständigte. Es war nur logisch, daß seine Frau daraufhin ihre Kenntnisse erweitert hatte.

Aus Marthas Ton klang so viel ruhige Autorität, daß Miß Karin vor Schreck ihre Jasminkette fallen ließ. Der ordnungsliebende Pummel sammelte die Blüten auf, um sie zu Haus ins Wasser zu legen. Er liebte Blumen, wenn er sie nicht gerade um den Hals tragen mußte. In diesem Augenblick begann Pünktchen zu weinen. Die Fremde mit den glitzernden Schlitzaugen war sicherlich eine böse Fee, die alle verzaubern wollte. Pünktchen kannte alle Hexen aus ihrem Märchenbuch und wußte, daß sie manchmal als schöne junge Damen auftreten. Sofort zog Pummel ein Taschentuch heraus und wischte Pünktchen sorgfältig die dicken Tränen ab.

Martha nahm ihre Tochter auf den Arm. „Still, Liebling", flüsterte sie. Pünktchen hatte dunkle Ringe um die Augen. „Laß uns gehen, Johannes", sagte sie zu ihrem Mann. „Die Kinder müssen zur Ruhe kommen."

Sie gab Pummel einen Wink und ging zu dem wartenden Auto. Petersen folgte mit zusammengepreßten Lippen. Martha hatte ihn niemals „Johannes" genannt, nicht einmal nach seiner kleinen „Dummheit" mit einer Handschuhverkäuferin vom Neuen Wall.

Miß Karin stand allein auf dem Kai. Sie hatte Petersen eine Lehre erteilt. Dennoch war sie beunruhigt. War sie zu weit gegangen? Nein – Petersen hatte sie hintergangen! Er hatte ihr nie von seiner

Familie erzählt. Miß Karin hatte sich allen Ernstes eingeredet, daß er sie später vielleicht doch heiraten würde, falls sie „sehr, sehr solide" würde.

Sie blickte auf ihre Armbanduhr und winkte einer Rikscha. Heute abend gaben die Offiziere eines dänischen Dampfers ein Bordfest. Sie würde ein langes meergrünes Taftkleid tragen und als einzigen Schmuck Petersens Goldkette anlegen.

MARTHA und Petersen saßen wie versteinert im Fond des großen Kabrioletts, das Petersen zur Ankunft seiner Frau als Überraschung gekauft hatte. Die Kinder saßen Hand in Hand vorn beim Fahrer und blickten mit staunenden Blauaugen ins asiatische Straßenleben. Pünktchen zeigte aufgeregt auf scharlachrote, grüne und goldene Tempeldächer, die über dem Marktgewimmel in den Tropenhimmel ragten. Siamesische Mütter trugen nackte Säuglinge auf ihrer Hüfte in eine Bambushütte. Ein Inder mit einem karminroten Turban trieb seine Wasserbüffel über die Straße.

„Was ist das?" fragte Pünktchen. „Und das?"

Pummel gab Auskunft, so gut er es vermochte. Pünktchen hatte unbegrenztes Vertrauen in Pummels Weisheit und durfte nicht enttäuscht werden.

Martha betrachtete stumpf die *Sampans,* flache Boote im Fluß, auf denen Händler ihre Waren feilboten. Sie sah Berge von roten, gelben, smaragdgrünen Früchten unter einer glühenden Sonne. Schon der Golf von Siam hatte sie überrascht. Gegen dieses strahlende Wasser war ihre geliebte Alster ein bleichsüchtiger Fluß. Hamburg erschien ihr plötzlich wie ein mattes Pastell gegen die glühende Landschaft Südostasiens. Wie schön war Thailand! Die Bäume leuchteten in einem ewigen Grün, wie es nur die Monsunlandschaften hervorbringen.

Doch Martha konnte diese fremdartige Pracht nicht genießen. Kalter Schweiß stand ihr auf der Stirn. Ein Zittern durchfuhr von Zeit zu Zeit ihren Körper. Das Klima schien Aufregungen zu verbieten. Martha umklammerte ihre schäbige Handtasche. Sie hatte stets mit jedem Pfennig an sich selbst gespart. Pummels Schuhe und Pünktchens Milch waren in den Nachkriegsjahren Finanzprobleme gewesen...

Petersen hatte damals, als die japanische Besetzung 1945 endete, die Firma in Bangkok völlig neu aufbauen müssen. Die Chinesen hatten sich englischen und holländischen Firmen zugewandt, neue Verbindungen mit den USA angeknüpft und die deutschen Importeure ignoriert. Aber Petersen hatte durch Sturheit und Solidität bereits 1950 einen Teil der wichtigsten chinesischen Kunden zurückerobert und sogar neue Märkte in den Nachbarländern erschlossen. Es war noch kein großes Geschäft; aber es versprach etwas für die Zukunft, wenn es in Siam ruhig blieb.

Petersen blickte angespannt vor sich hin. Wenn Martha doch endlich ihr Schweigen brechen wollte! Er mußte ihr alles erklären. Schließlich hatte er ja mit Miß Karin Schluß gemacht. Er hatte nur vergessen, daß zum Schlußmachen zwei Leute gehören. Aber – was wußte Martha von der Einsamkeit eines Strohwitwers in den Tropen? Petersen war dreiundvierzig Jahre alt und gesund wie ein Fisch. Dennoch – er hätte es seiner Frau nicht antun dürfen. Er wußte so wenig von ihrem Leben im Hamburg der Kriegszeit. Marthas Briefe aus den ersten Nachkriegsmonaten hatten keine Klage über den Hunger enthalten, den kein Eßpaket stillen kann, keine Klagen über Pünktchens erste Lebensjahre, in denen sie alle Krankheiten durchmachte.

Bei jedem Tönen der Sirene hatte Martha Pünktchen in den Luftschutzkeller getragen. Pummel kam mit einem Köfferchen, das unter anderem Petersens Briefe aus der Verlobungszeit enthielt, hinterhergetrottet. Es konnte ja nichts passieren, wenn Mutti dabei war! Das stand für Pummel fest. Es hatte auch für Petersen immer festgestanden – Martha war das Salz der Erde. Petersen ahnte dumpf, daß seine „kleinen Dummheiten" Verbrechen gegen den Geist der Liebe waren.

„Martha ...", stammelte er.

Martha war aus ihrer Erstarrung erwacht. Sie betrachtete ihren Mann mit durchdringendem Blick. Und plötzlich blitzte in ihren klugen grauen Augen Wärme auf. So hatte sie vor Jahren das schwarze Schaf der Unterprima angeblickt. Das Mädchen hatte zum zweitenmal einen Wertgegenstand aus der Garderobe entwendet und war von Martha dabei überrascht worden. Als das törichte junge Ding nicht mehr ein noch aus wußte, da hatte Fräulein Dr. Jansen nach einer langen Pause gesagt: „Ich will es noch *einmal* mit Ihnen versuchen, aber – Sie müssen mir dabei helfen!"

Petersen bemerkte den Ausdruck in ihren Augen. Mit einem Seufzer der Erlösung ließ er den Kopf auf ihre Schulter sinken.

Der Wagen fuhr durch paradiesische Gartenstraßen. Silberne Kanäle schlängelten sich zwischen Orchideenhäusern und blühenden Büschen, hinter denen Villen und Bungalows mit herrlichen Veranden auftauchten. Hier lebten Asiaten und Europäer in einer in Ostasien seltenen Eintracht Haus an Haus. Siam, das „Land der Freien", hatte niemals Europäerviertel, wie in den Kolonialländern, gekannt.

Der Chauffeur hielt vor einem riesigen Tropenhaus mit vier Veranden und einem Park. Vor dem offenen, mit Bougainvilleablüten überhangenen Tor standen und knieten dunkelhäutige Gestalten in schneeweißen Jacken aus Baumwollbrokat. Die weißen Gestalten waren Chinesen und Inder; die zierlichen Figuren in den *Phanungs,* langen, bunten Hosenröcken, waren Siamesen. Der alte chinesische Koch hatte seine Familie – eine Tochter und drei Enkelsöhne – um sich gruppiert. Die siamesischen Hausangestellten, die unter einem rosenroten Bougainvilleazweig knieten, bildeten eine zweite Gruppe. Der indische Nachtwächter mit der hohen weißen Mütze und dem langen Bambusstock stand wie eine Statue allein auf weiter Flur.

„Dies sind deine gehorsamen Diener, Mem", sagte Petersen.

Als Martha mit den Kindern durchs Tor schritt, trat ihr der alte chinesische Koch mit tiefer Verneigung in den Weg. Ah Chang hatte vielen Europäern gedient; aber er war ein Chinese geblieben. Er wußte, was sich gehörte, murmelte etwas mit feierlicher Stimme und überreichte Martha eine Lotosblüte auf einem winzigen Lacktablett.

Martha blickte Petersen, der seiner Familie gefolgt war, fragend an.

„Ah Chang wünscht der ehrenwerten Herrin Wohlstand und viele Söhne", übersetzte Petersen mit unbewegtem Gesicht.

Zweites Kapitel

Wenn Martha später über die ersten Wochen in Siam nachdachte, fragte sie sich manchmal, ob sie wirklich all dies Seltsame und Widerspruchsvolle erlebt hatte: den Frieden der Natur und den unterschwelligen Kampf, den die versammelte Dienerschaft vom ersten Tag an gegen ihre Herrschaft führte. Die Mem verlangte Pünktlichkeit, Sauberkeit, Regelmäßigkeit und Zuverlässigkeit. Im Fernen Osten nahmen die Diener aber von alters her ihre eigenen Gebräuche und Neigungen zum Maßstab aller Dinge. Organisiertes

Arbeiten zu bestimmter Stunde war ihnen ein Greuel. Sie putzten, pflanzten, wuschen und kochten, wann es ihnen beliebte. Nicht früher und nicht später. Ah Chang servierte Petersens Gästen ein ausgezeichnetes Dinner, wann er es für richtig fand, und das hieß eineinhalb Stunden nach Ankunft der Gäste. Solange reichten „erster und zweiter Enkelsohn" Getränke und kleine Delikatessen. Es gelang Martha während der ganzen Zeit nicht, Ah Chang dazu zu bewegen, sein Essen zwei Stunden früher anzusetzen, um es bei der Ankunft der Gäste servieren zu können. Wenn Ah Chang wollte, sprach er Englisch. Wenn er nicht wollte, verstand er kein Wort von Marthas Befehlen.

Petersens geräumiges Haus mit seinen hohen, lichten Räumen und seinen überdeckten Veranden voller Liegestühle und Korbtische war eingebettet in eine gepflegte Wildnis. In früheren Zeiten war die Gegend um Bangkapi, wo Petersens wohnten, Dschungelland gewesen. Eine Ahnung von schweigsamen Urwaldbäumen, üppigen Farnen und malerischem Unkraut lebte immer noch in den weiten Gärten des idyllischen Bangkoker Vororts. Khon Suan, Petersens Gärtner, sorgte dafür, daß die Ausländer dieser tropischen Landschaft nicht ihre lächerliche „Ordnung" aufzwangen. Für einen siamesischen Gärtner gab es kein Unkraut.

Nai (Herr) Petersen hatte Khon Suan schalten und walten lassen, aber die neue Mem wollte Khon Suan zur Arbeit antreiben. Das sei sehr grausam von der Mem, sagte Khon Suan zu Amah. Die kleine Siamesin nickte. Die Mem war so grausam, daß sie von Amah verlangte, sie solle das „Kind mit den goldenen Haaren" nicht aus den Augen lassen. Amah hatte zwar gelernt, einen Wasserbüffel zu bewachen; aber ein fremdes Kind war etwas anderes, besonders wenn es so quecksilbrig war wie Pünktchen.

Khon Suan bohrte nachdenklich in der Nase. Die Mem hatte ihm gesagt, wo er neue Beete anlegen sollte. Khon Suan hatte Marthas Anweisungen mit strahlendem Lächeln angehört und ignoriert. Er würde Blumen pflanzen, wo und wann er dazu Lust hatte. Schließlich war er ein Siamese und kein Chinese. Das Herrschen, nicht das Dienen, lag dem „Volk der Freien" im Blut.

Khon Suans ganzer Stolz war das Orchideenhaus, seitlich vom Haupthaus. Khon Suan hatte das Orchideenhaus, das Pummels ganzes Entzücken war, aus einer halbverfallenen Holzlaube in eine Zauberinsel verwandelt, wo seltene Exemplare in Tongefäßen an Drähten von

Decke und Wänden hingen oder in großen Töpfen ihre Schönheit entfalteten. Er züchtete allerdings die Orchideen nicht nur für seine Herrschaft, sondern verkaufte einige Exemplare heimlich an einen kleinen Blumenladen in der Silom Road. Das betrachtete er als sein gutes Recht; genau wie der Koch den täglichen Aufschlag auf die Lebensmittelpreise für sein verbrieftes Recht hielt.

Martha konnte sich nicht genug wundern, daß Petersen diese „Betrügereien" – wie sie es nannte – in Ordnung zu finden schien. Sie, die daheim die Kunst der Menschenbehandlung beherrscht hatte, stand dem ewigen Lächeln ihrer „gehorsamen" Dienstboten ohnmächtig gegenüber. Wenn Martha mit erhobener Stimme einen Befehl zum viertenmal wiederholte, verbeugten sie sich demütig und führten den Befehl nicht aus.

Wohin Marthas Blick wanderte, gab es Schönheit und ewige Blüte: Bananenbüsche, leuchtende Blumen, Tamarinden- und Cassiasträucher wuchsen zwischen riesigen Palmen und Rasenflächen. In den Morgen- und Nachtstunden waren Heim und Garten in unweltliche Stille getaucht. Man hörte nur das Zirpen der Grillen und gelegentlich den Schrei des Hausgeckos.

Die Diener wohnten mit ihren unzähligen Verwandten abseits vom Haupthaus in offenen Pfahlhütten. Vor dem Kochhaus hatte Ah Chang seine Hühner- und Entenzucht und pflanzte alle möglichen Gemüse und Kräuter, die er Martha dann ziemlich teuer verkaufte.

Die Diener saßen des Abends vor ihren Hütten und schwatzten, rauchten und spielten Glücksspiele. Der indische Nachtwächter schlief auf dem Boden in der Garage.

Es war Martha zu Anfang schwergefallen, die Diener und ihre bestimmten Obliegenheiten auseinanderzuhalten. Da war Ampah, „das Mädchen, das morgens die Blumen ordnet". Das war offenbar alles, was Ampah im Hause Petersens zu leisten hatte. Sie war eine Nichte der Waschfrau und mußte ihr sechzig Prozent von ihrem Monatsgehalt abgeben. Nang Sanit, die Waschfrau, hatte Zwillinge und kaufte ihnen von Ampahs Geld Zuckerwerk, Ketten und Ringe, die sie zum Schutz gegen die bösen Geister um die Hand- und Fußgelenke der nackten Babys streifte.

Martha konnte von ihrem Schlafzimmer durch das Moskitonetz die Umrisse des Lampobaumes erblicken, dessen Filigranzweige und Blüten sich aus sumpfigem Grund in den Himmel reckten. Der Lampobaum stand am *Klong,* dem Kanal, der Petersens Grundstück im Süden abgrenzte. Auf diesem Kanal fuhren früh und spät Frucht- und Kohlenboote vorbei. Pummel fing dort mit „zweitem Enkelsohn" Fische, und Pünktchen sammelte mit Amahs Hilfe blaue und rosa Wasserlilien für ihren Papi, für den sie eine leidenschaftliche Zuneigung empfand.

Wenn Martha sah, wie die Kleine Petersen jubelnd entgegenlief und ihm zärtlich ihre täglichen Erlebnisse berichtete, spürte sie einen winzigen Stich in der Herzgegend. Sie hatte so viele Opfer für dieses Kind gebracht – und es hatte *nur* Augen für Petersen. Pummel litt Eifersuchtsqualen, die er mit männlicher Würde zum Radio trug: Das Radio war ihm treu geblieben. Seit einigen Wochen gab Martha ihm Mathematik- und Lateinstunden. Sie saßen dann auf der Veranda und waren glücklich.

Drei Monate nach ihrer Ankunft wäre Pünktchen ertrunken, wenn nicht Marthas Instinkt und eine unerklärliche Unruhe sie an diesem Tage aus ihrer Mittagssiesta durch den Garten an den Kanal getrieben hätte. Pünktchen war mit Amah an den Kanal gegangen, um Wasserlilien für ihren Papi zu pflücken. Amah sollte ihr dabei helfen. Amahs Hilfe bestand darin, daß sie Zigaretten rauchte und von Zeit zu Zeit, ohne hinzuschauen, „Vorsicht!" rief. Pünktchen reckte sich immer weiter, um eine blaue Wasserlilie zu erreichen. Als Martha an den Klong kam, rutschte das Kind gerade ins Wasser. Es war zu erschrocken, um zu schreien. Amah saß regungslos auf ihrer Matte im Gras und rief etwas lauter „Vorsicht!" Wenn die Wassergeister das Kind mit den bleichen Haaren als ihr Eigentum beanspruchten, durfte sie, Amah, nichts dagegen unternehmen, sonst würden die gekränkten Geister das Reisfeld ihres Vaters vertrocknen lassen.

Martha rettete ihre Tochter mit einem einzigen Griff. Sie trug sie ins Haus, rieb ihr die Schläfen mit Kölnisch Wasser ein und legte sie unter ihr Moskitonetz. Sie saß wie eine Salzsäule an Pünktchens Bett. Sie konnte nicht hier in Bangkok bleiben ..., aber Petersen schon nach drei Monaten wieder verlassen? Er brauchte sie, und sie brauchte ihn; das wußten sie nun beide.

Petersen fand Martha ohnmächtig auf der Matte vor Pünktchens Bett. Das Kind schlief sanft unter seinem Netz. Die Dienstboten waren in ihren Behausungen. „Zweiter Enkelsohn" würde erst in wenigen Minuten den Tee servieren. Martha hätte mittlerweile sterben können! Petersen wurde blaß. Rasch rief er den Arzt.

Als Martha die Augen aufschlug, lag sie in ihrem Bett. Vor ihr stand

Dr. Johannsen, ein Arzt aus Bremen, der in Bangkok lebte. Der riesige Hanseate gab ihr eine Spritze.

„Es ist nichts, Frau Petersen", sagte er mit tiefer Stimme. „Aber Ihr Hannes hier ist ganz tüdelig ..."

Petersen starrte Martha an. Als sie ihm zulächelte, sah sie erstaunt, daß er rote Augen hatte.

Amah wurde in ihr Reisdorf zurückgeschickt. Dr. Johannsen versprach, sich nach einer Kinderfrau umzusehen. So lange würde Ah Changs Tochter, Cheng, die ihre Pflichten im Küchenhaus tat, auf die „kleine Missie" aufpassen.

Drittes Kapitel

Petersen stand auf der Veranda seines Hauses und rief schon zum drittenmal nach Phom, dem Chauffeur. Es war gegen acht Uhr morgens; Petersen erwartete einen wichtigen Kunden im Geschäft. Wo steckte der Chauffeur nur wieder? Phom konnte nicht pünktlich sein. Zeit war für ihn ein dehnbarer Begriff. Wahrscheinlich schwatzte Phom mit Nang Sanit, der Waschfrau. Seine beiden Söhne beaufsichtigten indessen Nang Sanits Zwillinge und knabberten dabei den ganzen Tag Süßigkeiten. Sie hießen Mu und Nu, „Schwein" und „Ratte". Phom hatte als vorsichtiger Siamese seinem Nachwuchs diese Namen gegeben, um die mißgünstigen Geister zu täuschen. Niemals hätte er seine Sprößlinge etwa „Goldener Knabe" oder „Diamant" gerufen. Dann würden die bösen Geister diese wertvollen Kinder rauben, und Phom hätte niemanden mehr, der ihm das Wasser zum Waschen des Autos aus dem Klong holte. Phom hätte sich das Wasser bequem aus der Küche holen können, aber er wollte nichts mit Ah Chang, dem Koch, zu tun haben. Er nahm Ah Chang und seiner Sippe alles übel: ihren Fleiß, ihren Geschäftssinn, ihr andersartiges Essen und überhaupt ihre Existenz in Thailand.

Am meisten ärgerte ihn das Vorhandensein von Ah Changs Tochter Cheng. Sie kochte ausgezeichnet und gab ihm nie etwas ab. Cheng versorgte nur die Mitglieder der eigenen Familie. Phom mußte deshalb selbst den Reis für seine Sprößlinge kochen, wenn Nang Sanit des Morgens schlief – was oft vorkam, wenn sie des Abends zuviel siamesischen Reisschnaps getrunken hatte. Phoms eigene Frau war vor einem Jahr in ihr Dschungeldorf in Ostsiam zurückgegangen und hatte Phom die Aufbringung der Kinder überlassen. Die zierlichen Schelme liefen den ganzen Tag auf Petersens riesigem Grundstück herum, fingen Fische an einer entlegenen Stelle des Kanals, wo sie Ah Changs Enkelsöhnen nicht begegnen konnten, und kletterten furchtlos auf hohe Bäume.

„Phom!" schrie Petersen in die Richtung der Dienerwohnung. Der Chauffeur kam im Schneckentempo angeschlendert, um Nai Petersen für den Lärm zu bestrafen; als Siamese haßte er laute Stimmen auf den Tod. Hinter Phom schlenderten seine Söhne; „Ratte" stolzierte feierlich in seinem langen Sarong aus Baumwollbrokat; er gehörte seiner entschwundenen Mutter. „Schwein", sein kleiner Bruder, trug ein kurzes, schmutziges Baumwollhöschen, mit dem er seinem Namen alle Ehre machte. Petersen hatte die kleinen Schelme recht gern, aber heute früh schenkte er ihnen keinen Blick. Er hatte selbst Pünktchen nur sehr kurz Lebewohl gesagt, worauf sie sofort zu weinen begann.

Nach Petersens Abfahrt schluchzte sie zu Marthas Ärger weiter. Daraufhin überreichte der Gärtner, der das Kind mit den Goldhaaren abgöttisch verehrte, Martha mit tiefer Verbeugung einen kunstvollen Kranz aus siamesischen Strohblumen für die „kleine Missie". Martha bedankte sich sehr höflich bei Khon Suan; aber Charlotte würde den Kranz nicht bekommen. Die „Deern" – dessen war sich Martha bewußt – wurde ohnehin jeden Tag eitler. Zum erstenmal dachte Martha über Petersens Warnung nach. Halbwüchsige Kinder gehörten nicht in die Tropen, hatte er ihr einmal geschrieben. Und Charlotte, das mußte Martha zugeben, schon gar nicht. Sie ließ sich von den siamesischen Dienern verwöhnen, rief herrisch nach jedem Glas Eiswasser und ließ sich von Cheng, der Tochter des Kochs, ankleiden und kniend bedienen. Ein strahlendes Lächeln von Pünktchen – und die vierschrötige Chinesin in den schwarzen Satinhosen und der blendendweißen, hochgeschlossenen Leinenjacke war bereit, für die kleine Herrin durchs Feuer zu gehen.

Martha seufzte. Wenn Hannes nicht da war, erschien ihr das Leben in dem Tropenhaus unwirklich, als ein phantastisches Trugbild, das sich jeden Augenblick in Luft auflösen konnte. Viele Europäer, die in Bangkok lebten, hatten sich jedoch an dieses Gefühl längst gewöhnt.

Auch Wilhelm Christian Petersen, der Chef der Firma, zeigte alle Symptome des „langjährigen Lotosessers". Martha kannte ihn noch nicht; er weilte mit seiner siamesischen Gattin, seinen Kindern und unzähligen Bediensteten in seiner Sommervilla in Hua Hin – dem eleganten Seebad südlich von Bangkok, das man in wenigen Stunden Eisenbahnfahrt erreichen konnte. Doch Petersen senior wollte mit seiner Frau und einigen seiner Kinder dieses Wochenende nach Bangkok kommen, um Martha und die Kinder zu begrüßen.

Petersen & Co. hatten ihre Räume auf der New Road – Bangkoks wichtigster Geschäftsstraße. Bangkok war eines der größten Handelszentren des Ostens, und die New Road wartete zum Teil mit mehrstöckigen Geschäftshäusern im europäischen Stil auf.

Petersen warf einen abwesenden Blick auf die Kunstschule der Chulalongkorn-Universität, die er jeden Morgen passierte. Die farbenprächtigen Dächer mit den in Schlangenleibern auslaufenden Dachfirsten, die luftige Architektur und die Riesenpalmen im Vordergarten gaben dieser tropischen Hochschule einen besonderen Charakter.

Endlich hielt der Wagen vor Petersen & Co., und Petersen stieg aus. Er saß kaum fünf Minuten in seinem Büro mit den alten Hamburger Stichen an den kahlen, weißgetünchten Wänden, als der chinesische Boy mit ehrfürchtiger Verneigung den großen Herrn Wong – „Bangkok, Hongkong, Singapur" – hereingeleitete.

Herr Wong, das Haupt des in Ostasien berühmten Export- und Importhauses, war ein kleiner, beweglicher alter Herr mit einem länglichen Elfenbeingesicht. Er begrüßte den „jungen Herrn Petersen" mit zeremonieller Höflichkeit und erkundigte sich eingehend nach dem Senior der Firma, mit dem ihn eine jahrelange Geschäftsfreundschaft verband. Petersen erwiderte die Höflichkeit mit einer Nachfrage nach Mr. Wongs unübersehbarer Familie in Bangkok, Hongkong und Singapur.

Gleichzeitig suchte Petersen zu erforschen, warum der wichtige Kunde einen Deut kühler war als üblich. Hatte er, Hannes Petersen, nicht genügend gelächelt? Hatte er vergessen, sich nach dem Wohlergehen von Urgroßtante Wong in Hongkong zu erkundigen? Nein ..., es war alles genau nach der Regel vor sich gegangen. Petersen mußte den Grund des schattenhaften Unmuts erforschen; vorher konnte er keinesfalls eine Order auf die Maschinenteile und Präzisionsinstrumente erwarten, die Petersen & Co. dem Hause Wong bereits schriftlich mit allen Details angeboten hatten. Allmählich kam Petersen dahinter. Er verhandelte nicht umsonst seit zwölf Jahren mit Chinesen.

Mr. Wong war unzufrieden mit den neuen deutschen Ersatzteilen für eine alte japanische Maschine, die er nach Kriegsende aus einer japanischen Fabrik übernommen hatte. Die Ersatzteile waren *„no good"*. Der alte Herr Wong wußte genausogut wie Petersen, daß seine Kulis die Ersatzteile in einem ungedeckten Schuppen hatten verrosten lassen und daß die Maschine vor Altersschwäche keuchte, aber Wong mußte vermeiden, sein „Gesicht zu verlieren". Nachdem Petersen die geheime Verstimmung ans Licht gezogen hatte, begann der alte Herr höflich zu reklamieren. Natürlich lächelte Petersen, aber geschäftlich war er auf der Hut.

Selbstverständlich würden Petersen & Co. „technische Assistenz" leisten. Das war in Ostasien die beschönigende Bezeichnung für die kostenlose Instandsetzung von ruinierten Maschinen. Sein Fachmann – erklärte Petersen über der dritten Schale von grünem chinesischem Tee – würde mit Vergnügen feststellen, was an den deutschen Ersatzteilen nicht stimmte. Das „Gesicht" des alten Herrn Wong war nun wiederhergestellt, und er erteilte lächelnd einen großen Auftrag für Stahlprodukte und Werkzeuge.

Der alte Wong erhob sich; er trank stets drei Tassen grünen Tee und nicht mehr. Dann schritt er leicht und würdevoll zu den alten Stahlstichen und betrachtete den Alsterpavillon in romantischer Zeit. „Ein angenehmes Teehaus", sagte er sanft. Er machte diese Bemerkung jedesmal. Petersen verbeugte sich lächelnd und wies Herrn Wong auf einige Stahlstiche hin, die Schiffsmodelle aus dem achtzehnten Jahrhundert zeigten. Der alte Chinese musterte die vergilbten Blätter und sagte dann, er würde sich freuen, Madame Petersen bei Gelegenheit seine historischen „Wasserlandschaften" zeigen zu können. Er hoffe, daß Familie Petersen ihm bald die Ehre ihres Besuches geben würde. Dann verschwand er bescheiden und lautlos.

MARTHA stand auf der Terrasse des Hauses und rief zum drittenmal „Amah!" Sie war vor einer Stunde aus dem königlichen Sportklub zurückgekommen, wo sie und Pummel geschwommen hatten. Dieser Klub war das Paradies der Europäer in Bangkok. Das Schwimmbassin gab Kühlung und Entspannung. Der benachbarte Tennisplatz war in den Abendstunden von fröhlichem Leben erfüllt. Hinter dem grün gekachelten Schwimmbad erstreckten sich ein geräumiger Lesesaal und die riesigen Terrassen mit dem englischen Rasen, wo der Ferne

Osten und der Westen nach dem Sport freundschaftlich vereint die Abendkühle genossen.

Martha blickte durch ihre schwarze Sonnenbrille in die Richtung der Dienerwohnungen. Sie hatte bereits erfaßt, daß es in Ostasien Arbeit bedeutete, die zehn oder zwölf Diener an ihre Pflichten zu erinnern. Man stand auf einer romantisch umblühten Terrasse und rief...

Jetzt sah Martha Cheng mit „jüngstem Enkelsohn" auf dem Arm. Die Tochter des Kochs sollte die neue Amah in ihre Pflichten einweisen. Bis jetzt hatte die Amah außer einem strahlenden Lächeln, einem malaiischen Sarong und riesigen Füßen nichts aufzuweisen, was ihre Eignung für den Posten eines „Kinderfräuleins" erkennen ließ. Cheng tat nicht das geringste, um Amah einzuarbeiten – im Gegenteil. Sie wollte nämlich den Posten bei der kleinen Herrin mit den Goldhaaren behalten und intrigierte gegen die arglose Malaiin, die von Dr. Johannsen empfohlen worden war. Cheng kam endlich zu Martha und erklärte, daß die kleine Herrin jetzt von ihr angezogen werden würde, da Amah „keine Lust dazu habe". Marthas Unterhaltung mit Cheng wurde von „ältestem Enkelsohn" ins Englische übersetzt. Martha war entrüstet. „Hole Amah hierher!" befahl sie „ältestem Enkelsohn". Er erwiderte wie aus der Pistole geschossen, daß Amah fortgegangen wäre. In Wahrheit hatte Cheng sie fortgeschickt, um etwas zu besorgen, das Martha niemals bestellt hatte. Martha gab auf. „Sage Cheng, sie möchte kleine Missie schnell fertigmachen; Master kommt in zehn Minuten!" trug sie resigniert dem grinsenden jungen Mann in der schneeweißen Livree auf. Cheng verbeugte sich demütig und watschelte mit „jüngstem Enkelsohn" in die erste Etage, wo Pünktchen schon in der Badewanne saß. Sie alle sollten heute Großonkel Wilhelm Christian und seine siamesische Gattin besuchen.

Als die ganze Familie – mit Cheng und „jüngstem Enkelsohn" in einer nachfahrenden Rikscha – bei Wilhelm C. Petersen zum Mittagessen anlangte, schien die Sonne mit solch intensiver Kraft, daß Martha Schmerzen im Hinterkopf fühlte. Sie hatte in Hamburg niemals unter Kopfschmerzen gelitten. Schlimm waren auch die Stiche der Moskitos, die ihr Schwellungen an den Beinen verursachten. Der verdünnte Salmiak, mit dem Martha sich Beine und Arme einrieb, half ein wenig, aber nicht genug.

Wilhelm Christian Petersen empfing seine Gäste auf der Terrasse seines schloßähnlichen Hauses in Rong Muang. In diesem Distrikt gab es riesige verträumte Gärten. Petersen senior besaß ein Haus mit vierzehn Zimmern und einen Garten mit vier Lotosteichen, drei Pavillons und einem Goldfischbassin. Eine ungeheure Stille umgab den Besitz. Weit hinter dem Herrenhaus lag das „Dienerviertel", das etwa fünfzehn dienende Geister und ihre Angehörigen beherbergte. In der Garage standen drei Autos; eines für Geschäftszwecke und eines für den Hausherrn persönlich. Der dritte Wagen gehörte Gräfin Siri, seiner Frau.

Nang Siri war Maklerin aus Neigung; sie fuhr häufig in ihrem rotlackierten Kabriolett in der Stadt umher und handelte schlau und sanft lächelnd Grundstückspreise und Profite aus. Sie hatte ihr eigenes Bankkonto und ihre eigenen Gedanken. Sie hatte Nai Petersen acht Kinder geschenkt, ihm aber auch ihre Erziehung überlassen. Zwei Kinder waren an Cholera gestorben; Nang Siri hatte während einer Geschäftsreise ihres Mannes versäumt, die Kinder impfen zu lassen. Als Wilhelm Christian damals zurückkam, weinte er das einzige Mal in etwa achtundvierzig Jahren. Er liebte seine Kinder mit einer beschützenden und doch hilflosen Zärtlichkeit. Was sollte aus ihnen werden, wenn er die Augen schloß?

Die ältesten Söhne waren arbeitsscheu und liebenswürdig. Sie hatten Siamesinnen geheiratet, lebten auf dem Lande und besuchten ihren Vater niemals. Das deutsche Blut dieser jungen Männer verriet sich nur in ihren großen, wuchtigen Gestalten, die in seltsamem Gegensatz zu ihren geschlitzten schwarzen Augen und den zarten Händen standen.

Die Töchter lebten zufrieden und gehorsam – wie es jungen asiatischen Damen geziemt – in dem unordentlichen Palast in Rong Muang. Bei der ältesten, Pauline, war das europäische Erbe durchgeschlagen. Sie war ein großes, anmutiges Mädchen mit roten Haaren, gelblicher Haut und einem schönen, sinnlichen Mund. Pauline Petersen war sehr still und hatte „ihre Launen". In einem solchen Fall sprach sie tagelang kein Wort mit ihrem Vater und betrachtete ihre zierliche siamesische Mutter mit hochmütiger Abneigung. Pauline würde nur einen Europäer heiraten! Und dann möglichst weit weg von Bangkok leben. Der alte Herr Petersen erfüllte Pauline jeden Wunsch, auch den unvernünftigsten, vielleicht aus einem dunklen Gefühl heraus, mit materiellen Gaben gutmachen zu müssen, was er diesem reizvollen, schweigsamen Mädchen nicht geben konnte: eine weiße Haut und eine passende Heirat. Pauline unterrichtete zweimal die Woche kleine Siamesinnen in der Klosterschule der Ursulinerinnen in Deutsch und Englisch. Sie beherrschte beide Sprachen ausgezeichnet. Mit vierzehn Jahren war sie Katholikin geworden, was ihren protestantisch erzogenen Vater veranlaßt hatte, energisch Einspruch zu erheben – das einzige Mal in seiner Laufbahn als Vater. Er war „gegen Rom", weil alle Petersens in Hamburg dagegen gewesen waren. Aber Pauline hatte ihn damals mit ihren leidenschaftlichen schwarzen Augen betrachtet und geflüstert, daß die römische Kirche keine Unterschiede zwischen Rassen und Nationen kenne. Sie sei die Mutter der Völker. Herr Petersen hatte seine Zustimmung gegeben: Pauline sollte in drei Teufels Namen „römisch" werden ...

Petersen senior lebte in ständiger Angst um diese Lieblingstochter, die mit zwölf Jahren aus unbekannten Gründen einen Selbstmordversuch unternommen hatte. Später hatte Pauline niemals mehr versucht, ihrem Leben ein vorzeitiges Ende zu setzen. Sie wußte nun, daß es Sünde war.

Hannes Petersens Wagen fuhr in rasendem Tempo durch das Portal und den langen Weg zum „Schloß" seines Onkels hinunter. Phom wollte zeigen, was er konnte. Martha rief zweimal: „Fahre langsam!", woraufhin Phom noch einmal beschleunigte.

Petersen legte seine Hand auf Marthas Arm. „Wir sind ja schon da", sagte er milde.

„Willkommen in Rong Muang!" rief Wilhelm Christian Petersen und lief die vielen Stufen seiner Marmorterrasse hinunter. Onkel „Winn", wie er genannt wurde, war ein großer, schwerer Hanseate in einem schneeweißen Tropenanzug, den er Martha zu Ehren widerstrebend angelegt hatte. Für gewöhnlich trug er schwarze chinesische Hosen mit einem Silbergürtel und ein dünnes Baumwollhemd, das einen Großteil seiner breiten Brust frei ließ. Aber die Nichte aus Hamburg war sicher „etepetete".

Er half Martha galant aus dem Wagen, schüttelte Pummel die Hand und hob Pünktchen entzückt in die Luft. „Kommt in die Halle, meine Lieben!" rief er mit tiefem Baß.

Martha betrachtete den sagenhaften Onkel aus dem Wunderland so unauffällig, wie es ging. Wilhelm Petersen hatte eine sehr hohe Stirn, die durch die beginnende Glatze noch höher erschien. Nur zu beiden Seiten der Schläfen stand je ein Büschel weißes Haar wie ein abgebrochener Glorienschein. Seine tiefliegenden, hellblauen Augen blickten aufmerksam, aber trotzdem leicht verschleiert: als ob ein dünner Nebel von Schwermut das scharfe, helle Blau dämpfte. Er hatte die gerade Nase und den willensstarken Mund aller älteren Petersens.

In der dunkel getäfelten Halle mit den Schiffsmodellen, die Onkel Winn aus seinem Elternhaus in den Fernen Osten gebracht hatte, stand Gräfin Siri mit Pauline. Die anderen Kinder waren in Hua Hin geblieben.

Nang Siri schritt auf Martha zu, verbeugte sich tief und anmutig und murmelte: *„Sawat di!"* – „Glück und Gesundheit mit dir!" Martha nickte der exotischen Gestalt im kirschroten Baumwollbrokatrock und der weißen Batistbluse freundlich zu. Gräfin Siri hatte die kindliche Liebenswürdigkeit und Grazie einer unverbildeten Ostasiatin. Sie legte eine kleine kunstreiche Keramikvase mit einer bläulichrosa Orchidee in Marthas Hände. Die Vase war ein Museumsstück; Nang Siri hatte sich mit siamesischer Gastfreundschaft von ihrer Lieblingsvase getrennt. Martha legte den Arm um die lächelnde zierliche Siamesin und sah sich mit ihr einige andere Stücke ihrer in Bangkok berühmten Keramiksammlung an, die matt glänzend auf verstaubten Teakholztischen in der riesigen Halle standen. Pauline übersetzte, was ihre Mutter sagte.

Petersen senior nahm Pummel und Pünktchen an der Hand und führte sie in den Garten, wo schillernde Tropenvögel sich in den Bäumen wiegten und fünf zahme Gibbons auf Drahtseilen herumtanzten. Pummel und Pünktchen betrachteten die Affen mit den schwarzen Gesichtchen und dem langhaarigen, goldfarbigen Fell mit Ausrufen des Entzückens. Ein Gibbon saß bereits auf Onkel Winns Schulter und hatte seinen langen Arm zärtlich um ihn geschlungen.

Herr Petersen stellte das Tier wie ein Kind auf die Beine und gab Pünktchen die eiserne Kette in die Hand. „Du kannst ihn bis zum Essen spazierenführen, mein Deern", sagte er wohlwollend. „Er heißt ‚Hummel-Hummel'." Pünktchen sprang ihrem Großonkel an den Hals und küßte ihn. Der alte Mann sagte: „Schon gut, mein Lütten!" Der Schleier über seinen hellen blauen Augen lüftete sich einen Augenblick.

Drinnen in der Halle war eine lebhafte Unterhaltung im Gang. Nang Siri war im Küchenhaus verschwunden, um die sechs Dienerinnen beim Bereiten der siamesischen Reistafel mit fünfundzwanzig phantasievollen Beilagen zu überwachen. Onkel Winn begrüßte ein altes Hamburger Ehepaar, das „mal 'n büschen längs gekommen

war". Charles Krüger war Besitzer einer Papierfabrik und ein sehr reicher Mann. Seine Frau war ihm vor vierzig Jahren nach Ostasien gefolgt. Frau Krüger war eine kleine weißhaarige Dame mit einem hochroten Gesicht. Sie sprach meist leise, konnte aber plötzlich einige bedeutsame Sätze so laut sagen, daß nicht nur die geräuschempfindlichen Siamesen zusammenfuhren. Sie lebte in einem herrlichen Haus in der Nähe des Dusit-Parks einzig für ihren Mann und ihre sechs Rassehunde. Krügers hatten keine Kinder.

„Wir gehen ja nun auch nich mehr zurück", sagte Doris Krüger in unverfälschtem Hamburgisch zu Martha. „Papa kam vor vierzig Jahren in Siam an. Damals hieß es noch nicht Thailand."

„Ich hörte, Sie haben ein wunderschönes Haus", bemerkte Martha.

„Unser Haus is ganz nett", sagte Frau Krüger. „Und denn die Hunde! Sie müssen unsere Hunde besuchen, Frau Petersen! Oder muß ich ‚Frau Doktor' sagen? Papa sagt, Sie hätten s-tudiert. Was es alles gibt!"

Martha beruhigte Frau Krüger über diesen Punkt. Sie war natürlich „Frau Petersen".

„Papa", rief Frau Krüger, nachdem sie sich eine Weile mit Martha unterhalten hatte, „wir gehen!"

Sofort erhob sich der alte Herr Krüger und ging auf die Terrasse, um nach seinem Chauffeur zu rufen. Der war verschwunden.

„Bleibt doch zum Essen bei uns", meinte Onkel Winn gastfreundlich. Es war ihm gleich, ob zehn oder zwanzig Leute an seiner Reistafel aßen.

„Vielen Dank, Krischan", sagte Frau Krüger. „Aber wir müssen weg, wir bekommen selbst Gäste."

Herr Krüger verabschiedete sich: „Na, denn adschüs, Krischan! Wir s-prechen noch mal über den Koprakram, was, Hannes?" Er verbeugte sich vor Martha und streifte die Kinder zum erstenmal mit einem kurzen Blick. „Die Gören schicken Sie man so bald wie möglich nach Hamburg, die haben hier nix verloren."

Herr Krüger hatte recht, aber Martha mochte keine Ratschläge von Fremden. „Wir bleiben nur ein paar Monate", erwiderte sie kühl.

Charles Krüger lachte laut auf. „Das ist ja drollig! Hast du das gehört, Hannes? Deine Frau will wieder weg ..."

Petersen kam Martha zu Hilfe. „Natürlich", antwortete er. „Meine Familie ist hier zu Besuch."

„Na, nichts für ungut, Frau Petersen", entschuldigte sich Herr

Krüger höflich. Etwas in Marthas Blick hatte seine Lustigkeit gedämpft. Wollte Martha Petersen wirklich nicht hierbleiben? Hannes blieb doch wohl auf jeden Fall? Jetzt war er doch Teilhaber der Firma. „Auf Wiedersehen, Frau Petersen“, sagte Krüger. „Wir würden uns freuen, wenn Sie sich die Hunde mal ansehen. Bringen Sie bitte die Kinder mit. Du kannst dich denn mal auf'n Pferd setzen, mein Jung'“, meinte er freundlich zu Pummel. „Ich hab 'ne kleine Zucht, Rennpferde ...“

Dann fuhr das Ehepaar in seinem neuen Wagen davon. Die Krügers lebten noch behaglich und eigensinnig im Siam von 1910 – im Land des ungetrübten Lächelns – mit ergebenen Dienern, Rennpferden, Hunden und Tonnen von Ruhe.

Da das Essen immer noch nicht aufgetragen wurde, zeigte Petersen senior den Kindern seine Vögel. „Der da heißt *Nok-Takarb*“, erklärte er Pummel. „*Nok* heißt Vogel auf siamesisch.“

Pummel betrachtete den Vogel mit scharfem, sachkundigem Blick. Er hatte immer eine Eins in Naturkunde gehabt. Er notierte sich in einem Notizbuch den Namen des Vogels und seine Farben. Nok-Takarb war ein fetter, glänzender Geselle mit blaugrünen Flügeln, die in der Mittagssonne wie kostbares Metall glänzten.

Wilhelm Christian Petersen blickte den stämmigen Jungen mit dem blonden Haarschopf und den klugen, guten Augen an. Ein famoser Jung', voller Kraft und Sanftheit, dachte Petersen senior. Erneut verschleierte sich sein Blick. Er mußte an seine eigenen schattenhaften Söhne denken – an diese wildfremden jungen Männer, deren Liebenswürdigkeit ihre geistige Lethargie nur eben verdeckte. Sie hatten Sanftheit, aber keine Kraft. „Kommt, Kinder“, sagte er heiser. „Gleich gibt es die Reistafel!“

ALS Petersens an diesem ereignisreichen Tag nach Hause fuhren, entstand im Auto eine lebhafte Unterhaltung. Es war allerhand Überraschendes abgemacht worden: Während Hannes Petersen geschäftlich nach Saigon fliegen mußte, würde Martha mit Pummel und Pünktchen zwei Wochen bei Großonkel Winn in Hua Hin verbringen. Dort würde Pummel am Strand unter Aufsicht von Petersen senior reiten lernen. Pünktchen würde nur im Meer baden, wenn Pauline dabei war. Das Kind mußte endlich seine Angst vor dem Wasser überwinden. Seitdem sie in den Kanal gerutscht war, konnte Martha Charlotte nicht einmal bewegen, an ihrer Hand das

Schwimmbassin im Sportklub zu betreten. Pauline hatte leidenschaftlich versichert, daß Pünktchen nichts in Hua Hin geschehen würde. Sie betrachtete ihre kleine Verwandte mit den blonden Locken mit einer demütigen Bewunderung, die Martha ins Herz schnitt.

Zu Hause erwartete Ah Chang seine Herrschaft mit undurchdringlichem Lächeln. Er tat, als ob er seine Tochter Cheng nicht sähe, die gerade in der Rikscha durch das Tor einfuhr. Die malaiische Amah war verschwunden. „Eine sehr schlechte Person", murmelte der alte Koch. „Sie war nicht glücklich bei Nai Petersen." Ah Chang hatte sich sofort eine Hilfe für die Küche besorgt. Seine Tochter Cheng mußte vorerst wieder einmal auf die kleine Missie aufpassen, nicht wahr?

Die neue Küchenhilfe hieß Chung und war eine Nichte von Ah Chang. Martha hatte sie öfter von weitem bei den Wohnungen des Dienstpersonals gesehen. Die Dame stand nun neben dem alten Koch und zeigte sämtliche Goldzähne beim Lächeln. „Chung" – so erklärte Petersen seiner sprachlosen Gattin – hieß „Zweite Schwester". Wessen zweite Schwester diese Dame war, wurde nicht erläutert. Chung brachte ein bildschönes halbwüchsiges Mädchen mit. Sie hieß Ah Bue und sollte ebenfalls „helfen".

„Aber Amah hatte doch gar nicht gekündigt", sagte Martha schwach.

„Du bist hier nicht in Pöseldorf, Martha", erwiderte Petersen nachsichtig. „Cheng hat Amah bedeutet, daß du ihre Dienste entbehren kannst. Sie will Pünktchen für sich behalten. Das ist doch ganz einfach."

Die neue Hilfe des Kochs verbeugte sich tief. Sie trug schwarze Hosen und eine schwarze Jacke. Ihre Füße steckten in staubigen Sandalen. Diese Chinesin mit ihren schlauen Augen gefiel Martha nicht. Aber – man war ja nicht in Pöseldorf. Chung und ihre Tochter Ah Bue verschwanden mit dem alten Koch in die Richtung des Küchenhauses. Die malaiische Amah waren Petersens also los. In Bangkok suchte der Koch die Diener und Dienerinnen aus. Ah Chang war die unumstrittene Nummer eins im Hause Petersen. Auch die Mem mit der „gelehrten Brille" würde daran nichts ändern.

Cheng verbeugte sich demütig vor Martha und murmelte, daß sie jetzt das Bad der „kleinen Herrin" bereiten wollte. Sie senkte ihren Kopf so tief, daß Petersen und Martha nicht den Triumph in ihrer Miene sehen konnten. Niemand würde ihr das Kind mit den goldenen Haaren rauben! Und ein schönes Gehalt gab es auch noch. Davon konnte Cheng „ältesten Enkelsohn" so viel lernen lassen, daß „sein Bauch sich mit Bleistiften füllen würde". Cheng mußte Mutter- und Vaterstelle an ihren Söhnen vertreten. Ihr Mann war von Banditen erschossen worden.

„Cheng!" rief Pünktchen von oben, „bring mir eine Eislimonade!" Pünktchen sprach schon sehr nett siamesisch, wenn auch mit deutschem Akzent.

Cheng verstand das Kind mit den goldenen Haaren, als ob es chinesisch gesprochen hätte. Sie würde der kleinen Missie in Hua Hin etwas Chinesisch beibringen. Die Mem hatte ihr soeben sagen lassen, daß sie die Kleider des Kindes bis übermorgen gewaschen und gebügelt haben wollte. Cheng überließ der siamesischen Waschfrau dieses Vorzugsamt nicht. Sie plättete nicht gut genug für das Kind mit den goldenen Haaren. Keine Arbeit war Cheng zuviel, wenn es sich um „ihre" kleine Herrin handelte.

Drei Tage später fuhren Martha und die Kinder mit ihrem Großonkel, Nang Siri und der glücklichen Pauline in die Sommervilla nach Hua Hin. Pauline würde Pünktchen nicht aus den Augen lassen; auch wenn es der Chinesin nicht paßte. Auch Pauline hatte Mittel und Wege, ihren Willen durchzusetzen. Das hatte sie von ihrer siamesischen Mutter gelernt.

VIERTES KAPITEL

MARTHA und die Kinder waren nun vierzehn Tage in Hua Hin am Meer. Martha schwamm mehrere Male am Tag mit Pummel, beaufsichtigte das Planschen ihrer braungebrannten Tochter und sprach des Abends über die angenehmen Dinge des Lebens mit Onkel Winn. Im Kreise seiner kichernden und folgsamen Töchterschar verbrachte der Senior von Petersen & Co. seine Ferien in paradiesischer Stille und Einfachheit. Nang Siri machte in Bangkok Geschäfte und erschien von Freitag bis Montag in Hua Hin. Sie lag im Garten stundenlang in einer Hängematte und knabberte siamesische Süßigkeiten aus Kokosmilch und Palmzucker, die Mae Wat – die Köchin – täglich für ihre Herrin bereitete. Martha wunderte sich immer von neuem, daß Nang Siri bei dieser Lebensweise so schlank und graziös blieb. Nang Siri sah mit ihrem meergrünen *Pasin* – einem langen, engen Rock – und einer weißen Blüte im lackschwarzen Haar so poetisch aus, daß Martha lange Zeit brauchte, um die schlaue und zähe Geschäftsfrau hinter der Erscheinung im Palmengarten zu entdecken.

Martha und ihr Sohn faßten eine Zuneigung zu dem kindlich-heiteren und gastlichen Fischervolk, das einige Kilometer vom Seebad entfernt lebte. Hua Hin erwachte erst am späten Nachmittag zum Leben. Die Kinder ritten dann auf zahmen Ponys am Strand entlang; man spielte Tennis oder Golf oder ging in das Fischerdorf, wo die Netze auf Bambusstangen trockneten und die ausgenommenen Eingeweide der Fische einen penetranten Geruch verbreiteten.

Abends fuhren sie gelegentlich mit den Fischern aufs Meer hinaus. Einmal nahmen Martha, Pummel und Pauline an einer asiatischen Segelregatta teil. Pauline war Dolmetscherin. Sie schwatzte und lachte so ungezwungen mit den Fischern, wie Martha sie niemals mit Europäern gesehen hatte. Obwohl Martha Pauline warmherzig und aufrichtig entgegentrat, war das Mädchen selbst ihr gegenüber überhöflich und seltsam gehemmt. Eine unbezwingliche Melancholie schien ihre Seele im Verkehr mit Europäern zu beschatten. Mit Onkel Winn konnte man nicht über seine Lieblingstochter sprechen. Als Martha gegen Ende der Ferien vorschlug, Pauline auf ein Jahr nach Hamburg mitzunehmen, fragte sie der alte Herr, ob sie einen Sonnenstich bekommen habe. Pauline solle bleiben, wo sie hingehöre – und damit basta! Aber – wo gehörte sie hin? Wo würde sie hingehören, wenn der alte Herr eines Tages die Augen schloß? Martha hatte geseufzt und geschwiegen.

Und nun plauderte Pauline in schnellem Siamesisch, und die gutartigen Fischer lachten nicht über das rote Haar, die gelbliche Haut und die schmalen schwarzen Augen dieser „verirrten" Asiatin. Für sie war Pauline die Tochter der reichen und frommen Gräfin Siri. Denn Gräfin Siri war eine eifrige Buddhistin und beachtete – wie die Fischer in ihren Hütten – jedes der vielen Feste und jede Zeremonie. Sie spendete alljährlich neue gelbe Roben für die Mönche in Hua Hin und Bangkok und verharrte Stunden in tiefem Schweigen vor den Altären des Erleuchteten. Niemand wußte, was in diesen Stunden in der Seele der geschäftstüchtigen Nang Siri vorging – ihr deutscher Mann am allerwenigsten! Er hatte sie in jungen Jahren als bezauberndes Spielzeug betrachtet; später hatten ihm ihr Geschäftssinn und ihre anmutige Würde eine ständige Freude bereitet, aber er kannte die Frau an seiner Seite nur in ihren äußeren Gebärden und Verhaltensweisen. Er war in demselben unverbindlichen Sinne „gegen Buddha", wie er

„gegen Rom“ war. Ein Anflug von geistiger Resignation umgab diesen kraftvollen alten Mann, der freiwillig sein Geschick von den Traditionen seiner Heimat gelöst hatte. Aber etwas hatte er von den Asiaten gelernt: Er genoß den Augenblick mit philosophischem Gleichmut und ärgerte sich niemals über Kleinigkeiten.

Pummel war in Hua Hin sehr glücklich. Er war sehniger und schlanker geworden. Der Fischfang mit Pauline und den siamesischen Fischern war das größte Erlebnis, das der Ferne Osten ihm bis jetzt geschenkt hatte. Er hatte die Farbenorgie des Sonnenuntergangs miterlebt, den phantastischen Sternenhimmel über dem nächtlichen Meer. Am nächsten Morgen notierte Pummel sich sorgfältig all die exotischen Fischarten, die er gesehen hatte. Wenn er später einmal ganz in Thailand leben würde, sollte niemand mehr so viel über seine Unwissenheit lachen können wie jetzt.

Für den alten Herrn Petersen war es eine ausgemachte Sache, daß Pummel „später“ in Thailand leben würde. Er hatte sich sehr an ihn gewöhnt. Nach Marthas Ansicht aber würden sie und die Kinder nur dieses eine Jahr bleiben, wie es vorgesehen war. Danach käme Hannes wohl auch am besten mit ihnen nach Hamburg zurück. Er konnte jederzeit mit seinem Vetter Hinrich Petersen das Hamburger Exporthaus leiten. Dieses Angebot hatte Martha als „Geschenk“ nach Bangkok mitgebracht. Sie war auf eisernes Schweigen bei ihrem Mann gestoßen. Wie ein Siamese ging Hannes jeder Diskussion über eine Änderung seiner Lebensweise einfach aus dem Wege. Aber seine ausweichende Haltung konnte die Tatsache nicht aus der Welt räumen, daß Hannes und Martha schon nach vier Monaten in den Konflikt geraten waren, in dem sich so viele Europäer in Thailand befanden: Leben im Fernen Osten oder im Westen? Alle Männer wollten die halbwüchsigen Kinder nach Hause senden und mit der Frau so lange in Ostasien bleiben, bis allenfalls politische Wirren sie vertrieben. Die meisten Frauen hingegen versuchten, die Familie so rasch wie möglich wieder in die Heimat zu verfrachten.

Nach der Rückkehr aus Hua Hin lebten sie fürs erste wieder in Eintracht in ihrem Haus in Bangkok, das auch für Martha und die Kinder ein wirkliches Heim geworden war. Und selbst Martha befiel ein Grauen, wenn sie an die Gänge zum Wohnungsamt und alles andere dachte, das ihr Los nach ihrer Rückkehr sein würde.

Mußte sie denn nach Hamburg zurück? Hier in Siam schickten alle ihre europäischen und amerikanischen Nachbarn nur die Kinder heim und blieben in Bangkok, wo sie in diesen chaotischen Zeiten noch etwas von ihrem Leben hatten. Im Schatten des Buddha herrschte immer noch „das sanfte Gesetz" im Umgang mit Menschen: Jeder konnte denken und glauben, was er wollte. Die Sonne der Toleranz beschien dieses riesige Land von morgens bis Mitternacht …

MARTHA fuhr von einem Besuch nach Hause. Der indische Nachtwächter kam ihr – grau vor Schreck und unverständliche Worte murmelnd – entgegengewankt. Die siamesischen und chinesischen Diener standen schreiend im Kreise und beugten sich über eine am Boden liegende blutüberströmte Gestalt. Der alte Koch löste sich aus der Gruppe und flüsterte: „Der Master … unser armer Master! Tot, tot!"

Johannes Petersen lebte, aber er blutete aus einundzwanzig Wunden. Ein tollwütiger Hund von beträchtlicher Größe war aus dem Kanal auf ihn zugesprungen. Petersen hatte ihn in seiner Panik in den Kanal zurückgestoßen. Da war der Hund mit Schaum vorm Maul auf Petersen losgegangen und hatte versucht, ihm die Kehle durchzubeißen. Petersen kämpfte um sein Leben – endlich erwürgte er die rasende Kreatur.

Martha stand vor ihrem ohnmächtigen Mann und gab keinen Jammerlaut von sich. Sie schrieb eine eilige Botschaft an Dr. Johannsen; er würde wissen, was zu tun war. Der Chauffeur, der die Botschaft überbringen sollte, mußte erst geweckt werden. Er schlief gerade seinen Rausch unter seiner Lieblingspalme aus. Die Kinder waren im Sportklub. Gott sei Dank, dachte Martha.

Petersen war aus seiner Ohnmacht erwacht. Er flüsterte betäubt: „Martha … Wo bin ich?"

Martha und der alte Koch hatten ihn vorsichtig auf eine Matratze in der Veranda gebettet. Sie wagte nicht, den blutenden Mann nach oben bringen zu lassen.

Endlich fuhr ein Auto die breite Auffahrt entlang. Ein Seufzer der Erleichterung entrang sich Martha.

In Begleitung von Dr. Johannsen befand sich eine zarte, kleine Siamesin: Fräulein Dr. Charoon vom Bangkoker Pasteur-Institut. Das Institut war zwar um diese Abendstunde schon geschlossen; die Ärztin hatte aber immer Ampullen mit Serum gegen Schlangenbisse, Tollwut und Pocken in ihrer Villa, die sie mit ihrer Tante, einer alten Hofdame, bewohnte.

Dr. Johannsen verbreitete eine Ruhe, die er keineswegs fühlte. Der Straßenköter, der Petersen gebissen hatte, gehörte zu den unzähligen, verwahrlosten Hunden, die in Scharen in Bangkok herumliefen – den Tod in den Lefzen und am Leben gelassen von einer Bevölkerung, welche die Vorschrift des Buddha, kein lebendes Wesen zu töten, streng befolgte.

„Das kriegen wir schon hin, Frau Petersen", murmelte Dr. Johannsen mit gespielter Zuversicht. Glücklicherweise wußte Martha nicht, was Dr. Johannsen und die siamesische Ärztin wußten. Die Injektion mit dem Impfstoff wirkte *nicht* hundertprozentig sicher. Denn man baute ja erst die Immunität im Körper auf, nachdem die Bisse des Hundes erfolgt waren. Es war ein gespenstischer Wettlauf mit dem Gift, das sich zu Petersens Gehirn durcharbeiten wollte. Man rechnete mit einer Inkubationszeit von mindestens zwei Wochen; doch man mußte etliche Monate auf den Ausbruch der Krankheit gefaßt sein. Der Patient, bei dem das Serum nicht gewirkt hatte, ging innerhalb von fünf Tagen zugrunde.

Dr. Johannsen gab Petersen eine Tetanusspritze. Dann wusch er die Wunden aus und verband sie. Die junge Ärztin verabreichte währenddessen geschickt und sorgsam die Seruminjektion.

„Wir müssen ab morgen stärkere Spritzen geben", murmelte sie und blickte Martha mitfühlend an. Fräulein Dr. Charoon sprach fließend englisch. Sie hatte in Cambridge studiert und liebte England, aber ihr Platz war in ihrem eigenen Lande, bei den vielen leidenden Menschen, deren größtes Unglück Unwissenheit, Trägheit und Aberglaube waren. Jeder Haushaltsvorstand sollte seine Hunde gegen Tollwut impfen lassen, aber wie viele taten es?

„Martha", sagte Petersen klagend, „mir ist sehr schlecht." Mit geschlossenen Augen lag er da, weiß im Gesicht vom Blutverlust, und er sprach mit dünner, fremder Stimme. Offenbar fiel ihm ein, daß er morgen nicht ins Geschäft gehen konnte.

„Onkel Winn ... Ich kann ... morgen ... nicht ..." Petersens Stimme erstarb in einem Murmeln.

„Still, Hannes ...", mahnte Martha mit erstickter Stimme und legte ihm die Hand auf die Stirn.

Dr. Johannsen gab Petersen ein Schlafmittel. Der Rest war einfach: Petersen wurde im Auto ins Chulalongkorn-Krankenhaus gebracht, das in der Nähe des Sportklubs lag. Das Zimmer für Nai Petersen war in aller Eile hergerichtet worden. Dr. Johannsen wollte mindestens bis

Mitternacht bei Petersen bleiben. Danach konnte man ihn telefonisch im Haus erreichen. Der junge siamesische Stationsarzt und die Nachtschwester versprachen, ihr möglichstes für den kranken Europäer zu tun. Die beiden sanften Wesen zitterten vor Mitleid mit der erstarrten, blassen Martha, der unaufhörlich Tränen übers Gesicht rannen. Martha weinte sehr selten.

Dr. Johannsen wurde ans Telefon gerufen. Fräulein Dr. Charoon teilte ihm mit, daß die Sektion des Hundes erfolgt war: Das Tier war tollwütig gewesen – leider.

Als Dr. Johannsen zu Martha zurückkehrte, betrachtete er sie nachdenklich. Irgendwie mußte er Martha auf mögliche Komplikationen vorbereiten.

„Hören Sie, Frau Petersen", sagte er endlich, „Hannes wird jetzt einundzwanzig Tage die stärksten Injektionen erhalten. Wir hoffen, daß alles gutgeht . . ."

„Ist dann die Gefahr beseitigt?" fragte Martha.

„In den meisten Fällen", erklärte Dr. Johannsen ruhig, „verhindern diese Injektionen den Ausbruch der Krankheit. Aber eine unbedingte Sicherheit gibt es erst nach Ablauf von sechs Monaten."

„Sechs . . . Monate?" stammelte Martha. „Das ist ja . . ." Die Stimme versagte ihr, doch dann riß sie sich zusammen. Jetzt galt es, Kraft und Mut zu behalten.

Fräulein Dr. Charoon gab Petersen täglich seine Injektionen. Sie lächelte jeden Tag etwas mehr. Nai Petersen war jung und kräftig. Es zeigte sich im Laufe der Wochen kein einziges Symptom der Krankheit. Als die Kinder zum erstenmal in die Klinik kommen durften, sagte Petersen bereits, Pummel solle sich geradehalten. Martha schöpfte neue Hoffnung. Doch niemand konnte mit Sicherheit behaupten, daß die Gefahr gebannt wäre.

Fünftes Kapitel

Miss Black und Miß Macpherson saßen beim Frühstück im Oriental-Hotel in Bangkok. Sie frühstückten – genau wie in den Vereinigten Staaten – um halb acht Uhr, nicht früher und nicht später. Das hieß: Miß Black frühstückte um diese Stunde, und Miß Macpherson, die leidenschaftlich gern schlief oder morgens im Bett Heiratspläne schmiedete, tat wohl oder übel dasselbe. Es war ihr nicht gegeben, sich gegen jemanden aufzulehnen, am allerwenigsten gegen Lettice Black! Die große, hagere Journalistin mit dem farblosen Haar und den zu hellen Augen besaß eine Leidenschaft für Zucht und Ordnung, die sie neben einem beträchtlichen Einkommen von ihren puritanischen Vorfahren geerbt hatte. Die Fotografin Macpherson, die aus derselben Kleinstadt in Neuengland stammte wie ihre Freundin, besaß gar nichts – außer ihrem Enthusiasmus für die Ehe und die Fotografie. Miß Macpherson war gerade dreißig geworden, hatte aber nie einen Heiratsantrag erhalten. Sie erschreckte jeden Mann durch ihre Begeisterung, sich in Begleitung eines Mannes zu befinden.

„Hast du schon das Neueste gehört?" fragte Miß Macpherson nach der vierten Scheibe Toast. „Der deutsche Herr, dessen Tochter ich im Sportklub fotografierte – das Kind müßte mit dem nächsten Schiff nach Hollywood –, eine richtige Schönheit, sage ich dir! Der Vater sieht übrigens auch ausgezeichnet aus."

„Möchtest du nicht zur Sache kommen?" fragte Miß Black.

„Mr. Petersen ist vor einigen Wochen von einem tollwütigen Hund gebissen worden! Das gäbe einen sensationellen Artikel, wenn du ihn interviewen könntest und ich Aufnahmen vom Pasteur-Institut dazu machte."

„Keine schlechte Idee", bemerkte Miß Black. „Aber man wird mich nicht zu dem kranken Mann lassen. Kennst du nicht zufällig irgendwelche Bekannte der Petersens? Man könnte den Fall ja auch von hintenherum aufziehen ... von der menschlichen Seite ..." Damit meinte Miß Black den Klatsch, das Reizvollste für den Leser.

„Hallo, Girls!" sagte eine Stimme. Miß Macpherson sprang auf und warf das Sahnekännchen um. Wie reizend von Mr. Desmond, sie zu besuchen!

Mr. Lawrence Desmond aus New Orleans war fünfunddreißig Jahre alt. Sein Charme hatte Jane Macpherson berauscht, und sie fand, daß Lawrence und sie füreinander geschaffen waren.

Lawrence Desmond zuckte zusammen. Miß Macpherson stieß immer etwas um. Er war nervös. Sein Posten bei der ECAFE, der „Wirtschaftskommission für Asien und den Fernen Osten", einer Organisation, die der UNO unterstellt war, strengte ihn an. Dazu diese Hitze! Und privat war auch nicht alles in Ordnung. Er wollte nicht nach New Orleans zurück. Der Ferne Osten hielt ihn mit Haut und Haaren gefangen – wie den alten Herrn Petersen, mit dessen rothaariger Tochter er neulich am Strand von Hua Hin geritten war.

„Was würdet ihr sagen, wenn ich in Bangkok bliebe, wenn mein Kontrakt mit der ECAFE ausläuft?“ fragte Mr. Desmond seine beiden Freundinnen.

Miß Macpherson starrte ihn sprachlos an.

„Sie sind verrückt“, sagte Miß Black trocken. „Was wollen Sie denn hier?“

„Geschäfte machen“, erwiderte Desmond, „Export und Import. Hier sind ein paar Burschen, die sehr gute Verbindungen zu den Philippinen haben. Ich habe mich dort umgesehen, als ich mit dem Chef da war. Manilazigarren, ätherische Öle, Kopal, Hanf. Man kann den Export in die Staaten beleben. Ich habe den Markt studiert. Wenn ich nur Geld reinzustecken hätte! Können Sie mir nicht einige tausend Dollar leihen, Lettice?“

„Nein“, sagte Miß Black knapp.

„Schade“, erwiderte Desmond leichthin. „Ich hielt Sie für eine gute Geschäftsfrau, aber ich vergaß: Sie stammen von Schotten ab.“

„Gott sei Dank“, meinte Miß Black selbstzufrieden. „Deshalb werde ich auf meine alten Tage nicht zu betteln brauchen.“ Miß Black beschäftigte sich mit Vorliebe mit „ihren alten Tagen“. Sie würde sie – mit der guten Jane Macpherson an ihrer Seite – irgendwo billig in Italien verbringen.

„Haben Sie eigentlich etwas über diesen Tollwutfall gehört?“ fragte Jane.

„Ganz wilde Geschichte“, bemerkte Desmond. „Ich kenne die Familie. Der alte Herr Petersen lebt hier seit Olims Zeiten. Lernte ihn zufällig beim Reiten im Sportklub kennen. Er gab mir sehr wertvolle Aufschlüsse über Industrien und Reisbauwirtschaft in Siam.“

Miß Black lächelte. „Fragen Sie doch bitte den alten Herrn Petersen, wie die Sache mit dem tollen Hund passierte.“

„Ich kann ja die Tochter fragen“, sagte Desmond.

„Welche Tochter?“

„Pauline Petersen, die Tochter des alten Herrn. Sie ist übers Wochenende nach Bangkok gekommen. Wir trafen uns gestern im Sportklub.“

Mr. Desmond wischte sich die Stirn. Er erwiderte das Lächeln von Miß Macpherson nicht. Sein hübsches, dunkles Gesicht war eine Maske, hinter der er seine Gedanken verbarg. Warum lächelte Miß Macpherson ihn an? Bei den Mädchen auf den Philippinen sah so ein Lächeln entzückend aus; auch Pauline Petersen lächelte ein klein wenig geheimnisvoll, wenn auch sehr selten. Doch bei Miß Macpherson wirkte das Lächeln albern. „Ich werde mich bemühen, Ihnen die Einzelheiten über den Tollwutfall zu beschaffen“, sagte Desmond. Er wünschte Miß Black gefällig zu sein. Schließlich wollte er ja im Fernen Osten bleiben, und ohne Geld war das nicht zu machen. Lawrence Desmond verabschiedete sich. Er würde Pauline Petersen zum Abendessen in ein Restaurant auf der New Road einladen. Auf diese Weise würde Miß Black bestimmt ihre Tollwutgeschichte und Mr. Desmond vielleicht ein geheimnisvolles Lächeln erhalten.

„Ist kein Irrtum möglich?“ fragte Martha zum zweitenmal.

„Nein“, sagte der alte Herr Petersen. „Dr. Johannsen hat Pauline gründlich untersucht. Sie fuhr deswegen letztes Wochenende wieder nach Bangkok. Er hat es mir gestern gesagt – Pauline spricht ja nicht mit mir ...“

Martha schwieg. Sie blickte auf den Kanal, dessen Wasser stumm dahinfloß. Der alte Mann hatte sehr leise gesprochen. Das Leid in seiner Stimme griff Martha ans Herz. „Onkel Winn“, begann sie sanft, „Pauline hängt so sehr an dir. Das weißt du doch. Sie wollte dir wohl ... den Schreck ersparen.“

„Sie ist im dritten Monat“, sagte Petersen senior tonlos.

Martha nickte. Man mußte den Liebhaber ausfindig machen. „Weißt du, wer ...?“

„Ich weiß es nicht“, erwiderte Wilhelm Christian Petersen. „Pauline sagt mir ja nichts ...“ Er erhob sich. „Hast du einen Rat für mich, Martha? Du bist doch unsere Kluge“, meinte er in einem verzweifelten Versuch, scherzhaft zu sein.

„Wo ist Pauline jetzt?“

„In Hua Hin bei ihrer Mutter. Ich habe Siri befohlen, vorerst keine Häuser zu verkaufen, sondern sich um ihre Tochter zu kümmern, wie sich das in einer anständigen Familie gehört.“

„Ganz richtig“, bestätigte Martha, obwohl sie es ganz verkehrt fand; Nang Siri war Pauline zu keiner Zeit eine Stütze gewesen.

„Hannes ist ja nun wieder auf dem Damm – kannst du nicht mal nach Hua Hin fahren?“ sagte der alte Herr Petersen plötzlich. „Vielleicht freut sich Pauline, wenn sie dich sieht. Ich muß nämlich nächste Woche geschäftlich zur Insel Phuket an der Westküste. Euren Jungen nehme ich mit. Pummel soll mal die Luft des Dschungels schnuppern.“

Er hoffte natürlich, daß Martha die verstockte Deern zum Sprechen bringen würde. Er fühlte instinktiv die Kraft und Güte, die seine Hamburger Nichte ausstrahlte. Hannes, der Windhund, hatte mit dieser Frau verflixtes Glück gehabt.

„Gern, Onkel Winn", sagte Martha herzlich. „Ich wollte es dir gerade vorschlagen. Ich nehme Pünktchen mit. Pauline mag sie so gern."

„Danke dir", brummte der alte Herr Petersen. „Na, grüß Hannes!" Eine kleine Pause entstand. „Du . . .", sagte Wilhelm Petersen endlich und blickte Martha nicht an. „Meine Pauline is 'ne verflixt anständige Deern. Solide und . . . sauber . . . Das passiert den besten Deerns . . ."

Martha drückte dem alten Mann die Hand. „Ich weiß", meinte sie sanft. „Wir werden es schon zurechtbiegen."

„Wenn ich den Kerl finde, brech ich ihm sämtliche Knochen . . .", versprach der alte Herr Petersen, während er in seinen großen Wagen stieg.

Martha schüttelte den Kopf. Damit wäre Pauline wenig gedient. Aber Onkel Winn hatte recht: Finden mußte man „den Kerl". Vielleicht wurde dann alles gut.

Petersen senior, der alte Herr Krüger und Dr. Tyler, der englische Tierarzt von Bangkok, ruhten sich gerade nach ihrer „Donnerstags-Golfpartie" aus. Auf dem Rasen des königlichen Sportklubs saßen sie in Korbsesseln.

Dr. Tyler war ein „Oldtimer" wie sie selbst: ein mittelgroßer, ausgedörrter älterer Herr mit wirrem Graukopf und scharfen, humorvollen Augen. Er hatte das Talent, sich überall in der Welt zu Hause zu fühlen, wenn er seinen englischen Tee und sein Privatleben hatte. Er war freundlichen Wesens und vollständig unabhängig von der Meinung anderer. Dr. Tyler hatte eine siamesische Frau, wie so viele Engländer im fernsten Osten. Dank seiner britischen Zähigkeit und persönlichen Freundlichkeit hatte er sich langsam, aber sicher einen Platz neben den „Medizinmännern" der Reis- und Dschungeldörfer erobert. Besonders auf der Zinninsel Phuket, wo seine Frau aufgewachsen war, hatte Tierarzt Dr. Tyler auch unter dem menschlichen Teil der Bevölkerung eine dankbare Patientenschaft.

Zinn war nach Reis der wichtigste Exportartikel von Siam. Petersen senior und der alte Herr Krüger sprachen oft über Zinn. Beide Herren hatten im Zinnhandel ein Vermögen gemacht. Inzwischen belieferten

Petersen & Co. die Zinngruben von Phuket auch mit Maschinen. Die Firma hatte auch einen technischen Ratgeber auf Phuket: Werner Steffens, Bergbauingenieur aus Hamburg-Othmarschen. Und schließlich lebte noch Wilhelm Christian Petersens Sohn Justus auf der Zinninsel.

„Wann fährt Ihr Neffe nach Phuket?“ fragte Dr. Tyler, der Petersens Geschäfte mit großem Interesse verfolgte.

„*Ich* fahre“, erwiderte Petersen senior. „Mein Neffe hat einen kleinen Fieberanfall.“ Seit Hannes von dem tollwütigen Hund gebissen worden war, schien er außerordentlich empfindlich. Außerdem hatten ihn die vielen Spritzen sehr angestrengt.

„Und wann fährst du?“ fragte Charles Krüger.

„Nächste Woche“, sagte Petersen senior. Er stürzte den vierten Whisky-Soda in einem Zuge herunter. Es wurde gerade dämmerig über dem großen Rasen des Klubs: die schönste Stunde in Bangkok. Die Sonne hatte sich in eine Rubinscheibe verwandelt, die zwischen den Wolken am Horizont schwebte. Wilhelm Christian Petersen mochte nicht in seinen unordentlichen Palast in Rong Muang fahren. Da dachte er doch nur über seine Deern nach.

„Fährt Pauline mit?“ wollte Herr Krüger wissen. Pauline begleitete seit Jahren ihren Vater auf allen Reisen, als Privatsekretärin und Kameradin.

„Ich nehme unseren Jungen mit.“ Damit meinte er Pummel.

„Der Jung' gefällt mir“, sagte Herr Krüger.

„Das wär ja auch noch schöner ...“, brummte Petersen senior. „Albert hört das Gras wachsen, sage ich dir! Es kann ihm nur dienlich sein, mal 'ne Zinnmine in Siam zu sehen. Er will doch hier später als Ingenieur leben.“

Herr Krüger nickte. „Als ich in Alberts Alter war, wußte ich auch schon, was ich wollte: Mir 'n büschen den Wind um die Nase wehen lassen. Natürlich wußte ich nicht, daß ich viel länger bleiben würde, als man zu Hause angenommen hatte.“ Er machte eine Pause. Dann verkündete er: „Übrigens ... meine Schwester kommt zu Besuch.“

„Was? ... Florence?“

„Ich habe nur eine Schwester, und die heißt Florence“, bemerkte Charles Krüger milde. „War sie nich mal deine Tanzstundenflamme?“

„Ich glaube ...“, sagte Petersen senior. Dann schwieg er. Florence Krüger und er hatten zusammen in Uhlenhorst gepaddelt und mit achtzehn Jahren romantische Anwandlungen gehabt. Florence hätte ihn schon damals gern angebunden. Aber auch er wollte sich doch den Wind um die Ohren blasen lassen! Wenn er Florence Krüger geheiratet hätte, dann wäre alles anders gekommen ... Er dachte an Pauline; auch sie hätte ein gesichertes und normales Leben gehabt, *wenn* ... Man konnte eben nicht alles haben.

„Sie is ja 'n S-taubwedel", bemerkte Herr Krüger. Damit meinte er seine einzige Schwester, die augenblicklich in Richtung Suezkanal unterwegs war. „Aber ich hab zu meiner Frau gesagt: ‚Mama', hab ich gesagt, ‚wir müssen uns freuen, wenn Florence nach Bangkok kommt! Auch wenn sie nichts für Hunde übrig hat. Sie ist doch meine Schwester! Und Florence bleibt höchstens drei Monate.'" Besuche von der Verwandtschaft waren für jeden „alten Bangkoker" eine Nervenprobe. Die lieben Gäste machten ihre Verwandten persönlich für die Hitze, die Moskitos, die langsamen Behörden und die „faulen" Diener verantwortlich.

„Du kannst Florence ruhig mal zu uns nach Hua Hin schicken", meinte Herr Petersen gastfreundlich.

„Einverstanden", sagte Herr Krüger vergnügt. „Wir wollen ihr ja gern was bieten. Ich kann von der Fabrik und den Pferden nich weg. Und Mama reist ja nich wegen der Hunde."

Petersen senior erhob sich schwerfällig aus seinem Korbsessel. „Na denn, adschüs!"

„Tschüs, Krischan", sagte Herr Krüger. „Grüß Steffens! Und natürlich auch Justus! Na ... und Florence kann also denn mal nach Hua Hin kommen, nich?"

„Selbstverständlich", erklärte Petersen fest. Er ging langsam an dem von bleichen Lampen erhellten Schwimmbad vorbei zu den Garagen, wo die siamesischen, chinesischen und malaiischen Chauffeure im Kreise auf dem Boden hockten, Karten spielten, schwatzten und lachten ... glückliche Leute!

Ein ungeheures Gefühl der Einsamkeit befiel den alten Mann, während er die sorglose Schar grübelnd betrachtete. In letzter Zeit hatte Petersen senior sich enger als je zuvor an Familie und Hamburger Freunde angeschlossen, als ob ihre Solidität und herzliche Zurückhaltung ihn stütze – jetzt, da alles um ihn herum zerfiel. Nang Siri konnte er keine Vorwürfe machen. Es hatte ihm ja all die Jahre über gefallen, daß sie *nicht* aus Pöseldorf war. Aber in Sorgenzeiten waren asiatische Frauen seltsam: Sie flohen instinktiv vor einem ernsten Gesicht.

Nang Siri konnte ihren Mann allen Ernstes nicht begreifen. Geburt war etwas, was so selbstverständlich war wie das Säen und Wachsen des Reiskorns bis zur Ernte. Pauline war fünfundzwanzig Jahre alt. Höchste Zeit, daß sie wie eine Frau lebte! Nang Siri lächelte über die Konventionen des Westens. Sie hatte Pauline erst vor einer Woche eine kleine Villa in Hua Hin geschenkt. Dort würden Pauline und „ihr Sohn“ in Wohlstand und Frieden leben. Aus einem Reisdorf in der Menamebene hatte sie ihr sogar schon eine Amah besorgt. Nachdem Nang Siri auf diese Weise ihr Teil getan hatte, setzte sie sich in ihr rotes Auto und ging ihren Geschäften in Stadt und Land nach. Sie würde wiederkommen, wenn alle in Hua Hin wieder „glücklich“ waren ...

Petersen senior seufzte. Dann rief er laut nach seinem Fahrer. Der Chauffeur in der schneeweißen Uniform löste sich zögernd aus dem Kreis der Spielenden und kurbelte den Wagen an. Der Pförtner des Sportklubs, ein großer Inder, öffnete das Tor und grüßte. Wilhelm Christian Petersen kehrte in sein leeres Haus in Rong Muang zurück.

Sie fuhren an der Westküste von Siam entlang. Pummel stand mit seinem Großonkel an der Reling eines Frachtschiffes der „Thailändischen Schiffahrtsgesellschaft“ und staunte. Sie befanden sich in einer Welt, die in nichts der Stadt Bangkok glich. Aus der See ragten Berge empor, die je nach Tageszeit ihre Farben wechselten. Täler tauchten auf, friedlich und unberührt, dann ein Streifen goldenen Strandes – und dazwischen riesige immergrüne Regenwälder, die kein Mensch je betreten hatte.

„Kann ich bitte dein Fernglas haben, Großonkel?“ fragte Pummel den ganzen Tag und die halbe Nacht. Denn der alte Herr Petersen schlief des Nachts mit Albert an Deck. Es war ihm zu stickig in den Kabinen.

Der alte Herr seufzte. Er hatte Pummel gerade die Vegetation der siamesischen Dschungel beschrieben: Lalangsteppe, Riesenpalmen und der große *Mai-yang*, der Holzölbaum. Er wuchs bis zu einer Höhe von vierzig Metern nur als ein machtvoller glatter Stamm. Dann erst entwickelte er – als großartige Urwaldüberraschung – seine zwanzig Meter hohe Krone mit dem glänzenden, tiefgrünen Laub.

„Wie wird denn das Öl gewonnen?“ fragte der praktisch gesinnte Pummel.

„Mit einem Dschungelmesser schlitzen die Kulis den Stamm auf, etwa einen Meter über dem Boden. Herr Steffens kann dir das alles zeigen. Er holt uns im Hafen von Thongka ab."

„Onkel Justus auch?" fragte Pummel. Er war sehr gespannt auf Onkel Justus, den ältesten Sohn von Petersen senior, der mit einer Siamesin verheiratet war. Er hatte eine kleine Stellung als Aufseher irgendwo in einer Mine in Phuket. Nang Siri hatte Justus, den sie seit seiner Geburt nie anders als mit dem siamesischen Namen Prasert rief, mitgeteilt, daß sein Vater nach Phuket käme.

„Ich nehme an, daß Justus kommt", sagte der alte Herr Petersen. Das wäre ja wohl die Höhe, wenn Justus nicht erschiene!

Justus war keineswegs unintelligent; aber er war lethargisch und im Kern seines Wesens gebrochen. Was sein Vater nicht wußte – oder nicht wissen wollte –, war die Tatsache, daß Justus einen still brennenden Groll gegen ihn und alle andern Europäer hegte. Für die siamesische Familie seiner Frau war und blieb er nämlich ein Mischling; sie betrachtete ihn als einen Eindringling.

Justus sprach selten Deutsch. Auch trug er die Landestracht: ein weißes Baumwollhemd, einen karierten Schal um Schulter oder Taille und einen *Pasin* oder weite chinesische Satinhosen. Nur zur Arbeit auf der Mine legte er europäische Kleidung an: Khakihemd und Hose. Justus hatte es fast erreicht, wie ein Siamese auszusehen. Er hatte glattes schwarzes Haar und dunkle Haut. Nur seine hünenhafte Gestalt verriet seinen norddeutschen Vater.

Justus hatte Nang Siri nicht geantwortet, ob er seinen Vater in Thongka begrüßen würde. Wenn sein Vater es wünschte, würde er es vielleicht tun – wenn auch höchst widerwillig – und dann am selben Abend zurücksegeln. Sie lebten in verschiedenen Welten und hatten sich nichts zu sagen. Wenn Justus sich die Mühe gemacht hätte, seine Gefühle zu erforschen, dann hätte er entdeckt, daß er seinem Vater nicht nur grollte. Er haßte ihn. Sein Anblick und seine Stimme machten ihn krank. Eurasier betrachten das Leben häufig melodramatisch. Ähnlich auch Pauline: Sie quälte ihren Vater mit ihrem dumpfen Schweigen, anstatt sich mit ihm auszusprechen. Obwohl sie wußte, daß sie sein Augapfel war, grollte sie ihm auch ..., vielleicht aus Hilflosigkeit.

Die Nacht war hell. Inseln mit Mangrovenwäldern glitten vorüber. Von der andern Seite des Decks her hörte der alte Herr Reden in allen asiatischen und westlichen Sprachen. Siamesen, Inder, Malaien, Chinesen sprachen durcheinander, aber man vernahm auch Englisch mit amerikanischem Akzent. Diese Stimmen gehörten zwei Damen und zwei Herren von der ECAFE.

Miß Black und Miß Macpherson hatten sich die Gelegenheit nicht entgehen lassen, mit Mr. Desmond und Mr. Kenneth Portman, dem Leiter der Wirtschaftskommission in Bangkok, die Erkundungsreise zur berühmten Zinninsel von Thailand zu machen. Desmond und Portman interessierten sich für Zinn und für den wirtschaftlichen Aufschwung der reichen, aber „unterentwickelten" Länder des Fernen Ostens. Dieses Land, das abwechselnd Siam und Thailand hieß, war eine Goldgrube, die nur planmäßige Bewirtschaftung brauchte.

Am nächsten Morgen segelten sie durch ein Inselmeer. Es regnete. Felsen und Wälder leuchteten hinter Luftschleiern. Hin und wieder kreuzten Dschunken, flache Sampans und Motorbarkassen im Indischen Ozean.

„Kopra", sagte der alte Herr Petersen zu seinem Großneffen und zeigte auf die Wälder von Kokospalmen. Die getrockneten Kerne der Kokosnuß waren ein Objekt des Welthandels – Ausgangsmaterial für das Kokosfett. Thongka auf Phuket war der wichtigste Koprahafen. Der alte Herr Petersen hatte vor Jahren versucht, seinen Sohn Justus dazu zu bewegen, sich in den Kopraexport einzuschalten. Die Familie seiner Frau besaß eine wertvolle Kokospflanzung an der Westküste. Justus hatte höflich abgelehnt. Zuviel Mühe und Arbeit!

Am Hafenkai von Thongka stand bei Sonnenaufgang Ingenieur Steffens. Steffens war bei der größten chinesischen Firma in Phuket angestellt und beaufsichtigte die verschiedenen Maschinen und die Zinngewinnung auf der Insel. Er war mittelgroß, dick und vergnügt; er hatte borstiges blondes Haar und große blaue Augen.

„Tag, mein lieber Steffens", sagte der alte Herr Petersen. „Dies hier ist unser Jung' aus Hamburg."

„Tag, mein Sohn!" grüßte Steffens freundlich.

„Wo ist Justus?" fragte Petersen senior und sah sich auf dem Kai um. „Hat er so wenig Zeit, daß er sich verspätet, wenn ich in fünfzehn Jahren einmal nach Phuket komme?"

„Justus ..., er hat heut geschrieben, daß ... daß er verhindert ist. Es tut ihm sehr leid, Herr Petersen. Vielleicht kommt er morgen ..." Der gute Steffens war puterrot geworden.

„Mein lieber Steffens", entgegnete der alte Herr Petersen. „Mit dem Lügen hätten Sie als Buttje in Othmarschen anfangen sollen! So wird das nix mehr."

Steffens sagte nichts. Wie jeder Hamburger war er in einer Krise auf den Mund gefallen. Petersen senior wußte wahrscheinlich, daß Justus noch nicht einmal abgesagt hatte. Er war einfach nicht erschienen.

„Na ... denn nich“, meinte der alte Herr Petersen gleichmütig. „Wie wär’s statt dessen mit ’n büschen Reistafel? Wo wohnen wir denn, mein lieber Steffens?“

„Bei mir – wenn’s Ihnen recht ist, Herr Petersen“, murmelte Steffens. „Ich habe ein Auto bestellt, damit Sie erst mal mit dem Jungen auf der Insel rumfahren können! Wir essen dann zusammen. Nachmittags kann ich den Jungen mal in die Mine mitnehmen.“

„Famos“, meinte der alte Herr Petersen. „Na, mein Jung’“, sagte er zu Pummel. „Hast du Appetit auf ‚Curry und Reis‘?“

„Und wie!“ antwortete Pummel. Es gab kaum etwas Besseres auf der Welt als „Curry“, ein Gericht aus Fisch, Fleisch oder Gemüse in scharfer Currytunke.

Die vier Amerikaner aus Bangkok waren Gäste der siamesischen Regierung in Phuket. Man hatte ihnen einen Sekretär, der englisch sprach, zwei Autos und eine Villa mit Garten zur Verfügung gestellt. Der junge siamesische Begleiter war von exquisiter Höflichkeit. Er erklärte den *Ferangs* aus dem Dollarlande, daß die siamesische Regierung mit ihren Einnahmen aus der Zinninsel durchaus zufrieden sei. Die Steuern, die die Zinnproduzenten an die Regierung zu entrichten hatten, beliefen sich in etwa fünf Jahren auf über drei Millionen Tikal.

„Gar nicht so übel“, murmelte Kenneth Portman, der Chef der ECAFE in Bangkok. Er war ein großer, dünner, bebrillter Neuengländer, reserviert, kritisch und von ungeheurem Arbeitseifer beseelt. Mr. Portman war ein brillanter Nationalökonom. Der Posten im Fernen Osten sagte ihm zu. Er war sehr fair im Umgang mit seinen Mitarbeitern, aber durchaus nicht so naiv-vertraulich, wie man sich im Ausland die meisten Amerikaner vorstellt. Sein in Harvard geschulter Geist formte und bewahrte unablässig scharfe und detaillierte Eindrücke der „unterentwickelten“ Länder des Ostens.

Am Mittag, auf der Veranda der Villa in Phuket, machte Mr. Portman seinem Mitarbeiter Lawrence Desmond klar, daß ein weiterer Aufschwung dieses enorm reichen Landes nur bewirkt werden könnte, wenn es gelang, die Mentalität der Siamesen zu entwickeln. Die müßten zum Beispiel in Phuket nicht nur die

Reisfelder bestellen und Kokosplantagen bewirtschaften, Lizenzen austeilen und Steuern erheben. Sie müßten vielmehr technische Experten für den Bergbau ausbilden.

„Wie denken Sie sich das?“ fragte Mr. Desmond. „Ich habe mir gerade von dem alten Herrn Petersen, der hier in Bangkok wohnt, erklären lassen, daß die Siamesen Industrie und Technik gerne andern überlassen. Und die Regierung kommt ja in Phuket gewiß nicht schlecht weg.“ Mr. Desmond, der auch nicht gern mehr arbeitete, als unbedingt nötig war, hatte Sympathie für den siamesischen Standpunkt.

Mr. Portmans Gesichtszüge strafften sich. „Wir sind hier, um Dinge zu entwickeln, nicht um mit überlebten Traditionen zu sympathisieren“, erwiderte er kalt. „Wollen Sie das doch bitte im Auge behalten, Mr. Desmond!“

Zur selben Zeit fuhren Miß Black und Miß Macpherson über die Insel. Sie waren beide von Phuket bezaubert. Schon am Morgen waren sie aufgebrochen, und nun hielten sie an einer großen Kokospflanzung im Inneren der Insel. Miß Macpherson machte schöne Aufnahmen. Aus einem solide gebauten Farmhaus trat ein Farmer mit seiner Frau. Die Siamesin trug einen roten *Phanung* und eine Blüte in ihrem glänzenden schwarzen Haar. Der Mann dagegen sah merkwürdig aus, gar nicht wie ein Siamese. Er war ein Hüne. Zwar hatte sein Gesicht asiatischen Schnitt, doch mit der hohen Stirn wirkte es irgendwie europäisch.

„Letty“, flüsterte Miß Macpherson atemlos, „sieh dir mal den Farmer an! Ist das überhaupt ein Asiate? Er ist gar nicht zierlich! Ich weiß nicht – es ist albern, aber er erinnert mich an . . .“

„Es *ist* albern“, sagte Miß Black. „Hör auf mit deinen Ähnlichkeiten.“ Jane schwieg. Letty hatte meist recht, aber diesmal hatte das geschulte Auge der Fotografin richtig gesehen: Der Unbekannte auf der Kokospflanzung glich in der Tat dem älteren Herrn, den Miß Macpherson auf dem Schiff bemerkt hatte, mit dem sie zur Zinninsel gekommen waren.

Der Mann vor dem Farmhaus war Justus Petersen, der sich im Innern der Insel vor seinem Vater versteckte.

WIEDER fuhren Petersen senior und Pummel durch das Inselmeer, doch diesmal ging es Bangkok entgegen. Geschäftlich war der Besuch auf der Zinninsel ein Erfolg gewesen. Der Seniorchef der Firma

Tscheng Hua hatte eine sehr anständige Order auf Pumpen und Druckspritzen gegeben.

Pummel war erfüllt von allem, was er gesehen und gelernt hatte. Er hatte Dschungelluft geschnuppert. Er war jeden Tag mit Herrn Steffens in der Mine gewesen. Sein Entschluß, später im Fernen Osten als Ingenieur zu arbeiten, stand nach der Reise auf die Zinninsel fest.

„Ich heirate später am besten eine Chinesin", bemerkte Pummel zu seinem Großonkel. Sie standen an der Reling und betrachteten die Mangrovenwälder im tintenblauen Ozean.

„Warum eine Chinesin, mein Jung'?" fragte der alte Herr Petersen.

„Sie gefallen mir noch am besten", meinte Pummel arglos. „Ich habe ja sonst nichts für Mädchen über. Außer für Pünktchen, natürlich!"

„Na . . .", sagte der alte Herr Petersen, „das hat ja noch 'n büschen Zeit." Er strich seinem Jung' die blonde Locke aus der heißen Stirn. Dieser Eifer, diese schnelle Intelligenz, diese unverbrauchte, unter einem nüchternen Himmel gewachsene Kraft! Die Tropenluft war zu sanft und schwül; Justus hatte wohl doch keine Schuld, daß er so war, wie er war. Wilhelm Petersen hatte ihn vor dem Krieg zu Hinrich Petersen nach Hamburg in die Lehre senden wollen – in ein Kontor im Chilehaus, wo man flink und entschlußfähig disponierte und rechnete. Aber Justus hatte schon in Pinang die Lust verloren. Er hatte einen Küstendampfer bestiegen und war nach Phuket zurückgefahren, zu seiner Frau, seinen Kokospalmen und seinem Tropenfrieden. Petersen senior hatte es nicht fassen können, doch offenbar träumte Justus den typischen Traum der Eurasier: eine große, leitende Stellung oder gar nichts. Sein schlechtbezahlter Posten in den Zinnminen von Phuket „ärgerte" ihn so sehr, daß er manchmal tagelang fernblieb. Nang Siri schickte eben mehr Geld, wenn ihrem Sohn der Posten keinen Spaß mehr machte. Und Reis und Früchte hatte Justus immer. Der Tätigkeitsdrang seines Vaters war ihm unverständlich und unsympathisch.

Sechstes Kapitel

In der riesigen Villa von Wilhelm Christian Petersen in Hua Hin glich ein leuchtender Tag dem andern. Martha ruhte sich gründlich aus und dachte darüber nach, wie sie Pauline zum Sprechen bringen könne.

Denn Pauline war so still wie der Schnee des Nordens, den sie niemals gesehen hatte. Immerhin suchte sie von Zeit zu Zeit Marthas Gesellschaft. Aber Marthas Fähigkeit, sich intensiv und doch kritisch in eine andere Seele zu versetzen, schien vor dem sanften Widerstand des Mädchens zu versagen. Und doch bemühte sich Pauline in der liebenswerten Weise des Fernen Ostens, ihrer Tante Freude zu machen. Sie hatte genau beobachtet, welche siamesischen Speisen Martha schmeckten, und wies die Dienerinnen an, die raffiniertesten Delikatessen für die Mem zu bereiten.

Die Köchin Mae Wat begann ohne Murren für Martha eine Speise zu kochen, die Pauline schon vor drei Tagen bestellt hatte. Mae Wat wählte selbst die Zeit für Gefälligkeiten, die außerhalb des täglichen Speisezettels lagen.

„Warum hast du es nicht gestern gemacht?“ fragte Pauline.

„Es gab keine Garnelen auf dem Markt“, erwiderte Mae Wat mit unbewegtem Gesicht. Sie hatte Paulines Auftrag einfach vergessen. Pauline hörte sich die Lüge mit freundlichem Lächeln an.

„Vielleicht sind morgen welche da?“ schlug sie vor. „Die Mem aus Bangkapi liebt die Speise so sehr. Sie sagte, niemand könne sie so gut zubereiten wie Mae Wat.“

Mae Wat strahlte über ihr von tausend Falten zerfurchtes Gesicht. „Die fremde Frau aus Bangkapi ist klug“, sagte die Köchin befriedigt. Sie schlenderte langsam ins Küchenhaus, um *Kanom Kang Kao* für die kluge Mem vorzubereiten. Zuerst sandte sie die Dienerin Sangvien – ein junges Ding aus ihrem Dorf – mit vielen Aufträgen zum Markt. Als Sangvien zurückkehrte, machte sich Mae Wat behaglich ans Werk. Sangvien mußte helfen und alle fünf Minuten diejenigen Sachen holen, die Mae Wat bei ihrem ersten Auftrag vergessen hatte. Das war bei siamesischen und chinesischen Kochkünstlern üblich: Sie sorgten niemals für Vorräte und kauften immer erst ein, wenn ein Gewürz oder eine andere Zutat notwendig gebraucht wurde.

Pauline rief: „Sangvien, komm hierher! Bring den Fächer mit!“ Das hieß, daß Sangvien Pauline, die es sich in Nang Siris Hängematte bequem gemacht hatte, mit einem Palmblattfächer fächeln sollte. Es wurde heiß heute.

„Wer hat denn deinen Zeh verbunden?“ fragte Pauline und betrachtete Sangviens großen Zeh, den ein sauberer Verband zierte.

„Die Mem aus Bangkapi“, sagte Sangvien stolz. Sie hatte sich eine Glasscherbe in den Zeh getreten, und Martha hatte sofort die Wunde bemerkt, als das junge Mädchen ihr Bananen servierte. Sangvien wünschte, die Wunde möge noch lange nicht heilen. Die Mem aus Bangkapi hatte so schöne Hände, die so zart mit einem kranken Zeh umgingen. Zum Dank für Marthas Behandlung hatte Sangvien im Zimmer der Ausländerin besonders schön aufgeräumt: Sie hatte alle Gegenstände auf Marthas Toilettentisch mit Blumen geschmückt. In der offenen Puderdose blühten Orchideen; die Flasche mit Mundwasser enthielt einen bezaubernden, aber giftigen Blütenzweig, und in dem großen Keramikkrug mit dem Regenwasser, das man zum Waschen benutzte, prangten die schmutzigen Zweige einer Zuckerpalme. Es war nicht der Gipfel der Hygiene, aber ein Zeichen der Ergebung und der Schönheit, das Martha am Abend in ihrem Schlafzimmer vorfand. Cheng, die mit Pünktchen nebenan schlief, beseitigte schimpfend den Blumengarten.

Während Sangvien fächelte, las Pauline in einem englischen Buch. Es war ein Roman aus New Orleans. Mr. Desmond, mit dem sie so oft am Strand von Hua Hin geritten war, hatte ihn ihr geschenkt. Plötzlich klappte Pauline das Buch zu und warf es auf den Rasen, wo Sangvien es nachher auflesen und in ihr Zimmer bringen würde. Eine siamesische Dame trug keinen Gegenstand selbst; dafür waren die Diener da . . . Paulines Gedanken wanderten. Wie wäre es, wenn sie Tante Martha reinen Wein einschenkte? Pauline fühlte sich sehr verlassen; sie fühlte in ihrem Schoß bereits das neue Leben – das Kind ohne Vater. Es war alles ein Traum gewesen, und nun fielen die Schatten der Angst und der Scham auf die besonnte Villa am Meer. Tante Martha war gar nicht „etepetete", wie Papa befürchtet hatte. Und sie schien Pauline gern zu haben – in der ruhigen, zuverlässigen Weise, in der ihr Papa sie immer gern gehabt hatte.

Papa! Pauline betrachtete das Feuermeer der Blumenbeete in dem großen Garten. Papa war jetzt böse mit ihr. Oder redete sie sich das ein? Papa hatte sie immer getröstet, aber nun war alles anders. Er sprach nicht mit ihr . . . Pauline wollte nicht einsehen, daß er mit seiner verstummten Tochter nicht sprechen *konnte*. Eine neue fremde Scheu war jetzt zwischen Vater und Tochter. Nein, sie konnte mit ihm nicht sprechen! Dann schon eher mit Tante Martha.

MARTHA saß mit Pauline am Meer. Morgen würde Paulines deutsche Freundin, Agnes, nach Hua Hin kommen. Agnes war eine Münchnerin und mit einem Neffen von Nang Siri verheiratet, einem jungen Doktor, der in München studiert hatte. Martha hatte Pauline verschiedene Fragen gestellt. Es war doch sicher nicht ganz einfach für ein europäisches Mädchen, bei der siamesischen Familie ihres Mannes zu leben? Die Sippe Songhakul umfaßte sechzig Personen, die alle auf dem großen Grundstück der alten, vornehmen Familie in Bangkok lebten.

„Warum?“ antwortete Pauline. „Agnes ist sehr glücklich.“ Und nach einer Pause fügte sie hinzu: „Es ist eine sehr reiche Familie. Die Eltern von Agnes dagegen waren Hungerleider. Der Vater: ein Lehrer an der Münchner Universität . . . Sie besaßen nicht einmal ein eigenes Haus, Tante Martha!“

„Das besitzen die wenigsten Familien heute in Deutschland“, erwiderte Martha sehr ruhig. „Und der Lehrerberuf ist einer der schönsten Berufe auf der Welt. Hat Hannes dir nie erzählt, daß ich auch Lehrerin war?“

„Nein“, sagte Pauline mürrisch. Natürlich hatte Onkel Hannes es erzählt, sehr oft sogar und mit seltsamem Stolz.

Und wenn Pauline sich in ihrer hilflosen Gefühlsstarre nicht vor der Stimme der liebenden Vernunft verschlossen hätte, dann hätte sie erkennen können, warum Martha überall der stille Mittelpunkt ihres Kreises war, in Hamburg und auch in Bangkok. Denn es war etwas Zwingendes in dieser herben, kraftvollen Frau mit dem feinen Gesicht.

Aber Pauline hatte jetzt Herz und Verstand vor „dem Westen“ verschlossen. Und doch war es vor wenigen Monaten ein Mann aus dem Westen gewesen, der Pauline in einer Stunde am Strand von Hua Hin zur Frau gemacht hatte. In Ostasien loderten die Leidenschaften hell auf: Wie die tropischen Leuchtkäfer glühten sie in liebestrunkener Nacht. Sie waren glänzender und phantastischer als unter dem blassen Himmel des Westens, doch verschwanden sie auch wie die Leuchtkäfer jäh in der Dunkelheit. So war es bei Pauline gewesen. Aber was wußte Tante Martha von Leuchtkäfern? Was wußte sie davon, wie einem Mädchen zumute war, dem zum ersten Mal ein Mann gesagt hatte, es sei schön, schöner als alle Mädchen, die er jemals gesehen habe? Er hatte Worte gefunden, wie ein Asiate, der stets die Konventionen beachtete, sie nie finden würde: romantische, zärtliche Worte. Pauline hatte erst später darüber nachgedacht, als ihr klar wurde, daß sie ein Kind von dem weißen Mann trug.

Aber Pauline war keines jener Blumenmädchen, die dem weißen

Mann ganz selbstverständlich sein Vergnügen gewährten. Sie war die Tochter von Wilhelm Christian Petersen aus Hamburg. Sie war 'ne solide Deern. Als Christin war sie gelehrt worden, daß die Ehe etwas Geheiligtes ist, ein unlösbares Band, ein Sakrament.

Und so saß Pauline vor Martha – ein verstocktes, unglückliches Kind, groß gewachsen, aber viel hilfloser, als Pummel es mit seinen vierzehneinhalb Jahren war. Ihr schönes rotes Haar fiel glattgescheitelt über die gewölbte Stirn. Pauline ließ sich keine Dauerwelle mehr machen. Es war ihr alles gleichgültig. Aber das glatte Haar, das sich hinten im Nacken sanft lockte, gab ihr eine neue, ergreifende Schönheit, brachte ihre dunklen, melancholischen Augen unter den kühn geschwungenen Brauen ganz zur Geltung. Es umrahmte ihr Gesicht mit den vorstehenden Backenknochen und dem schönen sinnlichen Mund. Ihre kurze Nase mit den etwas zu breiten Flügeln war siamesisch; ihr Kinn war das feste Kinn der Petersens.

„Liebes Kind“, sagte Martha sanft, „es nützt ja nun alles nichts, du mußt etwas unternehmen.“

Es war ihr letzter gemeinsamer Abend, an dem sie allein waren. Tags darauf sollte Agnes mit Ehemann und zwei Kindern eintreffen.

Martha hatte die richtigen Worte gefunden – zum ersten Mal sah Pauline ihre Tante ehrlich und hilflos an. Man konnte Martha nicht widerstehen, nicht auf die Dauer ...

„Wer ist es, Pauline?“ fragte Martha mit fester Stimme.

Und als Pauline ihren Widerstand dann ebenso plötzlich aufgab, wie sie bei Marthas Erscheinen in Hua Hin eine Mauer gegen sie errichtet hatte, da konnte Martha nur mit Mühe einen Laut des Erstaunens unterdrücken.

Die Situation war noch viel schwieriger, als sie gedacht hatte. Ein siamesischer Vater hätte ein klares Zukunftsbild gegeben. Mit Mr. Lawrence Desmond von der ECAFE war es eine andere Sache. Er war verlobt. In drei Monaten sollte er in New Orleans heiraten. Von dieser Heirat hing die Zukunft seiner verarmten Familie ab. Und Petersen senior konnte ihn nicht niederboxen und dann zur Heirat zwingen, zumal Pauline Martha das Versprechen abgenommen hatte, ihrem Vater nichts zu sagen. Martha hatte nie ein Versprechen gebrochen.

„Weiß er, daß du ein Kind erwartest?“ fragte Martha nach einer langen Pause.

„Nein“, Pauline blickte starr vor sich hin. „Er soll es auch nicht wissen. Ich will ihn nicht unglücklich machen.“

„Meine liebe Pauline", erwiderte Martha mit Nachdruck, „du redest kompletten Unsinn."

In dieser Nacht saß Martha noch lange allein auf der Holzveranda mit dem Blick aufs Meer. Es war eine mondlose Nacht, voll flimmernder Schatten und tropischer Schwüle. Drinnen im Zimmer schlief Pünktchen unter dem Moskitonetz.

Vor ihrem Bett lag Cheng auf einer Bambusmatte. Cheng war wach. Sie hoffte, daß das Kind mit den goldenen Haaren noch lange in Thailand bliebe. Die andern konnten ruhig abreisen . . ., sie würde ihnen keine Träne nachweinen.

Martha blickte auf die See von Hua Hin und dachte an Pauline. Es hatte Martha nicht wenig Geduld und Festigkeit gekostet, Pauline umzustimmen. Denn auch Pauline legte zu Marthas Kummer die merkwürdige Gleichgültigkeit an den Tag, welche die Eurasier immer wieder dem Rest der Welt entgegenbrachten. Dennoch hatte sie ihr klarmachen können, daß ihr Vater und ihr ungeborenes Kind Anspruch auf eine undramatische Lösung des Konflikts hatten. Also hatte Pauline dann doch einen Brief an Mr. Lawrence Desmond von der ECAFE geschrieben, an seine Hoteladresse in Bangkok. Sie hatte es Tante Martha zuliebe getan. Und dem Kind zuliebe, das nun drei Monate in ihr lebte. Doch von ihrem Vater wollte Pauline weiterhin nichts wissen.

IN DERSELBEN Nacht standen Miß Macpherson und Mr. Desmond an Bord des Küstendampfers nach Bangkok. Miß Macpherson lehnte sich dicht an Mr. Desmond. Er war ein bezaubernder Mensch. „Larry", sagte sie träumerisch, „woran denken Sie?"

„An allerhand", erwiderte Mr. Desmond und rückte diskret ein wenig ab. Er dachte an ein Mädchen mit leuchtenden roten Haaren und sanfter Zärtlichkeit, ein schönes Mädchen. Und geschäftlichen Verstand hatte sie auch, sie kannte die Methoden und geschäftlichen Traditionen des Fernen Ostens. Das mußte sie von ihrem Papa haben.

Mr. Desmond straffte sich. Heute mittag hatte er einen Brief nach New Orleans geschrieben, an ein Mädchen namens Adrienne, das er in drei Monaten heiraten sollte. Aber – er liebte ein anderes Mädchen, liebte zum ersten Mal im Leben. Pauline hatte nicht geschrieben. Und gerade das hatte Mr. Desmond klargemacht, daß sie die einzige war, die er haben wollte, und daß er in diesem fremden Land bleiben wollte. Seine Schwester in New Orleans sollte arbeiten, wenn sie im

Luxus zu leben wünschte. Lawrence dachte nicht mehr daran, durch eine reiche Heirat seine Person der Familie als Opfer darzubringen.

„Gute Nacht, Jane", sagte Desmond sanft. „Ich bin müde . . ." Jane blickte ihm sprachlos nach, während er auf die andere Seite des Decks zu seinem Liegebett ging. Sie bezwang mit Mühe die Tränen. Ein langer Schatten stand plötzlich neben ihr. Sie zuckte zusammen: Mr. Portman!

„Miß Macpherson", sagte der Chef der ECAFE. „Sie sollten sich nicht so viel mit Mr. Desmond abgeben. Wissen Sie nicht, daß er mit einer Dame in New Orleans verlobt ist? Mr. Desmond wird sie heiraten, etwa in drei Monaten, wenn sein Vertrag mit der ECAFE abläuft."

Jane erwiderte mühsam: „Das hätte Larry mir gesagt. *Bitte,* mischen Sie sich nicht in meine Angelegenheiten!"

Mr. Portmans feines blasses Gesicht spannte sich. Er hätte es sich denken können. Dieses Mädchen besaß kein Quentchen Vernunft. „Es wird nicht wieder vorkommen, Miß Macpherson", antwortete er kühl. „Ich will Sie ja lediglich davor bewahren, sich lächerlich zu machen. Selbstverständlich können Sie nach Ihrem Belieben handeln! Nur bitte ich Sie zu bedenken, daß wir auf unser Prestige zu achten haben. Wir haben hier gesellschaftlich nicht immer den besten Ruf. Die vielen Trinkgelage, die indiskreten Affären von Leuten, die fern der Heimat die Disziplin verlieren – gewiß, das Klima tut das seinige! Aber wir haben hier im Fernen Osten besonders die Form zu wahren. Sonst werden wir von den Asiaten belächelt. Gute Nacht!"

ALS Martha mit Pünktchen und Cheng nach ihrem Morgenbad in der See von Hua Hin die Frühstücksveranda der Petersens betrat, saß Pauline mit dem Ehepaar Songhakul und seinen zwei Kindern beim Morgenreis. Es gab bei Petersen senior stets siamesisches Frühstück. *Kao Pat* war eine äußerst wohlschmeckende Angelegenheit: gerösteter Reis mit Gurken, Tomaten, Chili, Fleischstückchen, Speck, Fischsoße und Spiegeleiern. Martha, die morgens keinen Reis essen mochte, bekam Kaffee und Toast mit Marmelade und Honig. Pünktchen dagegen aß zu Marthas Erstaunen Unmengen Kao Pat. Schließlich stand noch – wie auf jedem Frühstückstisch in Siam – eine große Schale mit den Tropenfrüchten der Jahreszeit auf dem Tisch.

Agnes Songhakul gab Martha die Hand und rief ihren Kindern mit nervöser Stimme zu: „Seppl! Barbara! Sagt der Tante guten Morgen!"

Zwei zierliche Kinder mit glatten schwarzen Haaren verbeugten sich feierlich vor Martha. Sie legten die zarten Händchen zum siamesischen Gruß gefaltet vors Gesicht.

Agnes sprang auf. „Was soll das wieder?" rief sie schrill. „Sagt guten Morgen, wie deutsche Kinder es tun!"

Das kleine Mädchen begann zu weinen und wich – wie jedes siamesische Kind es getan hätte – vor der lauten Stimme und dem erregten Gesicht ihrer bayrischen Mutter in den letzten Winkel der Veranda zurück. Der um ein Jahr ältere Seppl, der trotz der Hitze eine bayrische Lederhose mit grünen Trägern trug, sagte verschüchtert „Grüß Gott!" und lief dann zu seiner Schwester.

„Entschuldigen Sie bitte", wandte Agnes Songhakul sich an Martha, „die Kinder lernen von der Familie meines Mannes diese albernen Manieren. Ich bin machtlos ..., ich werde noch wahnsinnig." Sie griff mit zitternder Hand nach einer Zigarette, zündete sie an und drückte sie danach mit einem Ausdruck des Ekels auf ihrem Reisteller aus.

„Bitte, Pauline", sagte sie mit derselben schrillen Stimme, „willst du nicht diese Durianfrucht abräumen lassen? Der Geruch macht mich krank."

Pauline preßte gekränkt die Lippen zusammen. Sie rief die Dienerin und befahl ihr, „die Königin der Früchte" in den Eisschrank zu stellen. Die kleine Siamesin blickte ihre Herrin verständnislos an. Die Durianfrucht kostet viel Geld. Sie ist die größte Delikatesse des Fernen Ostens. Wenn man den penetranten Geruch der stachligen Schale überwindet, dann schmeckt die Frucht wundervoll.

Agnes hatte seit ihrer Ankunft in Thailand beinahe zehn Kilo abgenommen. Sie konnte nicht nach München zurück. Ihr Vater war mit der Heirat seiner Tochter nicht einverstanden gewesen. Und Agnes mit ihrem bayrischen Dickschädel wollte eher im Kreis ihrer sechzig siamesischen Verwandten zugrunde gehen, als daß sie reumütig mit den Kindern nach München zurückgekehrt wäre. Es war noch viel schlimmer gekommen, als Papa vorausgesagt hatte. Dhevi – ihr junger Ehemann – war nicht mehr derselbe wie in München. Dort war er ein romantischer Märchenprinz gewesen: zierlich, sanft, charmant. Und großzügig mit Geld. Dr. Dhevi Songhakul hatte auf Staatskosten in München Medizin studiert. Seine sehr reiche Familie, die zur hohen Beamtenschicht in Bangkok zählte, hatte ihm ein fürstliches Taschengeld geschickt. Er hatte Agnes ausgeführt. Sie hatten in den feinsten Restaurants gespeist und getanzt und gescherzt. Er hatte, auch nach der Geburt der Kinder, dem lustigen, blonden Münchner Mädel jeden Wunsch von den Augen abgelesen.

Das hatte sich jedoch alles mit der Ankunft in Bangkok geändert. Zunächst einmal arbeitete Dhevi viel mehr als in München. Er war im Dienst der UNICEF in Bangkok tätig; sein Aufgabengebiet war vielseitig und schwierig. Dr. Songhakul hatte während seines Studiums tadellos Englisch gelernt. Es war also nicht so, daß er nicht verstand, mit Ausländern umzugehen! Aber im Hause der vornehmen Beamtenfamilie herrschten buddhistische Tradition und siamesische Sitten. Die Großmutter des Arztes gehörte einer Generation an, für die das Betelkauen noch eine Selbstverständlichkeit war. Agnes benahm sich beklagenswert unhöflich. Sie war entsetzt zurückgewichen, als die alte Frau Songhakul den blutroten Betelsaft säuberlich in den kostbaren silbernen Spucknapf gespien hatte. Die alte Dame hatte mit vom Betelkauen dunkelgefärbten Zähnen mitleidig gelächelt. Agnes' Taktlosigkeit und ihr angewiderter Gesichtsausdruck waren ihr keineswegs entgangen . . .

Dhevi hätte seine Kusine Suvari heiraten sollen. Das war seit Kindheitstagen so vereinbart gewesen. Suvari schreckte nicht vor Betel zurück. Und ihre Familie besaß Edelsteingruben in Westsiam. Die alte Dame Songhakul liebte Edelsteine. Sie konnte sie mit glänzenden Vogelaugen stundenlang betrachten. Seit Agnes' unseligem Debüt war die alte Dame entschlossen, dieser unangenehmen und armseligen Schwiegertochter weder einen einzigen Edelstein noch eine ihrer schweren Goldketten zu vererben.

Alle diese Dinge brachen wie ein Sturzbach aus Agnes Songhakul heraus, während sie Martha auf der Veranda gegenübersaß. Martha neigte sich leicht vor und lauschte diesem Bericht, der von Unduldsamkeit, Selbstmitleid und jugendlicher Verwirrung zeugte. Ein schlimmer Fall. Daß er sich täglich im Fernen Osten wiederholte, machte ihn nicht weniger traurig: die Saga von dem Mädchen, das daheim einen Märchenprinzen geheiratet und dann in Siam einen Siamesen vorgefunden hatte, der peinlich die Traditionen seiner Familie und seines Landes beachtete.

„Was soll ich tun?" fragte Agnes. „Ich langweile mich zu Tode."

„Arbeiten Sie", schlug Martha vor. „Was haben Sie denn studiert?"

„Kunstgeschichte", erwiderte Agnes. Sie gähnte und erklärte, sie könne in der Hitze nicht einmal die buddhistischen Tempel besuchen. Das Klima sei mörderisch, nicht wahr?

„Durchaus nicht, wenn man danach lebt", widersprach Martha mit strengem Blick. Siam war nicht Bayern, das hatte Agnes gewußt. Wenn sie nun für ihren sentimentalen Traum bezahlen mußte, dann sollte sie mit Anstand bezahlen! „Sie müssen sich anpassen lernen", fuhr Martha freundlicher fort. Dieses Häufchen Elend, das der Erziehung seiner Kinder in keiner Weise gewachsen schien, war ja auch noch so jung! Die Situation wuchs Agnes über den Kopf. Ihr siamesischer Ehemann half ihr nicht. Ihre Tränen und ihre Vorwürfe verletzten ihn. Er war immer gleich freundlich zu seiner deutschen Frau, aber er zog sich täglich mehr hinter das starre Schweigen zurück, das im Fernen Osten die Stelle des hitzigen Arguments einnimmt.

Dr. Songhakul trat auf die Veranda heraus und setzte sich an den Frühstückstisch. „Ich reise nächste Woche mit einigen Amerikanern nach Nordsiam", erzählte er. „Ich arbeite im Augenblick in der Kommission für Malariakontrolle. Wir bringen Medikamente gegen die Krankheit in die Dörfer und vor allem Sprühgeräte mit DDT. Wenn ich unsern Leuten alles langsam und ruhig erkläre, dann werden sie allmählich den Epidemien zu Leibe gehen."

Agnes lachte hysterisch. „Glaubst du das im Ernst? Die Eingeborenen werden die Sprühgeräte niemals verwenden. Viel zu faul . . ."

Dr. Dhevi Songhakul verzog keine Miene. Er lächelte und sagte sanft: „Rauche nicht soviel, Agnes! Es schadet deinen Nerven."

In seinen Augen züngelte eine kleine Flamme, die sofort verlosch. Es war Verachtung. Dr. Songhakul war seinen Münchner „Gastgebern" mit erlesener Höflichkeit begegnet, auch wenn er sie recht exzentrisch fand. Die Bayern sagten einem Freund buchstäblich ins Gesicht, was sie von ihm dachten! Sie schlugen im Eifer einer Diskussion mit der Faust auf den Tisch, wobei der junge Siamese jedesmal zusammengezuckt war. Die Bayern folgten wie Kinder ihrer Impulsivität . . .

Dr. Songhakul hatte in Schwabing die Ateliers seiner Freunde besucht und Mühe gehabt, seine Mißbilligung hinter einem undurchdringlichen Lächeln zu verbergen. Die Ästhetik des Fernen Ostens verbot den Ausdruck des Impulsiven in der Kunst. „Sehr interessant!" hatte der siamesische Doktor sanft gesagt. Er hatte noch nicht einmal gelogen. Er lehnte das Interessante, wie der Westen es verstand, eben ab.

Dr. Songhakul widersprach überhaupt niemals, schon gar nicht seiner Großmutter. Sie hatte ihm geraten, die Fremde in ihr Land zurückzusenden und die Kinder zu guten Siamesen und Buddhisten zu erziehen. Agnes langweilte ihren Mann. Sie beleidigte seine Familie. Sie ließ sich europäisches Essen zubereiten, das sie dann beiseite schob. Vielleicht würde sie von selbst dieses Land verlassen. Aber Dr. Songhakul würde niemals seinen Sohn, den Agnes eigensinnig „Seppl" nannte, hergeben. Sein Sohn hieß Vidya nach seinem Großvater.

„Es ist alles vergebens in diesem Land", sagte Agnes. „Mein Mann macht sich Illusionen, aber er hört ja nicht auf mich."

Wenn „vergebens" hieß, daß ein Erfolg nicht in Monaten oder einigen Jahren zu erzielen war, dann waren die Anstrengungen tatsächlich vergebens; aber Dr. Songhakul rechnete anders als die ungeduldigen Menschen des Westens. Sein Zeitbegriff würde Agnes ein Rätsel bleiben wie alles andere. Warum behielt sie ihre Ansichten nicht für sich? Sie hätte besonders gehorsam und respektvoll sein müssen – nun, da die Liebe ihres Mannes erloschen war. Er tröstete sich längst mit eleganten und heiteren Siamesinnen. Sie kleideten und schminkten sich mit andächtiger Sorgfalt, während Agnes sich vernachlässigte. Und eine Frau, die sich in ihren Launen und ihrer Kleidung gehenließ, war für einen verwöhnten Asiaten keine Frau mehr.

„Besuchen Sie mich doch mit den Kindern in Bangkok", sagte Martha freundlich zu der jungen Frau.

„Vielen Dank", erwiderte Agnes lustlos. Martha wußte im selben Augenblick, daß Agnes Songhakul sie niemals besuchen würde. Sie würde von Hitze und Depressionen gelähmt in einem Bungalow der Familie Songhakul sitzen und abends dem Tanz der Leuchtkäfer zusehen.

Siebtes Kapitel

Zehn Tage nach der Rückkehr des alten Herrn Petersen fand Paulines Hochzeit mit Mr. Desmond statt. Sie wurde in kleinem Kreise mit Feierlichkeit und Poesie zelebriert. Der riesige, mit Lampions und Zelten geschmückte Garten bildete dazu den richtigen Hintergrund.

Die Brautmutter Nang Siri bereitete tagelang siamesische Süßigkeiten, Blumengirlanden und Laternen für das Gartenfest vor. Auf langen blumengeschmückten Tischen würden die Gäste des Fernen Ostens und des Westens alle Delikatessen finden, die siamesische Feste so reizvoll machen. „Curry und Reis“ dampften auf kleinen Öfchen. Zu einem festlichen Curry gab es viele Beilagen: kleingeschnittenen Chutney, Tomaten, geröstete Fischchen, gebratene hauchdünne Kartoffeln, Gurken, süßsaure Ananas, geröstete Kokosnuß, gebakkene Bananen, Chili, viele Arten von Gemüse, eingelegte Melonen und andere kulinarische Überraschungen – das alles war in Nang Siris kostbarsten Keramik- und Silberschalen angerichtet. Daneben gab es eine Auswahl europäischer Platten, die mit Jasminketten umlegt waren. Die Silberschalen mit den eingravierten Bildern siamesischer Tänzerinnen und Gottheiten enthielten den ganzen Segen der Tropen: Orangen, Mangostane, chinesische Äpfel, siamesische Rosenäpfel, Guaven, Pomelos – große, grapefruitähnliche Zitrusfrüchte – und riesige, geöffnete, mit Zitronensaft beträufelte Papayas, deren rotes Fruchtfleisch die köstlichste Erfrischung des Fernen Ostens ist. Berge von siamesischem und deutschem Gebäck würden die Kristallplatten füllen. Und auf einem großen Silberteller würde die Hochzeitstorte thronen.

Nang Siri lächelte die ganze Zeit. Alle waren glücklich. Das Familienleben war wieder so, wie es sein sollte. Nang Siri freute sich wie ein Kind, daß Winn von seinem unverständlichen Kummer befreit zu sein schien. Aber er sah müde aus. Nang Siri schwirrte wie eine Libelle um ihn herum.

Nang Siris Großherzigkeit und die siamesische Tradition der Gastfreundschaft kannten keine Grenzen. Diese Tradition erforderte, daß jeder Gast ein Geschenk erhielt. Nang Siri hatte Puderdosen, Papiermesser, Vasen und alle möglichen Schmuckgegenstände für ihre Gäste bereitgestellt: Gaben, die besonders ihre amerikanischen Gäste in Entzücken versetzten. Diese waren schon lange genug in Thailand, um die Geschenke nicht zurückzuweisen, etwa mit den Worten: „Das ist viel zu kostbar für mich!“ Eine solche Kränkung hätte Nang Siri niemals verziehen.

In der Nähe des Hauses war eine Bühne errichtet worden, auf der als Abschluß der Festlichkeit klassische siamesische Tänze vorgeführt werden sollten. Die Gattin des englischen Tierarztes Dr. Tyler hatte ihre Tante, die Prinzessin Pattani, gebeten, ihre eigene Tanztruppe für das Gartenfest auszuleihen. Die Prinzessin war eine frühere Hofdame;

sie lebte mit einer ihrer Nichten, Fräulein Dr. Charoon aus dem Pasteur-Institut, zusammen in einem halbverfallenen Palast im Samsen-Distrikt.

Die Tanztruppe der Prinzessin Pattani hatte noch niemals im Haus eines Fremden getanzt; es war eine große Ehre für Nai Petersen und seine Gäste. Und sogar die Prinzessin hatte ihr Erscheinen zugesagt. Petersen senior hatte sich in einem formellen Schreiben auf siamesisch bedankt. Nang Siri und er würden die Güte der Prinzessin nie vergessen.

In der Nähe des vierten Lotosteiches, umgeben von Palmen und Tamarindenbäumen, lag der Privatpavillon des alten Herrn Petersen. Das zierliche Gartenhaus mit den weißen Säulen und dem siamesischen Dach hieß *Sala*. Man sah solche Pavillons überall in Siam; eine Sala war ein Ruheplatz, ein Ort der Meditation, ein Schutzdach vor den glühenden Feuern des Sonnengottes Phra Suriya.

Und hier in diesem kleinen Gartenhaus, dessen Wände aus Bambus bestanden und dessen einzige Dekoration ein von einem Japaner gemaltes Bild mit dem Titel „Die Elbe bei Sturm" war, verbrachte Wilhelm Christian Petersen den Abend vor Paulines Hochzeit auf seinem Ruhebett.

Es war alles zu schnell gegangen. Der alte Mann war stumm durch ein Zwischenreich der Qual geschritten. Nang Siri strahlte, weil Winn seinen Willen hatte und Pauline heiraten würde. Pauline strahlte, weil Larry ihr geschrieben hatte, bevor sie moralischen Druck auf ihn ausüben mußte. Sie dachte nur noch an Mr. Desmond. Ihrem Vater hatte sie einen flüchtigen Kuß gegeben und war jeder Aussprache mit Geschick ausgewichen. Es war alles wieder gut! Alle waren glücklich. Warum machte Winn kein freundliches Gesicht? Larry und Pauline würden sofort nach dem Fest nach Manila fliegen und dort auf den Philippinen bleiben. Mr. Desmond hatte erreicht, daß sein Vertrag mit der ECAFE, der ja sowieso in einigen Wochen ausgelaufen wäre, gelöst wurde.

Die ECAFE hatte dem Brautpaar ein Teeservice aus siamesischem Silber verehrt und wollte, mit Ausnahme von Miß Macpherson, geschlossen zum Gartenfest bei Mr. Petersen in Rong Muang antreten. Miß Macpherson hatte Fieber und beteuerte schriftlich, wie sehr sie es bedauere, nicht erscheinen zu können. Was Mr. Portman über diese überraschende Heirat seines engsten Mitarbeiters dachte, behielt er für sich. Es war im höchsten Maße unkorrekt, eine Braut in

New Orleans drei Monate vor der Hochzeit sitzenzulassen. Daß Mr. Desmond nie zuvor seine Neigung zu Miß Petersen erwähnt hatte, fand der Chef der ECAFE in Ordnung, denn er selbst machte es nicht anders. Er interessierte sich für eine gewisse Amerikanerin in Bangkok und tat es so diskret, daß selbst die in Frage kommende Dame bis jetzt nichts davon gemerkt hatte.

Wilhelm Christian Petersen wäre am Vorabend der Hochzeit am liebsten zu Martha gegangen und hätte von ihrer Veranda aus schweigend den Lampobaum angeblickt, aber er wollte nicht einmal Martha sehen lassen, wie einsam er war. Bald nach der Hochzeit würden Hannes und Martha eine vierzehntägige Erholungsreise nach Ceylon antreten. Das war sein Dankeschön für Martha. Er hatte die Plätze im Flugzeug gebucht, und das, obwohl er jetzt schon mit Grauen an Marthas Abreise dachte.

Der alte Mann erhob sich von dem Ruhebett in der Sala und betrachtete grüblerisch das Bild „Die Elbe bei Sturm". Der japanische Künstler hatte es nach einer Postkarte gemalt, die Petersen senior jahrelang in seinem Schreibtisch aufbewahrt hatte. Es war ein merkwürdiges Bild: ein geisterhafter Hafen mit einem angedeuteten Michaelisturm und einem Schiff, das zwischen dunklen Dückdalben im Sturm schwankte. Winzige Figuren standen an Bord des Schiffes – Phantasiegestalten des japanischen Künstlers, wie sie weder bei stürmischer noch bei ruhiger Elbe in Hamburg zu sehen sind. Aber alles zusammen – das solide gebaute Schiff, die zart gepinselten Wellen, die einzige schwarze Wolke auf einem blassen Himmel – war doch die „schwimmende Welt", wie sie Petersen senior vor sich sah, wenn er von der Heimat träumte: unwandelbar gelassen und in keiner Weise durch Sturm und dunkle Wolken aus der Fassung zu bringen. Und selbst der Sturm hielt sich im Zaum, so wie Petersen senior sich am späten Nachmittag im Zaum gehalten hatte, als Pauline sich mit fröhlichem Winken von ihm verabschiedete. Sie war mit ihrem künftigen Ehemann beim Chef der ECAFE zum Abendessen eingeladen. Petersen senior hatte abgesagt, und Nang Siri hatte noch alle Hände voll zu tun, um den Garten und das Haus in ein tropisches Zauberreich zu verwandeln. Ihre siamesischen Verwandten halfen ihr dabei; ihr sanftes Schwatzen drang über den Lotosteich zu ihm in die Sala herüber. Und bei diesen heiteren Wesen saß Justus Petersen, der zur Hochzeit seiner Lieblingsschwester von der Zinninsel gekommen war. Er hatte seinen Vater auf siamesisch begrüßt und leistete ihm auch heute abend – dem einzigen Abend, den sie im Gespräch hätten verbringen können – keine Gesellschaft. Er hatte nach fünfzehn Jahren seinem Vater nichts mehr zu sagen. Noch am folgenden Tag würde er nach Phuket zurückfahren.

Was hatte Wilhelm Christian Petersen getan, daß seine Kinder sich so von ihm abwandten? Er hatte in weit höherem Maß als Nang Siri versucht, sie zu erziehen und glücklich zu machen. Und nun – am Abend seines Lebens – stand er mit leeren Händen da. Seine Tochter hatte nur Augen für den netten jungen Amerikaner, der, ohne es zu wissen, dem alten Mann die schlimmsten Stunden seines Lebens bereitet hatte. Lawrence Desmond war leichten Sinnes. Die Weisheit des Fernen Ostens zog ihn weniger an als das Wohlleben und die exotische Kulisse. Hoffentlich, dachte Petersen senior, würde er die Deern nicht *sehr* unglücklich machen . . Gerne hätte er ihr gesagt, daß sie *immer* auf ihren Vater zählen könne, aber die Deern hatte ihm keine Gelegenheit dazu gegeben. Ob sie ihm aus Manila einmal schreiben würde? Pauline schrieb ungern Briefe.

Petersen senior hätte ihr auch gern gesagt, daß sie ihrem Mann gegenüber nicht so „demütig" sein solle. Pauline war in der Liebe ganz plötzlich eine Asiatin – das Wort des Mannes war Gesetz und sein Gefallen an ihr der Gradmesser ihres Wertes. Man mußte hoffen, daß alles gutging. Pauline hatte auf jeden Fall ihr eigenes Haus. Vielleicht war Nang Siri doch weitblickender, als Petersen senior angenommen hatte. Pauline hatte auch ihr eigenes Vermögen, denn ihr Vater hatte auf Gütertrennung bestanden. Lawrence Desmond hatte beigestimmt: ganz wie Mr. Petersen wünsche. Er hatte eine Anleihe bei seinem Schwiegervater gemacht, die bedeutend größer war als alles, was er von Miß Black unter den günstigsten Umständen erhalten hätte. Petersen senior war bereit, seinem Schwiegersohn auf die Beine zu helfen, aber er ließ sich nicht auf geschäftliche Abenteuer ein. Mr. Desmonds Export- und Importpläne für Manila hatten Hand und Fuß. In dieser Beziehung war der alte Herr beruhigt.

Der Mond war über den großen Bäumen von Rong Muang aufgestiegen. Petersen senior dachte in seiner Sala an die alte Heimat. Es wäre alles anders gewesen, wenn er Florence Krüger geheiratet hätte. Sie hatte immer – wie er selbst – das Hamburger Ideal der Permanenz vertreten. Selbst heute, wo Krieg und Nachkrieg so viel „Permanentes" verschluckt hatten, würde Florence eigensinnig und heroisch an diesem Ideal festhalten. Gefühle, Geschäfte, ja, das Leben selbst hatten für den Hamburger nur Wert, wenn sie die Qualität des Dauerhaften besaßen. So hatte der junge Wilhelm Christian Petersen seinem Tropenparadies Dauer verleihen wollen. In dieser Nacht erschien es ihm, als ob er, bei allem nüchternen Verstand und aller Kraft, die sein Erbteil war, ein Narr in großem Stil gewesen sei. Nichts und niemand konnte der unwirklichen Existenz der fremden „Lotosesser" Dauer und Stabilität verleihen. Das waren Segnungen des Nordens, den Petersen senior für immer verlassen hatte.

Es war bereits gegen Mitternacht. Ein Wagen fuhr durch das Portal. Petersen senior rührte sich nicht. Das mußte Pauline sein. Er blickte in den mondhellen Garten. Wirklich – es war Pauline, die sich Arm in Arm mit Larry ins Haus begab. Nach fünf Minuten erschien Larry wieder und fuhr fröhlich pfeifend davon.

Und dann geschah das Unerwartete. Pauline erschien plötzlich in der Sala. Sie war in ihrem weiten Silbergewand wie ein Geist hereingeschwebt. Und dann saß Pauline wieder zu Füßen ihres Vaters, wie sie es als Kind und halbwüchsiges Mädchen getan hatte. Und mit dem erschreckenden Wechsel der Launen, der manchmal über Pauline wie ein Monsunwind hereinbrach, klammerte sie sich an Petersen senior und flüsterte schluchzend: „Papa! Lieber Papa! Ich ... ich möchte immer bei dir bleiben. Ich ... habe Angst ..."

Einen Augenblick setzte der Herzschlag des alten Mannes aus. War die Deern total überkandidelt? Und doch freute er sich – seine Line hatte ihn noch nicht ganz vergessen. Er zog ein riesiges Taschentuch hervor und tupfte Pauline einzeln die Tränen ab. So hatte er es immer gemacht. Und er sagte dieselben Worte, die er der kleinen Pauline zu sagen pflegte, wenn sie mit ihrem kindlichen Kummer in die Sala gelaufen kam: „Nicht doch, mein Lütten, ich pass' schon auf, daß dir niemand was tut!"

Pauline blickte ihren großen und mächtigen Papa mit Tränen in den Augen an und sagte: „Ja, Papa!"

Dann gingen die beiden wie eh und je Arm in Arm in den unordentlichen Palast, in dem Pauline Kindheit und Jugend verbracht hatte. Und Petersen senior fand, daß man nun beruhigt Hochzeit feiern konnte.

PAULINE und Larry wurden in der blumengeschmückten Kapelle „Mater Dei" getraut. Es war eine stille kleine Feier, an der nur die engste Familie und Mr. Portman als Brautführer teilnahmen. Nang

Siri kniete ehrfurchtsvoll in der Nähe des Altars; auch das war charakteristisch für die Toleranz und den Herzenstakt des siamesischen Volkes.

Gegen Abend begann das zauberhafte Fest in Rong Muang. Auf dem gepflegten englischen Rasen wandelten Gäste aller Nationen und Rassen. Der alte Mr. Wong und seine in Brokatseide gehüllten Töchter promenierten mit dem alten Herrn Krüger und Dr. Tyler.

Martha saß lange Zeit in einem Märchenzelt mit Mr. Portman und Miß Black. Hannes hatte sich einer bezaubernden jungen Siamesin zugewandt, deren Wickelrock mit echten Saphiren verziert war. Es war die Kusine von Dr. Songhakul, dessen Frau Agnes Martha in Hua Hin kennengelernt hatte. Agnes war nicht anwesend.

„Sie ist gestern mit ihrer Tochter nach München gereist", erwiderte der junge Arzt auf Marthas Frage. „Ihr Vater ist krank geworden."

War es ein Abschied für immer? Dem Gesichtsausdruck des siamesischen Arztes war nichts zu entnehmen.

Pauline sah schön und glücklich aus. Sie wandelte am Arm ihres Vaters und begleitet von ihrem Mann zwischen den Gästen umher und unterstützte Nang Siri in der Unterhaltung mit den Ausländern. Große Windlichter und Laternen in Lotosblütenform hingen über dem Büfett. Weißgekleidete Boys reichten Tabletts mit Getränken herum.

Der denkwürdigste Gast war Prinzessin Pattani, die ihre Tanztruppe zur Verfügung gestellt hatte. Sie saß, wie es ihrem Rang gebührte, auf dem Ehrensitz – einem kleinen, mit siamesischem Brokat und Blumen geschmückten Podest – und wartete auf das Tanzdrama. Sie war eine winzige alte Dame, die ihren traditionellen *Phanung* und ihren kostbaren Schmuck mit selbstverständlicher Würde trug. Nang Siri brachte ihr eigenhändig die siamesischen Delikatessen auf goldenen Schüsselchen.

Die Enkel von Ah Chang bedienten die übrigen Gäste zusammen mit einigen Boys, die entweder von Freunden oder von einem großen chinesischen Restaurant „ausgeliehen" worden waren.

Pummel und Pünktchen bestaunten mit großen Augen das Märchen, das Nang Siri für eine Nacht in Haus und Garten hervorgezaubert hatte. Es dunkelte. Die Laternen und Ampeln wurden entzündet. Ein Gong ertönte. Die chinesischen Boys löschten die Lichter, nur die Bühne war noch erleuchtet. Der Mond war aufgegangen: Hinter dem Podium standen die Palmen und Tamarindenbäume im Silberlicht, und zu ihren beiden Seiten saßen die Musiker mit ihren Zimbeln, Trommeln und Xylophonen und begannen die klassische Begleitmusik zum *Lakon* – dem weltberühmten klassischen Ballett.

Die von der alten Prinzessin geschulten Lakontänzerinnen schwebten wie asiatische Elfen in goldenem und seegrünem Brokat aus der Naturkulisse und bewegten ihre goldbraunen, mit kostbaren Reifen und echten Edelsteinen geschmückten Glieder in einem feierlichen und zugleich erregenden Rhythmus. Das Ballett hieß „Ramas Klage".

Der Nachtwind rauschte in den alten Bäumen; ihre Zweige bogen sich wie die Leiber der Lakontänzerinnen. Der Tanz des Prinzen Rama suggerierte ein Panorama der Liebe, das den Europäern ewig fremd bleiben würde: Geduld, lotosäugige Schönheit, Auflösung der primitiven Begierde in das unüberwindliche und zuchtvolle Zeremoniell, das so viele Jahrhunderte die Prinzen und Tänzer von Siam umschlossen hatte.

Auf dem Teakholztisch, welcher der alten Prinzessin zum Essen gedient hatte, standen an jedem Ende zwei silberne Schalen. Nang Siri hatte sie persönlich mit feuchtem Ton gefüllt und Blütenblätter in allen Farben des Regenbogens in ein duftendes Mosaik verwandelt. Es war eine Huldigung an den hohen Gast und war gebührend gewürdigt worden.

Doch ihr Meisterwerk hatte Nang Siri auf der Bühne geschaffen: Zwischen den blumenumwundenen Holzpfählen im Hintergrund der Bühne hing ein ganzer Vorhang aus Blüten, den Nang Siri mit ihren vielen Helfern Blüte für Blüte mit Silberdraht zusammengefügt hatte. Sie hatten bis in die späte Nacht hinein daran gearbeitet; und dann hatten Diener bis zur festlichen Stunde den Vorhang ununterbrochen mit Wasser besprengt und frisch erhalten. Für einige Stunden war ein Zauberteppich entstanden, der die Magie des Balletts in geheimnisvoller Weise erhöhte.

Nang Siri saß mit ihrer Tochter und dem amerikanischen Schwiegersohn in kissenbelegten Korbsesseln und fragte plötzlich schüchtern: „Bist du zufrieden, Kleine?"

„O Mutter!" flüsterte Pauline. „Es ist unbeschreiblich schön!"

Sie drückte ihrer kleinen, zierlichen Mutter so stark die Hand, daß Nang Siri einen Aufschrei unterdrücken mußte. Pauline hatte Winns Händedruck . . .

Pauline blickte ihren Mann an. Larry war in einem Trancezustand. Er starrte mit aufgerissenen Augen auf die goldschimmernde Vision aus Traum und Disziplin, die sich immer noch feierlich auf der Bühne bewegte. Was Larry an diesem Abend erlebte, war die Vermählung von Tradition und Schönheit – eine ewige Hochzeit des Fernen Ostens.

Pauline blickte ihren Mann aus halbgeschlossenen Augen an. Zum ersten Mal war sie stolz auf ihr siamesisches Erbe.

WÄHREND Paulines Hochzeit mit siamesischem Zeremoniell gefeiert wurde, saß Jane Macpherson allein im Hotelgarten des Oriental und starrte auf den dunklen Menamfluß. Es war eine wundervolle Nacht; aber davon merkte Jane nichts. Als Letty ihr mitteilte, daß Mr. Desmond heiraten würde, war Jane zuerst rot angelaufen. Dann hatte sie einen Weinkrampf bekommen. Letty hatte sie ungeschickt getröstet. Aber Jane fand das Leben trotz aller Trostsprüche sinnlos und demütigend. Selbst ihr beruflicher Erfolg konnte die Bitterkeit nicht aus ihrem Herzen bannen. Was verlangte sie denn vom Leben? Ein wenig Glück, einen netten Ehemann, ein Heim, möglichst in einer exotischen Gegend ...

Ein weißgekleideter Hotelboy lief auf sie zu. Er hielt einen Korb mit Orchideen in der Hand. Es mußte ein Irrtum sein. Wer in aller Welt sollte an Miß Macpherson denken? Noch dazu heute abend, da viele ihrer Landsleute ein Zauberfest in Rong Muang mitmachten?

Der chinesische Boy stellte den Orchideenkorb auf den Tisch, auf dem Miß Macphersons Whisky-Soda stand. Der Brief und die Blumen schienen tatsächlich für sie zu sein.

Sie öffnete den Brief mit zitternden Händen. Während sie las, weiteten sich ihre Augen in grenzenloser Überraschung. Es gab wirklich einen Mann in dieser gleichgültigen und grausamen Welt, der ihr Grüße sandte. Der Brief lautete:

> Sehr geehrte Miß Macpherson,
> es tat mir leid zu hören, daß Sie ein Tropenfieber haben und an dem Gartenfest bei Mr. Petersen nicht teilnehmen können. Ich bitte Sie, sich zu schonen; diese tropischen Fieber sind nicht selten tückisch! Ich werde im Auftrag der ECAFE in wenigen Wochen mit einem Teil unseres Stabes nach Singapur und Penang fahren und möchte Sie fragen, ob Sie als unsere Fotografin mitkommen könnten? Über das Honorar werden

wir verhandeln, wenn Sie sich entschließen, für uns zu arbeiten. Ich werde dafür sorgen, daß Ihre ungewöhnliche Leistung gebührend eingeschätzt wird. Vorgestern sah ich mit besonderem Interesse Ihre Aufnahmen von Phuket im *Stern des Mittelwestens*. Sie sind sehr plastisch und vermitteln jenes Element der Tropen, das Thailand heutzutage zur Idylle des Fernen Ostens macht.

Bitte nehmen Sie die Orchideen als Ausdruck meiner ehrlichen Bewunderung entgegen.

Mit den besten Wünschen für baldige Genesung
Ihr sehr ergebener Kenneth Portman

AM NÄCHSTEN Morgen standen vier Deutsche auf dem Flugplatz von Bangkok und warteten: Martha und Hannes Petersen sowie Doris und Charles Krüger. Sie flogen nach Singapur; von dort aus ging es mit dem Schiff weiter nach Ceylon, wo Krügers Schwester Florence in wenigen Stunden landen würde. Petersens würden nicht in der Inselhauptstadt Colombo bleiben, sondern nach der Begrüßung ihrer Hamburger Bekannten in den Badeort nach Mount Lavinia weiterfahren, wo Hannes sich vierzehn Tage erholen sollte. Krügers wollten den erwarteten Besuch nach Bangkok bringen.

Unterdessen betrat ein ungleiches Paar den Flugplatz: ein kleiner, fetter Chinese und eine hochgewachsene Blondine mit schwarzen Mandelaugen. Miß Karin bestieg mit Mr. Yu das Flugzeug nach Hongkong, ohne Nai Petersen einen Blick zu schenken. Sie hatte Herrn Yu in einem Bangkoker Tanzlokal bezaubert. Der ehemalige Hafenkuli war heute ein einflußreicher Geschäftsmann in Hongkong. Karin plauderte vernehmlich und lachte schrill. Ein englischer Reisender, der in Petersens Nähe stand, wandte sich an seinen Geschäftsfreund. „Eurasier", sagte er. „Sie übertreiben immer so . . ."

Dann stieg der eine Riesenvogel in Richtung Hongkong in die Luft. Und der andere Riesenvogel mit Nai Petersen flog nach Singapur. Die Flugzeuge entfernten sich so schnell voneinander, wie Nai Petersen und Miß Karin sich voneinander entfernt hatten.

ACHTES KAPITEL

AUF dem Flug nach Singapur sprachen die vier Hamburger nur das Notwendigste miteinander. Die Trompetenstöße, die die alte Frau Krüger in ihren Unterhaltungen immer unverhofft von sich gab, gingen Martha auf die Nerven, besonders jetzt, da sich ein Schatten auf ihre Reisefreude gelegt hatte. Sie mußte all ihre Pläne überdenken, bevor sie mit Hannes darüber sprach. Dazu würde sie genug Zeit haben, wenn sie in Mount Lavinia Ferien machten.

Wenn sie erst alle nach Hamburg zurückkehrten, dann fing wieder ein geregeltes Leben an. Martha hoffte, Hannes zur Heimreise zu bewegen. Irgendwie hatte sie jedoch das Gefühl, daß er gar nicht daran dachte, nach Hamburg mitzukommen.

Das Flugzeug setzte sich wie ein müder Vogel im Flughafen von Singapur nieder. Noch am selben Abend bestiegen die vier Reisenden ihr Schiff.

Nach Tagen ruhiger Fahrt im Indischen Ozean tauchte Ceylon, das „Eiland der Glücklichen", aus den blauen Fluten auf. Martha stand mit Petersen an der Reling. Er hatte einen Arm um ihre Schultern gelegt. Mit der freien Hand hob er das Fernglas und betrachtete die leuchtende Insel, die vom Adam's Peak überragt wurde, einer Bergspitze, die buddhistische Pilger seit Jahrtausenden besuchten.

„Nächstes Jahr fahren wir nach Java und Sumatra, wenn das Geschäft so weitergeht", sagte Petersen zu Martha. Sie glaubte ihren Ohren nicht zu trauen. Java? Sumatra? Das nächste Jahr würden sie alle nach Blankenese fahren, wenn sie noch etwas in dieser Ehe zu sagen hatte. Aber Martha war zu klug, um es jetzt auszusprechen.

Sie fuhren in den Hafen von Colombo ein. Am Pier warteten Florence Krüger und der englische Vetter der Krügers, der die letzten dreißig Jahre auf Ceylon zugebracht hatte.

„Hallo, wie geht's euch?" fragte Fräulein Krüger, so gleichmütig, als ob sie ihren Bruder und ihre Schwägerin vorige Woche zuletzt gesehen hätte.

„Wie geht's selbst?" fragte der alte Herr Krüger. Auch er konnte den Freudensturm in seiner Brust beherrschen. Dann machte er seinen englischen Vetter, der die Pfeife im Mund behielt, mit seinen Hamburger Freunden bekannt.

Dr. Philip Conway war sehr groß, außerordentlich dünn und so gastfreundlich wie alle Engländer im Fernen Osten. Er lud Petersen sofort für den nächsten Abend zum Dinner ein. Florence und die Krügers wohnten bei ihm. Dr. Conway nickte zustimmend, als Petersen sagte, daß Martha und er nach einigen Tagen nach Mount Lavinia weiterfahren würden.

„Ein sehr schöner Ort", bemerkte er.

Sie verabschiedeten sich. Dann fuhren Petersen und Martha an der holländischen Kirche und den Zimtgärten vorbei in ihr Hotel. Der Schatten, den Petersen nicht bemerkte oder nicht bemerken wollte, fuhr mit ihnen.

Martha trat in die große Halle des Hotels. „Hat jemand nach mir gefragt?" erkundigte sie sich beim Portier. Sie erwartete Florence Krüger.

Hannes war schon früh zu seinen Besprechungen gefahren. Petersen junior plante eine eigene Handelsvertretung auf Ceylon. Er hatte schon mit Hinrich Petersen in Hamburg darüber korrespondiert. Johannes Petersen kannte große Teile des Fernen Ostens wie seine Westentasche. Er hatte das Gefühl, daß die nächsten Jahre seiner Firma große Entwicklungsmöglichkeiten boten. Wenn Martha nicht einsah, daß sein Platz in Ostasien war – gerade jetzt, da man vieles neu aufbauen konnte –, dann ... ja, was dann? Petersen wußte keine Antwort auf diese Frage, während er in Colombo am Tag nach seiner Ankunft mit zwei einflußreichen Ceylonesen über künftigen Warenaustausch verhandelte. Die Kinder mußten nach Hamburg zurück, das hatte er von Anfang an gesagt, und dabei blieb es auch. Er begriff nicht, daß Martha nie zuvor aus Europa herausgekommen war und sich noch nicht den Standpunkt der sogenannten „Kolonial-Eltern" zu eigen gemacht hatte.

Florence Krüger betrat die Hotelhalle. Sie war groß, schlank und mit unauffälliger Eleganz gekleidet. In Hamburg war sie eine führende Persönlichkeit in den großen Frauenverbänden, wo sie sich mit sozialen und internationalen Projekten beschäftigte. Mit Martha verband sie eine Freundschaft, die einer Wesensgemeinschaft entsprang.

„Charles und Doris bringen mich noch zum Wahnsinn", sagte sie bereits in der Hotelhalle. „Für sie gibt es nur Hunde, Pferde und das schlafmützige Tropenleben. Wenn Charles nicht in jedem Brief gedrängt hätte, wäre ich niemals gekommen."

Martha lächelte; es war doch immer dasselbe mit Familien. Man verstand sich recht selten und leistete einander aus purer, mißverstandener Höflichkeit in exotischen Gegenden Gesellschaft.

„Was macht Hamburg?" fragte sie.

„Erwartet Ihre Rückkehr. Wann kommt ihr denn endlich zurück?"

„Hannes will nicht nach Hamburg zurück", sagte Martha plötzlich. Sie hatte über Hannes niemals mit einer Freundin diskutiert. Aber auf

Florence war Verlaß. Florence hatte Wilhelm Christian Petersen geliebt. Aber er war ihr in den Fernen Osten entwischt, ehe sie bis drei zählen konnte.

„Hannes will nicht zurück?“ fragte Florence ungläubig. „Hat er einen Sonnenstich?“

„Ach, Florence“, meinte Martha und strich sich müde die lose Haarsträhne hinters Ohr. „Das erzähle ich Ihnen ein anderes Mal.“

Florence blickte auf die Uhr. „Wir wollen uns mal ’n büschen Colombo ansehen“, sagte sie energisch. Sie bestiegen den Wagen von Dr. Conway, den sich Florence ausgeliehen hatte.

Martha genoß die Fahrt durch Colombo mit all ihren Sinnen. Die weiß gepflasterte Straße, die am Ozean entlangführte, hatte noch einiges vom Glanz der ehemaligen englischen Kronkolonie behalten. Die Victoriabrücke, der weltberühmte Modellhafen, die Zimtgärten, die vielen Landhäuser mit dem sorgfältig gepflegten Rasen und den vielen Blumenbeeten – alles trug noch das Etikett „Britisches Empire“.

Hundertfünfzig Jahre lang war Ceylon britische Kolonie gewesen, und es waren erst zwei Jahre vergangen, seit das Land ein unabhängiges Mitglied des Commonwealth geworden war.

Der Hafen von Colombo war ein Zentrum der Handelsschiffahrt. Ceylon lag auf der Route der Frachter, die vom Suezkanal über Kalkutta nach Rangun, Singapur und Australien fuhren. Dort überallhin gingen Exportgüter wie Ceylontee, Gummi, Kopra und Kokosöl.

Als Martha gegen fünf Uhr nachmittags in ihr Hotel zurückkehrte, saß Hannes an der Bar. Er hatte ihre kurze Notiz erhalten und sich geärgert, daß Martha nicht zum Lunch zurück war. Wenn Petersen schlechter Laune war – was selten vorkam –, dann war er so unausstehlich, wie gerade sehr charmante Männer es sein können.

„Nett, daß du überhaupt noch kommst“, brummte er. „Wie siehst du aus? *Bitte,* frisier dich doch einmal im Leben anständig! Diese Haarsträhne treibt mich seit Monaten zur Verzweiflung.“

„Hast du interessante Gespräche geführt?“ Martha beachtete die Ausfälle ihres Mannes so wenig, als ob er nichts gesagt hätte.

„Ich habe genug geredet“, erwiderte Petersen mürrisch. „In zwei Stunden müssen wir zum Dinner. Hoffentlich hast du dich bis dahin frisiert!“

„Das ist anzunehmen“, sagte Martha barsch.

Petersen blickte auf. „Verzeih", murmelte er. „Möchtest du nicht auch einen Gin?"

Martha verneinte. Sie war schon im Aufbruch begriffen. „Bis nachher, mein Jung'!" sagte sie. Dann begab sie sich mit leichtem Stirnrunzeln zum Hotelfriseur. In Hamburg hatte Martha niemals Zeit gehabt, in den Spiegel zu schauen. In Ostasien hatte sie entschieden zuviel Zeit . . .

Petersen trank seinen vierten Gin. Er wagte nicht, Martha zu sagen, daß er an Hinrich Petersen geschrieben hatte. In vier Monaten würden die Kinder abreisen. Dr. Johannsen machte Urlaub in Europa und würde sie mitnehmen. Petersen hatte auch angefragt, ob die Kinder bei Hinrich und Lisa wohnen könnten. Oder man mußte sie in Internate geben. Hinrich möge sich erkundigen. Schlechtgelaunt begab er sich in sein Hotelzimmer.

„Wo bleibst du denn, Hannes?" rief Martha. „Es ist höchste Zeit zum Umziehen!"

Martha trug schon ihr Abendkleid aus silbriger indischer Seide. Der Friseur hatte ein Wunder vollbracht: Lose, glänzende Wellen legten sich anmutig um Marthas feingeformten Kopf. Im Nacken saß ein Knoten, der nichts mit dem festen „Dutt" zu tun hatte, den sie sich eilig morgens zu drehen pflegte. Noch nie hatte Martha ein so schönes und gutsitzendes Kleid getragen. Sie sah außerordentlich anziehend aus und strahlte dabei jene klare Vornehmheit aus, die sie stets auszeichnete.

Martha blickte Petersen erwartungsvoll entgegen. Was würde er zu der neuen Frisur sagen? Damit sah sie tatsächlich zehn Jahre jünger aus. Sie hatte nicht gewußt, daß lose Haarsträhnen Hannes so irritierten . . ., sie hatte so vieles über ihren Mann nicht gewußt.

Doch Petersen stürmte an ihr vorbei ins Badezimmer und schenkte ihr nur einen flüchtigen Blick.

Martha betrachtete die großen Palmen im Hotelgarten. Der Schatten zwischen Petersen und ihr wuchs. Sie hatte eine neue Frisur, und ihr Mann hatte sie nicht bemerkt. Vor ein paar Wochen wäre er hoch erfreut gewesen. War es zu spät? Martha hatte in den letzten beiden Monaten den Eindruck gehabt, daß Hannes und sie niemals zuvor so glücklich miteinander gewesen waren. Er war reifer geworden und schien zu wissen, was er an ihr hatte. Und als sie von Pauline aus Hua Hin zurückgekommen war, hatte er gesagt: „Gott sei Dank, daß du zurück bist! Ich lasse dich überhaupt nicht mehr fort!"

Und dann, zwei Tage vor der Fahrt nach Ceylon, war der alte Koch zu Martha gekommen und hatte ihr mit vielen Umschreibungen gesagt, daß es „gute Gäste“ und „schlechte Gäste“ in Mems Abwesenheit gegeben hätte. Hatte Hannes wieder Dummheiten gemacht? Noch nie hatte er sich ihr gegenüber so ungezogen benommen wie vorhin an der Bar. Er schien zwei oder drei Existenzen zu haben: der tüchtige, kühl rechnende Geschäftsmann, Marthas ergebener Ehemann, ein sporadischer Vater. Die Kinder schienen ihm keine Lebensnotwendigkeit zu sein; vielleicht war er zu lange von ihnen getrennt gewesen.

Petersen erschien in einer schwarzen Hose und dem weißen Dinnerjackett der Tropenkavaliere. Das knappe Jackett brachte seine elegante Figur voll zur Geltung. Er legte Martha das Cape aus siamesischem Brokat um die Schultern, und sie schritten zu dem wartenden Auto, das sie zu Dr. Conway bringen sollte.

Dr. Conways Dinner fand in einem großen, mit Ventilatoren gekühlten Speisezimmer statt. Singhalesische Diener – alle in wallenden weißen Röcken und mit Schildpattkämmen im Haarknoten – servierten Speisen und Getränke.

Später saßen die Gäste auf der großen Veranda und atmeten den Duft, der von den Zimtgärten Colombos herüberwehte. Ein großer Mond stand am tiefschwarzen Himmel.

Petersen rauchte die vorletzte Zigarette des Abends. Er hatte heute über fünfzig Zigaretten geraucht. Es war schon spät. Er unterhielt sich angeregt mit Dr. Conway, einem typischen Vertreter der britischen Zivilisation im Orient. Die britische Herrschaft über die Insel war zu Ende gegangen, die Engländer waren Gäste geworden, und der Handel zwischen London und Colombo blühte.

„Wenn wir Deutschen lernten, nicht alles auf eine Karte zu setzen, würden wir noch einmal eine Chance in der Welt haben“, sagte Petersen und drückte seine Zigarette aus. Es war Zeit aufzubrechen. Er wollte sich erheben.

Doch was war das? Der Mond war ein schwarzer Ball geworden, der mit unheimlicher Kraft auf Petersen zuzurollen schien.

Warum merken die andern nichts? dachte Petersen. Panik überfiel ihn. Er konnte noch denken, aber er konnte nicht mehr sehen und plötzlich auch nicht mehr atmen.

„Luft!“ röchelte er. *„Luft!“*

ALS Petersen wieder zu sich kam, beugte sich Martha über ihn. „Es ist nichts Schlimmes, Hannes“, murmelte sie.

„Ich kann dich nicht sehen.“

„Gleich wird es besser. Nur Geduld, mein Liebling!“

Petersen spürte einen Stich im Arm. Eine Spritze. Plötzlich konnte er wieder sehen; durch einen Schleier erblickte er die tropische Kulisse.

„Eine kleine Ohnmacht“, sagte Dr. Conway. „Ich fahre Sie am besten ins Hotel, sowie Sie sich erholt haben.“

Nach einer halben Stunde war Petersen zum Aufbruch bereit, obgleich der Schleier immer noch vor seinen Augen lag und ihn verwirrte. Er wollte mit gewohnter Lebhaftigkeit aufspringen, aber etwas hielt ihn auf dem Liegesessel fest.

„Ich . . . ich kann nicht gehen, Herr Doktor“, stammelte er.

Martha war kreidebleich. Sie hatte Dr. Conway während Petersens Ohnmacht rasch von „dem Unfall mit dem Hund“ berichtet. Die sechs Monate Inkubationszeit waren noch nicht um. Während der Arzt einen Krankenwagen rufen ließ, wurden Petersens linker Arm und sein linkes Bein unbeweglich. Als der Krankenwagen kam, wurde Petersen auf eine Bahre gehoben. Dr. Conway begleitete ihn in die Klinik.

„Ich werde ihn mindestens acht Tage beobachten“, sagte der Arzt stirnrunzelnd zu Martha, ehe sie losfuhren. „Bitte besuchen Sie ihn in den ersten Tagen nicht, Mrs. Petersen. Er braucht vollständige Ruhe.“

Martha nickte. „Was ist mit seinen Augen, Herr Doktor? Wird er wieder richtig sehen können?“

„Ich weiß es noch nicht“, sagte Dr. Conway. „Wenn die nächsten fünf Tage gut verlaufen, kann seine Ohnmacht nicht mit den Bissen des Hundes zusammenhängen.“

FÜNF Mondnächte verbrachte Martha in Schweigen und Gebet. Am Tag ließ sie Dr. Conway gelegentlich durch die Tür ins Krankenzimmer blicken. Petersen schlief meistens. In den ersten beiden Tagen hatte er weder Arm noch Bein bewegen können, doch allmählich zeigte sich eine leichte Besserung.

„Es scheint eine schwere Kreislaufstörung zu sein“, erklärte Dr. Conway nach fünf Tagen der Krise. „Ihr Mann hat sich wahrscheinlich eine Nikotinvergiftung zugezogen. Daher die Sehstörungen, die sich aber sicher mit der Zeit geben werden.“ Sie saßen auf Dr.

Conways Veranda. „In drei oder vier Tagen können Sie nach Mount Lavinia fahren. Allerdings: Ihr Mann wird vielleicht ein steifes Bein behalten. Bisher konnten wir wenig Besserung feststellen. Dagegen macht sich sein Arm sehr gut."

„Sie meinen ..., er wird nicht wieder reiten können?" stammelte Martha.

„Wir können sehr froh sein, wenn er es schafft, ohne Hilfe zu gehen. Er hat heute die ersten Versuche gemacht – ein bißchen ungeduldig, Ihr Mann ... eben ein Sportler. Ich hoffe, daß das Bein sich langsam bessern wird."

„Sollte mein Mann nicht nach Europa zurück?"

„Ein Urlaub zu Hause könnte nur guttun, aber Mr. Petersen will nichts davon wissen."

„Ich hoffte immer, daß mein Mann mit uns in einigen Monaten zurückfliegen würde, aber wenn er jetzt nicht auf der Höhe ist, kann ich ihn ja nicht allein hierlassen."

„Auf keinen Fall", meinte Dr. Conway. „Sie müssen die Kinder natürlich zurückschicken. Mr. Petersen sagte mir übrigens, daß er dementsprechende Maßnahmen getroffen hätte."

Martha brachte es nicht über sich zu fragen, um welche Maßnahmen es sich handelte. Es wurde immer komplizierter. Hatte Hannes jedes Vertrauen zu ihr verloren?

Sie fuhr verstört ins Hotel zurück. Hatte sie sich das Leben in Bangkok zu einfach vorgestellt? Hatte sie gedacht, sie könnte nach mehr als zehn Jahren dort anknüpfen, wo Hannes und sie in Hamburg aufgehört hatten?

Eigentlich hatte sie keine Ahnung, was während der jahrelangen Trennung um und mit Hannes vorgegangen war.

Neuntes Kapitel

In Mount Lavinia erholte sich Petersen allmählich. Selbst seine Augen füllten sich wieder mit dem alten Glanz. Er ging am Stock und wußte nicht, ob das Bein jemals wieder zum Reiten taugen würde. Der plötzliche Zusammenbruch, der nach den vielen Tropenjahren Körper und Geist zugleich erschüttert hatte, zwang ihn zu einer Ruhe, die ihm im hektischen Bangkoker Leben nie vergönnt war. Und wenn er mit Martha auf der Hotelterrasse saß und auf den weiten Ozean hinausblickte, erschienen ihm die Konflikte seiner Bangkoker Existenz unwirklich.

In der Ruhe von Mount Lavinia spürte Petersen erst den besonderen Zauber, der von seiner Frau ausging. Er blickte Martha an. Sie hatte sich in Ostasien verändert. Ihre Kraft und ihre Sanftmut waren jetzt in einer neuen Mischung vorhanden. Martha hatte in Hamburg oft kurz und scharf gesprochen. „Ich habe keine Zeit, in den Spiegel zu gucken", hatte sie ungeduldig gesagt, wenn Petersen sie gebeten hatte, die lose Haarsträhne hochzustecken. Wo war die Haarsträhne übrigens? Martha trug weiche Wellen und einen schönen losen Haarknoten. Ihr Haar leuchtete wieder. Hatte er das die ganze Zeit nicht gesehen?

„Martha", sagte Petersen plötzlich, „ich wollte dir längst etwas erzählen, das sich zutrug, während du in Hua Hin warst."

Martha beugte sich vor. Würde Hannes ihr endlich mitteilen, wer die „schlechten Gäste" gewesen waren, von denen der alte chinesische Koch gesprochen hatte?

„Erinnerst du dich an Chung und Ah Bue, die beiden Dienerinnen, die Ah Chang damals besorgte, als Pünktchen beinahe ertrunken wäre?"

„Natürlich. Ah Bue gefiel mir nicht besonders."

Petersen putzte seine Sonnenbrille. Dann sagte er langsam: „Das war eine ganz verrückte Sache mit Ah Bue. Sie ist ja eine bildschöne freche Krabbe ..." Ah Bue hatte sich, nachdem Martha eine Woche abwesend war, jeden Abend mit sanftem chinesischem Starrsinn in Petersens Schlafzimmer eingefunden, um den reichen lustigen Master über die Abwesenheit seiner Gattin hinwegzutrösten.

„Das ist ja unglaublich", entrüstete sich Martha. Und dabei war es wieder einmal ein ganz alltägliches Vorkommnis, bei dem weder Ah Bue noch Chung sich etwas Schlimmes gedacht hatten. Chung folgte nur den Bräuchen der Chinesen, wenn sie versuchte, ihre schöne Tochter möglichst vorteilhaft „anzubringen". Nur für eine kleine Weile natürlich. Chung selbst war von ihrem Vater seinerzeit an eine reiche Familie verkauft worden, bei der sie über das Mißgeschick, die elfte Tochter eines armen Schneiders zu sein, in Muße nachdenken konnte. Chung war nie schön gewesen, und sie hatte es sehr nett von ihrem Vater gefunden, daß er sie nach der Geburt nicht ertränkt hatte. Das war in Chungs Heimatort gelegentlich vorgekommen. Chung hatte noch heute Angst vor den Geistern der Flüsse. Ihre Tochter Ah

Bue hatte vor nichts Angst, nicht einmal vor dem Zorn des Masters Petersen. Ihm hatte die Brautwerbung nicht gefallen. Er hatte Ah Bue und ihre Mutter entlassen.

Ah Chang, der alte Koch, der sonst großen Einfluß auf Petersen hatte, war diesmal nicht durchgedrungen. Er hatte angedeutet, daß seine Nichte und ihre Tochter sich rächen könnten, ohne daß er es zu verhindern vermochte. Petersen hatte laut gelacht. Leider hatte Ah Chang durch das Gelächter des Masters viel Gesicht verloren, und er war drei Tage angeblich krank. Petersen hatte sich schließlich mit einer Gehaltserhöhung aus der Affäre ziehen müssen.

„Ich wollte es dir nur erzählen", schloß Petersen, „damit du dich nicht wunderst. Es hätte ja sein können, daß dir die Abwesenheit der beiden Damen nach deiner Rückkehr von Hua Hin aufgefallen ist."

„Ich darf ja nicht ins Küchenhaus gehen, damit Ah Chang nicht etwa denkt, daß ich seine Vorräte kontrollieren will." Martha fiel ein Stein vom Herzen. Der „schlechte Gast" war also nur Ah Bue gewesen.

IM QUEENS-HOTEL in Kandy, dem buddhistischen Wallfahrtsort in Zentralceylon, herrschte reges Leben. Ein neuer Schub internationaler Besucher war angekommen; einige Bangkoker befanden sich auch darunter. Miß Black war ebenfalls im Queens-Hotel gelandet; mit ihr reiste ihre neue Sekretärin. Miß Black war nach Kandy gefahren, weil keine Journalistin den „Tempel des heiligen Zahns" auslassen durfte. Sie war sehr erfreut, Petersens aus Bangkok zu treffen. Sie hatte sich auf Mr. Desmonds Hochzeit sehr nett mit Martha unterhalten.

„Ist Miß Macpherson auch hier?" fragte Martha, während Hannes das Essen bestellte.

„Nein", antwortete Miß Black. „Sie hat eine Stellung bei der ECAFE angetreten. Ich bin mit meiner neuen Sekretärin hier, einer Landsmännin von Ihnen. Sie wird mich in die USA begleiten."

„Wer ist es denn?" fragte Martha interessiert.

„Ich habe sie mit ihrem Gatten auf einer Party der UNICEF kennengelernt." Miß Black versank in Schweigen. Sie dachte über Jane nach, von der sie so plötzlich getrennt worden war.

In diesem Augenblick erschien Miß Blacks deutsche Sekretärin. Martha starrte sie sprachlos an. Es war Agnes Songhakul, die doch laut Aussage ihres Mannes zur Zeit bei ihrem kranken Vater in München weilte!

Spät am Abend erfuhr Martha von Agnes eine Tragödie, die sich in dieser Form nicht zum erstenmal im Fernen Osten abgespielt hatte. Hannes war schlafen gegangen, Miß Black schrieb Briefe, und Martha war mit Agnes allein.

Die junge Münchnerin erzählte von ihrem Schicksal: Dr. Songhakul hatte inzwischen seine Kusine Suvari geheiratet. Agnes hatte ihre kleine Tochter Barbara mit einem deutschen Landsmann, der Bangkok gerade verließ, nach München geschickt. Sie mußte sich erst einmal ohne sie ein neues Leben aufbauen. Den Sohn hatte Dr. Songhakul behalten.

In Marthas Augen leuchtete das warme Licht des Mitgefühls auf. Armes, kleines Mädel, dachte sie, was muß sie durchgemacht haben!

Agnes hatte tatsächlich etwas durchgemacht, das manches Mädchen zerbrochen hätte. Als es bei ihr jedoch ernst wurde, geschah etwas Sonderbares: Ihre Lethargie fiel von ihr ab. Sie war immer ein bayrischer Dickschädel gewesen. Und was zuviel war, war zuviel . . .

Die alte Lady Songhakul hatte auf ihre Weise intrigiert, damit die unangenehme und bettelarme Schwiegertochter endlich in ihr eigenes Land zurückginge. Sie hatte eine alte wirksame Methode gewählt: Sie lud ihre Lieblingsnichte Suvari ein und sorgte dafür, daß Dhevi Songhakul seine schöne, reiche Kusine dauernd vor Augen hatte. Die junge Baronesse Suvari kaute als moderne Siamesin zwar keinen Betel, aber sie richtete das Beteltablett der alten Dame mit anmutiger Sorgfalt. Auch sonst umschmeichelte sie die Patriarchin. Im übrigen tat sie so, als ob Agnes bei Dr. Songhakul zu Besuch wäre. Suvari hatte stets fest damit gerechnet, daß Dr. Songhakul und sie ein Paar werden würden. Die Familien hatten es seit Jahren so bestimmt. Und Dhevi und sie paßten in der Tat sehr gut zusammen. Sie hatten denselben Hintergrund, dieselbe buddhistische Erziehung und denselben Familienreichtum.

Dann – am Geburtstag der Patriarchin und wenige Tage vor Paulines Hochzeit – war für Agnes das Ende in der Sippe Songhakul gekommen, so blitzschnell und grausam wie ein Taifun.

Suvari hatte an Dr. Songhakuls Seite gesessen, als ob sie seine rechtmäßige Gattin wäre. Und die alte Lady Songhakul hatte den beiden wohlwollend zugelächelt und sich angeregt mit Suvari unterhalten. Jeder Bissen „Curry und Reis“ war Agnes im Hals steckengeblieben. Zum Schluß der Feier hatte die alte Dame jedem Verwandten ein Gastgeschenk gemacht. Suvari erhielt eine Goldkette mit Saphiren; Dr. Songhakul und die anderen bekamen ebenfalls Schmuck. Und Agnes erhielt in Goldpapier verpackt eine schöne Keramikschale mit einer Frucht, von der ein ihr bekannter gräßlicher Duft aufstieg.

„Die Königin der Früchte", meinte die alte Lady Songhakul lächelnd, die offenbar nichts von Agnes' Abneigung gegen die Durianfrucht wußte. Oder wußte sie doch davon? Plötzlich stand Agnes auf und warf der alten Dame die Schale vor die Füße.

Das war das Ende. Sie hatte die Patriarchin beleidigt. Sie hatte ein kostbares Gastgeschenk in barbarischer Art zurückgewiesen. Wie durch einen Nebel sah sie Suvari mit Dr. Songhakul flirten. Seitdem dieses Mädchen bei der Familie Songhakul weilte, war der siamesische Arzt ohne Erklärung zu seiner Tante gezogen und besuchte nur die alte Dame und Suvari. Agnes hatte wie eine Aussätzige in dem verödeten Bungalow gesessen.

Agnes wußte nicht, was sie tat, als sie an jenem Abend die Baronesse Suvari am Arm packte und schüttelte. Sie hatte ein siamesisches Tabu verletzt. Den entstehenden leisen Tumult hatte Agnes nur halb wahrgenommen. Ihr Mann hatte sie auf einen Blick seiner Großmutter hin aus dem Haus in ihren eigenen Bungalow gebracht. Sie konnte nie mehr die Räume der Familie Songhakul betreten.

Das Gesicht ihres Mannes war ausdruckslos gewesen. „Du mußt natürlich zurück nach München", hatte er ruhig gesagt. „Das ist die beste Lösung." Dann war er lautlos verschwunden.

Zwei Tage später hatte Dr. Songhakul Agnes die Scheidungsurkunde zur Unterschrift vorgelegt. Das ließ sich in Siam in wenigen Stunden bewerkstelligen.

„Ich kann nicht zwei Haushalte haben", erklärte er sanft, aber fest. „Du weißt, daß meine Großmutter über das Vermögen der Familie verfügt. Mein Gehalt als Arzt bei der UNICEF ist klein. Es tut mir sehr leid, Agnes! Ich wünsche dir und unserer kleinen Tochter ein glückliches Leben."

Agnes hatte sich zusammengerissen. Sie war am nächsten Abend bei Miß Black im Oriental-Hotel erschienen. Miß Black suchte eine Sekretärin und Reisebegleiterin. Ein glücklicher Zufall hatte es gefügt, daß die kleine Barbara mit einem Landsmann zu Agnes' Eltern nach München fliegen konnte.

„Wäre es nicht richtiger gewesen, Sie wären auch gleich nach München gegangen?" fragte Martha.

Agnes schwieg einen Augenblick. „Nein", erwiderte sie langsam.

„Ich muß erst einmal zu mir kommen und . . . wieder Respekt vor mir selbst kriegen."

Am nächsten Tag fuhren Petersens nach Colombo zurück, tags darauf wollten sie sich nach Singapur einschiffen. In Colombo wartete ein dicker Brief auf sie. Er war von Hinrich Petersen aus Hamburg. Martha öffnete den Brief. Und beim Lesen weiteten sich ihre Augen vor Staunen.

„NUN, Hannes, was hast du beschlossen?" fragte Martha. Sie waren jetzt eine Woche in Bangkok, und der Brief von Hinrich Petersen stand zwischen ihnen. Es war sonderbar, daß Hinrich, der nach dem Urteil aller, die ihn kannten, Fischblut in den Adern hatte, so eine Aufregung bei Petersens in Bangkok verursacht hatte. Es ging Hannes gesundheitlich schon sehr viel besser. Er konnte wieder lesen und schreiben und konnte deshalb auch Hinrich Petersens Brief, der an ihn gerichtet war, ohne weiteres selbst beantworten.

„Ich habe noch niemals einen so verrückten Vorschlag gehört", sagte Petersen aufgebracht. „Das würde Hinrich so passen, aber daraus wird nichts." Er erhob sich, um ins Büro zu fahren. „Bis nachher, Martha! Wir sprechen noch über die Sache!"

In seinem Privatbüro nahm Hannes sich den Brief von Hinrich Petersen noch einmal vor. Hinrichs private Mitteilungen überschlug er. Was interessierte es ihn, an welchen Nordseebadeort Lisa dieses Mal reiste? Lisa war Hinrichs Frau: „etepetete" und immer ein wenig unzufrieden. Sie hatten keine Kinder.

Hannes las:

> Selbstverständlich sind Lisa und ich jederzeit bereit, Pummel und die Lütte bei uns aufzunehmen und sie zu erziehen, bis Martha und Du den Tropen Lebewohl sagen werdet. Ich ziehe bereits Erkundigungen nach Internaten ein, falls es weiterhin Dein Wunsch sein sollte, den Jungen in eins zu schicken.
>
> Persönlich bin ich gegen Internate. Lisa und ich würden uns vielmehr freuen, Eure Kinder bei uns zu haben. Um die Ausgaben, die uns entstehen, mache Dir keine Sorgen; ich führe Buch.
>
> Nach reiflicher Überlegung möchte ich Dir aber noch einen ganz anderen Vorschlag machen und bitte Dich, ihn nicht kurzerhand abzuweisen. Ich habe immer in Hamburg gesessen und möchte mir eigentlich noch einmal den Wind um die Nase wehen lassen, bevor ich zu alt für ein kleines Abenteuer geworden bin. Wie wäre es, wenn Du mit Martha und den Kindern nach Hamburg gingst und ich Deinen

Posten in Bangkok für die nächsten Jahre übernähme? Ich weiß ja schließlich mit dem Überseegeschäft genau Bescheid und habe Deinen Berichten entnommen, daß gerade die Chinesen, die unsere Hauptkunden waren und bleiben, streng reell sind. Deine Erfolge beruhen doch sicherlich auf etwas, was ich – im geschäftlichen Sinne – die Hamburger Tugenden nennen möchte: Ehrlichkeit in Wort und Tat, kühles Urteil und strikte Zurückhaltung privat.

Übrigens: auch Lisa möchte gern nach Bangkok kommen.

„Heilige Unschuld", murmelte Petersen. Hinrich mit seinen vorsintflutlichen bürgerlichen Tugenden! Streng reell und ahnungslos.

Petersen klingelte seiner neuen Sekretärin. Ulla Knudsen war eine Eurasierin von fünfunddreißig Jahren und betrat den Raum auf leisen Sohlen. Fräulein Knudsen, Tochter eines dänischen Kapitäns und einer Siamesin, war eine hervorragende Kraft. Sie interessierte sich mehr für ihr Gehalt – das beträchtlich war – als für romantische Liebe. Sie ernährte ihre Mutter und vier jüngere Schwestern. Nach den Bürostunden, die in den Tropen zwischen vier und fünf nachmittags zu Ende waren, tätigte Ulla Knudsen Grundstücksverkäufe. Sie war groß, blond, verblüht und sprach mit schriller Stimme; aber sie war eine erstklassige Sekretärin, die Siamesisch, Dänisch, Englisch, Chinesisch und Malaiisch beherrschte.

„Ich möchte nicht gestört werden, Fräulein Knudsen", sagte Petersen.

„Selbstverständlich, Sir", erwiderte die Sekretärin mit Berufseifer und verschwand.

Petersen spannte einen Bogen mit Durchschlag in seine Schreibmaschine. Er mußte sofort an Hinrich schreiben.

Lieber Hinrich!
Schönen Dank für Deinen ausführlichen Brief. Ich bin sehr erleichtert, daß Ihr unsere Gören aufnehmen wollt! Das ist hochanständig von Euch. Selbstverständlich war die Voraussetzung, daß alle Deine Ausgaben für die Kinder zu meinen Lasten gehen ...

Besten Dank auch für die Nachfrage nach meiner Gesundheit. Es geht mir wieder ausgezeichnet. Ich bin augenblicklich allein im Betrieb. Onkel Winn wird allmählich alt und ist den gesteigerten geschäftlichen Anforderungen der heutigen Zeit nicht mehr ganz gewachsen.

Im übrigen ist er ein schwerreicher Mann, der mit Recht dem Geschäft keine übermäßige Aufmerksamkeit schenkt. Ich dagegen bin ein armer Schlucker, der hier neu aufgebaut hat und nun anfängt, sich etwas zurückzulegen. Im Gegensatz zu Hamburg ist der Lebensunterhalt hier in Bangkok sehr teuer, so daß mir nicht viel bleiben würde, wenn ich jetzt wieder zurückkäme. Dein Vorschlag, lieber Hinrich, zeigt, daß Du Dir über die Situation hier nicht im klaren bist. Ich bitte Dich, mir meine Offenheit nicht zu verübeln. Ich spreche *rein* geschäftlich. Niemand schätzt Deine Qualitäten als Geschäftsmann mehr als ich, aber gerade diese Qualitäten – Solidität und Offenheit im hanseatischen Sinne – sind gelegentlich geschäftliche Handikaps im Fernen Osten. Ich fürchte, Du stellst Dir die Handelsbeziehungen mit unsern chinesischen Kunden zu einfach vor.

Wenn Du nichts von Internaten für unsern Jungen hältst, dann bin ich dafür, daß er wieder in Hamburg das Johanneum besucht. Ich bin zu lange von zu Hause fort, um mir ein Bild von Internaten machen zu können. Der Jung' hat sich hier draußen recht nett gemacht. Er ist nicht mehr so ein Bücherwurm wie früher, und er reitet famos.

Der Abschied von den Kindern ist für uns alle eine harte Nuß – aber es muß sein. Bitte, sage Lisa, daß mein Pünktchen ein *sehr* liebebedürftiges lüttes Etwas ist!

Nochmals besten Dank für Eure freundliche Absicht, die Kinder aufzunehmen. Es geht eben doch nichts über Verwandtschaft. Das merkt man erst, wenn man sehr weit vom Schuß ist. In Ostasien ist jeder auf sich selbst gestellt, und das würde Dir gar nicht gefallen, Hinrich.

Mit besten Grüßen von Haus zu Haus

Euer Johannes

PS: Martha läßt herzlichst danken und grüßen. Sie hat mich schon die ganze Zeit gebeten, Dir zu antworten. Nach meiner Rückkehr von Colombo hatte sich allerhand im Geschäft angesammelt, das ich eilends erledigen mußte.

Petersen klingelte und übergab seiner Sekretärin den Luftpostbrief an Hinrich Petersen. Nun mußte er nur noch Martha seinen Entschluß mitteilen.

Als Hannes nach Hause kam, saß Martha auf der Veranda. Er zog die Abschrift seines Briefes an Hinrich aus der Tasche und reichte sie ihr. „Du liest es am besten selbst", sagte er scheu. „Ich habe Hinrich alles auseinandergesetzt."

Martha las, während Petersen unbehaglich ihren Gesichtsausdruck studierte. Ihre feinen Lippen waren aufeinandergepreßt.

„Dann ist es also erledigt", meinte sie ruhig und gab Petersen den Brief zurück.

Das war alles, was Martha zu Petersens Entschluß zu sagen hatte.

TATJANA BOULGAKOFF hatte zeit ihres Lebens „auf der dunklen Seite des Mondes“ gewohnt. Sie hatte den Fernen Osten in seiner ganzen Grausamkeit kennengelernt – wie alle armen weißrussischen Emigranten. Im Jahr 1920 war sie als neunjähriges Kind nach Schanghai gekommen. Dort starben ihre Eltern schon Monate später. Sie gelangte mit anderen Russen nach Bangkok, wo sie einem weißrussischen General und seiner Frau in ihrem Restaurant als Küchenmädchen half. Die beiden hatten stets Schulden – bis sie einen Spielsalon in einem Hinterzimmer einrichteten. Das Ehepaar kam während der japanischen Besetzung bei einem Bombenangriff auf Bangkok ums Leben. Seither war Madame Boulgakoff die Leiterin des „Russischen Restaurants“ auf der Suriwongse Road.

Das Restaurant war nach dem Krieg immer schlechter gegangen. Deshalb hatte Madame Boulgakoff einige schöne Russinnen und Eurasierinnen angestellt. Diese „Singsong-Mädchen“, wie man sie in Bangkok nannte, sollten Stimmung machen und mit den Gästen trinken. Sie wohnten nicht im Hause und waren nur stundenweise für den Nachtbetrieb engagiert. Petersen war ein häufiger Gast im Russischen Restaurant gewesen. Mit Marthas Ankunft in Bangkok hatten seine Besuche abrupt aufgehört.

Für Madame Boulgakoff bedeutete das Leben in Bangkok den unerträglichen, mit Schweiß, Demütigungen und Unsicherheit durchsetzten Alltag der russischen Emigranten. Bangkoks Märchenpaläste und Gärten, in denen klassische Tänzer vollendete Arabesken vorführten, waren für Madame Boulgakoff niemals zugänglich gewesen. Für sie und ihresgleichen gab es nur die glühenden Straßen und den Lärm der Märkte, die tropische Hitze, die man nicht durch elektrische Deckenventilatoren vertreiben konnte; Ventilatoren waren überdies unerschwinglich. Die immer wieder gestopften Moskitonetze und Kleider, die billigen Fische und Früchte, die ihr die asiatischen Marktleute verächtlich zuschoben, die jahrelange ständige Angst vor einer Mieterhöhung, die zum Schluß doch immer erfolgte, waren tägliche Demütigungen.

Madame Boulgakoff rief eine Rikscha und sagte in hartem Siamesisch: „Fahre mich nach Talat Noi.“ Am „kleinen Markt“ stieg sie aus und trat in die von Menschen wimmelnde, von unzähligen Gerüchen geschwängerte Halle. Sie suchte ein Küchenmädchen, das im Notfall servieren konnte. Das Mädchen mußte jung und hübsch sein – wie das ganze Personal des Restaurants.

In einer Ecke hockte eine chinesische Gemüsehändlerin. Sie trug einen großen geflochtenen Bambushut und hatte schlaue Augen und gierige Hände.

„Hast du etwas für mich?" fragte Madame auf chinesisch.

Die Händlerin Chung wies auf ein bildschönes Mädchen. Ihre Tochter Ah Bue war stellungslos. Sie war bei reichen Ausländern in Bangkapi in Stellung gewesen und hatte wegen Krankheit gehen müssen.

„Ist sie jetzt gesund?" fragte Madame. „Mein Lokal ist kein Wohltätigkeitsunternehmen."

Chung grinste. Ah Bue, die von Petersen hinausgeworfen worden war, verneigte sich tief und anmutig. Sie trug schwarze Satinhosen und eine saubere, hochgeschlossene Leinenjacke, die mit zarten Pfingstrosen bestickt war. Ah Bue war eine Künstlerin im Sticken.

„Komm!" sagte Madame Boulgakoff. „Meine Rikscha wartet."

Ah Bue nickte mürrisch. Eine Ausländerin, die mit ihrer Dienerin in einer Rikscha fuhr, war ganz tief unten auf der sozialen Leiter. Eine Anstellung bei einer solchen Person hatte Ah Bue dem blonden Ausländer zu verdanken, der sie hartherzig entlassen hatte. Und dabei hatte sie Master Petersen doch nur in seiner Einsamkeit trösten wollen. Ah Bue haßte Petersen. Es war eine gute Stellung für Mutter und Tochter gewesen.

Sie fuhren durch den unaufhörlichen und vergnügten Lärm des Marktes ins Russische Restaurant. „Kannst du kochen?" fragte Madame Boulgakoff die junge Chinesin.

„Ich hab meinem Onkel in der Küche geholfen. Er ist immer noch in dem großen Haus in Bangkapi."

„Wie hieß deine Herrin?" fragte die Russin ohne großes Interesse.

Ah Bue buchstabierte sorgfältig wie ein Kind: *„Mem Pe-Ter-Senn."* In diesem Augenblick fuhren sie an Petersens Büro vorbei. Ah Bue zeigte auf das große Messingschild der Firma. „Sehr gute Mem – sehr, sehr böser Master", erläuterte sie auf chinesisch. „Ah Bue bedient schnell, schnell. Master stößt Dienerin mit dem Fuß fort ... hilft Mutter auf dem Markt in Talat Noi. Ah Bue gutes Mädchen! Master *Pe-Ter-Senn* sehr schlechter Master."

Ah Bue war ihre Demütigung noch einmal in aller Stärke ins Bewußtsein gekommen. Sie würde sich schon rächen, wenn die Zeit gekommen war.

Zehntes Kapitel

Am Morgen des chinesischen Mondfestes fuhr Martha mit den Kindern nach Sampeng, der Chinesenstadt von Bangkok. Pummel und Pünktchen sollten vor ihrer Rückkehr nach Hamburg sehen, wie man in Sampeng dieses poetische chinesische Fest beging. Auch Martha wollte die Erinnerung mitnehmen. Sie hatte sich nun mit Hannes ausgesprochen. Lisa Petersen war keine Erzieherin für Charlotte. Lisa war Kinder nicht gewöhnt, schon gar nicht heranwachsende Kinder, deren Geist durch das Erlebnis des Fernen Ostens beunruhigt war. Hannes hatte Martha schweigend angehört. Nach einer langen Pause hatte er gesagt: „Also dann fahre in Gottes Namen mit den Kindern zurück! In einigen Jahren werde ich wohl auch eintrudeln."

„Hannes ...", hatte Martha mit bittender Stimme geantwortet, „siehst du nicht ein, daß ..."

Doch Petersen ließ sie nicht ausreden. „Ich sehe alles ein. Die Kinder gehen natürlich vor." Seine Stimme klang müde.

Er fuhr mit zusammengepreßten Lippen ins Büro. Er hatte die ganze Zeit geahnt, welche Entscheidung Martha treffen würde.

Im Büro angekommen, klingelte Petersen nach seiner Sekretärin. „Wollen Sie bitte nachsehen, ob der Seniorchef inzwischen gekommen ist?" sagte er.

„Herr Petersen kommt nicht ins Büro", verkündete Ulla Knudsen. „Ich wollte ihn heute früh abholen, doch er ließ mich allein in seinem Wagen ins Büro fahren."

Die gelegentlichen Fahrten im Wagen des alten Herrn Petersen waren die Höhepunkte in Fräulein Knudsens Leben. Wenn sie sich, im Fond sitzend, durch die wimmelnde, von tausend Geräuschen und Gerüchen erfüllte New Road fahren ließ, war sie für einen unvergleichlichen Moment Herrin der Welt, vor allem aber Herrin der Rikschakulis. Fräulein Knudsens Kampf mit den Rikschafahrern von Bangkok war auch eines der kleinen Dramen, von denen die Ausländer nichts ahnten. Kein Kuli war mit dem Preis zufrieden, den Fräulein Knudsen und ihresgleichen sich täglich von ihrem Gehalt abrangen. Das Leben in Bangkok war teuer geworden, und Fräulein Knudsen war eine vorbildliche Tochter, die Nang Sanit – ihre kranke alte Mutter – grenzenlos verwöhnte. Nang Sanit konnte in Frieden Betel kauen, die Miete würde bezahlt werden. Und auch der Morgenreis war immer da. Ulla Knudsen sorgte sogar dafür, daß ihre vier jüngeren Schwestern etwas Vernünftiges lernen konnten.

Heute hatte Ulla einen kleinen Abstecher auf den Bangrak-Markt gemacht, um für Mami und die Schwestern Mondkuchen aus Kanton zu kaufen. Am Abend war doch das Mondfest! Fräulein Knudsen feierte jedes Fest in ihrem anbetenden Familienkreise – ganz gleich, ob es sich um ein siamesisches Erntefest, eine chinesische Mondfeier oder um das Weihnachten der Ausländer handelte. Die Mondkuchen lagen wohlverpackt in ihrer großen schwarzen Ledertasche – auch ein Geschenk des Seniorchefs. Ulla hatte vor, ein großes Fest zu Nang Sanits siebzigstem Geburtstag zu geben. Der bevorstehende Ehrentag ihrer Mutter ließ sie nachts vor Aufregung nicht schlafen. Eine ganze Reihe Europäer würden eingeladen werden. Hoffentlich sagten sie nicht ab. Fräulein Knudsen zitterte bei dem Gedanken, daß Johannes Petersen etwa absagen würde. Diese Schande vor ihren Bekannten würde sie nicht überleben. Sie hatte schon allen erzählt, daß die beiden Herren Petersen ihrer Mutter ein kostbares Geschenk machen und den ganzen Nachmittag und Abend mitfeiern würden. Diese Behauptung war freilich zu diesem Zeitpunkt lediglich die Ausgeburt ihrer fruchtbaren Phantasie. Fräulein Knudsen würde einfach zu Mrs. Petersen gehen und bei dieser großen, mitleidigen Dame die Einladung vorbringen. Sie hatte Martha mehrere Male im Büro gesehen und hatte sich ihr so lange beharrlich in den Weg gestellt, bis Martha sich mindestens zehn Minuten lang mit ihr über ihre Familie unterhalten hatte. Je mehr Fräulein Knudsen von „Mami" erzählt hatte, desto reizender war Martha zu ihr gewesen. Nein, die Gattin des Juniorchefs würde Ullas Einladung bestimmt nicht ablehnen.

Madame Boulgakoff war in einer Rikscha in der Jawarad Road angekommen. Sie hatte sich nicht in das festlich geschmückte Chinesenviertel begeben, um die legendären Mondbilder zu bewundern oder sich den Magen mit den schweren Kuchen zu verderben. Madame Boulgakoff begab sich in eine verwinkelte Gasse, die von der Hauptstraße abzweigte.

Im Erdgeschoß war ein Speisehaus für Kulis. Auf einer brüchigen Treppe stand ein mageres chinesisches Kind, das auf den Namen Brokat hörte; die Kleine trug geflickte blaue Leinenhosen und ein ebensolches Jäckchen. Sie grüßte die Russin mit verschlagenem Lächeln und erhielt als Gegengruß einen starren Blick aus halbgeschlossenen Augen.

„Ist dein Vater zu Haus?" fragte Madame Boulgakoff.

Das Kind nickte.

Madame Boulgakoff betrat die Werkstatt des Herrn Lü, eines Chinesen, der falsche Bärte herstellte. In dem Raum herrschte wilde Unordnung. Eine alte Chinesin hockte in der Ecke vor drei winzigen Kohlenöfen. Lebensmittel – Gemüse, Fisch, Gewürze und ein Sack Reis – lagen um die Öfchen herum. Der Raum hatte ein kleines Fenster mit klappernden Holzläden. Einige zerrissene Bambusmatten, eine Öllaterne und Spinnweben in allen Ecken vervollständigten die Einrichtung. Überall lagen Haare, Bärte und Bänder herum. Herr Lü, der Vater des mageren, verschlagenen Kindes und Inhaber der Werkstatt, begrüßte Madame Boulgakoff mit einer mitteltiefen Verbeugung. Um die Greisin, die mit den tappenden Bewegungen einer Blinden den Mittagsreis bereitete, saßen acht Kinder herum, die mit der Herstellung von Theaterbärten beschäftigt waren. Herr Lü war ein Spezialist in dieser alten, traditionsreichen Kunst. Er belieferte die großen chinesischen Theater in der Jawarad Road mit den vorgeschriebenen klassischen Bärten. Durch die Form und Anordnung ihres Bartes machten die Schauspieler den Zuschauern verständlich, wer und was sie waren. Herr Lü sah wie ein kleinlicher Beamter aus, war aber das Gegenteil. Es gab keine Masche des Gesetzes, durch die er nicht hindurchschlüpfte. Herr Lü kaufte auch Kinder, welche die billigsten Arbeitskräfte auf dem chinesischen Markt sind. Die kleinen Mädchen, die in seiner Werkstatt arbeiteten, waren alle Gelegenheitskäufe; von sechs Uhr früh bis spät in die Nacht stellten sie Theaterbärte her. Brokat war die einzige Tochter des Herrn Lü. Seine Werkstatt lag so versteckt, daß selbst Madame Boulgakoff, die die unbeleuchteten Straßen und Geschäfte von Bangkok kannte, die Wohnung des Bärtemachers nie ohne die Wegbeschreibung ihrer Dienerin Ah Bue gefunden hätte. Herr Lü war entfernt mit Ah Bues Mutter verwandt.

„Hast du das Zeug für mich?" fragte die Russin Herrn Lü. Madame Boulgakoff wollte ihre kleine Portion Opium, die sie auf Abzahlung von Herrn Lü bekam. Opium war besser als Mondkuchen. Es lag nicht schwer im Magen und befreite den Geist so weit, daß er die Ketten der Wirklichkeit für Stunden abstreifte. Madame würde heute nacht den glänzenden Mond auf ihrer kleinen Veranda betrachten und in die Vergangenheit reisen.

„Das Zeug ist wieder teurer geworden", sagte Herr Lü lächelnd. „Es wird immer schwerer mit der Beschaffung. Die siamesischen Behörden verhängen schwere Zuchthausstrafen für Opiumschmuggel."

„Wieviel?" fragte Madame Boulgakoff. Sie zahlte den Preis und verschwand ohne Gruß. Der Kuckuck sollte Herrn Lü holen. Was wollte man machen? Ohne den „Mohn des Vergessens" war das Leben nach Madames Meinung unerträglich.

Als sie in ihrem Restaurant anlangte, war Ah Bue schon fortgegangen. Sie wollte den Abend des Mondfestes mit der übrigen Familie bei ihrem Onkel Ah Chang in Bangkapi verleben.

Der alte Ah Chang und seine Tochter Cheng waren fieberhaft mit Vorbereitungen zum Festessen beschäftigt, als Ah Bue in ihrem mit Chrysanthemen bestickten Jäckchen und neuen Satinhosen ankam. Cheng mischte gerade Zimt mit Zwiebelextrakt und dampfte die Mischung ein. Ah Chang kochte eine Schildkröte, die er vor fünf Tagen aus einem Teich gefischt hatte. Das Gehirn der Schildkröte würde zusammen mit Marthas Zimt und Chengs Zwiebelsaft eine Essenz ergeben, die das Leben verlängerte. Jeder Enkelsohn würde heute nacht vom Großvater diese Essenz zu kosten bekommen.

Ah Bues Erscheinen löste keine Freudenstürme aus. Der alte Ah Chang hatte durch die Entlassung von Chung und Ah Bue beim Master „Gesicht verloren" und würde den beiden nie verzeihen. Doch der Groll ihres bejahrten Verwandten war Ah Bue herzlich gleichgültig.

„Wo ist kleiner Master?" fragte sie.

Cheng zeigte mit der Rechten in die Richtung des Kanals. Aus Loyalität gegenüber ihrem ehrenwerten Vater behandelte sie Ah Bue wie eine Aussätzige. Daß sie selbst diese unerfreulichen Verwandten im Hause Petersen untergebracht hatte, schien ihr entfallen zu sein.

Ah Bue schlenderte zum Kanal, wo Pummel mit „zweitem Enkelsohn" angelte. Sie trat so leise an Pummel heran, daß er sie nicht hörte.

„Junger Master", flüsterte sie. „Ah Bue bringt armseliges, winziges Geschenk. Heute ist Mondfest."

„Oh, Ah Bue", antwortete Pummel überrascht, „das ist aber nett von dir!" Er öffnete das Paket. Ah Bue hatte ihr kärgliches Gehalt zusammengespart, um ihm teure Kantoneser Mondkuchen zu schenken. Pummel wußte nicht, was er sagen sollte. Er trat von einem Riesenfuß auf den andern. Endlich murmelte er: „Danke vielmals. Das ist viel zu gut für mich!"

„Ganz schlechtes, schlechtes Gebäck", erwiderte Ah Bue höflich.

Pummel hatte noch niemals von einem Mädchen ein Geschenk erhalten. Ah Bue gefiel ihm großartig in ihrer fein bestickten Jacke. „Hast du die Chrysanthemen selbst gestickt?" fragte er.

Ah Bue nickte.

Pummel blickte Ah Bue freundlich und treuherzig durch seine Brillengläser an. „Du, Ah Bue", sagte er in seinem sorgfältigen Chinesisch, das er gelegentlich mit siamesischen Wörtern mischen mußte, „wenn ich später wiederkomme, mußt du mir den Haushalt führen."

„Vielleicht kann junger Master Ah Bue heiraten?"

Pummel lachte. Der Gedanke ans Heiraten erschien ihm in diesem Augenblick unwiderstehlich komisch, obwohl er selbst einmal Großonkel Petersen gesagt hatte, daß eine Chinesin sehr nützlich als Ehefrau sein würde. „Na, weißt du, Ah Bue – das hat noch lange Zeit", sagte er. „Erst muß ich leider wieder zur Schule und scheußlich büffeln."

Ah Bue schwieg. Sie blickte den großen blonden Jungen aus dem fremden Land von der Seite an. Niemals war jemand so freundlich zu ihr gewesen. Er hatte ihr öfter einen Leckerbissen aus dem Haupthaus zukommen lassen. Er hatte ihr sogar etwas Englisch beigebracht. Niemals würde er sie mit Füßen treten, wie sein grausamer Vater es getan hatte.

Ah Bues chinesische Einbildungskraft hatte zu diesem Zeitpunkt bereits einen Tiger aus Petersen gemacht. „Junger Master" war ihr einziger Freund. In ihren dunklen Augen waren blinde Ergebenheit und eine erste resignierte Trauer. Junger Master ging in wenigen Monaten fort. Und sie würde weiter im Russischen Restaurant hocken müssen.

„Ah Bue wird vor Kummer sterben", sagte sie ernsthaft. „Junger Master wird die dumme, schlechte Ah Bue ganz, ganz schnell vergessen."

„Aber Ah Bue", rief Pummel entrüstet, „wie kannst du so etwas sagen? Ich werde dich nicht vergessen."

Ah Bue senkte den Blick. Sie war in diesem Augenblick ein

einsames Kind, das nichts mehr von den häßlichen Racheplänen wußte, das es noch am Nachmittag geschmiedet hatte.

Am Himmel erschien eine matte Mondscheibe, die sich erst in der Nacht zu vollem Glanze entfalten würde.

„Vielen Dank für den Kuchen, Ah Bue", murmelte Pummel. Er wußte nicht, wie er sich verabschieden sollte.

„Ah Bue muß gehen", sagte die Kleine. „Alle fünf Segenswünsche für den jungen Master!" Sie verbeugte sich feierlich und schritt anmutig davon.

MARTHA und Hannes fuhren durch die schwach erleuchteten Straßen zum Dinner bei dem alten Herrn Wong. Petersen betrachtete die blühenden Bäume, die den Weg nach Phya Thai säumten, wo der alte Herr Wong wohnte. Die Abendsonne tauchte die roten Blüten in so intensives Licht, daß Häuser, Gärten und Kanäle wie von einem feurigen Meer überflutet schienen.

Heute abend schien das Leben auf den Straßen noch intensiver als sonst. Die Öllämpchen an den Rikschas warfen einen flackernden Schein auf die festlich geschmückten chinesischen Familien, die zur Mondfeier zu ihren Freunden fuhren. Kleine Chinesenjungen in zerrissenen Hemden und kurzen schwarzen Höschen boten heiser die letzten Mondkuchen an. Die tropische Nacht sank hernieder.

Petersen sog die Nachtluft ein; er war ganz gefangengenommen von dem nächtlichen Schauspiel auf den Straßen. „Wird dir das alles nicht fehlen?" fragte er Martha und machte eine vage Handbewegung.

„Doch ..., natürlich", antwortete sie gemessen.

Martha war mit ihren Gedanken bei Onkel Winn, der sie und die Kinder so sehr ins Herz geschlossen hatte. Der bevorstehende Abschied lastete ohne Zweifel auf ihm, wenn er auch kein Wort darüber verlor. Martha sah nur zu wohl, daß der Schleier der Melancholie, der zuweilen Wilhelm Christian Petersens hellblaue Augen beschattete, in den letzten Wochen dichter geworden war.

„Was ist eigentlich mit Pauline los?" fragte sie.

„Keine Ahnung. Hat Onkel Winn etwas über sie gesagt?"

„Er hat schon seit langem keine Post mehr von ihr. Es ist unerhört. Pauline weiß ganz genau, daß der alte Mann nur für sie lebt."

„Er hat sie eben sinnlos verwöhnt."

Martha nahm sich vor, morgen an Pauline zu schreiben.

Das Haus des alten Herrn Wong lag in der Nähe des alten Phya-

Thai-Palastes in der Rajavithi Road. In dem Haus herrschte jener typische Geist des Fernen Ostens, der Raumverschwendung und sparsames, auserlesenes Mobiliar mit Schönheit gleichsetzt. Doch das Kennzeichen der altchinesischen Kultur, die dieses Haus im fremden Land zu einem wirklichen Heim für die Familie Wong hatte werden lassen, war der Garten, den Petersen und Martha über alles liebten. Bei ihrem ersten Besuch hatte der alte Herr Wong ihnen erklärt, daß nach chinesischer Auffassung Haus und Garten keine getrennten Stätten, sondern ein harmonisches Ganzes wären, ein „Gartenheim". Pavillons mit zierlichen Dächern und große kostbare Porzellanvasen mit Blumen halfen, die kunstvolle Miniaturlandschaft zu vervollkommnen.

In dem größten dieser Pavillons saßen die zwanzig Gäste des alten Herrn Wong, nachdem das Festmahl an den runden Marmortischen im Speisesaal beendet war. Halbwüchsige Chinesinnen in engen Brokatkleidern – die schönen Töchter des alten Herrn Wong – bewegten sich zwischen den Gästen und dirigierten die Diener, die Mokka, Whisky, Limonaden und Mondkuchen auf Lacktabletts servierten. Die Stunde des Mondes war gekommen. Die Gäste aus China und aus dem Westen betrachteten einige Augenblicke den Mond, zu dessen Ehren dieses Fest stattfand. Die Dame des Hauses war nicht zugegen. Der alte Herr Wong hatte seine Gattin mit einer leichten Unpäßlichkeit entschuldigt. Man würde niemals erfahren, ob sie vorgeschützt war. Auf jeden Fall würde Madame Wong auf ihrer privaten Veranda zufrieden und ungestört den glänzenden Mond betrachten.

Es war eine kleine Gruppe von Gästen, die der alte Herr Wong zur Stunde des Mondes zu sich gebeten hatte. Wie meistens in Bangkok kamen sie aus den verschiedensten Ländern und Sphären. Den Mittelpunkt des Abends bildete der Stolz des Hauses – der älteste Sohn, der am Vortag mit seiner Braut aus San Franzisko eingetroffen war. Der junge Herr Wong „studierte" in San Franzisko das Wirtschaftsleben der Industrien. Sein Geist war angefüllt mit Lachskonserven, Chemikalien und Einfuhrbestimmungen für Tee, Reis und Kohle. Er hatte drei Leidenschaften: Kaugummi, amerikanische Jazzmusik und seine Braut Pao-Chai, „Kostbare Tugend". Welche kostbaren Tugenden die junge Chinesin in dem eleganten westlichen Abendkleid besaß, ließ sich nicht ohne weiteres erkennen. Fräulein Pao-Chai sprach sehr schnell und viel, mischte sich zum Entsetzen ihrer sechs wohlerzogenen kleinen Schwägerinnen in die Gespräche der Männer ein und zeigte ihrem künftigen Gatten keine Spur von Respekt. Wenn der alte Herr Wong mit der Wahl seines Sohnes unzufrieden war, so zeigte er es nicht. Er behandelte die junge Dame mit Höflichkeit und leiser Ironie.

Der junge Herr Wong unterhielt sich mit einem amerikanischen Ehepaar. Mr. David Spark war Mr. Desmonds Nachfolger in der kleinen Familie der ECAFE. Er vertrat seinen Chef, denn Mr. Portman untersuchte zur Zeit die Nahrungssituation der Mütter und Kinder in Indien. Miß Macpherson machte Aufnahmen in indischen Dörfern. Mr. Spark war ein großer, dünner Herr mit einem randlosen Kneifer. Mrs. Betty Spark war eine schlanke Dame mit sauertöpfischem Wesen.

„Ich sage David die ganze Zeit, er kann die Siamesen nicht wie Amerikaner behandeln“, meinte sie. „Er ist viel zu vertrauensvoll.“

Miß Blacks lange, spitze Nase schien noch spitzer zu werden. „Trauen *Sie* unseren Landsleuten denn so sehr, Mrs. Spark? Ich muß sagen, die Bangkoker Auswahl flößt mir wenig Vertrauen ein. Sie denkt nur ans Geldausgeben, Tanzen, Bridge-Spielen und an das Geschwätz über den lieben Nächsten.“

Der alte Herr Wong saß sehr still in seinem Sessel. Herr Wong war ein Taoist; und der herbstliche Mond war der Freund jener Taoisten, die es im China des Mao Tse-tung nicht mehr gab.

Herr Wong erhob sich und bat Hannes Petersen um die Erlaubnis, Martha heute die wertvollen Bilder mit den chinesischen Schriftzeichen zeigen zu dürfen. Darauf hatte er sich seit Monaten gefreut. Er zeigte seinen ehrenwerten Besuchern aus dem Westen jedesmal wenige, auserlesene Dinge in seinem Gartenheim. Heute nacht wollte er Martha seine kostbarsten Schätze präsentieren. Denn Madame Petersen – so hatte auch der Seniorchef des Hauses Wong erfahren – wollte mit Sohn und Tochter wieder nach Europa zurückreisen.

Während sich die anderen Gäste im Garten vergnügten, kehrte Herr Wong mit Martha in den Empfangsraum zurück. Zur Mondfeier hatte er ausgewählte kalligraphische Meisterwerke an seidenen Schnüren, die von einer Bambusstange gehalten wurden, an die kahlen Wände gehängt. Er wechselte die Schriftbilder ständig aus, und er würde nie verstehen, wie seine hochwürdigen Freunde aus dem Westen es ihr Leben lang mit zwei oder drei Ölgemälden aushielten.

Martha studierte stumm die Schriftrollen, die an den Wänden

hingen. Die Bilder erinnerten sie entfernt an die „Schriftbilder" ihrer geliebten Mathematik. Wenn die Mathematiker sich plötzlich entschlössen, ästhetische Wirkungen hervorzubringen . . .

Als Martha ihrem Gastgeber diese Gedanken zögernd mitteilte, erhellte sich das Gesicht des alten Herrn Wong. Er holte aus einer geschnitzten Truhe ein in Brokat gehülltes kalligraphisches Meisterwerk hervor. Es war sehr alt und der Inbegriff der Vitalität und Reinheit dieser Kunst. Sie gingen ins Privatzimmer des Hausherrn. Die Einrichtung seiner „Bambusklause" war asketisch: ein Ruhebett aus Bambus, einige kleine Sessel und Tische, ein Wandschränkchen mit Tassen aus altem Porzellan und einige erlesene chinesische Kunstwerke an den Wänden.

Der alte Herr wies mit seiner dünnen Gelehrtenhand auf einige Landschaften und erklärte Martha, wie sehr die Wiedergabe der Wolken, des Bambus und der Felskonturen den kühnen, sparsamen Strichen der Kalligraphen verwandt sei. Dann zog er aus seiner Rocktasche ein sehr kleines, edles Stück weiße Jade.

„Es ist ein alter Brauch, einem lieben Gast am Mondfest eine kleine Gabe zu überreichen", sagte er feierlich. „In meiner Heimat gilt die Lotoswurzel, welche die Farbe der weißen Jade besitzt, als Sinnbild der Standhaftigkeit. Machen Sie mir die unverdiente Freude, Mrs. Petersen, diese Jade zur Erinnerung an einen für mich köstlichen Abend anzunehmen."

Martha bedankte sich überwältigt und nahm die Gabe in die Hände. Das Licht des Mondes wetteiferte mit dem reichen Glanz der Jade. „Wie herrlich", flüsterte sie.

„Eine armselige kleine Gabe, Mrs. Petersen", sagte der alte Herr Wong höflich.

Es WAR lange nach Mitternacht, als Hannes und Martha auf ihrer Veranda die Abendgesellschaft des alten Herrn Wong noch einmal im Gespräch aufleben ließen.

Der Abend im Gartenheim seines ältesten Bangkoker Geschäftsfreundes hatte Hannes erfrischt. Und noch ganz im Banne der Ruhe, die über dem mondbeglänzten Garten gelegen hatte, fragte er seine Frau zum letzten Mal, ob sie ihren Entschluß, mit den Kindern Anfang des neuen Jahres nach Hamburg zurückzukehren, nicht doch noch einmal überlegen wolle.

„Wir haben doch alles erwogen, mein Lieber", sagte Martha sanft.

„Glaube mir, es gibt keine andere Lösung. Natürlich ist es ... sehr schwer für mich."

Martha hatte liebevoll gesprochen. Der Mondschein verfing sich in ihren herrlichen Haaren; ihr Haarknoten lag ihr wie ein schweres Stück Silber im Nacken. Die Ruhe in Bangkok hatte Martha eine Schönheit verliehen, die sie im nüchternen Norden niemals besessen hatte. Ihr feines Gesicht mit den großen grauen Augen war von schimmernder Blässe; die Falten, die der Hunger und die Angst der Kriegs- und Nachkriegsjahre in dies Antlitz gezeichnet hatten, waren nur noch als feine Spuren zu sehen.

„Martha", sagte Hannes gedankenverloren, „weißt du eigentlich, daß du hier eine schöne Frau geworden bist?"

„Dummer Jung'", erwiderte sie. Wollte Hannes sie weich stimmen?

Petersen setzte sich dicht neben Martha. Er zündete zwei Zigaretten an: erst eine für Martha, danach entzündete er an ihrer Zigarette seine eigene – „an Marthas Atem", wie er es nannte. Es war ein altes Spiel – stumm, zärtlich und beiden vertraut. Und wie sie nun in der Mondnacht beisammensaßen, sprach Hannes stockend von den Dingen, die er wochenlang heruntergeschluckt hatte. Es war sozusagen der neunte Heiratsantrag, den er Martha im Laufe der Jahre gemacht hatte. Er drückte sich sehr schlecht aus; denn alle Petersens waren auf den Mund gefallen, wenn es Ernst wurde.

Aber Martha verstand ihn. Hannes war ihr viel vertrauter, wenn er über seine eigenen Worte und Gefühle stolperte, als wenn er den glatten Weltmann spielte, der den Frauen die Köpfe verdrehte.

„Laß doch", sagte Martha. „Warum quälst du dich und uns? Mach dich doch endlich frei vom Leben in den Tropen!" Und als Petersen schwieg, flüsterte sie: „Wir brauchen uns doch, Hannes!"

Und nun wäre alles in Ordnung gewesen, wenn Hannes der Stimme der liebenden Vernunft gefolgt wäre. Aber Petersen warf seine Zigarette in weitem Bogen in den Garten und blickte Martha hilflos an. „Warum gehst du fort?" fragte er heiser. „Es kann nicht nur wegen der Kinder sein."

„Nein", erwiderte Martha überraschend. „Es ist nicht nur wegen der Kinder." Sie schwieg einen Augenblick, als ob sie, die Wortgewandte, nach Worten suchte. „Hannes", erklärte sie schließlich, „ich kann hier nicht länger sein. Wir leben in Bangkok in einem luftleeren Raum, ohne Wurzeln, ohne Bindung an Landschaft und Zivilisation. Sieh mal – man ist doch hier nur Gast, nicht wahr?"

„Natürlich! Was hast du daran auszusetzen? Von einem deiner Gastgeber hast du sogar ein Stück weiße Jade geschenkt bekommen, um das die Museen sich reißen würden. Oder denke an Paulines Hochzeit! Hast du jemals in Hamburg ein solches Fest mitgemacht?"

„Ich weiß, Hannes! Hier nimmt man Gäste königlich auf. Und ich hänge genau wie du an meinen Bangkoker Freunden. Aber man kann nicht ewig Gast sein!"

„Ach, Martha", sagte Petersen gequält, „vielleicht bin ich nicht so klug wie du, aber ich will das alles nicht hören. Ich will . . ., daß du bei mir bleibst. Ist das so schwer zu verstehen?"

„Ich kann nicht hierbleiben, Hannes! Der heutige Abend hat es mir noch klarer gezeigt. Ich habe mir die Gäste des alten Herrn Wong betrachtet. Nicht ein einziger ist in Bangkok geboren, kein einziger ist hier zu Hause! Ein Exil bleibt ein Exil, auch wenn man es zu einem Luxusparadies ausbaut. Ach, mein Lieber, hast du wirklich dein Zuhause vergessen? Bedeutet Hamburg dir überhaupt nichts?"

Petersen sah sekundenlang die Elbufer, den großen „Michel", der die heimkehrenden Seefahrer von weitem grüßte . . . Plötzlich kam ihm Großvaters Stammtisch im Ratsweinkeller in den Sinn, mit dem einzigartigen Duft von gutem Burgunder, Ans-tand und Tradition. Und dann eine große Lücke. Eine Fahne mit einem Hakenkreuz. Seine Flucht nach Siam. Onkel Winn und Nang Siri, der alte Herr Wong, die kambodschanischen Türme, siamesische Schönheiten und Sanftheit und Toleranz . . . Nein, man konnte die Zeit nicht zurückdrehen. Auch Martha konnte es nicht. Die Heimat war Erinnerung geworden. Hamburg – eine graue Stadt im Nebel! Und die Elbe bei Sturm . . . Natürlich blieb auch Johannes Petersen ein Hamburger. Aber er hatte die Brücken hinter sich verbrannt.

„Es hat keinen Sinn, Martha", sagte er. „Ich bleibe hier." Und Petersen erhob sich, um das Gespräch in seiner eigenen Weise zu beenden. Er beugte sich über Martha und zog sie aus ihrem Sessel. Seine Arme umschlossen sie, und seine Lippen berührten ihren weißen, kühlen Nacken. „Martha . . .", stammelte er. „Bleib bei mir!"

Martha war sehr still in seinen Armen. Hannes' Liebe war wie Flut und ernüchternde Ebbe. Die Flut konnte Martha verschlingen, aber die Ebbe, die in den langen Ehejahren stets unfehlbar der Flut des Gefühls gefolgt war, hatte Martha jedesmal etwas resignierter und vernünftiger zurückgelassen.

Sie entzog sich Hannes' Armen mit einer zarten Gebärde. Aber in diesem Augenblick fühlte sie einen furchtbaren Schmerz. Es war ein Nachhall aller vergangenen Schmerzen und eine Ahnung der Zukunft. Sie bedeutete: Abschied von dem Mann, der ihr alles bedeutete, mit seinen großen Vorzügen und mit seinen großen Schwächen, um derentwillen sie ihn um so stärker liebte. Martha wußte und empfand in diesem Augenblick alles, was in ein paar Monaten am Kai irgendeines tropischen Hafens stattfinden würde. Sie konnte Hannes' Küsse nicht einen Augenblick länger ertragen.

„Gute Nacht, Liebster", flüsterte sie. „Ich bin sehr müde."

Sie betrachtete Hannes einen Moment mit von Tränen glänzenden Augen und schritt langsam und wie unter einer Last zu der Glastür, die in ihr Schlafzimmer führte.

Petersen blieb auf der Veranda zurück. Aus dem Dienerhaus klangen Stimmen, Lachen und das Klappern der Schalen und Schüsseln. Der alte Koch feierte noch das Mondfest im Kreise seiner Familie. Es war zwei Uhr nachts.

Als Petersen Marthas Zimmer betrat, lag sie still unter ihrem Moskitonetz. Das Mondlicht beschien ihr blasses Gesicht, doch Martha schlief nicht. Über ihre Wangen flossen Tränen, die sie nicht fortwischte.

Elftes Kapitel

Alle Petersens – einschließlich Wilhelm Christian Petersen in Bangkok – hatten aus sicherem Instinkt lebenstüchtige und gastfreundliche Frauen geheiratet. Die einzige Ausnahme war Hinrich Petersen. Vielleicht hatte er gedacht, daß er Tüchtigkeit und Lebensart für zwei besaß, als er, kurz vor Hannes' Flucht nach Ostasien, die fünfzehn Jahre jüngere Lisa Thorsten geheiratet hatte. Hinrich war jetzt dreiundfünfzig Jahre alt und hatte wenig Sinn für „Allotria", wie er alle Äußerungen der Lebenslust nannte. Lisa dagegen war sehr für Allotria. Und da sie es bei Hinrich nicht bekommen konnte, hatte sie sich an den Bridgetisch verfügt, von dem sie einfach nicht fortzulotsen war. Hinrich schluckte alle seine Empfindungen mit Erfolg herunter. Man konnte seinem langen, schmalen Gesicht mit den wasserblauen Augen nicht ansehen, wie es in ihm aussah. An dem Tag, als Petersens in Bangkok das Mondfest feierten, hatte es bei Hinrich die ausführlichste Auseinandersetzung seit vielen Monaten gegeben. Hervorgerufen worden war sie durch den Brief, in dem Martha ihre Rückkehr ankündigte.

„Martha wird selbstverständlich bei uns wohnen", hatte Hinrich gesagt, „bis sie eine eigene Wohnung findet."

„Ausgeschlossen, Hinrich! Du weißt genau, wie nervös mich Besuch macht! Es hätte mir schon gereicht, diese gräßlichen Gören von Hannes hier aufzunehmen! Aber Martha ist ein Gast zuviel. Die Oberlehrerin kann bei ihrer Busenfreundin Florence Krüger wohnen."

Es war ein schöner Septembertag. Sie saßen im Garten ihres alten Hauses an der Elbchaussee. Lisa seufzte. Sie hatte Martha vom ersten Augenblick an nicht ausstehen können. Sie war auch immer noch nicht darüber hinweggekommen, daß Hinrich und sie nun nicht nach Siam reisen würden, nur weil Hannes es Hinrich nicht gönnte, sich auch einmal den Wind um die Nase wehen zu lassen.

Nach einer Pause fügte Lisa hinzu: „Also, das wäre abgemacht, Hinrich! Martha wohnt bei Florence Krüger! Die Kinder werde ich wohl eine Zeitlang übernehmen müssen."

„Martha wohnt bei uns. Ich schreibe ihr sofort", entgegnete Hinrich in einem Ton, den Lisa nur sehr selten zu hören bekommen hatte. Es lag Entrüstung darin, Erstaunen, daß eine Hamburgerin die Tradition der Gastfreundschaft mißachtete, und – der unbeugsame Wille der Petersens, wenn sie einmal zu etwas entschlossen waren.

Hinrich ging ins Haus und schrieb an Martha, wie sehr Lisa und er sich auf sie und die Kinder freuten. Selbstverständlich würden sie alle bei ihnen wohnen. Es mache nicht die geringsten Umstände.

„Florie", sagte der alte Herr Petersen zu Florence Krüger, „warum zum Kuckuck fährst du wieder nach Hamburg? Gefällt dir Bangkok nicht?"

Sie saßen beim Mokka in der Sala. Der Mond war aufgegangen und beschien mit mildem Licht zwei alte Hamburger, die einander vor Jahren beinahe geheiratet hätten. Wilhelm Christian war immer guter Stimmung, wenn Florence bei ihm war. Sie befriedigte in dem alten Mann ein Bedürfnis nach einer inneren Ordnung der Existenz. Ohne von Hamburg zu sprechen, war ihre Person die Brücke zwischen zwei grundverschiedenen Lebensinhalten. Wenn Florence bei ihrer mittlerweile weißhaarigen Jugendliebe in der Sala saß, wurde der Abend heller.

Florence antwortete nicht. In drei Tagen würde sie abreisen und damit basta. Aber „Chris", wie sie Petersen senior noch aus alter Gewohnheit nannte, machte ihr Sorgen. Sie hatte lange mit Martha über ihn gesprochen. Warum benahmen sich seine Kinder so häßlich gegen ihn? Martha hatte an Pauline nach Manila geschrieben und ebenfalls bis jetzt keine Antwort erhalten.

„Chris", sagte Florence nach einer Weile, „warum fährst du nicht nach Manila und siehst mal selber nach, was deine Tochter macht?"

„Wenn sie mich haben will, kann sie ja schreiben", erwiderte Petersen senior grollend. Florence schüttelte kaum merklich den Kopf. Chris benahm sich eher wie ein gekränkter Liebhaber als wie ein Vater, aber das war seine Sache.

Es war nun ganz dunkel im Garten. Große Sterne waren herausgekommen, und die Palmen wiegten sich träge und verschwiegen in dem kühlen Nachtwind. Florence verschränkte die Arme, als ob sie fröstelte. Sofort erhob sich Chris und nahm aus einer Kampferholztruhe, die neben seinem Ruhebett stand, ein großes Tuch aus siamesischem Baumwollbrokat. Es war dunkelblau und besaß ein raffiniertes und legendenreiches Muster in Silber und Altrosa. Florence, die sich im zahmen Hamburger Geschmack kleidete – blaue Kostüme, blütenweiße Blusen und charakterlose Filzhüte –, glaubte, noch nie etwas so Kühnes und doch Harmonisches gesehen zu haben.

„Eine kleine Abschiedsgabe", sagte ihr Jugendfreund und legte Florence die Kostbarkeit um die Schultern.

„Ich werde es in Hamburg als Decke benutzen und auf meinen Flügel legen", meinte Fräulein Krüger. Der alte Herr Petersen starrte sie an. Decke? Flügel? Er sah ein mittelgroßes Hamburger Zimmer. Statt indischer Mandelbäume und bläulicher Paradiesvögel eine Zimmerpalme und ein Kanarienvogel in einem Käfig. Plötzlich wußte Wilhelm Christian Petersen, warum er damals geflohen war – bevor Florence ihn mit ihrer Flügeldecke ersticken konnte.

„Welch ein seltsames Bild", meinte Florence Krüger, während sie „Die Elbe bei Sturm" betrachtete. Florence hatte sich erhoben. Es war Zeit zum Abschied. Ihre Kehle war trocken. Was würde aus Wilhelm Christian werden? „Wann besuchst du mich in Hamburg, Chris?" fragte sie.

Der alte Herr Petersen antwortete nicht. Er hatte „Die Elbe bei Sturm" vorsichtig von der Wand genommen und in ein seidenes Tuch gehüllt. „Gib das Hinrich Petersen für seine Sammlung", erklärte er ein wenig heiser. „Vielleicht macht es ihm Spaß zu sehen, wie ein japanischer Meister die Elbe sieht."

„Aber Chris, davon kannst du dich nicht trennen. Das ist doch ein Museumsstück!" Florence hatte das Bild nicht zum ersten Mal an ihrem Abschiedsabend bewundert.

„Laß man, Florence", sagte Petersen senior gelassen, „ich ... hm ... ich weiß auch so Bescheid."

Lange nachdem Florence Krüger in ihr Hotel nach Dusit-Park zurückgefahren war, saß der alte Herr Petersen noch in der Sala. Es war jetzt sehr still im Garten. Die Affen schliefen; nur die Grillen zirpten. Das Licht erlosch in der Sala. Wilhelm Christian Petersen war ins Haus gegangen. Er stand in Paulines Zimmer und blickte mit vor Müdigkeit glasigen Augen umher. In dem großen, leeren Raum standen nur noch Paulines Bett, ihr kleiner Schreibtisch und die leeren Teakholzschränke. Er ging öfter in Paulines Zimmer, aber nur, wenn Siri nicht da war und die Diener schliefen.

Er setzte sich an den Schreibtisch. In einer Schublade lagen noch Briefpapier und Umschläge. Er konnte der Deern ja mal schreiben. Damit vergab er sich nichts ...

DREI Wochen nach der Abreise seiner Freundin Florence saß der alte Herr Petersen mit Hannes in seinem Privatkontor in der New Road. Er betrachtete kennerisch eine riesige Tasche aus Krokodilleder, die Hannes soeben von den Papierhüllen befreit hatte. Es war das Geschenk für Nang Sanit. Die Mutter von Ulla Knudsen, der ausgezeichneten Privatsekretärin von Petersen & Co., wurde heute siebzig Jahre alt. Ulla hatte so viel mit den Vorbereitungen zu der großen Party zu tun, daß sie heute nicht im Büro erschienen war.

Der alte Herr Petersen untersuchte die Handtasche von innen und außen. „Famoses Stück!" sagte er. „Aus einer Haut geschnitten! Wo hast du das erwischt?"

„Ich habe sie nicht ausgesucht. Fräulein Knudsen bestellte sie", erwiderte Hannes grinsend. „Du weißt doch – unsere Ulla kauft besser ein als wir alle zusammen. Und sie hat höchstens siebzig Tikal aufgeschlagen. Das ist wirklich nicht zuviel, nich?"

„Sehr ordentlich", bemerkte der alte Herr Petersen allen Ernstes.

„Was schenkst du eigentlich, Onkel Winn?" fragte Hannes.

„Ich habe Ulla und Nang Sanit für die Weihnachtsferien nach Hua Hin eingeladen."

„Wie wirst du Ullas liebliche Stimme aushalten?"

„Gar nicht", erwiderte Petersen senior trocken. „Siri und die Mädels werden dasein. Ich feiere mit euch Weihnachten, falls Pauline nicht . . ."

„Das ist doch erst im Januar soweit!"

„Eigentlich ja. Aber die Deern bereitet einem immer Überraschungen. Ich fliege dann natürlich zur Taufe nach Manila."

„Wie geht Lawrences Geschäft?"

Der alte Herr Petersen zog einen Brief aus der Tasche. Er war aus Singapur. „Mein Schwiegersohn will nicht für die Dauer auf den Philippinen bleiben. Du kannst ja selbst mal nachlesen. Er wird im neuen Jahr wieder einen Posten im Auftrag der UNO übernehmen."

„Und deine Einlage? Desmond wollte doch Kopra und Manilafasern exportieren."

„Ich verliere keinen Tikal. Er hat vorsichtig disponiert. In dieser Beziehung sind Amerikaner famos."

Hannes steckte den dicken Brief in die Tasche. „Wie wär's, wenn wir mal 'n büschen an die Arbeit gingen? Nach drei Uhr ist heute ja nichts mehr zu wollen. Unsere Ulla wird mich vergiften, wenn ich dem Freudenfest nicht bis zum letzten Tanz beiwohne. Übrigens, wer kümmert sich denn um Pauline?"

„Lawrence schreibt, seine Mutter sei in Manila. Er selbst ist zu einer Konferenz nach Singapur geflogen."

Petersen senior klingelte. Der chinesische Buchhalter erschien in der Tür.

„Ist Post gekommen?" Vielleicht hatte Pauline einen Brief ins Büro geschickt?

„Die Post liegt bei Fräulein Knudsen, Sir. Soll ich sie bringen?"

Der alte Herr Petersen sah den Packen Briefe durch. Es war ein Luftpostbrief dabei. Na endlich! Aber es stellte sich heraus, daß der Brief von Hinrich Petersen aus Hamburg war. Wahrscheinlich wollte er sich für das Bild bedanken.

Hannes hatte indessen die geschäftliche Post durchgesehen. „Gut, daß Mami Knudsen nicht jede Woche siebzig Jahre wird", bemerkte er. „Gerade heut sind wichtige Briefe zu diktieren. Aber unsere Ulla bereitet ja das Fest des Jahrhunderts vor. Wie sollen wir eigentlich alle in dem kleinen Haus und im Garten Platz finden?"

„Keine Ahnung, ich werde nicht lange stören. Um sechs gehe ich heim."

„Weiß Ulla schon von deinem Fluchtversuch?“

„Ich habe mich schwer gehütet, ihr das auch nur anzudeuten. Wenn sie es wüßte, würde sie mich um dreiviertel sechs fesseln.“

FRÄULEIN KNUDSEN war seit drei Tagen fieberhaft geschäftig. Sie paßte auf, daß Mami sich nicht anstrengte und frisch für ihren Ehrentag war. Sie bestellte Getränke, Speisen, Blumen und tausend andere Dinge. Alle europäischen Gäste hatten zugesagt. Fräulein Knudsen hatte aufgeatmet.

Als Hannes und Martha mit Onkel Winn und Dr. Johannsen bei der Familie Knudsen am Klong Hualampong anlangten, war das Fest bereits in vollem Gange. Mami Knudsen hockte betäubt und artig wie ein Kind auf einem gepolsterten Sessel auf der winzigen Veranda und begrüßte die Gäste ihrer wundervollen Tochter Ulla mit dem siamesischen Gruß. Sie war grenzenlos verschüchtert, noch niemals hatte sie so viele Ausländer beisammen gesehen. Ulla hatte alles aufgetrieben – Geschäftsbekanntschaften, Freunde ihrer Freunde und viele reiche und einflußreiche Eurasier, deren Gattinnen und Töchter alle an Eleganz und Schmuckauslage übertrafen. Fräulein Knudsen, die mit schriller Stimme versuchte, die wimmelnden Scharen miteinander bekannt zu machen, trug ein Kleid aus giftgrüner Seide, das ihr Gesicht noch gelblicher erscheinen ließ und schlecht zu ihrem bereits mit grauen Strähnen durchzogenen fahlbraunen Haar paßte. Es war bedauerlich, daß niemand Ulla Knudsen in Kleiderfragen beriet. Ihre jüngeren Schwestern hatten glücklicherweise nicht das Geld, sich importierte Stoffe zu kaufen. Sie trugen leichte, zarte Kleidchen aus japanischen und indischen Kunstseiden und sahen – wie Petersen junior sich ausdrückte – „zum Anbeißen“ aus. Die hübscheste war Betty. Sie hatte sich trotz Fräulein Knudsens Polizeiaufsicht mit einem jungen Mann aus Lopburi verlobt, und diese Verlobung sollte zusammen mit dem Trinkspruch auf „Mami“ bei einem Glas Sekt bekanntgegeben werden. Nai Charoen, Bettys Verlobter, war königlicher Beamter bei der Eisenbahn in Lopburi und konnte an Bettys Seite auf eine geruhsame Zukunft mit den üblichen Beförderungen rechnen.

Mami bemühte sich sehr, alles so zu genießen, wie Ulla es von ihr erwartete. Ihre eigenen Freunde – alte Siamesen mit ihren Frauen und Töchtern, die zu der großen Feier von Reisfarmen und aus Fischerdörfern der Menamebene gekommen waren – saßen wie Schildwachen um Mami Knudsen herum und paßten schweigend und scharfblikkend auf, daß die vielen Ausländer ihrer alten Freundin nichts am Zeug flickten. Die Atmosphäre war bald wie in einem türkischen Bad. Die überfüllten Räume und Veranden des kleinen Pfahlhauses am Kanal erweckten bei Fräulein Knudsen den Eindruck, daß ganz Bangkok sich zu ihrer Party gedrängt habe. Sie verfaßte im Geiste einen Bericht für die *Bangkok Gazette:* „Eine auserwählte Gesellschaft verschiedener Nationalitäten traf sich letzten Donnerstag zu einem denkwürdigen Fest in der idyllisch gelegenen Residenz von Fräulein Ulla Knudsen, Tochter des verstorbenen Kapitäns Alf Knudsen und seiner Gattin, Madame S. Knudsen. Unter den distinguierten Gästen bemerkte man . . ."

Martha Petersen hatte während Fräulein Knudsens Fest alle Hände voll zu tun. Sie war die einzige gewesen, die sich überlegt hatte, wie eigentlich die Bewirtung der vielen Menschen in den kleinen Räumen vor sich gehen sollte. Die auserwählte Gesellschaft wäre zum Teil verhungert, wenn Martha nicht „ältesten Enkelsohn" und „zweiten Enkelsohn" schon um drei Uhr nachmittags hingeschickt hätte. Platten und Geschirr hätten nicht annähernd ausgereicht. Während Fräulein Knudsen verworrene Befehle gab, hatte Martha kühl die Möglichkeiten berechnet und genutzt. So liefen – als die Gäste dann eintrafen – livrierte Boys mit Platten voll scharfer und süßer Delikatessen herum, während die siamesischen Helferinnen – die Töchter von Mami Knudsen mit Ausnahme von Ulla, die ja die Gastgeberin spielte – für die Getränke sorgten. Limonaden und Reisschnaps für die thailändischen Gäste; Whisky und Cocktails, von „ältestem Enkelsohn" mit Sachkenntnis gemischt, für die Europäer. Ohne daß jemand es bemerkte – am allerwenigsten Fräulein Knudsen, die überwältigt von Glück und Stolz immer neue Gäste empfing –, hatte Martha Ulla Knudsens erste Abendgesellschaft gerettet. Selbst das siamesische Büfett, wunderschön von Mami Knudsen und ihren alten Freunden aus dem Reisland vorbereitet und dekoriert, hatte noch Platz in dem zweiten ausgeräumten Wohnraum der Knudsens gefunden.

Ulla lief immer wieder zur Veranda und herzte und küßte ihre Mami. Nang Sanit saß in Ullas maßloser Liebe wie in einem Käfig. Aber eine gute Tochter . . . Und so bemühte sie sich, Ulla zuliebe ihren Ehrentag zu genießen.

Gerade als ein siamesisches Volksstück aufgeführt werden sollte, fuhr eine Rikscha vor. Eine zierliche, mädchenhafte Gestalt entstieg ihr. Und dem alten Herrn Petersen entglitt das Glas mit Whisky-Soda, als er die junge Frau näher ins Auge faßte.

Es war Thanom Chandrayarat, die Frau seines ältesten Sohnes. Seit Thanom mit Justus-Prasert verheiratet war – es waren jetzt acht Jahre –, hatte der alte Herr Petersen nichts mehr von ihm gehört. Thanom hatte Justus veranlaßt, seinen Vater auf der Zinninsel Phuket nicht zu begrüßen. Thanom war vom ersten Augenblick an gegen den europäischen Vater ihres Mannes gewesen und hatte in der höflichen und undurchsichtigen Art der Asiatinnen das letzte schwache Band zwischen Vater und Sohn gelöst. Wenn es jemanden gab, der Wilhelm Christian Petersen Leid zugefügt hatte, dann war es die zierliche, lächelnde Thanom, die soeben mit einer verhutzelten alten Dienerin zur Veranda von Mami Knudsen schritt. Justus mußte dann wohl auch bald erscheinen.

„Los, Bucklige", rief Thanom der alten Siamesin in herrischem Tone zu, „gib Nang Sanit unsere Geburtstagsgabe!"

Die alte Dienerin schleppte in ihren Armen ein riesiges Paket, das sich als ein Kokoskuchen – nach einem alten siamesischen Rezept bereitet – entpuppte. Außerdem schleppte „die Bucklige" einen Bambuskorb mit erlesenen Früchten. Sie bewegte den Betelpriem keuchend im Mund hin und her. Ihre sehnigen, ausgemergelten Arme zitterten von der Last. Die alte Frau aß bei Thanom auf der Kokosplantage den Gnadenreis und blickte zu ihrer Herrin auf, als ob sie Schläge erwartete. Thanoms Wille war maßgebend auf der Plantage. Sie war im Gegensatz zu Justus eine glänzende Geschäftsfrau und von morgens bis abends auf der Plantage tätig. Thanom war entfernt mit Betty Knudsens neuer Familie verwandt und war daher zu Nang Sanits Ehrentag nach Bangkok gereist. Thanom hatte ihren Schwiegervater neben einer hochgewachsenen Europäerin erblickt und grüßte ihn von weitem mit dem siamesischen Gruß, den er höflich erwiderte.

„Entschuldige mich, Martha", sagte er mit belegter Stimme, „ich ... ich muß mit meiner Schwiegertochter sprechen." Er wandte sich an Thanom. „Wo ist Justus?" fragte er sie. „Kommt er auch hierher?" Thanom sah ihren Schwiegervater aus schrägen Edelsteinaugen erstaunt an. Sie kannte niemanden, der Justus hieß. „Ich meine Prasert", sagte der alte Herr Petersen. Er mußte sich mühsam beherrschen.

„Ich weiß nicht, wo Prasert ist, Herr Schwiegervater“, erwiderte Thanom.

„Sie meinen, mein Sohn ist in Phuket geblieben?“

„Ich weiß es nicht, Herr Schwiegervater.“ Hatte Prasert denn nicht seinen Eltern mitgeteilt, was ... vorgefallen war? Oder hatte er nur seiner Mutter geschrieben? Thanom hatte keine Ahnung. Und jetzt wollte Thanom endlich Spaß haben. Die *Likay*-Spieler, die besten Komiker der Stadt, hatten sich schon versammelt.

Und als auf dem Rasen die Schauspieler – Fräulein Knudsen mochte noch nicht an die Rechnung des Theaters denken – ihre unnachahmlichen Possen aufführten, brach für den alten Herrn Petersen die letzte Hoffnung für Justus zusammen. Seine Schwiegertochter hatte ihm soeben mitgeteilt, daß sie sich von Prasert habe scheiden lassen. Wahrscheinlich hatte sie ihn in einem Anfall von Jähzorn hinausgeworfen. Weshalb? Justus Petersen hatte seine eigene Frau bestohlen, um eine Summe von zweihundert Tikal. Er hatte auch auf der Plantage nicht mehr gearbeitet, nur im Dorf beim Glücksspiel gesessen und dazu große Mengen Thai-Whisky getrunken.

Der alte Herr Petersen betrachtete blicklos das Schelmenspiel auf dem Rasen. Die Farbe war aus seinem Gesicht gewichen. Das war das Ende. Sein ältester Sohn, der das Blut von ehrlichen Hanseaten und einer altadeligen siamesischen Familie in den Adern hatte, war als Dieb von seiner eigenen Frau vom Hof gejagt worden.

„Ich bezahle selbstverständlich die Summe“, sagte er heiser.

Thanom lachte. „Nang Siri hat die Summe längst bezahlt“, murmelte sie.

Also deshalb war Siri so lange fortgeblieben! Wahrscheinlich war Justus zur Mutter nach Petchaburi geflüchtet, und Siri hatte versucht, ihn irgendwo unterzubringen. Er mußte sofort an Siri telegrafieren. Diese entsetzliche siamesische Verschlossenheit! Niemals hatte Siri mit ihm über ihre Kinder gesprochen. Sie trug alles allein. Und vielleicht tat es auch Justus. Seine ehemalige Frau hatte gesagt, daß sie nicht wisse, wo sich Justus aufhielte. Sie grollte ihm nicht, sondern nahm die Auflösung des Familienlebens mit buddhistischem Gleichmut hin.

„Vergessen Sie alles!“ sagte Thanom mit ungewohnter Weichheit. Im nächsten Augenblick hatte sie sich den Spielern auf dem Rasen zugewendet. Sie lachte kindlich und herzhaft über die Sprünge und possenhaften Dialoge der Meisterclowns. „Sehr spaßig“, sagte sie zu ihrer Nachbarin, der jüngeren Schwester von Mami Knudsen. Spaß gehörte zu den wenigen Dingen, die jeder Siamese ernst nahm.

Der alte Herr Petersen erhob sich diskret und ging mit versteinertem Gesicht zu seinem Wagen, der an der Straßenecke parkte. Sein Chauffeur hockte mit den anderen Fahrern in einem Winkel des Nachbargrundstücks und genoß das Likay. Man jagte in der Posse gerade einen Dieb, der sich vor dem Polizisten hinter einer Bananenstaude in Fräulein Knudsens Garten verbarg.

Martha hatte sich erhoben und lief Onkel Winn auf die Straße nach. „Was ist geschehen?" rief sie, als sie das Gesicht des alten Mannes sah. „Bitte, Onkel Winn – laß mich deinen Chauffeur rufen! Oder soll ich dich nach Hause fahren?"

„Geh zurück, Martha. Fräulein Knudsen wird dich vermissen. Nein, rufe den Chauffeur nicht."

„Willst du mir nicht sagen, Onkel Winn . . ."

In diesem Augenblick kam das in giftgrüne Seide gehüllte Fräulein Knudsen den Garten heruntergeschossen. In fünf Minuten war das Possenspiel zu Ende. Dann wollte sie den Sekt ausschenken und auf Mami und das Brautpaar anstoßen lassen. Es war der Höhepunkt des Festes. Ulla Knudsen war noch niemals so glücklich gewesen. Alle machten ihr Komplimente, wie großartig sie die Diener auf engem Raum eingesetzt hatte. Sie hatte gar nicht gewußt, daß sie eine so gewandte Gastgeberin war.

„Mr. Petersen! Mem!" schrie Fräulein Knudsen schon von weitem, „Sie werden doch nicht schon jetzt gehen?" Tränen sammelten sich in ihren Augen, und ihre vollen Lippen zitterten. Martha sah sofort, daß man Ulla zwei Deserteure nicht antun konnte. Sie wandte sich schweigend zum Garten und winkte Fräulein Knudsen beschwichtigend zu. Ich komme ja schon . . ., weine nicht, kleines Dummchen, schien diese Handbewegung zu bedeuten.

Fräulein Knudsen blickte vertrauensvoll zu Martha empor. „Warum ist der alte Herr gegangen, Mem?"

„Er war müde. Es war etwas zuviel für ihn."

Fräulein Knudsen nickte. Mami sagte auch oft, daß ihr alles „zuviel" sei.

„Also, Fräulein Ulla", sagte Martha energisch, „nun eine schöne Rede auf Mami und das Brautpaar! Ich spreche noch mal eben mit ‚ältestem Enkelsohn', daß alles bereit ist, wenn wir auf Mamis Gesundheit trinken."

„Ist *ein* Glas pro Gast auch wirklich genug?" fragte Fräulein Knudsen. Sie hatte plötzlich – in einem erschreckenden Wechsel der Stimmung – allen Mut verloren.

„Es ist reichlich Sekt da", erwiderte Martha fest.

„Ich . . . habe solche Angst! Ich habe noch nie so eine große Party gegeben. Und ich kann nicht sprechen . . ."

Martha nickte „ältestem Enkelsohn" zu. Er schlug dreimal an einen großen Gong. Die Gäste sammelten sich und schwiegen. Mami Knudsen wurde auf ihrem Thron in die Mitte des Rasens gesetzt, neben ihr standen Betty und Nai Charoen, das junge Brautpaar. Martha drückte dem großen, erschreckten Mädchen an ihrer Seite fest die Hand. Fräulein Knudsens Hand war kalt wie Eis, aber Marthas Berührung strahlte Beruhigung und Kraft aus.

„Kommen Sie, Ulla", beschwor Martha Fräulein Knudsen, „eine so gute Tochter weiß, was sie ihrer Mutter an diesem Tag wünscht."

Und wirklich bewegte sich Ulla Knudsen, wie von einer inneren Macht getrieben, zu der zerbrechlichen Gestalt mit den leuchtenden dunklen Rehaugen. Ein Strom von stummer Liebe und Dankbarkeit ging von den Augen der alten Siamesin zu ihrer großen, erfolgreichen Tochter, die zitternd vor ihr stand. Und noch etwas sprach aus Mami Knudsens Blick: der siamesische Schalk, der im Reisland zu Hause ist.

„Fang an, große Tochter", sagte sie laut und deutlich, „wir sind alle *sehr* durstig!"

In ihr feines Kichern mischte sich entspannendes Gelächter und Händeklatschen von jung und alt, von Ost und West. Ulla Knudsen hielt eine Festrede auf ihre Mutter, die kein Anwesender vergessen konnte. Denn diese Rede war ein Ausdruck jener tiefen und ergebenen Kindesliebe, die im Fernen Osten ihre kostbarsten Blüten treibt.

Auch Mami Knudsens Schildwache, der Betty die Rede der großen Schwester gleich ins Siamesische übersetzte – Ulla sprach erst englisch aus Höflichkeit für ihre europäischen Gäste und dann siamesisch für Mami persönlich –, auch die Schildwache nickte befriedigt. Die „große Tochter" war eine gute Tochter.

So wurde Mamis Geburtstag auch Ullas Ehrentag. Und Martha hatte recht: Der Sekt war reichlich bemessen. Es gab mehrere Gläser für alle, die das „Getränk aus Saigon" kosten wollten. Fräulein Knudsen erfuhr niemals, daß ihre beiden Chefs dafür gesorgt hatten, daß „das Zeug" nicht vorzeitig versickerte. Man stand doch zum siebzigsten Geburtstag und zu einer Verlobungsfeier nicht auf einem Bein.

Während es bei Familie Knudsen noch hoch herging und die jungen Leute auf dem Rasen siamesische Volkstänze und westlichen Tango tanzten, fuhr der alte Herr Petersen in seinen leeren Palast nach Rong Muang zurück. Das Haus lag dunkel im Park, als Petersen durch das Tor fuhr. Nur in der Sala brannte die kleine Ampel. Was bedeutete das? War Siri zurückgekommen? Hatte sie Justus mitgebracht?

Als der alte Herr Petersen den schlafenden Gast auf seinem Ruhebett in der Sala sah, drehte sich einen Augenblick alles um ihn. Alles hatte er erwartet, nur nicht die verflixte Deern aus Manila.

Was war geschehen? Was wollte Pauline bei ihm in der Sala? Der alte Herr Petersen setzte sich schweigend in seinen Korbsessel.

Pauline schlug die Augen auf und sagte schmollend: „Warum kommst du so spät, Papa? Ich warte schon seit drei Stunden auf dich."

Petersen betrachtete seine Tochter: Sie saß in einer Wolke von Schwermut und Eigensinn auf dem Ruhebett. Keine Spur der leidenschaftlichen Freude und des vitalen Triumphs, die ihr bei ihrer Hochzeit so viel Kraft gegeben hatten, war mehr in dieser jungen Frau. Die Schwangerschaft machte sich schon bemerkbar. Paulines Gesicht wirkte sehr schmal, ihr Blick war düster. In drei Monaten erwartete sie ihr Kind.

„Warum hast du mir nicht telegrafiert, Line? Ich hätte dich vom Flugplatz abgeholt."

„Ich habe mich ganz plötzlich entschlossen. Ich bleibe jetzt immer bei dir, Papa!" Und als ihr auffiel, daß ihr Vater sie stumm betrachtete, fragte sie: „Freust du dich denn nicht?"

„Frag nich so dummerhaftig, Deern! Warum bist du ausgekniffen?"

Pauline schob das Kinn vor und versank in mürrisches Schweigen. Eine schwere Müdigkeit ergriff den alten Mann, aber er durfte jetzt nicht müde sein. Er mußte Pauline zur Vernunft bringen und sie nach Manila zurückschicken.

„Warum bist du hier?" fragte er zum zweitenmal.

Pauline begann zu weinen. Sie weinte immer noch wie ein kleines Mädchen. „Hast du ein Taschentuch, Papa?"

Natürlich, Pauline hatte niemals ein Taschentuch, weder im großen noch im kleinen Kummer. Alles wiederholte sich. Wie vor Paulines Hochzeit nahm der alte Herr sein riesiges Taschentuch und tupfte seiner Tochter einzeln die Tränen ab.

„Es wird schon alles wieder gut, mein Lütten", murmelte er. Er zog sie sanft von dem Ruhebett empor. „Es wird kühl hier draußen. Wir wollen erst mal was Nettes essen, nich?"

„Ich habe keinen Appetit, Papa!"

„Schnickschnack! Du hast immer Appetit, mein Lütten. Ich habe mir heut abend *Khao thom* bestellt."

Khao thom war ein leichtes, schmackhaftes Reisgericht mit gekochtem Huhn, Kräutern, Gemüse und einer würzigen siamesischen Fischsauce, die man auf das fertige Gericht goß.

Pauline hörte auf zu weinen und lächelte zum erstenmal. „Ein paar Löffel Khao thom werde ich vielleicht essen", meinte sie zögernd.

„Keiner kocht das so wie Mae Wat."

Der alte Herr Petersen ging Arm in Arm mit Pauline in den unordentlichen Palast zurück, wo Mae Wat und Sangvien den großen Speisetisch mit Orchideen geschmückt hatten. Die Nachspeise stand schon im Eisschrank: *Nangsao,* Paulines Lieblingsspeise, eine schneeweiße, schaumige Creme aus winzigen, entkernten Fruchtteilen.

„Na, schmeckt's, mein Deern?" fragte Petersen, als sie beim Essen saßen.

„Famos", sagte Pauline und bediente sich mit einer dritten Portion des siamesischen Nationalgerichts.

Der alte Herr Petersen aß so gut wie nichts. Er wurde satt, wenn er sah, wie es der Deern zu Hause schmeckte.

Paulines Zimmer war bereits gerichtet. Auf ihrem Toilettentisch herrschte schon die übliche wilde Unordnung, die Pauline schuf, wo immer sie erschien. Man hatte ja die Dienerinnen zum Aufräumen. Pauline ruhte mit verschränkten Armen auf ihrem alten Bett. Sie hatte kein Moskitonetz. Ihr Vater hatte ihr ein Drahthäuschen um ihr Bett bauen lassen, in dem ein Nachttisch und ein kleiner Sessel noch Platz hatten. Über Paulines Bett war eine elektrische Leselampe. Umfriedet und beschützt lag Pauline in diesem tropischen Drahthaus, als ihr Vater vorsichtig die Tür öffnete und sich schwer auf dem Bettrand seiner Tochter niederließ. Er blickte auf Paulines dünne Mädchenarme und ihr blasses Gesicht, um das das rote Haar flammend stand. Eine leichte weiße Wolldecke verhüllte ihren Körper, aber der Leib zeichnete sich in sanfter Wölbung unter der Decke ab.

„Ich gehe nicht zu Lawrence zurück, solange diese Frau da ist", sagte Pauline.

„Welche Frau?"

Pauline schloß die Augen in unsagbarem Abscheu: „Ich spreche von meiner Schwiegermutter! Mrs. Annette Desmond – *Maman!*“ Pauline stieß das französische Wort hervor, als ob es eine Beschimpfung wäre. Und dann kam alles an die Oberfläche, was Pauline schweigend aufgespeichert hatte. Die alte Geschichte! Die Schwiegermutter, die den einzigen, vergötterten Sohn nicht abgeben will ... ein Kampf zwischen Frauen. Pauline hatte die hochmütige und verständnislose Dame aus New Orleans mit den Waffen der Asiatinnen bekämpft. Sie hatte passiven Widerstand geleistet. Maman war französischen Ursprungs. Sie war sparsam, lebhaft und ordentlich. Pauline war von ihrer Mutter her an ein glückliches Gehenlassen und an Großzügigkeit im Haushalt gewöhnt. Sie kleidete sich salopp, Maman hingegen erschien auch im tropischen Manila fest korsettiert am Frühstückstisch. Pauline nahm ihre Mahlzeiten ein, wann es ihr paßte, und verbreitete Chaos, wo sie erschien. Im Gegensatz zu Maman haßte sie geistreiche Konversation. Und das Ergebnis war ein endloser zermürbender Kampf um einen jungen Mann, der seine Mutter und seine Frau liebte und keine von ihnen verletzen wollte.

Pauline sehnte sich heimlich nach der Anerkennung ihrer gewandten und amüsanten Schwiegermutter. Als sie aber diese Anerkennung nicht erhielt – auch nicht, wenn sie früh aufstand, um mit Maman zu frühstücken –, da hatte sich der Widerwille gegen diese selbstsichere Frau wie ein Gärstoff in ihrer Seele entwickelt, im selben Maß, wie Maman den kleinen Vorrat an Frohsinn und Selbstsicherheit, den Pauline besaß, zerstörte. Sie tat es nicht nur durch deutliche Worte, sondern durch so feine Andeutungen, daß Pauline sich nicht wehren konnte.

„Deine Mutter muß abfahren“, hatte Pauline nach vier Wochen zu ihrem Mann gesagt.

„Was hast du bloß gegen Maman?“ hatte er unschuldig gefragt. „Sie sagt mir immer, wie reizend sie dich findet.“

Pauline hatte gehofft, daß Maman endlich abreisen würde. Aber sie schien verloren zu haben. Tatsächlich hatte sie während Larrys Abwesenheit – er war in Singapur – ihrer Schwiegermutter einen Gefallen tun wollen. Maman hatte „ein kleines Dinner“ gegeben, und Pauline hatte zu dieser Gelegenheit ausnahmsweise ein kostbares Kleid angezogen. Und als sie gerade den Empfangsraum betreten wollte, hatte sie Maman zu einer befreundeten Amerikanerin sagen hören: „Meine Schwiegertochter wollte uns zwar heute abend die Ehre geben, aber entweder wird sie drei Stunden zu spät erscheinen oder überhaupt nicht. Sie wissen ja, wie diese ... Mischlinge sind. Kein Verlaß ..."

Pauline hatte den Boy mit einer Botschaft zu Maman geschickt. Sie fühle sich plötzlich nicht wohl, Maman möge entschuldigen. Den Tag darauf war sie ohne Abschied nach Bangkok geflogen. Maman würde tüchtig erschrecken und Lawrence noch mehr. Pauline war unabhängig. Sie hatte ihre Villa in Hua Hin. Dort würde sie – wie Nang Siri es geplant hatte – in Frieden mit „dem Sohn" leben. Sie würde Lawrence allmählich vergessen.

„Ist das alles, mein Lütten?"

Und als Pauline stumm nickte, streichelte Wilhelm Christian Petersen ihre Hände und sagte: „Du brauchst mir nichts weiter zu sagen, mein Deern! Du hast es schwerer als andere Mädels ... Aber ich ... ich ..."

Er wollte sagen, daß er immer nur das Beste gewollt habe, daß er immer darüber nachgedacht habe, wie er Pauline glücklich machen könne. Aber so etwas konnte man nicht sagen. Er strich Pauline eine kleine verirrte Locke aus der Stirn. Es war eine Schande, daß so ein Kind so viel durchmachen mußte. Ohnmächtiger Zorn brannte in ihm.

Pauline und Justus! Das Leben stellte ihnen offenbar zu schwierige Aufgaben. Thanom wollte einen Mann namens Prasert haben. Maman wollte aus Pauline eine ordentliche, zielbewußte Frau des Westens machen, die bei den beruflichen und gesellschaftlichen Verpflichtungen ihres Gatten ihren Teil zum Erfolg beitrug. Der alte Herr Petersen gab es auf, weiter Reflexionen anzustellen. Er fühlte in jedem Knochen seines riesigen, erschöpften Körpers, daß man seine Deern in Manila nicht behandelt hatte, wie es sich gehörte.

Pauline wollte und konnte nicht zurück, wenn Lawrence sie nicht rief. Sie liebte ihn immer noch, und sie trug sein Kind. Sollte es in einem sozialen Niemandsland in Hua Hin aufwachsen? Er mußte morgen mit Martha sprechen. Vielleicht konnte sie Pauline zur Rückkehr nach Manila bewegen.

„Du mußt jetzt schön schlafen, meine Line!" sagte Petersen.

„Papa ...", flüsterte Pauline, „wenn es ein Junge wird, soll er wie du heißen."

„Du bist ja wohl nich klug, Deern? Es gibt viel nettere Namen."

„Es ist der schönste Name auf der Welt", murmelte Pauline. Sie sprach schon halb im Schlaf.

Der alte Herr Petersen schlich auf Zehenspitzen zur Tür. Monate des Kummers und des Wartens waren nichts gegen die Tatsache, daß seine Line ihn doch noch ein wenig gern hatte.

Justus-Prasert war bei seinem Onkel Phya Sri in Sukhothai. Er hatte einen langen, verworrenen Weg zurückgelegt und ruhte sich nun bei Phya Sri, dem ältesten Bruder seiner Mutter, aus. Allmählich lichtete sich die Wolke dumpfer Verzweiflung, die seinen Geist so beschattet hatte, daß seine Mutter für seinen Verstand fürchtete. Prasert war nach der häuslichen Katastrophe auf der Zinninsel zu ihr nach Petchaburi geflüchtet. Er redete wie ein Mann, dessen Herz krank und dessen Geist umnebelt war. Prasert war labil von Natur; der billige Thai-Whisky, Thanoms Härte und die Schande der Scheidung hatten ihn umgeworfen.

Als Nang Siri die Hiobsbotschaft von Thanom erhielt – sie hatte nicht einmal gewußt, daß das Paar bereits gesetzlich geschieden war –, überwies sie erst einmal das Geld, das Prasert entwendet hatte. Dann brachte sie Opfergaben in den *Wat Yai Suvarnavaram,* den „großen, goldenen Tempel". Sie kniete lange vor dem Buddhabild. Und sie erkannte plötzlich, daß Praserts Leben eine falsche Richtung genommen hatte. Ihr Sohn mußte langsam und vorsichtig zu den Quellen seiner *siamesischen* Existenz wandern; sein europäisches Erbe hatte ihm nur Konflikte gebracht. Er mußte eine Zeitlang an einem Platz leben, der in vergangenen Jahrhunderten eine Nation geformt hatte, die ihren Stolz, ihre uralte Tradition, ihren kriegerischen Mut und ihre buddhistische Sanftheit bewahrte.

Nang Siri schickte ihren verstörten Sohn nach Sukhothai. Im Jahre 1238 hatten die Thai von dort aus ihr Königreich in den Gebieten aufgerichtet, die sie dem kambodschanischen Reich im Kampf entrissen hatten. Es war ein mächtiger Staat gewesen. Und die Siamesen hatten der einstigen kambodschanischen Hauptstadt den Namen „Sukhothai" gegeben: „Glückseligkeit der Thaivölker".

Dort, im Haus ihres ältesten Bruders, sollte Prasert sich besinnen. Phya Sri war ein hoher siamesischer Beamter im Ruhestand. Prasert – so hatte Nang Siri ihrem Bruder vorgeschlagen – sollte erst einmal als sein Sekretär arbeiten, für ein kleines Gehalt, das sie bezahlen wollte; denn ein Mann mußte sich seinen Reis verdienen, sonst wurde er krank im Herzen.

Prasert hatte den Vorschlag seiner Mutter nicht mit dem üblichen

„*mai di* – schlecht" beantwortet. Zum ersten Mal seit Monaten hatten seine schwarzen, verträumten Augen aufgeleuchtet. Prasert blieb drei Monate bei Phya Sri. Danach wußte er, was er zu tun hatte.

PAULINE war nun seit zehn Tagen in Bangkok. Sie lag in ihrem Liegestuhl auf der hinteren Veranda und schlief. Sangvien kniete vor ihr und fächelte ihr mit großem Eifer zu. Das Haus lebte mit und von Pauline. Ihr Vater war immer sonderbar zufrieden, wenn die Deern so friedlich schlief. Im Schlaf gewann sie neue Kräfte.

Pauline lag noch im Halbschlaf, als Petersen senior schon wieder ins Büro gefahren war. Sangvien war zum Reisessen ins Küchenhaus gegangen. „Das Mädchen, das morgens die Blumen ordnet", versah das Amt des Fächelns. Pauline lächelte, denn sie träumte von ihren ersten Wochen mit Larry . . .

Sie erwachte aus dem Halbschlaf. Eine Träne fiel auf ihr fein besticktes Hemd. Eine entsetzliche Sehnsucht nach Larry überkam sie. „Das Mädchen, das morgens die Blumen ordnet" ließ plötzlich den Fächer fallen und stieß einen Schrei aus.

Ein langbeiniger junger Mann mit einem dunklen, rastlosen Gesicht, das nervös zuckte, kam das Treppenhaus heraufgejagt. „Pauline!" schrie er, „wo zum Kuckuck steckst du?"

Pauline griff sich ans Herz. „*Pai sia!* – Geh fort!" flüsterte sie der kleinen Dienerin zu.

Larry war außer sich. Er war von Singapur nach Manila und von Manila – nach einer Aussprache mit seiner Mutter – nach Bangkok geflogen. Er kniete vor Pauline und legte seinen Kopf in ihren Schoß. „Wie konntest du mir das antun?" stammelte er. Er zitterte am ganzen Körper. Je aufgeregter er war, desto ruhiger wurde Pauline.

„Ich weiß es nicht, Larry", sagte sie schließlich, obwohl sie recht gut wußte, was sie aus seinem Haus getrieben hatte.

Lawrence küßte Paulines Flammenhaar, ihre Augen, ihren Mund. „Ich habe doch nur dich", flüsterte er. „Du dummes, dummes Mädchen!"

Pauline lachte sanft. Sie war wohl wirklich sehr dumm. Sie hatte nicht einmal gewußt, daß Larry sie ebenso dringend brauchte wie sie ihn. „Ich werde eine Reistafel für dich bestellen", sagte sie schließlich.

„Um Himmels willen! Mir ist schlecht, Liebling."

„Unsinn", sagte Pauline und verfiel unbewußt in den Ton ihres Papas. „Du kannst immer essen, Larry!"

Während Lawrence mit Pauline beim Essen saß, erzählte er ihr von Singapur und seinen Aussichten auf einen Posten bei der UNESCO. Im März würde er ihn vielleicht antreten, und zwar in Bangkok . . .

Am Abend desselben Tages wurden Petersen senior und Lawrence Desmond Freunde. Der alte Herr Petersen hatte seinen Schwiegersohn zu einer Unterredung in die Sala gebeten. Dort pflegte er alle Unterhaltungen zu führen.

Lawrence berichtete, daß Maman von sich aus beschlossen hätte, nach New Orleans zurückzukehren. Was er zuvor zu ihr gesagt hatte, hatte die Situation zwischen Mutter und Sohn geklärt. Es war die schlimmste Stunde in Lawrence Desmonds Leben gewesen, aber er war ein Mann geworden. Er hatte immer Angst vor Maman gehabt. Jetzt hatte er Verständnis und Mitleid für sie. Maman mußte es gefühlt haben. Sie hatte eingesehen, daß sie sich ein eigenes Leben schaffen müsse. Maman hatte nicht nur Haltung bewahrt, sondern Pauline einen großmütigen und vernünftigen Brief geschrieben.

Der alte Herr Petersen empfand Respekt. Es war ja wohl auch für Maman nicht einfach gewesen, den Sohn ihres Herzens an ein fremdes Mädchen abzugeben.

Sein Schwiegersohn war ihm nun kein Fremder mehr. Sie verstanden sich großartig. So wie ein junger und ein alter Mann sich verstehen, dachte Petersen senior, wenn sie durch etwas innerlich miteinander verbunden sind. „Kommt ihr nun bestimmt nach Bangkok?“ fragte er.

„Ich habe es vor“, erwiderte Larry. „Es hängt von vielen Dingen ab, hauptsächlich von der politischen Lage, aber ich habe wenigstens Aussicht, für die nächste Zeit in Ostasien zu bleiben.“

„Wenn euer Kind geboren ist und ich es noch erlebe, nehme ich den Lütten eines Tages mal zu Besuch nach Hamburg mit“, sagte Petersen senior. „Er muß doch schließlich sehen, wo sein Großvater herkommt . . .“

Zwölftes Kapitel

Endlich war der Tag des großen Tempeljahrmarktes gekommen, der alljährlich im November am „Goldenen Berg“ in Bangkok gefeiert wurde. Die Kinder hatten darüber so viel von Nang Siri gehört, daß sie die letzten Tage in freudiger Erwartung verbracht hatten.

Leider gab es am Morgen des großen Tages Ärger in Bangkapi. Cheng, die selbstverständlich als Pünktchens Amah hatte mitkommen sollen, erklärte, zu Hause bleiben zu müssen. Sie hielt Martha „jüngsten Enkelsohn" wie ein Postpaket entgegen.

„Er sehr krank", sagte sie in ihrem gebrochenen Siamesisch. „Cheng ihn pflegen."

Martha fand das durchaus in Ordnung. Sie teilte Pummels Abneigung gegen die herrschsüchtige Cheng. Da sie aber immer freundlich zu ihr war, glaubte Cheng, die Herrin könne ohne sie nicht auskommen. Martha schätzte Chengs Ergebenheit, aber in den letzten Monaten hatte ihre Liebe zu Pünktchen tyrannische Formen angenommen.

Pünktchen stand neben Cheng und „jüngstem Enkelsohn", der nach Marthas Meinung kerngesund aussah, und ließ kein Auge von ihrer Amah. „Was hat ‚jüngster Enkelsohn' denn?" fragte Martha.

„Böser Wind hat ihn angepustet. Hustet wie kleiner Geist. Cheng hat sehr, sehr gute Medizin gekauft. *Sehr teuer.*"

Martha überhörte die kommerzielle Seite von Chengs Mutterliebe. „Böser Wind" hieß in Siam jede Krankheit – von der Lungenschwindsucht bis zur leichten Erkältung. „Hat er Fieber?"

Cheng nannte voller Stolz eine Temperatur, die kein Sterblicher überlebt hätte. Sie war – wie viele Chinesen – vage in ihren Zahlenangaben.

Martha gab Cheng eine Tablette und eine Flasche mit Hustentropfen. Die Amah nahm beides ohne Begeisterung in Empfang. Schlechte Medizinen! Eine teure und hilfreiche Medizin war knallrot oder giftgrün.

„Cheng bleibt heute zu Haus."

„Dann bleibe ich bei Cheng!" rief Pünktchen weinerlich. „Wenn Cheng nicht zum Goldenen Berg mitkommt, gehe ich auch nicht."

„Du bist wohl nicht klug, Kind", erwiderte Martha aufs höchste erstaunt. „Was würde Papi dazu sagen?"

Pünktchen schlang schluchzend die Arme um Chengs Hals. „Ich bleibe bei dir, Cheng ... immer ... immer!" stammelte sie in fehlerhaftem Chinesisch.

„Kleine Missie muß das nicht sagen", murmelte Cheng heuchlerisch. Sie warf Martha einen triumphierenden Blick zu.

„Laß das Weinen, Charlotte!" befahl Martha verstimmt, als Cheng gegangen war. „Ich will kein Theater von dir, hörst du?"

„Ich gehe nicht mit!" schrie Pünktchen und stampfte mit dem Fuß auf. Sie war krebsrot im Gesicht. Hatte sie einen Tropenkoller bekommen? „Cheng ist meine chinesische Mutter. Sie hat es mir selbst gesagt."

Martha war sehr aufmerksam geworden. Was hatte das Kind da eben gesagt? Cheng ging entschieden zu weit. Martha gab Pünktchen ein Taschentuch und sagte sehr freundlich: „Wie du willst, Charlotte! Wenn du lieber bei Cheng bleibst, soll es mir recht sein. Niemand wird dich zu einem Vergnügen zwingen. Jetzt sei ein gutes Kind, und leg dich erst einmal schlafen."

„Ja, Mutti." Es klang sehr unsicher.

„Du kannst es dir gründlich überlegen, mein Kleines! Wir gehen nicht vor neun Uhr abends fort. Die Marionettenspiele beginnen erst so spät. Die wolltet ihr doch gern sehen."

„Ja, Mutti." Eine große Pause folgte. Pünktchen weinte nicht mehr. „Mutti, glaubst du, daß Cheng ... böse ist, wenn ich heut abend fortgehe?"

„Sie wird sich freuen, daß du etwas so Seltenes zu sehen bekommst", erwiderte Martha gegen ihre Überzeugung. Die Sache gefiel ihr immer weniger.

„Ich mag Cheng schrecklich gern leiden. Warum hat sie gesagt, sie wäre meine chinesische Mutter?"

„Sie kann sich nicht so richtig ausdrücken, Kind."

Martha zog die grünen Sonnenrouleaus herunter. Cheng war im Küchenhaus und aß ihren Mittagsreis. Es war die einzige Stunde, zu der sie das Kind mit den Goldhaaren aus den Augen ließ. Martha ging ärgerlich aus dem verdunkelten Zimmer. Cheng war kein guter Einfluß für das erregbare Kind. Pünktchens chinesische Mutter! So eine Überspanntheit! Charlotte mußte Cheng falsch verstanden haben. Das war bei Chengs Kauderwelsch aus Chinesisch, Siamesisch und Englisch durchaus möglich. Aber vielleicht hatte Cheng es auch gesagt. Die drohende Trennung von Pünktchen schien ihr schwer zu schaffen zu machen.

MARTHA war nicht die einzige, die sich an diesem Tage ärgerte. Madame Boulgakoff hatte auch ihren kleinen Ärger. Ah Bue war einen Tag vor dem großen dreitägigen Volksfest ohne Abschied aus dem Russischen Restaurant verschwunden. Die Aushilfe für Ah Bue schlug gleich fünf Teetassen entzwei. Wo in aller Welt war Ah Bue?

Sie hätte wenigstens die übliche Entschuldigung, daß eine Urgroßmutter im Sterben liege, vorbringen sollen. Madame war entrüstet über so viel Unhöflichkeit.

Bevor sie zum Goldenen Berg wanderte, las Madame Boulgakoff die *Bangkok Gazette*. Madame Boulgakoff interessierte sich für die Spalte, in der Verbrechen wie Kindesentführungen oder Rauschgiftschmuggel und ähnlich anregende Themen behandelt wurden. Täglich wurden Opiumschmuggler verhaftet. Madame zitterte, daß eines Tages ihr Lieferant, Herr Lü, unter den Verhafteten sein würde. Artikel über Kindesentführungen las sie wegen der versprochenen hohen Belohnungen. Sie konnte doch einmal Glück haben und so einen armen Wurm finden.

Madame überflog die Spalte mit den Verbrechen. Eine Chinesin namens Chung, die Anführerin einer gefährlichen Einbrecherbande, war bei einem Einbruch im Oriental-Hotel gefaßt worden. Sie war in das Zimmer von Miß Lettice Black geschlichen und hatte die Dame mit einem betäubenden Mittel bespritzt. Miß Black hatte aber nicht geschlafen. Als sie etwas Seltsames roch, öffnete sie vorsichtig die Augen und sah, wie sich Chung an ihrem Schmuckkasten auf der Frisiertoilette zu schaffen machte. Mit einem Satz sprang Miß Black zu ihr hin und hielt sie fest. Daraufhin war die Chinesin verhaftet worden. Mittlerweile hatte sie einige ihrer Komplizen verraten; wie alle unliebsamen Ausländer sollte sie abgeschoben werden.

Madame Boulgakoff wußte nicht, daß Chung die Mutter von Ah Bue war, obwohl sie sie einmal auf dem Markt gesehen hatte, als sie Ah Bue in ihre Dienste nahm. Das unscharfe Zeitungsfoto zeigte eine Chinesin in mittleren Jahren mit dem breiten Bambushut der Markthändlerinnen. Sie hatte schlaue Augen und gierige Hände.

Madame Boulgakoff blickte auf die Uhr: Gleich würde sie zum Tempeljahrmarkt aufbrechen. Bei einer bestimmten Bude würde Herr Lü mit einem Päckchen auf sie warten. Es würde den „Mohn des Vergessens" in einem der Bambuskästchen enthalten, die ein Freund des Herrn Lü mit andern Bambusartikeln in seiner Jahrmarktbude verkaufte. Madame Boulgakoff atmete tief im Vorgenuß. Das Gefühl, unendlich viele Möglichkeiten zu besitzen, überkam sie mit derselben Intensität, mit der sonst nur Melancholie, Bitterkeit und Haß sie überfielen.

Madame Boulgakoff erhob sich. Die ersten Leute, die sie am Goldenen Berg traf, waren Mr. Petersen mit seiner Gattin und den zwei halbwüchsigen Kindern. Madame Boulgakoff starrte Pünktchen an. Ein bildschönes Mädchen! Aber das Kind würde schon noch seine Portion Unglück bekommen. Dann eilte sie an den erleuchteten Buden vorbei zu der Stelle, an der die Bambusartikel verkauft wurden.

Die Kinder waren begeistert. Sie hielten sich wie in guten alten Zeiten an den Händen, und Pünktchen wies auf die tausend Lichter, Spielwaren und asiatischen Leckerbissen, die am Fuß des Sraket-Tempels aufgebaut waren. Es war eine wundervolle, nicht allzu heiße Nacht. Von der Spitze des künstlich geschaffenen Berges leuchtete die große Stupa, eine Pagode, die einige von Indien nach Siam gebrachte heilige Reliquien des Buddha enthält. Pilgerscharen wanderten unablässig die vielen Stufen zur Stupa hinauf, um dort zu meditieren oder nur zu schauen.

Wie eine glitzernde Schlange wand sich die buntgekleidete Menge die Treppen hinauf und hinunter. Nur in einem Monat im Jahr, im November, hatten die Frommen und Schaulustigen Zugang zu den Reliquien in der Stupa. Und nur im November gab es am Fuß des Goldenen Berges lärmenden Budenzauber: Verkaufsstände, fahrende Garküchen, Tänzerinnen, Clowns, Marionettentheater, Ausstellungen und das jährliche Treffen der Prinzen und Bettler, der Einheimischen und Ausländer, der Pilger und Taschendiebe. Wie auf allen Bangkoker Märkten standen chinesische Verkaufsstände, die Leckerbissen, Spielzeug und Sonnenschirme feilboten, Seite an Seite mit siamesischen Buden.

Dicht vor dem Aufgang zur Stupa tanzten zwei junge Siamesinnen in Brokatkostümen ein klassisches Ballett. Marionettenfiguren, die an langen Stöcken über eine Miniaturbühne schwebten, stellten Szenen aus Legenden dar. Siamesische Clowns machten zwerchfellerschütternden Unfug. Ein Duft von gerösteten Erdnüssen und heiliger Wallfahrt durchzog die Nacht. Betelkauende alte Siamesinnen mit kurzgeschorenem Haar und geflickten weißen Jacken fragten Pummel und Pünktchen verschiedene Male: „Wohin geht ihr?" Pummel erwiderte höflich, daß sie „spazierengingen". Er wußte bereits, daß die Frage nur eine Formsache war. Eine alte Dame fragte noch, was der Stoff zu Pünktchens hellblauem Kleid gekostet hätte, und nahm Petersens Auskunft befriedigt entgegen. Petersen hatte den dreifachen Preis geflüstert, damit seine Tochter nicht verachtet würde. Martha schüttelte lächelnd den Kopf. Man konnte diesen treuherzigen alten Frauen nicht böse sein. Eine unbesiegbare gute Laune beherrschte die vornehmen siamesischen Familien in dieser Nacht. Die gute Laune wurde von den Bangkoker Bettlern und Taschendieben geteilt. Petersen hielt seine Brieftasche fest in der Hand. Er hatte seine Erfahrungen gemacht.

Plötzlich trafen sie Miß Black, die fragte: „Haben Sie vielleicht Agnes gesehen, Mr. Petersen?"

Petersen hatte Agnes Songhakul nicht gesehen.

„Übermorgen reisen wir in die USA", bemerkte Miß Black. Eine sonderbare Melancholie lag auf ihrem nüchternen Gesicht. In ihrer Tasche knisterte ein Brief. Er stammte von Jane Macpherson aus Singapur. Jane hatte sich mit Mr. Portman, dem Chef der ECAFE, verheiratet. Miß Black war sehr ungehalten. Erst war ihr beinahe der Schmuck von einer Chinesin gestohlen worden, und nun stahl Mr. Portman ihr die Gefährtin ihrer Jugend.

„Wenn Sie Agnes sehen, sagen Sie ihr bitte, daß ich ins Hotel zurückgefahren bin", murmelte sie.

Aber Agnes Songhakul, die vor einigen Monaten bei Miß Black in einer Ehekrise Zuflucht gesucht hatte, kam nicht mehr zurück. Sie traf am Goldenen Berg ihren geschiedenen Ehemann. Ihr Sohn Seppl, den alle Vidya nannten, war auch da. Nur die neue Gattin des siamesischen Arztes war nicht mit von der Partie.

„Wo ist Suvari?" fragte Agnes in der überdachten Galerie der Stupa.

Dr. Songhakul schien zu überlegen. Er trat an den Rand der Galerie und blickte von der Höhe der Pagode auf das lichterglänzende Bangkok. „Ich habe sie wieder nach Hause geschickt", erklärte er endlich. „Sie kann mir keine Kinder gebären. Suvari hat mich getäuscht. Sie ist einmal als junges Mädchen unglücklich gefallen. Meine Großmutter wußte nichts davon."

Agnes schwieg. Sie fühlte weder Triumph noch Mitleid.

„Agnes", sagte Dr. Songhakul, „komm zu mir zurück! Wir werden ein eigenes Haus bewohnen. In drei Monaten gehe ich in die USA. Die UNICEF schickt mich im Austausch nach Washington. Bestimmt werden wir wieder so glücklich sein wie in München. Wir werden viele gesunde Söhne haben."

Der letzte Satz, der das selbstverständliche Wunschbild des asiatischen Ehemannes ausdrückte, dem die Söhne wichtiger als die Mutter der Söhne sind, machte Agnes rasend. Das Blut schoß ihr ins Gesicht. Unwillkürlich packte sie Seppl heftig an der Hand und fragte hart: „Genügt dir dein Sohn Vidya nicht?" Sie wandte sich dem Kind zu. „Was ist mit dir? Warum stehst du so verdattert da? Hast du Angst vor deiner Mami?"

Seppl streichelte mit einer rührenden Gebärde Agnes' heiße Hand. Er sagte immer noch nichts.

„Antworte mir doch!" schrie Agnes.

„Er kann dich nicht hören", sagte Dr. Songhakul.

„Was?"

„Er ist taub", erklärte Dr. Songhakul ruhig. Keinerlei Regung in seinem Gesicht zeigte an, ob er die Tragödie, die seinen einzigen Sohn getroffen hatte, in Ruhe oder Auflehnung miterlebt hatte. Vidya hatte ein schweres Fieber bekommen. Seine Großmutter hatte ihn auf ihrem Besitz in Westsiam gepflegt, mit Hilfe von Geisterdoktoren und Opfern vor den Altären des Buddha. Aber das Kind war und blieb taub. Dr. Songhakul hatte es Agnes nicht mitgeteilt, weil er Szenen haßte. Man mußte sich eben damit abfinden. Man mußte andere Söhne haben. Vidyas Zukunft war die Zukunft all derer, die in einem Winkel des Familienpalastes den Gnadenreis essen.

Agnes, die nie etwas im Hause Songhakul richtig verstanden hatte, wußte plötzlich hellseherisch, daß dies die Zukunft ihres Sohnes sein würde. Und in diesem Augenblick auf dem Goldenen Berg setzte sie die Aktivität und die Rebellion der europäischen Mutter dem Fatalismus des asiatischen Vaters entgegen. Agnes Songhakul sah in diesem Augenblick nur das zierliche resignierte Kind, das zitternd und demütig ihre Hände streichelte. Agnes konnte nicht länger vor ihrem Kreuz davonlaufen.

„Dhevi", sagte sie mit neuer Ruhe, „so geht das nicht. Wir werden Seppl in die USA mitnehmen. Die besten Ärzte müssen ihn untersuchen. Wenn aber alles nichts nützt" – sie schluckte –, „dann muß er in den USA oder bei meinen Eltern in eine Schule für . . . taube Kinder kommen. Er muß etwas lernen."

„Wozu denn? Körbe zu flechten braucht er nicht. Vidya ist der Haupterbe meiner Großmutter."

„Wir wollen das später besprechen", sagte Agnes und nahm das Kind wie einen Säugling auf den Arm.

„Also du kommst wieder dahin zurück, wo du hingehörst?" fragte

Dr. Songhakul, als ob er nicht Agnes seinerzeit aus dem Hause geworfen hätte.

„Ich komme zu Seppl. Er braucht seine Mutter."

Sie begannen den Abstieg vom Goldenen Berg. Seppl hatte seine dünnen Arme um Agnes' Hals geschlungen und rieb seine kleine Nase an ihrem Gesicht. „Bleibst du bei mir?" fragte er auf siamesisch.

Agnes strich ihm über das glänzende schwarze Haar. „Natürlich, mein Liebling!" Sie nickte ihm zu. Und er verstand.

Dr. Songhakul rief seinen Chauffeur und brachte Agnes und das Kind für diese Nacht ins Ratanakosin-Hotel. Dann fuhr er in sein leeres Haus, um seiner Großmutter mitzuteilen, was die letzte Drehung des ewig rotierenden Schicksalsrades des Lebens gebracht hatte.

Agnes schrieb noch in dieser Nacht an Miß Black. Sie dankte ihr für alles, was sie für sie getan hatte, und sprach die Hoffnung auf ein Wiedersehen aus. Viel schwerer war der Brief an ihre Eltern nach München, die im Augenblick ihre Tochter bei sich hatten. Das Kind war sehr gern bei den Großeltern.

Agnes stand auf und trat auf den Balkon des Hotels. Eines Tages würde sie mit ihrem Mann und ihren Kindern auf den Goldenen Berg steigen und von dem Gipfel auf ein Bangkok blicken, das ihre zweite Heimat geworden war.

PETERSENS standen immer noch vor der Marionettenbühne, als eine vertraute Stimme Pummel anrief: „Na, mein Jung'! Wie gefällt dir das?"

Es waren Papa und Mama Krüger, die alljährlich den Tempeljahrmarkt besuchten. Der alte Herr Krüger nahm Pünktchen an die Hand und führte sie zu dem Verkaufsstand mit den Bambusartikeln, wo Madame Boulgakoff sich mit zwei Chinesen unterhielt. Der eine Chinese war der Bärteanfertiger Herr Lü, der Madame Boulgakoff mit dem Mohn des Vergessens versorgte.

Herr Lü hatte ein längliches Gesicht mit einer hohen Stirn, Opiumlöchern in den Backen und kleinen, dunklen Augen. Er besuchte den Tempeljahrmarkt hauptsächlich, um kleine Mädchen zu kaufen, die bei ihm Theaterbärte herzustellen hatten. Neben ihm stand eine Chinesin in mittleren Jahren, deren Gesicht durch viele Bandagen vollständig unkenntlich war.

Das alte Ehepaar Krüger hatte sich verabschiedet. Mama Krüger wollte noch die Treppe zum Heiligtum bezwingen; sie liebte den Blick über Bangkok so sehr.

Niemand konnte später sagen, wie das lebensgefährliche Gedränge vor der Marionettenbühne und der Bude mit den Bambusartikeln zustande gekommen war. Es gab gelegentlich bei Tempeljahrmärkten solches Gedränge – aber es war selten so gewaltig wie an diesem Abend.

Die Familie Petersen, die Eltern und die beiden Kinder, wurde von einer Sekunde zur andern voneinander getrennt. Um sie herum wogte plötzlich ein Meer brauner, fremder Gestalten. Die Hitze und das Gedränge nahmen den wenigen in die Masse eingekeilten Europäern schier die Luft. Eine Menschenwelle riß Martha und Petersen in die Richtung der Treppe – fort von der Marionettenbühne, den Buden und den Kindern.

„Pünktchen ist ja bei Albert", sagte Hannes beruhigend.

Martha rief: „Charlotte! Wo bist du? Pünktchen! Pummel!" Das Echo war nur tausendfältiges, asiatisches Stimmengewirr. Ein Vorgefühl unbestimmter Art schnürte Martha so die Kehle zusammen, daß sie nur flüstern konnte. Sie keuchte: „Charlotte, Charlotte!"

Petersen faßte ihren Arm fester. „Aber . . . Liebste, beruhige dich! Es lichtet sich schon. Bald sind die Kinder wieder bei uns."

Neben ihnen stand plötzlich Madame Boulgakoff.

„Haben Sie vielleicht unsere Kinder gesehen?" fragte Petersen, der Madame Boulgakoff aus dem Russischen Restaurant kannte.

„Nein, Sir", erwiderte Madame Boulgakoff und wandte sich ab.

Und dann, so plötzlich, wie das Gedränge entstanden war, löste es sich wieder auf. Petersen und Martha eilten zum Marionettentheater zurück, um Pummel und Pünktchen in Empfang zu nehmen. Doch die Kinder waren nicht da.

„Sie müssen jeden Moment kommen", sagte Petersen. „Sei doch nicht so schrecklich nervös. Albert ist schließlich fünfzehn Jahre alt und paßt immer auf Pünktchen auf. Siehst du . . ., da kommen sie!"

Für einen Augenblick sahen sie Pummels hochroten Kopf zwischen den vielen dunklen Gesichtern auftauchen. Der Junge kam nicht rasch vorwärts. Martha mußte sich gedulden.

Hannes und Martha standen jetzt vor der Bude mit den Bambusartikeln. Da waren noch Herr Lü und die anderen Chinesen; nur die Frau mit den Bandagen war verschwunden. Es fiel Martha trotz ihrer Benommenheit auf, daß diese Frau nicht mehr da war.

„Papi, Mutti!" Pummel kam an, völlig außer Atem. „Pünktchen ist doch bei euch, oder?" Er stand stockstill, als er das Gesicht seiner Mutter sah, und stammelte entsetzt: „Ich dachte ... ich meinte, Pünktchen wäre bei euch. Ich ... ich habe ... immerzu gerufen ..."

Er verstummte und blickte seinen Vater hilflos an. Alles Blut war aus seinem Gesicht gewichen. „Wo ist sie?" fragte er und blickte sich verwirrt um. *„Pünktchen!"* schrie Pummel so laut, daß Petersen ihm die Hand auf den Mund legte. Denn sofort hatte sich eine Menschenmenge angesammelt, die Pummel und seine Eltern neugierig betrachtete.

In diesem Augenblick tauchte Ulla Knudsen mit Mami auf. Noch niemals hatte Petersen so erleichtert beim Anblick seiner tüchtigen Sekretärin aufgeatmet. Er erklärte ihr heiser, daß er das Kind suchen werde, das sicherlich ruhig bei einer Bude auf sie warte. „Bitte, bleiben Sie bei meiner Frau, Ulla! *Nicht* von der Stelle rühren. Ich bin gleich wieder da."

Die gutherzige Ulla, die Martha aufrichtig verehrte, spielte mit Begeisterung die Beschützerin von Frau Petersen.

Martha erwachte aus ihrer Erstarrung und blickte Ulla Knudsen wie aus weiter Ferne an. Sie schritt langsam auf die Bude mit den Bambusartikeln zu und fragte: „Können Sie Chinesisch, Fräulein Ulla?"

„Natürlich, Mem!"

„Fragen Sie ihn bitte, ob er ... ein Kind im hellblauen Kleid, ein *blondes* Kind ..." Wieder versagte Martha die Stimme. Alle Kraft schien von ihr gewichen.

Ulla übersetzte, aber Herr Lü schüttelte gleichgültig den Kopf.

„Wer war noch hier?" fragte Ulla die Gattin des Juniorchefs.

„Eine Russin. Mir fiel auf, wie sie Pünktchen angestarrt hat", antwortete Martha.

„Das muß Madame Boulgakoff gewesen sein", erwiderte Ulla schnell. „Ich habe sie vorhin gesehen. Vielleicht paßt sie auf die Kleine auf."

In diesem Augenblick kamen Charles und Doris Krüger von ihrer Wanderung zurück und stutzten, als sie Martha und Pummel in diesem Zustand sahen. Während Ulla sprach, schluchzte Pummel unverhohlen und wischte sich linkisch die Tränen mit der Faust ab.

Charles Krüger klopfte ihm auf die Schulter. „Immer ruhig Blut, mein Jung'!" Er hatte viel für Pummel übrig.

Doris Krüger holte aus der Bambusbude einen kleinen Hocker und setzte Martha darauf. „Hannes wird ja gleich mit Pünktchen kommen", murmelte sie. „Morgen bleibt ihr alle im Bett! Und dann ist alles wieder in Ordnung."

Martha nickte. „Ich weiß selbst nicht, warum ich mich so erschrocken habe", flüsterte sie dankbar. „Es ist ja lächerlich."

„Ja ... natürlich", sagte Doris Krüger leise. Sie hatte Hannes kommen sehen. Er war allein ...

Was dann geschah, erlebte Martha nur noch als bösen Traum. Charles Krüger nahm die Angelegenheit in die Hand. Er fuhr zur nächsten Polizeistation und erschien zehn Minuten später mit drei Polizisten, die alle Pünktchens Personalbeschreibung erhalten hatten. Eine Anzeige, die eine hohe Belohnung versprach, würde am nächsten Morgen in den Zeitungen stehen.

Charles zwang Martha, mit Doris nach Hause zu fahren. Doris würde in Bangkapi übernachten. Martha wollte von der Bambusbude nicht fortgehen und versuchte immer noch, das Kind zu suchen. Hier war es verlorengegangen, hier mußte sie es wiederfinden. Schließlich siegte ihr Verstand, und sie fuhr mit Doris Krüger und dem fassungslos schluchzenden Jungen nach Haus.

Doris Krüger schnitt Chengs maßloses Geheul bei Marthas Ankunft mit einer Handbewegung ab. „Fahr rasch zu Dr. Johannsen, Cheng", sagte sie und gab ihr ein überreichliches Rikschageld. „Mem ist nicht wohl. Ich schlafe heute hier."

Cheng lief laut weinend zum Küchenhaus, um sich ihre Jacke zu holen.

Dr. Johannsen kam sofort und gab Martha ein starkes Schlafmittel. Sie würde ihre Kräfte brauchen. Dann setzte er sich mit Doris in die große Halle und wartete mit ihr auf die Männer.

Charles Krüger und Petersen kamen angefahren. Sie hatten das ganze Gelände bis hinauf zur Stupa abgesucht und die Menschen befragt. Mit Lautsprechern hatten sie nach Pünktchen suchen lassen und gleichzeitig die Belohnung ausgerufen. Die Suchmeldung würde morgen früh als erstes im Rundfunk verkündet werden und in allen siamesischen, chinesischen, indischen und malaiischen Zeitungen stehen, ebenso in den drei Zeitungen, die in englischer Sprache erschienen.

Johannes Petersen war aschfahl vor Kummer. Er sprach kein Wort. Er ging nur zu Martha hinauf und war dann fünf Minuten bei

Pummel, der im Schlaf schluchzte und wie ein Kind den Bettzipfel in der Faust hielt. Petersen schlich hinaus, gebeugt wie ein alter Mann.

In jener Nacht saß er mit seinen beiden Freunden Charles Krüger und Dr. Johannsen bis fünf Uhr früh in der Halle. Sie sprachen kaum miteinander; aber die Gegenwart der Freunde war Petersen ein Trost. Endlich schliefen sie alle in den Sesseln ein.

Dreizehntes Kapitel

„Es tut mir leid, Sir! Wir haben keine Spur von Ihrer Tochter entdecken können“, erklärte Polizeimajor Karawek Nayadharn mit teilnehmender Miene. Er war ein kleingewachsener, stämmiger Siamese mit kurzgeschorenem Haar, schneeweißen Zähnen und schwarzen, lebhaften Augen. Nur ungern war er in das Haus der Petersens gekommen.

Dieser Fall ist ausgesprochen lästig, dachte der fünfunddreißigjährige Major. Eine Woche war seit dem Fest am Goldenen Berg vergangen. Das Kind war wie vom Erdboden verschluckt. Auch nachdem man die versprochene hohe Belohnung auf den Rat des alten Herrn Wong verdreifacht hatte, meldete sich niemand.

„Haben Sie alle Leute, die meine Frau und ich Ihnen nannten, verhört und beobachtet, Herr Major?“ fragte Petersen müde.

„Wir haben vor allem das Russische Restaurant beobachtet, Sir! Die Diener wissen nichts von einem Kind, das Madame Boulgakoff etwa mitgebracht haben könnte. Es kamen auch keine verdächtigen Leute dorthin. Unser bester Mann beobachtet das Lokal noch weiter.“

„Und die Chinesin mit den Bandagen im Gesicht?“ fragte Petersen. Martha blieb dabei, daß diese sonderbare Person bei der Bude mit den Bambusartikeln etwas mit dem Raub des Kindes zu tun haben müsse. Es war nur ein Gefühl, das richtig oder falsch sein konnte.

„Die Frau ist niemandem bekannt“, erwiderte der Polizeimajor und unterdrückte ein Gähnen. Es war die Zeit des Tages, wo man sich entspannte, möglichst bei einer Eislimonade oder einem doppelten Mokka.

In diesem Augenblick erschien „ältester Enkelsohn“ mit Erfrischungen. Der Haushalt funktionierte weiter. Nur Pünktchen fehlte ... Für Martha und Hannes Petersen stand das Leben still.

Pummel war mit Nang Siri bei Onkel Sri in Sukhothai. Martha

hatte Nang Siris Vorschlag, den völlig verstörten Jungen in eine andere Umgebung zu schicken, dankbar angenommen.

„Es gibt natürlich noch eine harmlose Erklärung“, sagte der Major. „Es kommen viele Reisbauern zur Wallfahrt zum Goldenen Berg. Sie lesen keine Zeitung und hören kein Radio. Irgendeiner hat vielleicht Ihre Tochter bei sich. Spricht sie Siamesisch?“

„Sie könnte sagen, wer sie ist und wo wir wohnen“, erwiderte Petersen heiser.

„Ich werde heute Ihre Dienerschaft befragen. Ich bitte Sie, mir die Erlaubnis zu erteilen“, murmelte der Major.

„Wenn Sie durchaus wollen! Aber unsere Angestellten sind treu wie Gold. Sie sollten sehen, wie die chinesische Amah wegen meiner Tochter überall herumläuft! Sie sucht das Kind den ganzen Tag.“

„Ich mißtraue jedem, Sir! Ist vielleicht einer Ihrer Diener seit dem Vorfall fortgelaufen?“

„Keiner. Alle lesen uns jeden Wunsch von den Augen ab.“

Das stimmte. Das Traurige für diese treuen Hausgenossen war nur, daß Martha und Petersen weder Ah Changs Kochkünste bemerkten noch „das Mädchen, das morgens die Blumen ordnet“ für die liebevolle Herstellung der Blumenwunder lobten, die sie eifrig über Schalen und Vasen verteilte. Sie bemerkten kaum, was um sie herum vorging. Hannes war noch am liebsten im Geschäft. Onkel Winn war sehr zartfühlend. Sie sprachen nur das Notwendigste über die Tragödie. Aber der alte Herr Petersen unterhielt sich oft mit seinem bewährten Freund, dem alten Herrn Wong. Wenn jemand das Quentchen genialen Spürsinn besaß, das dem guten Polizeimajor abging, dann war es der Senior des Hauses Wong & Söhne.

„Falls einer Ihrer Diener fortlaufen sollte, bitte ich um sofortige Nachricht, Sir.“

„Selbstverständlich, Herr Major.

„Haben Sie in den letzten Monaten einen Diener oder eine Dienerin entlassen, Sir?“ fragte Major Nayadharn.

„Nein – das heißt: doch! Eine kleine Chinesin, die sich mir gegenüber dreist benommen hatte. Das ist aber schon Monate her.“

„Wie heißt sie?“

Petersen mußte nachdenken. Schließlich sagte er, das dreiste Mädchen habe Ah Bue geheißen.

„Hat sie Verwandte hier im Hause?“

Petersen sprang erregt auf. „Hier ist vielleicht eine Fährte!“ rief er.

„Ah Bue ist die Tochter von Chung, die kurz vor dem Fest am Goldenen Berg mit ihrer Bande verhaftet wurde. Erinnern Sie sich, Herr Major?"

„Selbstverständlich. Wir suchen immer noch einige Komplizen. Wo ist dieses Mädchen Ah Bue jetzt?"

„Im Russischen Restaurant, soviel ich weiß."

„Ich fahre sofort mit meinen Leuten hin", versprach der Major und erhob sich. „Wir fahren in Zivil." Er pfiff einen der Polizisten herbei, die vor der Tür des Grundstücks saßen, und trug ihm auf, er solle mit drei Kollegen beim Russischen Restaurant auf ihn warten. „Sie hören sofort von mir, wenn ich etwas feststelle", sagte er zu Petersen.

Zwei Tage später fuhren Martha und die alte Frau Krüger in die Chinesenstadt. Doris wollte einige Gewürze bei einem ihr seit Jahren bekannten Gewürzkrämer in Sampeng besorgen. Sie holte Martha jetzt öfter mit ihrem großen, altmodischen Wagen ab.

„Ist bei der Suche nach Ah Bue etwas herausgekommen?" fragte Frau Krüger.

Martha schüttelte den Kopf. „Das Mädchen ist spurlos verschwunden. Madame Boulgakoff hat der Polizei gesagt, daß sie schon vor dem Fest am Goldenen Berg das Restaurant verlassen hat. Ach, liebe Frau Krüger, wie soll man denn hier eine kleine Chinesin finden?"

Das Gewühl auf der Jawarad Road war beängstigend. Hunderte von jungen Chinesinnen schlüpften durch Straßen und Gassen. In Marthas Augen sahen sie alle wie Ah Bue aus.

„Was hat Ah Bues Mutter ausgesagt?" fragte Frau Krüger.

„Chung weiß angeblich nicht, wo ihre Tochter ist. Sie sitzt im Gefängnis und zuckt die Achseln. Später ..." Martha hielt inne. Ihre grauen Augen weiteten sich. Sie ergriff Frau Krüger am Arm und keuchte: „Chauffeur, fahr schnell geradeaus!"

„Aber Martha, was ist denn?" fragte Frau Krüger erschreckt.

„Die Chinesin mit den Bandagen", flüsterte Martha. Sie zeigte irgendwo ins Gewühl. „Sie stand zuletzt neben Charlotte ... Sie muß ... Bescheid wissen."

„Lert, halt an!" befahl Frau Krüger geistesgegenwärtig ihrem Chauffeur. „Lauf dieser Chinesin mit verbundenem Gesicht und spitzem Bambushut nach."

„Schnell!" rief Martha laut. „Sieh dorthin, Lert!"

Der Chauffeur folgte Marthas ausgestreckter Hand. Er sah die

Chinesin und begann zu laufen. Die Chinesin mußte aber etwas gemerkt haben. Hatte sie den Wagen mit den beiden Ausländerinnen gesehen? Sie rannte davon und stieß rauhe Laute aus. Es hörte sich an wie: „Die Ausländer sind hinter mir her!" und „Helft mir schnell! Die fremden Teufel wollen mich fangen."

Plötzlich hatten sich alle Chinesen gegen die drei Fremden – Martha, Frau Krüger und den Siamesen Lert – verbündet. Von der Polizei war nichts zu sehen. Die Chinesen umgaben die Frau mit den Bandagen wie eine Mauer. Dann war sie plötzlich wie ein Spuk verschwunden.

Martha war schneeweiß, als sie aus der Jawarad Road hinausfuhren.

„Fallen Sie mir nur nicht um", sagte Doris Krüger besorgt.

„Keine Sorge, liebe Frau Krüger", erwiderte Martha grimmig. „Sie sehen, mein Verdacht war kein Hirngespinst. Warum hätte die Frau sich sonst vor uns versteckt? Wir müssen sofort zu Major Nayadharn fahren." Zum erstenmal seit Pünktchens Verschwinden leuchtete Kampfgeist aus Marthas grauen Augen.

AUCH Hannes schöpfte etwas Hoffnung, obwohl die Frau mit dem verbundenen Gesicht genauso schwierig zu finden sein würde wie Ah Bue oder der Mann im Mond . . .

Sie saßen am Abend dieses Tages auf der Veranda. Es war gerade ein Brief von Pummel gekommen, und sie lasen ihn beim Schein des Windlichts.

„Pummel muß im Januar allein mit Dr. Johannsen nach Hamburg fahren", sagte Martha. „Ich bleibe in Bangkok, bis . . ."

Eine Pause entstand. Petersen begriff, daß Martha bleiben würde, bis sie das Kind lebend oder tot in den Armen hielt.

„Ich dachte es mir", murmelte er und strich Martha übers Haar. „Der alte Herr Wong hat mich im Büro besucht. Er ist ganz gegen Onkel Winns Wunsch, das Lösegeld weiter zu erhöhen, da er den Fall für komplizierter hält. Herr Wong meint, es handle sich hier nicht um eine Erpressung, sondern um einen Racheakt oder sonst etwas Undurchsichtiges. Er fragte mich immer wieder, ob wir Feinde hätten."

„Entweder ich traue jetzt allen oder keinem mehr, Hannes!"

„Wir müssen nachdenken", murmelte Petersen.

In diesem Augenblick näherte sich „ältester Enkelsohn" der Herrschaft auf der Veranda. „Master", murmelte er niedergeschlagen,

„Chauffeur Phom ist mit beiden Kindern fortgelaufen. Er sendet noch ergebene Grüße. Er sagte, er wäre nicht mehr glücklich in Bangkapi. Master sehr grausam zu ‚Ratte' und ‚Schwein'; Mem lächelt nicht mehr. Sehr schlecht . . . *no good.*"

„Sind diese Menschen nicht wie die Kinder?" fragte Martha.

Petersen antwortete nicht. Er mußte sofort dem Polizeimajor Phoms Verschwinden mitteilen. Zwar glaubte er nicht, daß Phom etwas mit dem Verbrechen zu tun hatte, aber vielleicht hatte der Major recht. Man konnte keinem mehr trauen.

Am 15. Dezember besuchte der alte Herr Wong seine Freunde in Bangkapi. Petersen war nicht zu Haus. Herr Wong brachte Martha zwei Besucher mit. Der eine war Pater Aldano, ein hochgewachsener Italiener im weißen Priesterrock; der andere war ein junger Chinese. Der alte Herr Wong hatte nach seiner letzten Unterhaltung mit Onkel Winn in der Sala beschlossen, jetzt „inoffizielle Kanäle zu befahren". Pater Aldano leitete die Mission für verwahrloste asiatische Knaben, welche die Ordensbrüder der Salesianer in Saladeng gegründet hatten. Sie holten die Waisenkinder aus den dunkelsten Schlupfwinkeln der Stadt und nahmen sie bei sich auf.

„Dies ist mein alter Freund Pater Aldano", stellte der alte Herr Wong den Priester vor. „Und dies ist Chia Yu-sen Joseph", fügte er hinzu und wies auf den jungen Chinesen mit dem intelligenten Blick. Der Name verriet, daß der junge Mann aus der Familie Chia stammte, von seinen Verwandten Yu-sen gerufen worden war und den Namen Joseph in der heiligen Taufe empfangen hatte. Der Pater hatte Joseph als Kind in einer Verbrecherspelunke in Sampeng aufgelesen und ihn seitdem unterrichtet und geleitet. Joseph kannte Bangkoks Chinesenstadt bis in den letzten Winkel. Er würde das Kind und Ah Bue schon finden, bemerkte er lächelnd.

Martha klingelte nach Getränken, die Gäste setzten sich. Martha sah zum Erbarmen aus. Pünktchen war nun über zwei Wochen verschwunden. Martha mußte sich große Mühe geben, noch einen Funken von Hoffnung am Leben zu erhalten. In neun Tagen war Weihnachten. Pummel sollte dann mit Nang Siri von Sukhothai nach Bangkok zurückkommen. Er würde Heiligabend zusammen mit Herrn und Frau Krüger, Dr. Johannsen und Dr. Tyler bei Großonkel Winn verleben.

Nach einiger Zeit erhob sich der alte Herr Wong. Martha brachte ihn zu seinem neuen amerikanischen Wagen. „Ich danke Ihnen, Mr. Wong“, murmelte sie. „Sie sind uns solch ein Trost.“

„Chia Joseph wird sein möglichstes tun“, erwiderte der alte Chinese und verbeugte sich gemessen. „Pater Aldano hat auch schon mit Major Karawek Nayadharn gesprochen. Meine besten Wünsche sind mit Ihnen, Madame.“

Pater Aldano und Chia Joseph warteten auf der Veranda auf Marthas Rückkehr.

„Die Leute gefallen mir nicht“, sagte Chia Joseph.

„Wer gefällt dir nicht?“ fragte Pater Aldano.

„Die Diener dieses Hauses“, erwiderte Chia Joseph. „Von allen Seiten kriechen sie herbei, wenn Besuch für Master und Missie kommt. Was will zum Beispiel diese Chinesin hier bei der Veranda?“

Josephs schwarze Luchsaugen hatten Cheng entdeckt, die zwischen Sträuchern versteckt an der Veranda lauschte.

„Das muß die Amah der kleinen Charlotte sein“, meinte Pater Aldano. „Der alte Herr Wong hat mir gesagt, daß sie das Kind über alles liebt. Sie möchte vielleicht hören, ob eine Spur gefunden ist.“

„No good“, sagte Chia Joseph.

„Signora Petersen“, wandte sich der Pater an die soeben zurückgekehrte Martha, „könnten Sie meinem jungen Freund hier ein Foto Ihrer Tochter geben?“

Martha öffnete ihre Handtasche und entnahm ihr eines der neuesten Bilder von Pünktchen; Pummel hatte es im Garten aufgenommen. Es zeigte Charlotte im Spielanzug mit langen, hellen Locken und Cheng mit „jüngstem Enkelsohn“ zu ihren Füßen.

Chia Joseph betrachtete intensiv das Kind mit den goldenen Haaren, das so vergnügt neben seiner „chinesischen Mutter“ auf dem Rasen saß. Ein sehr schönes Kind, nach dem Foto zu schließen, auch wenn es farblose Haare und Augen hatte. Joseph war siebzehn Jahre alt und sich der Wichtigkeit seiner Aufgabe bewußt.

„Bitte sagen Sie unserem Joseph alles, was Sie über dieses Mädchen Ah Bue und ihre Mutter wissen!“ sagte Pater Aldano. „Beschreiben Sie sie ihm, so gut es geht. Und die Verwandten nicht vergessen, Signora! Bei Chinesen spielt die Familie eine entscheidende Rolle.“

Martha berichtete alles, was sie wußte. Dabei fragte Joseph respektvoll auf englisch, wer denn Chung und Ah Bue ins Haus gebracht habe.

Martha fiel ein, daß es Ah Chang oder seine Tochter Cheng getan hatten. Aber natürlich könne man die beiden nicht für ihre Verwandten verantwortlich machen, fügte Martha sofort hinzu.

„Natürlich nicht", bestätigte Pater Aldano.

Nachdem der Pater und Chia Joseph in das kleine Missionshaus bei Saladeng zurückgefahren waren, fühlte Martha sich zum ersten Mal ein wenig hoffnungsvoller.

AN DIESEM Abend saß Pünktchen in einem Raum ohne Echo. „Wann komme ich nach Hause?" fragte sie in gebrochenem Chinesisch.

Kein Echo. Es war, als ob das Kind nichts gesagt hätte. Die Frau, deren Gesicht durch Bandagen unkenntlich gemacht war, schwieg. Erst nach einer langen Zeit murmelte sie, daß man noch warten müsse. „Aber nicht weinen! Das wäre gar nicht gut. Dann würde jemand *sehr* böse werden."

„Ich will zu meiner Mutti", sagte Pünktchen schwach. Sie schob den Teller mit Reis und Fisch fort.

„Deine Mutter ist abgereist", erklärte die Frau mit den Bandagen.

Charlotte richtete sich von der Matte auf, auf der sie den ganzen Tag hockte.

„Das ist nicht wahr", sagte sie in ihrem asiatischen Kauderwelsch. „Meine Mutti reist nicht ohne mich ab ..., du lügst!" Sie sprang auf und wollte zur Tür rennen.

Die Schläge, die Pünktchen bekam, taten weh. Und weinen durfte sie nicht. Dann wurde alles noch schlimmer.

„Ich will nach Hause", flüsterte sie eigensinnig. „Mutti, Papi, Pummel ... Cheng ..." Das Kind murmelte die Namen aller seiner Lieben. Es war, als wolle es damit seine Identität festhalten.

„Wie heißt du?" fragte die Frau mit den Bandagen.

„Charlotte Pe–"

Die Schläge taten *sehr* weh. Diesmal schluchzte Pünktchen.

„Wie heißt du?"

„Hsi-Jen – Durchdringender Duft", flüsterte das Kind.

„Wirst du es jetzt behalten? Sonst geht es dir nicht gut. Du willst doch bald zu deinem Vater zurück?"

„Ja", sagte Pünktchen schnell, „wann?"

Aber die Frau mit den Bandagen war verschwunden.

„Wann?" fragte Pünktchen das Mädchen, das ins Zimmer gekommen war. „Sag es mir doch, Chieh-chieh!"

Chieh-chieh, „ältere Schwester“, lachte. „Du bist sehr dumm“, sagte sie.

Pünktchen schluchzte fast lautlos.

„Weine nicht, Hsi-Jen“, sagte „ältere Schwester“, „hast du mich nicht lieb?“

„Doch“, antwortete Pünktchen. „Du ziehst mich an und deckst mich abends zu. Du bist gut.“

„Und du bist sehr schön“, meinte „ältere Schwester“. „Gefällst du dir nicht mit den schwarzen Haaren?“

„Ich weiß nicht. Hier ist kein Spiegel. Was wird Mutti sagen, wenn ich mit schwarzen Haaren ankomme?“

„Sie ist in Europa, kleine Schwester! Deinem Vater wirst du schon gefallen. Wirst du ihm sagen, daß ‚ältere Schwester‘ gut zu dir war?“

„Natürlich! *Wann* komme ich nach Hause?“

Auch diese Frage hatte kein Echo. „Ältere Schwester“ lachte nur. Es war kein angenehmes Lachen. Pünktchen war zu müde, um es zu merken. „Mutti . . . Papi . . . Pummel . . .“, murmelte sie.

Das Haus ohne Echo war eine halbe Autostunde von Bangkapi entfernt.

AM 18. DEZEMBER – drei Tage nach dem Besuch des alten Herrn Wong und seiner Freunde – bestellte sich Martha Petersen um zehn Uhr früh eine Rikscha, um nach Sampeng zu fahren, ins Chinesenviertel von Bangkok. Immer wieder trieb es Martha aus dem Haus. Sie mußte ihre Tochter suchen. Ein Instinkt führte sie stets von neuem in die Jawarad Road – zu der Stelle, wo die Unbekannte mit dem bandagierten Gesicht und dem spitzen Bambushut vor ihr geflohen war.

Cheng wartete mit Marthas Sonnenschirm bei der Rikscha. Den Befehl der Herrin hatte sie kopfschüttelnd ausgeführt. Cheng hatte rotgeschwollene Augen.

„Darf ich mitkommen, Mem?“ fragte sie scheu. „Master sagt, Mem soll nicht allein fahren. Böse, böse Menschen lauern auf Mem.“

„Es ist gut, Cheng, ich fahre allein.“ Martha bemühte sich, freundlich zu sprechen. Pünktchens Amah verbeugte sich und trollte sich traurig ins Küchenhaus.

Martha entließ den Rikschakuli, als sie in der Jawarad Road angelangt waren. In ihrer Handtasche, die sie fest an sich gepreßt hatte, steckte ein Brief von Pummel. Pummel plagte sie nicht mit

Fragen. Er wußte, daß er sofort ein Telegramm erhalten würde, wenn seine Schwester gefunden war. In sechs Tagen sollte er mit Nang Siri nach Bangkok zurückkehren.

In Gedanken versunken ging Martha die Jawarad Road entlang. Ein paar Schritte von ihr entfernt hatte Herr Lin, ein chinesischer Briefschreiber, vor einer Kulikneipe sein Tischchen auf dem Straßenpflaster aufgeschlagen. Aus der Kneipe trat soeben ein junger, zerlumpter Chinese. Er ging zu Herrn Lin hinüber und flüsterte mit ihm.

Martha nahm ihre Sonnenbrille ab, um besser zu sehen. Unwillkürlich stieß sie einen leisen Schrei aus, als sie den zerlumpten jungen Mann erkannte. Es war Chia Joseph, der ihr vor drei Tagen zusammen mit Pater Aldano einen Besuch abgestattet und Pünktchens Foto mitgenommen hatte. Aber als sie auf ihn zugehen wollte, drehte ihr Chia Joseph so resolut den Rücken zu, daß Martha verstand. Gleichzeitig gab er ihr mit der rechten Hand ein Zeichen. Sollte sie warten? Sollte sie verschwinden? Zumindest – so schien es Martha – sollte sie auf keinen Fall verraten, daß sie Joseph kannte. Sie trat vor ein Geschäft mit Spiegeln, wie es sie in der Jawarad Road zu Dutzenden gab. In einem Wandspiegel beobachtete Martha den Verlauf der Unterhaltung. Sie dauerte lange.

Schließlich nahm Chia Joseph ein Kuvert aus der Tasche, das eine Geldsumme enthalten mußte, denn Herr Lin reckte seinen fetten Hals, fuhr sich mit gespreizten Händen wohlgefällig über die nackte Brust und schrieb einen Zettel, den Chia Joseph in seine geflickte Hosentasche steckte. Dann zog sich Chia Joseph den schmutzigen Tropenhelm tiefer ins Gesicht und schlenderte langsam in die gegenüberliegende Seitenstraße. Er bestieg eine Rikscha und blickte sich dabei nach Martha um. Sie rief ebenfalls eine Rikscha und sagte dem Kuli: „Folge dieser Rikscha. Paß gut auf!"

Sie fuhren hintereinander her, durch schmale Gäßchen, die Martha niemals gesehen hatte. Schließlich erreichten sie die Rajawongse Road, die von der New Road bis zum Fluß hinunterführt.

Joseph stieg aus der Rikscha und schlenderte zu einem Lagerhaus am Fluß hinunter. Martha folgte.

Im Lagerhaus teilte Chia Joseph ihr mit, daß Ah Bue sich hier in der Nähe vor der Polizei versteckt halte, wahrscheinlich mit dem Kind, wie Herr Lin meinte.

„Wo?" fragte Martha.

„In Sapan Han“, flüsterte Chia Joseph. „Es ist nicht weit von der Rajawongse Road. Ich gehe voran. Mem folgt ganz langsam.“

Martha nickte.

„Wird Mem diese Ah Bue erkennen?“ wollte Joseph wissen.

Wiederum nickte Martha. Das seltsame Paar setzte sich in Bewegung. Glücklicherweise fand Chia Joseph zwei Rikschas, die sie in gemessenem Abstand bis nach Sapan Han brachten. Martha blickte sich während der Fahrt nicht um und sah daher nicht, daß ihnen eine dritte Rikscha folgte. In dieser Rikscha saß eine schwarzgekleidete Frau mit einem spitzen Bambushut. Ihr Gesicht war durch Bandagen unkenntlich gemacht.

Sapan Han war die seltsamste aller Bangkoker Straßen: Sie bestand aus einer alten, malerischen Brücke, über die sich ein Dach spannte. Unter ihr floß der Kanal Klong Ong-ang hindurch. Zahllose, winzige Läden, die mit Kuriositäten und Eßwaren gefüllt waren, säumten die Fahrbahn. Vor einer Bude mit frischen und gebratenen chinesischen Fruchtkuchen hielt Chia Joseph. Martha betrachtete in der Nebenbude chinesische Kissenbezüge. Chia Joseph sprach indessen mit der Kuchenbäckerin, einer alten Chinesin, die sich von Zeit zu Zeit keifend in die Hinterräume ihres Ladens begab, wo Ah Bue mit einer andern jungen Chinesin Fruchttörtchen bereitete. Hier hielt sie sich also vor der Polizei verborgen!

Die alte Chinesin steckte Chia Josephs Bestechungsgeld in einen geschnitzten Kasten mit einem wackligen Verschluß. „Ich werde das Mädchen jetzt hinausschicken. Mich trifft keine Schuld, junger Bruder, ich wußte ja nicht, daß die Polizei sie sucht.“

„Warte noch etwas“, sagte Chia Joseph. „Ich hole ... noch jemanden.“

Zwei Minuten später stand Chia Joseph mit einem kräftigen jungen Chinesen erneut vor der Bude mit den Fruchtkuchen. Chia Josephs Bekannter war gern bereit, jemanden gegen eine hohe Belohnung festzuhalten und zur nächsten Polizeistation zu bringen.

„Bue! Bue!“ kreischte die Alte. „Komm, hilf verkaufen! Viele Kunden!“

Ah Bue erschien gehorsam und blickte sich scheu um. Martha hatte sich in den Schatten einer Blumenbude zurückgezogen, damit Ah Bue sie nicht sah.

Chia Joseph ließ sich zwei Kuchen von Ah Bue in ein sauberes Platanenblatt einpacken. Er ließ ein rauhes Lachen ertönen. Das war das Zeichen für Martha, die prompt erschien und mit tonloser Stimme sagte: „Sie ist es! Schnell, schnell!“

Im nächsten Augenblick hielten Chia Joseph und sein Helfer Ah Bue fest. Sie stieß einen schrecklichen Laut aus, wie ein gefangenes Tier, ergriff rasch mit der freien rechten Hand das große Backmesser, das auf dem Tisch mit den Kuchen lag, um es nach Martha zu werfen. In ihren schrägen dunklen Augen blitzte Haß.

Martha spürte einen stechenden Schmerz im rechten Arm und sah, daß ein großer Blutfleck ihr weißes Kleid besudelte. Sie trat heran und bat Chia Joseph: „Fragen Sie sie, wo das Kind ist!“

„Ich weiß es nicht“, erwiderte Ah Bue von selbst.

Chia Joseph schlug ihr ins Gesicht. „Du wirst dich schon auf der Polizeiwache erinnern, du Kröte!“ schrie er. Er lief in die Bude, stieß dabei den Tisch mit den Kuchen um und suchte das Kind mit den goldenen Haaren. Es war nicht da. „Mem fährt schnell nach Haus“, bestimmte er und winkte einer Rikscha, die am Ende der Brückenstraße hielt.

Eine ungeheure Menschenmenge hatte sich in der engen Straße angesammelt, als Chia Joseph mit Martha in die Rikscha stieg. Mit letzter Kraft hielt sich Martha aufrecht. In einer zweiten Rikscha hielt Chia Josephs Helfer Ah Bue, der er mittlerweile Hände und Füße gefesselt hatte, wie eine Puppe auf dem Schoß.

„Wir fahren zuerst zur Polizeistation“, sagte Chia Joseph heiser. „Aber Mem ist schwer verletzt.“

Martha sagte wie aus weiter Ferne: „Sie wird schon gestehen ... Sofort zur Polizei.“

Als sie Ah Bue abgeliefert hatten, fuhr Chia Joseph mit Martha nach Bangkapi. Petersen war schon zu Hause und hatte mit dem Essen gewartet.

„Cheng!“ schrie er, als er seine halb ohnmächtige, blutende Frau aus der Rikscha hob. „Wo bleibst du? Mem ist schwer verletzt!“

„Ältester Enkelsohn“ kam zitternd angelaufen. „Mutter ist auf dem Markt. Großvater schickte sie nach Enten“, stammelte er.

„Chia Joseph, wollen Sie bitte sofort zu Major Nayadharn fahren! Sagen Sie ihm, daß Sie Ah Bue gefunden haben! Große, große Eile – unser Kind ist in Gefahr.“

Während Chia Joseph in der Rikscha davonraste, trug Petersen mit Hilfe von „ältestem Enkelsohn“ und dem alten Ah Chang seine Frau zur Veranda.

In diesem Augenblick kam Cheng heulend angestürzt. „Ältester Enkelsohn" hatte sie offenbar benachrichtigt, daß die Herrin blutend auf der Veranda lag.

„Cheng", sagte Petersen, „nimm eine Rikscha und fahre zu Dr. Johannsen! Wenn er nicht zu Hause ist, laß dir sagen, wo er ist, und fahre dorthin. Mem ist verletzt. Beeile dich!"

ALS Ah Bue dem Polizeimajor Karawek Nayadharn nach zwei Stunden in einem Dienstraum der Kriminalpolizei vorgeführt wurde, hatte sie so geweint, daß ihre Augen fast zugeschwollen waren.

„Setz dich, Ah Bue", sagte der Major unerwartet sanft. „Wir wollen dich nicht bestrafen. Nai Petersen gibt dir noch eine große Belohnung, wenn du mir jetzt sagst, wo du das Kind hingebracht hast."

„Ich weiß nicht, Sir", stöhnte Ah Bue, die am ganzen Körper zitterte.

„Wie würde es dir gefallen, wenn du mit vielen Ratten in einen Keller eingesperrt wirst?" fragte Major Nayadharn noch sanfter.

Ah Bue sprang auf. Ihre Augen weiteten sich vor Schreck. „Nein!" schrie sie, „keine Ratten!"

Major Nayadharn lächelte zufrieden. Ah Bue war noch ein halbes Kind. Man konnte sie mit einfachen Mitteln einschüchtern. „Also, Ah Bue", sagte er freundlich, „nun pack mal aus! Hat deine Mutter etwas mit dem Kindesraub zu tun?"

„Meine . . . Mutter?"

„Du weißt doch sicher, daß sie aus dem Gefängnis entflohen ist? Versteckt sie sich in Sapan Han?"

„Meine Mutter ist nicht in Sapan Han", flüsterte Ah Bue. „Ich habe nichts davon gehört, daß sie entflohen ist."

„Ich will jetzt alles wissen", sagte Major Nayadharn zu Ah Bue in einem gänzlich veränderten Ton. „Schreib alles auf!" befahl er dem jungen Beamten, der der Vernehmung beiwohnte, „die Wahrheit und die Lügen!" Polizeimajor Nayadharn war nämlich der Meinung, daß die Lügen der Gefangenen ebenfalls die Wahrheit enthüllten.

Zwei Stunden später machte sich der Polizeimajor auf den Weg zu Petersens nach Bangkapi. Er war nach Ah Bues Verhör mit zwei andern Polizeioffizieren noch einmal nach Sapan Han gefahren und hatte eine Unterhaltung mit der alten Fruchtkuchenhändlerin geführt. Sie hatte ihm ein langes Kuchenmesser ausgehändigt. Es hatte keine Blutflecke, nur Ah Bues Fingerabdrücke.

„Ah Bue hat das Messer *nicht* geworfen, das Ihre Gattin am Arm verletzt hat", sagte Major Nayadharn zu Petersen. „Wir haben es einwandfrei festgestellt. Natürlich wollte sie das Messer nach Ihrer Frau schleudern; aber Chia Joseph und sein Helfer hatten das Mädchen ja bereits am linken Arm gepackt. Das Messer, das Ihre Frau verwundete, wurde von jemand anderem geschleudert, doch dieses Messer ist verschwunden. Wir haben die ganze Gegend absuchen lassen."

„Was ist mit meiner Tochter?" fragte Petersen.

„Ihre Tochter?" sagte Major Nayadharn düster. „Wir müssen weitersuchen. Wir sind der Meinung, daß Ah Bue das Kind nicht geraubt hat. Die Empörung des Mädchens war echt, Sir! Ich kenne mich da aus. Selbstverständlich bleibt Ah Bue in Haft, bis Ihre Tochter . . . gefunden ist."

Petersen schien nicht mehr zuzuhören. Wer hatte das Messer nach Martha geschleudert? Die Alte im Fruchtkuchenladen? Vielleicht jene Frau mit den Bandagen, die Martha nie wieder gesehen hatte?

„Haben Sie eine Spur von dieser Frau mit dem bandagierten Gesicht entdeckt, Herr Major?" fragte Petersen.

„Leider nein. Wir haben einen Polizisten in der Nähe der Jawarad Road stationiert. Übrigens – warum wird so fest angenommen, daß die fragliche Person mit den Bandagen überhaupt eine Frau ist? Es gibt viele Männer in Bangkok, die in einem Frauenkittel und einer weiten Hose nicht von einer Chinesin zu unterscheiden wären . . ."

„Haben Sie die Mutter von Ah Bue nochmals verhört?"

„Selbstverständlich, Sir! Wir hatten dem Mädchen zuerst eingeredet, daß Chung aus dem Gefängnis entflohen wäre. Ich hoffte, dadurch mehr zu erfahren ... Nein, wir müssen andere Wege einschlagen. Ich möchte jetzt noch einmal Ihre Diener befragen. Sie scheinen über Ah Bues Verhaftung erregt zu sein. Wie geht es eigentlich Ihrer Frau, Mr. Petersen?"

„Sie hat glücklicherweise nur eine leichte Fleischwunde. Dr. Johannsen ist zufrieden."

„Ihre Frau darf nicht mehr allein nach Ihrer Tochter suchen, Sir! Sie müssen ihr klarmachen, daß sie verfolgt wird, sowie sie sich aus dem Haus rührt. Jenes Messer war nicht für Madames *Arm* bestimmt! Wenn sie sich nicht zufällig bewegt hätte . . ."

„Ich habe schon mit meiner Frau gesprochen, Herr Major. Sie sieht es natürlich ein. Aber . . ."

„Ich weiß, Sir", sagte der Major leise. Sein sonst so vergnügtes Gesicht war ernst. „Da fällt mir ein", meinte er nach einer Pause, „wir haben Ihren Chauffeur mit seinen Söhnen weiter unter Beobachtung. Er lebt augenblicklich in Dhonburi."

Um dieselbe Stunde saß der alte Herr Petersen in seiner Sala und erwartete Besuch. Seitdem „seine Lütte" mit Lawrence abgereist war, hatte er nur noch Paulines Briefe und die Stille der Sala. Sein von Melancholie umschleierter Blick fiel auf die Schriftrolle, die der alte Herr Wong ihm am Abend des Mondfestes gesandt hatte. Sie hing dort, wo so viele Jahre „Die Elbe bei Sturm" gehangen hatte.

Wilhelm Christian Petersen war seit der Katastrophe noch schweigsamer geworden. Worüber sollte er auch mit Hannes sprechen? Der Jung' war im Büro so abwesend, daß er einen Posten Schreibmaschinen geradezu weggeschenkt hatte. Aber das war ganz unwesentlich. Auch mit Martha sprach der alte Herr Petersen nicht viel. Er besuchte sie getreulich einen um den andern Tag und saß schweigend bei ihr auf der Veranda. Ein tiefes Einverständnis verband Onkel Winn und Martha miteinander.

Wie immer, wenn Petersen senior allein sein wollte, kam seine alte Köchin Mae Wat zur Sala gewatschelt. Sie sollte Reistorte für den alten Herrn Wong backen, der in einer halben Stunde zum Tee erwartet wurde. Grüßend kniete sie vor ihrem Master nieder. Nachdem dieser seinerseits seine Wirtschafterin zeremoniell begrüßt hatte, erklärte Mae Wat: „Der Chauffeur Phom ist hier, Master. ‚Ratte' und ‚Schwein' sind auch mitgekommen."

Der alte Herr Petersen sprang von seinem Ruhebett auf. „Schick ihn sofort zu mir!" befahl er. Es kam ihm sonderbar vor, daß Phom plötzlich wieder auftauchte. Wußte er etwas? Oder wollte Phom gar das Lösegeld einkassieren?

Der alte Herr Petersen zwang sich zur Ruhe. Mit Heftigkeit erreichte man nichts bei Siamesen. Als Phom eintrat, wünschte ihm Petersen senior „Glück und Gesundheit" und sagte ihm, daß er sich außerordentlich über seinen Besuch in Rong Muang freue ... Wenn er Phom nicht so genau gekannt hätte, dann hätte er in dieser zerlumpten Jammergestalt mit den zerrissenen Hosen und dem schmutzigen, karierten Pasin um die Hüften kaum Hannes' adretten Fahrer in der weißen Uniform und der passenden Mütze erkannt.

„Ist es dir nicht gutgegangen, Phom?" fragte der alte Master.

Phom schüttelte den Kopf und sah sich angstvoll um. „Phom muß gleich wieder gehen", murmelte er. „Nur fragen, ob blondes Kind gefunden ist."

Der alte Herr Petersen zog zehn Tikal aus der Tasche und legte sie auf den Korbtisch. „Die sind für Phom, wenn er mir alles sagt, was er weiß", bemerkte er freundlich.

Phom schwieg störrisch.

„Hab keine Angst, Phom! Jeder weiß, wie gut und ehrlich du bist! Master Petersen in Bangkapi ist *sehr* traurig, daß du ihn und Mem nicht fahren willst."

„Böses Haus in Bangkapi", murmelte Phom. „Phom große Angst. Räuber und Mörder ... Frau mit verbundenem Gesicht schleicht herum ..."

Der alte Herr Petersen sprang auf und packte den kleinen, stämmigen Siamesen. „Was redest du da? Frau mit verbundenem Gesicht? Kennst du sie?"

Phom stieß einen angsterfüllten Schrei aus. „Phom weiß nichts", flüsterte er mit aschfahlem Gesicht. „Phom ... hat Angst ..."

In diesem Augenblick fuhr ein großer amerikanischer Wagen vor. Der alte Herr Wong stieg aus und ging zum Gartenhaus. Als er sah, wie sein Freund Petersen senior Phom festzuhalten versuchte, rief er rasch seinem eigenen Chauffeur zu: „Lauf zur Sala, beeil dich! Alter Master kann den Siamesen nicht mehr halten."

Phom war dem alten Herrn wie ein Fisch entglitten, doch jetzt packte ihn der Chauffeur des alten Herrn Wong, ein großer, kräftiger Nordchinese, gegen dessen eisernen Griff Phom machtlos war.

Es wurde nichts mit der Teestunde. Sie fuhren mit Phom zu Polizeimajor Nayadharn. Phom wimmerte die ganze Zeit auf dem Weg und heulte, daß er nicht auch ermordet werden wollte. Dann begann ein stundenlanges Verhör.

AM NÄCHSTEN Tag um dieselbe Nachmittagsstunde holte der alte Herr Wong seinen Teebesuch bei Petersen senior in der Sala nach. Herr Wong kam gerade von der Polizei und brachte Neuigkeiten mit: Phom hatte – durch freundliches Zureden von Major Nayadharn beruhigt – alles ausgesagt, was er wußte. Ja – er hatte zweimal eine Person in schwarzen Chinesenhosen und schwarzer, loser Jacke in Bangkapi bemerkt. *Nicht* auf dem Grundstück der Petersens – dabei blieb Phom –, aber in der Nähe des Grundstücks. Die Person hatte das

Gesicht bandagiert und trug einen Korb mit Eßwaren. Sie war in eine Rikscha gesprungen, als sie Phom sah. Das war wenige Tage nach dem Fest am Goldenen Berg gewesen.

Dann hatte Phom die Person noch einmal gesehen. Phom war mit seinen Söhnen zu einem Tempel in der Nähe des Grundstücks gegangen. Alle drei hatten Körbe mit Opfergaben bei sich. Die wollten sie den „Brüdern der gelben Robe" für den Altar geben, damit der Erleuchtete das Kind mit den goldenen Haaren seinen Eltern wiedergäbe.

Als Phom und seine Söhne an der Ecke angelangt waren und gerade eine Rikscha besteigen wollten, war die Person mit dem bandagierten Gesicht aufgetaucht und hatte auch eine Rikscha angehalten. Wieder hatte sie einen großen Marktkorb mit Lebensmitteln unter dem rechten Arm. Phom hatte natürlich längst alles über die „Frau mit den Bandagen" gehört. Er hatte seinem Rikschakuli etwas auf siamesisch zuflüstern wollen; aber in diesem Augenblick hatte die Person ihn von hinten mit einem harten Griff gepackt und auf die Erde geworfen. Und bevor sich die wenig geistesgegenwärtigen Kulis und Passanten von ihrer Überraschung erholt hatten, war sie in ihrer Rikscha auf und davon.

„Warum hast du uns nicht sofort Mitteilung gemacht? Oder wenigstens Nai Petersen alles erzählt?" fragte der Major.

„Ich wollte nicht, daß die Person mit den Bandagen mir das nächste Mal den Hals durchschneidet", erwiderte Phom.

Man behielt ihn erst einmal in Gewahrsam, aber er hatte es gut. Es gab keinen Grund, seine Angaben zu bezweifeln. Alle Diener bei Johannes Petersen bestätigten, daß Phom und seine Söhne mit Opfergaben das Haus verlassen hatten. Cheng gab widerwillig zu, daß Phom mit zerschundenem Gesicht und mit schreienden Kindern zurückgekommen war, ohne den Tempel besucht zu haben. Er hatte anscheinend einen leichten Schock erlitten. Am nächsten Tag war er verschwunden. Seine Schwestern in Dhonburi, die einzeln verhört worden waren, bestätigten, daß ihr Bruder zu ihnen geflüchtet war, weil er Angst für sein und seiner Kinder Leben hatte.

Jetzt ergriff Petersen senior das Wort. „Ich habe meiner Frau telegrafiert, daß sie mit meinem Großneffen Albert in Sukhothai bleiben soll", erklärte er dem alten Herrn Wong. „Nach den letzten Entwicklungen ist es besser, daß unser Jung' nicht in Bangkok auftaucht."

„Das ist sehr weise gedacht, lieber Freund“, erwiderte der alte Herr Wong. Er saß in seinem weißen Anzug aus feinster Seide in der Sala und verbreitete eine Atmosphäre von Ruhe und geistiger Gesundheit.

„Wir wissen nicht mehr ein noch aus“, murmelte Wilhelm Christian Petersen. „Und es scheint der Polizei genauso zu gehen.“

„Major Nayadharn ist sehr tüchtig“, sagte der alte Herr Wong. „Aber ein Polizeimajor hat nur begrenzte Möglichkeiten. Um dieses Verbrechen aufzudecken, muß man sich konzentrieren, wie unsere chinesischen Mystiker es taten – mit dem Geist hören und sehen. Nur dann erkennt man, wer dieses Kind geraubt hat und *warum*.“

„Haben Sie es denn erkannt?“ fragte der alte Herr Petersen.

„Ich versuche es“, erwiderte der alte Herr Wong sanft. „Ich weiß, was Sie denken, mein Freund. Dieser alte Wong ist ein Schwätzer und Bücherwurm. Lassen Sie mich ruhig nachdenken! Es gibt genug Leute, die handeln ...“

Vierzehntes Kapitel

Am 21. Dezember kam Cheng schreiend vom Markteinkauf nach Bangkapi zurück. Die Chinesin blutete im Gesicht und hatte vor Schreck den Bambuskorb mit den Hühnern und den Bohnen fallen lassen. Sie stürzte zu Martha, die mit der alten Frau Wong, welche Martha einen Besuch machte, und ihrer kleinen Dienerin auf der Veranda saß. Martha trug nur noch einen leichten Verband am Arm. Sie hatte Hannes das Versprechen gegeben, nicht mehr allein nach dem Kind zu suchen.

Cheng berichtete wimmernd, daß auf dem Markt eine Person mit verbundenem Gesicht plötzlich neben ihr gestanden habe. Als Cheng sie festhalten wollte, hatte die Unbekannte ihr einen Messerstich ins Gesicht versetzt und war geflohen. Deshalb hatte Cheng keine Hühner und keine Bohnen mitgebracht.

„Weine nicht, Cheng“, sagte Martha freundlich. „Wir werden in der Stadt essen. Rufe bitte den Chauffeur.“

Nach längerem Widerstand hatten Petersens das Angebot des alten Herrn Wong, seinen eigenen Chauffeur während Phoms Abwesenheit zu engagieren, dankbar angenommen. Keiner von ihnen konnte sich selbst ans Steuer setzen: Martha war immer noch durch die Armverletzung behindert, und Petersen hatte nervöse Augenschmerzen.

„Ping-erh", sagte Madame Wong zu ihrer kleinen Dienerin, „Mrs. Petersen und ich fahren mit Cheng zur Polizei. Bleibe hier, bis wir wiederkommen." Die schöne junge Chinesin nickte.

Cheng sträubte sich, zur Polizei mitzukommen. Sie glaubte, die Siamesen würden sie sofort dabehalten – genau wie ihre Nichte Ah Bue. Aber Madame Wong sprach mit ihr auf chinesisch, und Cheng gehorchte augenblicklich.

Während der Fahrt unterhielten sich Martha und die alte Frau Wong auf englisch.

„Ich verstehe immer noch nicht", sagte Martha, „warum Ah Bue sich vor der Polizei versteckt hat, wenn sie nichts mit der Entführung unseres Kindes zu tun hatte."

„Sie ist vor den Komplizen ihrer Mutter geflohen." Madame Wong blickte Martha warnend an. „Bitte, keine Namen nennen, Madame! Ihre Dienerin hört sehr aufmerksam zu."

„Sie ist treu und liebt unsere Tochter über alles", meinte Martha, obwohl sie Cheng eigentlich nicht leiden konnte.

„Major Nayadharn will die Kleine entlassen", sagte Madame Wong.

Der Polizeimajor hatte den alten Herrn Wong in die Dienststelle gebeten, um mit ihm den Fall durchzusprechen. Bei dieser Gelegenheit hatte Herr Wong geäußert, er sei der Ansicht, daß das Kind lebe und der Entführer das größte Interesse daran habe, daß dem Kind nichts geschehe.

„Ich habe lange nachgedacht", hatte der alte Herr Wong gesagt. „Der Fall hat nur in zweiter Linie mit Geld zu tun. Sonst wäre das Kind längst zurückgebracht worden. Hier muß etwas anderes mitspielen." Er glaubte, daß der Täter „aus einer fixen Idee", aus einer Abirrung der Gefühle heraus handelte. Und in diesem Zusammenhang hatte Herr Wong dem Major erklärt, auf wen sein Verdacht gefallen war und warum. Major Nayadharn, Pater Aldano, Chia Joseph und der alte Herr Wong selbst verfolgten jetzt diese unglaubliche Spur.

Auf dem Polizeirevier benahm sich Cheng so störrisch wie ein Maulesel. Erst als Major Nayadharn drohte, sie zu ihrem eigenen Schutz dazubehalten, wiederholte sie ihre Erzählung mit den typischen dramatischen Ausschmückungen. Man hatte zum Schluß den Eindruck, daß sich ein neunköpfiger Drache mit einem gewaltigen Schwert auf Cheng gestürzt hatte.

Der Major ließ Cheng im Gewahrsam eines jungen Polizeioffiziers und ging zu Martha und der alten Frau Wong, die in der Halle des Polizeigebäudes auf einer Holzbank warteten.

„Ihre Amah sollte auch nicht mehr allein ausgehen", bemerkte Major Nayadharn zu Martha. „Sie ist durch ihre Treue zu Ihrer Familie in ernster Gefahr. Es wäre gut, wenn sie eine andere Dienerin zur Seite hätte, wenn sie zum Markt geht. Hat sie Töchter oder Nichten?"

„Ah Bue ist ihre einzige Nichte", sagte Martha. „Allerdings hat sie drei Söhne. Können die nicht mit ihr gehen?"

„Ich habe die Söhne befragt", meinte Major Nayadharn. „Sie sind so verängstigt und kopflos, daß sie die Mutter noch nervöser machen."

Eine Pause entstand. Alle dachten nach, wen man als unauffälligen Begleiter wählen könne.

„Wie wäre es mit unserer Ping-erh?" fragte die alte Frau Wong. Sie erklärte dem Major mit wenigen Worten, daß Ping-erh, obwohl sie noch jung sei, eine Vertrauensstellung in ihrem Haus innehabe. Sie würde genau wissen, was zu tun wäre, falls Cheng noch einmal angegriffen würde.

„Ausgezeichnet! Wir danken Ihnen, Madame", sagte Major Nayadharn erleichtert. „Wollen Sie mir das junge Mädchen – ohne Aufsehen zu erregen – so bald wie möglich herschicken?" Er stockte einen Augenblick. Dann fuhr er langsam fort: „Ich möchte nicht, daß Cheng weiß, daß sie beschützt wird. Sie macht einen sehr eigensinnigen Eindruck. Außerdem würde sie denken, sie verlöre ‚Gesicht', wenn man ein halbwüchsiges Mädchen zu ihrem Schutz bereitstellt. Ping-erh bleibt daher besser bei Ihnen wohnen und folgt Cheng jeden Morgen um acht Uhr unauffällig zum Markt. Glauben Sie, daß sie das kann?"

„Sicherlich", sagte die alte Frau Wong. „Ich sende sie sofort zu Ihnen, Herr Major."

AM 23. DEZEMBER ging Cheng wie immer auf den Markt. Sie hatte gehofft, daß Master und Mem trotz allem ein richtiges Weihnachtsmenü bestellen oder wenigstens zur Weihnachtsfeier zum alten Herrn Petersen fahren würden. Alle Europäer in Bangkok feierten Weihnachten mit einem großen Dinner und in fröhlicher Gesellschaft. Master und Mem blieben jedoch zu Hause, und es war ihnen gleichgültig, was Ah Chang kochte.

Die kleine Ping-erh war Cheng unauffällig gefolgt, doch sie verlor Cheng auf dem Markt plötzlich aus den Augen. Sie merkte erst, daß Cheng nicht mehr bei den Fischhändlern stand, als es zu spät war. Vor dem Weihnachtsfest drängten sich so viele Diener um die Fischstände, daß die kleine zarte Ping-erh eingekeilt zwischen chinesischen Köchen und siamesischen Köchinnen stand und den Hals nicht hoch genug recken konnte.

Als Ping-erh verzweifelt nach ihrer Schutzbefohlenen Ausschau hielt – der Major hatte ihr eingeschärft, im Notfall sofort einen Polizisten durch Geschrei herbeizuholen –, sah sie plötzlich die geheimnisvolle Person mit dem verbundenen Gesicht und dem spitzen Bambushut. Ping-erh bekam Herzklopfen. Die arme Cheng war wieder in Gefahr. Was sollte sie tun?

Während Ping-erh noch überlegte, fühlte sie einen leichten Druck auf ihrem linken Arm. Neben ihr stand eine hochgewachsene, überschlanke junge Chinesin, die stark geschminkt war. Ihr lackschwarzes Haar, in dem eine Feuerblume steckte, sah aus wie eine Perücke – so glänzend und regelmäßig umrahmte es mit den traditionellen Stirnfransen das Gesicht. Ping-erh wollte gerade etwas sagen, als ihr die Chinesin einen Zettel in die Hand steckte und einen Augenblick den Zeigefinger warnend auf ihren Mund legte. Ping-erh las verstohlen, was die junge Chinesin ihr aufgeschrieben hatte:

> Folge mir unauffällig in einer Rikscha. Sofort! Kümmere dich nicht um die Frau mit den Bandagen! *Ich* tue das schon. Zerreiße diesen Zettel und verschlucke ihn. Keine Angst! Ich arbeite für M. N.

Das hieß Major Nayadharn. Alle seine Spitzel benutzten die Abkürzung M. N. Die junge Chinesin war also eine Agentin der Polizei!

Wieder fuhren drei Rikschas hintereinanderher, aber diesmal saß die bandagierte Person in der vordersten, und zwei junge Chinesinnen folgten. An Cheng dachte niemand mehr.

Die Rikscha mit der bandagierten Unbekannten hielt in der Jawarad Road. Die Rikscha der geschminkten jungen Chinesin hielt ebenfalls, kurz darauf auch diejenige von Ping-erh.

Ping-erh stieg aus und betrachtete die Auslagen eines Schmuckgeschäfts. Die schlanke Chinesin trat neben sie und sagte leise: „Wenn ich innerhalb einer Stunde nicht zurückkomme, sage M. N. Bescheid.“

Ping-erh nickte. Ihre Kehle war wie zugeschnürt. Große Schweißtropfen standen auf ihrer kindlichen Stirn, aber sie blieb gehorsam auf ihrem Platz und beobachtete, wie die große, geschminkte Chinesin hinter der Frau mit den Bandagen in einer Gasse verschwand.

Zehn Minuten vergingen – zwanzig Minuten – dreißig Minuten. Keine Spur von der Agentin.

Da! Aus der Gasse trat die Gestalt mit dem verbundenen Gesicht und sah sich verstohlen um. Sie bestieg eine Rikscha. Ihr Bambuskorb, in dem Lebensmittel gelegen hatten, war leer. Ping-erhs erster Impuls war, der Frau mit den Bandagen in einer Rikscha zu folgen. Dann erinnerte sie sich, daß sie auf die junge Chinesin warten sollte. Nach fünf Minuten kam eine Europäerin aus dem Sträßchen, das in die versteckten Gassen des Chinesenviertels führte. Ping-erh war sehr verwundert, denn hinter dieser Europäerin, die ein schäbiges Kostüm und einen verblichenen Strohhut über ihrem schlecht gefärbten Haar trug, folgte mit Katzentritten die junge geschminkte Agentin. Sie flüsterte Ping-erh zu: „Fahr nach Hause! Schnell! Es ist alles erledigt!" Dann sprang sie in eine Rikscha und fuhr hinter der schäbig gekleideten Europäerin her in Richtung Suriwongse Road.

Die Rikscha mit der Europäerin hielt vor einem Haus, das dringend neu gestrichen werden mußte. Zwischen zwei Hibiskusbäumen mit flammendroten Blüten hing ein großes buntgemaltes Schild. Es zeigte ein europäisches Bauernpaar beim Tanz. Darunter stand die Aufschrift: RUSSISCHES RESTAURANT.

Die geschminkte junge Agentin studierte das Schild. Dann fuhr sie auf dem schnellsten Weg zu Major Nayadharn, der sie bereits ungeduldig erwartete.

„Bist du ihr gefolgt?" fragte der Major.

Die Agentin nickte. Es war unerträglich heiß. „Erlauben Sie . . .", murmelte sie und nahm mit einem raschen Griff die Perücke ab. „Ich bin ihr gefolgt", sagte Chia Joseph, der darunter zum Vorschein kam. „Ich glaube, ich habe das Kind gesehen, das Sie suchen; es hat jetzt schwarze Haare."

Der Major stieß einen Pfiff aus. „Sehr schlau", murmelte er und fragte dann: „Sonst etwas bemerkt?"

Chia Joseph, der sich mittlerweile auch die engen Frauenkleider ausgezogen hatte, nickte und berichtete.

„Sie ging ins Russische Restaurant?" wiederholte der Major. „Und dort sprach sie mit einer Dame mittleren Alters? Schäbig gekleidet?

Opiumlöcher im Gesicht? Das ist Madame Boulgakoff! Wir haben sie wegen ihres Spielsalons schon lange auf unserer Liste."

„Soll ich Mr. Petersen in Bangkapi Bescheid sagen?" fragte Chia Joseph, als er sich verabschiedete.

„Nein!" rief der Major. „Schweigen Sie unter allen Umständen. Wenn jetzt Panik aufkommt, ist das kleine Mädchen verloren."

Chia Joseph nickte.

„Fahren Sie zum alten Herrn Wong, und bitten Sie ihn, sobald es geht, zu Pater Aldano zu kommen", bestimmte der Major. „Ich stelle Ihnen ein Polizeiauto zur Verfügung."

„Und die Russin?" fragte Chia Joseph.

„Die nehme ich mir heute abend vor", sagte der Major ruhig. „Die läuft uns nicht davon. Es ist alles verloren, wenn wir jetzt voreilig handeln."

Am Nachmittag des 24. Dezember saßen Martha, Petersen und Onkel Winn auf der Veranda schweigend beieinander. Onkel Winn hatte ein Telegramm von Nang Siri erhalten, in dem sie ankündigte, daß sie in zwei Stunden mit Pummel in Rong Muang ankäme. Sie wollte Gäste zum Fest empfangen. Und Pummel hatte so lange gebettelt, „nach Hause" fahren zu dürfen, daß seine siamesische Großtante nachgegeben hatte.

„Morgen früh besuchen wir den Jungen", sagte Petersen, und Martha nickte.

„Wollt ihr nicht schon heute abend zu mir kommen?" bat Onkel Winn zum letztenmal. „Es sind doch unsere alten Freunde da."

„Lieber Onkel Winn", sagte Martha leise, „du weißt ja, wie es ist. Hannes und ich sind am liebsten zu Hause."

Es war sechs Uhr, als Onkel Winn sich verabschiedete. Er strich Martha zärtlich übers Haar und murmelte: „Mach's gut, mein Deern!"

Martha drängte die Tränen zurück und antwortete ruhig: „Grüß mir unsern Jungen und Nang Siri! Und alles Gute und Schöne für dich, Onkel Winn!"

Als der alte Herr Petersen fortgefahren war, ging Martha ins Küchenhaus. Ah Chang und Tochter Cheng waren schon eifrig mit dem Festmahl beschäftigt. Martha und Hannes würden sich der liebevollen Tyrannei ihrer treuen Chinesen beugen müssen.

„Ich sagte dir doch, daß ihr ausgehen und mit Freunden feiern könnt, Ah Chang", meinte Martha sanft.

Der alte Koch blickte sie erstaunt an. „Feiern *no good,* Mem“, erwiderte er langsam. „Ah Chang macht feines, feines *Christmas-Dinner*. Mem ißt, Master ißt. Alle glücklich!“

„Ich danke dir, Ah Chang“, flüsterte Martha.

Der treue alte Koch versuchte auf seine Weise „kleines Glück“ zu verbreiten. Man konnte ihn nicht enttäuschen.

Sieben Uhr abends. In den Häusern der Europäer wurden schon die geheimnisvollen Pakete und Päckchen ausgepackt. In den deutschen Häusern von Bangkok gab es kleine Palmen, die als Tannenbaum hergerichtet waren. Auch Doris Krüger hatte in letzter Minute so ein Bäumchen gerichtet, als sie hörte, daß Pummel am Abend bei Großonkel Winn sein würde.

Der alte Herr Krüger starrte auf das große weiße Tor, durch das ein alter Ford fuhr. Darin saßen ein hochgewachsener Italiener im weißen Priestergewand und eine schlanke, geschminkte Chinesin. Ein sehr merkwürdiger Anblick! Seit wann fuhr Pater Aldano mit einem „Blumenmädchen“ spazieren. Charles Krüger kannte Pater Aldano gut. Die Salesianer hatten drei ihrer ehemaligen Schüler in Herrn Krügers Papierfabrik untergebracht.

Was Pater Aldano, der seine Begleiterin im Wagen gelassen hatte, dem ältesten Freund der Petersens zu sagen hatte, war so unglaublich, daß Charles Krüger zu träumen glaubte. Pater Aldano blieb eine Viertelstunde. In dieser Zeit hatte er Herrn Krüger auch einige Anweisungen erteilt.

„Leider habe ich meinem Chauffeur bis morgen früh Urlaub gegeben“, sagte dieser am Ende. „Aber es macht nichts. Ich fahre selbst.“

„Gott lohne es Ihnen, Signor“, sagte Pater Aldano und verschwand.

Charles Krüger ging langsam ins Badezimmer, wo seine Frau sich gerade ihr Gesicht eincremte. „Hör mal, Mama, ich komme etwas später zu Krischan. Der Boy kann den Sekt rübernehmen.“

„Was soll denn das heißen, Charles? Du willst zu spät zum Dinner kommen? Was ist eigentlich los?“

„Gar nichts ist los, Mama. Sieh mal, Pater Aldano hat doch die drei Jungens in der Fabrik, und die müssen in ’ner halben Stunde zum Choralsingen in die Mission. Und Pater Aldano hat mich sehr darum gebeten, doch auf einen Sprung vorbeizukommen. Ich kann ihm das nich abschlagen! Holen Tylers dich hier ab? Oder soll ich dich hinfahren?“

„Nein, nein, sie kommen hierher. Wir wollen hier noch erst mal einen Kleinen trinken. Kannst du nicht wenigstens solange warten?"

„Nun fang nich wieder an, Mama. In einer halben Stunde geht es los." Der alte Krüger ging zur Garage.

Charles Krüger fuhr ins Russische Restaurant. Dort warteten Madame Boulgakoff, Chia Joseph in seiner Verkleidung und ein zerlumpter Rikschakuli.

„Fahren Sie bitte hinter uns her, Sir", sagte der Rikschakuli zu Herrn Krüger. Major Nayadharn war in seiner Lumpentracht ausgezeichnet getarnt. Er winkte zwei uniformierte Polizisten herbei. „Ihr steigt ins Auto zu Mr. Krüger und wartet mit ihm an der Jawarad Road." Dann wandte er sich an Madame Boulgakoff. „Haben Sie alles genau verstanden, Madame?" fragte er die Russin. „Ein Fehler kann das Leben des Kindes kosten. Das Haus des Herrn Lü ist zwei Stockwerke hoch. Wenn eine vorzeitige Panik entsteht, werfen die Leute das Kind zum Fenster hinaus. Ich habe so etwas schon einmal erlebt."

„Was machen wir, wenn Herr Lü nicht zu Hause ist?" fragte Madame Boulgakoff aufgeregt.

„Bitte, bleiben Sie ruhig, Madame! Ich bin ja bei Ihnen. Unten vorm Haus stehen bereits sechs unserer Leute in Chinesenkleidung. Wenn Herr Lü nicht zu Hause ist, warten wir, bis er kommt. Erst sehen wir im Speisehaus nach. Sie kennen ihn doch genau, nicht wahr?"

Madame Boulgakoff nickte. „Sie haben mir versprochen, mein Wissen später nicht gegen mich zu verwenden", erinnerte sie den Major.

„Wenn Sie zur Rettung des Kindes beitragen, habe ich nie etwas von einer Opiumpfeife gehört", versicherte Major Nayadharn. „Wir müssen uns auf den Weg machen. Langsam fahren, Sir! Keinen Meter weiter als bis zur Jawarad Road."

„In Ordnung, Herr Major", sagte Charles Krüger.

Als sich Madame Boulgakoff am 23. Dezember von Herrn Lü etwas Opium hatte holen wollen, war Herr Lü nicht zu Hause gewesen. Nur seine Tochter Brokat, die kleinen Mädchen und die blinde alte Frau saßen in dem kahlen Raum. Es war der Russin nicht aufgefallen, daß eines der kleinen Mädchen in chinesischen Hosen und einem geblümten Kittel helle Haut und blaue Augen hatte. Später, als

Major Nayadharn und Pater Aldano ihr auseinandergesetzt hatten, daß das fragliche Kind die Tochter der Petersens sein müßte, erinnerte sie sich eines sonderbaren Vorfalls: Das schwarzhaarige Kind, das von Brokat Hsi-Jen gerufen wurde, hatte versucht, sich ihr zu nähern, um ihr etwas zu sagen. Sie dachte, das Kind wolle sie anbetteln, und hatte es beiseite geschoben, aber Brokat hatte das Kind eilig in den Nebenraum gezerrt. Madame Boulgakoff hatte das Lokal verlassen, ohne darüber nachzudenken. Der Vorfall war in die Tiefen ihres durch Opium benebelten Bewußtseins gesunken – bis ihn der Polizeimajor durch sein Verhör aus dem Dunkel der Vergessenheit holte. Madame Boulgakoff hatte sich sofort bereit erklärt, ihren Teil zur Rettung des Kindes beizutragen.

Jetzt stieg sie langsam die verfallene Treppe zu den Räumen des Herrn Lü hinauf. Dort war alles wie am Morgen zuvor: Auf dem winzigen Kohleöfchen bereitete die blinde Greisin ein Gericht zu, das nach Essig roch. Die Öllaterne brannte trübe. In ihrem Schein hockten die kleinen Mädchen und klebten nach Brokats Anweisungen falsche Bärte für ein großes Theater auf der Jawarad Road.

Hsi-Jen aß sehr wenig von den Leckerbissen, die eine Gestalt mit einem spitzen Bambushut und vielen Verbänden im Gesicht gebracht hatte. Sie war so abgemagert, daß man die Rippen zählen konnte, aber sie war gesund. Pünktchen hatte zuwenig Erfahrung, um in dem flinken Herrn Lü oder der verschämt lächelnden Brokat etwas Unheimliches zu entdecken. Sie fürchtete sich nicht einmal vor der Person mit dem verbundenen Gesicht. Die nahm sie manchmal in die Arme und fütterte sie.

Den ganzen Tag fertigte Hsi-Jen Theaterbärte an; abends ging Brokat mit ihr in den dunklen Gassen spazieren. Niemals gelangten sie bis zur Jawarad Road mit den tausend bunten Lichtern. Brokat war nur häßlich zu ihr, wenn sie versuchte, mit Fremden zu sprechen, die zur blinden Großmutter oder zu Herrn Lü kamen. Der geldgierige Herr Lü, der sich bereit erklärt hatte, gegen ein beträchtliches Kostgeld das Kind „auf unbestimmte Zeit“ versteckt zu halten, kümmerte sich nicht um den kleinen, verirrten Vogel. Er wußte nicht einmal, wer die Person war, die ihr Gesicht verbarg. Sie handle im Auftrag eines großen Unbekannten, hatte sie erklärt. Und so waren über vier Wochen vergangen, bis etwas geschah. Der alte Herr Wong war schließlich auf den Gedanken gekommen, das Motiv zu dieser Tat in den dunkelsten Verstecken der menschlichen Seele zu suchen.

Madame Boulgakoff trat zu dem dünnen Kind namens Brokat und fragte: „Wo ist dein Vater?“ Brokat hatte sofort bei Madame Boulgakoffs Erscheinen das blauäugige Kind in eine Kammer geschoben und deren Tür sorgfältig verschlossen.

„Was wollen Sie von Herrn Lü?“ fragte Brokat vorsichtig.

Die Russin rief ins Treppenhaus: „Ch'ing-Chao! Komm herauf!“

Eine junge Chinesin betrat die Werkstatt des Herrn Lü. Chia Joseph hatte sich noch mehr Schminke aufgelegt als sonst. Er verbeugte sich schweigend und blickte verstohlen umher. Wo war das Kind mit den blauen Augen, das er tags zuvor entdeckt hatte, als er der Gestalt mit dem verbundenen Gesicht gefolgt war und dieses Zimmer betreten hatte? Jetzt sah er die Tür, vor der Brokat stand. Als er sich Brokat ein wenig näherte, stellte sich das Mädchen ganz dicht vor die Tür. Es wäre Chia Joseph ein leichtes gewesen, das dünne Kind fortzuschieben und die morsche Holztür mit einem Fußtritt aufzubrechen. Falls aber die Unbekannte mit dem Kind hinter dieser Tür hockte, war das Kind in Gefahr, aus Wut oder Panik getötet zu werden. Chia Joseph starrte Brokat schweigend an und überlegte, was zu tun wäre. Sie hatten angenommen, das geraubte Kind würde wie am Vortag mit den andern kleinen Mädchen in einer Ecke hocken und Theaterbärte anfertigen. Hätte er nur gestern das Kind sofort mitgenommen! Aber da hatte er die Russin, die heute bei der Rettung des Kindes helfen wollte, in diesem Raum gesehen und angenommen, sie hätte das Kind geraubt. Was sollten sie jetzt tun? Major Nayadharn wartete im Treppenhaus. Er wollte kommen, wenn sie das vereinbarte Kennwort riefen.

Madame Boulgakoff ergriff die Initiative. „Meine Freundin Ch'ing-Chao“, sagte sie zu Brokat, „ist eine große Nummer im ‚Schwarzen Stern‘.“

Brokat nickte beruhigt. Der Schwarze Stern war ein Nachtlokal, und Herr Lü lieferte regelmäßig Opium dorthin.

„Mein Vater ist unten im Speisehaus. Fragen Sie den hinkenden Kellner nach ihm“, gab Brokat Auskunft.

„Es wäre besser, du holst ihn herauf“, meinte Madame Boulgakoff.

Brokat dachte nach: Ihr Vater hatte ihr befohlen, den Raum unter keinen Umständen ohne das blauäugige Kind zu verlassen. „Das geht nicht“, sagte Brokat, ohne zu wissen, daß sie damit die Pläne ihrer Besucher zunichte machte. Sie hatten das Kind aus der Kammer holen wollen, während Brokat das Zimmer verließ.

„Sollen wir dann ein anderes Mal wiederkommen?" fragte Chia Joseph mit unnatürlich heller Stimme. „Ich habe wenig Zeit. Und den großen Rauch kann ich auch woanders bekommen."

Brokat zögerte. Die Geldgier war stärker als ihre Bedenken. „Gut", antwortete sie. „Ich hole meinen Vater."

In diesem Augenblick trat Herr Lü ein. Madame Boulgakoff unterdrückte einen Schrei. Sie konnte sich Herrn Lüs Erscheinen nicht erklären. Es war doch seine Gewohnheit, um diese frühe Abendstunde im Speisehaus zu sitzen. Durch einen rätselhaften Streich des Schicksals stand er jedoch plötzlich im Zimmer, und man mußte blitzschnell andere Wege zur Rettung ausdenken.

Unten auf der Straße, die auf die Jawarad Road führte, stand der große Wagen von Herrn Krüger. Der alte Herr wartete mit Herzklopfen. Die arme, kleine Deern! In welchem Zustand würde er sie ihren Eltern bringen?

Pünktchen stand in der dunklen Kammer, in die Brokat sie immer schob, wenn Besucher kamen. Sie hatte in diesem Haus zum erstenmal im Leben erfahren, daß ihre Tränen keinen Eindruck auf die Umgebung machten. Ihre Mutter – so hatte Brokat ihr immer wieder klargemacht – war nun abgereist. Pünktchen konnte es immer noch nicht glauben. Mutti war seit der Bombenzeit in Hamburg für sie der Inbegriff von Sicherheit und Schutz.

„Mutti", flüsterte Pünktchen hinter der Tür, „Papi, Pummel, Cheng ..."

Indessen erkundigte sich Herr Lü draußen in der Werkstatt, was die Damen wünschten. In diesem Augenblick hörte man hinter der verschlossenen Tür Geräusche. Eine Kinderstimme stieß einen schwachen Schrei aus und rief in einer Sprache, die weder die Chinesen noch die Russin verstanden: „Hilfe! *Ratten!* Hilfe!"

Mit einem Satz war die Russin bei der Tür. Chia Joseph schrie aus Leibeskräften „Polizei! Polizei!" und stürzte sich auf Herrn Lü, während Brokat sich zitternd unter die andern Kinder mischte. Chia Joseph gelang es zwar, Herrn Lü am Arm zu packen, aber bevor er es verhindern konnte, hatte dieser einen Revolver gezogen und feuerte einen Schuß auf die Russin ab. Die Kugel streifte jedoch Madame Boulgakoff nur an der Hüfte und ging durch die Tür in den Raum, in dem Pünktchen plötzlich Ratten entdeckt hatte. Major Nayadharn stürmte die Treppe herauf und stieß die Tür mit der Faust auf. Herr Lü wurde von zwei Polizeibeamten gefesselt.

Major Nayadharn und die Russin stürzten in den Raum, um das Kind herauszuholen. Der Raum war leer. Nur zwei Ratten verschwanden blitzschnell unter einem großen Schrank, der Herrn Lü zur Aufbewahrung von Theaterbärten diente.

Der Major öffnete den Schrank und durchsuchte ihn flüchtig. Siamesen waren nicht allzu gründlich. Kostüme und Bärte! Major Nayadharns Beamte durchsuchten indessen den Arbeitsraum mit den Kindern, während der Major selbst die Holzwände der kleinen Kammer abklopfte. Kein versteckter Ausgang!

„Gehen wir!“ sagte er, blaß vor Enttäuschung.

Herr Lü und seine blinde Mutter wurden abgeführt. Sie waren bereits auf der Treppe, als Brokat sich aus dem Kreis der verstummten Kinder erhob. Sie ging auf Chia Joseph zu.

„Brokat will nicht ins Gefängnis. Brokat immer sehr, sehr gut zu Hsi-Jen!“ schluchzte sie.

„Wo ist Hsi-Jen?“ fragte Chia Joseph. „Schnell, zeige ‚älterem Bruder‘ das Versteck!“

Brokat streckte die Hand in die Richtung des leeren Raumes aus. „Geheime Tür und Gang“, flüsterte sie. Sie zog „älteren Bruder“ stumm an den Schrank, den der Major flüchtig untersucht hatte. Sie öffnete ihn und warf die Bärte und Kostüme hinaus auf den Boden. Dann stieg sie in den Schrank und schob die Rückwand ein wenig beiseite. Chia Joseph und Brokat betraten durch den Spalt einen langen dunklen Gang, der Major folgte ihnen. In der Mitte des verwinkelten Ganges, der in das Treppenhaus des Nachbarhauses führte, lag eine kleine Gestalt in schwarzen chinesischen Satinhosen und einem schmutzigen, hochgeschlossenen, geblümten Kittel. Das schwarze, seidenweiche Haar fiel dem Kind in die Stirn.

Brokat stürzte sich mit einem Schrei auf die reglose Kindergestalt. „Hsi-Jen“, wimmerte sie, „kleine Schwester! Du mußt leben. Sonst tötet Frau mit verbundenem Gesicht arme kleine Brokat!“

Chia Joseph und Major Nayadharn brachten die kleine Charlotte Petersen durch die hellerleuchtete Jawarad Road zum Auto des alten Herrn Krüger. Es war elf Uhr abends. Zwei Polizisten stützten Madame Boulgakoff, deren Wunde blutete. Die Beamten fuhren sie ins Krankenhaus.

„Das Mädchen lebt“, sagte Major Nayadharn zum alten Herrn Krüger, der fassungslos das ohnmächtige schwarzhaarige Kind in der chinesischen Tracht anstarrte. „Schnell in die nächste Apotheke, Sir!“

Brokat drängte sich an Chia Joseph heran und schluchzte. „Nimm mich mit, älterer Bruder."

Major Nayadharn schob das Kind ins Polizeiauto und rief seinem Fahrer zu: „Wir bringen sie erst einmal zu Pater Aldano."

Herr Krüger fuhr mit Pünktchen in die Apotheke. Dort dauerte es eine kleine Ewigkeit, bis Pünktchen die Augen aufschlug. Dr. Ho, der Apotheker, hatte ihr Riechsalz unter die Nase gehalten, und Herr Krüger hatte ihre Stirn mit einer belebenden Flüssigkeit benetzt. Gleichzeitig hatte er ein Stoßgebet zum Himmel gesandt; es durfte doch nicht sein, daß er Martha ein bewußtloses Kind brachte! Endlich schlug Pünktchen die Augen auf, schloß sie aber gleich wieder. „Ratten", wimmerte sie. Sie schien noch einmal zu erleben, wie sie aus Furcht vor den Ratten in den ihr wohlbekannten Schrank geflüchtet war und die Rückwand verschoben hatte. Mit Brokat hatte sie die Wohnung zu den abendlichen Spaziergängen stets auf diese Weise verlassen.

Als Pünktchen die Augen wieder aufschlug, beugte sich ein bekanntes Gesicht über sie. „Onkel Charles", sagte sie stockend, „ich will zu Mutti . . ."

Herr Krüger trug das Kind in seinen Wagen. „Wir fahren zu Mutti, mein Lütten", murmelte er.

PETERSEN und Martha saßen immer noch auf der schwach erleuchteten Veranda, als der Wagen des alten Herrn Krüger durch das Tor fuhr.

Charles Krüger stieg aus und öffnete die hintere Wagentür. Eine junge Chinesin in zerrissenem Kittel entstieg dem Fond und kam mit einem Kind im Arm langsam die Stufen zur Veranda herauf.

„Hannes!" schrie Martha – aber da hatte Chia Joseph ihr schon das Kind in die Arme gelegt.

„Mutti", murmelte Pünktchen, „Mutti, Papi, Pummel . . ."

Plötzlich war Leben in dem stillen Hause. Petersen rief nach Ah Chang und Cheng. Martha bemühte sich, Pünktchen den Kittel auszuziehen. Ihre Tränen fielen auf Pünktchens Gesicht und ihr schwarzes Haar.

„Es war nur ein Scherz, Mutti", flüsterte Pünktchen. „Ich bin soo müde."

Sie schlang ihre dürren Ärmchen um Marthas Hals.

Petersen drückte Charles Krüger die Hand. Er wollte ihm und den andern danken, aber als er sich nach Chia Joseph umblickte, war er verschwunden.

„Charles“, murmelte Petersen, „wir –“

Charles Krüger unterbrach ihn: „Laß man, Hannes! Ich hole Pummel und . . . Also fröhliche Weihnachten und so, meine Lieben!“

Als der alte Herr Petersen und Nang Siri vorfuhren, um Pummel im Elternhaus abzuliefern, war wieder Ruhe in der Villa in Bangkapi eingekehrt. Ah Chang hatte endlich eingesehen, daß kleine Missie jetzt kein Christmas-Dinner essen konnte, und hatte sorgfältig die guten Sachen wieder im Kühlschrank verstaut. Morgen würde kleine Missie alles nachholen, hatte Petersen ihm versichert.

Cheng hatte endlich ihr ohrenbetäubendes Heulen eingestellt und zusammen mit Martha das Kind gebadet. Sie hatte „ältesten Enkelsohn“ sofort in den chinesischen Krämerladen gegenüber dem Klong geschickt. Er war mit einer Flüssigkeit zurückgekehrt, die scheußlich roch, aber die schwarze Farbe aus Pünktchens Haar tatsächlich entfernte. Nun lag Pünktchen endlich in ihrem Bett.

„Ältester Enkelsohn“ hatte Pünktchens Bett auf Marthas Wunsch in ihr Schlafzimmer geschoben. Sie konnte sich noch keine Minute von ihrer Tochter trennen. Martha saß da und blickte das schlafende Kind unter dem Moskitonetz an. Auch Cheng hockte vor dem Bett des Kindes.

Plötzlich betrat Major Nayadharn zusammen mit Petersen Marthas Schlafzimmer. Sofort erhob sich Cheng und schickte sich an hinauszuschleichen. Der Major nickte ihr freundlich zu und sagte: „Bist du nun glücklich, Cheng? Sind alle wieder glücklich?“

Cheng nickte. „Morgen großes Weihnachtsessen für kleine Missie“, murmelte sie und verschwand.

Major Nayadharn starrte auf das blonde Kind unter dem Moskitonetz und wehrte Petersens und Marthas Dank ab. „Danken Sie dem alten Herrn Wong“, sagte er. „Er allein hat den Weg zur Rettung herausgefunden.“ Und er erzählte ihnen, wie die Rettung des Kindes vor sich gegangen war.

Dann stand er auf. Was er noch zu sagen hatte, fiel ihm schwer. „Mrs. Petersen“, begann Nayadharn, „leider muß ich noch einen Mißton in Ihre große Freude bringen. Ich muß in Ihrem Haus jemanden verhaften.“

„*Hier* im Haus?“ fragte Martha. „Unsere Diener – nein, das ist doch unmöglich!“ Sie war sehr blaß geworden.

„Sie beide bleiben am besten bei dem Kind!" Der Major verbeugte sich und ging hinaus, um die Häuser der Bediensteten aufzusuchen.

Es war schon dunkel. Der chinesische Chauffeur des alten Herrn Wong schlief in der ersten Kammer, die Waschfrau mit ihren Kindern im Nebenquartier. „Das Mädchen, das morgens die Blumen ordnet" wohnte in der nächsten Kammer. Ein wenig abseits stand das Küchenhaus mit den Schlafräumen der Familie Ah Changs. Auch dort war alles dunkel. Ah Chang hatte eine Kammer für sich. Seine beiden älteren Enkel schliefen daneben. Und in der dritten Kammer des geräumigen Hauses schlief Cheng mit „jüngstem Enkelsohn".

Major Nayadharn schlich zu den Behausungen der Diener. Vom Kanal kamen unhörbar zwei Polizisten heran.

„Bleibt hinter den Palmen", flüsterte der Major. „Wenn ich euch brauche, pfeife ich. Ich muß sie überraschen."

Cheng saß auf der Schwelle ihres Schlafraums und wartete. „Jüngster Enkelsohn" schlief friedlich unter seinem Moskitonetz. Er atmete geräuschvoll mit offenem Mund. Chengs Zimmer war sehr sauber und kahl. An der Wand hing ein Bild ihres Heimatdorfes. In einer Ecke lag ein spitzer Bambushut, der Cheng vor der Sonnenglut schützte, wenn sie für den ehrenwerten Vater auf dem Bangrak-Markt einkaufte. Eine solide Holztruhe stand verschlossen an der Wand. Sie enthielt Chengs Kleider und Wäsche.

Cheng hatte ihre Arbeitskleidung – eine weite, geflickte schwarze Hose und eine blau-weiß gestreifte, hochgeschlossene Jacke – in die Truhe gelegt und ihre seidene Hose und eine schwarze, seidene Jacke angezogen. In ihrem glattgekämmten, mit duftendem Öl eingeriebenen Haar steckte ein Jadepfeil – ihr einziges Schmuckstück. So saß Cheng still und fein gekleidet auf der Schwelle ihres Schlafraumes und wartete auf den Tod.

Es war für Cheng eine Selbstverständlichkeit, daß sie keine Schande über ihre Familie bringen durfte. Sobald der alte Herr Krüger mit dem goldhaarigen Kind angekommen war, hatte Cheng Gift genommen. Cheng würde sich nicht verhaften lassen. Die Freundlichkeit des siamesischen Polizeimajors hatte sie keinen Augenblick getäuscht. Er hatte herausgefunden, daß Cheng und „die Frau mit dem bandagierten Gesicht" ein und dieselbe Person waren. *Wie* er es herausgefunden hatte, konnte Cheng nicht sagen. Es war auch gleichgültig. Sie hatte ihr Spiel um den Besitz des goldhaarigen Kindes gespielt und verloren. Es blieben ihr nur der Tod und ein wenig Warten auf die lange

Wanderung in die nächste Welt. Dort würde man es zu ihren Gunsten anrechnen, daß sie dafür gesorgt hatte, daß der ehrenwerte Vater und ihre drei Söhne kein „Gesicht" verloren hatten.

Cheng blickte in den großen Garten, der still und zauberhaft im Mondlicht lag. Auf Mems Veranda vorn im Haupthaus brannte immer noch Licht. Das Kind mit den Goldhaaren schlief. Cheng dachte darüber nach, wie die Liebe zu diesem fremden Kind alles um sie herum und in ihr verändert hatte. Als die Abreise der strengen Mem beschlossene Sache war, hatte Cheng einen bohrenden Schmerz gefühlt, der vom Herzen in ihren Kopf gestiegen war. Ihr Kopf hatte immer weh getan. Zum Schluß war dieser Schmerz ein Drache geworden, der Cheng vorwärtsgetrieben hatte – in ein Spiel voller Irrtümer, Gefahren und Verbrechen. Ja, sie hatte am Ende ein Messer nach der Mem geschleudert.

Die Liebe zu dem fremden Kind hatte Chengs Existenz zerrüttet. Seit dem Fest am Goldenen Berg – als sie Herrn Lü das schöne Kind im seidenen Kleidchen gezeigt hatte, damit er es für sie verstecke – war sie eine Ausgestoßene unter der Maske der ergebenen Tochter und dienstwilligen Mutter gewesen; eine Zerstörerin fremden Glücks, die gleichmütig im Küchenhaus in Bangkapi Chili und Bohnen schnitt und Enten briet. Sie hatte sich alles so einfach gedacht. Mem und der Sohn sollten ja im Januar abfahren. Wenige Tage später wollte Cheng das goldhaarige Kind wieder zu seinem Vater bringen und das enorme Lösegeld einheimsen, damit „ältester Enkelsohn" in Hongkong eine Schule der Gelehrten besuchen konnte. Sie hätte weiter mit Master Petersen und dem schönen Kind in Bangkapi gelebt – bis in alle Ewigkeit.

Die Chinesin erhob sich mit schweren Gliedern und ging ins benachbarte Küchenhaus. Neben der großen roten Tonne für Regenwasser brannte noch ein Feuer. Cheng schob mit dem Fuß den Rest der Verbände, die hier verkohlten, in die Flammen. Niemand durfte sie sehen, vor allem nicht der ehrenwerte Vater, der immer so viel Geduld mit Cheng gehabt hatte.

Cheng blickte im Küchenhaus in den vollen Reistopf. Sie hatte ausnahmsweise den Morgenreis schon heute abend gekocht. Die Familie durfte durch ihren Tod auf keinen Fall das Frühstück versäumen.

Noch einmal warf Cheng einen Blick auf ihre vertraute Welt – das Küchenhaus, die Hühner, die Kammern der beiden älteren Söhne, den

Kanal und den großen, fruchtbaren Garten mit den Palmen, den zirpenden Grillen, den Leuchtkäfern. Dann ging sie langsam in ihre Kammer und schloß die Holztür hinter sich. Der dunkle Schatten des Todes hatte schon beinahe ihr verwirrtes Herz erreicht. Sie streckte sich mit einem Seufzer neben „jüngstem Enkelsohn" aus. Er schlief friedlich weiter.

Cheng sank immer tiefer in den Schlaf. Sie hatte eine große Sünde begangen und wußte es. Aber sie hatte sich beeilt, die Rechnung zu bezahlen. Sie schloß die Augen. Auf Chengs derbem Gesicht breitete sich die Ruhe des Todes aus.

Als Major Nayadharn Chengs Kammer betrat, lag sie still und kalt neben ihrem jüngsten Sohn. Der Major blickte die Tote schweigend an. Er ging in den Garten zurück und winkte seinen beiden Polizisten. „Holt Mr. Petersen her!" befahl er. „Ich muß mit ihm sprechen."

Dann klopfte der Major an Ah Changs Tür. Der alte Koch erschien sofort, denn er hatte einen leichten Schlaf.

„Ah Chang", sagte der Major sanft. „Deine Tochter ist eingeschlafen. Die Freude ließ ihr Herz stillstehen."

In diesem Augenblick begannen die Glocken im nahen Ursulinenkloster die Mitternachtsmesse einzuläuten. Der alte Ah Chang wankte ein wenig, als er Chengs Kammer betrat. Sie war eine gute Tochter gewesen, auch wenn sie stets wie eine Ente geschnattert hatte. Er kniete neben ihr nieder und betrachtete sie mit müdem und ungläubigem Blick. Sie war doch immer so kräftig gewesen! Da lag sie in ihren feinen Kleidern – stumm, unangreifbar.

Um zwei Uhr nachts schlich Petersen in Marthas Schlafzimmer. Er hatte noch kein Auge zugetan. Major Nayadharn hatte ihn in kurzen Zügen aufgeklärt, und Petersen hatte zu allem nur stumm genickt; er konnte nichts mehr aufnehmen.

Jetzt stand er in Marthas Schlafzimmer und blickte auf die schlummernde Gruppe unter dem Moskitonetz. Die Kleine mit ihrem Engelsköpfchen ruhte in Marthas Armen. An Marthas linker Seite schlief Pummel in einem frischen Pyjama. Martha lag friedlich zwischen ihren Kindern.

In diesem Augenblick vollzog sich in Petersens Innerem jene Wandlung, welche die Erschütterung und das Leid der letzten Wochen vorbereitet hatten: Er brach mit der Idee, daß das Tropenleben die einzig mögliche Form der Existenz für ihn sei. Mit dem Bild seiner schlafenden Familie vor Augen ging Petersen in sein Zimmer zurück.

Er suchte nach seinem Füllfederhalter und Luftpostpapier, setzte sich ans offene Fenster und schrieb.

Der Brief war an Hinrich Petersen in Hamburg gerichtet. Johannes Petersen teilte ihm darin mit, warum er sich plötzlich entschlossen habe, mit seiner Familie nach Hamburg zurückzukehren. Ob Hinrich noch seinen Plan, auf einige Jahre nach Bangkok zu gehen, ausführen wolle? Onkel Wilhelm Christian wäre sehr damit einverstanden.

Dann legte sich Petersen ins Bett und zählte bis dreihundert, um einzuschlafen. Schon halb im Schlaf, fiel ihm ein, daß er Martha nichts zu Weihnachten geschenkt hatte. Das war noch nie vorgekommen. Er erhob sich schlaftrunken und holte den Brief an Hinrich Petersen, dessen Umschlag noch nicht zugeklebt war. Er schlich noch einmal mit der Taschenlampe in Marthas Schlafzimmer und legte ihr den Brief auf die dünne Leinendecke. Martha würde auf diese Weise morgen früh mit der Morgensonne ihr Weihnachtsgeschenk erhalten. Petersen konnte nicht behaupten, daß dieses Geschenk ihn nichts gekostet hätte. Er trat auf die Veranda seines Schlafzimmers und blickte in den Garten, den er so liebte.

Im Mondlicht erschien ihm die geordnete Wildnis wie eine Landschaft aus einer anderen Welt – losgelöst von der Wirklichkeit und von vergänglichem Reiz.

Fünfzehntes Kapitel

Zwischen Weihnachten und Neujahr lud Nang Siri die Familie Hannes Petersen und deren Freunde zu einer großen Reistafel ein. Es war gleichzeitig der Beginn der Abschiedsfeiern, die bis zum Abreisetag, der auf den 25. Januar fiel, die Familie in einen gesellschaftlichen Wirbel stürzten.

Pummel und Pünktchen waren zu Onkel Winn übergesiedelt. Die Kleine hatte bis auf nächtliche Schreckanfälle keinen erkennbaren Schaden davongetragen. Sie weinte nun viel seltener. Martha hatte beschlossen, Pünktchen ein ganzes Jahr selbst zu unterrichten. Die Kleine brauchte Abstand von den Schrecken und Schönheiten des Tropenlebens. Pummel dagegen sollte so schnell wie möglich wieder ins Schuljungenleben eingeordnet werden. Wie sich allerdings Hannes Petersen „einordnen“ würde, das war ihm selbst und Martha bis jetzt ein Buch mit sieben Siegeln.

Im Augenblick saßen sie alle nach Nang Siris üppiger und zeremonieller Reistafel im Gartenpavillon, schlürften geeiste Getränke und sprachen über die wunderbare Fügung in ihrem Familienleben.

Martha war jedoch immer noch schwer erschüttert über Chengs Verirrung und ihren freiwilligen Tod.

„Es war das Beste, was sie tun konnte, Mrs. Petersen", sagte gerade der alte Herr Wong nachdenklich. „Wie ich darauf kam, daß die Amah dieses Verbrechen begangen hatte? Das war ganz einfach! Zuerst fiel mir auf, daß niemand Lösegeld gefordert hat. Das brachte mich auf den Gedanken, der Kindesraub sei kein einfacher Erpressungsversuch. Es mußte etwas Tieferes dahinterstecken, eine fixe Idee, eine Verwirrung der Seele."

„Aber wie sind Sie auf Cheng verfallen? Ihre Treue und ihr Kummer schienen doch echt."

„Sie *waren* echt, Mrs. Petersen! Aus Chengs Treue war aber Fanatismus geworden, und ihr Kummer hatte ihren einfachen Geist verwirrt. Aber Cheng übertrieb, und das verstärkte mein Mißtrauen. Daß sie blutend angelaufen kam und erzählte, die ‚Person mit den Bandagen' habe sie auf dem Markt angegriffen, war eben gerade das Zuviel an Schauspielerei, durch das sie sich verriet." Der alte Herr Wong blickte sich um. Soeben kamen Pater Aldano und Chia Joseph in ihrem uralten Ford durchs Tor gefahren. „Chia Joseph wird seinen Anteil an der Belohnung dazu benutzen, um der Werkstatt der Mission einige Nähmaschinen zu schenken", bemerkte Herr Wong. „Und Madame Boulgakoff hat sich von ihrer Schußverletzung erholt." Durch den großzügigen Scheck, den Hannes Petersen ihr gesandt hatte, war sie in ungewöhnlich freudiger Stimmung.

Schließlich erhob sich der alte Herr Wong, um Abschied zu nehmen.

„Wir sehen uns doch noch, lieber Freund?" fragte Martha.

„Ich plane ein kleines Abendessen in meiner Bambusklause. Wir wollen Schriftbilder betrachten und noch einmal das Geschenk der Freundschaft genießen."

„Wann dürfen wir Sie in Hamburg begrüßen?" fragte Petersen. Eine große Melancholie hatte sich seiner bemächtigt. Wann würde er wieder solche Freunde finden? Er hatte keine Freunde in Hamburg. Er war dort ein Fremder geworden.

„Ich weiß es nicht", erwiderte der alte Herr Wong sanft. „Vielleicht sehen wir uns noch einmal in Bangkok wieder? Sie und Ihre Familie werden stets über die bescheidenen Dienste des Hauses Wong verfügen können."

EINE Woche später zogen Petersen und Martha bei Onkel Winn und Nang Siri ein. Ihr Haus stand leer, die Einrichtung hatten sie versteigern lassen. Hinrich und Lisa Petersen, die nach Bangkok kamen, sollten das erste halbe Jahr bei Onkel Winn in Rong Muang wohnen. Es war nicht ratsam, sie in ein großes Haus mit einer Schar von asiatischen Dienstboten ziehen zu lassen, bevor sie siamesisch sprechen konnten und sich in den Tropen eingelebt hatten. Hinrich hatte sich sofort mit Hannes' Vorschlag einverstanden erklärt. Er wollte Hannes und seine Familie noch in Hamburg begrüßen und ihnen sein Haus und das Büro übergeben. Dann wollte er mit Lisa nach Bangkok fliegen.

Onkel Winn sah der Ankunft seines ältesten Neffen mit aufrichtiger Freude entgegen. Er schätzte ihn, da seine Briefe soviel ruhige Energie und „Ans-tand" verrieten. Wenn ihm leise vor Lisa graute, dann sagte er es nicht. Onkel Winn hatte aus Unterhaltungen mit Hannes entnommen, daß Lisa erstens „etepetete" und zweitens kein Ersatz für Martha war, die Onkel Winn nun einmal ins Herz geschlossen hatte. Und Martha liebte ihrerseits Onkel Winn. Sie mochte nicht an den Abschied denken.

Nach Pünktchens Heimkehr war eine große Stille eingetreten. Alles hatte sich gelöst und aufgelöst. Der alte Koch Ah Chang hatte erklärt, er wolle nicht mehr in Stellung gehen. Er hätte in vielen Dienstjahren genug Geld gespart, um sich ein kleines Restaurant in Sampeng zu kaufen, das er mit seinen Enkelsöhnen und Ah Bue bewirtschaften würde. Ah Bue war aus der Haft entlassen worden und hatte dem ehrenwerten Onkel sofort ihre Hilfe angeboten. Sie wußte nicht, wohin sie gehen sollte, und da war ja auch „jüngster Enkelsohn". Familie blieb eben Familie. Das hatte Ah Chang murrend zugegeben. Natürlich ließ sich Ah Bue nicht mit Cheng vergleichen; dennoch war er recht froh über die flinke, hübsche Nichte und schalt sie daher beständig aus.

Martha hatte viele Helferinnen beim Zusammenpacken ihrer Bangkoker Habe, vor allem Mama Krüger, mit der sie jetzt eine feste Freundschaft verband, und natürlich Ulla Knudsen, die nicht von Pünktchens Seite wich, wenn Martha und „der Chef" zu Abschiedsparties eingeladen waren. Ulla durfte zu ihrem unbeschreiblichen Entzücken beim Seniorchef Winn wohnen, bis Petersens abfuhren.

Eine Woche vor der Abreise bestieg Petersen um halb sechs Uhr früh eine Rikscha, um allein von Bangkok Abschied zu nehmen. Hannes hatte große Ideen für die weitere Ankurbelung des Exports und Imports zwischen Hamburg und Bangkok und begrüßte die Aussicht, das Wesentliche noch mit Hinrich besprechen zu können, bevor der Ferne Osten diesen korrekten Hamburger aufnehmen würde. Im Morgengrauen fuhr er durch Bangkok zum Tempel Wat Arun am Westufer des Menam. Petersen war sich nicht darüber im klaren, warum er allein dorthin fuhr. Er empfand dabei dunkel, daß er den kambodschanischen Türmen des „Porzellantempels", die seine Begriffe von Schönheit umgestürzt und sein Glück und seine Niederlagen mit angesehen hatten, jetzt persönlich Lebewohl sagen müsse. Bald würden sie Vergangenheit sein – wie alles andere schon jetzt Vergangenheit geworden war: Petersens Heim in Bangkapi, die chinesische Familie im Küchenhaus, das Büro in der New Road mit dem elektrischen Ventilator und Ulla Knudsen.

Petersen fuhr mit halbgeschlossenen Augen durch die erwachende Stadt. Sie lag in einem silbergrauen Licht, das Kühle vortäuschte. In den Kanälen und auf dem Fluß herrschte bereits reges Leben. Als Petersen beim Porzellantempel ankam, war die Sonne schon herausgekommen. Ihre Strahlen verwandelten die bunten Porzellanplättchen an den Türmen in Diamanten von märchenhafter Pracht. Petersen wandte sich der großen Treppe zu, die zu den Terrassen führte. Von dort aus blickte er zum letzten Mal auf die siamesische Hauptstadt hinunter. Der Menam glänzte im Sonnenlicht, und im Osten lag der Königspalast mit den schneeweißen Mauern und den schimmernden Türmen. Das alles war Petersen sehr vertraut geworden. Bangkok – immer noch ein kleines Paradies in einem chaotischen Kontinent!

Aber da war auch der Goldene Berg! Noch einmal schüttelten Hannes die Angst und die ohnmächtige Verzweiflung, die vom Goldenen Berg in sein Heim gedrungen waren. Wie würde Pünktchen dieses absonderliche Erlebnis verarbeiten? Martha beruhigte ihn stets in diesem Punkt: Das Kind hatte bedeutend mehr Rückgrat bewiesen, als man hätte erwarten können.

Gen Süden, weit entfernt von den ausgedehnten Fruchtgärten Dhonburis, sah Petersen noch einmal die rauchenden Schornsteine der

Reismühlen und Sägewerke von Bangkolem und Bukalo. Hier war der Hafen, den Petersen von Anbeginn geliebt hatte. Er sah durch sein Fernglas die Kais, die Reiskähne und die ein- und ausfahrenden Schiffe aus aller Welt. Ja – nur von den Terrassen von Wat Arun aus nahm man richtig Abschied von Bangkok.

Petersen wandte sich zum Gehen. Diese Phase seiner Existenz war abgeschlossen. Plötzlich sah er, daß er nicht mehr allein auf der Turmterrasse war. Ein hochgewachsener junger Mann im weißen Tropenanzug stand neben ihm und betrachtete ihn mit unverwandtem Blick. Auch Petersen sah ihn nun genauer an. An wen erinnerte ihn diese seltsame Erscheinung mit ihrer hünenhaften Gestalt, dem asiatischen Gesicht, der goldbraunen Haut und den schwarzen, verträumten Augen? Das glänzende schwarze Haar des Mannes umgab den Kopf zu beiden Seiten wie ein dunkler Glorienschein, und über der Stirn fehlte es vollständig. Wie bei Onkel Winn, dachte Petersen und wußte Bescheid. Der Fremde mußte Justus Petersen sein. Petersen hatte ihn flüchtig auf Paulines Hochzeit gesehen. Justus Petersen starrte seinen Verwandten aus Hamburg immer noch schweigend an.

„Ich glaube, wir sind verwandt“, sagte Hannes endlich. „Ich bin Johannes Petersen; wir trafen uns kurz auf Paulines Hochzeit.“

Justus-Prasert legte seine schmalen, aristokratischen Hände zum siamesischen Gruß zusammen und verbeugte sich. „Meine Mutter teilte mir mit, daß Sie und Ihre Familie in wenigen Tagen in Ihr Land zurückkehren werden“, antwortete er gemessen. „Gestatten Sie mir, Ihnen meine aufrichtigen Wünsche für eine glückliche Überfahrt auszusprechen.“

Petersen wollte sich schon verabschieden, als Justus, ohne seinen deutschen Verwandten anzublicken, noch einmal das Wort ergriff: „Ich bitte Sie, unsere Begegnung nicht in Gegenwart meines Vaters zu erwähnen. Ich . . . ich werde ihn besuchen, wenn es an der Zeit ist.“

„Ihr Vater macht sich große Sorgen um Sie, lieber Justus“, sagte Petersen.

„Eine schlechte Angewohnheit des Westens. Ich beklage es aufs tiefste, daß mein Vater sich so unnütze Sorgen um mich macht. Es kommt alles, wie die Weisheit des Erhabenen es bestimmt. Darf ich mich von Ihnen verabschieden? Es wäre mir ein auserlesenes Vergnügen gewesen, Ihre Familie näher kennenzulernen. Es hat nicht sein sollen.“

Petersen dachte darüber nach, was Justus eigentlich daran gehindert haben mochte, Martha und ihn einmal zu besuchen. Dringende Geschäfte konnten es wohl kaum gewesen sein.

„Ich lebe augenblicklich in der Nähe des Tempels Wat Kalaya", schloß Justus mit der leisen Andeutung einer Entschuldigung. „Sie können ihn von hier aus sehen! Er liegt südlich von Wat Arun. Man ruht dort wie in einer grünen Wiege."

„Wie nett – grüne Wiege!" erwiderte Petersen verlegen. „Leben Sie wohl, Justus!" fügte er hinzu. „Ich wünsche Ihnen das Beste für die Zukunft." Er verbeugte sich und ließ den Nachkommen des Hamburger Patriziers Wilhelm Christian Petersen und der siamesischen Aristokratin Nang Siri in der zeitlosen buddhistischen Welt von Wat Arun zurück.

In Rong Muang kam Martha Hannes entgegen und fragte: „Wo bist du gewesen? Ich war sehr besorgt! Du mußt ja schon im Morgengrauen fortgefahren sein."

„Stimmt, Fräulein Doktor", sagte Petersen. „Ich habe mir erlaubt, ohne Erlaubnis noch einmal in Bangkok herumzufahren." Er sah Martha nicht an.

„Hannes", fuhr Martha in verändertem Ton fort, „tut es dir nun leid, daß . . ."

Petersen trat auf Martha zu und legte ihr den Arm um die Schultern. „Du mußt etwas Geduld mit mir haben", flüsterte er. „Mit Geduld und Spucke wird es mir großartig in Hamburg gefallen!" Er wandte sich der großen Freitreppe des Hauses zu und fragte: „Post von Pauline?"

„Onkel Winn hat heute früh einen Brief bekommen. Das Baby wird täglich erwartet. Er ist so aufgeregt, als ob er das Kind bekäme", antwortete Martha lächelnd.

Sie trat neben ihn auf die Freitreppe und blickte in den Garten. In Hamburg würde sie es nicht leicht mit Hannes haben, diesem eingefleischten Tropenbewohner, der ein Herrenhaus, Dienerschaft und den Luxus eines unverletzlichen Privatlebens gewohnt war. Es würden nur sechs bis acht Wochen Schiffsreise zwischen zwei grundverschiedenen Welten liegen. Petersen hatte jahrelang im einzigen Land des Fernen Ostens gelebt, in dem auch heute noch Reis in Silberschalen serviert wurde. Inmitten von hungernden und rebellierenden Nachbarn hatte Siam lächelnd und vorsichtig die Fülle und Anmut fernöstlichen Lebens bewahrt. Und seine silbernen

Schalen waren immer noch bis zum Rand mit dem besten Reis Südostasiens gefüllt.

An dieser mit Lotosblüten geschmückten Tafel hatte Hannes Petersen Europas bitteren Existenzkampf nahezu vergessen. Martha versuchte erst gar nicht, sich einzureden, daß Hannes ohne ihre Ankunft jemals die siamesische Reistafel aufgegeben hätte. Nein – leicht würde sie es mit Hannes in Hamburg nicht haben! Aber man war ja nicht verheiratet, um es leicht zu haben, dachte Martha und ging festen Schrittes ins Haus zurück.

DER Abreisetag war gekommen. Johannes Petersen, Martha und die Kinder standen, von ihren Verwandten und vielen Freunden umgeben, am Kai. In fünf Minuten mußten sie die Fähre besteigen, die sie nach Koh Si Chang bringen würde, wo ein dänischer Dampfer im Hafen lag.

Alle trugen Kränze aus Jasmin um den Hals, die Nang Siri eigenhändig geflochten hatte. Martha nahm ihre Brille ab, um ihre Tränen abzuwischen. Onkel Winn hatte immer noch den Arm um sie geschlungen, als ob er sie gegen jede Vernunft in Bangkok festhalten wolle. Pummel stand Hand in Hand mit Pünktchen, genau wie bei ihrer Ankunft vor mehr als einem Jahr. Aber diesmal waren die Kinder von großen und kleinen Freunden umgeben. Pater Aldano, drei seiner Schüler und Chia Joseph standen bei ihnen und bemühten sich, die beiden jungen Petersens heiter zu stimmen. Ulla Knudsen weinte heftig. Madame Boulgakoff war mit einem russischen Heiligenbild für Pünktchen erschienen. Auch Mami Knudsen war mit Betty zum Kai gekommen und streichelte Martha, der sie eine auserlesene Orchidee mitgebracht hatte, die Hand. Charles und Doris Krüger, Agnes Songhakul und Vidya, Dr. Johannsen, der englische Tierarzt Dr. Tyler und seine siamesische Gattin umstanden Johannes Petersen und redeten fröhlich auf ihn ein. Hannes war weiß im Gesicht, trotz seiner Sonnenbräune. Ja, natürlich – man würde sich wiedersehen . . .

Im letzten Augenblick kam der alte Herr Wong mit Gattin, sämtlichen Töchtern und der Dienerin Ping-erh angefahren. Martha blickte ihn stumm an. Herr Wong hatte ihr weiße Jade geschenkt. Er hatte Hannes' erste Schritte in Bangkok geleitet. Und er hatte herausgefunden, wer Pünktchen entführt hatte.

„Niemals können wir Ihnen genug danken", flüsterte Martha.

„Wir sind nur durch einige Meere getrennt, Mrs. Petersen", sagte der alte Herr Wong. „Im Geiste bleiben wir verbunden."

In letzter Minute drückte Nang Siri Martha schnell und verstohlen ein versiegeltes Päckchen in die Hand. „Eine kleine Gabe meines ältesten Sohnes für *Pum-mell*", flüsterte sie. Sie hatte Pummel immer mit großem Gelächter bei seinem Spitznamen gerufen, dessen Sinn ihr niemals aufgegangen war. Pummel sollte das Päckchen aber erst in Hamburg öffnen! Martha schüttelte Nang Siri die Hand. Sie ahnte nicht, daß in diesem Päckchen ein alter Ring lag, in dem der Name „Justus Petersen" eingraviert war. Onkel Winn hatte dieses Erbstück seinem ältesten Sohn geschenkt, aber Justus-Prasert hatte den Ring nun an den jungen Albert Petersen weitergegeben, der ihn vielleicht eines Tages in den Fernen Osten zurückbringen würde.

Sie mußten die Fähre besteigen. Martha sah durch einen Tränenschleier die Gruppe ihrer Freunde und Verwandten. Und dahinter die Diener: Phom, den Chauffeur, mit „Ratte" und „Schwein", „das Mädchen, das morgens die Blumen ordnet", die Waschfrau mit ihren Zwillingen, den Gärtner, den alten Koch im Kreise seiner Enkel, Mae Wat und Sangvien. Da standen sie alle, die mit ihnen verbunden blieben: Charles Krüger, Pater Aldano, die Knudsens, die Familie Wong und alle andern Freunde der Petersens . . .

Als sich die Fähre in Bewegung setzte und Pünktchen auf Hannes' Arm ihre Jasminkette flattern ließ, blickte Martha auf den hochgewachsenen alten Mann, der am Kai stand und sich auf seine zierliche siamesische Gattin stützte.

„Onkel Winn!" rief Martha in das Geräusch der Motoren hinein. „Lebe wohl!"

Nach einer Weile hatte sich die Gesellschaft, die der Familie Petersen auf dem Kai die letzten Abschiedsgrüße zugewinkt hatte, zerstreut. Nur der alte Herr Petersen stand unbeweglich mit Nang Siri am Rande des Wassers.

Charles Krüger kam auf den Kai zurückgelaufen. Er schüttelte seinen alten Freund sachte am Arm. „Komm, Krischan", sagte er leise, „dat helpt nu nix!"

DREI Tage später saß Wilhelm Christian Petersen im Morgengrauen in der Sala und gewöhnte sich an die Einsamkeit. Nang Siri war wieder in Geschäften unterwegs. Sie konnte Winn in seinem Kummer nicht helfen. Er war seit Marthas Abreise noch schweigsamer geworden. Mit ihr war eine Wärmequelle verschwunden. Aber auch Johannes Petersen fehlte ihm – und nicht nur im Geschäft! An die beiden Gören mochte der alte Herr gar nicht denken. Das Gefühl des Verlustes hüllte ihn ein, als er seine Lotosteiche im frühen Dämmerlicht anstarrte.

Der alte Mann war so in Gedanken versunken, daß er die seltsame Gestalt, die sich der Sala näherte, nicht bemerkte. Ein hochgewachsener Mönch in gelber Robe, der beim Küchenhaus von der niederknienden Dienerschaft begrüßt worden war, wandelte gesenkten Blickes auf die Sala zu. Der Schädel des Mönchs war kahlgeschoren, seine tiefliegenden Augen wirkten träumerisch. Jetzt betrat die Erscheinung in der wallenden gelben Robe die Sala und begrüßte den alten Mann ehrerbietig.

Wilhelm Christian Petersen sprang auf. Seine scharfen blauen Augen weiteten sich. Das war doch wohl nicht die Möglichkeit! „Justus ...", stammelte er.

„Glück und Frieden sei mit dir", murmelte Justus.

Schweigend hörte der alte Herr Petersen seinem ältesten Sohn zu. Während Justus den Weg beschrieb, der ihn aus den Irrungen und Illusionen seines Lebens in die „Bruderschaft der gelben Robe" geführt hatte, wurde sein Vater immer nachdenklicher. Justus war diesen Weg nicht allein gegangen. Die Gebete und Opfergaben seiner siamesischen Mutter, der Einfluß des mächtigen Grafen Sri in Sukhothai und sein eigenes Verlangen hatten ihn dorthin gebracht, wo es weder Rassen- noch Klassenunterschiede gab und wo man das Leben in Verzicht und Meditation meisterte.

Justus sprach deutsch mit seinem Vater. Es war eine letzte Höflichkeit, die den alten Mann rührte. Er blickte seinen Sohn, in dem er bis zu jenem Tag trotz aller Enttäuschungen immer noch den Erben seines Namens und seines Unternehmens in Bangkok gesehen hatte, grüblerisch an. In dieser Morgenstunde sträubte er sich nicht länger gegen eine Erkenntnis, die er instinktiv geahnt und stets eigensinnig aus seinem Bewußtsein verdrängt hatte: „Justus Petersen" war ein Wunschbild gewesen. Dieser junge Mönch, der mit stiller Würde davon sprach, daß die Sphäre der Meditation nur eine andere Art der Aktivität sei, war ein Sohn des Landes, in dem Wilhelm Christian Petersen seit vierzig Jahren Gast war – ein gerngesehener und geehrter Gast, daran war nicht zu tippen –, aber eben nur ein Gast. Und nun, nach Jahren der Verwirrung, war sein Sohn hineingewachsen in diese geistige Welt, die im Fernen Osten das Leben und Sterben von Millionen Menschen bestimmt. Während der alte Herr Petersen seinen Sohn stumm betrachtete, sah er dessen Züge von einem Frieden erleuchtet, der nicht mitteilbar war. Ein Heimatloser, der jahrelang zwischen Osten und Westen in einem Vakuum gelebt hatte, war nun eingegliedert in die große Ordnung Ostasiens. Die Wünsche und Begierden, die Justus Petersen in seiner weltlichen Existenz bedrängt hatten, trieben wie tote Blätter den Menam hinunter – zusammen mit seinem irrationalen Haß gegen seinen europäischen Vater. Niemand hatte den Mönch namens Prasert gezwungen, den alten Mann in der Sala aufzusuchen. Die Stimme seines Herzens hatte ihn im Morgengrauen nach Rong Muang pilgern lassen.

Nachdem Justus zeremoniell Abschied genommen und die Segenswünsche seines Vaters empfangen hatte, saß Wilhelm Christian Petersen in Gedanken versunken in der Sala. Ein seltsames Gefühl des Stolzes beherrschte ihn: Er hatte die Gastfreundschaft dieses Landes erwidert, indem er ihm seinen ältesten Sohn schenkte.

Der alte Herr Petersen schlief auf seinem Ruhebett in der Sala ein. Kurz darauf kam Mae Wat vorsichtig herangeschlichen; unschlüssig betrachtete sie den Master. Niemand durfte ihn morgens wecken, das war eine Regel, die selbst die Herrin befolgte.

„Nai Petersen“, flüsterte Mae Wat, „eine eilige Nachricht!“

Nichts rührte sich. Mae Wat hätte sich niemals vergessen und den Master etwa am Arm angefaßt, um ihn zu wecken. Sie schritt zu einem Teakholztisch, auf dem Bücher und Zeitschriften lagen, und warf ihn mit Getöse um.

Der Master sprang auf. „Was zum Kuckuck –“, rief er auf deutsch. Dann fiel sein Blick auf die grinsende Köchin und auf das Telegramm in ihrer Hand, das sie ihm mit zeremonieller Verbeugung übergab. Schweigend hockte sich Mae Wat auf den Boden und erwartete mit Seelenruhe die Weiterentwicklung der Dinge. Sie hatte den Master auf schickliche Weise geweckt und konnte sich nur wundern, mit welch unschicklicher Hast er das Telegramm aus Manila öffnete.

Petersen senior mußte die Botschaft seines Schwiegersohnes zweimal lesen, denn die Druckschrift verschwamm vor seinen Augen:

SOEBEN ANGEKOMMEN: WILLIAM PETERSEN DESMOND STOP MUTTER UND SOHN WOHLAUF STOP ERWARTEN EUCH SO BALD WIE MÖGLICH STOP LAWRENCE

„Mae Wat!" schrie der alte Herr Petersen. „Kleiner Master in Manila angekommen! Und Nangsao Pauline ist gesund!"

„Mae Wat macht großes Festessen heute abend", bemerkte die Köchin. Sie strahlte über das ganze Gesicht. „Master gibt Mae Wat viele Tikal. Hühner jetzt sehr, sehr teuer!"

Der alte Herr Petersen griff gehorsam in die Tasche und gab Mae Wat unvorsichtigerweise zwanzig Tikal, worauf sie blitzschnell verschwand, bevor der Master sich besinnen konnte. Aber der Master hatte anderes zu tun. Er mußte sofort an Siri telegrafieren und herausfinden, wann das nächste Flugzeug nach Manila ging. Seine kleine Pauline! Und sie hatten den Sohn wirklich und wahrhaftig „Petersen" genannt!

Wilhelm Christian Petersen setzte sich auf sein Ruhebett und atmete auf. Alles, was ihn bedrückt hatte, war in dieser Freude gelöst worden. Verschwunden waren seine jahrelangen Sorgen um Pauline und Justus, besänftigt war der Schmerz über die Abreise seiner Hamburger Verwandten.

Der alte Herr Petersen überblickte befriedigt sein eigenes Stück Paradies. Er hatte das Leben eines Mannes gelebt, mit seinen frühen Ekstasen, seinen endlosen Rückschlägen und seiner letzten Erfüllung. Mit ererbter Sturheit hatte er sich in der unergründlichen Welt des Fernen Ostens behauptet. Er hatte gelebt, wie er wollte, seine Persönlichkeit unversehrt erhalten und seinen Namen vererbt.

Foto: Wulf Harder, Hoffmann & Campe Verlag

Alice Ekert-Rotholz

„Das Schreiben ist ein geheimnisvoller Prozeß", sagt Alice Ekert-Rotholz über ihre Arbeit. „Ich verwende dabei eigene Erfahrungen und Beobachtungen, und alle Personen in meinen Romanen enthalten ein Stück von mir selbst. Dies ist für mich ein Weg, mein eigenes Erleben in einen neuen Zusammenhang zu bringen."

Spürbar von eigenem Erleben gekennzeichnet ist Alice Ekert-Rotholz' erster Roman *Reis aus Silberschalen,* mit dem die Schriftstellerin auf Anhieb bekannt wurde. Wie ihre Romanheldin Martha Petersen folgte auch sie ihrem Mann, dem Zahnarzt Leopold Rotholz, nach Bangkok. Jedoch blieb sie – im Gegensatz zu Martha – zwölf Jahre lang in Südostasien, ehe sie im Jahre 1952 nach Hamburg zurückkehrte. Dort entdeckte sie ihre Liebe zur Schriftstellerei, und zwar auf Umwegen, wie die Autorin erzählt. „Ursprünglich wollte ich nämlich Malerin werden", gesteht Alice Ekert-Rotholz. „Während all meiner Jahre in Südostasien habe ich keine einzige Geschichte geschrieben, aber in großer Zahl Zeichnungen angefertigt und Bilder gemalt. Diese brachte ich mit nach Hamburg, und Freunde meinten, ich müsse die Erlebnisse dazu aufschreiben und Geschichten daraus machen. Das tat ich, und so entstand *Reis aus Silberschalen.* Seither habe ich diese Art zu schreiben beibehalten: Ich fange an zu malen, dabei fallen mir Geschichten ein und schließlich ein ganzer Roman."

Erst vor kurzem erschien das dreizehnte Buch aus der Feder der mittlerweile weltberühmten Schriftstellerin: *Nur eine Tasse Tee.* Schauplatz und „Hauptperson" dieses Romans ist London, die Stadt, in der die heute vierundachtzigjährige Autorin seit einem Vierteljahrhundert zu Hause ist.

Die ungekürzte Ausgabe von
„Reis aus Silberschalen“ ist
im Buchhandel erhältlich.
Die ungekürzte Ausgabe von
„Der Falkland-Wal“ wird demnächst im Buchhandel erhältlich sein.